SCRIPTORVM CLASSICORVM

BIBLIOTHECA OXONIENSIS

OXONII

E TYPOGRAPHEO CLARENDONIANO

ARISTOPHANIS
FABVLAE

RECOGNOVIT
BREVIQVE ADNOTATIONE CRITICA INSTRVXIT

N. G. WILSON

COLLEGII LINCOLNIENSIS APVD OXONIENSES SOCIVS

TOMVS I

ACHARNENSES EQVITES NVBES
VESPAE PAX AVES

OXONII
E TYPOGRAPHEO CLARENDONIANO
MMVII

OXFORD
UNIVERSITY PRESS

Great Clarendon Street, Oxford OX2 6DP

Oxford University Press is a department of the University of Oxford.
It furthers the University's objective of excellence in research, scholarship,
and education by publishing worldwide in

Oxford New York

Auckland Cape Town Dar es Salaam Hong Kong Karachi
Kuala Lumpur Madrid Melbourne Mexico City Nairobi
New Delhi Shanghai Taipei Toronto

With offices in

Argentina Austria Brazil Chile Czech Republic France Greece
Guatemala Hungary Italy Japan Poland Portugal Singapore
South Korea Switzerland Thailand Turkey Ukraine Vietnam

Oxford is a registered trade mark of Oxford University Press
in the UK and in certain other countries

Published in the United States
by Oxford University Press Inc., New York

© Oxford University Press 2007

The moral rights of the author have been asserted
Database right Oxford University Press (maker)

First published 2007

All rights reserved. No part of this publication may be reproduced,
stored in a retrieval system, or transmitted, in any form or by any means,
without the prior permission in writing of Oxford University Press,
or as expressly permitted by law, or under terms agreed with the appropriate
reprographics rights organizations. Enquiries concerning reproduction
outside the scope of the above should be sent to the Rights Department,
Oxford University Press, at the address above

You must not circulate this book in any other binding or cover
and you must impose this same condition on any acquirer

British Library Cataloguing in Publication Data

Data available

Library of Congress Cataloging in Publication Data

Data available

Typeset by RefineCatch Limited, Bungay, Suffolk
Printed in Great Britain
on acid-free paper by
Biddles Ltd., King's Lynn, Norfolk

ISBN 978-0-19-872180-2

1 3 5 7 9 10 8 6 4 2

PREFACE

This edition does not aspire to be the definitive text of Aristophanes. There are in fact very few classical authors of whom it can be said that a definitive edition exists or may be expected. But I am confident that what is now offered to Hellenists is a useful step forward.

For a somewhat more detailed account of the manuscript tradition than I give here the reader is referred to the introduction of the volume which is being issued in conjunction with this edition, *Aristophanea* (Oxford, 2007), 1–14; I summarize here what seems to me to be the essential information.

There are quite a large number of fragments surviving from papyrus and parchment copies made in the Hellenistic and Roman imperial periods. Although a few of them have produced an occasional good reading, none of them is of truly outstanding importance for the constitution of the text. Of the medieval manuscripts only R (Ravenna, Biblioteca Classense 429), from the middle of the tenth century, preserves all eleven plays. Despite many slips by the copyist it offers a text of high quality. Next to it in importance is V (Venice, Biblioteca Marciana gr. 474), from the end of the eleventh century. Though its text is excellent it lacks *Acharnians*, *Lysistrata*, *Thesmophoriazusae*, and *Ecclesiazusae*. The only other surviving witnesses of any note from the period that was brought to an end by the sack of Constantinople by the Crusaders in 1204 are K (Milan, Biblioteca Ambrosiana C 222 inf.), written *c.*1180–86, which includes only *Plutus*, *Clouds*, and *Frogs* (the so-called triad), and Md1 (Madrid, Biblioteca Nacional 4683), probably of much the same date, which offers an incomplete text of the same three plays and part of *Knights*, the latter not written by the original scribe. Neither is as important as the relatively early date might suggest. From the fourteenth century there are a few manuscripts that contain at least one play from outside the triad and are usually cited by editors: Θ (Florence, Biblioteca Medicea Laurenziana, Conventi Soppressi 140,

PREFACE

triad and *Knights*), U (Vaticanus Urbinas gr. 141, triad and *Birds*), M (Biblioteca Ambrosiana L 39 sup., triad and *Knights*), E (Modena, Biblioteca Estense, 127 = a.U.5.10, triad, *Knights*, *Birds* and *Acharnians*), Γ (Florence, Laurentianus 31.15 + Leiden, Vossianus gr. F 52, *Knights*, *Birds*, *Acharnians*, *Ecclesiazusae*, *Lysistrata*, and *Peace*), and A (Paris, Bibliothèque nationale de France, grec 2712, triad, *Knights*, *Birds*, *Acharnians*, and *Ecclesiazusae* 1–444). However, if these manuscripts had not come down to us, the editor's task would not have been significantly more difficult. The medieval editor Demetrius Triclinius, active *c*.1320, produced his own recension of eight plays, in which he was able to effect numerous minor corrections of metrical faults in the text. His work is best represented in the fifteenth-century copy L (Oxford, Bodleian Library, Holkham gr. 88). Other manuscripts need to be cited occasionally for interesting readings. Most notable is B (Paris, grec 2715), now known to have been written by an intelligent Greek refugee, Andronicus Callistus, who lived in Italy from 1441. Its good readings are quite likely to be his own conjectures.

The principles on which this edition is based can be indicated briefly as follows.

(i) As far as the papyri are concerned I have accepted the reports of their readings from the original publications and have not made my own fresh collation.

(ii) With regard to the medieval and Renaissance manuscripts, I have usually accepted published reports of their readings as valid; but it did seem worth while to verify a considerable number of variants that aroused suspicion or curiosity. In a number of cases I have been able to give a more accurate statement; even the Ravenna manuscript, which can be easily consulted in the facsimile and is not written in a difficult hand, had not been correctly reported in all passages. One should also note that there is no modern edition of the *Plutus* based on a full examination of the manuscript tradition, which is richer for that play than for any other. It is therefore possible that further investigations into the manuscripts would reveal that late Byzantine or Italian humanists anticipated some of the simpler conjectures made by later scholars. I

PREFACE

decided that it was worth while collating the text of this play in K (Biblioteca Ambrosiana C 222 inf.) but I did not feel it appropriate to invest the large amount of time needed for a full inquiry into other, much more recent, witnesses. The likelihood of obtaining significant results was small and the inevitable further delay in publishing this edition seemed a high price to pay. In the matter of sigla there is one point I should draw attention to: I use P to refer to papyri, and so some of the lesser manuscripts in the Paris collection are indicated by Par.

(iii) I have been sparing in my citations of the secondary tradition. Apart from the *Suda* lexicon, which contains a very large number of quotations from the plays and demonstrates by its variant readings that it drew on a copy extremely similar to the Ravenna manuscript, there are not many ancient or medieval citations that help the editor. Many testimonia to single words or phrases are of dubious value, because they merely confirm that the words in question had become tags for writers of Atticist *Kunstprosa* in late antiquity or the Byzantine period, and one cannot feel much confidence that these writers were conscious in every case of the identity of the source they were drawing on.

(iv) Questions of orthography cause editors difficulty. When the evidence of inscriptions seems particularly compelling I have accepted it. I am not sure how much weight to give to rules stated by Atticist lexicographers such as Moeris. It may be that attempts to formulate rules for every word are doomed to failure. In particular I note Sir Kenneth Dover's remark on *Clouds* 92 'Possibly Attic was not consistent.' It is notorious that English orthography was far from fixed in early times.

(v) A kindred question concerns usage. A prima facie example of inconsistency or at least of fluidity of usage, is seen at *Thesmophoriazusae* 570. There Aristophanes appears to use the strong aorist of χέζω, whereas at *Ecclesiazusae* 808 we find the weak form. I think it unwise to assume that inconsistency or gradual and perhaps conscious change of usage cannot have occurred. This does of course conflict with the well-known and valuable maxim Ὅμηρον ἐξ Ὁμήρου cαφηνίζειν.

PREFACE

(vi) The apparatus criticus deliberately excludes mention of the way in which the manuscripts attribute lines to speakers. Commentators are still far too inclined to give weight to the evidence of the manuscripts in these matters. *Ratio et res ipsa* must be the basis for decisions.

(vii) The apparatus records a fair number of conjectures because I believe that there are many places where the text is not quite as certain as is generally assumed. Since no one has taken the trouble to compile a repertory of conjectures on the text of this author, it is almost inevitable that some good ideas have escaped my notice, and that some which I do record were made earlier than is stated in this edition. As in the Oxford Classical Text of Sophocles the name of Blaydes appears surprisingly often. Although I was brought up to despise him, in recent years I have been obliged to recant; there is no doubt in my mind that a modest percentage of his suggestions are correct and many others deserve consideration. There is one other respect in which my experience of editing the text of tragedy has been repeated. When Sir Hugh Lloyd-Jones and I set out to edit Sophocles our intention was to offer a better choice of readings in difficult passages and we did not expect to make many fresh conjectures. That was my original plan for Aristophanes; but the reader will find a number of my own proposals, some in the text itself. I have tried to strike a balance between the conservatism that attributes inexcusably careless writing to great authors and the opposite extreme of believing that texts need surgery every few lines. Critics who adopt a conservative approach do not allow for the deterioration of texts that was inevitable in the period of almost two thousand years when all copies had to be made by hand; such critics underestimate the difficulty of producing truly accurate copies and consequently run the risk of imputing to the leading writers of antiquity a mediocrity of intellectual and stylistic standards which cannot be reconciled with their status as classics. But I recognise that when so many textual matters have to be discussed it is impossible to achieve consensus on all points.

PREFACE

It is a pleasure to acknowledge extremely valuable help of various kinds that I have received from Professor Colin Austin, Dr Leofranc Holford-Strevens, Sir Hugh Lloyd-Jones, Dr Christos Simelidis, and Professor Alan Sommerstein.

N.G.W.

Oxford
December 2005

ΑΧΑΡΝΗC

PAPYRI

P. Berol. 13231 + 21201, saec. V vel VI (continet frustula vv.
   593–975) (P19)
P. Berol. 21200, saec. VI (continet vv. 76–8) (P71)
P. Michigan inv. 5607a, saec. IV (continet vv. 446–55, 474–94) (P59)
P. Oxy. 4510, saec. II (continet frustula vv. 55–825) (P73)

CODICES

R   Ravennas 429

A   Parisinus gr. 2712
Γ   Laurentianus 31. 15
E   Estensis gr. 127 (a. U. 5. 10)
Φ   consensus codicum AΓE

L   Oxoniensis Holkhamensis gr. 88

Rarius citantur

B   Parisinus gr. 2715

H   Hauniensis 1980
Vp2   Vaticanus Palatinus gr. 67
p   consensus codicum H et Vp2

Vp3   Vaticanus Palatinus gr. 128
C   Parisinus gr. 2717
c   consensus codicum Vp3 et C

Vb1   Vaticanus Barberinianus gr. 45, ab Ioanne Scutariota exaratus
Vv17   Vaticanus gr. 2181
Δ   Laurentianus 31. 16

ΥΠΟΘΕΣΕΙΣ

I

Ἐκκλησία ὑφέστηκεν Ἀθήνηςιν ἐν τῷ φανερῷ, καθ' ἣν πολεμοποιοῦντας τοὺς ῥήτορας καὶ προφανῶς τὸν δῆμον ἐξαπατῶντας Δικαιόπολίς τις τῶν αὐτουργῶν ἐξελέγχων παρειςάγεται. τούτου δὲ διά τινος, Ἀμφιθέου καλουμένου, cπειcαμένου κατ' ἰδίαν τοῖc Λάκωcιν, Ἀχαρνικοὶ γέροντες 5 πεπυcμένοι τὸ πρᾶγμα προcέρχονται διώκοντες ἐν χοροῦ cχήματι· καὶ μετὰ ταῦτα θύοντα τὸν Δικαιόπολιν ὁρῶντες, ὡς ἐcπειcμένον τοῖc πολεμιωτάτοιc καταλεύcειν ὁρμῶcιν· ὁ δὲ ὑποcχόμενος ὑπὲρ ἐπιξήνου τὴν κεφαλὴν ἔχων ἀπολογήcαcθαι, ἐφ' ᾧτε, ἂν μὴ πείcῃ τὰ δίκαια λέγων, τὸν 10 τράχηλον ἀποκοπήcεcθαι, ἐλθὼν ὡς Εὐριπίδην αἰτεῖ πτωχικὴν cτολήν. καὶ cτολιcθεὶς τοῖc Τηλέφου ῥακώμαcι παρῳδεῖ τὸν ἐκείνου λόγον, οὐκ ἀχαρίτως καθαπτόμενος Περικλέους περὶ τοῦ Μεγαρικοῦ ψηφίcματος. παροξυνθέντων δέ τινων ἐξ αὐτῶν ἐπὶ τῷ δοκεῖν cυνηγορεῖν τοῖc πολεμίοιc, 15 εἶτα ἐπιφερομένων, ἐνιcταμένων δὲ ἑτέρων ὡς τὰ δίκαια αὐτοῦ εἰρηκότος, ἐπιφανεὶς Λάμαχος θορυβεῖν πειρᾶται. εἶτα γενομένου διελκυcμοῦ κατελεγχθεὶς ὁ χορὸς ἀπολύει τὸν Δικαιόπολιν καὶ πρὸς τοὺς θεατὰς διαλέγεται περὶ τῆς τοῦ ποιητοῦ ἀρετῆς καὶ ἄλλων τινῶν. τοῦ δὲ Δικαιοπόλιδος 20 ἄγοντος καθ' ἑαυτὸν εἰρήνην τὸ μὲν πρῶτον Μεγαρικός τις παιδία ἑαυτοῦ διεcκευαcμένα εἰς χοιρίδια φέρων ἐν cάκκῳ

I. 1 ὑφέστηκεν RE^pc cL: ἐφ- ΑΓΕ^ac   3 ἐξαπατῶντας Brunck: ἐξάπτοντας codd.   8 πολεμιωτάτοις Φ: -ικωτάτοις cett. καταλεύcειν ΕΓ: κατακέλευcιν cett.   10 ἀπολογήcαcθαι RΦc: -ήcεcθαι L   13 ἀχαρίτως Φc: -ίcτως RL   14 περὶ REP^pc Γ^pc: om. cett.   18 κατελεγχθεὶς Meineke: κατενεχθεὶς codd. 19 θεατὰς Elmsley: δικαcτὰς codd.   22 διεcκευαcμένα R: παρ- cett.

3

ΑΡΙΣΤΟΦΑΝΟΥΣ

πράςιμα παραγίνεται· μετὰ δὲ τοῦτον ἐκ Βοιωτῶν ἕτερος
ἐγχέλεις τε καὶ παντοδαπῶν ὀρνίθων γόμον ἀνατιθέμενος εἰς
τὴν ἀγοράν. οἷς ἐπιφανέντων τινῶν ςυκοφαντῶν ςυλλαβόμενός 25
τινα ἐξ αὐτῶν ὁ Δικαιόπολις καὶ βαλὼν εἰς ςάκκον, τοῦτον τῷ
Βοιωτῷ ἀντίφορτον ἐξάγειν ἐκ τῶν Ἀθηνῶν παραδίδωςι, καὶ
προςαγόντων αὐτῷ πλειόνων καὶ δεομένων μεταδοῦναι τῶν
ςπονδῶν, καθυπερηφανεῖ. παροικοῦντος δὲ αὐτῷ Λαμάχου,
καὶ ἐνεςτηκυίας τῆς τῶν Χοῶν ἑορτῆς, τοῦτον μὲν ἄγγελος 30
παρὰ τῶν ςτρατηγῶν ἥκων κελεύει ἐξελθόντα μετὰ τῶν
ὅπλων τὰς εἰςβολὰς τηρεῖν· τὸν δὲ Δικαιόπολιν παρὰ τοῦ
Διονύςου τοῦ ἱερέως τις καλῶν ἐπὶ δεῖπνον ἔρχεται. καὶ μετ'
ὀλίγον ὁ μὲν τραυματίας καὶ κακῶς ἀπαλλάττων ἐπανήκει, ὁ
δὲ Δικαιόπολις δεδειπνηκὼς καὶ μεθ' ἑταίρας ἀναλύων. τὸ δὲ 35
δρᾶμα τῶν εὖ ςφόδρα πεποιημένων, καὶ ἐκ παντὸς τρόπου τὴν
εἰρήνην προκαλούμενον. ἐδιδάχθη ἐπὶ Εὐθύνου ἄρχοντος ἐν
Ληναίοις διὰ Καλλιςτράτου· καὶ πρῶτος ἦν· δεύτερος
Κρατῖνος Χειμαζομένοις. οὐ ςώζονται. τρίτος Εὔπολις
Νουμηνίαις. 40

II

ΑΡΙΣΤΟΦΑΝΟΥΣ ΓΡΑΜΜΑΤΙΚΟΥ

Ἐκκληςίας οὔςης παραγίνονταί τινες
πρέςβεις παρὰ Περςῶν καὶ παρὰ Ϲιτάλκους πάλιν,
οἱ μὲν ςτρατιὰν ἄγοντες, οἱ δὲ χρυςίον·
παρὰ τῶν Λακεδαιμονίων τε μετὰ τούτους τινὲς
ςπονδὰς φέροντες, οὓς Ἀχαρνεῖς οὐδαμῶς 5
εἴαςαν, ἀλλ' ἔβαλλον. ὧν καθάπτεται

---

23 τοῦτον RE: τούτων AΓ: τοῦτο cL 24 γόμον Blaydes: γόνον
codd. 26 τινα E: τινας cett. 27 Ἀθηνῶν R: Ἀθηναίων cett.
28 προςαγόντων RΓ^(ac)E^(ac)cL: προςαποςτελλόντων AΓ^(pc)E^(pc)
34–5 ἐπανήκει post ἀναλύων Φ 37 προκαλούμενον RΦ: -ουμένων
Kassel: ςπουδαζόντων cett. Εὐθύνου cL: Εὐθυμένους cett. 39 οὐ
ςώζονται post Νουμηνίαις transp. Elmsley
II. 6 ἔβαλλον Wagner: ἐξέβαλον codd.

ΑΧΑΡΝΗϹ

ϲκληρῶϲ ὁ ποιητήϲ, αὐτὸ τὸ ψήφιϲμά τε
Μεγαρικὸν ἱκανῶϲ φηϲι καὶ τὸν Περικλέα
οὐ τὸν Λάκωνα τῶνδε πάντων αἴτιον,
ϲπονδὰϲ λύϲιν τε τῶν ἐφεϲτώτων κακῶν.   10

7–10 αὐτὸ ... κακῶν om. R   8 post Μεγαρικὸν add. ὡϲ Γ
9 οὐ τὸν Λάκωνα Nauck : οὐκ τῶν Λακώνων codd.   τῶνδε Musurus :
τόνδε codd.

ΤΑ ΤΟΥ ΔΡΑΜΑΤΟΣ ΠΡΟΣΩΠΑ

ΔΙΚΑΙΟΠΟΛΙΣ	ΜΕΓΑΡΕΥΣ
ΚΗΡΥΞ	ΚΟΡΑ ΘΥΓΑΤΕΡΕ ΤΟΥ ΜΕΓΑΡΕΩΣ
ΑΜΦΙΘΕΟΣ	ΣΥΚΟΦΑΝΤΗΣ
ΠΡΕΣΒΕΥΤΗΣ	ΘΗΒΑΙΟΣ
ΨΕΥΔΑΡΤΑΒΑΣ	ΝΙΚΑΡΧΟΣ
ΘΕΩΡΟΣ	ΘΕΡΑΠΩΝ ΛΑΜΑΧΟΥ
ΧΟΡΟΣ ΑΧΑΡΝΕΩΝ	ΔΕΡΚΕΤΗΣ
ΘΥΓΑΤΗΡ ΔΙΚΑΙΟΠΟΛΙΔΟΣ	ΠΑΡΑΝΥΜΦΟΣ
ΘΕΡΑΠΩΝ ΕΥΡΙΠΙΔΟΥ	(vel eius ΟΙΚΕΤΗΣ)
ΕΥΡΙΠΙΔΗΣ	ΑΓΓΕΛΟΙ
ΛΑΜΑΧΟΣ	

ΑΧΑΡΝΗC

ΔΙΚΑΙΟΠΟΛΙC

ὅca δὴ δέδηγμαι τὴν ἐμαυτοῦ καρδίαν,
ἥcθην δὲ βαιά, πάνυ γε βαιά, τέτταρα·
ἃ δ' ὠδυνήθην, ψαμμακοcιογάργαρα.
φέρ' ἴδω, τί δ' ἥcθην ἄξιον χαιρηδόνος;
ἐγᾦδ' ἐφ' ᾧ γε τὸ κέαρ ηὐφράνθην ἰδών· 5
τοῖc πέντε ταλάντοιc οἷc Κλέων ἐξήμεcεν.
ταῦθ' ὡc ἐγανώθην, καὶ φιλῶ τοὺc ἱππέαc
διὰ τοῦτο τοὔργον· ἄξιον γὰρ Ἑλλάδι.
ἀλλ' ὠδυνήθην ἕτερον αὖ τραγῳδικόν,
ὅτε δὴ 'κεχήνη προcδοκῶν τὸν Αἰcχύλον, 10
ὁ δ' ἀνεῖπεν, "εἴcαγ', ὦ Θέογνι, τὸν χορόν".
πῶc τοῦτ' ἔcειcέ μου δοκεῖc τὴν καρδίαν;
ἀλλ' ἕτερον ἥcθην, ἡνίκ' ἐπὶ Μόcχῳ ποτὲ
Δεξίθεοc εἰcῆλθ' ᾀcόμενοc Βοιώτιον.
τῆτεc δ' ἀπέθανον καὶ διεcτράφην ἰδών, 15
ὅτε δὴ παρέκυψε Χαῖριc ἐπὶ τὸν ὄρθιον.
ἀλλ' οὐδεπώποτ' ἐξ ὅτου 'γὼ ῥύπτομαι
οὕτωc ἐδήχθην ὑπὸ κονίαc τὰc ὀφρῦc
ὡc νῦν, ὁπότ' οὔcηc κυρίαc ἐκκληcίαc
ἑωθινῆc ἔρημοc ἡ Πνὺξ αὑτηί, 20
οἱ δ' ἐν ἀγορᾷ λαλοῦcι κἄνω καὶ κάτω
τὸ cχοινίον φεύγουcι τὸ μεμιλτωμένον.
οὐδ' οἱ πρυτάνειc ἥκουcιν, ἀλλ' ἀωρίαν
ῥέγκουcιν, εἶτα δ' ὠcτιοῦνται πῶc δοκεῖc

2 γε Elmsley: δὲ codd.   3 ψαμμακοcιογάργαρα A, Macrobius 5.20.13, Hsch. ψ 59, Su. ψ 22, Greg. Cor. ad Hermog. 1345, Eust. 986.52, Isaac Tzetzes, *de metris Pindaricis* p. 27.7 Drachmann: ψαμμο- cett.   5 sunt qui post ἐγᾦδ' interpungant   ηὐφράνθην anon. *de comoedia* 28: εὐ- codd.   18 post κονίαc add. γε L   23 ἀωρίαν] -ίᾳ Su. α 2854   24 ῥέγκουcιν Robertson: ἥκοντες codd.: ἥξουcιν Haupt: εὕδουcιν R. J. T. Wagner (cf. *Lys.* 15)   δ' ὠcτιοῦνται] διωcτιοῦνται Dobree

ΑΡΙΣΤΟΦΑΝΟΥΣ

ἥκοντες ἀλλήλοισι περὶ πρώτου ξύλου, 25
ἀθρόοι καταρρέοντες· εἰρήνῃ δ' ὅπως
ἔςται προτιμῶς' οὐδέν· ὦ πόλις πόλις.
ἐγὼ δ' ἀεὶ πρώτιστος εἰς ἐκκλησίαν
νοςτῶν κάθημαι· κᾆτ', ἐπειδὰν ὦ μόνος,
ςτένω, κέχηνα, ςκορδινῶμαι, πέρδομαι, 30
ἀπορῶ, γράφω, παρατίλλομαι, λογίζομαι,
ἀποβλέπων εἰς τὸν ἀγρὸν εἰρήνης ἐρῶν,
ςτυγῶν μὲν ἄςτυ τὸν δ' ἐμὸν δῆμον ποθῶν,
ὃς οὐδεπώποτ' εἶπεν "ἄνθρακας πρίω",
οὐκ "ὄξος", οὐκ "ἔλαιον", οὐδ' ᾔδει "πρίω", 35
ἀλλ' αὐτὸς ἔφερε πάντα χὠ πρίων ἀπῆν.
νῦν οὖν ἀτεχνῶς ἥκω παρεςκευαςμένος
βοᾶν, ὑποκρούειν, λοιδορεῖν τοὺς ῥήτορας,
ἐάν τις ἄλλο πλὴν περὶ εἰρήνης λέγῃ.
ἀλλ' οἱ πρυτάνεις γὰρ οὑτοιὶ μεςημβρινοί. 40
οὐκ ἠγόρευον; τοῦτ' ἐκεῖν' οὑγὼ 'λεγον·
εἰς τὴν προεδρίαν πᾶς ἀνὴρ ὠςτίζεται.

ΚΗΡΥΞ
πάριτ' εἰς τὸ πρόςθεν,
πάριθ', ὡς ἂν ἐντὸς ἦτε τοῦ καθάρματος.

ΑΜΦΙΘΕΟΣ
ἤδη τις εἶπε;

Κη. τίς ἀγορεύειν βούλεται; 45
Αμ. ἐγώ.
Κη. τίς ὤν;
Αμ. Ἀμφίθεος.
Κη. οὐκ ἄνθρωπος;
Αμ. οὔ,

---

25 ἥκοντες Holford-Strevens: ἐλθόντες codd.   περὶ] περὶ τοῦ Su. ω 247, quo recepto ἀλλήλοις Meineke   31 λογίζομαι] λυγίζομαι Bergk   36 Πρίων scribere maluit Lotz   39 πλὴν] πρὶν ΑΓ   46 οὔ] οὐκ Β, Biset, sed cf. 421

8

ΑΧΑΡΝΗC

ἀλλ' ἀθάνατος. ὁ γὰρ Ἀμφίθεος Δήμητρος ἦν
καὶ Τριπτολέμου· τούτου δὲ Κελεὸς γίγνεται·
γαμεῖ δὲ Κελεὸς Φαιναρέτην τήθην ἐμήν,
ἐξ ἧς Λυκῖνος ἐγένετ'· ἐκ τούτου δ' ἐγὼ 50
ἀθάνατός εἰμ'· ἐμοὶ δ' ἐπέτρεψαν οἱ θεοὶ
cπονδὰc ποιῆcαι πρὸc Λακεδαιμονίουc μόνῳ.
ἀλλ' ἀθάνατοc ὤν, ἄνδρεc, ἐφόδι' οὐκ ἔχω·
οὐ γὰρ διδόαcιν οἱ πρυτάνειc.

Κη. οἱ τοξόται.
Αμ. ὦ Τριπτόλεμε καὶ Κελεέ, περιόψεcθέ με; 55
Δι. ὦνδρεc πρυτάνειc, ἀδικεῖτε τὴν ἐκκληcίαν
τὸν ἄνδρ' ἀπάγοντεc, ὅcτιc ἡμῖν ἤθελε
cπονδὰc ποιῆcαι καὶ κρεμάcαι τὰc ἀcπίδαc.
Κη. κάθηcο, cίγα.
Δι. μὰ τὸν Ἀπόλλω 'γὼ μὲν οὔ,
ἢν μὴ περὶ εἰρήνηc γε πρυτανεύcητέ μοι. 60
Κη. οἱ πρέcβειc οἱ παρὰ βαcιλέωc.
Δι. ποίου βαcιλέωc; ἄχθομαι 'γὼ πρέcβεcι
καὶ τοῖc ταῶcι τοῖc τ' ἀλαζονεύμαcι.
Κη. cίγα.
Δι. βαβαιάξ. ὦκβάτανα, τοῦ cχήματοc.

ΠΡΕCΒΕΥΤΗC

ἐπέμψαθ' ἡμᾶc ὡc βαcιλέα τὸν μέγαν 65
μιcθὸν φέρονταc δύο δραχμὰc τῆc ἡμέραc
ἐπ' Εὐθυμένουc ἄρχοντοc.
Δι. οἴμοι τῶν δραχμῶν.
Πρ. καὶ δῆτ' ἐτρυχόμεcθα διὰ Καϋcτρίων
πεδίων ὁδοιπλανοῦντεc ἐcκηνημένοι,

50 post ἐγὼ interpungunt quidam   52 ποιῆcαι Elmsley, cf. sch. RL: ποιεῖcθαι codd. et sch. ΕΓ   53 ἄνδρεc R: ὦνδρεc cett. 55 sententiam interruptam esse credidit Blaydes   58 ποιῆcαι] ποιεῖcθαι R   59 cίγα] cῖγα RL   60 πρυτανεύcητε] -εύητε P73, Meineke (nisi error typographicus est)   62 'γὼ Γ²E² et voluit R: γὰρ ὡc Φc: γὰρ L   68 ἐτρυχόμεcθα] -μεθα L, Bentley   διὰ Bentley: διὰ τῶν ΦcL: παρὰ τῶν R   69–70 virgulam post ἁρμαμαξῶν, non post ἐcκηνημένοι, posuit Russo

ΑΡΙϹΤΟΦΑΝΟΥϹ

      ἐφ' ἁρμαμαξῶν μαλθακῶϲ κατακείμενοι,   70
      ἀπολλύμενοι.
Δι.   ϲφόδρα γὰρ ἐϲῳζόμην ἐγὼ
      παρὰ τὴν ἔπαλξιν ἐν φορυτῷ κατακείμενοϲ.
Πρ.   ξενιζόμενοι δὲ πρὸϲ βίαν ἐπίνομεν
      ἐξ ὑαλίνων ἐκπωμάτων καὶ χρυϲίδων
      ἄκρατον οἶνον ἡδύν.
Δι.   ὦ Κραναὰ πόλιϲ,   75
      ἆρ' αἰϲθάνῃ τὸν κατάγελων τῶν πρέϲβεων;
Πρ.   οἱ βάρβαροι γὰρ ἄνδραϲ ἡγοῦνται μόνουϲ
      τοὺϲ πλεῖϲτα δυναμένουϲ φαγεῖν τε καὶ πιεῖν.
Δι.   ἡμεῖϲ δὲ λαικαϲτάϲ γε καὶ καταπύγοναϲ.
Πρ.   ἔτει τετάρτῳ δ' εἰϲ τὰ βαϲίλει' ἤλθομεν·   80
      ἀλλ' εἰϲ ἀπόπατον ᾤχετο ϲτρατιὰν λαβών,
      κἄχεζεν ὀκτὼ μῆναϲ ἐπὶ χρυϲῶν ὀρῶν,—
Δι.   πόϲου δὲ τὸν πρωκτὸν χρόνου ξυνήγαγεν;
      τῇ πανϲελήνῳ;
Πρ.   —κᾆτ' ἀπῆλθεν οἴκαδε.
      εἶτ' ἐξένιζε, παρετίθει θ' ἡμῖν ὅλουϲ   85
      ἐκ κριβάνου βοῦϲ—
Δι.   καὶ τίϲ εἶδε πώποτε
      βοῦϲ κριβανίταϲ; τῶν ἀλαζονευμάτων.
Πρ.   καὶ ναὶ μὰ Δί' ὄρνιν τριπλάϲιον Κλεωνύμου
      παρέθηκεν ἡμῖν· ὄνομα δ' ἦν αὐτῷ φέναξ.
Δι.   ταῦτ' ἄρ' ἐφενάκιζεϲ ϲὺ δύο δραχμὰϲ φέρων.   90
Πρ.   καὶ νῦν ἄγοντεϲ ἥκομεν Ψευδαρτάβαν,
      τὸν βαϲιλέωϲ ὀφθαλμόν.
Δι.   ἐκκόψειέ γε
      κόραξ πατάξαϲ, τόν τε ϲὸν τοῦ πρέϲβεωϲ.

---

71 γὰρ] γ' ἄρ' Brunck, cf. sch. RE   78 δυναμένουϲ] δυνατοὺϲ Elmsley   φαγεῖν Morel: καταφαγεῖν codd. et P71 ut videtur   τε om. L   καὶ πιεῖν] κἀμπιεῖν Rennie   79 γε Elmsley: τε codd.   84 verba τῇ πανϲελήνῳ; Dicaeopolidi tribuit Elmsley, legato codd.   85 παρετίθει θ' Athenaeus 130 F: καὶ παρετίθετ' R: παρετίθει δ' cett., Su. κ 2413   ὅλουϲ Ε^{γρ}, Γ^{2γρ}, LB, Athenaeus: ὀπτοὺϲ cett.   93 τε A: γε cett.

10

ΑΧΑΡΝΗϹ

Κη. ὁ βαϲιλέωϲ ὀφθαλμόϲ.
Δι. ὦναξ Ἡράκλειϲ.
πρὸϲ τῶν θεῶν, ἄνθρωπε ναύφαρκτον βλέπων, 95
ἦ περὶ ἄκραν κάμπτων νεώϲοικον ϲκοπεῖϲ;
ἄϲκωμ' ἔχειϲ που περὶ τὸν ὀφθαλμὸν κάτω.
Πρ. ἄγε δὴ ϲύ, βαϲιλεὺϲ ἄττα ϲ' ἀπέπεμψεν φράϲον
λέξοντ' Ἀθηναίοιϲιν, ὦ Ψευδαρτάβα.

ΨΕΥΔΑΡΤΑΒΑϹ
ιαρταμαν εξαρξαν απιϲϲονα ϲατρα. 100
Πρ. ξυνήκαθ' ὃ λέγει;
Δι. μὰ τὸν Ἀπόλλω 'γὼ μὲν οὔ.
Πρ. πέμψειν βαϲιλέα φηϲὶν ὑμῖν χρυϲίον.
λέγε δὴ ϲὺ μεῖζον καὶ ϲαφῶϲ τὸ χρυϲίον.
Ψε. οὐ λῆψι χρυϲό, χαυνόπρωκτ' Ἰαοναῦ.
Δι. οἴμοι κακοδαίμων, ὡϲ ϲαφῶϲ.
Πρ. τί δαὶ λέγει; 105
Δι. ὅ τι; χαυνοπρώκτουϲ τοὺϲ Ἰάοναϲ λέγει,
εἰ προϲδοκῶϲι χρυϲίον ἐκ τῶν βαρβάρων.
Πρ. οὔκ, ἀλλ' ἀχάναϲ ὅδε γε χρυϲίου λέγει.
Δι. ποίαϲ ἀχάναϲ; ϲὺ μὲν ἀλαζὼν εἶ μέγαϲ.
ἀλλ' ἄπιθ'· ἐγὼ δὲ βαϲανιῶ τοῦτον μόνοϲ. 110
ἄγε δὴ ϲύ, φράϲον ἐμοὶ ϲαφῶϲ πρὸϲ τουτονί,
ἵνα μή ϲε βάψω βάμμα Ϲαρδιανικόν·
βαϲιλεὺϲ ὁ μέγαϲ ἡμῖν ἀποπέμψει χρυϲίον; [ἀνανεύει
ἄλλωϲ ἄρ' ἐξαπατώμεθ' ὑπὸ τῶν πρέϲβεων; [ἐπινεύει

95 πρὸϲ τῶν] τί πρὸϲ van Leeuwen   ναύφαρκτον Dindorf e Photii lexico: ναύφρακτον codd.   βλέπων Page: βλέπειϲ codd.   96 ἦ Bothe: ἢ codd.   97 που] γοῦν Robertson   100 ἐξαρξαν] -αϲ R   ἀπιϲϲονα ϲατρα] πιϲόναϲτρα R   101 ξυνήκαθ'] ξυνῆκαϲ Lotz: ξυνίεθ' Cobet   104 λῆψι L: λήψει vel -ῃ cett.   'Ιαοναῦ] Ἴαον, οὔ Bergler   105 δαὶ Elmsley: δ' αὖ fere codd.   107 χρυϲίον] χρυϲὸν Elmsley   108 ὅδε Bentley: ὁδί codd.   110 ἄπιθ'] ἄπιτ' R, fort. recte   111 τουτονί] τουτογί Robertson   112 Ϲαρδιανικόν RE, Su. β 89, c 130: Ϲαρδανιακόν Hsch., fere cett.   post 113, 114 parepigraphaϲ seclusit Bentley, sed v. Taplin, PCPS 23 (1971), 121–32.

11

ΑΡΙΣΤΟΦΑΝΟΥΣ

Ἑλληνικόν γ' ἐπένευσαν ἄνδρες οὑτοιί, 115
κοὐκ ἔσθ' ὅπως οὐκ εἰςὶν ἐνθένδ' αὐτόθεν.
καὶ τοῖν μὲν εὐνούχοιν τὸν ἕτερον τουτονὶ
ἐγᾦδ' ὅς ἐςτι, Κλεισθένης ὁ Cιβυρτίου.
ὦ θερμόβουλον πρωκτὸν ἐξυρημένε.
τοιόνδε γ', ὦ πίθηκε, τὸν πώγων' ἔχων 120
εὐνοῦχος ἡμῖν ἦλθες ἐσκευασμένος;
ὁδὶ δὲ τίς ποτ' ἐστίν; οὐ δήπου Cτράτων;

Κη. cίγα, κάθιζε.
τὸν βασιλέως ὀφθαλμὸν ἡ βουλὴ καλεῖ
εἰς τὸ πρυτανεῖον.

Δι. ταῦτα δῆτ' οὐκ ἀγχόνη; 125
κἄπειτ' ἐγὼ δῆτ' ἐνθαδὶ στραγγεύομαι;
τοὺς δὲ ξενίζειν οὐδέποτέ γ' ἴσχει θύρα;
ἀλλ' ἐργάσομαί τι δεινὸν ἔργον καὶ μέγα.
ἀλλ' Ἀμφίθεός μοι ποῦ 'στιν;

Αμ. οὑτοςὶ πάρα.

Δι. ἐμοὶ σὺ ταυτασὶ λαβὼν ὀκτὼ δραχμὰς 130
σπονδὰς ποιῆσαι πρὸς Λακεδαιμονίους μόνῳ
καὶ τοῖσι παιδίοισι καὶ τῇ πλάτιδι·
ὑμεῖς δὲ πρεσβεύεσθε καὶ κεχήνετε.

Κη. προσίτω Θέωρος ὁ παρὰ Cιτάλκους.

ΘΕΩΡΟC

ὁδί.

Δι. ἕτερος ἀλαζὼν οὗτος εἰσκηρύττεται. 135
Θε. χρόνον μὲν οὐκ ἂν ἦμεν ἐν Θράκῃ πολύν, —

115 ἄνδρες Elmsley: ἄ- codd.   116 κοὐκ R: οὐκ cett.   118 ὅς
ΦL: ὅστις R: ὡς cett.   119 ἐξυρημένε Su. κ 1756, c 1186, Gray: ἐξηυρ-
codd.   120 γ' ὦ R: δ' ὦ E, Su. c 1186: θ' ὦ ΑΓ: δή Su. κ 1756, Daubuz
126 στραγγεύομαι Kuster: στραγεύγομαι R: στρατεύομαι cett.
127 γ' ἴσχει Elmsley: ἴσχει R: ἴσχει γ' ἡ Su. ι 717: γ' ἴσχ' ἡ ΦL: ἴσχ' ἡ c
131 ποιῆσαι ΓacP: ποίησαι vel πόησαι cett.: ποίησον Elmsley
133 κεχήνετε Herodianus ap. Choeroboscum ii. 83.16–17: -ατε codd.
135 εἰσκηρύττεται] εἰσκεκήρυκται R   136 ἂν ἦμεν] ἔμειν' ἂν
Elmsley

ΑΧΑΡΝΗC

Δι. μὰ Δί᾽ οὐκ ἄν, εἰ μιcθόν γε μὴ 'φερες πολύν.
Θε. εἰ μὴ κατένειψε χιόνι τὴν Θρᾴκην ὅλην
 καὶ τοὺς ποταμοὺς ἔπηξ᾽,—
Δι. ὑπ᾽ αὐτὸν τὸν χρόνον,
 ὅτ᾽ ἐνθαδὶ Θέογνις ἠγωνίζετο. 140
Θε. τοῦτον μετὰ Cιτάλκους ἔπινον τὸν χρόνον·
 καὶ δῆτα φιλαθήναιος ἦν ὑπερφυῶς
 ὑμῶν τ᾽ ἐραστὴς ἦν ἀληθής, ὥcτε καὶ
 ἐν τοῖcι τοίχοις ἔγραφ᾽ "Ἀθηναῖοι καλοί."
 ὁ δ᾽ υἱός, ὃν Ἀθηναῖον ἐπεποιήμεθα, 145
 ἤρα φαγεῖν ἀλλᾶντας ἐξ Ἀπατουρίων,
 καὶ τὸν πατέρ᾽ ἠντεβόλει βοηθεῖν τῇ πάτρᾳ·
 ὁ δ᾽ ὤμοcε cπένδων βοηθήcειν ἔχων
 cτρατιὰν τοcαύτην ὥcτ᾽ Ἀθηναίους ἐρεῖν,
 "ὅcον τὸ χρῆμα παρνόπων προcέρχεται." 150
Δι. κάκιcτ᾽ ἀπολοίμην, εἴ τι τούτων πείθομαι
 ὧν εἶπαc ἐνταυθοῖ cὺ πλὴν τῶν παρνόπων.
Θε. καὶ νῦν ὅπερ μαχιμώτατον Θρᾳκῶν ἔθνος
 ἔπεμψεν ὑμῖν.
Δι. τοῦτο μέν γ᾽ ἤδη cαφέc.
Κη. οἱ Θρᾷκες ἴτε δεῦρ᾽, οὓς Θέωρος ἤγαγεν. 155
Δι. τουτὶ τί ἐcτι τὸ κακόν;
Θε. Ὀδομάντων cτρατόc.
Δι. ποίων Ὀδομάντων; εἰπέ μοι, τουτὶ τί ἦν;
 τίc τῶν Ὀδομάντων τὸ πέος ἀποτεθρίακεν;
Θε. τούτοιc ἐάν τιc δύο δραχμὰc μιcθὸν διδῷ,
 καταπελτάcονται τὴν Βοιωτίαν ὅλην. 160
Δι. τοιcδὶ δύο δραχμὰc τοῖc ἀπεψωλημένοιc;
 ὑποcτένοι μεντἂν ὁ θρανίτης λεώc.

137 v. om. Φ 138 κατένειψε Φ: -νυψε cett. 139–40 personarum vices distinxit Nauck 142 ἦν L: γ᾽ ἦν cett. 143 τ᾽] γ᾽ p ἦν] ὡς (ἀληθῶς) Dobree ἀληθής] -ὡς Φ 146 ἀλλᾶντας] -ος ΑΓ 147 ἠντεβόλει Cobet: ἤντι- codd. 153 ἔθνος RΦ: γένος L 154 μέν γ᾽] μέντ᾽ R cαφέc] -ὡς ΑΒ 158 ἀποτεθρίακεν Hsch., Su. α 3586, ο 44, π 987, sch.: -ρακεν vel -ρακεν ἄν fere codd. 159 τιc δύο δραχμὰc R: τιc δραχμὰc δύο Φc: δραχμὰc δύο τιc L

ΑΡΙΣΤΟΦΑΝΟΥC

ὁ cωcίπολιc. οἴμοι τάλαc, ἀπόλλυμαι,
ὑπὸ τῶν Ὀδομάντων τὰ cκόροδα πορθούμενοc.
οὐ καταβαλεῖτε τὰ cκόροδ';

Θε. ὦ μόχθηρε cύ, 165
οὐ μὴ πρόcει τούτοιcιν ἐcκοροδιcμένοιc.

Δι. ταυτὶ περιείδεθ' οἱ πρυτάνειc πάcχοντά με
ἐν τῇ πατρίδι, καὶ ταῦθ' ὑπ' ἀνδρῶν βαρβάρων;
ἀλλ' ἀπαγορεύω μὴ ποιεῖν ἐκκληcίαν
τοῖc Θρᾳξὶ περὶ μιcθοῦ· λέγω δ' ὑμῖν ὅτι 170
διοcημία 'cτὶ καὶ ῥανὶc βέβληκέ με.

Κη. τοὺc Θρᾷκαc ἀπιέναι, παρεῖναι δ' εἰc ἔνην·
οἱ γὰρ πρυτάνειc λύουcι τὴν ἐκκληcίαν.

Δι. οἴμοι τάλαc, μυττωτὸν ὅcον ἀπώλεcα.
ἀλλ' ἐκ Λακεδαίμονοc γὰρ Ἀμφίθεοc ὁδί. 175
χαῖρ', Ἀμφίθεε.

Αμ. μήπω γε, πρίν ⟨γ'⟩ ἂν cτῶ τρέχων·
δεῖ γάρ με φεύγοντ' ἐκφυγεῖν Ἀχαρνέαc.

Δι. τί δ' ἐcτίν;

Αμ. ἐγὼ μὲν δεῦρό cοι cπονδὰc φέρων
ἔcπευδον· οἱ δ' ὤcφροντο πρεcβῦταί τινεc
Ἀχαρνικοί, cτιπτοὶ γέροντεc, πρίνινοι, 180
ἀτεράμονεc, Μαραθωνομάχαι, cφενδάμνινοι.
ἔπειτ' ἀνέκραγον πάντεc, "ὦ μιαρώτατε,
cπονδὰc φέρειc, τῶν ἀμπέλων τετμημένων;"
κἆc τοὺc τρίβωναc ξυνελέγοντο τῶν λίθων·
ἐγὼ δ' ἔφευγον· οἱ δ' ἐδίωκον κἀβόων. 185

Δι. οἱ δ' οὖν βοώντων. ἀλλὰ τὰc cπονδὰc φέρειc;

Αμ. ἔγωγέ φημι, τρία γε ταυτὶ γεύματα.

165 οὐ κατα-] οὐκ ἀπο- *Φ* (sed corr. in E)   μοχθηρὲ hoc accentu pc
167 περιείδεθ'] περιόψεcθ' Blaydes   171 διοcημία 'cτι P73, Elmsley
ex Su. δ 1205: -μί' ἐcτι codd.   176 suppl. Bergk: ἄν ⟨γε⟩ Brunck
cτῶ] cτῶ' γώ Robertson: cωθῶ van Herwerden   178 τί δ' ἐcτίν] τί
ἐcτιν Elmsley   ἐγὼ μὲν δεῦρό coι R et fortasse P73: ἐγὼ μέν coι δεῦρο *Φ*:
coὶ μὲν δεῦρ' ἐγώ L   180 cτιπτοὶ] cτυπτοὶ R^{ac}A: cτεριφνοὶ Erotianus
181 Μαραθωνομάχαι RΓ²E²L, Su. α 4343: -μάχοι *Φ*, Phrynichus, *praep. soph.*
11.4–12

ΑΧΑΡΝΗΣ

	αὗται μέν εἰcι πεντέτειc. γεῦcαι λαβών.	
Δι.	αἰβοῖ.	
Αμ.	τί ἐcτιν;	
Δι.	οὐκ ἀρέcκουcίν μ', ὅτι	
	ὄζουcι πίττηc καὶ παραcκευῆc νεῶν.	190
Αμ.	cὺ δ' ἀλλὰ ταcδὶ τὰc δεκέτειc γεῦcαι λαβών.	
Δι.	ὄζουcι χαὗται—πρέcβεων εἰc τὰc πόλειc,	
	ὀξύτατον, ὥcπερ διατριβῆc τῶν ξυμμάχων.	
Αμ.	ἀλλ' αὑταί τοί cοι τριακοντούτιδεc	
	κατὰ γῆν τε καὶ θάλατταν.	
Δι.	ὦ Διονύcια,	195
	αὗται μὲν ὄζουc' ἀμβροcίαc καὶ νέκταροc	
	καὶ μὴ 'πιτηρεῖν "cιτί' ἡμερῶν τριῶν",	
	κἂν τῷ cτόματι λέγουcι "βαῖν' ὅπῃ 'θέλειc".	
	ταύταc δέχομαι καὶ cπένδομαι κἀκπίομαι,	
	χαίρειν κελεύων πολλὰ τοὺc Ἀχαρνέαc.	200
Αμ.	ἐγὼ δὲ φευξοῦμαί γε τοὺc Ἀχαρνέαc.	203
Δι.	ἐγὼ δὲ πολέμου καὶ κακῶν ἀπαλλαγεὶc	201
	ἄξω τὰ κατ' ἀγροὺc εἰcιὼν Διονύcια.	

ΧΟΡΟΣ

τῇδε πᾶc ἕπου, δίωκε, καὶ τὸν ἄνδρα πυνθάνου [cτρ.
τῶν ὁδοιπόρων ἁπάντων· τῇ πόλει γὰρ ἄξιον 205
ξυλλαβεῖν τὸν ἄνδρα τοῦτον. ἀλλά μοι μηνύcατε,
εἴ τιc οἶδ' ὅποι τέτραπται γῆc ὁ τὰc cπονδὰc φέρων.
ἐκπέφευγ', οἴχεται
φροῦδοc. οἴμοι τάλαc τῶν ἐτῶν τῶν ἐμῶν· 210
οὐκ ἂν ἐπ' ἐμῆc γε νεότητοc, ὅτ' ἐγὼ φέρων
ἀνθράκων φορτίον
ἠκολούθουν Φαΰλλῳ τρέχων, ὧδε φαύλωc ἂν ὁ 215

189 ἀρέcκουcιν L: -cι cett.   194 τοί cοι Dobree, duce Bothe: cοι cπονδαὶ R: cπονδαὶ cett.: γάρ cοι vel δή cοι Elmsley   197 post 198 traiecit Reiske   197 καὶ] fortasse τοῦ   198 ὅπῃ] ὅποι AB   199 cπένδομαι] cπείcομαι Meineke   203 φευξοῦμαι R: -ομαι cett.   v. post 200 traiecit Elmsley   202 ἄξω R: αὔξω cett.
206 μηνύcατε R: μηνύετε cett.

ΑΡΙΣΤΟΦΑΝΟΥΣ

cπονδοφόροc οὗτοc ὑπ' ἐμοῦ τότε διωκόμενοc
ἐξέφυγεν, οὐδ' ἂν ἐλαφρῶc ἂν ἀπεπλίξατο.

νῦν δ' ἐπειδὴ cτερρὸν ἤδη τοὐμὸν ἀντικνήμιον   [ἀντ.
καὶ παλαιῷ Λακρατείδῃ τὸ cκέλοc βαρύνεται,   220
οἴχεται. διωκτέοc δέ· μὴ γὰρ ἐγχάνῃ ποτὲ
μηδέ περ γέρονταc ὄνταc ἐκφυγὼν Ἀχαρνέαc,
ὅcτιc, ὦ Ζεῦ πάτερ
καὶ θεοί, τοῖcιν ἐχθροῖcιν ἐcπείcατο,   225
οἷcι παρ' ἐμοῦ πόλεμοc ἐχθοδοπὸc αὔξεται
τῶν ἐμῶν χωρίων·
κοὐκ ἀνήcω πρὶν ἂν cχοῖνοc αὐτοῖcιν ἀντεμπαγῶ   230
⟨καὶ cκόλοψ⟩ ὀξύc, ὀδυνηρόc, ἐπίκωποc, ἵνα
μήποτε πατῶcιν ἔτι τὰc ἐμὰc ἀμπέλουc.

ἀλλὰ δεῖ ζητεῖν τὸν ἄνδρα καὶ βλέπειν Βαλλήναδε
καὶ διώκειν γῆν πρὸ γῆc, ἕωc ἂν εὑρεθῇ ποτέ·   235
ὡc ἐγὼ βάλλων ἐκεῖνον οὐκ ἂν ἐμπλήμην λίθοιc.

Δι. εὐφημεῖτε, εὐφημεῖτε.
Χο. cῖγα πᾶc. ἠκούcατ', ἄνδρεc, ἆρα τῆc εὐφημίαc;
οὗτοc αὐτόc ἐcτιν ὃν ζητοῦμεν. ἀλλὰ δεῦρο πᾶc
ἐκποδών· θύcων γὰρ ἀνήρ, ὡc ἔοικ', ἐξέρχεται.   240
Δι. εὐφημεῖτε, εὐφημεῖτε.
προΐτω 'c τὸ πρόcθεν ὀλίγον ἡ κανηφόροc.
ὁ Ξανθίαc τὸν φαλλὸν ὀρθὸν cτηcάτω.
κατάθου τὸ κανοῦν, ὦ θύγατερ, ἵν' ἀπαρξώμεθα.

217 ἐξέφυγεν del. Bentley   220 Λακρατείδῃ Bentley: -τίδῃ codd.   ἐγχάνῃ] ἐγχάνοι Brunck   222 ὄνταc L: om. cett.   230 ἀντεμπαγῶ R, Su. c 648 et 1813: ἄτ' ἐμπαγῶ cett.   231 lacunam statuit Hermann: suppl. R. Klotz e Su. c 648   232 ἔτι om. R   234 Βαλλήναδε v.l. ap. sch. ΕΓ: Παλλήναδε codd.   236 ἐμπλήμην RΓ^ac: -είμην cett.   238 cῖγα c, Bentley: cίγα cett.   ἆρα] ἄρτι Halbertsma   239 αὐτόc] οὗτοc dubitanter Dobree, Boutens e sch.   240 ἀνήρ Elmsley, duce Brunck: ἁ- codd.   242 προΐτω 'c F. A. Wolf: πρόϊθ' ὡc codd.

16

ΑΧΑΡΝΗϹ

ΘΥΓΑΤΗΡ
ὦ μῆτερ, ἀνάδος δεῦρο τὴν ἐτνήρυϲιν, 245
ἵν' ἔτνοϲ καταχέω τοὐλατῆροϲ τουτουί.
Δι. καὶ μὴν καλόν γ' ἔϲτ'. ὦ Διόνυϲε δέϲποτα,
κεχαριϲμένωϲ ϲοι τήνδε τὴν πομπὴν ἐμὲ
πέμψαντα καὶ θύϲαντα μετὰ τῶν οἰκετῶν
ἀγαγεῖν τυχηρῶϲ τὰ κατ' ἀγροὺϲ Διονύϲια, 250
ϲτρατιᾶϲ ἀπαλλαχθέντα· τὰϲ ϲπονδὰϲ δέ μοι
καλῶϲ ξυνενεγκεῖν τὰϲ τριακοντούτιδαϲ.
ἄγ', ὦ θύγατερ, ὅπωϲ τὸ κανοῦν καλὴ καλῶϲ
οἴϲειϲ, βλέπουϲα θυμβροφάγον. ὡϲ μακάριοϲ
ὅϲτιϲ ϲ' ὀπύϲει κἀκποιήϲεται γαλᾶϲ 255
ϲοῦ μηδὲν ἥττουϲ βδεῖν, ἐπειδὰν ὄρθροϲ ᾖ.
πρόβαινε, κἀν τὤχλῳ φυλάττεϲθαι ϲφόδρα
μή τιϲ λαθών ϲου περιτράγῃ τὰ χρυϲία.
ὦ Ξανθία, ϲφῷν δ' ἐϲτὶν ὀρθὸϲ ἑκτέοϲ
ὁ φαλλὸϲ ἐξόπιϲθε τῆϲ κανηφόρου· 260
ἐγὼ δ' ἀκολουθῶν ᾄϲομαι τὸ φαλλικόν·
ϲὺ δ', ὦ γύναι, θεῶ μ' ἀπὸ τοῦ τέγουϲ. πρόβα.

Φάληϲ, ἑταῖρε Βακχίου,
ξύγκωμε, νυκτοπεριπλάνητε, μοιχέ, παιδεραϲτά, 265
ἕκτῳ ϲ' ἔτει προϲεῖπον εἰϲ τὸν δῆμον ἐλθὼν ἄϲμενοϲ,
ϲπονδὰϲ ποιηϲάμενοϲ ἐμαυτῷ, πραγμάτων τε καὶ
  μαχῶν
καὶ Λαμάχων ἀπαλλαγείϲ. 270
πολλῷ γάρ ἐϲθ' ἥδιον, ὦ Φάληϲ Φάληϲ,
κλέπτουϲαν εὑρόνθ' ὡρικὴν ὑληφόρον,
τὴν Ϲτρυμοδώρου Θρᾷτταν ἐκ τοῦ φελλέωϲ,

---

247 post ἔϲτ' sic interpungunt EB, Brunck   254 οἴϲειϲ R: οἴϲει cett.
ὡϲ] ὦ R   256 ἥττουϲ Elmsley: ἧττον fere codd.   263, 271,
276 Φάληϲ hoc accentu Herter: Φαλῆϲ codd.   263 Βακχίου Scaliger:
-είου codd.   272 ὑληφόρον] ὑλο- R   273 Φελλέωϲ ut nomen
loci interpretari possis, cf. sch. et Dover ad *Nub.* 71

ΑΡΙϹΤΟΦΑΝΟΥϹ

μέϲην λαβόντ', ἄραντα, καταβαλόντα 275
καταγιγαρτίϲαι.
Φάληϲ Φάληϲ,
ἐὰν μεθ' ἡμῶν ξυμπίῃϲ, ἐκ κραιπάληϲ
ἕωθεν εἰρήνηϲ ῥοφήϲει τρύβλιον·
ἡ δ' ἀϲπὶϲ ἐν τῷ φεψάλῳ κρεμήϲεται.

Χο. οὗτοϲ αὐτόϲ ἐϲτιν, οὗτοϲ· 280
βάλλε, βάλλε, βάλλε, βάλλε,
παῖε, παῖε τὸν μιαρόν.
οὐ βαλεῖϲ; οὐ βαλεῖϲ;

Δι. Ἡράκλειϲ, τουτὶ τί ἐϲτι; τὴν χύτραν ϲυντρίψετε. [ϲτρ.
Χο. ϲὲ μὲν οὖν καταλεύϲομεν, ὦ μιαρὰ κεφαλή. 285
Δι. ἀντὶ ποίαϲ αἰτίαϲ, ὦχαρνέων γεραίτατοι;
Χο. τοῦτ' ἐρωτᾷϲ; ἀναίϲχυντοϲ εἶ καὶ βδελυρόϲ,
ὦ προδότα τῆϲ πατρίδοϲ, ὅϲτιϲ ἡμῶν μόνοϲ 290
ϲπειϲάμενοϲ εἶτα δύναϲαι πρὸϲ ἔμ' ἀποβλέπειν.
Δι. ἀντὶ δ' ὧν ἐϲπειϲάμην ἠκούϲατ'; ἀλλ' ἀκούϲατε.
Χο. ϲοῦ γ' ἀκούϲωμεν; ἀπολεῖ· κατά ϲε χώϲομεν τοῖϲ 295
λίθοιϲ.
Δι. μηδαμῶϲ, πρὶν ἄν γ' ἀκούϲητ'· ἀλλ' ἀνάϲχεϲθ', ὦγαθοί.
Χο. οὐκ ἀναϲχήϲομαι· μηδὲ λέγε μοι ϲὺ λόγον·
ὡϲ μεμίϲηκά ϲε Κλέωνοϲ ἔτι μᾶλλον, ὃν ἐ- 300
γὼ τεμῶ τοῖϲιν ἱππεῦϲι καττύματα.

275 καταγιγαρτίϲαι ὦ vel -ίϲ' ὦ fere codd.: ὦ del. Brunck
278 ῥοφήϲει Elmsley: -ειϲ codd.   279 κρεμήϲεται] κρεμαϲθήϲεται R
282 alterum παῖε] πᾶϲ Bergk   291 εἶτα L: ἔπειτα P73, cett.   πρὸϲ
L: νῦν πρὸϲ cett.   292 ἠκούϲατ' Kock: οὐκ ἰϲτε[P73: οὐκ ἴϲατ' R:
οὐκ ἴϲτε A: οὐκ ἴϲτε τε ΓΕ: οὐκ ἴϲτε γ' L: οὐκ ἰϲτέ W. G. Clark: alii alia, e.g.
οὐκ ἴϲτε· τἄλλ' Handley   295 ἀκούϲωμεν Elmsley: -ομεν RΦ:
ἀκούϲομ' L   κατά ϲε RE: κᾆτά ϲ' AΓ: κᾆτά ϲ' αὖ L   296 ἄν γ' Γ³,
Bentley: γ' ἄν Φ: γ' R: ἂν L   ἀνάϲχεϲθ'] -οιϲθ' vel -οιθ' Φ   297 μοι
ϲὺ P73, Hermann: ϲύ μοι R: ϲὺ Φ: δὴ ϲὺ L   300–1 locus multum
temptatus   ἐγὼ codd.: del. Bothe   τεμῶ Elmsley: κατατεμῶ P73, codd.
post ἱππεῦϲι add. ποτ' ἐϲ P73 et codd. plerique (ποτ' om. Su. κ 817 et 1129, ἐϲ
om. L): contextum restituit Dindorf

ΑΧΑΡΝΗC

      coῦ δ' ἐγὼ λόγουc λέγοντοc οὐκ ἀκούcομαι μακρούc,
      ὅcτιc ἐcπείcω Λάκωcιν, ἀλλὰ τιμωρήcομαι.
Δι. ὠγαθοί, τοὺc μὲν Λάκωναc ἐκποδὼν ἐάcατε,   305
      τῶν δ' ἐμῶν cπονδῶν ἀκούcατ', εἰ καλῶc ἐcπειcάμην.
Χο. πῶc δ' ἔτ' ἂν καλῶc λέγοιc ἄν, εἴπερ ἐcπείcω γ' ἅπαξ
      οἷcιν οὔτε βωμὸc οὔτε πίcτιc οὔθ' ὅρκοc μένει;
Δι. οἶδ' ἐγὼ καὶ τοὺc Λάκωναc, οἷc ἄγαν ἐγκείμεθα,
      οὐχ ἁπάντων ὄνταc ἡμῖν αἰτίουc τῶν πραγμάτων. 310
Χο. οὐχ ἁπάντων, ὦ πανοῦργε; ταῦτα δὴ τολμᾷc λέγειν
      ἐμφανῶc ἤδη πρὸc ἡμᾶc; εἶτ' ἐγώ cου φείcομαι;
Δι. οὐχ ἁπάντων, οὐχ ἁπάντων· ἀλλ' ἐγὼ λέγων ὁδὶ
      πόλλ' ἂν ἀποφήναιμ' ἐκείνουc ἔcθ' ἃ κἀδικουμένουc.
Χο. τοῦτο τοὔποc δεινὸν ἤδη καὶ ταραξικάρδιον,   315
      εἰ cὺ τολμήcειc ὑπὲρ τῶν πολεμίων ἡμῖν λέγειν.
Δι. κἄν γε μὴ λέγω δίκαια μηδὲ τῷ πλήθει δοκῶ,
      ὑπὲρ ἐπιξήνου 'θελήcω τὴν κεφαλὴν ἔχων λέγειν.
Χο. εἰπέ μοι, τί φειδόμεcθα τῶν λίθων, ὦ δημόται,
      μὴ οὐ καταξαίνειν τὸν ἄνδρα τοῦτον εἰc φοινικίδα; 320
Δι. οἷον αὖ μέλαc τιc ὑμῖν θυμάλωψ ἐπέζεcεν.
      οὐκ ἀκούcεcθ', οὐκ ἀκούcεcθ' ἐτεόν, ὠχαρνηΐδαι;
Χο. οὐκ ἀκουcόμεcθα δῆτα.
Δι.   δεινά γ' ἄρα πείcομαι.
Χο. ἐξολοίμην, ἢν ἀκούcω.
Δι.   μηδαμῶc, ὠχαρνικοί.
Χο. ὡc τεθνήξων ἴcθι νυνί.
Δι.   δήξομἄρ' ὑμᾶc ἐγώ.   325

---

307 δ' ἔτ' Elmsley: δέ γ' codd.   308 βωμὸc ... πίcτιc] πίcτιc ... βωμὸc Φ   μένει] μέλει F. W. Schmidt   309 οἶδ' ἐγὼ] οἶδα γὰρ Blaydes   314 πόλλ'] ἀλλ' Wecklein: ῥᾷcτ' Blaydes   κἀδικουμένουc] κηδικημένουc Hamaker   317 λέγω] λέξω R   μηδὲ] μήτε R   321 οἷον R: οἷοc cett.   τιc] ἐφ' R   323 γ' ἄρα] τἄρα P73, Elmsley, fort. recte   325 δήξομἄρ' ὑμᾶc P73, Bentley: δήξομαι ἄρ' ὑμᾶc Vb1: δείξομ' ὑμᾶc ἄρ' R: δήξομαι γὰρ (vel γ' ἄρ') ὑμᾶc codd. plerique: δήξομαί γ' ὑμᾶc Porson

ΑΡΙΣΤΟΦΑΝΟΥΣ

ἀνταποκτενῶ γὰρ ὑμῶν τῶν φίλων τοὺς φιλτάτους·
ὡς ἔχω γ' ὑμῶν ὁμήρους, οὓς ἀποςφάξω λαβών.

Χο. εἰπέ μοι, τί τοῦτ' ἀπειλεῖ τοὔπος, ἄνδρες δημόται,
τοῖς Ἀχαρνικοῖςιν ἡμῖν; μῶν ἔχει του παιδίον
τῶν παρόντων ἔνδον εἴρξας; ἢ 'πὶ τῷ θραςύνεται; 330

Δι. βάλλετ', εἰ βούλεςθ'· ἐγὼ γὰρ τουτονὶ διαφθερῶ.
εἴςομαι δ' ὑμῶν τάχ' ὅςτις ἀνθράκων τι κήδεται.

Χο. ὡς ἀπωλόμεςθ'· ὁ λάρκος δημότης ὅδ' ἔςτ' ἐμός.
ἀλλὰ μὴ δράςῃς ὃ μέλλεις, μηδαμῶς, ὦ μηδαμῶς. 334

Δι. ὡς ἀποκτενῶ. κέκραχθ'· ἐγὼ γὰρ οὐκ ἀκούςομαι. [ἀντ.

Χο. ἀπολεῖς ἄρ' ὁμήλικα τόνδε φιλανθρακέα;

Δι. οὐδ' ἐμοῦ λέγοντος ὑμεῖς ἀρτίως ἠκούςατε.

Χο. ἀλλὰ νυνὶ λέγ', εἴ ςοι δοκεῖ, τόν γε Λακε-
δαιμόνιον αὐτόθεν ὅτῳ τρόπῳ ςούςτὶ φίλος·
ὡς τόδε τὸ λαρκίδιον οὐ προδώςω ποτέ. 340

Δι. τοὺς λίθους νύν μοι χαμᾶζε πρῶτον ἐξεράςατε.

Χο. οὑτοί ςοι χαμαί, καὶ ςὺ κατάθου πάλιν τὸ ξίφος.

Δι. ἀλλ' ὅπως μὴ 'ν τοῖς τρίβωςιν ἐγκάθηνταί που λίθοι.

Χο. ἐκςέςειςται χαμᾶζ'· οὐχ ὁρᾷς ςειόμενον;
ἀλλὰ μή μοι πρόφαςιν, ἀλλὰ κατάθου τὸ βέλος. 345
ὡς ὅδε γε ςειςτὸς ἅμα τῇ ςτροφῇ γίγνεται.

Δι. ἐμέλλετ' ἄρα πάντως ἀνήςειν τῆς βοῆς,
ὀλίγου δ' ἀπέθανον ἄνθρακες Παρνήςςιοι,
καὶ ταῦτα διὰ τὴν ἀτοπίαν τῶν δημοτῶν.

326 ὑμῶν] ὑμῖν Reiske   329 του Brunck (alicuius iam Divus): τοῦ codd.   330 τῷ] τίνι Φ   334 ὦ] μὴ Elmsley   336 ἄρ' ὁμήλικα Reisig: ἄρα τὸν ἥλικα codd.: ἄρ' ἀφήλικα Bergk   338 νυνὶ Bentley: νῦν RΦ: γὰρ νῦν L   εἴ] εἴ τι R: ὅ τι Elmsley   γε Reisig: τε ΦL: om. R, Greg. Cor. de dial. p. 129   339 αὐτόθεν Rennie, ὅτῳ Scaliger: αὐτὸν ὅτι τῷ codd., quo recepto τῳ pro τῷ Blaydes   φίλος R: φίλον cett.: utrumque novit sch.   341 λίθους νύν μοι Γ^pc, Bentley: νῦν μοι λίθους cett.   347 πάντως ἀνήςειν τῆς Dobree, duce Elmsley: πάντες ἀναςείειν codd.   βοῆς] βοήν R s.l.   348 δ' Meineke: τ' codd.: γ' Elmsley   ἄνθρακες Dawes: ἄ- codd.   Παρνήςςιοι C. Wordsworth (-ήςιοι Elmsley): Παρνάςςιοι RΓE: -νάςιοι AL: -νήθιοι Bentley: cf. IG i³ 1057 bis

ΑΧΑΡΝΗС

ὑπὸ τοῦ δέουс δὲ τῆс μαρίληс μοι cυχνὴν 350
ὁ λάρκοс ἐνετίληcεν ὥсπερ cηπία.
δεινὸν γὰρ οὕτωс ὀμφακίαν πεφυκέναι
τὸν θυμὸν ἀνδρῶν ὥсτε βάλλειν καὶ βοᾶν
ἐθέλειν τ' ἀκοῦсαι μηδὲν ἴсον ἴсῳ φέρον,
ἐμοῦ 'θέλοντοс ὑπὲρ ἐπιξήνου λέγειν 355
ὑπὲρ Λακεδαιμονίων ἅπανθ' ὅс' ἂν λέγω·
καίτοι φιλῶ γε τὴν ἐμὴν ψυχὴν ἐγώ.

Χο. τί οὖν οὐ λέγειс, ἐπίξηνον ἐξενεγκὼν θύραζ', [cτρ.
ὅ τι ποτ', ὦ сχέτλιε, τὸ μέγα τοῦτ' ἔχειс; 360
πάνυ γὰρ ἐμέ γε πόθοс ὅ τι φρονεῖс ἔχει.
ἀλλ' ἧπερ αὐτὸс τὴν δίκην διωρίсω,
θεὶс δεῦρο τοὐπίξηνον ἐγχείρει λέγειν. 365

Δι. ἰδοὺ θεᾶсθε, τὸ μὲν ἐπίξηνον τοδί,
ὁ δ' ἀνὴρ ὁ λέξων οὑτοсὶ τυννουτοсί.
ἀμέλει μὰ τὸν Δί' οὐκ ἐναсπιδώсομαι,
λέξω δ' ὑπὲρ Λακεδαιμονίων ἁμοὶ δοκεῖ.
καίτοι δέδοικα πολλά· τούс τε γὰρ τρόπουс 370
τοὺс τῶν ἀγροίκων οἶδα χαίρονταс сφόδρα,
ἐάν τιс αὐτοὺс εὐλογῇ καὶ τὴν πόλιν
ἀνὴρ ἀλαζὼν καὶ δίκαια κἄδικα·
κἀνταῦθα λανθάνουс' ἀπεμπολώμενοι·
τῶν τ' αὖ γερόντων οἶδα τὰс ψυχὰс ὅτι 375
οὐδὲν βλέπουсιν ἄλλο πλὴν ψήφῳ δάκνειν.
αὐτόс τ' ἐμαυτὸν ὑπὸ Κλέωνοс ἅπαθον
ἐπίсταμαι διὰ τὴν πέρυсι κωμῳδίαν.
εἰсελκύсαс γάρ μ' εἰс τὸ βουλευτήριον
διέβαλλε καὶ ψευδῆ κατεγλώττιζέ μου 380

351 ἐνετίληсεν] ἐπε- Su. ε 2095, λ 124, μ 196, Daubuz   354 φέρον Γ^{pc}B^2, Su. δ 340, ο 315 (excepto cod. G): -ειν R: -ων cett.   356 v. del. Wilamowitz et Starkie   ὑπὲρ] περὶ Meineke   358 οὐ EL et fortasse Γ^{ac}: om. RAΓ^{pc}   366 θεᾶсθε] θέαсαι R   369 ἁμοὶ Coulon: ἅ μοι codd.   375 τ'] δ' Blaydes   376 ψήφῳ δάκνειν Brunck: ψήφῳ δακεῖν Γ^2E^2, lm. sch.: ψηφοδακεῖν RΦ: ψηφηδακεῖν L

ΑΡΙϹΤΟΦΑΝΟΥϹ

κἀκυκλοβόρει κἄπλυνεν, ὥϲτ' ὀλίγου πάνυ
ἀπωλόμην μολυνοπραγμονούμενοϲ.
νῦν οὖν με πρῶτον πρὶν λέγειν ἐάϲατε
ἐνϲκευάϲαϲθαί μ' οἷον ἀθλιώτατον. 384

Χο. τί ταῦτα ϲτρέφει τεχνάζειϲ τε καὶ πορίζειϲ [ἀντ.
τριβάϲ;
λαβὲ δ' ἐμοῦ γ' ἕνεκα παρ' Ἱερωνύμου
ϲκοτοδαϲυπυκνότριχά τιν' Ἄϊδοϲ κυνῆν· 390
εἶτ' ἐξάνοιγε μηχανὰϲ τὰϲ Ϲιϲύφου·
ὡϲ ϲκῆψιν ἀγὼν οὗτοϲ οὐχὶ δέξεται.

Δι. ὥρα 'ϲτὶν ἁρμοῖ καρτερὰν ψυχὴν λαβεῖν·
καί μοι βαδιϲτέ' ἐϲτὶν ὡϲ Εὐριπίδην.
παῖ παῖ.

ΘΕΡΑΠΩΝ
τίϲ οὗτοϲ;
Δι.   ἔνδον ἔϲτ' Εὐριπίδηϲ; 395
Θε. οὐκ ἔνδον ἔνδον ἐϲτίν, εἰ γνώμην ἔχειϲ.
Δι. πῶϲ ἔνδον, εἶτ' οὐκ ἔνδον;
Θε.   ὀρθῶϲ, ὦ γέρον.
ὁ νοῦϲ μὲν ἔξω ξυλλέγων ἐπύλλια
κοὐκ ἔνδον, αὐτὸϲ δ' ἔνδον ἀναβάδην ποιεῖ
τραγῳδίαν.
Δι.   ὦ τριϲμακάρι' Εὐριπίδη, 400
ὅθ' ὁ δοῦλοϲ οὑτωϲὶ ϲοφῶϲ ὑποκρίνεται.

381 κἄπλυνεν RΓ²E²: κἀπέπλυνεν cett.   384 v. del. Valckenaer
385 ϲτρέφει RΦ: -ειϲ L: -ειν c   τεχνάζειϲ RΦc: -ει L   πορίζειϲ] -ει
Blaydes, van Herwerden   390 τιν' Brunck: τὴν codd.   391 εἶτ']
ἀλλ' Su. c 490: εἶ' Dobree   τὰϲ] τοῦ lm. sch. in P. Oxy. 856
392 ἀγὼν Bentley: ἀ- codd.   οὐχὶ δέξεται Cobet: οὐκ εἰϲδέξεται codd.:
οὐ προϲδέξεται Su. c 490: οὐκ ἐνδέξεται Olson   393 ἁρμοῖ
Robertson, Lloyd-Jones: ἆρά μοι R: ἤδη cett.   396 ⟨τ'⟩ ἐϲτίν Dindorf
399 κοὐκ R: οὐκ cett.   401 οὑτωϲὶ L: οὑτοϲὶ cett.   ϲοφῶϲ ὑποκρίνεται R: ϲαφῶϲ ἀπεκρίνατο cett.

22

ΑΧΑΡΝΗΣ

ἐκκάλεcον αὐτόν.
Θε. ἀλλ' ἀδύνατον.
Δι. ἀλλ' ὅμως·
οὐ γὰρ ἂν ἀπέλθοιμ', ἀλλὰ κόψω τὴν θύραν.
Εὐριπίδη, Εὐριπίδιον,
ὑπάκουcον, εἴπερ πώποτ' ἀνθρώπων τινί· 405
Δικαιόπολιc καλεῖ cε Χολλῄδηc, ἐγώ.

ΕΥΡΙΠΙΔΗΣ

ἀλλ' οὐ cχολή.
Δι. ἀλλ' ἐκκυκλήθητ'.
Ευ. ἀλλ' ἀδύνατον.
Δι. ἀλλ' ὅμωc.
Ευ. ἀλλ' ἐκκυκλήcομαι· καταβαίνειν δ' οὐ cχολή.
Δι. Εὐριπίδη—
Ευ. τί λέλακαc;
Δι. ἀναβάδην ποιεῖc, 410
ἐξὸν καταβάδην. οὐκ ἐτὸc χωλοὺc ποιεῖc.
ἀτὰρ τί τὰ ῥάκι'; εἰc τραγῳδίαc ἔχειc
ἐcθῆτ' ἐλεινήν; οὐκ ἐτὸc πτωχοὺc ποιεῖc.
ἀλλ' ἀντιβολῶ πρὸc τῶν γονάτων c', Εὐριπίδη,
δόc μοι ῥάκιόν τι τοῦ παλαιοῦ δράματοc. 415
δεῖ γάρ με λέξαι τῷ χορῷ ῥῆcιν μακράν·
αὕτη δὲ θάνατον, ἢν κακῶc λέξω, φέρει.
Ευ. τὰ ποῖα τρύχη; μῶν ἐν οἷc Οἰνεὺc ὁδὶ
ὁ δύcποτμοc γεραιὸc ἠγωνίζετο;
Δι. οὐκ Οἰνέωc ἦν, ἀλλ' ἔτ' ἀθλιωτέρου. 420
Ευ. τὰ τοῦ τυφλοῦ Φοίνικοc;
Δι. οὐ Φοίνικοc, οὔ·

406 cε] c' ὁ Brunck   Χολλῄδηc tituli: Χολλίδηc codd.   411 v. om. Φ, 414 ante 412 traiecto   χωλοὺc] πτοχοὺc μόνουc R, sed delevit μόνουc   412 post ῥάκι' interpunxit Bergk   εἰc Richards: ἐκ codd.: ἦ 'κ Bergk   413 ἐλεινήν Porson: ἐλεεινήν codd.   πτωχοὺc R: χωλοὺc cett.   414 c' om. Φ   415 τοῦ] του Bergk, anon. ap. Mnem. 1 (1852) 414

ΑΡΙϹΤΟΦΑΝΟΥϹ

ἀλλ' ἕτεροϲ ἦν Φοίνικοϲ ἀθλιώτεροϲ.

Ευ. ποίαϲ ποθ' ἀνὴρ λακίδαϲ αἰτεῖται πέπλων;
ἀλλ' ἦ Φιλοκτήτου τὰ τοῦ πτωχοῦ λέγειϲ;

Δι. οὔκ, ἀλλὰ τούτου πολὺ πολὺ πτωχιϲτέρου. 425

Ευ. ἀλλ' ἦ τὰ δυϲπινῆ θέλειϲ πεπλώματα,
ἃ Βελλεροφόντηϲ εἶχ' ὁ χωλὸϲ οὑτοϲί;

Δι. οὐ Βελλεροφόντηϲ· ἀλλὰ κἀκεῖνοϲ μὲν ἦν
χωλόϲ, προϲαιτῶν, ϲτωμύλοϲ, δεινὸϲ λέγειν.

Ευ. οἶδ' ἄνδρα, Μυϲὸν Τήλεφον.

Δι. ναί, Τήλεφον· 430
τούτου δόϲ, ἀντιβολῶ ϲέ, μοι τὰ ϲπάργανα.

Ευ. ὦ παῖ, δὸϲ αὐτῷ Τηλέφου ῥακώματα.
κεῖται δ' ἄνωθεν τῶν Θυεϲτείων ῥακῶν,
μεταξὺ τῶν Ἰνοῦϲ. ἰδού, ταυτὶ λαβέ.

Δι. ὦ Ζεῦ διόπτα καὶ κατόπτα πανταχῇ, 435
ἐνϲκευάϲαϲθαί μ' οἷον ἀθλιώτατον.
Εὐριπίδη, 'πειδήπερ ἐχαρίϲω ταδί,
κἀκεῖνά μοι δὸϲ τἀκόλουθα τῶν ῥακῶν,
τὸ πιλίδιον περὶ τὴν κεφαλὴν τὸ Μύϲιον.
δεῖ γάρ με δόξαι πτωχὸν εἶναι τήμερον, 440
εἶναι μὲν ὅϲπερ εἰμί, φαίνεϲθαι δὲ μή·
τοὺϲ μὲν θεατὰϲ εἰδέναι μ' ὅϲ εἰμ' ἐγώ,
τοὺϲ δ' αὖ χορευτὰϲ ἠλιθίουϲ παρεϲτάναι,
ὅπωϲ ἂν αὐτοὺϲ ῥηματίοιϲ ϲκιμαλίϲω.

Ευ. δώϲω· πυκνῇ γὰρ λεπτὰ μηχανᾷ φρενί. 445

Δι. εὐδαιμονοίηϲ, Τηλέφῳ δ' ἁγὼ φρονῶ.
εὖ γ'· οἷον ἤδη ῥηματίων ἐμπίμπλαμαι.
ἀτὰρ δέομαί γε πτωχικοῦ βακτηρίου.

423 ἀνήρ Elmsley: ἁ- codd.   429 δεινὸϲ λέγειν om. R
434 ἰδού, ταυτί Euripidi tribuit Bergk, Dicaeopoli Beer   436 v. del.
Dobree, duce Brunck   437 post ἐχαρίϲω add. μοι codd.: del. Bentley
441 ὅϲπερ Su. ει 158 codd. AF^{pc}VM, φ 172 cod. M: ὥϲπερ codd.
442 ὅϲ L: ὅϲτιϲ RΦ   444 αὐτοὺϲ] -οῖϲ R   446 εὐδαιμονοίηϲ]
εὖ ϲοι γένοιτο Athenaeus 186c, sed fortasse Euripidem (fr. 707) citat
φρονῶ] νοῶ Athenaeus   447 ἐμπίμπλαμαι Vv17 B: ἐμπιπλ- cett.
448 ἀτάρ] αὐτάρ R   γε] καὶ L

AXAPNHC

Ev.	τουτὶ λαβὼν ἄπελθε λαΐνων cταθμῶν.
Δι.	ὦ θύμ', ὁρᾷc γὰρ ὡc ἀπωθοῦμαι δόμων, 450 πολλῶν δεόμενοc cκευαρίων· νῦν δὴ γενοῦ γλίcχροc, προcαιτῶν λιπαρῶν τ'. Εὐριπίδη, δόc μοι cπυρίδιον διακεκαυμένον λύχνῳ.
Ev.	τί δ', ὦ τάλαc, cε τοῦδ' ἔχει πλέκουc χρέοc;
Δι.	χρέοc μὲν οὐδέν, βούλομαι δ' ὅμωc λαβεῖν. 455
Ev.	λυπηρὸc ἴcθ' ὢν κἀποχώρηcον δόμων.
Δι.	φεῦ· εὐδαιμονοίηc, ὥcπερ ἡ μήτηρ ποτέ.
Ev.	ἄπελθέ νύν μοι.
Δι.	μἀλλά μοι δὸc ἓν μόνον, κοτυλίcκιον τὸ χεῖλοc ἀποκεκρουμένον.
Ev.	φθείρου λαβὼν τόδ'· ἴcθ' ὀχληρὸc ὢν δόμοιc. 460
Δι.	οὔπω μὰ Δί' οἶcθ' οἷ' αὐτὸc ἐργάζει κακά. ἀλλ', ὦ γλυκύτατ' Εὐριπίδη, τουτὶ μόνον δόc μοι, χυτρίδιον cπογγίῳ βεβυcμένον.
Ev.	ὦνθρωπ', ἀφαιρήcει με τὴν τραγῳδίαν· ἄπελθε ταυτηνὶ λαβών.
Δι.	ἀπέρχομαι. 465 καίτοι τί δράcω; δεῖ γὰρ ἑνόc, οὗ μὴ τυχὼν ἀπόλωλ'. ἄκουcον, ὦ γλυκύτατ' Εὐριπίδη· τουτὶ λαβὼν ἄπειμι κοὐ πρόcειμ' ἔτι· εἰc τὸ cπυρίδιον ἰcχνά μοι φυλλεῖα δόc.
Ev.	ἀπολεῖc μ'. ἰδού cοι. φροῦδά μοι τὰ δράματα. 470
Δι.	ἀλλ' οὐκέτ', ἀλλ' ἄπειμι. καὶ γάρ εἰμ' ἄγαν

452 γλίcχροc] -ωc Su. λ 579 cod. A   τ' codd.: del. Bentley   Εὐριπίδη]
-ην R^{ac}Φ   454 cε B, Bentley: γε cett., Su. π 1721: om. Su. δ 571, χ 458
458 μἀλλά Bentley: μὴ ἀλλά codd.   459 κοτυλίcκιον Athenaeus 479
B: κυλίcκιον codd., Su. α 3343: κυλίκιον Su. κ 2665 codd. GVM: κυλικεῖον
Su. ibid. codd. AF   ἀποκεκρουμένον Athenaeus, γρ. ap. Su. α 3343, Bachmann, Anecdota graeca 126, 1 (Synagogae codex B, α 1867): -cμένον codd.
460 φθείρου R: φέρου cett.   τόδ' R: ταῦτ' cett.   ἴcθ' Γ²E²L: ἴcθι δ' R:
om. Φ   461 οὔπω] οὔτοι Thiersch   462 τουτὶ μόνον L: μόνον
τουτί RΦ: μόνον τοδί c   463 post μοι interpunxit Olson, post μόνον
(462) Reisig   cπογγίῳ R, Su. β 224 : cφο- cett.

25

ΑΡΙΣΤΟΦΑΝΟΥΣ

κἀντεῦθεν ἀρχὴ τοῦ πολέμου κατερράγη
Ἕλληϲι πᾶϲιν ἐκ τριῶν λαικαϲτριῶν.
ἐντεῦθεν ὀργῇ Περικλέηϲ οὑλύμπιοϲ   530
ἤϲτραπτ', ἐβρόντα, ξυνεκύκα τὴν Ἑλλάδα,
ἐτίθει νόμουϲ ὥϲπερ ϲκόλια γεγραμμένουϲ,
ὡϲ χρὴ Μεγαρέαϲ μήτε γῇ μήτ' ἐν ἀγορᾷ
μήτ' ἐν θαλάττῃ μήτ' ἐν ἠπείρῳ μένειν.
ἐντεῦθεν οἱ Μεγαρῆϲ, ὅτε δὴ 'πείνων βάδην,   535
Λακεδαιμονίων ἐδέοντο τὸ ψήφιϲμ' ὅπωϲ
μεταϲτραφείη τὸ διὰ τὰϲ λαικαϲτρίαϲ·
οὐκ ἠθέλομεν δ' ἡμεῖϲ δεομένων πολλάκιϲ.
κἀντεῦθεν ἤδη πάταγοϲ ἦν τῶν ἀϲπίδων.
ἐρεῖ τιϲ, "οὐ χρῆν"· ἀλλὰ τί ἐχρῆν, εἴπατε.   540
φέρ', εἰ Λακεδαιμονίων τιϲ ἐκπλεύϲαϲ ϲκάφει
ἀπέδοτο φήναϲ κυνίδιον Ϲεριφίων,
καθῆϲθ' ἂν ἐν δόμοιϲιν; ἦ πολλοῦ γε δεῖ·
καὶ κάρτα μεντἂν εὐθέωϲ καθείλκετε
τριακοϲίαϲ ναῦϲ, ἦν δ' ἂν ἡ πόλιϲ πλέα   545
θορύβου ϲτρατιωτῶν, περὶ τριηράρχουϲ βοῆϲ,
μιϲθοῦ διδομένου, παλλαδίων χρυϲουμένων,
ϲτοᾶϲ ϲτεναχούϲηϲ, ϲιτίων μετρουμένων,
ἀϲκῶν, τροπωτήρων, κάδουϲ ὠνουμένων,
ϲκορόδων, ἐλαῶν, κρομμύων ἐν δικτύοιϲ,   550
ϲτεφάνων, τριχίδων, αὐλητρίδων, ὑπωπίων·
τὸ νεώριον δ' αὖ κωπέων πλατουμένων,
τύλων ψοφούντων, θαλαμιῶν τροπουμένων,

528 κἀντεῦθεν] κἀκεῖθεν Athenaeus: ἐνθένδ' Aristodemus   ἀρχὴ τοῦ πολέμου] ὁ πόλεμοϲ ἐμφανῶϲ Aristodemus   ἀρχὴ Dobree: ἀ- codd.
531 ἤϲτραπτ' Aristodemus, Plinius Epp. 1.20: ἤϲτραπτεν codd.
533 μήτε Bentley: μήτ' ἐν codd.   535 Μεγαρῆϲ RΓ^{pc}: -εῖϲ cett.
538 οὐκ R: κοὐκ ΦL   δ' R: om. cett.   540 ἐχρῆν RΓ²: χρῆν cett.
541 εἰ P73 ut videtur, L: εἰ καὶ cett.   ἐκπλεύϲαϲ] εἰϲπλεύϲαν Blaydes, van Leeuwen   546 τριηράρχουϲ van Herwerden: -ου codd.
547 διδομένου RA: -νων cett.   549 ἀϲκῶν, τροπωτήρων] -ουϲ, -αϲ Blaydes   553 τροπουμένων] τρυπωμένων Morrison

ΑΧΑΡΝΗϹ

αὐλῶν, κελευϲτῶν, νιγλάρων, ϲυριγμάτων.
ταῦτ' οἶδ' ὅτι ἂν ἐδρᾶτε· τὸν δὲ Τήλεφον 555
οὐκ οἰόμεϲθα; νοῦϲ ἄρ' ἡμῖν οὐκ ἔνι.

ΗΜΙΧΟΡΙΟΝ Α

ἄληθεϲ, ὠπίτριπτε καὶ μιαρώτατε;
ταυτὶ ϲὺ τολμᾷϲ πτωχὸϲ ὢν ἡμᾶϲ λέγειν,
καὶ ϲυκοφάντηϲ εἴ τιϲ ἦν ὠνείδιϲαϲ;

ΗΜΙΧΟΡΙΟΝ Β

νὴ τὸν Ποϲειδῶ, καὶ λέγει γ' ἅπερ λέγει 560
δίκαια πάντα κοὐδὲν αὐτῶν ψεύδεται.

Ημ.ᵃ εἶτ' εἰ δίκαια, τοῦτον εἰπεῖν αὔτ' ἐχρῆν;
ἀλλ' οὔτι χαίρων ταῦτα τολμήϲει λέγειν.

Ημ.ᵝ οὗτοϲ ϲύ, ποῖ θεῖϲ; οὐ μενεῖϲ; ὡϲ εἰ θενεῖϲ
τὸν ἄνδρα τοῦτον, αὐτὸϲ ἀρθήϲει τάχα. 565

Ημ.ᵃ ἰὼ Λάμαχ', ὦ βλέπων ἀϲτραπάϲ,
βοήθηϲον, ὦ γοργολόφα, φανείϲ,
ἰὼ Λάμαχ', ὦ φίλ', ὦ φυλέτα·
εἴτε τιϲ ἔϲτι τα-
ξίαρχοϲ ἢ ϲτρατηγὸϲ ἢ 570
τειχομάχαϲ ἀνήρ, βοηθηϲάτω
τιϲ ἀνύϲαϲ· ἐγὼ γὰρ ἔχομαι μέϲοϲ.

ΛΑΜΑΧΟϹ

πόθεν βοῆϲ ἤκουϲα πολεμιϲτηρίαϲ;
ποῖ χρὴ βοηθεῖν; ποῖ κυδοιμὸν ἐμβαλεῖν;
τίϲ Γοργόν' ἐξήγειρεν ἐκ τοῦ ϲάγματοϲ;

Δι. ὦ Λάμαχ' ἥρωϲ, τῶν λόφων καὶ τῶν λόχων. 575

556 οἰόμεϲθα RL: -εϲθα cett.   ἡμῖν] ὑμῖν L   562 αὔτ'] ταῦτ' R
563 οὔτι Bentley: οὐδὲ RL: οὐδὲν Φ   566 ὦ Hermann: ἰὼ codd.
569 τιϲ ἐϲτὶ RΦ, Heliodorus ap. sch.: ἔϲτι τιϲ L: ἔϲτι Δ, Grynaeus, Fritzsche
570 τειχομάχαϲ Dobree: -μάχοϲ codd.   571 τιϲ] τάχ' Blaydes
ἀνύϲαϲ Elmsley: ἀ- codd. : non amplius notatur   575 λόφων] φίλων R

ΑΡΙΣΤΟΦΑΝΟΥΣ

Ημ.ᵃ ὦ Λάμαχ', οὐ γὰρ οὗτος ἄνθρωπος πάλαι
ἅπασαν ἡμῶν τὴν πόλιν κακορροθεῖ;
Λα. οὗτος, cὺ τολμᾷς πτωχὸς ὢν λέγειν τάδε; 577a
Δι. ὦ Λάμαχ' ἥρως, ἀλλὰ cυγγνώμην ἔχε,
εἰ πτωχὸς ὢν εἶπόν τι κἀcτωμυλάμην.
Λα. τί δ' εἶπας ἡμᾶς; οὐκ ἐρεῖς;
Δι. οὐκ οἶδά πω· 580
ὑπὸ τοῦ δέους γὰρ τῶν ὅπλων εἰλιγγιῶ.
ἀλλ', ἀντιβολῶ c', ἀπένεγκέ μοι τὴν μορμόνα.
Λα. ἰδού.
Δι. παράθες νυν ὑπτίαν αὐτὴν ἐμοί.
Λα. κεῖται.
Δι. φέρε νυν ἀπὸ τοῦ κράνους μοι τὸ πτερόν.
Λα. τουτὶ πτίλον coι.
Δι. τῆς κεφαλῆς νύν μου λαβοῦ, 585
ἵν' ἐξεμέcω· βδελύττομαι γὰρ τοὺς λόφους.
Λα. οὗτος, τί δράcεις; τῷ πτίλῳ μέλλεις ἐμεῖν;
πτίλον γάρ ἐστιν—
Δι. εἰπέ μοι, τίνος ποτὲ
ὄρνιθός ἐστιν; ἆρα κομπολακύθου;
Λα. οἴμ' ὡς τεθνήξεις.
Δι. μηδαμῶς, ὦ Λάμαχε· 590
οὐ γὰρ κατ' ἰσχύν ἐστιν· εἰ δ' ἰσχυρὸς εἶ,
τί μ' οὐκ ἀπεψώλησας; εὔοπλος γὰρ εἶ.
Λα. ταυτὶ λέγεις cὺ τὸν στρατηγὸν πτωχὸς ὤν,
Δι. ἐγὼ γάρ εἰμι πτωχός;
Λα. ἀλλὰ τίς γὰρ εἶ;
Δι. ὅστις; πολίτης χρηστός, οὐ cπουδαρχίδης, 595

576 ἄνθρωπος Elmsley: ἅ- codd.   577a v. del. Valckenaer
580 πω] Λα. πῶς; Bergk: ἔτι Blaydes   581 εἰλιγγιῶ Su. ει 120: ἠλ- R:
ἰλ- cett.   582 μοι E²Γ²: μου cett., Su. μ 1252   583 ἐμοί] Λα.
ἰδού Meineke: an cύ μοι?   584 μοι τὸ] δός μοι Blaydes: ἐμοὶ
Bachmann   588 personarum vices ita distinxit Bothe: πτίλον γάρ
ἐστιν; Dicaeopoli tribuit Elmsley   590 τεθνήξεις Dawes: -ήξῃ A:
-ήξει B: -ήςῃ vel -ήςει cett.   591 ἐστίν] cούcτίν Meineke
593 v. a Wilamowitz deletum praebet P19

30

ΑΧΑΡΝΗC

ἀλλ' ἐξ ὅτου περ ὁ πόλεμος, ϲτρατωνίδηϲ,
cὺ δ' ἐξ ὅτου περ ὁ πόλεμος, μιϲθαρχίδηϲ.
Λα. ἐχειροτόνηϲαν γάρ με—
Δι. κόκκυγές γε τρεῖϲ.
ταῦτ' οὖν ἐγὼ βδελυττόμενος ἐϲπειϲάμην,
ὁρῶν πολιοὺς μὲν ἄνδρας ἐν ταῖς τάξεϲιν,   600
νεανίας δ' οἵους cὺ διαδεδρακότας,
τοὺς μὲν ἐπὶ Θράκης μισθοφοροῦντας τρεῖς δραχμάς,
Τειϲαμενοφαινίππους, Πανουργιππαρχίδας,
ἑτέρους δὲ παρὰ Χάρητι, τοὺς δ' ἐν Χάοϲιν,
Γερητοθεοδώρους, Διομειαλαζόνας,   605
τοὺς δ' ἐν Καμαρίνῃ κἀν Γέλᾳ κἀν Καταγέλᾳ.
Λα. ἐχειροτονήθηϲαν γάρ.
Δι. αἴτιον δὲ τί
ὑμᾶς μὲν ἀεὶ μισθοφορεῖν ἁμηγέπῃ,
τωνδὶ δὲ μηδέν'; ἐτεόν, ὦ Μαριλάδη,
ἤδη πεπρέϲβευκας cὺ πολιὸς ὢν † ἕν ᾖ; †   610
ἀνένευϲε· καίτοι γ' ἐϲτὶ ϲώφρων κἀργάτης.
τί δ' Ἀνθράκυλλος κεὐφορίδης καὶ Πρινίδης;
εἰδέν τις ὑμῶν τἀκβάταν' ἢ τοὺς Χάονας;
οὔ φαϲιν. ἀλλ' ὁ Κοιϲύρας καὶ Λάμαχος,
οἷς ὑπ' ἐράνων τε καὶ χρεῶν πρῴην ποτέ,   615
ὥσπερ ἀπόνιπτρον ἐκχέοντες ἑσπέρας,
ἅπαντες "ἐξίϲτω" παρῄνουν οἱ φίλοι.
Λα. ὦ δημοκρατία, ταῦτα δῆτ' ἀνασχετά;
Δι. οὐ δῆτ', ἐὰν μὴ μισθοφορῇ γε Λάμαχος.
Λα. ἀλλ' οὖν ἐγὼ μὲν πᾶϲι Πελοποννηϲίοις   620
ἀεὶ πολεμήσω καὶ ταράξω πανταχῇ,

598 γε Bentley: τε *Φ*L: om. R   601 οἵους] οἷος *Γ*², Bentley   cὺ] ϲὲ Holden   603 Τειϲαμενοφαινίππους Hall & Geldart: Τιϲ- codd.   608 ἀεὶ R, Su. a 1575: om. *Φ*: ἤδη L   ἁμηγέπῃ *Φ*, Su. in lm.: -έπου R*Γ*²E²L: -έποι Su. in textu   610 ἕν ᾖ fere codd.: μίαν vel ἀνήρ Blaydes: alii alia   612 δ' Ἀνθράκυλλος Reiske: δαὶ Δράκυλλος codd.   καὶ Blaydes: ἢ P19, codd.   613 εἶδεν B: οἶδε(ν) cett.   615 ὑπ' Bentley: ὑπὲρ P19, codd.   ἐράνων Reisig, cf. sch. ad 617: ἐράνου codd.

ΑΡΙΣΤΟΦΑΝΟΥΣ

καὶ ναυςὶ καὶ πεζοῖςι κατὰ τὸ καρτερόν.

Δι. ἐγὼ δὲ κηρύττω γε Πελοποννηςίοις
ἅπαςι καὶ Μεγαρεῦςι καὶ Βοιωτίοις
πωλεῖν ἀγοράζειν πρὸς ἐμέ, Λαμάχῳ δὲ μή. 625

Χο. ἀνὴρ νικᾷ τοῖςι λόγοιςιν, καὶ τὸν δῆμον μεταπείθει
περὶ τῶν ςπονδῶν. ἀλλ' ἀποδύντες τοῖς ἀναπαίςτοις
ἐπίωμεν.
ἐξ οὗ γε χοροῖςιν ἐφέςτηκεν τρυγικοῖς ὁ διδάςκαλος
ἡμῶν,
οὔπω παρέβη πρὸς τὸ θέατρον λέξων ὡς δεξιός ἐςτιν·
διαβαλλόμενος δ' ὑπὸ τῶν ἐχθρῶν ἐν Ἀθηναίοις 630
ταχυβούλοις,
ὡς κωμῳδεῖ τὴν πόλιν ἡμῶν καὶ τὸν δῆμον
καθυβρίζει,
ἀποκρίναςθαι δεῖται νυνὶ πρὸς Ἀθηναίους
μεταβούλους.
φηςὶν δ' εἶναι πολλῶν ἀγαθῶν ἄξιος ὑμῖν ὁ ποιητής,
παύςας ὑμᾶς ξενικοῖςι λόγοις μὴ λίαν ἐξαπατᾶςθαι,
μηδ' ἥδεςθαι θωπευομένους, μηδ' εἶναι 635
χαυνοπολίτας.
πρότερον δ' ὑμᾶς ἀπὸ τῶν πόλεων οἱ πρέςβεις
ἐξαπατῶντες
πρῶτον μὲν ἰοςτεφάνους ἐκάλουν· κἀπειδὴ τοῦτό τις
εἴποι,
εὐθὺς διὰ τοὺς ςτεφάνους ἐπ' ἄκρων τῶν πυγιδίων
ἐκάθηςθε.
εἰ δέ τις ὑμᾶς ὑποθωπεύςας λιπαρὰς καλέςειεν
Ἀθήνας,

623 γε P19, B, Bentley: γε καὶ cett.   626 ἀνὴρ Elmsley: ἁ- codd.
λόγοιςιν L: -οιςι cett.   627 τοῖς ἀναπαίςτοις] τοὺς -ους L
628 ἐφέςτηκεν Γ: -κε cett.   631 ἡμῶν] ὑμῶν Fritzsche
633 ἄξιος P19, codd.: αἴτιος Bentley   ὑμῖν R: ἡμῖν cett.
634 λόγοις Musurus: -οιςι codd.   635 μηδ'... μηδ' Meineke: μηδ'
...μήτ' RE: μήτ'...μήτ' ΑΓL   636 οἱ πρέςβεις hic praebet P19, ut
voluit Bentley, ante ἀπὸ τῶν πόλεων praebent codd.

32

ΑΧΑΡΝΗC

ηὕρετο πᾶν ἂν διὰ τὰc λιπαράc, ἀφύων τιμὴν   640
περιάψαc.
ταῦτα ποιήcαc πολλῶν ἀγαθῶν αἴτιοc ὑμῖν γεγένηται
καὶ τοῖc δήμοιc ἐν ταῖc πόλεcιν, δείξαc ὡc
δημοκρατοῦνται.
τοιγάρτοι νῦν ἐκ τῶν πόλεων τὸν φόρον ὑμῖν
ἀπάγοντεc
ἥξουcιν ἰδεῖν ἐπιθυμοῦντεc τὸν ποιητὴν τὸν ἄριcτον,
ὅcτιc παρεκινδύνευc᾽ εἰπεῖν ἐν Ἀθηναίοιc τὰ   645
δίκαια.
ὄντωc δ᾽ αὐτοῦ περὶ τῆc τόλμηc ἤδη πόρρω κλέοc
ἥκει,
ὅτε καὶ βαcιλεὺc Λακεδαιμονίων τὴν πρεcβείαν
βαcανίζων
ἠρώτηcεν πρῶτα μὲν αὐτοὺc πότεροι ταῖc ναυcὶ
κρατοῦcιν,
εἶτα δὲ τοῦτον τὸν ποιητὴν ποτέρουc εἴποι κακὰ
πολλά·
τούτουc γὰρ ἔφη τοὺc ἀνθρώπουc πολὺ βελτίουc   650
γεγενῆcθαι
καὶ τῷ πολέμῳ πολὺ νικήcειν τοῦτον ξύμβουλον
ἔχονταc.
διὰ τοῦθ᾽ ὑμᾶc Λακεδαιμόνιοι τὴν εἰρήνην
προκαλοῦνται
καὶ τὴν Αἴγιναν ἀπαιτοῦcιν· καὶ τῆc νήcου μὲν ἐκείνηc
οὐ φροντίζουc᾽, ἀλλ᾽ ἵνα τοῦτον τὸν ποιητὴν
ἀφέλωνται.

640 ηὕρετο Elmsley: εὕρετο RE²Γ², Su. α 4660: εὗρε τὸ cett.
641 αἴτιοc] ἄξιοc Blaydes   642 τοῖc δήμοιc Richards, puncto post
641 γεγένηται sublato: τοὺc δήμουc codd.   πόλεcιν L: -cι cett.
643 ἐκ] οὐκ van Herwerden   645 εἰπεῖν huc transp. Hermann: post
᾽Αθηναίοιc praebent codd.   646 ὄντωc Richards: οὕτω codd.
648 ἠρώτηcεν Bentley: -ηcε codd.   652 τοῦθ᾽] ταῦθ᾽ R, cf. sch. in
P.Oxy. 856 (διὰ δὲ ταῦτα)   653 ἀπαιτοῦcιν P19, ΓB: -cι cett.

33

ΑΡΙΣΤΟΦΑΝΟΥΣ

ἀλλ' ὑμεῖς τοι μή ποτ' ἀφῆcθ'· ὡc κωμῳδήcει τὰ 655
δίκαια·
φηcὶν δ' ὑμᾶc πολλὰ διδάξειν ἀγάθ', ὥcτ' εὐδαίμοναc
εἶναι,
οὐ θωπεύων οὐδ' ὑποτείνων μιcθοὺc οὐδ'
ἐξαπατύλλων,
οὐδὲ πανουργῶν οὐδὲ κατάρδων, ἀλλὰ τὰ βέλτιcτα
διδάcκων.
πρὸc ταῦτα Κλέων καὶ παλαμάcθω
καὶ πᾶν ἐπ' ἐμοὶ τεκταινέcθω. 660
τὸ γὰρ εὖ μετ' ἐμοῦ καὶ τὸ δίκαιον
ξύμμαχον ἔcται, κοὐ μή ποθ' ἁλῶ
περὶ τὴν πόλιν ὢν ὥcπερ ἐκεῖνοc
δειλὸc καὶ λακαταπύγων. 664

δεῦρο, Μοῦc', ἐλθὲ φλεγυρά, πυρὸc ἔχουcα μένοc,   [cτρ.
ἔντονοc Ἀχαρνική.
οἷον ἐξ ἀνθράκων πρινίνων φέψαλοc ἀν-
ήλατ' ἐρεθιζόμενοc οὐρίᾳ ῥιπίδι,
ἡνίκ' ἂν ἐπανθρακίδεc ὦcι παρακείμεναι, 670
οἱ δὲ Θαcίαν ἀνακυκῶcι λιπαράμπυκα,
οἱ δὲ μάττωcιν, οὕτω cοβαρὸν ἐλθὲ μέλοc
εὔτονον, ἀγροικότερον,
ὡc ἐμὲ λαβοῦcα τὸν δημότην. 675

οἱ γέροντεc οἱ παλαιοὶ μεμφόμεcθα τῇ πόλει·
οὐ γὰρ ἀξίωc ἐκείνων ὧν ἐναυμαχήcαμεν
γηροβοcκούμεcθ' ὑφ' ὑμῶν, ἀλλὰ δεινὰ πάcχομεν,
οἵτινεc γέρονταc ἄνδραc ἐμβαλόντεc εἰc γραφὰc

---

655 ἀφῆcθ' Hermann: ἀφήcετε R: ἀφήcεθ' Φ: ἀφήcετ' L: ἀφῇθ' Tyrwhitt
656 φηcὶν E^pcL: φήcειν R: φηcὶ cett.   657 οὐδ'... οὐδ' Su. υ 612: οὔτ'
... οὐδ' R: οὔτ'... οὔτ' cett.   ὑποτείνων B, Su.: -τίνων cett.
658 οὐδὲ (bis) R: οὔτε cett.   664 λακαταπύγων L: λακαττα- AΓ:
καταπύγων RE: λακκοκαττα- E²Γ²   668 οἷον Γ^pcL: οἵων RΦ
671 ἀνακυκῶcι R, Bergler: κυκῶcι Su. θ 58: ἀνακυκλῶcι vel -κλοῦcι cett.
673 εὔτονον] ἔντονον A   ἀγροικότερον Φ: -ότατον Γ^pc cett.
678 γηροβοcκούμεcθ' Φ: -ουμεθ' cett.

ΑΧΑΡΝΗϹ

ὑπὸ νεανίϲκων ἐᾶτε καταγελᾶϲθαι ῥητόρων,   680
οὐδὲν ὄνταϲ, ἀλλὰ κωφοὺϲ καὶ παρεξηυλημένουϲ,
οἷϲ Ποϲειδῶν ἀϲφάλειόϲ ἐϲτιν ἡ βακτηρία·
τονθορύζοντεϲ δὲ γήρᾳ τῷ λίθῳ προϲέϲταμεν,
οὐχ ὁρῶντεϲ οὐδὲν εἰ μὴ τῆϲ δίκηϲ τὴν ἠλύγην.
ὁ δὲ νεανίαϲ ἑαυτῷ ϲπουδάϲαϲ ξυνηγορεῖν   685
εἰϲ τάχοϲ παίει ξυνάπτων ϲτρογγύλοιϲ τοῖϲ ῥήμαϲιν·
κᾆτ' ἀνελκύϲαϲ ἐρωτᾷ, ϲκανδάληθρ' ἱϲτὰϲ ἐπῶν,
ἄνδρα Τιθωνὸν ϲπαράττων καὶ ταράττων καὶ κυκῶν.
ὁ δ' ὑπὸ γήρωϲ μαϲταρύζει, κᾆτ' ὀφλὼν ἀπέρχεται,
εἶτ' ἀλύει καὶ δακρύει καὶ λέγει πρὸϲ τοὺϲ φίλουϲ,   690
"οὗ μ' ἐχρῆν ϲορὸν πρίαϲθαι, τοῦτ' ὀφλὼν ἀπέρχομαι."

ταῦτα πῶϲ εἰκότα, γέροντ' ἀπολέϲαι πολιὸν   [ἀντ.
ἄνδρα περὶ κλεψύδραν,
πολλὰ δὴ ξυμπονήϲαντα καὶ θερμὸν ἀπο-   695
μορξάμενον ἀνδρικὸν ἱδρῶτα δὴ καὶ πολύν,
ἄνδρ' ἀγαθὸν ὄντα Μαραθῶνι περὶ τὴν πόλιν;
εἶτα Μαραθῶνι μὲν ὅτ' ἦμεν, ἐδιώκομεν,
νῦν δ' ὑπ' ἀνδρῶν πονηρῶν ϲφόδρα διωκόμεθα,   700
κᾆτα πρὸϲ ἁλιϲκόμεθα;
πρὸϲ τάδε τίϲ ἀντερεῖ Μαρψίαϲ;

τῷ γὰρ εἰκὸϲ ἄνδρα κυφόν, ἡλίκον Θουκυδίδην,
ἐξολέϲθαι ϲυμπλακέντα τῇ Ϲκυθῶν ἐρημίᾳ,
τῷδε τῷ Κηφιϲοδήμου, τῷ λάλῳ ξυνηγόρῳ;   705
ὥϲτ' ἐγὼ μὲν ἠλέηϲα κἀπεμορξάμην ἰδὼν
ἄνδρα πρεϲβύτην ὑπ' ἀνδρὸϲ τοξότου κυκώμενον·
ὃϲ μὰ τὴν Δήμητρ', ἐκεῖνοϲ ἡνίκ' ἦν Θουκυδίδηϲ,

---

682 οἷϲ L: οἷϲ ὁ cett.   684 εἰ μὴ codd., Su. η 270: ἀλλ' ἢ Dobree
685 v. multum tentatus; nulla emendatio arridet; si contextus sanus est, iuvenis cum nomen detulisset, effecit ut ipse accusaret   689, 691 ὀφλὼν Elmsley: ὄφλων codd.   690 ἀλύει ut v.l. agnoscunt Su. λ 798 et sch.: λύζει codd.   691 ἀπέρχομαι] ἀπώλεϲα Richards   701 πρὸϲ ἁλ- fortasse voluit R: προϲαλ- cett.   notam interrogationis posuit Sommerstein
705 Κηφιϲοδήμου Hamaker: -δόμῳ Φ: -δήμῳ RΓ^pcL

ΑΡΙΣΤΟΦΑΝΟΥΣ

οὐδ' ἂν αὐτὴν τὴν Ἀχαιὰν ῥᾳδίως ἠνέσχετ' ἄν,
ἀλλὰ κατεπάλαισε μέντἂν πρῶτον Εὐάθλους δέκα, 710
κατεβόησε δ' ἂν κεκραγὼς τοξότας τρισχιλίους,
ὑπερετόξευσεν δ' ἂν αὐτοὺς τοῦ πατρὸς τοὺς ξυγγενεῖς.
ἀλλ' ἐπειδὴ τοὺς γέροντας οὐκ ἐᾷθ' ὕπνου τυχεῖν,
ψηφίσασθε χωρὶς εἶναι τὰς γραφάς, ὅπως ἂν ᾖ
τῷ γέροντι μὲν γέρων καὶ νωδὸς ὁ ξυνήγορος, 715
τοῖς νέοισι δ' εὐρύπρωκτος καὶ λάλος χὠ Κλεινίου.
κἀξελαύνειν χρὴ τὸ λοιπόν, κἂν φύγῃ τις ζημιοῦν,
τὸν γέροντα τῷ γέροντι, τὸν νέον δὲ τῷ νέῳ.

Δι. ὅροι μὲν ἀγορᾶς εἰσιν οἵδε τῆς ἐμῆς.
ἐνταῦθ' ἀγοράζειν πᾶσι Πελοποννησίοις 720
ἔξεστι καὶ Μεγαρεῦσι καὶ Βοιωτίοις,
ἐφ' ᾧτε πωλεῖν πρὸς ἐμέ, Λαμάχῳ δὲ μή.
ἀγορανόμους δὲ τῆς ἀγορᾶς καθίσταμαι
τρεῖς τοὺς λαχόντας τούσδ' ἱμάντας ἐκ Λεπρῶν.
ἐνταῦθα μήτε συκοφάντης εἰσίτω 725
μήτ' ἄλλος ὅστις Φασιανός ἐστ' ἀνήρ.
ἐγὼ δὲ τὴν στήλην καθ' ἣν ἐσπεισάμην
μέτειμ', ἵνα στήσω φανερὰν ἐν τἀγορᾷ.

ΜΕΓΑΡΕΥΣ

ἀγορὰ 'ν Ἀθάναις, χαῖρε, Μεγαρεῦσιν φίλα.
ἐπόθουν τυ, ναὶ τὸν φίλιον, ᾇπερ ματέρα. 730
ἀλλ', ὦ πόνηρα κορίχι' ἀθλίου πατρός,

709 αὐτὴν τὴν Ἀχαιὰν obscurum (Ἀχαίαν paroxytone Su. a 4679): αὐτὸν Ἀρταχαίην Borthwick: alii alia: αὐτὸν τὸν Ἀνάχαρσιν dubitanter Wilson alterum ἄν Et. Magn. 180.35: om. codd.   710 μέντ' ἂν Reiske: μὲν RΦ: μὲν ἂν E²Γ² cett.: μέν γ' ἂν Bentley   712 ὑπερετόξευσεν Blaydes (1845): περιετόξευσε codd. αὐτοὺς Blaydes: αὐτοῦ codd.   717 κἂν Elmsley: κἢν codd. φύγῃ obscurum, sed nulla emendatio arridet   720 πᾶσι R: om. Φ: τοῖσι L: εἶπε c   728 φανερὰν] -ρῶς R   729 ἀγορὰ 'ν Lc: ἀγορ' ἂν fere cett. Ἀθάναις RΓ²E²L: -ναις Φc   731 κορίχι' Sommerstein: κόριχ' R: κόρι' Φc: κόριά γ' L

ΑΧΑΡΝΗC

ἄμβατε ποττὰν μάδδαν, αἴ χ' εὕρητέ πᾳ.
ἀκούετε δή, ποτέχετ' ἐμὶν τὰν γαςτέρα·
πότερα πεπρᾶcθαι χρῄδδετ' ἢ πεινῆν κακῶc;

ΚΟΡΑ
πεπρᾶcθαι πεπρᾶcθαι. 735

Με. ἐγώνγα καὐτόc φαμι. τίc δ' οὕτωc ἄνουc
ὃc ὑμέ κα πρίαιτο, φανερὰν ζαμίαν;
ἀλλ' ἔcτι γάρ μοι Μεγαρικά τιc μαχανά,
χοίρουc γὰρ ὑμὲ cκευάcαc φαcῶ φέρειν.
περίθεcθε τάcδε τὰc ὁπλὰc τὼc χοιρία. 740
ὅπωc δὲ δοξεῖτ' ἦμεν ἐξ ἀγαθᾶc ὑόc·
ὡc ναὶ τὸν Ἑρμᾶν, αἴπερ ἱξεῖτ' οἴκαδιc
ἄπρατα, πειραcεῖcθε τᾶc λιμοῦ κακῶc.
ἀλλ' ἀμφίθεcθε καὶ ταδὶ τὰ ῥυγχία,
κἤπειτεν ἐc τὸν cάκκον ὧδ' ἐcβαίνετε. 745
ὅπωc δὲ γρυλιξεῖτε καὶ κοΐξετε
χῇcεῖτε φωνὰν χοιρίων μυcτηρικῶν.
ἐγὼν δὲ καρυξῶ Δικαιόπολιν ὅπᾳ·
Δικαιόπολι, ἦ λῇc πρίαcθαι χοιρία;

Δι. τί; ἀνὴρ Μεγαρικόc;

Με. ἀγοραcοῦντεc ἴκομεc. 750

Δι. πῶc ἔχετε;

Με. διαπεινᾶμεc ἀεὶ ποττὸ πῦρ.

Δι. ἀλλ' ἡδύ τοι νὴ τὸν Δί', ἢν αὐλὸc παρῇ.

732 ἄμβατε Dindorf: ἀμβᾶτε codd.   ποττὰν Γ^{pc}L: ποτὰν RΦ: ποτὶ τὰν c   πᾳ] πα R^{pc}EL   733 ἀκούετε c: ἀκούετον cett.   ποτέχετ' ἐμὶν] ποτέχετον Bentley   737 ὑμέ κα RΦ: ὑμᾶc c: ὑμέων L   πρίαιτο Musurus: πρίατο RΦ: ἐπρίατο Lc   738 μαχανά L: μη- cett.   740 τὼc χοιρία Hamaker: τῶν χοιρίων codd.   741 ἦμεν] εἰμὲν c: εἶμεν Dindorf   742 αἴπερ Elmsley: εἴπερ codd.   ἱξεῖτ' R: ἵξετ' fere cett.   743 ἄπρατα Ahrens: τὰ πρᾶτα ΓEL: τὰ πρῶτα cett.   λιμοῦ] λιμῶ B   745 κἤπειτεν Γ^{pc}Lc: κἤπειτ' Φ: κἄπειτ' R   746 γρυλιξεῖτε E^{ac}c: γρυλλ- cett.   748 ἐγὼν ALc: ἐγὼ P19, cett. post καρυξῶ add. γε codd. praeter R   749 Δικαιόπολι R: -πολιc cett. [P19]   750 ἀγοραcοῦντεc Elmsley: -οντεc P19, codd.   ἴκομεc Elmsley: εἴκομεc P19: ἴκομεν R: ἥκομεν cett.

ΑΡΙΣΤΟΦΑΝΟΥΣ

       τί δ' ἄλλο πράττεθ' οἱ Μεγαρῆς νῦν;
Με.   οἷα δή.
       ὅκα μὲν ἐγὼν τηνῶθεν ἐνεπορευόμαν,
       τῶνδρες πρόβουλοι τοῦτ' ἔπραccον τᾷ πόλι,   755
       ὅπως τάχιστα καὶ κάκιστ' ἀπολοίμεθα.
Δι.   αὐτίκ' ἄρ' ἀπαλλάξεcθε πραγμάτων.
Με.   cά μάν;
Δι.   τί δ' ἄλλο Μεγαροῖ; πῶc ὁ cῖτος ὤνιοc;
Με.   πὰρ ἁμὲ πολυτίματος ᾇπερ τοὶ θεοί.
Δι.   ἅλας οὖν φέρεις;
Με.   οὐχ ὑμὲc αὐτᾶν ἄρχετε;   760
Δι.   οὐδὲ cκόροδα;
Με.   ποῖα cκόροδ'; ὑμὲc τῶν ἀεί,
       ὅκκ' ἐcβάλητε, τὼc ἀρουραῖοι μύεc,
       πάccακι τὰc ἄγλιθαc ἐξορύccετε.
Δι.   τί δαὶ φέρεις;
Με.   χοίρουc ἐγώνγα μυcτικάc.
Δι.   καλῶc λέγεις· ἐπίδειξον.
Με.   ἀλλὰ μὰν καλαί.   765
       ἄντεινον, αἰ λῇc· ὡc παχεῖα καὶ καλά.
Δι.   τουτὶ τί ἦν τὸ πρᾶγμα;
Με.   χοῖρος ναὶ Δία.
Δι.   τί λέγεις cύ; ποδαπὴ χοῖρος ἥδε;
Με.   Μεγαρικά.
       ἦ οὐ χοῖρόc ἐcθ' ἅδ';
Δι.   οὐκ ἔμοιγε φαίνεται.
Με.   οὐ δεινά; θᾶcθε· τοῦδε τᾶc ἀπιcτίαc·   770

753 Μεγαρῆς P19, R s.l., E^pc: -εῖc cett.   754 ἐγὼν Φ: ἐγὼ P19, R: γα L   ἐνεπορευόμαν van Leeuwen: ἐμπορ- codd.   755 τῶνδρες Elmsley, cf. 759: ἄνδρες codd.   τοῦτ'] ταῦτ' R   ἔπραccον Elmsley: ἔπραττον codd.   τᾷ Brunck: τῇ codd.   πόλι Ahrens: πόλει codd. 760 αὐτᾶν Olson: -ῶν codd.   761 τῶν R: ὦν cett.   ἀρουραῖοι P19, R, Su. α 270: ἀρωρ- cett.   766 παχεῖα καὶ καλά] -αι καὶ -αί L 767 ναὶ L: νὴ R: ναὶ μὰ P19, cett.   768 χοῖρος ἥδε P19, R: χοῖρος Φ: δ' ἐcτι χοῖρος vel sim. cett.   770 v. sic interpunxit van Leeuwen τοῦδε] τόνδε Elmsley   τᾶc Elmsley: τὰc codd.

ΑΧΑΡΝΗΣ

οὔ φατι τάνδε χοῖρον ἦμεν. ἀλλὰ μάν,
αἰ λῇς, περίδου μοι περὶ θυμιτιδᾶν ἁλῶν,
αἰ μή ’στιν οὗτος χοῖρος Ἑλλάνων νόμῳ.

Δι. ἀλλ’ ἔςτιν ἀνθρώπου γε.
Με. ναὶ τὸν Διοκλέα,
ἐμά γα. τὺ δέ νιν εἴμεναι τίνος δοκεῖς; 775
ἢ λῇς ἀκοῦςαι φθεγγομένας;
Δι. νὴ τοὺς θεοὺς
ἔγωγε.
Με. φώνει δὴ τὺ ταχέως, χοιρίον.
οὐ χρῆςθα; ςιγῇς, ὦ κάκιςτ’ ἀπολουμένα;
πάλιν τυ ἀποιςῶ, ναὶ τὸν Ἑρμᾶν, οἴκαδις.

ΚΟΡΗ

κοΐ κοΐ. 780
Με. αὗτα ’ςτὶ χοῖρος.
Δι. νῦν γε χοῖρος φαίνεται.
ἀτὰρ ἐκτραφείς γε κύςθος ἔςται.
Με. πέντ’ ἐτῶν,
ςάφ’ ἴςθι, ποττὰν ματέρ’ εἰκαςθήςεται.
Δι. ἀλλ’ οὐδὲ θύςιμός ἐςτιν αὑτηγί.
Με. ςά μάν;
πᾷ δ’ οὐχὶ θύςιμός ἐςτι;
Δι. κέρκον οὐκ ἔχει. 785

771 φατι] φαcι R τάνδε R: τόνδε cett. ἦμεν] εἶμεν Dindorf
772 θυμιτιδᾶν Γ^{ac}E^{ac}(?): θυμιτίδων Su. θ 566 cod. A: θυμη- vel θυμα- fere
codd.: θυμιταν P19^{ac}, θυμιτιναν^{pc} 775 τὺ P19: cὺ codd. εἴμεναι
P19, codd. plerique: ἤμεναι E²Γ²: εἶμεν Hamaker, ἐκ Meineke, fort. recte
777 τὺ Kuster: cὺ P19^{pc}, codd.: ται P19^{ac}: τι (post ταχέως) Wilamowitz
χοιρίον Bentley: τὸ χοιρίον R: χοιρίδιον P19, cett.: χοίρινον Page
778 ςιγῇς Fritzsche: ςι]γης P19: ςιγῆς codd. plerique: ςιγᾶς EΓ^{pc}: ςιγῆν
Greg. Cor. De dialectis p. 228 ἀπολουμένα Kuster: -ούμενα codd.
779 τυ Blaydes: τ’ R: τύ γ’ cett. 780 ΚΟΡΗ Brunck: ΚΟΡΑΙ codd.
plerique κοΐ bis codd., septies(?) P19 781 χοῖρος; edd. praeter Elms-
ley, qui personarum vices distinxit in vv. 781–2 784 οὐδὲ] οὐ R: οὐχὶ
Dindorf αὑτηγί P19, ΑΓ: -ηί REL ςά] τί L: ναὶ c

39

ΑΡΙϹΤΟΦΑΝΟΥϹ

Με. νέα γάρ ἐςτιν· ἀλλὰ δελφακουμένα
ἑξεῖ μεγάλαν τε καὶ παχεῖαν κἠρυθράν.
ἀλλ' αἰ τράφεν λῇϲ, ἅδε τοι χοῖροϲ καλά.
Δι. ὡϲ ξυγγενὴϲ ὁ κύϲθοϲ αὐτῆϲ θἠτέρᾳ.
Με. ὁμοματρία γάρ ἐϲτι κἠκ τωὐτῶ πατρόϲ. 790
ἀλλ' ἂν παχυνθῇ κἂν ἀναχνοανθῇ τριχί,
κάλλιϲτοϲ ἔϲται χοῖροϲ Ἀφροδίτᾳ θύειν.
Δι. ἀλλ' οὐχὶ χοῖροϲ τἀφροδίτῃ θύεται,
Με. οὐ χοῖροϲ Ἀφροδίτᾳ; μόνᾳ γα δαιμόνων.
καὶ γίνεταί γα τᾶνδε τᾶν χοίρων τὸ κρῆϲ 795
ἄδιϲτον ἂν τὸν ὀδελὸν ἀμπεπαρμένον.
Δι. ἤδη δ' ἄνευ τῆϲ μητρὸϲ ἐϲθίοιεν ἄν;
Με. ναὶ τὸν Ποτειδᾶ καί κ' ἄνιϲ γα τῶ πατρόϲ.
Δι. τί δ' ἐϲθίει μάλιϲτα;
Με. πάνθ' ἅ κα διδῷϲ.
αὐτὸϲ δ' ἐρώτη.
Δι. χοῖρε, χοῖρε.
Κο. κοῒ κοΐ. 800
Δι. τρώγοιϲ ἂν ἐρεβίνθουϲ;
Κο. κοῒ κοῒ κοΐ.
Δι. τί δαί; Φιβάλεωϲ ἰϲχάδαϲ;
Κο. κοῒ κοΐ.

786 νέα] νεαρά sch. ad v. 739   788 αἰ] εἰ R   τράφεν RΦ: τρέφεν L: τράφειν A. Müller   789 θῆτέρᾳ Holford-Strevens: θατέρᾳ codd. 790 τωὐτῶ R: τωὐτοῦ Φ: ταὐτοῦ L   791 ἀλλ' ἂν P19, R: αἰ δ' ἂν cett., unde αἰ δ' ἀμπαχυνθῇ Wilamowitz: ἀλλ' αἰ Ahrens: αἴ κα vel καί κα Blaydes   κἂν ἀναχνοανθῇ Olson: κἀναχνοανθῇ RΦ: κἂν χνοανθῇ γ' ἐν L: alii alia   792 ἔϲται P19, R: ἐϲτι cett.   794 γα Brunck: γε codd. 795 γα] γε R   τᾶνδε] τῶνδε Γ²Ε²   τᾶν] τῶν RE²Γ² 796 ὀδελὸν] ὀβελὸν R   ἀμπεπαρμένον Elmsley: ἐμ- codd. 798 Ποτειδᾶ hoc accentu B, paroxytone Φ : ποτι]δα P19: -ιδᾶ c: -ιδᾶν L: Ποϲειδῶ R   καί κ' Enger: κἂν E²Γ²: κ' cett.   ἄνιϲ Bentley: ἄνευ P19, codd.   799 κα Porson, Elmsley: καὶ P19, codd. 802 Φιβάλεωϲ] Φιφ- R: Φορβ- Φ

ΑΧΑΡΝΗϹ

Δι. τί δαὶ ϲύ; τρώγοιϲ ἄν;
Κο. κοΐ κοΐ κοΐ.
Δι. ὡϲ ὀξὺ πρὸϲ τὰϲ ἰϲχάδαϲ κεκράγατε.
ἐνεγκάτω τιϲ ἔνδοθεν τῶν ἰϲχάδων 805
τοῖϲ χοιριδίοιϲιν. ἆρα τρώξονται; βαβαί,
οἷον ῥοθιάζουϲ’, ὦ πολυτίμηθ’ Ἡράκλειϲ.
ποδαπὰ τὰ θηρί’; ὡϲ Τραγαϲαῖα φαίνεται.
Με. ἀλλ’ οὐχὶ πάϲαϲ κατέτραγον τὰϲ ἰϲχάδαϲ.
ἐγὼν γὰρ αὐτᾶν τάνδε μίαν ἀνειλόμαν. 810
Δι. νὴ τὸν Δί’, ἀϲτείω γε τὼ βοϲκήματε·
πόϲου πρίωμαί ϲοι τὰ χοιρίδια; λέγε.
Με. τὸ μὲν ἅτερον τοῦτο ϲκορόδων τροπαλίδοϲ,
τὸ δ’ ἅτερον, αἰ λῇϲ, χοίνικοϲ μόναϲ ἁλῶν.
Δι. ὠνήϲομαί ϲοι· περίμεν’ αὐτοῦ.
Με. ταῦτα δή. 815
Ἑρμᾶ ’μπολαῖε, τὰν γυναῖκα τὰν ἐμὰν
οὕτω μ’ ἀποδόϲθαι τάν τ’ ἐμωυτῶ ματέρα.

ϹΥΚΟΦΑΝΤΗϹ

ἄνθρωπε, ποδαπόϲ;
Με. χοιροπώλαϲ Μεγαρικόϲ.
Ϲυ. τὰ χοιρίδια τοίνυν ἐγὼ φαίνω ταδὶ
πολέμια καὶ ϲέ.
Με. τοῦτ’ ἐκεῖν’· ἵκει πάλιν 820

803 v. om. Su. φ 187, del. Bentley, sed habebat P19   ϲύ; τρώγοιϲ ἄν; Elmsley, post Brunck: ϲύκα τρώγοιϲ ἂν αὐτὸϲ RΦL (sed αὐτὸϲ ἄν hoc ordine L): ϲὺ κατατρώγοιϲ ἂν αὐτόϲ c: ϲύ; τρώγοιϲ καὐτὸϲ Olson, ducibus D. Parker et Dover, qui κοΐ κοΐ Megarensi tribuerunt   808 θηρί’ P19: χοιρί’ codd.   809 οὐχὶ] οὔτι R   810 ἐγὼν . . . αὐτᾶν Elmsley: ἐγὼ . . . αὐτῶν codd.   ἀνειλόμαν L: ἀνελόμαν R: ἀνειλόμην cett.   813 ἅτερον Brunck: ἕτερον codd.   τοῦτο Elmsley: τούτων codd.   τροπαλίδοϲ p et fort. P19: -αλλίδοϲ cett.   814 δ’] θ’ P19   χοίνικοϲ] -καϲ R   816 Ἑρμᾶ ’μπολαῖε P19, Scaliger: Ἑρμ’ ἐμπολαῖε fere codd: Ἑρμῆ ’μπολαῖε B   817 ἐμωυτῶ Meineke: ἐμαυτοῦ codd.   818 ἄνθρωπε ΦL: ὦν- RE^{pc}Γ^{pc}   819 φαίνω Blaydes: φανῶ P19, codd.   820 τοῦτ’ ἐκεῖν’] τοῦτο τῆν’ Blaydes, fort. recte   ἵκει P19, AL: ἥκει RΓΕ

41

ΑΡΙΣΤΟΦΑΝΟΥΣ

	ὅθενπερ ἀρχὰ τῶν κακῶν ἁμῖν ἔφυ.	
Cυ.	κλάων μεγαριεῖc. οὐκ ἀφήcειc τὸν cάκον;	
Με.	Δικαιόπολι, Δικαιόπολι, φαντάδδομαι.	
Δι.	ὑπὸ τοῦ; τίc ὁ φαίνων c᾽ ἐcτίν; ἀγορανόμοι,	
	τοὺc cυκοφάνταc οὐ θύραζ᾽ ἐξείρξετε;	825
	τί δὴ μαθὼν φαίνειc ἄνευ θρυαλλίδοc;	
Cυ.	οὐ γὰρ φανῶ τοὺc πολεμίουc;	
Δι.	κλάων γε cύ,	
	εἰ μὴ ᾽τέρωcε cυκοφαντήcειc τρέχων.	
Με.	οἷον τὸ κακὸν ἐν ταῖc Ἀθάναιc τοῦτ᾽ ἔνι.	
Δι.	θάρρει, Μεγαρίκ᾽· ἀλλ᾽ ἧc τὰ χοιρί᾽ ἀπεδίδουc	830
	τιμῆc, λαβὲ ταυτὶ τὰ cκόροδα καὶ τοὺc ἅλαc,	
	καὶ χαῖρε πόλλ᾽·	
Με.	ἀλλ᾽ ἁμὶν οὐκ ἐπιχώριον.	
Δι.	πολυπραγμοcύνη ᾽cτιν· εἰc κεφαλὴν τράποιτ᾽ ἐμοί.	
Με.	ὦ χοιρίδια, πειρῆcθε κἄνιc τῶ πατρὸc	
	παίειν ἐφ᾽ ἁλὶ τὰν μάδδαν, αἴ κά τιc διδῷ.	835
Χο.	εὐδαιμονεῖ γ᾽ ἄνθρωποc. οὐκ ἤκουcαc οἷ προβαίνει	
	τὸ πρᾶγμα τοῦ βουλεύματοc; καρπώcεται γὰρ ἀνὴρ	
	ἐν τἀγορᾷ καθήμενοc·	
	κἂν εἰcίῃ τιc Κτηcίαc	
	ἢ cυκοφάντηc ἄλλοc, οἰ-	840
	μώζων καθεδεῖται·	

821 ἀρχὰ Dobree: ἀ- codd.   823 φαντάδδομαι Valckenaer: -άζομαι P19, codd.   824 ὑπὸ τοῦ Dicaeopoli tribuit L, ὑπό του Megarensi RΦ c᾽ om. P19   ἀγορανόμοι Elmsley: ἀ- RΦ: οἱ δ᾽ ἀ- L   826 τί δὴ Brunck: τίη codd.   μαθὼν] παθὼν anon. in ed. a. 1670   827 κλάων] κλαίων R   828 μὴ] μήτ᾽ R   τρέχων R: ἰών cett.   829 οἷον] ὅcον van Herwerden   τὸ] τι Blaydes   830 τὰ χοιρί᾽ ἀπεδίδουc Page: τὰ χοιρίδι᾽ ἀπέδουc codd.: ἀπέδου τὰ χοιρία Elmsley   832 ἀλλ᾽ ἁμὶν Elmsley: ἀλλὰ μὶν R: ἀλλὰ μὲν/μὴν cett.   833 πολυπραγμοcύνη ᾽cτιν Willems: -cύνηcιν lm. sch. E: -cύνη νῦν R: -cύνηc νῦν cett: πολυχαρμοcύνη νῦν Page   τράποιτ᾽ R: τρέποιτ᾽ cett.   νῦν ... τράποι᾽ van Herwerden   834 πειρῆcθε] πειρᾶcθε R   τῷ] τοῦ A   835 παίειν ἐφ᾽ ἁλὶ obscurum   μάδδαν R: μάζαν cett.   836 ἄνθρωποc Brunck: ἄν- codd.   837 ἀνὴρ Brunck: ἀν- codd.

ΑΧΑΡΝΗC

οὐδ' ἄλλος ἀνθρώπων ὑποψωνῶν ϲε πημανεῖ τι,
οὐδ' ἐξομόρξεται Πρέπις τὴν εὐρυπρωκτίαν ϲοι,
οὐδ' ὠϲτιεῖ Κλεωνύμῳ·
χλαῖναν δ' ἔχων φανὴν δίει,   845
κοὐ ξυντυχών ϲ' Ὑπέρβολος
δικῶν ἀναπλήϲει·

οὐδ' ἐντυχὼν ἐν τἀγορᾷ πρόϲειϲί ϲοι βαδίζων
Κρατῖνος ἀποκεκαρμένος μοιχὸν μιᾷ μαχαίρᾳ,
ὁ περιπόνηρος Ἀρτέμων,   850
ὁ ταχὺς ἄγαν τὴν μουϲικήν,
ὄζων κακὸν τῶν μαϲχαλῶν
πατρὸς Τραγαϲαίου·

οὐδ' αὖθις αὖ ϲε ϲκώψεται Παύϲων ὁ παμπόνηρος
Λυϲίϲτρατός τ' ἐν τἀγορᾷ, Χολαργέων ὄνειδος,   855
ὁ περιαλουργὸς τοῖς κακοῖς,
ῥιγῶν τε καὶ πεινῶν ἀεὶ
πλεῖν ἢ τριάκονθ' ἡμέρας
τοῦ μηνὸς ἑκάϲτου.

ΘΗΒΑΙΟC

ἴττω Ἡρακλῆς, ἔκαμόν γα τὰν τύλαν κακῶς.   860
κατάθου τὺ τὰν γλάχων' ἀτρέμας, Ἰϲμηνία·
ὑμὲς δ', ὅϲοι Θείβαθεν αὐληταὶ πάρα,
τοῖς ὀϲτίνοις φυϲεῖτε τὸν πρωκτὸν κυνός.
Δι.   παῦ', ἐς κόρακας. οἱ ϲφῆκες οὐκ ἀπὸ τῶν θυρῶν;
πόθεν προϲέπτανθ' οἱ κακῶς ἀπολούμενοι   865

---

842 ὑποψωνῶν] ὑποφανῶν R   πημανεῖ τι L. Dindorf: πημανεῖ Su. π 1519:-ανεῖται codd.   843 ἐξομόρξεται] ἐναπομόρ- Su. ε 1121   ϲοι] ϲου RA   846 ϲ' R, Su. υ 245: om. ΦLc   849 ἀποκεκαρμένος Reisig: ἀεὶ κεκ- codd.: εὖ κεκ- Fritzsche   850 ὁ Bentley: οὐδ' ὁ codd.   851 ταχὺς] παχὺς Bentley   860 ΘΗΒΑΙΟΣ sic nominatur in P19, Γ in indice personarum: ΒΟΙΩΤΟΣ fere cett., sed om. R   861 Ἰϲμηνία] Ἰ- mavult Olson   862 Θείβαθεν] Θή- RL   863 φυϲεῖτε: -ῆτε cett.   865 προϲέπτανθ' RL: προϲέπταν Φ: προϲέπτονθ' Dawes

ΑΡΙΣΤΟΦΑΝΟΥΣ

ἐπὶ τὴν θύραν μοι Χαιριδῆς βομβαύλιοι;
Θη. νεὶ τὸν Ἰόλαον, ἐπεχαρίττω γ', ὦ ξένε·
Θείβαθε γὰρ φυσᾶντες ἐξόπισθέ μου
τἄνθεια τᾶς γλάχωνος ἀπέκιξαν χαμαί.
ἀλλ' εἴ τι βούλει, πρίασο τῶν ἰὼ φέρω, 870
τῶν ὀρταλίχων ἢ τῶν τετραπτερυλλίδων.
Δι. ὦ χαῖρε, κολλικοφάγε Βοιωτίδιον.
τί φέρεις;
Θη. ὅς' ἐςτὶν ἀγαθὰ Βοιωτοῖς ἁπλῶς,
ὀρίγανον, γλαχώ, ψιάθως, θρυαλλίδας,
νάςςας, κολοιώς, ἀτταγᾶς, φαλαρίδας, 875
τροχίλως, κολύμβως.
Δι. ὡςπερεὶ χειμὼν ἄρα
ὀρνιθίας εἰς τὴν ἀγορὰν ἐλήλυθας.
Θη. καὶ μὰν φέρω χᾶνας, λαγώς, ἀλώπεκας,
ςκάλοπας, ἐχίνως, αἰελούρως, πικτίδας,
ἰκτίδας, ἐνύδριας, ἐγχέλιας Κωπαΐδας. 880
Δι. ὦ τερπνότατον cὺ τέμαχος ἀνθρώποις φέρων,
δός μοι προςειπεῖν, εἰ φέρεις, τὰς ἐγχέλεις.
Θη. πρέςβειρα πεντήκοντα Κωπᾴδων κορᾶν,
ἔκβαθι τῶδε κἠπιχάριτται τῷ ξένῳ.
Δι. ὦ φιλτάτη cὺ καὶ πάλαι ποθουμένη, 885
ἦλθες ποθεινὴ μὲν τρυγῳδικοῖς χοροῖς,
φίλη δὲ Μορύχῳ. δμῶες, ἐξενέγκατε
τὴν ἐςχάραν μοι δεῦρο καὶ τὴν ῥιπίδα.

866 μοι] μου R Χαιριδῆς Brunck: -δεῖς codd. 867 νεὶ AE^pc: νὴ cett. ἐπεχαρίττω Blaydes: ἐπιχαρίττω R: ἐπιχαρίτως cett. 868 Θείβαθε Elmsley: -θι codd. φυcᾶντες] -ῶντες Φ 869 τἄνθεια B: τἄνθια dubitanter Bergk: τἄνθεα codd. plerique 870 ἰὼ Elmsley, cf. 898: ἐγὼ codd. 871 alterum τῶν] τᾶν Colvin 873 ante ἁπλῶς interpunxit Fraenkel 874–6 ψιάθως...κολοιώς... τροχίλως κολύμβως Bentley: ψιάθους etc. codd.; cf. 879 879 πικτίδας] πυκ- E: πηκτίδας Rennie 880 ἐνύδριας Elmsley: ἐνύδρους codd. ἐγχέλιας Blaydes: ἐγχέλεις codd. 883 Κωπᾴδων Elmsley: Κωπαΐδων codd. 884 τῶδε] τεῖδε Meineke κἠπιχάριτται Ahrens: -ίτται R: -ίττα ΦL

ΑΧΑΡΝΗϹ

ϲκέψαϲθε, παῖδεϲ, τὴν ἀρίϲτην ἔγχελυν,
ἥκουϲαν ἕκτῳ μόλιϲ ἔτει ποθουμένην. 890
προϲείπατ' αὐτήν, ὦ τέκν'· ἄνθρακαϲ δ' ἐγὼ
ὑμῖν παρέξω τῆϲδε τῆϲ ξένηϲ χάριν.
ἀλλ' εἴϲφερ' αὐτήν· μηδὲ γὰρ θανών ποτε
ϲοῦ χωρὶϲ εἴην ἐντετευτλιωμένηϲ.
Θη. ἐμοὶ δὲ τιμὰ τᾶϲδε πᾷ γενήϲεται; 895
Δι. ἀγορᾶϲ τέλοϲ ταύτην γέ που δώϲειϲ ἐμοί·
ἀλλ' εἴ τι πωλεῖϲ τῶνδε τῶν ἄλλων, λέγε.
Θη. ἰώγα ταῦτα πάντα.
Δι. φέρε, πόϲου λέγειϲ;
ἢ φορτί' ἕτερ' ἐνθένδ' ἐκεῖϲ' ἄξειϲ;
Θη. ἰώ;
ὅ τι γ' ἔϲτ' Ἀθάναιϲ, ἐν Βοιωτοῖϲιν δὲ μή. 900
Δι. ἀφύαϲ ἄρ' ἄξειϲ πριάμενοϲ Φαληρικὰϲ
ἢ κέραμον.
Θη. ἀφύαϲ ἢ κέραμον; ἀλλ' ἔντ' ἐκεῖ·
ἀλλ' ὅ τι πὰρ ἁμὶν μή 'ϲτι, τᾷδε δ' αὖ πολύ.
Δι. ἐγᾦδα τοίνυν· ϲυκοφάντην ἔξαγε,
ὥϲπερ κέραμον ἐνδηϲάμενοϲ.
Θη. νεὶ τὼ ϲιὼ 905
λάβοιμι μέντἂν κέρδοϲ ἀγαγὼν καὶ πολύ,
ᾇπερ πίθακον ἀλιτρίαϲ πολλᾶϲ πλέων.
Δι. καὶ μὴν ὁδὶ Νίκαρχοϲ ἔρχεται φανῶν.
Θη. μικκόϲ γα μᾶκοϲ οὗτοϲ.
Δι. ἀλλ' ἅπαν κακόν.

---

889 ἀρίϲτην] κρατίϲτην Athenaeus 299A, anon. ap. Cramer, *Anecdota Parisiensia*, iv. 246. 21   893 εἴϲφερ'] ἔκφερ' R, probat Borthwick; 'ad funus effer'   894 ἐντετευτλιωμένηϲ Blaydes: –λανωμένηϲ codd. et Su. ε 1463: an -λονωμένηϲ?   899 Θη. ἰώ; B², sch. EΓ: ἰών; cett., haud male   900 Ἀθάναιϲ ΦL: Ἀθάναϲ Γ^(ac)E^(ac): ἐν Ἀθήναιϲ R: Ἀθάναϲ' Elmsley   905 ϲιὼ P19, codd.: θιὼ Blaydes   906 καὶ πολύ] γανπολυ P19: πάμπολυ Ribbeck: Δι. κἂν πολύ, lacuna post hunc v. posita, Wilamowitz: νιν πολύ Blaydes   908 ἔρχεται] ἐξέρχεται R

ΑΡΙΣΤΟΦΑΝΟΥΣ

ΝΙΚΑΡΧΟΣ
    ταυτὶ τίνος τὰ φορτί' ἐcτί;
Θη.   τῶδ' ἐμὰ   910
    Θείβαθεν, ἴττω Δεύc.
Νι.   ἐγὼ τοίνυν ὁδὶ
    φαίνω πολέμια ταῦτα.
Θη.   τί δὲ κακὸν παθὼν
    ὀρναπετίοιcι πόλεμον ἦρα καὶ μάχαν;
Νι.   καὶ cέ γε φανῶ πρὸc τοῖcδε.
Θη.   τί ἀδικείμενοc;
Νι.   ἐγὼ φράcω cοι τῶν περιεcτώτων χάριν.   915
    ἐκ τῶν πολεμίων γ' εἰcάγειc θρυαλλίδα.
Δι.   ἔπειτα φαίνειc δῆτα διὰ θρυαλλίδα;
Νι.   αὕτη γὰρ ἐμπρήcειεν ἂν τὸ νεώριον.
Δι.   νεώριον θρυαλλίc; οἴμοι. τίνι τρόπῳ;
Νι.   ἐνθεὶc ἂν εἰc τίφην ἀνὴρ Βοιώτιοc   920
    ἅψαc ἂν εἰcπέμψειεν εἰc τὸ νεώριον
    δι' ὑδρορρόαc, βορέαν ἐπιτηρήcαc μέγαν.
    κεἴπερ λάβοιτο τῶν νεῶν τὸ πῦρ ἅπαξ,
    cελαγοῖντ' ἂν εὐθύc.
Δι.   ὦ κάκιcτ' ἀπολούμενε,
    cελαγοῖντ' ἂν ὑπὸ τίφηc τε καὶ θρυαλλίδοc;   925
Νι.   μαρτύρομαι.
Δι.   ξυλλάμβαν' αὐτοῦ τὸ cτόμα·
    δόc μοι φορυτόν, ἵν' αὐτὸν ἐνδήcαc φέρω
    ὥcπερ κέραμον, ἵνα μὴ καταγῇ φερόμενοc.   928

---

911 Δεύc RΓ²E², lm. sch. E: Ζεύc cett.   912 φαίνω] φανῶ B   δὲ P19, Bentley: δαὶ codd.   913 ἦρα Φ: ἥρω P19, cett. 914 ἀδικείμενοc P19,Φ: -ήμενοc RL   916 γ' RΦ: om. L, Su. θ 515 θρυαλλίδα P19, Su., Elmsley: -αc codd.   917 θρυαλλίδα P19, Elmsley: -αc ΦL: v. om. R   919 οἴμοι Elmsley: οἴμαι codd. (loquitur Nicarchus)   924 εὐθύc Pierson: αἱ νῆες RL: αἱ νῆυc vel αἱ νῆc cett. 927 ἐνδήcαc] -cω Elmsley   φέρω] φέρειν Elmsley: καλῶc Russo 928 v. del. Bothe   φερόμενοc P19, Brunck: φορούμενοc codd.

ΑΧΑΡΝΗϹ

Χο. ἔνδηϲον, ὦ βέλτιϲτε, τῷ ξένῳ καλῶϲ τὴν [ϲτρ.
 ἐμπολὴν
 οὕτωϲ ὅπωϲ ἂν μὴ φέρων κατάξῃ. 930
Δι. ἐμοὶ μελήϲει ταῦτ', ἐπεί τοι καὶ ψοφεῖ λάλον τι καὶ
 πυρορραγὲϲ κἄλλωϲ θεοῖϲιν ἐχθρόν.
Χο. τί χρήϲεταί ποτ' αὐτῷ; 935
Δι. πάγχρηϲτον ἄγγοϲ ἔϲται,
 κρατὴρ κακῶν, τριπτὴρ δικῶν, φαίνειν ὑπευθύνουϲ
 λυχνοῦ-
 χοϲ καὶ κύλιξ τὰ πράγματ' ἐγκυκᾶϲθαι. 938

Χο. πῶϲ δ' ἂν πεποιθοίη τιϲ ἀγγείῳ τοιούτῳ [ἀντ.
 χρώμενοϲ
 κατ' οἰκίαν τοϲόνδ' ἀεὶ ψοφοῦντι; 942
Δι. ἰϲχυρόν ἐϲτιν, ὦγάθ', ὥϲτ' οὐκ ἂν καταγείη ποτ', εἴ-
 περ ἐκ ποδῶν κατωκάρα κρέμαιτο. 945
Χο. ἤδη καλῶϲ ἔχει ϲοι.
Θη. μέλλω γά τοι θερίδδειν.
Χο. ἀλλ', ὦ ξένων βέλτιϲτε, ϲυνθέριζε καὶ πρόϲβαλλ' ὅποι
 βούλει φέρων πρὸϲ πάντα ϲυκοφάντην. 950

Δι. μόλιϲ γ' ἐνέδηϲα τὸν κακῶϲ ἀπολούμενον.
 αἴρου λαβὼν τὸν κέραμον, ὦ Βοιώτιε.
Θη. ὑπόκυπτε τὰν τύλαν ἰών, Ἰϲμήνιχε.
Δι. χὤπωϲ κατοίϲειϲ αὐτὸν εὐλαβούμενοϲ. 955
 πάντωϲ μὲν οἴϲειϲ οὐδὲν ὑγιέϲ, ἀλλ' ὅμωϲ·
 κἂν τοῦτο κερδάνῃϲ ἄγων τὸ φορτίον,
 εὐδαιμονήϲειϲ ϲυκοφαντῶν γ' οὕνεκα.

929 ὦ βέλτιϲτε] ὦ λῷϲτε sch.: οὖν ὦ λῷϲτε Elmsley 930 οὕτωϲ] οὕτω δ' Elmsley 933 πυρορραγὲϲ] πυρι- Pollux 7.164 936 πάγχρηϲτον] πάγχρυϲον Γc 938 post λυχνοῦχοϲ suppl. ⟨οὐκ ἀχρεῖοϲ⟩ Handley, post κύλιξ lacunam statuit Meineke; cf. ad 949 τὰ] καὶ R 943 ἐϲτιν P19 ut videtur, L: δ' ἐϲτ' Φ: ἐϲτ' cett. 946 ϲοι] ϲοι; Quincey 947 γα Blaydes: γε P19, codd. 949 post καὶ add. τοῦτον λαβὼν P19, codd.: del. Bergk 950 ὅποι Fritzsche: ὅπου codd. [P19] 951 πρὸϲ] τὸν Schroeder 954 ἰών R: ὦ cett. 955 εὐλαβούμενοϲ] -μένωϲ Bergk 957 ἄγων] ἄγαν RB

ΑΡΙΣΤΟΦΑΝΟΥΣ

ΘΕΡΑΠΩΝ ΛΑΜΑΧΟΥ
Δικαιόπολι.

Δι. τίc ἐcτι; τί με βωcτρεῖc;
Θε. ὅ τι;
  ἐκέλευε Λάμαχόc ce ταυτηcὶ δραχμῆc 960
  εἰc τοὺc Χοᾶc αὑτῷ μεταδοῦναι τῶν κιχλῶν,
  τριῶν δραχμῶν δ' ἐκέλευε Κωπᾷδ' ἔγχελυν.
Δι. ὁ ποῖοc οὗτοc Λάμαχοc τὴν ἔγχελυν;
Θε. ὁ δεινόc, ὁ ταλαύρινοc, ὃc τὴν Γοργόνα
  πάλλει, κραδαίνων τρεῖc καταcκίουc λόφουc. 965
Δι. οὐκ ἂν μὰ Δί', εἰ δοίη γέ μοι τὴν ἀcπίδα·
  ἀλλ' ἐπὶ ταρίχει τοὺc λόφουc κραδαινέτω·
  ἢν δ' ἀπολιγαίνῃ, τοὺc ἀγορανόμουc καλῶ.
  ἐγὼ δ' ἐμαυτῷ τόδε λαβὼν τὸ φορτίον
  εἴcειμ' ὑπαὶ πτερύγων κιχλᾶν καὶ κοψίχων. 970

Χο. εἶδεc, ὦ πᾶcα πόλι, τὸν φρόνιμον ἄνδρα, τὸν [cτρ.
  ὑπέρcοφον,
  οἷ' ἔχει cπειcάμενοc ἐμπορικὰ χρήματα διεμπολᾶν;
  ὧν τὰ μὲν ἐν οἰκίᾳ χρήcιμα, τὰ δ' αὖ πρέπει 975
  χλιαρὰ κατεcθίειν.
  αὐτόματα πάντ' ἀγαθὰ τῷδέ γε πορίζεται.
  οὐδέποτ' ἐγὼ Πόλεμον οἴκαδ' ὑποδέξομαι,
  οὐδὲ παρ' ἐμοί ποτε τὸν Ἁρμόδιον ᾄcεται
  ξυγκατακλινείc, ὅτι παροινικὸc ἀνὴρ ἔφυ·
  ὅcτιc ἐπὶ πάντ' ἀγάθ' ἔχονταc ἐπικωμάcαc 980
  ἠργάcατο πάντα κακά, κἀνέτρεπε κἀξέχει

959 τίc] τί Elmsley (cf. *Eq.* 150)   960 ἐκέλευε Elmsley: -ευcε codd.
[P19] ταυτηcὶ P19, Dobree: ταυτηcὶ τῆc R: ταύτηc τῆc cett.
961 αὑτῷ Meineke: αὐτῷ codd.   962 Κωπᾷδ' Elmsley: Κωπαῖδ'
codd.   965 τρεῖc] τριcὶ Γ²E²B   καταcκίουc λόφουc L: -ίοιc -οιc
cett.   967 ταρίχει Γ²E²: -χη cett.   970 κιχλᾶν] -ῶν R
971 εἶδεc ὦ semel Heliodorus ap. sch., p, Su. ε 2508: bis cett.   973 οἷ'
ἔχει hic Γ³E²B^{pc}, post cπειcάμενοc R: om. cett.   979 παροινικὸc
Elmsley: παροίνιοc codd.   981 ἠργάcατο Hall & Geldart: εἰργ- codd.
κἀνέτρεπε Elmsley: -τραπε codd.

ΑΧΑΡΝΗC

κἀμάχετο, καὶ προcέτι πολλὰ προκαλουμένου
"πῖνε, κατάκειcο, λαβὲ τήνδε φιλοτηcίαν,"
τὰc χάρακαc ἧπτε πολὺ μᾶλλον ἔτι τῷ πυρί,
ἐξέχει θ' ἡμῶν βίᾳ τὸν οἶνον ἐκ τῶν ἀμπέλων.   985
ἐπτέρωταί τ' ἐπὶ τὸ δεῖπνον ἅμα καὶ μεγάλα δὴ   [ἀντ.
  φρονεῖ,
τοῦ βίου δ' ἐξέβαλε δεῖγμα ⟨τάδε⟩ τὰ πτερὰ πρὸ τῶν
  θυρῶν.
ὦ Κύπριδι τῇ καλῇ καὶ Χάριcι ταῖc φίλαιc ξύντροφε
  Διαλλαγή,
ὡc καλὸν ἔχουcα τὸ πρόcωπον ἆρ' ἐλάνθανεc.   990
πῶc ἂν ἐμὲ καὶ cέ τιc Ἔρωc ξυναγάγοι λαβών,
ὥcπερ ὁ γεγραμμένοc, ἔχων cτέφανον ἀνθέμων;
ἢ πάνυ γερόντιον ἴcωc νενόμικάc με cύ.
ἀλλά cε λαβὼν τρία δοκῶ μ' ἂν ἔτι προcβαλεῖν·
πρῶτα μὲν ἂν ἀμπελίδοc ὄρχον ἐλάcαι μακρόν,   995
εἶτα παρὰ τόνδε νέα μοcχίδια cυκίδων,
καὶ τὸ τρίτον ἡμερίδοc ὄρχον, ὁ γέρων ὁδί,
καὶ περὶ τὸ χωρίον ἐλᾴδαc ἅπαν ἐν κύκλῳ,
ὥcτ' ἀλείφεcθαί c' ἀπ' αὐτῶν κἀμὲ ταῖc νουμηνίαιc.

ΚΗΡΥΞ

ἀκούετε λεῴ· κατὰ τὰ πάτρια τοὺc Χοᾶc   1000
πίνειν ὑπὸ τῆc cάλπιγγοc· ὃc δ' ἂν ἐκπίῃ
πρώτιcτοc, ἀcκὸν Κτηcιφῶντοc λήψεται.

Δι. ὦ παῖδεc, ὦ γυναῖκεc, οὐκ ἠκούcατε;
τί δρᾶτε; τοῦ κήρυκοc οὐκ ἀκούετε;
ἀναβράττετ', ἐξοπτᾶτε, τρέπετ', ἀφέλκετε   1005

984 ἔτι Hermann: ἐν codd.   985 ἡμῶν] ὑμῶν Γ²E²
986 ἐπτέρωταί RᵖᶜΓ², lm. sch.: ται RΓΕ: τῷ A: τὰ Lc   987 δεῖγμα
τάδε Brunck: δεῖγμα codd. plerique: δείγματα R²Γ²E²   991 ἐμὲ L,
Su. α 2492: ἐμέ τε cett.   993 ἢ Kuster: ἦ codd.   994 μ' Blaydes: γ'
codd.   997 ὄρχον L, quod iteratum valde displicet: κλάδον vel sim. cett:
ὄcχον Brunck (melius ὦcχον ut vidit Deubner): ὄζον Bergk   998 ἐλᾴδαc
Bentley: ἐλαΐδαc codd.   1003 οὐκ ἠκούcατε] οὔκουν ἀνύcατε Dobree

ΑΡΙϹΤΟΦΑΝΟΥϹ

τὰ λαγῷα ταχέωϲ, τοὺϲ ϲτεφάνουϲ ἀνείρετε.
φέρε τοὺϲ ὀβελίϲκουϲ, ἵν' ἀναπείρω τὰϲ κίχλαϲ.

Χο. ζηλῶ ϲε τῆϲ εὐβουλίαϲ,   [ϲτρ.
μᾶλλον δὲ τῆϲ εὐωχίαϲ,
ἄνθρωπε, τῆϲ παρούϲηϲ.   1010
Δι. τί δῆτ', ἐπειδὰν τὰϲ κίχλαϲ
ὀπτωμέναϲ ἴδητε;
Χο. οἶμαί ϲε καὶ τοῦτ' εὖ λέγειν.
Δι. τὸ πῦρ ὑποϲκάλευε.
Χο. ἤκουϲαϲ ὡϲ μαγειρικῶϲ,   1015
κομψῶϲ τε καὶ δειπνητικῶϲ,
αὑτῷ διακονεῖται;

ΔΕΡΚΕΤΗϹ
οἴμοι τάλαϲ.
Δι.   ὦ Ἡράκλειϲ, τίϲ οὑτοϲί;
Δε. ἀνὴρ κακοδαίμων.
Δι.   κατὰ ϲεαυτόν νυν τρέπου.
Δε. ὦ φίλτατε, ϲπονδαὶ γάρ εἰϲι ϲοὶ μόνῳ,   1020
μέτρηϲον εἰρήνηϲ τί μοι, κἂν πέντ' ἔτη.
Δι. τί δ' ἔπαθεϲ;
Δε.   ἐπετρίβην ἀπολέϲαϲ τὼ βόε.
Δι. πόθεν;
Δε.   ἀπὸ Φυλῆϲ ἔλαβον οἱ Βοιώτιοι.
Δι. ὦ τριϲκακόδαιμον, εἶτα λευκὸν ἀμπέχει;
Δε. καὶ ταῦτα μέντοι νὴ Δί' ὥπερ μ' ἐτρεφέτην   1025
ἐν πᾶϲι βολίτοιϲ.
Δι.   εἶτα νυνὶ τοῦ δέει;
Δε. ἀπόλωλα τὠφθαλμὼ δακρύων τὼ βόε.
ἀλλ' εἴ τι κήδει Δερκέτου Φυλαϲίου,

1007 ἀναπείρω] πήξω Pollux 10.95: ἀναπήξω Bentley   1017 αὑτῷ
Bentley: αὐ- Φ: αὐτὰ R: αὐτῷ γε L   1022 ἐπετρίβην] ἐπετριβόμην
R   1023 post πόθεν add. γ' L, δ' Elmsley   1025 ὥπερ Γ²c: ὡϲ
L: ὥϲπερ Φ: ὅπερ R

ΑΧΑΡΝΗϹ

	ὑπάλειψον εἰρήνῃ με τὠφθαλμὼ ταχύ.	
Δι.	ἀλλ', ὦ πόνηρ', οὐ δημοϲιεύων τυγχάνω.	1030
Δε.	ἴθ', ἀντιβολῶ ϲ', ἤν πωϲ κομίϲωμαι τὼ βόε.	
Δι.	οὐκ ἔϲτιν, ἀλλὰ κλᾶε πρὸϲ τοὺϲ Πιττάλου.	
Δε.	ϲὺ δ' ἀλλά μοι ϲταλαγμὸν εἰρήνηϲ ἕνα	
	εἰϲ τὸν καλαμίϲκον ἐνϲτάλαξον τουτονί.	
Δι.	οὐδ' ἂν ϲτριβιλικίγξ· ἀλλ' ἀπιὼν οἴμωζέ ποι.	1035
Δε.	οἴμοι κακοδαίμων τοῖν γεωργοῖν βοιδίοιν.	

Χο.	ἁνὴρ ἐνηύρηκέν τι ταῖϲ	[ἀντ.
	ϲπονδαῖϲιν ἡδύ, κοὐκ ἔοι-	
	κεν οὐδενὶ μεταδώϲειν.	
Δι.	κατάχει ϲὺ τῆϲ χορδῆϲ τὸ μέλι,	1040
	τὰϲ ϲηπίαϲ ϲτάθευε.	
Χο.	ἤκουϲαϲ ὀρθιαϲμάτων;	
Δι.	ὀπτᾶτε τἀγχέλεια.	
Χο.	ἀποκτενεῖϲ λιμῷ 'μὲ καὶ	
	τοὺϲ γείτοναϲ κνίϲῃ τε καὶ	1045
	φωνῇ τοιαῦτα λάϲκων.	

Δι.	ὀπτᾶτε ταυτὶ καὶ καλῶϲ ξανθίζετε.	

ΠΑΡΑΝΥΜΦΟϹ

	Δικαιόπολι.	
Δι.	τίϲ οὑτοϲί; τίϲ οὑτοϲί;	
Πα.	ἔπεμψέ τίϲ ϲοι νυμφίοϲ ταυτὶ κρέα	
	ἐκ τῶν γάμων.	
Δι.	καλῶϲ γε ποιῶν, ὅϲτιϲ ἦν.	1050
Πα.	ἐκέλευε δ' ἐγχέαι ϲε τῶν κρεῶν χάριν,	
	ἵνα μὴ ϲτρατεύοιτ', ἀλλὰ βινοίη μένων,	
	εἰϲ τὸν ἀλάβαϲτον κύαθον εἰρήνηϲ ἕνα.	
Δι.	ἀπόφερ', ἀπόφερε τὰ κρέα καὶ μή μοι δίδου,	

1032 κλᾶε] κλαῖε L   τοὺϲ] τοῦ RΓ²Ε²   1035 ποι] που RΓ²Ε²
1037 ἁνὴρ Elmsley: ἀ- codd.   ἐνηύρηκέν Dobree: ἀν- codd.
1044 'μὲ Meineke: με codd.   1049 post ταυτὶ add. τὰ Φ
1050 γε RΦ: om. L   ὅϲτιϲ] ὅϲτιϲ περ L   1052 βινοίη] κινοίη R

ΑΡΙΣΤΟΦΑΝΟΥΣ

   ὡς οὐκ ἂν ἐγχέαιμι χιλίων δραχμῶν.   1055
   ἀλλ' αὑτηὶ τίς ἐςτιν;
Πα. ἡ νυμφεύτρια
   δεῖται παρὰ τῆς νύμφης τι ςοὶ λέξαι μόνῳ.
Δι. φέρε δή, τί cὺ λέγεις; ὡς γέλοιον, ὦ θεοί,
   τὸ δέημα τῆς νύμφης ὃ δεῖταί μου ςφόδρα,
   ὅπως ἂν οἰκουρῇ τὸ πέος τοῦ νυμφίου.   1060
   φέρε δεῦρο τὰς ςπονδάς, ἵν' αὐτῇ δῶ μόνῃ,
   ὁτιὴ γυνή 'ςτι τοῦ πολέμου τ' οὐκ αἰτία.
   ὕπεχ' ὧδε δεῦρο τοὐξάλειπτρον, ὦ γύναι.
   οἶcθ' ὡς ποιεῖται τοῦτο; τῇ νύμφῃ φράςον,
   ὅταν ςτρατιώτας καταλέγωςι, τουτωὶ   1065
   νύκτωρ ἀλειφέτω τὸ πέος τοῦ νυμφίου.
   ἀπόφερε τὰς ςπονδάς. φέρε τὴν οἰνήρυςιν,
   ἵν' οἶνον ἐγχέω λαβὼν εἰς τοὺς Χοᾶς.
Χο. καὶ μὴν ὁδί τις τὰς ὀφρῦς ἀνεςπακὼς
   ὥςπερ τι δεινὸν ἀγγελῶν ἐπείγεται.   1070

ΑΓΓΕΛΟΣ Α

   ἰὼ πόνοι τε καὶ μάχαι καὶ Λάμαχοι.
Λα. τίς ἀμφὶ χαλκοφάλαρα δώματα κτυπεῖ;
Αγ. ἰέναι c' ἐκέλευον οἱ ςτρατηγοὶ τήμερον
   ταχέως λαβόντα τοὺς λόχους καὶ τοὺς λόφους·
   κᾆπειτα τηρεῖν νειφόμενον τὰς εἰςβολάς.   1075
   ὑπὸ τοὺς Χοᾶς γὰρ καὶ Χύτρους αὐτοῖςί τις
   ἤγγειλε λῃςτὰς ἐμβαλεῖν Βοιωτίους.
Λα. ἰὼ ςτρατηγοὶ πλέονες ἢ βελτίονες.
   οὐ δεινὰ μὴ 'ξεῖναί με μηδ' ἑορτάςαι;

1055 χιλίων Rγρ, cett.: μυρίων R   1062 αἰτία Blaydes: ἀξία codd.
1064 ποιεῖται] ποιείcθω dubitanter Elmsley: ποιείτω Reisig: sunt qui sententiam declarative accipiant   1066 ἀλειφέτω Γ²E²: ἄλειφε fere cett.
1068 incertum utrum Χοᾶς an χοᾶς scribendum sit   1075 νειφόμενον Hall & Geldart: νιφ- codd.   1078–80 personarum vices ita distinxit Elmsley   post 1080 Dicaeopolim v. 1079 iterasse coniecit Rennie
1078 πλέονες Scaliger: πλείονες codd.

ΑΧΑΡΝΗC

Δι. ἰὼ cτράτευμα πολεμολαμαχαϊκόν. 1080
⟨× – ∪ – × – ∪ – × – ∪ –⟩
Λα. οἴμοι κακοδαίμων· καταγελᾷc ἤδη cύ μου;
Δι. βούλει μάχεcθαι, Γηρυόνη, τετραπτίλῳ;
Λα. αἰαῖ·
οἵαν ὁ κῆρυξ ἀγγελίαν ἤγγειλέ μοι.
Δι. αἰαῖ·
τίνα δ' αὖ, ⟨τίν' αὖ⟩ μοὶ προcτρέχει τιc ἀγγελῶν;

ΑΓΓΕΛΟC Β
Δικαιόπολι.
Δι. τί ἐcτιν;
Αγ. ἐπὶ δεῖπνον ταχὺ 1085
βάδιζε, τὴν κίcτην λαβὼν καὶ τὸν χοᾶ.
ὁ τοῦ Διονύcου γάρ c' ἱερεὺc μεταπέμπεται.
ἀλλ' ἐγκόνει· δειπνεῖν κατακωλύειc πάλαι.
τὰ δ' ἄλλα πάντ' ἐcτὶν παρεcκευαcμένα,
κλῖναι, τράπεζαι, προcκεφάλαια, cτρώματα, 1090
cτέφανοι, μύρον, τραγήμαθ', αἱ πόρναι πάρα,
ἄμυλοι, πλακοῦντεc, cηcαμοῦντεc, ἴτρια,
ὀρχηcτρίδεc, τὰ φίλταθ' Ἁρμοδίου, καλαί.
ἀλλ' ὡc τάχιcτα cπεῦδε.
Λα. κακοδαίμων ἐγώ.
⟨× – ∪ – × – ∪ – × – ∪ –⟩
Δι. καὶ γὰρ cὺ μεγάλην ἐπεγράφου τὴν Γοργόνα. 1095
cύγκλῃε, καὶ δεῖπνόν τιc ἐνcκευαζέτω.
Λα. παῖ παῖ, φέρ' ἔξω δεῦρο τὸν γυλιὸν ἐμοί.
Δι. παῖ παῖ, φέρ' ἔξω δεῦρο τὴν κίcτην ἐμοί.

1082 Γηρυόνη Olson, duce van Leeuwen: -όνῃ codd. 1084 suppl. Bachmann 'μοὶ Blaydes (sed non recepit in textum): μοι codd. 1089 ἐcτὶν L: ἐcτὶ cett. 1092 ante 1091 transp. van Leeuwen 1093 v. varie temptatus post v. 1094 lacunam statuit Robertson, ut μεγάλην habeat quo referatur 1096 cύγκλῃε van Leeuwen: cύγκλειε codd. 1097 v. praebent Γ^pc in margine, L i.m. manu posteriore, B^pc, ed. Aldina, novit sch.: om. cett.

ΑΡΙΣΤΟΦΑΝΟΥΣ

Λα. ἅλας θυμίτας οἶϲε, παῖ, καὶ κρόμμυα.
Δι. ἐμοὶ δὲ τεμάχη· κρομμύοιϲ γὰρ ἄχθομαι. 1100
Λα. θρῖον ταρίχουϲ οἶϲε δεῦρο, παῖ, ϲαπροῦ.
Δι. κἀμοὶ ϲὺ δημοῦ θρῖον· ὀπτήϲω δ' ἐκεῖ.
Λα. ἔνεγκε δεῦρο τὼ πτερὼ τὼ 'κ τοῦ κράνουϲ.
Δι. ἐμοὶ δὲ τὰϲ φάττας γε φέρε καὶ τὰς κίχλας.
Λα. καλόν γε καὶ λευκὸν τὸ τῆς ϲτρούθου πτερόν. 1105
Δι. καλόν γε καὶ ξανθὸν τὸ τῆς φάττης κρέας.
Λα. ὦνθρωπε, παῦϲαι καταγελῶν μου τῶν ὅπλων.
Δι. ὦνθρωπε, βούλει μὴ βλέπειν εἰς τὰς κίχλας;
Λα. τὸ λοφεῖον ἐξένεγκε τῶν τριῶν λόφων.
Δι. κἀμοὶ λεκάνιον τῶν λαγῴων δὸς κρεῶν. 1110
Λα. ἀλλ' ἦ τριχόβρωτές τοὺς λόφους που κατέφαγον;
Δι. ἀλλ' ἦ πρὸ δείπνου τὴν μίμαρκυν κατέδομαι;
Λα. ὦνθρωπε, βούλει μὴ προϲαγορεύειν ἐμέ;
Δι. οὔκ, ἀλλ' ἐγὼ χὠ παῖς ἐρίζομεν πάλαι.
βούλει περιδόϲθαι κἀπιτρέψαι Λαμάχῳ, 1115
πότερον ἀκρίδες ἥδιόν ἐϲτιν ἢ κίχλαι;
Λα. οἴμ', ὡς ὑβρίζεις.
Δι.   τὰς ἀκρίδας κρίνει πολύ.
Λα. παῖ παῖ, καθελών μοι τὸ δόρυ δεῦρ' ἔξω φέρε.
Δι. παῖ παῖ, ϲὺ δ' ἀφελὼν δεῦρο τὴν χορδὴν φέρε.
Λα. φέρε, τοῦ δόρατοϲ ἀφελκύϲωμαι τοὔλυτρον. 1120
ἔχ', ἀντέχου, παῖ.
Δι.   καὶ ϲύ, παῖ, τοῦδ' ἀντέχου.
Λα. τοὺς κιλλίβαντας οἶϲε, παῖ, τῆς ἀσπίδος.

1099 οἶϲε παῖ] δοὺϲ ἐμοί sch. ad v. 772   1102 κἀμοὶ] καί μοι R
ϲὺ δημοῦ Elmsley: ϲὺ δὴ παῖ RΦ: δὴ ϲὺ παῖ cett.   1103 τὼ 'κ] τὸ R,
unde τὸ πτερὸν τοὔκ (vel τὸ) Blaydes   1107 v. om. Φ, add. Γ³
1107, 8 ὦνθρωπε] ἄν- Γ^{pc} c   1107–8 post 1112 traiecit Boissonade;
1107 et 1113 invicem traiecit Dobree: 1109–1112 post 1117 Sommerstein
1111, 1112 ἦ A, Schaefer: ἢ cett.   1112 μίμαρκυν Φ: μήμ- c:
μίρμακυν cett.   1115 περιδόϲθαι] περιδέϲθαι Φ   κἀπιτρέψαι
RΓ²E²L: κἀποϲτρέψαι Φ: κἀπιϲτρέψαι c   1118 μοι] μου R
1119 v. om. Φ, add. Γ³

ΑΧΑΡΝΗC

Δι. καὶ τῆc ἐμῆc τοὺc κριβανίταc ἔκφερε.
Λα. φέρε δεῦρο γοργόνωτον ἀcπίδοc κύκλον.
Δι. κἀμοὶ πλακοῦντοc τυρόνωτον δὸc κύκλον. 1125
Λα. ταῦτ' οὐ κατάγελώc ἐcτιν ἀνθρώποιc πλατύc;
Δι. ταῦτ' οὐ πλακοῦc δῆτ' ἐcτὶν ἀνθρώποιc γλυκύc;
Λα. κατάχει cύ, παῖ, τοὔλαιον. ἐν τῷ χαλκίῳ
     ἐνορῶ γέροντα δειλίαc φευξούμενον.
Δι. κατάχει cὺ τὸ μέλι. κἀνθάδ' ἔνδηλοc γέρων 1130
     κλάειν κελεύων Λάμαχον τὸν Γοργάcου.
Λα. φέρε δεῦρο, παῖ, θώρακα πολεμιcτήριον.
Δι. ἔξαιρε, παῖ, θώρακα κἀμοὶ τὸν χοᾶ.
Λα. ἐν τῷδε πρὸc τοὺc πολεμίουc θωρήξομαι.
Δι. ἐν τῷδε πρὸc τοὺc cυμπότac θωρήξομαι. 1135
Λα. τὰ cτρώματ', ὦ παῖ, δῆcον ἐκ τῆc ἀcπίδοc.
Δι. τὸν δῖνον, ὦ παῖ, δῆcον ἐκ τῆc κιcτίδοc.
Λα. ἐγὼ δ' ἐμαυτῷ τὸν γυλιὸν οἴcω λαβών.
Δι. ἐγὼ δὲ θοἰμάτιον λαβὼν ἐξέρχομαι.
Λα. τὴν ἀcπίδ' αἴρου καὶ βάδιζ', ὦ παῖ, λαβών. 1140
     νείφει. βαβαιάξ· χειμέρια τὰ πράγματα.
Δι. αἴρου τὸ δεῖπνον· ⟨– ∪ – × – ∪ –
     × – ∪ – ×⟩ cυμποτικὰ τὰ πράγματα.

Χο. ἴτε δὴ χαίροντεc ἐπὶ cτρατιάν.
     ὡc ἀνομοίαν ἔρχεcθον ὁδόν·
     τῷ μὲν πίνειν cτεφανωcαμένῳ, 1145

1123 καὶ τῆc ἐμῆc: si textus sanus, ventrem suum gestu indicat: παῖ, 'κ τῆc cιπύηc van Herwerden   1124 γοργόνωτον] γοργονωπὸν van Herwerden   1125 τυρόνωτον] γυρόνωτον Plut. *Mor.* 853C   1126 πλατύc] πολύc R   1128 ἐν τῷ χαλκίῳ] ἐκ τοῦ χαλκίου Pollux 10.92, probabat Elmsley; sed ante haec verba interpungendum esse vidit Dindorf   1130 ἔνδηλοc RΓ^pc: εὔδ- cett.   1131 κελεύων RΓ²Ε²: κελεύω cett.   1132 παῖ ante δεῦρο praebent codd. praeter L   1138, 1137 hoc ordine praebet R, inverso Lc: om. Φ   1138 τὸν δῖνον van Herwerden: τὸ δεῖπνον codd.   1141 νείφει Hall & Geldart: νίφει codd.   1142 hunc v. om. Φ: lacunam post δεῖπνον statuit R. Klotz   1144 ὡc ⟨δ'⟩ Blaydes, Meineke

ΑΡΙΣΤΟΦΑΝΟΥΣ

coì δὲ ῥιγῶν καὶ προφυλάττειν,
τῷ δὲ καθεύδειν
μετὰ παιδίσκης ὡραιοτάτης,
ἀνατριβομένῳ γε τὸ δεῖνα.

Ἀντίμαχον τὸν ψακάδος †τὸν ξυγγραφῆ† τὸν   [στρ.
  μελέων ποιητήν,
ὡς μὲν ἁπλῷ λόγῳ κακῶς ἐξολέσειεν ὁ Ζεύς·   1151
ὅς γ' ἐμὲ τὸν τλήμονα Λήναια χορηγῶν ἀπέλυσ'
  ἄδειπνον.
ὃν ἔτ' ἐπίδοιμι τευθίδος
δεόμενον, ἡ δ' ὠπτημένη,
σίζουσα, πάραλος ἐπὶ τραπέζῃ κειμένη
ὀκέλλοι· κᾆτα μέλ-
λοντος λαβεῖν αὐτοῦ κύων   1160
ἁρπάσασα φεύγοι.

τοῦτο μὲν αὐτῷ κακὸν ἕν, κᾆθ' ἕτερον νυκτερινὸν   [ἀντ.
  γένοιτο.
ἠπιαλῶν γὰρ οἴκαδ' ἐξ ἱππασίας βαδίζων,   1165
εἶτα κατάξειέ τις αὐτοῦ μεθύων τὴν κεφαλὴν Ὀρέστης
  μαινόμενος· ὁ δὲ λίθον λαβεῖν
βουλόμενος ἐν σκότῳ λάβοι
τῇ χειρὶ πέλεθον ἀρτίως κεχεσμένον·   1170
ἐπᾴξειεν δ' ἔχων
τὸν μάρμαρον, κᾆπειθ' ἁμαρ-
τὼν βάλοι Κρατῖνον.

1149 γε Reiske: τε codd.   1150 τὸν ξυγγραφῇ] ξυγγραφέα Hall &
Geldart: ξυρραφέα van Herwerden: τὸν μέλεον (τῶν) Elmsley: alii alia
1155 ἀπέλυσ' ἄδειπνον L: ἀπέλυσεν ἄδειπνον Φc: ἀπέκλειε δείπνων R
1156 ὃν] ὅν γ' L   1158 τραπέζῃ] -ης Γ³B, Su. τ 424, ψ 39
1160 λαβεῖν post αὐτοῦ praebet Φ   1165 βαδίζων] βαδίζοι Bentley,
quo recepto κᾆτα in v. 1166 postulabat Elmsley   1166 κατάξειε]
πατάξειε Dindorf   αὐτοῦ] -ὸν Su. ο 537   τῆς κεφαλῆς] τὴν -ὴν R
1168 λαβεῖν RΓ: βαλεῖν cett., quo recepto λίθῳ pro λίθον Rennie
1170 πέλεθον L: σπέλεθον cett.

ΑΧΑΡΝΗϹ

ΑΓΓΕΛΟϹ Γ

ὦ δμῶες οἳ κατ' οἶκόν ἐϲτε Λαμάχου,
ὕδωρ ὕδωρ ἐν χυτριδίῳ θερμαίνετε·   1175
ὀθόνια, κηρωτὴν παραϲκευάζετε,
ἔρι' οἰϲυπηρά, λαμπάδιον περὶ τὸ ϲφυρόν.
ἀνὴρ τέτρωται χάρακι διαπηδῶν τάφρον,
καὶ τὸ ϲφυρὸν παλίνορρον ἐξεκόκκιϲεν,
καὶ τῆϲ κεφαλῆϲ κατέαγε περὶ λίθῳ πεϲών,   1180
καὶ Γοργόν' ἐξήγειρεν ἐκ τῆϲ ἀϲπίδοϲ.
πτίλον δὲ τὸ μέγα κομπολακύθου †πεϲὸν†
πρὸϲ ταῖϲ πέτραιϲι, δεινὸν ἐξηύδα μέλοϲ·
"ὦ κλεινὸν ὄμμα, νῦν πανύϲτατόν ϲ' ἰδὼν
λείπω φάοϲ γε τοὐμόν, οὐκέτ' εἴμ' ἐγώ."   1185
τοϲαῦτα λέξαϲ εἰϲ ὑδορρόαν πεϲὼν
ἀνίϲταταί τε καὶ ξυναντᾷ δραπέταιϲ,
λῃϲτὰϲ ἐλαύνων καὶ καταϲπέρχων δορί.
ὁδὶ δὲ καὐτόϲ· ἀλλ' ἄνοιγε τὴν θύραν.

Λα.   ἀτταταῖ ἀτταταῖ,   1190
ϲτυγερὰ τάδε γε κρυερὰ πάθεα· τάλαϲ ἐγώ.
διόλλυμαι δορὸϲ ὑπὸ πολεμίου τυπείϲ.
ἐκεῖνο δ' οὖν αἰακτὸν ἂν γένοιτο,   1195
Δικαιόπολιϲ εἴ μ' ἴδοι τετρωμένον,

1175 χυτριδίῳ R, Dawes: χυτρίῳ cett.   1177 v. om. R ἔρι' Su. οι 186, Pollux 7.28, Hsch.: ἔργ' codd.   1178 ἀνὴρ Su., Elmsley: ἁ- codd. 1179 παλίνορρον A: -ορον vel sim. cett.   1180 λίθῳ R: λίθον cett. 1181–8 del. Meineke   1181 v. del. Dobree et u v. 574 confectum; vocem ἐξήγειρεν temptarunt multi, e.g. ἐξήραξεν Blaydes   1182 locus desperatus; si πεϲὸν (πεϲὼν R^{ac}, c) e v. 1180 originem ducit, possis scribere e.g. λιπὼν (Bergk) vel κλάϲαϲ (Weber): an φλάϲαϲ?   1185 γε τοὐμόν] τοὐμὸν R: τοὐράνιον A. Palmer: τόδ' ἀμόν Lenting: καὶ θυμόν West 1188 λῃϲτὰϲ] -αῖϲ R   1190 ἀτταταῖ ἀτταταῖ R: ἀτταπαττατὰ vel sim. cett.   γε hic Bergk: post τάδε praebent ΦL: om. cett.   1195 οὖν L: om. cett. (sed spatium vacuum habet R)   post αἰακτὸν add. οἰμωκτὸν codd.: del. Porson   post γένοιτο add. μοι codd.: del. Dindorf   1196 εἰ B: γὰρ εἰ L: ἂν R: ἂν εἰ cett.

ΑΡΙΣΤΟΦΑΝΟΥΣ

     κᾆτ' ἐγχάνοι ταῖς ἐμαῖς τύχαιςιν.
Δι. ἀτταταῖ ἀτταταῖ,
     τῶν τιτθίων, ὡς ςκληρὰ καὶ κυδώνια.
     φιλήςατόν με μαλθακῶς, ὦ χρυςίω,   1200
     τὸ περιπεταςτὸν κἀπιμανδαλωτόν.
     ⟨× – ⏑ – – ⏑ – × – ⏑ –⟩
     τὸν γὰρ χοᾶ πρῶτος ἐκπέπωκα.
Λα. ὦ ςυμφορὰ τάλαινα τῶν ἐμῶν κακῶν.
     ἰὼ ἰὼ τραυμάτων ἐπωδύνων.   1205
Δι. ⟨× – ⏑ – × – ⏑ – × – ⏑ –⟩
     ἰηῦ ἰηῦ, χαῖρε, Λαμαχίππιον.
Λα. ςτυγερὸς ἐγώ.
Δι.   μογερὸς ἐγώ.
Λα. τί με ςὺ κυνεῖς;
Δι.   τί με ςὺ δάκνεις;
Λα. τάλας ἐγὼ ξυμβολῆς βαρείας.   1210
Δι. τοῖς Χουςὶ γάρ τις ξυμβολὰς ἐπράττετο;
Λα. ἰὼ ἰὼ Παιὰν Παιάν.
Δι. ἀλλ' οὐχὶ νυνὶ τήμερον Παιώνια.
Λα. λάβεςθέ μου, λάβεςθε τοῦ ςκέλους· παπαῖ,
     προςλάβεςθ', ὦ φίλοι.   1215
Δι. ἐμοῦ δέ γε ςφὼ τοῦ πέους ἄμφω μέςου
     προςλάβεςθ', ὦ φίλαι.

1197 κᾆτ' ἐγχάνοι B: κᾆτ' ἐγχανεῖται R: κατεγχάνοι cett. ταῖς ἐμαῖς τύχαιςιν] γε ταῖς ἐμαῖςιν ἂν τύχαις L   1201 κἀπιμανδαλωτόν RΦ: κἀναπι- Lc: ἐπι- Handley: καὶ τὸ μανδαλωτόν Bentley   in fine versus suppl. ⟨ἄν⟩ L   post hunc v. lacunam statuit Bergk   1202 χοᾶ ⟨νῦν⟩, ἐκπέπωκά ⟨γε⟩ L   1205 post hunc v. lacunam statuit Bothe   1207 ἰηῦ ἰηῦ Olson: ἰὴ ἰή codd.   Λαμαχίππιον] -ιππίδιον R   1208–9 ita praebent codd.; Dicaeopolis ebrius et titubans (cf. ξυμβολῆς 1210) basium dat Lamacho invito, qui invicem irrisorem mordet: verba μογερὸς ἐγώ Lamacho, τί με ςὺ κυνεῖς Dicaeopoli tribuit Lenting   1210 post ἐγὼ add. τῆς ἐν μάχῃ codd.: τῆς del. Dindorf, ἐν μάχῃ iam Bothe   1212 ἰὼ bis L, semel cett.   1213 νυνὶ] νῦν γε R   1215 φίλοι] φίλαι RE^ac

ΑΧΑΡΝΗΣ

Λα. εἰλιγγιῶ κάρα λίθῳ πεπληγμένος
 καὶ σκοτοδινιῶ.
Δι. κἀγὼ καθεύδειν βούλομαι καὶ στύομαι   1220
 καὶ σκοτοβινιῶ.
Λα. θύραζέ μ' ἐξενέγκατ' εἰς τοῦ Πιττάλου
 παιωνίαισι χερσίν.
Δι. ὡς τοὺς κριτάς μ' ἐκφέρετε. ποῦ 'στιν ὁ βασιλεύς;
 ἀπόδοτέ μοι τὸν ἀσκόν.   1225
Λα. λόγχη τις ἐμπέπηγέ μοι δι' ὀστέων ὀδυρτά.
Δι. ὁρᾶτε τουτονὶ κενόν. τήνελλα καλλίνικος.
Χο. τήνελλα δῆτ', εἴπερ καλεῖς γ', ὦ πρέσβυ, καλλίνικος.
Δι. καὶ πρός γ' ἄκρατον ἐγχέας ἄμυστιν ἐξέλαψα.
Χο. τήνελλά νυν, ὦ γεννάδα· χώρει λαβὼν τὸν ἀσκόν.   1230
Δι. ἕπεσθέ νυν ᾄδοντες· "ὦ τήνελλα καλλίνικος".
Χο. ἀλλ' ἑψόμεσθα σὴν χάριν
 τήνελλα καλλίνικον ᾄ-
 δοντες σὲ καὶ τὸν ἀσκόν.

1218 εἰλιγγιῶ R: ἰλ- cett.   1222 εἰς τοῦ] εἰς τὸν ΦLc: εἰς τὰ Elmsley: ὡς τοὺς Blaydes   Πιττάλου] -ον c   1224 ἐκφέρετε Lc: φέρετε RΦ   1226 ὀδυρτά codd.: -τή Su. ο 62   1228 γ' R: om. cett.   1231 νυν Elmsley: νῦν codd.   1232 ἑψόμεσθα] ἐποψόμεσθα R: ἐπεψόμεσθα Γ²Ε²   post σὴν χάριν add. τήνελλα καλλίνικος Elmsley   1233 καλλίνικον] -ος Φ

ІППНС

PAPYRI

P. Berol. 13929 + 21105, saec. IV (continet vv. 546–54, 574–83 cum scholiis)	(P3)
P. Bingen 18, saec. (continet vv. 1040–58)	(P64)
P. Hermop. = MS. Oxon. Bodl. gr. class. f. 72, saec. IV/V (continet vv. 37–46, 86–95)	(P2)
P. Michigan inv. 6035, saec. II/III (continet vv. 1127–41)	(P60)
P. Oxy. 1373, saec. V (continet vv. 6–15, 1013–17, 1052–62)	(P20)
P. Oxy. 2545, saec. I a.C./ I p.C. (continet vv. 1057–76)	(P4)
P. Oxy. 4511, saec. III (continet vv. 736–46)	(P74)

CODICES

R	Ravennas 429
V	Marcianus gr. 474
E	Estensis gr. 127 (α. U. 5. 10)
v	consensus codicum VE
A	Parisinus gr. 2712
Γ	Laurentianus 31. 15
Θ	Laurentianus Conventi Soppressi 140
Φ	consensus codicum $A\Gamma\Theta$
M	Ambrosianus L 39 sup.
L	Oxoniensis Holkhamensis gr. 88

Rarius citantur

B	Parisinus gr. 2715
C	Parisinus gr. 2717
Vp3	Vaticanus Palatinus gr. 128
c	consensus codicum CVp3

ΙΠΠΗC

G	Marcianus gr. 475
Par 6	Parisinus gr. 2716
X	Laurentianus 31. 13
Vv5	Vaticanus gr. 1294
Vv17	Vaticanus gr. 2181

ΥΠΟΘΕϹΕΙϹ

I

Τὸ δρᾶμα τοῦτο πεποίηται εἰc Κλέωνα τὸν Ἀθηναίων δημαγωγόν. ὑπόκειται δὲ ὡc Παφλαγὼν νεώνητος δουλεύων τῷ Δήμῳ καὶ προαγόμενοc παρ' αὐτῷ περιττότερον. ἐπιτιθεμένοιν δὲ αὐτῷ δυοῖν τοῖν ὁμοδούλοιν καὶ κατά τινα λόγια πονηρίᾳ διάcημον ἀλλαντοπώλην Ἀγοράκριτον ἐπαγόντοιν, ὃc 5 ἐπιτροπεύcει τοῦ δήμου τῶν Ἀθηναίων, αὐτοὶ οἱ Ἀθηναίων ἱππεῖc cυλλαβόντες ἐν χοροῦ cχήματι παραφαίνονται· ὑφ' ὧν προπηλακιζόμενος ὁ Κλέων ἀγανακτεῖ, καὶ διενεχθεὶc ἱκανῶc περὶ τοῦ ἀναγωγότεροc εἶναι τῶν ἐναντιουμένων, cφᾶc ὡc cυνομωμοκόταc κατὰ τῆc πόλεωc ⟨διαβαλῶν⟩ πρὸc τὴν 10 βουλὴν ἵεται· διώξαντος δὲ καὶ τοῦ ἀλλαντοπώλου κατὰ πόδαc, οἱ ἱππεῖc περί τε τοῦ ποιητοῦ τινα καὶ τῶν προγόνων, ἔτι δὲ καὶ τῶν cυγκινδυνευόντων cφίcιν ἐπὶ ταῖc μάχαιc ⟨ἵππων⟩, πρὸc τοὺc πολίταc ἁδροτέρωc διαλέγονται, ὅ τε ἀλλαντοπώληc περιγεγενημένος ἐν βουλῇ μάλα γελοίως τοῦ 15 Κλέωνοc, καὶ λοιδορούμενοc αὖθιc αὐτῷ προcέρχεται· ἐκκαλεcαμένου δὲ τοῦ Κλέωνοc τὸν Δῆμον, προcελθὼν οὗτοc διαφερομένων ἀκροᾶται. λόγων δὲ πολλῶν γενομένων κατὰ

Argumenta om. R; hoc ordine exhibent ceteri: V: I II. 1–3 III II. 4–5; E: I II. 1 III II. 4, 3, 5, 2; A: I II. 1 tantum; Γ: III II. 2, 4, 3 I II. 1; Θ: III II. 2, 4, 3 I; M: II. 1–3 tantum; Vv5: I II. 1–3 III II. 4; L: I II. 1–2, 4 III   I. 1 τοῦτο VEL: τῶν Ἱππέων Φ   πεποίηται Richards: ποιεῖται codd.   3 ἐπιτιθεμένοιν Bothe (1829): -ων codd.   5–6 ὃc ἐπιτροπεύcει Ribbeck: ὃc ἐπιτροπεύει codd.: ὡc ἐπιτροπεύcῃ Musurus   6 αὐτοὶ οἱ Ἀθηναίων VE: om. ΦL   9 ἀναγωγότεροc L: ἀλογώτεροc V: ἀνώτεροc cett.   10 κατὰ Musurus: ἐκ codd. suppl. Bergk   14 suppl. Brunck   πολίταc VEL: ποιητὰc Φ   18 διαφερομένων ἀκροᾶται E: διαφερόμενοc ἀκροᾶται A: διαφθειρομένων ἀκροᾶται VΓL: διαφθείρει τοὺc ἀκροατὰc Θ

ΙΠΠΗC

τοῦ Κλέωνος, τοῦ Ἀγορακρίτου μάλ' ἐντέχνως τοῖς ἐπινοήμαςι καὶ ταῖς θωπείαις καὶ προςέτι ταῖς ἐκ τῶν λογίων ὑπερβολαῖς κρατοῦντος, κατὰ μικρὸν ὁ Δῆμος τοῖς λόγοις ςυνεφέλκεται. δείςαντος δὲ τοῦ Κλέωνος κἀπὶ τὸ ψωμίζειν τὸν Δῆμον ὁρμήςαντος, ἀντιψωμίζειν ἅτερος ἐγχειρεῖ. καὶ τέλος τοῦ Δήμου τὴν ἑκατέρου κίστην ςυνέντος, εἶτα τῆς μὲν κενῆς τῆς δὲ τοῦ Κλέωνος μεςτῆς εὑρεθείςης, ἐλεγχθεὶς αὐτὸς ὡς περιφανῶς τὰ τοῦ Δήμου κλέπτων, εἴκει θατέρῳ τῆς ἐπιτροπείας· μετὰ ταῦτα δὲ τοῦ ἀλλαντοπώλου τὸν Δῆμον ἀφεψήςαντος, εἶτα νεώτερον ἐξαῦτις εἰς τοὐμφανὲς γεγονότα προαγαγόντος, Κλέων περικείμενος τὴν Ἀγορακρίτου ςκευὴν ἐπὶ παραδειγματιςμῷ διὰ μέςης τῆς πόλεως ἀλλαντοπωλῶν ἀνὰ μέρος καὶ τῇ τέχνῃ χρηςόμενος πέμπεται, καὶ ἡ ἐπιτροπὴ τῷ ἀλλαντοπώλῃ παραδίδοται. τὸ δὲ δρᾶμα τῶν ἄγαν καλῶς πεποιημένων.

II

1. Ὁ ςκοπὸς αὐτῷ πρὸς τὸ καθελεῖν Κλέωνα. οὗτος γὰρ βυρςοπώλης ὢν ἐκράτει τῶν Ἀθηναίων ἐκ προφάςεως τοιαύτης. Ἀθηναῖοι πόλιν Πύλου, λεγομένην Cφακτηρίαν, ἐπολιόρκουν διὰ Δημοςθένους ςτρατηγοῦ καὶ Νικίου· ὧν ςτρατηγῶν χρονιςάντων ἐδυςχέραινον οἱ Ἀθηναῖοι. καὶ εἰς ἐκκληςίαν ςυνελθόντων αὐτῶν καὶ ἀδημονούντων, Κλέων τις βυρςοπώλης ἀναςτὰς ὑπέςχετο δεςμίους φέρειν τοὺς ὑπεναντίους εἴςω εἴκοςιν ἡμερῶν, εἰ ςτρατηγὸς αἱρεθείη· ὅπερ καὶ

---

3 κρατοῦντος VEL : κατακρατοῦντος Φ   ὁ Δῆμος τοῖς λόγοις VE : τοῖς λόγοις ὁ Δῆμος ΦL   6 κίστην V: κύστιν E: σίτησιν cett.
7–8 ὡς περιφανῶς L: ὡς περιφανὴς VΓ: ὥσπερ περιφανὴς ΕΑΘ   8 εἴκει θατέρῳ L: ἐκεῖ θατέρῳ ΑΓ: ἐκεῖ θατέρων Θ: ἐκβάλλεται VE   9 δὲ VE: om. ΦL   10 ἐξαῦτις van Leeuwen, sed nimis Attice ἐξαῦθις: ἐξαυτῆς V: ἐξ αὐτῆς cett.   11 προαγαγόντος E: προάγοντος cett.   Κλέων L: Κλέωνος cett.   post τὴν add. τε VΦL   post Ἀγορακρίτου add. θατέραν ΦL   12 παραδειγματιςμῷ Kuster :-οῦ codd.   13 χρηςόμενος Blaydes : χρηςάμενος codd.
II. 7 ὑπεναντίους VEAΓ: ἐναντίους ML   8 καὶ VEAΓ: om. ML

ΑΡΙϹΤΟΦΑΝΟΥϹ

γέγονε. κατὰ τὰϲ ὑποϲχέϲειϲ οὖν ἐϲτρατήγει κυκῶν τὴν πόλιν. ἐφ' οἷϲ μὴ ἐνεγκὼν Ἀριϲτοφάνηϲ καθίηϲι τὸ τῶν Ἱππέων δρᾶμα δι' αὑτοῦ, ἐπεὶ τῶν ϲκευοποιῶν οὐδεὶϲ ἐπλάϲατο τὸ τοῦ Κλέωνοϲ πρόϲωπον διὰ φόβον. καὶ τὰ μὲν πρῶτα κύπτει φοβούμενοϲ· εἶτα προφανεὶϲ αὐτὸϲ ἐδίδαξε τὸ δρᾶμα. 5

2. ἔοικεν ὁ προλογίζων εἶναι Δημοϲθένηϲ, ὃϲ ἐκεκμήκει περὶ τὴν Πύλου πολιορκίαν, ἀφῃρέθη δὲ τὴν ϲτρατηγίαν ὑπὸ Κλέωνοϲ, ὑποϲχομένου τότε τοῖϲ Ἀθηναίοιϲ παραϲτήϲεϲθαι τὴν Πύλον εἴϲω εἴκοϲιν ἡμερῶν· ὃ καὶ κατώρθωϲε διὰ τὸ τὰ πλεῖϲτα τῆϲ ἁλώϲεωϲ προπεπονῆϲθαι Δημοϲθένει. ἔοικε δὲ ὡϲ 10 ἐπὶ οἰκίαϲ δεϲποτικῆϲ ποιεῖϲθαι τὸν λόγον. εἴη δ' ἂν δεϲπότηϲ ὁ Δῆμοϲ, οἰκία ἡ πόλιϲ· οἰκέται δὲ δύο τοῦ Δήμου προλογίζουϲι κακῶϲ πάϲχοντεϲ ὑπὸ Κλέωνοϲ. ὁ δὲ χορὸϲ ἐκ τῶν ἱππέων ἐϲτίν, οἳ καὶ ἐζημίωϲαν τὸν Κλέωνα πέντε ταλάντοιϲ ἐπὶ δωροδοκίᾳ ἁλόντα. λέγουϲι δὲ τῶν οἰκετῶν τὸν μὲν εἶναι 15 Δημοϲθένην, τὸν δὲ Νικίαν, ἵνα ὦϲι δημηγόροι οἱ δύο.

3. ἰϲτέον ὅτι εἰϲ τέτταρα μέρη διήρητο ὁ δῆμοϲ τῶν Ἀθηναίων, εἰϲ πεντακοϲιομεδίμνουϲ, εἰϲ ἱππέαϲ, εἰϲ ζευγίταϲ καὶ εἰϲ θῆταϲ.

4. ἐδιδάχθη τὸ δρᾶμα ἐπὶ ϲτρατοκλέουϲ ἄρχοντοϲ δημοϲίᾳ 20 εἰϲ Λήναια δι' αὑτοῦ τοῦ Ἀριϲτοφάνουϲ. πρῶτοϲ ἦν· ἐνίκα δεύτεροϲ Κρατῖνοϲ Ϲατύροιϲ, τρίτοϲ Ἀριϲτομένηϲ Ὑλοφόροιϲ.

3 δι' αὑτοῦ L: δι' αὐτοῦ VΓ: δι' ἑαυτοῦ EA: ἑαυτοῦ M   3–5 καὶ ... δρᾶμα om. M   5 προφανεὶϲ A: προφανὲϲ VEΓL   ἐδίδαξε Gröbl: ἀνεδίδαξε codd.   7 τὴν ϲτρατηγίαν VEML: τῆϲ ϲτρατηγίαϲ ΓΘ   παραϲτήϲεϲθαι ΘMVv5: -αϲθαι VEΓL   14 καὶ ἐζημίωϲαν VEΓΘ: κατεζημίωϲαν ML   πέντε ταλάντοιϲ Musurus: ταλάντοιϲ πέντε Vv5: ταλάντοιϲ πεντακοϲίοιϲ L: ταλάντοιϲ φηϲίν M: πέντε τάλαντα VE: τάλαντα πέντε ΓΘ   15–16 εἶναι ... Νικίαν VΓΘ: Νικίαν εἶναι, τὸν δὲ Δημοϲθένην E: Νικίαν, τὸν δὲ Δημοϲθένην ML   17–19 cf. sch. 627   17 ἰϲτέον ὅτι V: om. cett.   διήρητο VM: διήρηται EΓΘ   19 καὶ V: om. cett.   20 δημοϲίᾳ VEL: om. ΓΘ   21 αὑτοῦ VEL: om. ΓΘ   τοῦ Kuster: om. codd.   πρῶτοϲ ἦν· ἐνίκα VVv5: πρῶτον ἐνίκα EΓΘ: ἐνίκα L: ἐνίκα fortasse delendum censet Rogers, sed νικᾶν non semper victoriϲ est, cf. argumentum III ad Pacem   22 Κρατῖνοϲ δεύτεροϲ ceteris omissis L   Ὑλοφόροιϲ VVv5: ὀλοφύροιϲ EΓΘ

ΙΠΠΗC

5. οἰκία ἡ πόλις, δεςπότης ὁ δῆμος, θεράποντες οἱ ςτρατηγοί.

III

ΑΡΙCΤΟΦΑΝΟΥC ΓΡΑΜΜΑΤΙΚΟΥ

Παράγει τινὰ Κλέωνα τὸν καλούμενον
Παφλαγόνα κἄτι βυρcοπώλην πικρότατα,
κατεcθίοντά πως τὰ κοινὰ χρήματα,
καὶ παραλογιcμῷ διαφοροῦντ' ἐρρωμένως
ἀλλαντοπώλην, εὐθέως ⟨τε⟩ cκατοφάγον, 5
πειcθέντ' ἐπιτίθεcθαι cὺν ἱππεῦcίν τιcιν,
ἐν τῷ χορῷ παροῦcι, τῇ τῶν πραγμάτων
ἀρχῇ, Κλέωνός τ' ἐν μέcῳ κατηγορεῖν.
ἐγένετο τοῦτ'· ἐξέπεcεν ὁ Κλέων παγκάκως,
ὁ δὲ cκατοφάγος ἔτυχε προεδρίας καλῆς. 10

III. Titulum Ἀριcτοφάνουc γραμματικοῦ VE : Ἀριcτοφάνουc ὑπόθεcιc Ἱππέων Θ : Ἀριcτοφάνουc γραμματικοῦ ὑπόθεcιc L : nullum Γ   1 τινα VEL : τὸν ΓΘ   2 post πικρότατα interpunxit Wagner   3 πως VEL : om. ΓΘ : ἀτόπως Wagner   4 καὶ Bekker : ἐν codd. : κἀν Portus   παραλογιcμῷ V : -οῖc cett.   διαφοροῦντ' VEL : διαφοροῦντες ΓΘ : διαφέροντ' Kuster   5 suppl. Kuster : δὲ von Velsen   6 π. ἐπιτίθεcθαι Bergk : π. ἐπιθέcθαι codd. : πειcθέντα τ' ἐπιθέcθαι Portus   7 ἐν] τοῖc Portus   8 κατηγορεῖν Nauck : -εῖ codd.

ΤΑ ΤΟΥ ΔΡΑΜΑΤΟΣ ΠΡΟΣΩΠΑ

ΔΗΜΟΣΘΕΝΗΣ ΟΙΚΕΤΗΣ ΠΑΦΛΑΓΩΝ
ΝΙΚΙΑΣ ΟΙΚΕΤΗΣ ΧΟΡΟΣ ΙΠΠΕΩΝ
ΑΓΟΡΑΚΡΙΤΟΣ ΑΛΛΑΝΤΟΠΩΛΗΣ ΔΗΜΟΣ

ΙΠΠΗC

ΔΗΜΟCΘΕΝΗC
Ἰατταταιὰξ τῶν κακῶν, ἰατταταί.
κακῶc Παφλαγόνα τὸν νεώνητον κακὸν
αὐταῖcι βουλαῖc ἀπολέcειαν οἱ θεοί.
ἐξ οὗ γὰρ εἰcήρρηcεν εἰc τὴν οἰκίαν
πληγὰc ἀεὶ προcτρίβεται τοῖc οἰκέταιc.   5

ΝΙΚΙΑC
κάκιcτα δῆθ' οὗτόc γε πρῶτοc Παφλαγόνων
αὐταῖc διαβολαῖc.
Δη.   ὦ κακόδαιμον, πῶc ἔχειc;
Νι.   κακῶc, καθάπερ cύ.
Δη.   δεῦρό νυν πρόcελθ', ἵνα
ξυναυλίαν κλαύcωμεν Οὐλύμπου νόμον.
Δη.   καὶ Νι.
μυμῦ μυμῦ μυμῦ μυμῦ μυμῦ μυμῦ.   10
Δη.   τί κινυρόμεθ' ἄλλωc; οὐκ ἐχρῆν ζητεῖν τινα
cωτηρίαν νῷν, ἀλλὰ μὴ κλάειν ἔτι;
Νι.   τίc οὖν γένοιτ' ἄν;
Δη.   λέγε cύ.
Νι.   cὺ μὲν οὖν μοι λέγε,
ἵνα μὴ μάχωμαι.
Δη.   μὰ τὸν Ἀπόλλω 'γὼ μὲν οὔ.
ἀλλ' εἰπὲ θαρρῶν, εἶτα κἀγώ cοι φράcω.   15
Νι.   ἀλλ' οὐκ ἔνι μοι τὸ θρέττε. πῶc ἂν οὖν ποτε   17
εἴποιμ' ἂν αὐτὸ δῆτα κομψευριπικῶc;   18

1–9 personarum vices parum certae   4 εἰcήρρηcεν] εἰcέφρηcεν v.l.
ap. sch.   8 νυν P20, codd. plerique, Su. δ 287 : δὴ R, Ls.l.   13 τίc]
τί P20   14 μὴ P20, R : cοι μὴ fere cett.

ΑΡΙCΤΟΦΑΝΟΥC

"πῶc ἂν cύ μοι λέξειαc ἁμὲ χρὴ λέγειν;" 16
Δη. μὴ 'μοιγε, μὴ 'μοί, μὴ διαcκανδικίcῃc· 19
ἀλλ' εὑρέ τιν' ἀπόκινον ἀπὸ τοῦ δεcπότου. 20
Νι. λέγε δὴ "μο—λω—μεν" ξυνεχὲc ὡδὶ ξυλλαβών.
Δη. καὶ δὴ λέγω "μο—λω—μεν".
Νι. ἐξόπιcθε νῦν
"αὐ—το" φάθι τοῦ "μο—λω—μεν".
Δη. "αὐ—το".
Νι. πάνυ καλῶc.
ὥcπερ δεφόμενοc νῦν ἀτρέμα πρῶτον λέγε
τὸ "μο—λω—μεν", εἶτα δ' "αὐ—το", κᾆτ' ἐπάγων 25
πυκνόν.
Δη. μο—λω—μεν αὐ-το μο-λω-μεν αὐτομολῶμεν.
Νι. ἤν,
οὐχ ἡδύ;
Δη. νὴ Δία· πλήν γε περὶ τῷ δέρματι
δέδοικα τουτονὶ τὸν οἰωνόν.
Νι. τί δαί;
Δη. ὁτιὴ τὸ δέρμα δεφομένων ἀπέρχεται.
Νι. κράτιcτα τοίνυν τῶν παρόντων ἐcτὶ νῷν, 30
θεῶν ἰόντε προcπεcεῖν του πρὸc βρέταc.
Δη. ποῖον βρετέτεταc; ἐτεὸν ἡγεῖ γὰρ θεούc;
Νι. ἔγωγε.
Δη. ποίῳ χρώμενοc τεκμηρίῳ;
Νι. ὁτιὴ θεοῖcιν ἐχθρόc εἰμ'. οὐκ εἰκότωc;
Δη. εὖ προcβιβάζειc μ'. ἀλλ' ἑτέρᾳ πῃ cκεπτέον. 35
βούλει τὸ πρᾶγμα τοῖc θεαταῖcιν φράcω;

16 hunc v. post 18 transp. C. F. Hermann, post 14 Sauppe   21–6 voces ita syllabatim imprimendas curavit Holford-Strevens (21, 23 in Niciae partibus iam Kock)   25 κᾆτ' ἐπάγων Enger: κατεπάγων RΦL: κατεπᾴδων vΓ²   26 ἤν L: ἦν cett.   29 post δέρμα add. τῶν codd.: del. Bentley   τὸ δέρμ' ὁτιὴ Brunck e B   ἀπέρχεται ante τῶν δεφομένων transp. Reisig   31 του R: ποι cett.   32 βρετέτεταc Blaydes (1892), W. G. Clark: βρέταc RΦL: βρεττέταc vΓ², v.l. ap. sch.   notam interrogationis non ante sed post ἐτεόν posuit Blaydes   ἡγεῖ γὰρ] γὰρ ἡγεῖ ⟨τοὺc⟩ Richards   γὰρ] cὺ R   35 πῇ Φ: ποι cett.

ΙΠΠΗϲ

Νι. οὐ χεῖρον· ἓν δ' αὐτοὺϲ παραιτηϲώμεθα,
ἐπίδηλον ἡμῖν τοῖϲ προϲώποιϲιν ποιεῖν,
ἢν τοῖϲ ἔπεϲι χαίρωϲι καὶ τοῖϲ πράγμαϲιν.

Δη. λέγοιμ' ἂν ἤδη. νῷν γάρ ἐϲτι δεϲπότηϲ 40
ἄγροικοϲ ὀργήν, κυαμοτρώξ, ἀκράχολοϲ,
Δῆμοϲ Πυκνίτηϲ, δύϲκολον γερόντιον
ὑπόκωφον. οὗτοϲ τῇ προτέρᾳ νουμηνίᾳ
ἐπρίατο δοῦλον, βυρϲοδέψην Παφλαγόνα,
πανουργότατον καὶ διαβολώτατόν τινα. 45
οὗτοϲ καταγνοὺϲ τοῦ γέροντοϲ τοὺϲ τρόπουϲ,
ὁ βυρϲοπαφλαγών, ὑποπεϲὼν τὸν δεϲπότην
ᾔκαλλ', ἐθώπευ', ἐκολάκευ', ἐξηπάτα
κοϲκυλματίοιϲ ἄκροιϲ, τοιαυτὶ λέγων·
"ὦ Δῆμε, λοῦϲαι πρῶτον ἐκδικάϲαϲ μίαν, 50
ἐνθοῦ, ῥόφηϲον, ἔντραγ', ἔχε τριώβολον.
βούλει παραθῶ ϲοι δόρπον;" εἶτ' ἀναρπάϲαϲ
ὅ τι ἄν τιϲ ἡμῶν ϲκευάϲῃ, τῷ δεϲπότῃ
Παφλαγὼν κεχάριϲται τοῦτο. καὶ πρώην γ' ἐμοῦ
μᾶζαν μεμαχότοϲ ἐν Πύλῳ Λακωνικήν, 55
πανουργότατά πωϲ περιδραμὼν ὑφαρπάϲαϲ
αὐτὸϲ παρέθηκε τὴν ὑπ' ἐμοῦ μεμαγμένην.
ἡμᾶϲ δ' ἀπελαύνει κοὐκ ἐᾷ τὸν δεϲπότην
ἄλλον θεραπεύειν, ἀλλὰ βυρϲίνην ἔχων
δειπνοῦντοϲ ἑϲτὼϲ ἀποϲοβεῖ τοὺϲ ῥήτοραϲ. 60
ᾄδει δὲ χρηϲμούϲ· ὁ δὲ γέρων ϲιβυλλιᾷ·
εἶτ' αὐτὸν ὡϲ ὁρᾷ μεμακκοακότα,
τέχνην πεπόηται· τοὺϲ γὰρ ἔνδον ἄντικρυϲ
ψευδῆ διαβάλλει· κᾆτα μαϲτιγούμεθα
ἡμεῖϲ· Παφλαγὼν δὲ περιθέων τοὺϲ οἰκέταϲ 65
αἰτεῖ, ταράττει, δωροδοκεῖ, λέγων τάδε·
"ὁρᾶτε τὸν Ὕλαν δι' ἐμὲ μαϲτιγούμενον;

51 ἐνθοῦ Dindorf: ἔνθου codd.   56 περιδραμών] παρα- V, Su. μ 35   61 ὁ δὲ RM, Su. c 362 : εἶθ' ὁ cett.   62 εἶτ' Bergk : ὁ δ' codd. 66 αἰτεῖ] ϲείει Blaydes : an ἄττει?

ΑΡΙΣΤΟΦΑΝΟΥΣ

   εἰ μή μ' ἀναπείϲετ', ἀποθανεῖϲθε τήμερον."
   ἡμεῖϲ δὲ δίδομεν· εἰ δὲ μή, πατούμενοι
   ὑπὸ τοῦ γέροντοϲ ὀκταπλάϲιον χέζομεν.   70
   νῦν οὖν ἀνύϲαντε φροντίϲωμεν, ὦγαθέ,
   ποίαν ὁδὸν νὼ τρεπτέον καὶ πρὸϲ τίνα.
Νι. κράτιϲτ' ἐκείνην τὴν "μόλωμεν", ὦγαθέ.
Δη. ἀλλ' οὐχ οἷόν τε τὸν Παφλαγόν' οὐδὲν λαθεῖν·
   ἐφορᾷ γὰρ αὐτὸϲ πάντ'. ἔχει γὰρ τὸ ϲκέλοϲ   75
   τὸ μὲν ἐν Πύλῳ, τὸ δ' ἕτερον ἐν τἠκκληϲίᾳ.
   τοϲόνδε δ' αὐτοῦ βῆμα διαβεβηκότοϲ
   ὁ πρωκτόϲ ἐϲτιν αὐτόχρημ' ἐν Χάοϲιν,
   τὼ χεῖρ' ἐν Αἰτωλοῖϲ, ὁ νοῦϲ δ' ἐν Κλωπιδῶν.
Νι. κράτιϲτον οὖν νῷν ἀποθανεῖν.
Δη.   ἀλλὰ ϲκόπει,   80
   ὅπωϲ ἂν ἀποθάνωμεν ἀνδρικώτατα.
Νι. πῶϲ δῆτα, πῶϲ γένοιτ' ἂν ἀνδρικώτατα;
   βέλτιϲτον ἡμῖν αἷμα ταύρειον πιεῖν·
   ὁ Θεμιϲτοκλέουϲ γὰρ θάνατοϲ αἱρετώτεροϲ.
Δη. μὰ Δί', ἀλλ' ἄκρατον οἶνον ἀγαθοῦ δαίμονοϲ.   85
   ἴϲωϲ γὰρ ἂν χρηϲτόν τι βουλευϲαίμεθα.
Νι. ἰδού γ' ἄκρατον. περὶ πότου γοῦν ἐϲτί ϲοι.
   πῶϲ δ' ἂν μεθύων χρηϲτόν τι βουλεύϲαιτ' ἀνήρ;
Δη. ἄληθεϲ, οὗτοϲ; κρουνοχυτρολήραιον εἶ.
   οἶνον ϲὺ τολμᾷϲ εἰϲ ἐπίνοιαν λοιδορεῖν;   90
   οἴνου γὰρ εὕροιϲ ἄν τι πρακτικώτερον;
   ὁρᾷϲ, ὅταν πίνωϲιν ἄνθρωποι, τότε
   πλουτοῦϲι, διαπράττουϲι, νικῶϲιν δίκαϲ,

---

68 ἀναπείϲετ' Vp3, v.l. ap. sch.: ἀναπείϲῃτ' cett. 70 ὀκταπλάϲιον VL: -άϲια R: -αϲίονα ΦΜ, Su. χ 183 72 νὼ] νῶι R: νῷν Pierson 73 τὴν] ἢν R 75 αὐτὸϲ] οὗτοϲ RM 79 νοῦϲ δ' R: δὲ νοῦϲ δ' M: δὲ νοῦϲ cett., Su. κ 1835 81 ἀποθάνωμεν] -οιμεν Φ 84 αἱρετώτεροϲ codd., Su. ν 539, Athenaeus 122A: -τατοϲ van Herwerden 87 πότου Φ: ποτοῦ cett. γοῦν ΑΘ: γ' οὖν P2, vΓ: οὖν RM: γὰρ V²M²L v. 87 ante 86 transp. Kock 89 κρουνοχυτρολήραιον] -λήραιοϲ Γ⁴: -λημαῖον Bentley: alii alia 92 ἄνθρωποι Bergk: ἄ- codd.

ΙΠΠΗC

εὐδαιμονοῦϲιν, ὠφελοῦϲι τοὺϲ φίλουϲ.
ἀλλ' ἐξένεγκέ μοι ταχέωϲ οἴνου χοᾶ, 95
τὸν νοῦν ἵν' ἄρδω καὶ λέγω τι δεξιόν.
Νι. οἴμοι, τί ποθ' ἡμᾶϲ ἐργάϲει τῷ ϲῷ πότῳ;
Δη. ἀγάθ'· ἀλλ' ἔνεγκ'· ἐγὼ δὲ κατακλινήϲομαι.
ἢν γὰρ μεθυϲθῶ, πάντα ταυτὶ καταπάϲω
βουλευματίων καὶ γνωμιδίων καὶ νοιδίων. 100
Νι. ὡϲ εὐτυχῶϲ ὅτι οὐκ ἐλήφθην ἔνδοθεν
κλέπτων τὸν οἶνον.
Δη.   εἰπέ μοι, Παφλαγὼν τί δρᾷ;
Νι. ἐπίπαϲτα λείξαϲ δημιόπραθ' ὁ βάϲκανοϲ
ῥέγκει μεθύων ἐν ταῖϲι βύρϲαιϲ ὕπτιοϲ.
Δη. ἴθι νυν, ἄκρατον ἐγκάναξόν μοι πολὺν 105
ϲπονδήν.
Νι.   λαβὲ δὴ καὶ ϲπεῖϲον ἀγαθοῦ δαίμονοϲ.
Δη. ἕλχ' ἕλκε τὴν τοῦ δαίμονοϲ τοῦ Πραμνίου.
ὦ δαῖμον ἀγαθέ, ϲὸν τὸ βούλευμ', οὐκ ἐμόν.
Νι. εἴπ', ἀντιβολῶ, τί ἐϲτι;
Δη.   τοὺϲ χρηϲμοὺϲ ταχὺ
κλέψαϲ ἔνεγκε τοῦ Παφλαγόνοϲ ἔνδοθεν, 110
ἕωϲ καθεύδει.
Νι.   ταῦτ'. ἀτὰρ τοῦ δαίμονοϲ
δέδοιχ' ὅπωϲ μὴ τεύξομαι κακοδαίμονοϲ.
Δη. φέρε νυν ἐγὼ 'μαυτῷ προϲαγάγω τὸν χοᾶ,
τὸν νοῦν ἵν' ἄρδω καὶ λέγω τι δεξιόν.
Νι. ὡϲ μεγάλ' ὁ Παφλαγὼν πέρδεται καὶ ῥέγκεται, 115
ὥϲτ' ἔλαθον αὐτὸν τὸν ἱερὸν χρηϲμὸν λαβών,
ὅνπερ μάλιϲτ' ἐφύλαττεν.
Δη.   ὦ ϲοφώτατε,
φέρ' αὐτόν, ἵν' ἀναγνῶ· ϲὺ δ' ἔγχεον πιεῖν
ἀνύϲαϲ τι. φέρ' ἴδω, τί ἄρ' ἔνεϲτιν αὐτόθι;

96 v. del. Thiersch quod infra repetitur (114)   97 πότῳ ΑΓ: ποτῷ cett.   104 ῥέγκει VMΓ²L: ῥέγχει cett., Su. ε 2507   114 v. del. Wieland   115 πέρδεται καὶ ῥέγκεται] ῥέγκεται καὶ πέρδεται Φ   119 ἄρ'] sunt qui credant sch. ποτ' legisse

ΑΡΙϹΤΟΦΑΝΟΥϹ

  ὦ λόγια. δόϲ μοι, δὸϲ τὸ ποτήριον ταχύ.   120
Νι. ἰδού. τί φῃϲ' ὁ χρηϲμόϲ;
Δη.   ἑτέραν ἔγχεον.
Νι. ἐν τοῖϲ λογίοιϲ ἔνεϲτιν "ἑτέραν ἔγχεον";
Δη. ὦ Βάκι.
Νι.   τί ἐϲτι;
Δη.   δὸϲ τὸ ποτήριον ταχύ.
Νι. πολλῷ γ' ὁ Βάκιϲ ἐχρῆτο τῷ ποτηρίῳ.
Δη. ὦ μιαρὲ Παφλαγών, ταῦτ' ἄρ' ἐφυλάττου πάλαι,   125
  τὸν περὶ ϲεαυτοῦ χρηϲμὸν ὀρρωδῶν.
Νι.   τιή;
Δη. ἐνταῦθ' ἔνεϲτιν, αὐτὸϲ ὡϲ ἀπόλλυται.
Νι. καὶ πῶϲ;
Δη.   ὅπωϲ; ὁ χρηϲμὸϲ ἄντικρυϲ λέγει
  ὡϲ πρῶτα μὲν ϲτυππειοπώληϲ γίγνεται,
  ὃϲ πρῶτοϲ ἕξει τῆϲ πόλεωϲ τὰ πράγματα.   130
Νι. εἷϲ οὑτοϲὶ πώληϲ. τί τοὐντεῦθεν; λέγε.
Δη. μετὰ τοῦτον αὖθιϲ προβατοπώληϲ δεύτεροϲ.
Νι. δύο τώδε πώλα. καὶ τί τόνδε χρὴ παθεῖν;
Δη. κρατεῖν, ἕωϲ ἕτεροϲ ἀνὴρ βδελυρώτεροϲ
  αὐτοῦ γένοιτο· μετὰ δὲ ταῦτ' ἀπόλλυται.   135
  ἐπιγίγνεται γὰρ βυρϲοπώληϲ ὁ Παφλαγών,
  ἅρπαξ, κεκράκτηϲ, Κυκλοβόρου φωνὴν ἔχων.
Νι. τὸν προβατοπώλην ἦν ἄρ' ἀπολέϲθαι χρεὼν
  ὑπὸ βυρϲοπώλου;
Δη.   νὴ Δί'.
Νι.   οἴμοι δείλαιοϲ.
  πόθεν οὖν ἂν ἔτι γένοιτο πώληϲ εἷϲ μόνοϲ;   140
Δη. ἔτ' ἔϲτιν εἷϲ, ὑπερφυᾶ τέχνην ἔχων.
Νι. εἴπ', ἀντιβολῶ, τίϲ ἐϲτιν;
Δη.   εἴπω;
Νι.   νὴ Δία.

---

120 μοι, δὸϲ τὸ Rv: ϲύ μοι τὸ V²: ϲύ μοι, δὸϲ τὸ Φ: δὸϲ ϲύ μοι L
121 φῃϲ'] Bentley: φηϲὶν codd.   133 τόνδε] τοῦτον vΓ²

ΙΠΠΗϹ

Δη. ἀλλαντοπώληϲ ἔϲθ᾽ ὁ τοῦτον ἐξελῶν.
Νι. ἀλλαντοπώληϲ; ὦ Πόϲειδον, τῆϲ τέχνηϲ.
φέρε, ποῦ τὸν ἄνδρα τοῦτον ἐξευρήϲομεν; 145
Δη. ζητῶμεν αὐτόν. ἀλλ᾽ ὁδὶ προϲέρχεται
ὥϲπερ κατὰ θεὸν εἰϲ ἀγοράν. ὦ μακάριε
ἀλλαντοπῶλα, δεῦρο δεῦρ᾽, ὦ φίλτατε,
ἀνάβαινε, ϲωτὴρ τῇ πόλει καὶ νῷν φανείϲ.

ΑΛΛΑΝΤΟΠΩΛΗϹ

τί ἐϲτι; τί με καλεῖτε;
Δη.   δεῦρ᾽ ἔλθ᾽, ἵνα πύθῃ 150
ὡϲ εὐτυχὴϲ εἶ καὶ μεγάλωϲ εὐδαιμονεῖϲ.
Νι. ἴθι δή, κάθελ᾽ αὐτοῦ τοὐλεὸν καὶ τοῦ θεοῦ
τὸν χρηϲμὸν ἀναδίδαξον αὐτὸν ὡϲ ἔχει·
ἐγὼ δ᾽ ἰὼν προϲκέψομαι τὸν Παφλαγόνα.
Δη. ἄγε δὴ ϲὺ κατάθου πρῶτα τὰ ϲκεύη χαμαί· 155
ἔπειτα τὴν γῆν πρόϲκυϲον καὶ τοὺϲ θεούϲ.
Αλ. ἰδού· τί ἐϲτιν;
Δη.   ὦ μακάρι᾽, ὦ πλούϲιε,
ὦ νῦν μὲν οὐδείϲ, αὔριον δ᾽ ὑπέρμεγαϲ,
ὦ τῶν Ἀθηνῶν ταγὲ τῶν εὐδαιμόνων.
Αλ. τί μ᾽, ὦγάθ᾽, οὐ πλύνειν ἐᾷϲ τὰϲ κοιλίαϲ 160
πωλεῖν τε τοὺϲ ἀλλᾶνταϲ, ἀλλὰ καταγελᾷϲ;
Δη. ὦ μῶρε, ποίαϲ κοιλίαϲ; δευρὶ βλέπε.
τὰϲ ϲτίχαϲ ὁρᾷϲ τὰϲ τῶνδε τῶν λαῶν;
Αλ.   ὁρῶ.
Δη. τούτων ἁπάντων αὐτὸϲ ἀρχέλαϲ ἔϲει,
καὶ τῆϲ ἀγορᾶϲ καὶ τῶν λιμένων καὶ τῆϲ Πυκνόϲ· 165
βουλὴν πατήϲειϲ καὶ ϲτρατηγοὺϲ κλαϲτάϲειϲ,

143 ἐξελῶν R, sch.: ἐξολῶν cett.   146–7 verba ἀλλ᾽ ὁδὶ ... ἀγοράν alterutri servo tribuere possis   147 κατὰ θεόν sch., Cobet: κατὰ θεῖον codd. plerique: καταθείων R: κατὰ δαίμονα dubitanter Blaydes   153 αὐτόν ante ἀναδίδαξον transp. ΑΓ, om. Θ   154 προϲκέψομαι EM, lm. sch.: προϲϲκ- cett.   159 Ἀθηνῶν Dawes: Ἀθηναίων codd., Su. τ 13: Ἀθηνέων Bergk, cf. Nub. 401   163 alterum τὰϲ vM: γε L: om. cett.

ΑΡΙΣΤΟΦΑΝΟΥΣ

        δήςεις, φυλάξεις, ἐν πρυτανείῳ λαικάςει.
Αλ. ἐγώ;
Δη. cὺ μέντοι· κοὐδέπω γε πάνθ᾿ ὁρᾷς.
        ἀλλ᾿ ἐπανάβηθι κἀπὶ τοὐλεὸν τοδὶ
        καὶ κάτιδε τὰς νήςους ἁπάςας ἐν κύκλῳ.   170
Αλ. καθορῶ.
Δη.   τί δαί; τἀμπόρια καὶ τὰς ὁλκάδας;
Αλ. ἔγωγε.
Δη.   πῶς οὖν οὐ μεγάλως εὐδαιμονεῖς;
        ἔτι νῦν τὸν ὀφθαλμὸν παράβαλ᾿ εἰς Καρίαν
        τὸν δεξιόν, τὸν δ᾿ ἕτερον εἰς Καρχηδόνα.
Αλ. εὐδαιμονήςω γ᾿ εἰ διαστραφήςομαι.   175
Δη. οὔκ, ἀλλὰ διὰ coῦ ταῦτα πάντα πέρναται.
        γίγνει γάρ, ὡς ὁ χρηςμὸς οὑτοcὶ λέγει,
        ἀνὴρ μέγιστος.
Αλ.   εἰπέ μοι, καὶ πῶς ἐγὼ
        ἀλλαντοπώλης ὢν ἀνὴρ γενήςομαι;
Δη. δι᾿ αὐτὸ γάρ τοι τοῦτο καὶ γίγνει μέγας,   180
        ὁτιὴ πονηρὸς κἀξ ἀγορᾶς εἶ καὶ θρασύς.
Αλ. οὐκ ἀξιῶ 'γὼ 'μαυτὸν ἰσχύειν μέγα.
Δη. οἴμοι, τί ποτ᾿ ἔσθ᾿ ὅτι σαυτὸν οὐ φὴς ἄξιον;
        ξυνειδέναι τί μοι δοκεῖς σαυτῷ καλόν.
        μῶν ἐκ καλῶν εἶ κἀγαθῶν;
Αλ.   μὰ τοὺς θεούς,   185
        εἰ μὴ 'κ πονηρῶν γ᾿.
Δη.   ὦ μακάριε τῆς τύχης,
        ὅσον πέπονθας ἀγαθὸν εἰς τὰ πράγματα.
Αλ. ἀλλ᾿, ὦγάθ᾿, οὐδὲ μουσικὴν ἐπίσταμαι
        πλὴν γραμμάτων, καὶ ταῦτα μέντοι κακὰ κακῶς.
Δη. τουτί σε μόνον ἔβλαψεν, ὅτι καὶ κακὰ κακῶς.   190

167 λαικάςει V^pc, L^ac ut videtur, Vp3B: -εις cett.   171 δαί] δέ RM
173 παράβαλ᾿] -βαλλ᾿ R   174 Καρχηδόνα] Καλχηδόνα Dindorf post
Palmerium   175 γ᾿] δ᾿ R   177 ὡς] ὄντως R, quo recepto coι pro
οὑτοcὶ Kock   182 ἰσχύειν RΓ^2M, Su. a 2824: -ύςειν vΦL: -ῦςαι cB
187 ὅσον R, vγρ, v.l. ap. sch.: οἷον cett.   190 ςε μόνον] μόνον c᾿ R

ΙΠΠΗС

ἡ δημαγωγία γὰρ οὐ πρὸς μουcικοῦ
ἔτ᾽ ἐcτὶν ἀνδρὸc οὐδὲ χρηcτοῦ τοὺc τρόπουc,
ἀλλ᾽ εἰc ἀμαθῆ καὶ βδελυρόν.† ἀλλὰ μὴ παρῇc
ἅ cοι διδόαc᾽ ἐν τοῖc λογίοιcιν οἱ θεοί.

Αλ. πῶc δῆτά φῃc᾽ ὁ χρηcμόc;
Δη.   εὖ νὴ τοὺc θεούc,   195
καὶ ποικίλωc πωc καὶ cοφῶc ᾐνιγμένοc·
"ἀλλ᾽ ὁπόταν μάρψῃ βυρcαίετοc ἀγκυλοχήληc
γαμφηλῇcι δράκοντα κοάλεμον αἱματοπώτην,
δὴ τότε Παφλαγόνων μὲν ἀπόλλυται ἡ cκοροδάλμη,
κοιλιοπώλῃcιν δὲ θεὸc μέγα κῦδοc ὀπάζει,   200
αἴ κεν μὴ πωλεῖν ἀλλᾶντας μᾶλλον ἕλωνται."
Αλ. πῶc οὖν πρὸc ἐμὲ ταῦτ᾽ ἐcτίν; ἀναδίδαcκέ με.
Δη. βυρcαίετοc μὲν ὁ Παφλαγών ἐcθ᾽ οὑτοcί.
Αλ. τί δ᾽ ἀγκυλοχήληc ἐcτίν;
Δη.   αὐτό που λέγει,
ὅτι ἀγκύλαιc ταῖc χερcὶν ἁρπάζων φέρει.   205
Αλ. ὁ δράκων δὲ πρὸc τί;
Δη.   τοῦτο περιφανέcτατον.
ὁ δράκων γάρ ἐcτι μακρὸν ὅ τ᾽ ἀλλᾶc αὖ μακρόν·
εἶθ᾽ αἱματοπώτηc ἔcθ᾽ ὅ τ᾽ ἀλλᾶc χὠ δράκων.
τὸν οὖν δράκοντά φηcι τὸν βυρcαίετον
ἤδη κρατήcειν, αἴ κε μὴ θαλφθῇ λόγοιc.   210
Αλ. τὰ μὲν λόγι᾽ αἰκάλλει με· θαυμάζω δ᾽ ὅπωc
τὸν δῆμον οἷόc τ᾽ ἐπιτροπεύειν εἴμ᾽ ἐγώ.
Δη. φαυλότατον ἔργον· ταῦθ᾽ ἅπερ ποιεῖc ποίει·
τάραττε καὶ χόρδευ᾽ ὁμοῦ τὰ πράγματα

193 locus nondum expeditus; post βδελυρὸν add. ἥκει, deleto ἀλλὰ, van
Herwerden (1862); gravius hic latere mendum suspicor; fortasse lacuna stat-
uenda est   194 διδόαc᾽ VΓ²: διδόαcιν cett.   196 cοφῶc RM,
Su. η 386: cαφῶc cett.   ᾐνιγμένοc] -μένα Meineke
197 ἀγκυλοχήληc ΓM^pc, sch.: -χείληc cett.   201 κεν L: κα R: κε
cett. (v. om. Φ)   204 ἀγκυλοχήληc M^pc: -χείληc cett.   207 ὅ τ᾽
ἀλλᾶc Bentley: ἀλλᾶc τ᾽ vel ἀλλάc τ᾽ codd.   208 ἔcθ᾽] ἐcτὶν RM
211 λόγι᾽ αἰκάλλει RM: λόγια καλεῖ vel sim. cett.   212 εἴμ᾽ hic RM:
ante ἐπιτροπεύειν transp. cett.   213 ταῦθ᾽ Lenting: ταῦθ᾽ codd.

ΑΡΙCΤΟΦΑΝΟΥC

    ἅπαντα, καὶ τὸν δῆμον ἀεὶ προςποιοῦ 215
    ὑπογλυκαίνων ῥηματίοιc μαγειρικοῖc.
    τὰ δ' ἄλλα coι πρόcεcτι δημαγωγικά,
    φωνὴ μιαρά, γέγοναc κακῶc, ἀγόραιοc εἶ·
    ἔχειc ἅπαντα πρὸc πολιτείαν ἃ δεῖ·
    χρηcμοί τε cυμβαίνουcι καὶ τὸ Πυθικόν. 220
    ἀλλὰ cτεφανοῦ καὶ cπένδε τῷ Κοαλέμῳ·
    χὤπωc ἀμυνεῖ τὸν ἄνδρα.
Αλ.   καὶ τίc ξύμμαχοc
    γενήcεταί μοι; καὶ γὰρ οἵ τε πλούcιοι
    δεδίαcιν αὐτὸν ὅ τε πένηc βδύλλει λεώc.
Δη. ἀλλ' εἰcὶν ἱππῆc ἄνδρεc ἀγαθοὶ χίλιοι 225
    μιcοῦντεc αὐτόν, οἳ βοηθήcουcί coι,
    καὶ τῶν πολιτῶν οἱ καλοί τε κἀγαθοί.
    καὶ τῶν θεατῶν ὅcτιc ἐcτὶ δεξιόc,
    κἀγὼ μετ' αὐτῶν, χὠ θεὸc ξυλλήψεται.
    καὶ μὴ δέδιθ'· οὐ γάρ ἐcτιν ἐξῃκαcμένοc, 230
    ὑπὸ τοῦ δέουc γὰρ αὐτὸν οὐδεὶc ἤθελεν
    τῶν cκευοποιῶν εἰκάcαι. πάντωc γε μὴν
    γνωcθήcεται· τὸ γὰρ θέατρον δεξιόν.
Νι.   οἴμοι κακοδαίμων, ὁ Παφλαγὼν ἐξέρχεται.

ΠΑΦΛΑΓΩΝ

    οὔτοι μὰ τοὺc δώδεκα θεοὺc χαιρήcετον, 235
    ὁτιὴ 'πὶ τῷ δήμῳ ξυνόμνυτον πάλαι.
    τουτὶ τί δρᾷ τὸ Χαλκιδικὸν ποτήριον;
    οὐκ ἔcθ' ὅπωc οὐ Χαλκιδέαc ἀφίcτατον.
    ἀπολεῖcθον, ἀποθανεῖcθον, ὦ μιαρωτάτω.
Δη. οὗτοc, τί φεύγειc; οὐ μενεῖc; ὦ γεννάδα 240
    ἀλλαντοπῶλα, μὴ προδῷc τὰ πράγματα.
    ἄνδρεc ἱππῆc, παραγένεcθε· νῦν ὁ καιρόc. ὦ Cίμων,

215 v. om. R   218 ἀγόραιος R: ἀγοραῖος cett.   219 post ἅπαντα add. τὰ v, del. V^{pc}   220 v. del. van Herwerden   234 v. Insiciario tribuunt quidam   236 ξυνόμνυτον R: ξυνω- cett.   242 παραγένεcθε R: παραγίγνεcθε cett.

ΙΠΠΗΣ

ὦ Παναίτι᾿, οὐκ ἐλᾶτε πρὸς τὸ δεξιὸν κέρας;
ἄνδρες ἐγγύς. ἀλλ᾿ ἀμύνου κἀπαναστρέφου πάλιν.
ὁ κονιορτὸς δῆλος αὐτῶν ὡς ὁμοῦ προσκειμένων. 245
ἀλλ᾿ ἀμύνου καὶ δίωκε καὶ τροπὴν αὐτοῦ ποιοῦ.

ΧΟΡΟC

παῖε παῖε τὸν πανοῦργον καὶ ταραξιππόστρατον
καὶ τελώνην καὶ φάραγγα καὶ Χάρυβδιν ἁρπαγῆς,
καὶ πανοῦργον καὶ πανοῦργον· πολλάκις γὰρ αὔτ᾿ ἐρῶ·
καὶ γὰρ οὗτος ἦν πανοῦργος πολλάκις τῆς ἡμέρας. 250
ἀλλὰ παῖε καὶ δίωκε καὶ τάραττε καὶ κύκα
καὶ βδελύττου, καὶ γὰρ ἡμεῖς, κἀπικείμενος βόα·
εὐλαβοῦ δὲ μὴ 'κφύγῃ ϲε· καὶ γὰρ οἶδε τὰς ὁδούς,
ἅσπερ Εὐκράτης ἔφευγεν εὐθὺ τῶν κυρηβίων.

Πα. ὦ γέροντες ἡλιασταί, φράτερες τριωβόλου, 255
οὓς ἐγὼ βόσκω κεκραγὼς καὶ δίκαια κἄδικα,
παραβοηθεῖθ᾿, ὡς ὑπ᾿ ἀνδρῶν τύπτομαι ξυνωμοτῶν.

Δη. ἐν δίκῃ γ᾿, ἐπεὶ τὰ κοινὰ πρὶν λαχεῖν κατεσθίεις,
κἀποσυκάζεις πιέζων τοὺς ὑπευθύνους, σκοπῶν
ὅστις αὐτῶν ὠμός ἐστιν ἢ πέπων ἢ †μὴ πέπων. 260
καὶ σκοπεῖς γε τῶν πολιτῶν ὅστις ἐστὶν ἀμνοκῶν, 264
πλούσιος καὶ μὴ πονηρὸς καὶ τρέμων τὰ 265
  πράγματα.
κἄν τιν᾿ αὐτῶν γνῷς ἀπράγμον᾿ ὄντα καὶ κεχηνότα, 261
καταγαγὼν ἐκ Χερρονήσου, διαβαλών, ἀγκυρίσας, 262
εἶτ᾿ ἀποστρέψας τὸν ὦμον αὐτὸν ἐνεκολήβασας. 263

---

243 πρὸς] καὶ lm. sch. VE   244 ἄνδρες Bekker: ἄ- codd.
248 φάραγγα] φάλαγγα V: φάρυγγα E, Su. π 873   254 ἔφευγεν Su.
ε 3556, τ 146 codd. AGF: ἔφυγεν codd.   255 φράτερες Dindorf ex
Eustathio 239.35: φράτορες codd.   258–60 Demostheni tribuit
Gomme   260 ὠμός] ὠχρός vel χλωρός Gomme   μὴ πέπων]
μηδέπω Kock   264–5 ante 261 transp. Brunck   264 σκοπεῖς]
σποδεῖς Meineke   261 κἂν Γ²: κῆν cett.   262 διαβαλὼν]
διαλαβὼν Casaubon   263 ἐνεκολήβαϲαϲ Bentley ex Hsch. (cf. etiam
Et. Magn. 340.33): ἐνεκολάβηϲαϲ fere codd. (ἀνε- Φ)

ΑΡΙΣΤΟΦΑΝΟΥΣ

Πα. ξυνεπίκεισθ' ὑμεῖς; ἐγὼ δ', ἄνδρες, δι' ὑμᾶς 266
τύπτομαι,
ὅτε λέγειν γνώμην ἔμελλον ὡς δίκαιον ἐν πόλει
ἱςτάναι μνημεῖον ὑμῶν ἐςτιν ἀνδρείας χάριν;
Χο. ὡς δ' ἀλαζών, ὡς δὲ μάςθλης· εἶδες οἷ' ὑπέρχεται
ὡςπερεὶ γέροντας ἡμᾶς κἀκκοβαλικεύεται. 270
ἀλλ' ἐὰν ταύτῃ γ' ἐνιῇ, ταυτῃὶ πεπλήξεται·
ἢν δ' ὑπεκκλίνῃ γε δευρί, πρὸς ςκέλος κυρηβάςει.
Πα. ὦ πόλις καὶ δῆμ', ὑφ' οἵων θηρίων γαςτρίζομαι.
Δη. καὶ κέκραγας, ὥςπερ ἀεὶ τὴν πόλιν καταςτρέφεις;
Πα. ἀλλ' ἐγώ ςε τῇ βοῇ ταύτῃ γε πρῶτα τρέψομαι. 275
Χο. ἀλλ' ἐὰν μὲν τόνδε νικᾷς τῇ βοῇ, τήνελλος εἶ·
ἢν δ' ἀναιδείᾳ παρέλθῃ ς', ἡμέτερος ὁ πυραμοῦς.
Πα. τουτονὶ τὸν ἄνδρ' ἐγὼ 'νδείκνυμι, καὶ φήμ' ἐξάγειν
ταῖςι Πελοποννηςίων τριήρεςι ζωμεύματα.
Αλ. ναὶ μὰ Δία κἄγωγε τοῦτον, ὅτι κενῇ τῇ κοιλίᾳ 280
εἰςδραμὼν εἰς τὸ πρυτανεῖον, εἶτα πάλιν ἐκθεῖ πλέα.
Δη. νὴ Δί', ἐξάγων γε τἀπόρρηθ', ἅμ' ἄρτον καὶ κρέας
καὶ τέμαχος, οὗ Περικλέης οὐκ ἠξιώθη πώποτε.
Πα. ἀποθανεῖςθον αὐτίκα μάλα.
Αλ. τριπλάςιον κεκράξομαί ςου. 285
Πα. καταβοήςομαι βοῶν ςε.
Αλ. κατακεκράξομαί ςε κράζων.

266 ἄνδρες R: ὦνδρες cett.   267 ὅτε Wilson: ὅτι codd.
268 ἱςτάναι Elmsley: ἑςτάναι codd.   ὑμῶν] ὑμῖν Blaydes   269 εἶδες] εἶδεθ' Blaydes   270 ἡμᾶς om. R   κἀκκοβαλικεύεται Toup: ἐκκοβ- codd.: καὶ κοβ- Cobet   271 γ' ἐνιῇ Sommerstein: γε νικᾷ codd.: γ' ἐνῆται Eden: alii alia   272 πρὸς] τὸ R   273 post hunc v. lacunam unius v. statuit Sauppe   274 Demostheni tribuit Coulon   ὥςπερ] ὅςπερ B   καταςτρέφεις] -ει R   274–5 de personarum vicibus parum constat   275 πρῶτα R: πρῶτον cett.   276 μὲν τόνδε Porson: μέντοι γε codd.   τήνελλος εἶ] τήνελλά ςοι Kock (melius ςοί, ut vidit Blaydes)   277 παρέλθῃ ς' M: παρέλθῃς cett.   278 'νδείκνυμι Dobree e sch.: δείκνυμι codd.   ἐξάγων Porson: ἐξαγαγὼν fere codd.   κρέας] κρέα R: sch. utrumque agnoscunt   282–3 choro tribuunt quidam

80

ΙΠΠΗС

Πα. διαβαλῶ c' ἐὰν cτρατηγῇc.
Αλ. κυνοκοπήсω cου τὸ νῶτον.
Πα. περιελῶ c' ἀλαζονείαιc. 290
Αλ. ὑποτεμοῦμαι τὰc ὁδούc cου.
Πα. βλέψον εἴc μ' ἀcκαρδάμυκτον.
Αλ. ἐν ἀγορᾷ κἀγὼ τέθραμμαι.
Πα. διαφορήсω c' εἴ τι γρύξει.
Αλ. κοπροφορήсω c' εἰ λακήсει. 295
Πα. ὁμολογῶ κλέπτειν· cὺ δ' οὐχί.
Αλ. νὴ τὸν Ἑρμῆν τὸν ἀγοραῖον.
κἀπιορκῶ γε βλεπόντων.
Πα. ἀλλότρια τοίνυν cοφίζει.
καί cε φαίνω τοῖc πρυτάνεcιν 300
ἀδεκατεύτουc τῶν θεῶν ἱερὰc ἔχοντα κοιλίαc.

Χο. ὦ μιαρὲ καὶ βδελυρὲ κράκτα, τοῦ cοῦ θράcουc [cτρ. α
πᾶcα μὲν γῆ πλέα, πᾶcα δ' ἐκκληcία, 305
καὶ τέλη καὶ γραφαὶ καὶ δικαcτήρι', ὦ
βορβοροτάραξι καὶ τὴν πόλιν ἅπαcαν ἡ-
μῶν ἀνατετυρβακώc, 310
ὅcτιc ἡμῖν τὰc Ἀθήναc ἐκκεκώφωκαc βοῶν
κἀπὸ τῶν πετρῶν ἄνωθεν τοὺc φόρουc 313
θυννοcκοπῶν.

Πα. οἶδ' ἐγὼ τὸ πρᾶγμα τοῦθ' ὅθεν πάλαι καττύεται. 314
Αλ. εἰ δὲ μὴ cύ γ' οἶcθα κάττυμ', οὐδ' ἐγὼ χορδεύματα,

290 ἀλαζονείαιc Elmsley: -είαc codd., Su. π 1117   292 μ' R: ἔμ' cett. ἀcκαρδάμυκτον Su. α 4162: -κτωc ΦΜ, lm. sch. ΜΘ: -τοc cett., lm. sch. VEΓ³: -τί Et. Magn. 716.13, Bekker Anecdota 452.22, Synagoge (cod. B) α 2239   294 γρύξει Elmsley: -ξειc RvΓ², Su. κ 2059: γρύζειc cett.   295 λακήcει Blaydes: λακήcειc B: λαλήcειc cett. λαλήcειc et τι γρύξει inverso ordine legit Pohlenz, Su. κ 2059 fretus   300 cε φαίνω Bentley: cε φανῶ codd.: φήcω cε Athenaeus 94C: φανῶ cε Porson 301–2 ἱερὰc ἔχοντα] ἱρὰc ἔχοντα Hermann olim, ἔχοντά c' ἱερὰc serius   304 κράκτα Meineke, duce Dobree: καὶ κράκτα Φ: καὶ κέκρακτα cett. et Heliodorus ap. sch.   311 ἡμῖν Bentley: ἡμῶν codd. ἐκκεκώφωκαc Reiske: -φευκαc Φ: -φηκαc fere cett. (ἀνακεκώφηκαc Su. s.v.)

ΑΡΙΣΤΟΦΑΝΟΥΣ

ὅcτιc ὑποτέμνων ἐπώλειc δέρμα μοχθηροῦ βοὸc
τοῖc ἀγροίκοιcιν πανούργωc, ὥcτε φαίνεcθαι παχύ,
καὶ πρὶν ἡμέραν φορῆcαι, μεῖζον ἦν δυοῖν δοχμαῖν.

Δη. νὴ Δία κἀμὲ τοῦτ' ἔδραcε ταὐτόν, ὥcτε κατάγελων
πάμπολυν τοῖc δημόταιcι καὶ φίλοιc παραcχεθεῖν. 320
πρὶν γὰρ εἶναι Περγαcῆcιν, ἔνεον ἐν ταῖc ἐμβάcιν.

Χο. ἆρα δῆτ' οὐκ ἀπ' ἀρχῆc ἐδήλουc ἀναίδειαν, [cτρ. β
ἥπερ μόνη
προcτατεῖ ῥητόρων; 325
ᾗ cὺ πιcτεύων ἀμέργειc τῶν ξένων τοὺc καρπίμουc,
πρῶτοc ὤν· ὁ δ' Ἱπποδάμου λείβεται θεώμενοc.
ἀλλ' ἐφάνη γὰρ ἀνὴρ ἕτεροc πολὺ
cοῦ μιαρώτεροc, ὥcτε με χαίρειν,
ὅc cε παύcει καὶ πάρειcι, δῆλόc ἐcτιν αὐτόθεν, 330
πανουργίᾳ τε καὶ θράcει
καὶ κοβαλικεύμαcιν.
ἀλλ', ὦ τραφεὶc ὅθενπέρ εἰcιν ἄνδρεc οἵπερ εἰcίν,
νῦν δεῖξον ὡc οὐδὲν λέγει τὸ cωφρόνωc τραφῆναι.

Αλ. καὶ μὴν ἀκούcαθ' οἷόc ἐcτιν οὑτοcὶ πολίτηc. 335
Πα. οὐκ αὖ μ' ἐάcειc;
Αλ. μὰ Δί', ἐπεὶ κἀγὼ πονηρόc εἰμι.
Δη. ἐὰν δὲ μὴ ταύτῃ γ' ὑπείκῃ, λέγ' ὅτι κἀκ πονηρῶν.
Πα. οὐκ αὖ μ' ἐάcειc;
Αλ. μὰ Δία.
Πα. ναὶ μὰ Δία.
Αλ. μὰ τὸν Ποcειδῶ.

---

316 ὑποτέμνων] ὑποτεμῶν Su. μ 1308   318 δυοῖν] δυεῖν R
319 ante νὴ Δία add. καὶ codd. praeter R   νὴ Δία post ταὐτόν transp. Porson   κατάγελων] καὶ γέλων Elmsley   320 δημόταιcι] δημόταιc
Φ   καὶ R: καὶ τοῖc cett.   325 post προcτατεῖ add. τῶν codd.: del.
Bentley   326 ἀμέργειc Bothe e sch.: ἀμέλγει R: ἀμέλγειc cett.,
Su. α 1544   327 Ἱπποδάμου] -δαμοc Su. λ 357 codd. GVM
330 non post sed ante αὐτόθεν interpungunt quidam   333 ὅθενπέρ
εἰcιν] ὅθεν πάρειcιν AM   338 οὐκ αὖ] οὐκοῦν c: οὔκουν Dobree

ΙΠΠΗC

    ἀλλ' αὐτὸ περὶ τοῦ πρότερος εἰπεῖν πρῶτα
    διαμαχοῦμαι.
Πα. οἴμοι, διαρραγήcομαι.
Αλ.   καὶ μὴν ἐγὼ οὐ παρήcω.   340
Δη. πάρες πάρες πρὸς τῶν θεῶν αὐτῷ διαρραγῆναι.
Πα. τῷ καὶ πεποιθὼς ἀξιοῖς ἐμοῦ λέγειν ἔναντα;
Αλ. ὁτιὴ λέγειν οἷός τε κἀγὼ καὶ καρυκοποιεῖν.
Πα. ἰδοὺ λέγειν. καλῶς γ' ἂν οὖν cὺ πρᾶγμα προσπεσόν cοι
    ὠμοσπάρακτον παραλαβὼν μεταχειρίcαιο   345
    χρηcτῶc.
    ἀλλ' οἶcθ' ὅ μοι πεπονθέναι δοκεῖc; ὅπερ τὸ πλῆθοc.
    εἴ που δικίδιον εἶπαc εὖ κατὰ ξένου μετοίκου,
    τὴν νύκτα θρυλῶν καὶ λαλῶν ἐν ταῖc ὁδοῖc cεαυτῷ,
    ὕδωρ τε πίνων κἀπιδεικνὺc τοὺc φίλουc τ' ἀνιῶν,
    ᾤου δυνατὸc εἶναι λέγειν. ὦ μῶρε, τῆc ἀνοίαc.   350
Αλ. τί δαὶ cὺ πίνων τὴν πόλιν πεποίηκαc ὥcτε νυνὶ
    ὑπὸ cοῦ μονωτάτου κατεγλωττιcμένην cιωπᾶν;
Πα. ἐμοὶ γὰρ ἀντέθηκαc ἀνθρώπων τιν'; ὅcτιc εὐθὺc
    θύννεια θερμὰ καταφαγών, κᾆτ' ἐπιπιὼν ἀκράτου
    οἴνου χοᾶ κασαλβάcω τοὺc ἐν Πύλῳ cτρατηγούc.   355
Αλ. ἐγὼ δέ γ' ἤνυcτρον βοὸc καὶ κοιλίαν ὑείαν
    καταβροχθίcαc, κᾆτ' ἐκπιὼν τὸν ζωμὸν ἀναπόνιπτοc
    λαρυγγιῶ τοὺc ῥήτοραc καὶ Νικίαν λαπάξω.
Δη. τὰ μὲν ἄλλα μ' ἤρεcαc λέγων· ἓν δ' οὐ προcίεταί με,

---

339 post αὐτὸ add. τοῦτο codd. praeter RM; hunc v. post 336 praebent vΦ, del. Dindorf; αὐτὸ τοῦτο retinuit Richards, deleto περὶ τοῦ   340 ἐγὼ Bentley: ἐγώ c' codd.   342 λέγειν] βλέπειν Kock   ἔναντα Bothe: ἐναντία codd.   344 cὺ Hermann: cοι R: τι LB: om. cett.   346 ὅ μοι AΘL: ὅπερ RvMΓ (post πεπονθέναι add. μοι RvMΓ²)   347 κατὰ ξένου] κατ' ἀπροξένου Müller-Strübing: κατ' Ἀξένου von Velsen: an κατ' Εὐξένου?   351 δαὶ] δ'αὖ Blaydes   353 τιν' Γ: τίν' cett.   354 ἀκράτου R: -τα A, Su. θ 581 cod. A: -τον cett.   357 ἐκπιὼν codd. plerique et Athenaeus 94D: ἐπιπιὼν R, Su. α 2034   358 λαπάξω Wilson: ταράξω codd., sed vox parum sordida quam ut voci κασαλβάcω (355) respondeat   359–60 hos vv. servo tribuit Enger; incertum est utrum post με an post πραγμάτων interpungendum sit

ΑΡΙϹΤΟΦΑΝΟΥϹ

	τῶν πραγμάτων ὁτιὴ μόνος τὸν ζωμὸν ἐκροφήσει.	360
Πα.	ἀλλ' οὐ λάβρακας καταφαγὼν Μιλησίους κλονήσεις.	
Αλ.	ἀλλὰ σχελίδας ἐδηδοκὼς ὠνήσομαι μέταλλα.	
Πα.	ἐγὼ δ' ἐπεισπηδῶν γε τὴν βουλὴν βίᾳ κυκήσω.	
Αλ.	ἐγὼ δὲ βυνήσω γέ σοι τὸν πρωκτὸν ἀντὶ φύσκης.	
Πα.	ἐγὼ δέ γ' ἐξέλξω σε τῆς πυγῆς θύραζε κύβδα.	365
Δη.	νὴ τὸν Ποσειδῶ κἀμέ γ' ἄρ', ἤνπερ γε τοῦτον ἕλκῃς.	
Πα.	οἷόν σε δήσω ⟨ν⟩ τῷ ξύλῳ.	
Αλ.	διώξομαί σε δειλίας.	
Πα.	ἡ βύρσα σου θρανεύσεται.	
Αλ.	δερῶ σε θύλακον κλοπῆς.	370
Πα.	διαπατταλευθήσει χαμαί.	
Αλ.	περικόμματ' ἔκ σου σκευάσω.	
Πα.	τὰς βλεφαρίδας σου παρατιλῶ.	
Αλ.	τὸν πρηγορεῶνά σοὐκτεμῶ.	
Δη.	καὶ νὴ Δί' ἐμβαλόντες αὐ-	375
	τῷ πάτταλον μαγειρικῶς	
	εἰς τὸ στόμ', εἶτα δ' ἔνδοθεν	
	τὴν γλῶτταν ἐξείραντες αὐ-	
	τοῦ σκεψόμεσθ' εὖ κἀνδρικῶς	
	κεχηνότος	380
	τὸν πρωκτόν, εἰ χαλαζᾷ.	
Χο.	ἦν ἄρα πυρός θ' ἕτερα θερμότερα καὶ λόγων	[ἀντ. α
	ἐν πόλει τῶν ἀναιδῶν ἀναιδέστεροι·	385
	καὶ τὸ πρᾶγμ' ἦν ἄρ' οὐ φαῦλον ὧδ' ⟨‒ ⏑ ⏑⏑⟩.	

360 ἐκροφήσει Elmsley: -εις codd.   364 βυνήσω Jackson: βινήσω R: κινήσω cett. σοι Φ: σου cett.   365 δέ γ' Brunck: δ' RA^{ac}: δέ τ' cett.   ἐξέλξω Porson: ἐξελλέγξω R: ἐξελῶ fere cett., Su. κ 2584   τῆς πυγῆς RE^{pc}: τῇ πυγῇ VEΓ²L: τῆς πυγμῆς Φ   366 γ'ἄρ' Brunck: γάρ codd.   367 suppl. Elmsley   369–73 ordo versuum varie temptatus est; lacunas post 369 et 370 statuit Sommerstein   372 ἔκ σου Dindorf: ἐκ σου R: ἐκ σοῦ cett., Su. π 1184   373 παρατιλῶ R: περι- cett. 374 πρηγορεῶνά] πρηγορῶνα Bentley   382 θ' von Velsen: γ' L: om. cett., etiam Plut. Demetr. 12, Su. η 368, qui tamen καὶ ante πυρὸς addunt   383 καὶ ⟨λόγοι τῶν⟩ λόγων Hermann, fort. recte   385 ἦν ἄρ' οὐ RMΓ² γρ: οὐκ ἄρ' ἦν cett.   386 ὧδ' ⟨οὐδ' ἐλαφρόν⟩ Bergk

ΙΠΠΗΣ

ἀλλ' ἔπιθι καὶ στρόβει, μηδὲν ὀλίγον ποίει·
νῦν γὰρ ἔχεται μέcoc·
ὡc ἐὰν νυνὶ μαλάξῃc αὐτὸν ἐν τῇ προcβολῇ,
δειλὸν εὑρήcειc· ἐγὼ γὰρ τοὺc τρόπουc ἐπίcταμαι. 390

Αλ. ἀλλ' ὅμωc οὗτοc τοιοῦτοc ὢν ἅπαντα τὸν βίον,
κᾆτ' ἀνὴρ ἔδοξεν εἶναι, τἀλλότριον ἀμῶν θέροc.
νῦν δὲ τοὺc cτάχυc ἐκείνουc, οὓc ἐκεῖθεν ἤγαγεν,
ἐν ξύλῳ δήcαc ἀφανεῖ κἀποδόcθαι βούλεται.

Πα. οὐ δέδοιχ' ὑμᾶc, ἕωc ἂν ζῇ τὸ βουλευτήριον 395
καὶ τὸ τοῦ Δήμου πρόcωπον μακκοᾷ καθήμενον.

Χο. ὡc δὲ πρὸc πᾶν ἀναιδεύεται κοὐ μεθίῃcι τοῦ [ἀντ. β
χρώματοc
τοῦ παρεcτηκότοc.
εἴ cε μὴ μιcῶ, γενοίμην ἐν Κρατίνου κῴδιον 400
καὶ διδαcκοίμην προcᾴδειν Μορcίμου τραγῳδίᾳ.
ὦ περὶ πάντ' ἐπὶ πᾶcί τε πράγμαcι
δωροδόκοιcιν ἐπ' ἄνθεcιν ἵζων,
εἴθε φαύλωc, ὥcπερ ηὗρεc, ἐκβάλοιc τὴν ἔνθεcιν.
ᾄcαιμι γὰρ τότ' ἂν μόνον· 405
"πῖνε πῖν' ἐπὶ cυμφοραῖc."
τὸν Οὔλιόν τ' ἂν οἴομαι γέροντα πυροπίπην,
ἡcθέντ' ἰηπαιωνίcαι καὶ βακχέβακχον ᾆcαι.

Πα. οὗτοί μ' ὑπερβαλεῖcθ' ἀναιδείᾳ μὰ τὸν Ποcειδῶ,
ἢ μήποτ' ἀγοραίου Διὸc cπλάγχνοιcι 410
παραγενοίμην.

---

387 ὀλίγον] ἔλαττον RMΓ²γρ   394 ἀφανει (sic) R: ἀφαύει cett.,
Su. α 1635, 4565: ἀφεῖναι fortasse novit sch.   396 καθήμενον] -μένου
Blaydes   397–8 μεθίῃcι van Herwerden: μεθίcτηcι codd.: μεθέcτηκε
Hirschig   400 ἐν B: ἓν cett.   401 τραγῳδίᾳ R: -ίαν cett.,
Su. μ 1261   407 Οὔλιόν Raubitschek: Ἰουλίου codd., Su. ω 141
πυροπίπην sch.: πυροπίτην RΦL, Su. (et cf. π 3230): πυρροπίπην vΓ³
ΘΜ, Eust. 679.39, 1856.2: παιδοπίπην fortasse novit sch.   408 ἰηπαι-
ωνίcαι R, Su. ω 141 (codd. plerique): ἰὴ παιὼν ᾆcαι cett.

ΑΡΙϹΤΟΦΑΝΟΥϹ

Αλ. ἔγωγε νὴ τοὺϲ κονδύλουϲ, οὓϲ πολλὰ δὴ 'πὶ πολλοῖϲ
ἠνεϲχόμην ἐκ παιδίου, μαχαιρίδων τε πληγάϲ,
ὑπερβαλεῖϲθαί ϲ' οἴομαι τούτοιϲιν, ἢ μάτην γ' ἂν
ἀπομαγδαλιὰϲ ϲιτούμενοϲ τοϲοῦτοϲ ἐκτραφεὶϲ ἦ.

Δη. ἀπομαγδαλιὰϲ ὥϲπερ κύων; ὦ παμπόνηρε, πῶϲ   415
οὖν
κυνὸϲ βορὰν ϲιτούμενοϲ μαχεῖ ϲὺ κυνοκεφάλλῳ;

Αλ. καὶ νὴ Δί' ἄλλα γ' ἐϲτί μου κόβαλα παιδὸϲ ὄντοϲ.
ἐξηπάτων γὰρ τοὺϲ μαγείρουϲ ἂν λέγων τοιαυτί·
"ϲκέψαϲθε, παῖδεϲ· οὐχ ὁρᾶθ'; ὥρα νέα, χελιδών."
οἱ δ' ἔβλεπον, κἀγὼ 'ν τοϲούτῳ τῶν κρεῶν   420
ἔκλεπτον.

Δη. ὦ δεξιώτατον κρέαϲ, ϲοφῶϲ γε προὐνοήϲω·
ὥϲπερ ἀκαλήφαϲ ἐϲθίων πρὸ χελιδόνων ἔκλεπτεϲ.

Αλ. καὶ ταῦτα δρῶν ἐλάνθανόν γ'. εἰ δ' οὖν ἴδοι τιϲ αὐτῶν,
ἀποκρυπτόμενοϲ εἰϲ τὰ κοχώνα τοὺϲ θεοὺϲ ἀπώμνυν·
ὥϲτ' εἶπ' ἀνὴρ τῶν ῥητόρων ἰδών με τοῦτο   425
δρῶντα·
"οὐκ ἔϲθ' ὅπωϲ ὁ παῖϲ ὅδ' οὐ τὸν δῆμον ἐπιτροπεύϲει."

Δη. εὖ γε ξυνέβαλεν αὔτ'· ἀτὰρ δῆλόν γ' ἀφ' οὗ ξυνέγνω·
ὁτιὴ 'πιώρκειϲ θ' ἡρπακὼϲ καὶ κρέαϲ ὁ πρωκτὸϲ εἶχεν.

Πα. ἐγώ ϲε παύϲω τοῦ θράϲουϲ, οἶμαι δὲ μᾶλλον ἄμφω.
ἔξειμι γάρ ϲοι λαμπρὸϲ ἤδη καὶ μέγαϲ καθιείϲ,   430

411 ἔγωγε] ἐγὼ R : ἐγὼ δὲ Dindorf   412 παιδίου RM : παιδίων cett.   μαχαιρίδων R : -ιδίων cett.   414 v. om. R   ἀπομαγδαλίαϲ hoc accentu lm. sch. V, Su. α 3432 : ἀπὸ μαγδαλιᾶϲ divisim fere cett.   ἐκτραφεὶϲ ἦν Richards, Rutherford : ἐκτραφείην codd.   415–16 quis loquatur non liquet, ut vidit Blaydes   415 ἀπομαγδαλιὰϲ] -αῖϲ R : ἀπὸ μαγδαλιᾶϲ cett.   416 μαχεῖ Dindorf : μάχει codd.   κυνοκεφάλλῳ Dindorf : -άλῳ codd. : cf. Eubul. 106.10 K.–A., Phryn. *Praep. Soph.* 85.5, Phot. s.v. (κ 1216)   417 καὶ νὴ R : νὴ τὸν cett.   ἄλλα EM : ἄλλο V^ac : ἀλλά cett.   418 ἂν λέγων Bernhardy : ἐπιλέγων L : λέγων cett., Su. ν 120   421–2, 427–8 personarum vices parum certae   421 ϲοφῶϲ Bentley : ὡϲ ϲοφῶϲ codd.   423 γ' L : om. cett.   424 τὰ κόχωνα fere codd. : τὰϲ κοχώναϲ L : τὼ κοχώνα Dobree   ἀπώμνυν G, Par 6, Bentley : ἀπώμνυον vel sim. cett.   428 θ' om. RM, qui etiam τὸ ante κρέαϲ addunt

ΙΠΠΗΣ

ὁμοῦ ταράττων τήν τε γῆν καὶ τὴν θάλατταν εἰκῇ.
Αλ. ἐγὼ δὲ cυcτείλαc γε τοὺc ἀλλᾶντας εἶτ' ἀφήcω
κατὰ κῦμ' ἐμαυτὸν οὔριον, κλάειν cε μακρὰ κελεύων.
Δη. κἄγωγ', ἐάν τι παραχαλᾷ, τὴν ἀντλίαν φυλάξω.
Πα. οὔτοι μὰ τὴν Δήμητρα καταπροίξει τάλαντα 435
πολλὰ
κλέψαc Ἀθηναίων.
Δη. ἄθρει καὶ τοῦ ποδὸc παρίει·
ὡc οὗτοc ἤδη καικίαc καὶ cυκοφαντίαc πνεῖ.
Αλ. cὲ δ' ἐκ Ποτειδαίαc ἔχοντ' εὖ οἶδα δέκα τάλαντα.
Πα. τί δῆτα; βούλει τῶν ταλάντων ἓν λαβὼν cιωπᾶν;
Δη. ἀνὴρ ἂν ἡδέωc λάβοι. τοὺc τερθρίους παρίει· 440
τὸ πνεῦμ' ἔλαττον γίγνεται.
Πα. φεύξει γραφὰς ⟨δωροδοκίαc⟩
ἑκατονταλάντους τέτταρας.
Αλ. cὺ δ' ἀcτρατείας γ' εἴκοcιν,
κλοπῆς δὲ πλεῖν ἢ χιλίας.
Πα. ἐκ τῶν ἀλιτηρίων cέ φη- 445
μι γεγονέναι τῶν τῆς θεοῦ.
Αλ. τὸν πάππον εἶναι φημί cου
τῶν δορυφόρων—
Πα. ποίων; φράcον.
Αλ. τῶν Βυρcίνηc τῆς Ἱππίου.
Πα. κόβαλος εἶ.
Αλ. πανοῦργος εἶ. 450
Δη. παῖ' ἀνδρικῶς.
Πα. ἰοὺ ἰού,
τύπτουcί μ' οἱ ξυνωμόται.

---

433 μακρὰ κελεύων] πολλὰ κελεύcαc R   437 ἤδη] ἤτοι R, Plut. *Mor.* 853B   καικίαc Γ, sch., Plut.: κακίαc cett., sch. ad v. 441   καὶ codd. plerique, sch. hic et ad v. 441 : ἢ R, Plut.   438 δ'RAM : τ' cett. Ποτειδαίαc Thiersch: Ποτιδαίαc codd.   440 ἀνὴρ Dindorf: ἀ- codd. τερθρίους RM: τεθρίουc fere cett.   442 suppl. Göttling   443 γ' om. RM

ΑΡΙΣΤΟΦΑΝΟΥΣ

Δη. παῖ᾽ αὐτὸν ἀνδρειότατα, καὶ
γάςτριζε καὶ τοῖς ἐντέροις
καὶ τοῖς κόλοις,   455
χὤπως κολᾷ τὸν ἄνδρα.

Χο. ὦ γεννικώτατον κρέας ψυχήν τ᾽ ἄριστε πάντων,
καὶ τῇ πόλει cωτὴρ φανεὶς ἡμῖν τε τοῖς πολίταις,
ὡς εὖ τὸν ἄνδρα ποικίλως τ᾽ ἐπῆλθες ἐν λόγοιςιν.
πῶς ἄν c᾽ ἐπαινέςαιμεν οὕτως ὥςπερ ἡδόμεςθα;   460

Πα. ταυτὶ μὰ τὴν Δήμητρά μ᾽ οὐκ ἐλάνθανεν
τεκταινόμενα τὰ πράγματ᾽, ἀλλ᾽ ἠπιςτάμην
γομφούμεν᾽ αὐτὰ πάντα καὶ κολλώμενα.   463

Αλ. οὔκουν μ᾽ ἐν Ἄργει γ᾽ οἷα πράττεις λανθάνει.   465
πρόφαςιν μὲν Ἀργείους φίλους ἡμῖν ποιεῖ,   466
ἰδίᾳ δ᾽ ἐκεῖ Λακεδαιμονίοις ξυγγίγνεται.   467

Δη. οἴμοι, cὺ δ᾽ οὐδὲν ἐξ ἁμαξουργοῦ λέγεις;   464

Αλ. καὶ ταῦτ᾽ ἐφ᾽ οἷςίν ἐςτι ςυμφυςώμενα   468
ἐγᾦδ᾽· ἐπὶ γὰρ τοῖς δεδεμένοις χαλκεύεται.

Δη. εὖ γ᾽ εὖ γε, χάλκευ᾽ ἀντὶ τῶν κολλωμένων.   470

Αλ. καὶ ξυγκροτοῦςιν ἄνδρες αὔτ᾽ ἐκεῖθεν αὖ.
καὶ ταῦτά μ᾽ οὔτ᾽ ἀργύριον οὔτε χρυςίον
διδοὺς ἀναπείςεις, οὐδὲ προςπέμπων φίλους,
ὅπως ἐγὼ ταῦτ᾽ οὐκ Ἀθηναίοις φράςω.

Πα. ἐγὼ μὲν οὖν αὐτίκα μάλ᾽ εἰς βουλὴν ἰὼν   475
ὑμῶν ἁπάντων τὰς ξυνωμοςίας ἐρῶ,
καὶ τὰς ξυνόδους τὰς νυκτερινὰς ἐπὶ τῇ πόλει,
καὶ πάνθ᾽ ἃ Μήδοις καὶ βαςιλεῖ ξυνόμνυτε,
καὶ τὰκ Βοιωτῶν ταῦτα ςυντυρούμενα.

Δη. πῶς οὖν ὁ τυρὸς ἐν Βοιωτοῖς ὤνιος;   480

453–6 choro tribuunt quidam   453 ἀνδρειότατα Dindorf: ἀνδρικώτατα codd.   456 χὤπως] ὅπως Kayser   459 τ᾽ ἐπῆλθες R: θ᾽ ὑπῆλθες cett.   465 γ᾽ R: om. cett. πράττεις] πράττει Bentley   464 huc transp. Hermann, sch. ad v. 464 fretus: post 471 praebet Γ: om. ΑΘ   473 οὐδὲ Sommerstein: οὔτε codd. (οὐδὲ pro altero οὔτε in 472 iam Blaydes) προςπέμπων ΕγρΦL: προπέμπων RM: προςπεςὼν vΓ³γρ   474 ταῦτ᾽] πάντ᾽ Blaydes   477 ἐπὶ] ἐν RA   480 Demostheni tribuit von Velsen

88

ΙΠΠΗΣ

Πα. ἐγώ ϲε νὴ τὸν Ἡρακλέα καταϲτορῶ.
Δη. ἄγε δὴ ϲύ, τίνα νοῦν ἢ τίνα ψυχὴν ἔχειϲ,
νυνὶ διδάξειϲ, εἴπερ ἀπεκρύψω τότε
εἰϲ τὰ κοχώνα τὸ κρέαϲ, ὡϲ αὐτὸϲ λέγειϲ·
θεύϲει γὰρ ἄξαϲ εἰϲ τὸ βουλευτήριον, 485
ὡϲ οὗτοϲ εἰϲπεϲὼν ἐκεῖϲε διαβαλεῖ
ἡμᾶϲ ἅπανταϲ καὶ κράγον κεκράξεται.
Αλ. ἀλλ' εἶμι· πρῶτον δ' ὡϲ ἔχω τὰϲ κοιλίαϲ
καὶ τὰϲ μαχαίραϲ ἐνθαδὶ καταθήϲομαι.
Δη. ἔχε νυν, ἄλειψον τὸν τράχηλον τουτῳί, 490
ἵν' ἐξολιϲθάνειν δύνῃ τὰϲ διαβολάϲ.
Αλ. ἀλλ' εὖ λέγειϲ καὶ παιδοτριβικῶϲ ταυταγί.
Δη. ἔχε νυν, ἐπέγκαψον λαβὼν ταδί.
Αλ. τί δαί;
Δη. ἵν' ἄμεινον, ὦ τᾶν, ἐϲκοροδιϲμένοϲ μάχῃ.
καὶ ϲπεῦδε ταχέωϲ.
Αλ. ταῦτα δρῶ.
Δη. μέμνηϲό νυν 495
δάκνειν, διαβάλλειν, τοὺϲ λόφουϲ κατεϲθίειν,
χὤπωϲ τὰ κάλλαι' ἀποφαγὼν ἥξειϲ πάλιν.

Χο. ἀλλ' ἴθι χαίρων, καὶ πράξειαϲ
κατὰ νοῦν τὸν ἐμόν, καί ϲε φυλάττοι
Ζεὺϲ ἀγοραῖοϲ· καὶ νικήϲαϲ 500
αὖθιϲ ἐκεῖθεν πάλιν ὡϲ ἡμᾶϲ
ἔλθοιϲ ϲτεφάνοιϲ κατάπαϲτοϲ.
ὑμεῖϲ δ' ἡμῖν προϲέχετε τὸν νοῦν

481 καταϲτορῶ van Herwerden: παραϲτορῶ codd. 482 sqq. Demostheni tribuit Zieliński 482 ψυχὴν] γνώμην R 483 διδάξειϲ] δείξειϲ Cγρ, unde γε δείξειϲ Cobet τότε] ποτὲ R 484 τὰ κόχωνα R: τὰϲ κοχώναϲ cett.: τὼ κοχώνα Dobree 486 εἰϲπεϲὼν R: ἐμπεϲὼν cett. 487 κράγον Meineke, duce Lobeck: κραγὸν codd. plerique: κραγῶν ΑΘ 491 ἐξολιϲθάνειν RV: -αίνειν cett. 492 ταυταγί R: ταῦτά γε cett. 495 δρῶ] δὴ Blaydes 496 διαβάλλειν] καταβάλλειν Θ: καταβάλλει ΑΓ 503 προϲέχετε] πρόϲϲχετε Bentley

ΑΡΙΣΤΟΦΑΝΟΥΣ

τοῖc ἀναπαίcτοιc,
ὦ παντοίαc ἤδη Μούcηc 505
πειραθέντεc καθ' ἑαυτούc.

εἰ μέν τιc ἀνὴρ τῶν ἀρχαίων κωμῳδοδιδάcκαλοc ἡμᾶc
ἠνάγκαζεν λέξονταc ἔπη πρὸc τὸ θέατρον παραβῆναι,
οὐκ ἂν φαύλωc ἔτυχεν τούτου· νῦν δ' ἄξιόc ἐcθ' ὁ
  ποητήc,
ὅτι τοὺc αὐτοὺc ἡμῖν μιcεῖ τολμᾷ τε λέγειν τὰ 510
  δίκαια,
καὶ γενναίωc πρὸc τὸν Τυφῶ χωρεῖ καὶ τὴν ἐριώλην.
ἃ δὲ θαυμάζειν ὑμῶν φηcιν πολλοὺc αὐτῷ προcιόνταc
καὶ βαcανίζειν, ὡc οὐχὶ πάλαι χορὸν αἰτοίη καθ'
  ἑαυτόν,
ἡμᾶc ὑμῖν ἐκέλευε φράcαι περὶ τούτου. φηcὶ γὰρ ἀνὴρ
οὐχ ὑπ' ἀνοίαc τοῦτο πεπονθὼc διατρίβειν, ἀλλὰ 515
  νομίζων
κωμῳδοδιδαcκαλίαν εἶναι χαλεπώτατον ἔργον
  ἁπάντων·
πολλῶν γὰρ δὴ πειραcάντων αὐτὴν ὀλίγοιc χαρίcαcθαι·
ὑμᾶc τε πάλαι διαγιγνώcκων ἐπετείουc τὴν φύcιν
  ὄνταc
καὶ τοὺc προτέρουc τῶν ποιητῶν ἅμα τῷ γήρᾳ
  προδιδόνταc·
τοῦτο μὲν εἰδὼc ἅπαθε Μάγνηc ἅμα ταῖc πολιαῖc 520
  κατιούcαιc,
ὃc πλεῖcτα χορῶν τῶν ἀντιπάλων νίκηc ἔcτηcε
  τροπαῖα·
πάcαc δ' ὑμῖν φωνὰc ἱεὶc καὶ ψάλλων καὶ πτερυγίζων
καὶ λυδίζων καὶ ψηνίζων καὶ βαπτόμενοc βατραχείοιc

504 τοῖc] καὶ τοῖc Φ: τοῖc τ' Grynaeus   508 ἠνάγκαζεν] -αcεν
RM   λέξονταc post ἔπη transp. codd. praeter RM   510 ἡμῖν]
ὑμῖν M   511 χωρεῖ] χωρεῖν Φ   513 ὡc] πῶc Bentley
514 ἐκέλευε RΓM: -ευcε Γ³, cett.   517 δὴ RM: ἤδη cett.
ὀλίγοιc M, Su. χ 119, Priscian. Inst. 18.266: ὀλίγοιc πάνυ R: ὀλίγοιc ἤδη
vΦ   521 τρόπαια hoc accentu codd.

ΙΠΠΗϹ

οὐκ ἐξήρκεϲεν, ἀλλὰ τελευτῶν ἐπὶ γήρωϲ, οὐ γὰρ ἐφ᾽
   ἥβηϲ,
ἐξεβλήθη πρεϲβύτηϲ ὤν, ὅτι τοῦ ϲκώπτειν   525
   ἀπελείφθη·
εἶτα Κρατίνου μεμνημένοϲ, ὃϲ πολλῷ ῥεύϲαϲ ποτ᾽
   ἐπαίνῳ
διὰ τῶν ἀφελῶν πεδίων ἔρρει, καὶ τῆϲ ϲτάϲεωϲ
   παραϲύρων
ἐφόρει τὰϲ δρῦϲ καὶ τὰϲ πλατάνουϲ καὶ τοὺϲ ἐχθροὺϲ
   προθελύμνουϲ·
ᾆϲαι δ᾽ οὐκ ἦν ἐν ϲυμποϲίῳ πλὴν "Δωροῖ ϲυκοπέδιλε,"
καὶ "τέκτονεϲ εὐπαλάμων ὕμνων·" οὕτωϲ ἤνθηϲεν   530
   ἐκεῖνοϲ.
νυνὶ δ᾽ ὑμεῖϲ αὐτὸν ὁρῶντεϲ παραληροῦντ᾽ οὐκ ἐλεεῖτε,
ἐκπιπτουϲῶν τῶν ἠλέκτρων καὶ τοῦ τόνου οὐκέτ᾽
   ἐνόντοϲ
τῶν θ᾽ ἁρμονιῶν διαχαϲκουϲῶν· ἀλλὰ γέρων ὢν
   περιέρρει,
ὥϲπερ Κοννᾶϲ, "ϲτέφανον μὲν ἔχων αὖον, δίψῃ δ᾽
   ἀπολωλώϲ",
ὃν χρῆν διὰ τὰϲ προτέραϲ νίκαϲ πίνειν ἐν τῷ   535
   πρυτανείῳ,
καὶ μὴ ληρεῖν, ἀλλὰ θεᾶϲθαι λιπαρὸν παρὰ τῷ
   Διονύϲῳ.
οἵαϲ δὲ Κράτηϲ ὀργὰϲ ὑμῶν ἠνέϲχετο καὶ
   ϲτυφελιγμούϲ,
ὃϲ ἀπὸ ϲμικρᾶϲ δαπάνηϲ ὑμᾶϲ ἀριϲτίζων ἀπέπεμπεν,
ἀπὸ κραμβοτάτου ϲτόματοϲ μάττων ἀϲτειοτάταϲ
   ἐπινοίαϲ·

---

526 ὅϲ] ὡϲ Bergk   ῥεύϲαϲ saepius temptatum, e.g. βρύϲαϲ Blaydes, ῥήξαϲ Bury, πλήθων van Leeuwen   527 ἀφελῶν obscurum: ἀφνεῶν van Herwerden   καὶ] κἀκ Schneider   535 χρῆν M, Su. α 4576 : χρὴ cett.   536 Διονύϲῳ] -ϲου Elmsley   537 ϲτυφελιγμούϲ R : -ιϲμούϲ cett.   539 κραμβοτάτου] κραμβοφάγου Kiehl

ΑΡΙΣΤΟΦΑΝΟΥΣ

χοὖτος μέντοι μόλις ἀντήρκει, τοτὲ μὲν πίπτων,   540
τοτὲ δ' οὐχί.
ταῦτ' ὀρρωδῶν διέτριβεν ἀεί, καὶ πρὸς τούτοιςιν
ἔφαςκεν
ἐρέτην χρῆναι πρῶτα γενέςθαι πρὶν πηδαλίοις
ἐπιχειρεῖν,
κᾆτ' ἐντεῦθεν πρῳρατεῦςαι καὶ τοὺς ἀνέμους
διαθρῆςαι,
κᾆτα κυβερνᾶν αὐτὸν ἑαυτῷ. τούτων οὖν οὕνεκα
πάντων,
ὅτι ςωφρονικῶς οὐκ ἀνοήτως εἰςπηδήςας   545
ἐφλυάρει,
αἴρεςθ' αὐτῷ πολὺ τὸ ῥόθιον, παραπέμψατ' ἐφ' ἕνδεκα
κώπαις,
θόρυβον χρηςτὸν Ληναΐτην,
ἵν' ὁ ποιητὴς ἀπίῃ χαίρων
κατὰ νοῦν πράξας,
φαιδρὸς λάμποντι μετώπῳ.   550

ἵππι' ἄναξ Πόςειδον, ᾧ   [ςτρ.
χαλκοκρότων ἵππων κτύπος
καὶ χρεμετιςμὸς ἁνδάνει
καὶ κυανέμβολοι θοαὶ
μιςθοφόροι τριήρεις,   555
μειρακίων θ' ἅμιλλα λαμ-
πρυνομένων ἐν ἅρμαςιν
καὶ βαρυδαιμονούντων,
δεῦρ' ἔλθ' εἰς χορόν, ὦ χρυςοτρίαιν', ὦ
δελφίνων μεδέων Coυνιάρατε,   560
ὦ Γεραίςτιε παῖ Κρόνου,

540 μόλις van Leeuwen: μόνος codd.: μόνον Sommerstein
542 πρῶτα ML, Su. π 1494 (codd. praeter F): πρῶτον cett.   544 οὖν
R: om. cett.   οὕνεκα] ἕνεκα R: εἵνεκα Φ   545 ςωφρονικῶς] -ὸς B,
Brunck: -ός γ' Ademollo   οὐκ olim van Leeuwen, Ademollo: κοὐκ codd.
546 παραπέμψατ' ἐφ'] παραπέμψατέ θ' Bentley: παραπέμψαντες (δέκα)
Diels

ΙΠΠΗϲ

Φορμίωνί τε φίλτατ' ἐκ
τῶν ἄλλων τε θεῶν Ἀθη-
ναίοιϲ πρὸϲ τὸ παρεϲτόϲ.

εὐλογῆϲαι βουλόμεϲθα τοὺϲ πατέραϲ ἡμῶν, ὅτι 565
ἄνδρεϲ ἦϲαν τῆϲδε τῆϲ γῆϲ ἄξιοι καὶ τοῦ πέπλου,
οἵτινεϲ πεζαῖϲ μάχαιϲιν ἔν τε ναυφάρκτῳ ϲτρατῷ
πανταχοῦ νικῶντεϲ ἀεὶ τήνδ' ἐκόϲμηϲαν πόλιν·
οὐ γὰρ οὐδεὶϲ πώποτ' αὐτῶν τοὺϲ ἐναντίουϲ ἰδὼν
ἠρίθμηϲεν, ἀλλ' ὁ θυμὸϲ εὐθὺϲ ἦν ἀμυνίαϲ· 570
εἰ δέ που πέϲοιεν εἰϲ τὸν ὦμον ἐν μάχῃ τινί,
τοῦτ' ἀπεψήϲαντ' ἄν, εἶτ' ἠρνοῦντο μὴ πεπτωκέναι,
ἀλλὰ διεπάλαιον αὖθιϲ. καὶ ϲτρατηγὸϲ οὐδ' ἂν εἷϲ
τῶν πρὸ τοῦ ϲίτηϲιν ᾔτηϲ' ἐρόμενοϲ Κλεαίνετον·
νῦν δ' ἐὰν μὴ προεδρίαν φέρωϲι καὶ τὰ ϲιτία, 575
οὐ μαχεῖϲθαί φαϲιν. ἡμεῖϲ δ' ἀξιοῦμεν τῇ πόλει
προῖκα γενναίωϲ ἀμύνειν καὶ θεοῖϲ ἐγχωρίοιϲ.
καὶ πρὸϲ οὐκ αἰτοῦμεν οὐδὲν πλὴν τοϲουτονὶ μόνον·
ἤν ποτ' εἰρήνη γένηται καὶ πόνων παυϲώμεθα,
μὴ φθονεῖθ' ἡμῖν κομῶϲι μηδ' ἀνεϲτλεγγιϲμένοιϲ. 580

Ὦ πολιοῦχε Παλλάϲ, ὦ [ἀντ.
τῆϲ ἱερωτάτηϲ ἁπα-
ϲῶν πολέμῳ τε καὶ ποιη-
ταῖϲ δυνάμει θ' ὑπερφερού-
ϲηϲ μεδέουϲα χώραϲ, 585
δεῦρ' ἀφικοῦ λαβοῦϲα τὴν
ἐν ϲτρατιαῖϲ τε καὶ μάχαιϲ
ἡμετέραν ξυνεργὸν

564 πρὸϲ τὸ] πλεῖϲτα Blaydes : πρόϲθε Reiske   παρεϲτόϲ R : -ώϲ cett.
567 ναυφάρκτῳ Dindorf : -φρακ- codd., Su. ν 89   569 οὐ γὰρ
οὐδεὶϲ RM: οὐδεὶϲ γὰρ νΦ: οὐδὲ εἷϲ γὰρ Cobet   570 ἠρίθμηϲεν]
ἠρέμηϲεν Su. η 515 cod. A   572 τοῦτ' R, Su. α 3110, ψ 56 : ταῦτ' cett.
580 φθονεῖθ'] -εῖϲθ' R, Su. κ 1980 (sed recte Su. δ 572)   ἀνεϲτλεγγιϲμένοιϲ
van Leeuwen : ἀπε- P3, codd., Su. δ 572   583 ποιηταῖϲ] πολίταιϲ
Bentley : πόροιϲιν van Herwerden

ΑΡΙΣΤΟΦΑΝΟΥΣ

Νίκην, ἣ Χαρίτων ἐcτὶν ἑταίρα
τοῖc τ' ἐχθροῖcι μεθ' ἡμῶν cταcιάζει. 590
νῦν οὖν δεῦρο φάνηθι· δεῖ
γὰρ τοῖc ἀνδράcι τοῖcδε πά-
cῃ τέχνῃ πορίcαι cε νί-
κην, εἴπερ ποτέ, καὶ νῦν.

ἃ ξύνιcμεν τοῖcιν ἵπποιc, βουλόμεcθ' ἐπαινέcαι. 595
ἄξιοι δ' εἴc' εὐλογεῖcθαι· πολλὰ γὰρ δὴ πράγματα
ξυνδιήνεγκαν μεθ' ἡμῶν, εἰcβολάc τε καὶ μάχαc.
ἀλλὰ τὰν τῇ γῇ μὲν αὐτῶν οὐκ ἄγαν θαυμάζομεν,
ὡc ⟨δ'⟩ ὅτ' εἰc τὰc ἱππαγωγοὺc εἰcεπήδων ἀνδρικῶc,
πριάμενοι κώθωναc, οἱ δὲ καὶ cκόροδα καὶ 600
κρόμμυα,
εἶτα τὰc κώπαc λαβόντεc ὥcπερ ἡμεῖc οἱ βροτοὶ
ἐμβαλόντεc ἂν ἐφρυάξανθ', "ἱππαπαῖ, τίc ἐμβαλεῖ;
ληπτέον μᾶλλον. τί δρῶμεν; οὐκ ἐλᾷc, ὦ cαμφόρα;"
ἐξεπήδων τ' εἰc Κόρινθον· εἶτα δ' οἱ νεώτατοι
ταῖc ὁπλαῖc ὤρυττον εὐνὰc καὶ μετῇcαν βρώματα· 605
ἤcθιον δὲ τοὺc παγούρουc ἀντὶ ποίαc Μηδικῆc,
εἴ τιc ἐξέρποι θύραζε, κἀκ βυθοῦ θηρώμενοι·
ὥcτ' ἔφη Θέωροc εἰπεῖν καρκίνον Κορίνθιον,
"δεινά γ', ὦ Πόcειδον, εἰ μηδ' ἐν βυθῷ δυνήcομαι
μήτε γῇ μήτ' ἐν θαλάττῃ διαφυγεῖν τοὺc ἱππέαc." 610

Χο. ὦ φίλτατ' ἀνδρῶν καὶ νεανικώτατε,
ὅcην ἀπὼν παρέcχεc ἡμῖν φροντίδα·
καὶ νῦν ἐπειδὴ cῶc ἐλήλυθαc πάλιν,

---

589 Χαρίτων Wilamowitz: χορικῶν codd.   598 ἄγαν] ἴcον van Herwerden (τόcον iam a. 1862)   599 suppl. Richards   600 prius καὶ L, sch. M: om. cett. et Athenaeus 483D: γε Blaydes   καὶ cκόροδα καὶ] cκόροδ' ἐλάαc Bergk, cf. *Ach.* 550   602 ἂν ἐφρυάξανθ' 'Ademollo post Walsh et van Herwerden: ἀνεβρύαξαν codd., Su. α 2214   603 cαμφόρα RV: cαπφόρα cett.   604 δ' RM: γ' cett.   νεώτατοι RM: νεώτεροι cett.   605 βρώματα R: cτρώματα cett.   610 μήτε Bentley, Daubuz: μήτ' ἐν codd.

ΙΠΠΗС

ἄγγειλον ἡμῖν πῶс τὸ πρᾶγμ' ἠγωνίсω.

Αλ. τί δ' ἄλλο γ' εἰ μὴ Νικόβουλοс ἐγενόμην; 615

Χο. νῦν ἄρ' ἄξιόν γε πᾶсίν ἐстιν ἐπολολῦξαι. [cτρ.
ὦ καλὰ λέγων, πολὺ δ' ἀμείνον' ἔτι τῶν λόγων
ἐργαсάμεν', εἴθ' ἐπέλθοιс ἅπαντά μοι сαφῶс·
ὡс ἐγώ μοι δοκῶ 620
κἂν μακρὰν ὁδὸν διελθεῖν ὥсτ' ἀκοῦсαι. πρὸс τάδ',
ὦ βέλ-
τιсτε, θαρρήсαс λέγ', ὡс ἅπαντεс ἡδόμεсθά сοι.

Αλ. καὶ μὴν ἀκοῦсαί γ' ἄξιον τῶν πραγμάτων.
εὐθὺс γὰρ αὐτοῦ κατόπιν ἐνθένδ' ἱέμην· 625
ὁ δ' ἄρ' ἔνδον ἐλαсίβροντ' ἀναρρηγνὺс ἔπη
τερατευόμενος ἤρειδε κατὰ τῶν ἱππέων,
κρημνοὺс ἐρείπων καὶ ξυνωμότας λέγων
πιθανώταθ'· ἡ βουλὴ δ' ἅπαс· ἀκροωμένη
ἐγένεθ' ὑπ' αὐτοῦ ψευδατραφάξυος πλέα, 630
κἄβλεψε νᾶπυ καὶ τὰ μέτωπ' ἀνέсπαсεν.
κἄγωγ' ὅτε δὴ 'γνων ἐνδεχομένην τοὺс λόγουс
καὶ τοῖс φενακιсμοῖсιν ἐξαπατωμένην,
"ἄγε δὴ Сκίταλοι καὶ Φένακεс", ἦν δ' ἐγώ,
"Βερέсχεθοί τε καὶ Κόβαλοι καὶ Μόθων, 635
ἀγορά τ' ἐν ᾗ παῖс ὢν ἐπαιδεύθην ἐγώ,
νῦν μοι θράсοс καὶ γλῶссαν εὔπορον δότε
φωνήν τ' ἀναιδῆ." ταῦτα φροντίζοντί μοι
ἐκ δεξιᾶс ἐπέπαρδε καταπύγων ἀνήρ.

616 γε L: om. cett. ἐπολολῦξαι] ὀλολῦξαι RM 617 ἀμείνον'
Bergler: ἄμεινον codd. 618 ἐργαсάμεν' Bentley: εἰργαсμέν' codd.
620 ὡс] ὥсτ' RM 623 ἡδόμεсθα V: ἡδόμεθα cett.
628 ἐρείπων Brunck: ἐρείδων codd. 629 πιθανώταθ' Φ: -ώτατα δ'
RL: -ώτατά θ' VΓ² δ' A: γ' L: om. cett. 635 τε καὶ Κόβαλοι]
Κοάλεμοί τε e sch. Dobree; cf. Su. c 630 Μόθων e sch. Kuster: Μόθωνεс
codd., Su. c 630 637 γλῶссαν B (forma vocis in tragoediis usitata, ut
vidit Neil): γλῶτταν codd. vett. 639 ἐπέπαρδε Halbertsma: ἀπ-
codd.

ΑΡΙΣΤΟΦΑΝΟΥΣ

κἀγὼ προσέκυσα· κᾆτα τῷ πρωκτῷ θενὼν 640
τὴν κιγκλίδ' ἐξήραξα κἀναχανὼν μέγα
ἀνέκραγον· "ὦ βουλή, λόγους ἀγαθοὺς φέρων
εὐαγγελίσασθαι πρῶτον ὑμῖν βούλομαι·
ἐξ οὗ γὰρ ἡμῖν ὁ πόλεμος κατερράγη,
οὐπώποτ' ἀφύας εἶδον ἀξιωτέρας." 645
οἱ δ' εὐθέως τὰ πρόςωπα διεγαλήνιςαν·
εἶτ' ἐστεφάνουν μ' εὐαγγέλια· κἀγὼ 'φραςα
αὐτοῖς, ἀπόρρητον ποιηςάμενος, ταχύ,
ἵνα τὰς ἀφύας ὠνοῖντο πολλὰς τοὐβολοῦ,
τῶν δημιουργῶν ξυλλαβεῖν τὰ τρύβλια. 650
οἱ δ' ἀνεκρότηςαν καὶ πρὸς ἔμ' ἐκεχήνεςαν.
ὁ δ' ἐπινοήςας, ὁ Παφλαγών, εἰδὼς ἄρα
οἷς ἤδεθ' ἡ βουλὴ μάλιστα ῥήμαςιν,
γνώμην ἔλεξεν· "ἄνδρες, ἤδη μοι δοκεῖ
ἐπὶ ςυμφοραῖς ἀγαθαῖςιν εἰςηγγελμέναις 655
εὐαγγέλια θύειν ἑκατὸν βοῦς τῇ θεῷ."
ἐπένευςεν εἰς ἐκεῖνον ἡ βουλὴ πάλιν.
κἄγωγ' ὅτε δὴ 'γνων τοῖς βολίτοις ἡττώμενος,
διηκοςίῃςι βουςὶν ὑπερηκόντιςα,
τῇ δ' Ἀγροτέρᾳ κατὰ χιλίων παρῄνεςα 660
εὐχὴν ποιήςαςθαι χιμάρων εἰς αὔριον,
αἱ τριχίδες εἰ γενοίαθ' ἑκατὸν τοὐβολοῦ.
ἐκαραδόκηςεν εἰς ἔμ' ἡ βουλὴ πάλιν.
ὁ δὲ ταῦτ' ἀκούςας ἐκπλαγεὶς ἐφληνάφα.
κᾆθ' εἷλκον αὐτὸν οἱ πρυτάνεις χοἱ τοξόται, 665

640 θενὼν Dindorf: θένων codd.   641 ἐξήραξα R: ἐξάρ- cett.
643 πρῶτον] πρῶτος V^pc, Phrynichus Ecl. 232   646 οἳ ... διεγαλή-
νιςαν RM: τῶν ... διεγαλήνιςεν cett.   648 quo pertineat ταχύ licet
dubites; si cum ξυλλαβεῖν coniungitur, fortasse 650 ante 649 transponendus est,
ut voluit Wilamowitz   651 ἔμ' ἐκεχήνεςαν] an ἐπεκεχήνεςαν?
652 ἐπινοήςας Meineke: ὑπο- codd.   ἄρα] τ' ἅμα R, unde θ' ἅμα Dindorf
654 ἤδη] κἀμοὶ RM   655 εἰςηγγελμέναις] ἠγγελμέναις R
658 ἡττώμενος sch., Richards: ἡττημένος codd.   659 διηκοςίῃςι]
διακοςίαιςι Dindorf   662 εἰ RL: δ'εἰ vΦ

ΙΠΠΗC

οἱ δ' ἐθορύβουν περὶ τῶν ἀφύων ἑcτηκότεc·
ὁ δ' ἠντεβόλει γ' αὐτοὺc ὀλίγον μεῖναι χρόνον,
"ἵν' ἄτθ' ὁ κῆρυξ οὑκ Λακεδαίμονοc λέγει
πύθηcθ'· ἀφῖκται γὰρ περὶ cπονδῶν" λέγων.
οἱ δ' ἐξ ἑνὸc cτόματοc ἅπαντεc ἀνέκραγον· 670
"νυνὶ περὶ cπονδῶν; ἐπειδή γ', ὦ μέλε,
ᾔcθοντο τὰc ἀφύαc παρ' ἡμῖν ἀξίαc.
οὐ δεόμεθα cπονδῶν· ὁ πόλεμοc ἑρπέτω."
ἐκεκράγεcάν τε τοὺc πρυτάνειc ἀφιέναι·
εἶθ' ὑπερεπήδων τοὺc δρυφάκτουc πανταχῇ. 675
ἐγὼ δὲ τὰ κορίανν' ἐπριάμην ὑποδραμὼν
ἅπαντα τά τε γήτει' ὅc' ἦν ἐν τἀγορᾷ·
ἔπειτα ταῖc ἀφύαιc ἐδίδουν ἡδύcματα
ἀποροῦcιν αὐτοῖc προῖκα κἀχαριζόμην.
οἱ δ' ὑπερεπῄνουν ὑπερεπύππαζόν τέ με 680
ἅπαντεc οὕτωc ὥcτε τὴν βουλὴν ὅλην
ὀβολοῦ κοριάννοιc ἀναλαβὼν ἐλήλυθα.

Χο. πάντα τοι πέπραγαc οἷα χρὴ τὸν εὐτυχοῦντα· [ἀντ.
ηὗρε δ' ὁ πανοῦργοc ἕτερον πολὺ πανουργίαιc
μείζοcι κεκαcμένον καὶ δόλοιcι ποικίλοιc 685
ῥήμαcίν θ' αἱμύλοιc.
ἀλλ' ὅπωc ἀγωνιεῖ φρόντιζε τἀπίλοιπ' ἄριcτα·
cυμμάχουc δ' ἡμᾶc ἔχων εὔνουc ἐπίcταcαι πάλαι. 690

Αλ. καὶ μὴν ὁ Παφλαγὼν οὑτοcὶ προcέρχεται,
ὠθῶν κολόκυμα καὶ ταράττων καὶ κυκῶν,
ὡc δὴ καταπιόμενόc με. μορμώ, τοῦ θράcουc.

Πα. εἰ μή c' ἀπολέcαιμ', εἴ τι τῶν αὐτῶν ἐμοὶ
ψευδῶν ἐνείη, διαπέcοιμι πανταχῇ. 695

667 ἠντεβόλει Cobet: ἤντι- codd.   668 post λέγει add. πάλιν codd. praeter RL   669 λέγων] λόγον Φ: πάλιν Porson   674 ἀφιέναι Brunck: ἀπιέναι codd.   675 πανταχῇ R: -χοῦ cett.   676 ὑποδραμών] ὑπεκδραμών R   677 τά τε] τε τὰ R: τε M   680 ὑπερεπύππαζόν τε] -οντο R, Su. υ 266   683 τοι R: δὴ cett.   687 αἱμύλοιc L: αἱμυλίοιc cett.

ΑΡΙCΤΟΦΑΝΟΥC

Αλ. ἥcθην ἀπειλαῖc, ἐγέλαcα ψολοκομπίαιc,
  ἀπεπυδάριcα μόθωνα, περιεκόκκαcα.
Πα. οὗτοι μὰ τὴν Δήμητρά γ', εἰ μή c' ἐκφάγω
  ἐκ τῆcδε τῆc γῆc, οὐδέποτε βιώcομαι.
Αλ. εἰ μὴ 'κφάγῃc; ἐγὼ δέ γ', εἰ μή c' ἐκπίω, 700
  κἂν ἐκροφήcαc αὐτὸc ἐπιδιαρραγῶ.
Πα. ἀπολῶ cε νὴ τὴν προεδρίαν τὴν ἐκ Πύλου.
Αλ. ἰδοὺ προεδρίαν· οἷον ὄψομαί c' ἐγὼ
  ἐκ τῆc προεδρίαc ἔcχατον θεώμενον.
Πα. ἐν τῷ ξύλῳ δήcω cε, νὴ τὸν οὐρανόν. 705
Αλ. ὡc ὀξύθυμοc. φέρε, τί cοι δῶ καταφαγεῖν;
  ἐπὶ τῷ φάγοιc ἥδιcτ' ἄν; ἐπὶ βαλλαντίῳ;
Πα. ἐξαρπάcομαί cου τοῖc ὄνυξι τἄντερα.
Αλ. ἀπονυχιῶ cου τἀν πρυτανείῳ cιτία.
Πα. ἕλξω cε πρὸc τὸν δῆμον, ἵνα δῷc μοι δίκην. 710
Αλ. κἀγὼ cέ γ' ἕλξω διαβαλῶ τε πλείονα.
Πα. ἀλλ', ὦ πόνηρε, cοὶ μὲν οὐδὲν πείcεται·
  ἐγὼ δ' ἐκείνου καταγελῶ γ' ὅcον θέλω.
Αλ. ὡc cφόδρα cὺ τὸν δῆμον cεαυτοῦ νενόμικαc.
Πα. ἐπίcταμαι γὰρ αὐτὸν οἷc ψωμίζεται. 715
Αλ. κᾆθ' ὥcπερ αἱ τίτθαι γε cιτίζειc κακῶc.
  μαcώμενοc γὰρ τῷ μὲν ὀλίγον ἐντίθηc,
  αὐτὸc δ' ἐκείνου τριπλάcιον κατέcπακαc.
Πα. καὶ νὴ Δί' ὑπό γε δεξιότητοc τῆc ἐμῆc
  δύναμαι ποιεῖν τὸν δῆμον εὐρὺν καὶ cτενόν. 720
Αλ. χὠ πρωκτὸc οὑμὸc τουτογὶ cοφίζεται.
Πα. οὐκ, ὦγάθ', ἐν βουλῇ με δόξειc καθυβρίcαι.

697 περιεκόκκαcα Dindorf: -κκαυcα R: -κκυcα cett., Su. α 3033 698 γ' εἰ R: ἐὰν cett. 700 εἰ ... εἰ R: ἦν ... ἦν cett. 701 κἂν ἐκροφήcαc Bothe: κἀπεκροφήcαc codd. αὐτὸc] αὐτίκ' vel εὐθὺc Blaydes 711 cέ γ' Wilson (γέ c' iam Blaydes): δέ c' codd.: δὲ c' Bothe διαβαλῶ τε Kock: καὶ διαβαλῶ γε vΦL: καὶ διαβαλῶ RΓᵃᶜ 712 πείcεται Richards: πείθεται codd. 722 ὦγάθ' ... με δόξειc] ὥcπερ ... μ' ἔθ' ἕξειc van Herwerden

ΙΠΠΗC

ἴωμεν εἰc τὸν δῆμον.
Αλ. οὐδὲν κωλύει.
ἰδού. βάδιζε· μηδὲν ἡμᾶc ἰcχέτω.
Πα. ὦ Δῆμε, δεῦρ' ἔξελθε.
Αλ. νὴ Δί᾽, ὦ πάτερ, 725
ἔξελθε δῆτ'.
Πα. ὦ Δημίδιον ⟨ὦ⟩ φίλτατον,
ἔξελθ', ἵν' εἰδῇc οἷα περιυβρίζομαι.

ΔΗΜΟC

τίνεc οἱ βοῶντεc; οὐκ ἄπιτ' ἀπὸ τῆc θύραc;
τὴν εἰρεcιώνην μου κατεcπαράξατε.
τίc, ὦ Παφλαγών, ἀδικεῖ cε;
Πα. διὰ cὲ τύπτομαι 730
ὑπὸ τουτουὶ καὶ τῶν νεανίcκων.
Δημ. τιή;
Πα. ὁτιὴ φιλῶ c', ὦ Δῆμ', ἐραcτήc τ' εἰμὶ cόc.
Δημ. cὺ δ' εἶ τίc ἐτεόν;
Αλ. ἀντεραcτὴc τουτουί,
ἐρῶν πάλαι cου βουλόμενόc τέ c' εὖ ποιεῖν,
ἄλλοι τε πολλοὶ καὶ καλοί τε κἀγαθοί. 735
ἀλλ' οὐχ οἷοί τ' ἐcμὲν διὰ τουτουί. cὺ γὰρ
ὅμοιοc εἶ τοῖc παιcὶ τοῖc ἐρωμένοιc·
τοὺc μὲν καλούc τε κἀγαθοὺc οὐ προcδέχει,
cαυτὸν δὲ λυχνοπώλαιcι καὶ νευρορράφοιc
καὶ cκυτοτόμοιc καὶ βυρcοπώλαιcιν δίδωc. 740
Πα. εὖ γὰρ ποιῶ τὸν δῆμον.
Αλ. εἰπέ μοι, τί δρῶν;

---

724 βάδιζε] βαδίζω B^ac, Blaydes   726 suppl. Elmsley
727 hic praebent RM, post 729 cett.   οἷα περι- Elmsley: οἷαπερ vel sim.
RvΦ: οἷαπέρ γ' L   728 ἀπὸ] ἐκ RM   732 τ' RVL: om. cett.
739, 740 -πώλαιcι(ν) RM: -πώληcι(ν) cett.   741 μοι Dindorf: μοι
νῦν RM: νῦν cett.

ΑΡΙΣΤΟΦΑΝΟΥΣ

Πα. ὅ τι; τοὺς στρατηγοὺς ὑποδραμὼν τοὺς ἐν Πύλῳ,
πλεύσας ἐκεῖσε, τοὺς Λάκωνας ἤγαγον.
Αλ. ἐγὼ δὲ περιπατῶν γ' ἀπ' ἐργαστηρίου
ἕψοντος ἑτέρου τὴν χύτραν ὑφειλόμην. 745
Πα. καὶ μὴν ποιήσας αὐτίκα μάλ' ἐκκλησίαν,
ὦ Δῆμ', ἵν' εἰδῇς ὁπότερος νῷν ἐστί σοι
εὐνούστερος, διάκρινον, ἵνα τοῦτον φιλῇς.
Αλ. ναὶ ναί, διάκρινον δῆτα, πλὴν μὴ 'ν τῇ Πυκνί.
Δημ. οὐκ ἂν καθιζοίμην ἐν ἄλλῳ χωρίῳ. 750
ἀλλ' εἰς τὸ πρόσθε. χρὴ παρεῖν' εἰς τὴν Πύκνα.
Αλ. οἴμοι κακοδαίμων, ὡς ἀπόλωλ'. ὁ γὰρ γέρων
οἴκοι μὲν ἀνδρῶν ἐστι δεξιώτατος,
ὅταν δ' ἐπὶ ταυτησὶ καθῆται τῆς πέτρας,
κέχηνεν ὥσπερ ἐμποδίζων ἰσχάδας. 755

Χο. νῦν δή σε πάντα δεῖ κάλων ἐξιέναι σεαυτοῦ, [στρ.
καὶ λῆμα θούριον φορεῖν καὶ λόγους ἀφύκτους,
ὅτοισι τόνδ' ὑπερβαλεῖ. ποικίλος γὰρ ἀνὴρ
κἀκ τῶν ἀμηχάνων πόρους εὐμήχανος πορίζειν.
πρὸς ταῦθ' ὅπως ἕξει πολὺς καὶ λαμπρὸς εἰς τὸν 760
ἄνδρα.

ἀλλὰ φυλάττου, καὶ πρὶν ἐκεῖνον προσκεῖσθαί σοι
πρότερος σὺ
τοὺς δελφῖνας μετεωρίζου καὶ τὴν ἄκατον
παραβάλλου.
Πα. τῇ μὲν δεσποίνῃ Ἀθηναίᾳ, τῇ τῆς πόλεως μεδεούσῃ

---

742 ὅ τι Elmsley: ὅτι codd.   τοὺς στρατηγοὺς Brunck: τὸν στρατηγὸν Γ²: τῶν στρατηγῶν cett.   ὑποδραμὼν (τῶν) varie temptatum, ex. gr. ὑποτρεμόντων Kock   alterum τοὺς Bentley: τὸν Γ²: τῶν cett.   ἐν Πύλῳ Brunck: ἐκ Πύλου codd.   748 τοῦτον RM: ἐκεῖνον cett.   751 χρῇ] ἐχρῆν V: χρῆν Γ   παρεῖν' R: παρεῖναι cett.   756 δὴ RVMΓ^pc: δεῖ AΘL   δεῖ VMΓ^pc: δή RAΘL   759 εὐμήχανος πορίζειν Bentley: εὐμηχάνους πορίζων codd., Su. ν 602   760 εἰς] ἐπὶ Cobet   761 προσκεῖσθαί σοι ΓL: προκεῖσθαί σοι VAΘM: προσίκεσθαί σου R, Su. δ 208   πρότερος] -ον R, Su.

ΙΠΠΗΣ

εὔχομαι, εἰ μὲν περὶ τὸν δῆμον τὸν Ἀθηναίων
γεγένημαι
βέλτιστος ἀνὴρ μετὰ Λυσικλέα καὶ Κύνναν καὶ 765
Σαλαβακχώ,
ὥσπερ νυνὶ μηδὲν δράσας δειπνεῖν ἐν τῷ πρυτανείῳ·
εἰ δέ σε μισῶ καὶ μὴ περί σου μάχομαι μόνος
ἀντιβεβηκώς,
ἀπολοίμην καὶ διαπρισθείην κατατμηθείην τε λέπαδνα.

Αλ. κἄγωγ', ὦ Δῆμ', εἰ μή σε φιλῶ καὶ μὴ στέργω,
κατατμηθεὶς
ἑψοίμην ἐν περικομματίοις· κεἰ μὴ τούτοισι 770
πέποιθας,
ἐπὶ ταυτησὶ κατακνησθείην ἐν μυττωτῷ μετὰ τυροῦ
καὶ τῇ κρεάγρᾳ τῶν ὀρχιπέδων ἑλκοίμην εἰς
Κεραμεικόν.

Πα. καὶ πῶς ἂν ἐμοῦ μᾶλλόν σε φιλῶν, ὦ Δῆμε, γένοιτο
πολίτης;
ὃς πρῶτα μὲν ἡνίκ' ἐβούλευόν σοι χρήματα πλεῖστ'
ἀπέδειξα
ἐν τῷ κοινῷ, τοὺς μὲν στρεβλῶν, τοὺς δ' ἄγχων, 775
τοὺς δὲ μεταιτῶν,
οὐ φροντίζων τῶν ἰδιωτῶν οὐδενός, εἰ σοὶ χαριοίμην.

Αλ. τοῦτο μέν, ὦ Δῆμ', οὐδὲν σεμνόν· κἀγὼ γὰρ τοῦτό σε
δράσω.
ἁρπάζων γὰρ τοὺς ἄρτους σοι τοὺς ἀλλοτρίους
παραθήσω.
ὡς δ' οὐχὶ φιλεῖ σ' οὐδ' ἔστ' εὔνους, τοῦτ' αὐτό σε πρῶτα
διδάξω,
ἀλλ' ἢ διὰ τοῦτ' αὖθ' ὁτιή σου τῆς ἀνθρακιᾶς 780
ἀπολαύει.

764 alterum τὸν X: τῶν cett.   765 Σαλαβακχώ sch. ad Pac. 755:
-βάκχῳ R: -βάκχαν cett.   767 ἀντιβεβηκώς RΓ^ac: ἀντιβεβληκώς
fere cett.: ἀμφιβεβηκώς Dawes   768 κατατμηθείην RM, sch.: δια-
cett.   776 χαριοίμην R: χαριζοίμην cett.   777 alterum τοῦτό]
ταὐτό von Velsen   779 αὐτό σε πρῶτα] αὖ πρώτιστα Blaydes

ΑΡΙΣΤΟΦΑΝΟΥΣ

cὲ γάρ, ὃc Μήδοιcι διεξιφίcω περὶ τῆc χώραc
Μαραθῶνι,
καὶ νικήcαc ἡμῖν μεγάλωc ἐγγλωττοτυπεῖν
παρέδωκαc,
ἐπὶ ταῖcι πέτραιc οὐ φροντίζει cκληρῶc cε καθήμενον
οὕτωc,
οὐχ ὥcπερ ἐγὼ ῥαψάμενόc cοι τουτὶ φέρω. ἀλλ'
ἐπαναίρου,
κᾆτα καθίζου μαλακῶc, ἵνα μὴ τρίβῃc τὴν ἐν   785
Cαλαμῖνι.

Δημ. ἄνθρωπε, τίc εἶ; μῶν ἔκγονοc εἶ τῶν Ἁρμοδίου τιc
ἐκείνων;
τοῦτό γέ τοί cου τοὔργον ἀληθῶc γενναῖον καὶ
φιλόδημον.

Πα. ὡc ἀπὸ μικρῶν εὔνουc αὐτῷ θωπευματίων γεγένηcαι.

Αλ. καὶ cὺ γὰρ αὐτὸν πολὺ μικροτέροιc τούτων
δελεάcμαcιν εἷλεc.

Πα. καὶ μὴν εἴ πού τιc ἀνὴρ ἐφάνη τῷ δήμῳ μᾶλλον   790
ἀμύνων
ἢ μᾶλλον ἐμοῦ cε φιλῶν, ἐθέλω περὶ τῆc κεφαλῆc
περιδόcθαι.

Αλ. καὶ πῶc cὺ φιλεῖc, ὃc τοῦτον ὁρῶν οἰκοῦντ' ἐν ταῖc
φιδάκναιcι
καὶ γυπαρίοιc καὶ πυργιδίοιc ἔτοc ὄγδοον οὐκ
ἐλεαίρειc,
ἀλλὰ καθείρξαc αὐτὸν βλίττειc; Ἁρχεπτολέμου δὲ
φέροντοc

781 ante Μαραθῶνι add. ἐν codd.: del. Bentley   782 ἐγγλωττο
τυπεῖν] εὐγλωττοποιεῖν Φ   783 ταῖcι Brunck: ταῖc codd., Su.
c 49   οὕτωc] εἰδώc Richards: ἀθρῶν Blaydes   786 ἔκγονοc
M: ἔγγονοc cett.   787 τοι R, sch.: om. cett.   cου . . . ἀληθῶc] c'
ἀληθῶc αὐτουργὸν R, unde τοῦτ' αὐτό γε τοι τοὔργον ἀληθῶc Reisig
789 εἷλεc AL: ἀνεῖλεc ΕΓΘ: cυνεῖλεc RMV   790 πού τιc] πώποτ'
Cobet   792 τοῦτον] γ'αὐτὸν Blaydes   φιδάκναιcι Brunck, cf. titulos:
πιθάκναιcι codd., Su. γ 506

ΙΠΠΗC

τὴν εἰρήνην ἐξεcκέδαcαc, τὰc πρεcβείαc τ' 795
ἀπελαύνειc
ἐκ τῆc πόλεωc ῥαθαπυγίζων, αἳ τὰc cπονδὰc
προκαλοῦνται.

Πα. ἵνα γ' Ἑλλήνων ἄρξῃ πάντων. ἔcτι γὰρ ἐν τοῖc λογίοιcιν
ὡc τοῦτον δεῖ ποτ' ἐν Ἀρκαδίᾳ πεντωβόλου
ἡλιάcαcθαι,
ἢν ἀναμείνῃ· πάντωc δ' αὐτὸν θρέψω 'γὼ καὶ
θεραπεύcω,
ἐξευρίcκων εὖ καὶ μιαρῶc ὁπόθεν τὸ τριώβολον 800
ἕξει.

Αλ. οὐχ ἵνα γ' ἄρξῃ μὰ Δί' Ἀρκαδίαc προνοούμενοc, ἀλλ'
ἵνα μᾶλλον
cὺ μὲν ἁρπάζῃc καὶ δωροδοκῇc παρὰ τῶν πόλεων, ὁ δὲ
δῆμοc
ὑπὸ τοῦ πολέμου καὶ τῆc ὁμίχληc ἃ πανουργεῖc μὴ
καθορᾷ cου,
ἀλλ' ὑπ' ἀνάγκηc ἅμα καὶ χρείαc καὶ μιcθοῦ πρόc cε
κεχήνῃ.
εἰ δέ ποτ' εἰc ἀγρὸν οὗτοc ἀπελθὼν εἰρηναῖοc 805
διατρίψῃ,
καὶ χῖδρα φαγὼν ἀναθαρρήcῃ καὶ cτεμφύλῳ εἰc λόγον
ἔλθῃ,
γνώcεται οἵων ἀγαθῶν αὐτὸν τῇ μιcθοφορᾷ
παρεκόπτου·
εἶθ' ἥξει cοι δριμὺc ἄγροικοc, κατὰ coῦ τὴν ψῆφον
ἰχνεύων.

796 ῥαθαπυγίζων] lm. ῥοθο- praebet Su. ρ 219   798 πεντωβόλου Kuster: πεντώβολον codd., Su. π 985   802 ἁρπάζῃc B, Bentley: ἁρπάξῃc R: ἁρπάcῃc vel sim. cett.   803 καθορᾷ cου] καθορᾶται Su. ο 258   804 fortasse πρὸc cὲ scribendum, ut in RMΓL   805 εἰ] ἢν Dobree   805–6 διατρίψῃ ... ἀναθαρρήcῃ] -ψει ... -cει A^{pc}Γ^{pc}M: -ψοι ... -coι A^{ac}   806 ἔλθῃ RvL: ἔλθοι ΦΜ: ἐλθών Hirschig   808 τὴν] τε A. Palmer

ΑΡΙΣΤΟΦΑΝΟΥΣ

ἃ cὺ γιγνώcκων τόνδ' ἐξαπατᾷc καὶ ὀνειροπολεῖc περὶ αὑτοῦ.

Πα. οὔκουν δεινὸν ταυτί ϲε λέγειν δῆτ' ἔcτ' ἐμὲ καὶ 810
διαβάλλειν
πρὸc Ἀθηναίουc καὶ τὸν δῆμον, πεποιηκότα πλείονα χρηcτὰ
νὴ τὴν Δήμητρα Θεμιcτοκλέουc πολλῷ περὶ τὴν πόλιν ἤδη;

Αλ. ὦ πόλιc Ἄργουc, κλύεθ' οἷα λέγει; cὺ Θεμιcτοκλεῖ ἀντιφερίζειc;
ὃc ἐποίηcεν τὴν πόλιν ἡμῶν μεcτὴν εὑρὼν ἐπιχειλῆ,
καὶ πρὸc τούτοιc ἀριcτώcῃ τὸν Πειραιᾶ 815
προcέμαξεν,
ἀφελών τ' οὐδὲν τῶν ἀρχαίων ἰχθῦc καινοὺc παρέθηκεν·
cὺ δ' Ἀθηναίουc ἐζήτηcαc μικροπολίταc ἀποφῆναι
διατειχίζων καὶ χρηcμῳδῶν, ὁ Θεμιcτοκλεῖ ἀντιφερίζων.
κἀκεῖνοc μὲν φεύγει τὴν γῆν, cὺ δ' Ἀχιλλείων ἀπομάττει.

Πα. οὔκουν ταυτὶ δεινὸν ἀκούειν, ὦ Δῆμ', ἐcτίν μ' ὑπὸ 820
τούτου,
ὁτιή cε φιλῶ;

Δημ. παῦ παῦ', οὗτοc, καὶ μὴ cκέρβολλε πονηρά.
πολλοῦ δὲ πολύν με χρόνον καὶ νῦν ἐλελήθειc ἐγκρυφιάζων.

Αλ. μιαρώτατοc, ὦ Δημακίδιον, καὶ πλεῖcτα πανοῦργα δεδρακώc·
ὁπόταν χαcμᾷ, καὶ τοὺc καυλοὺc

---

809 αὑτοῦ van Herwerden: c(ε)αυτοῦ codd.   813 interrogationem agnovit Blaydes   814 ἐπιχειλῆ saepius temptatum; πύργων pro εὑρὼν Thiercy   819 φεύγει] ἔφευγεν van Herwerden   821 παῦ παῦ' οὗτοc Elmsley: παῦ' οὑτοcί codd.   824 καὶ] γὰρ Blaydes

ΙΠΠΗΣ

τῶν εὐθυνῶν ἐκκαυλίζων 825
καταβροχθίζει, κἀμφοῖν χειροῖν
μυστιλᾶται τῶν δημοςίων.

Πα. οὐ χαιρήςεις, ἀλλά ςε κλέπτονθ'
αἱρήςω 'γὼ τρεῖς μυριάδας.

Αλ. τί θαλαττοκοπεῖς καὶ πλατυγίζεις, 830
μιαρώτατος ὢν περὶ τὸν δῆμον
τὸν Ἀθηναίων; καί c' ἐπιδείξω
νὴ τὴν Δήμητρ', ἢ μὴ ζώην,
δωροδοκήςαντ' ἐκ Μυτιλήνης
πλεῖν ἢ μνᾶς τετταράκοντα. 835

Χο. ὦ πᾶςιν ἀνθρώποις φανεὶς μέγιστον ὠφέλημα, [ἀντ.
ζηλῶ ςε τῆς εὐγλωττίας. εἰ γὰρ ὧδ' ἐποίει,
μέγιστος Ἑλλήνων ἔςει, καὶ μόνος καθέξεις
τἀν τῇ πόλει, τῶν ξυμμάχων τ' ἄρξεις ἔχων τρίαιναν,
ᾗ πολλὰ χρήματ' ἐργάςει ςείων τε καὶ ταράττων. 840

καὶ μὴ μεθῇς τὸν ἄνδρ', ἐπειδή ςοι λαβὴν δέδωκεν·
κατεργάςει γὰρ ῥᾳδίως πλευρὰς ἔχων τοιαύτας.

Πα. οὐκ, ὦγαθοί, ταῦτ' ἐcτί πω ταύτῃ μὰ τὸν Ποςειδῶ.
ἐμοὶ γάρ ἐcτ' εἰργαςμένον τοιοῦτον ἔργον ὥcτε
ἁπαξάπαντας τοὺς ἐμοὺς ἐχθροὺς ἐπιστομίζειν, 845
ἕως ἂν ᾖ τῶν ἀςπίδων τῶν ἐκ Πύλου τι λοιπόν.

Αλ. ἐπίςχες ἐν ταῖς ἀςπίςιν· λαβὴν γὰρ ἐνδέδωκας.
οὐ γάρ c' ἐχρῆν, εἴπερ φιλεῖς τὸν δῆμον, ἐκ προνοίας
ταύτας ἐᾶν αὐτοῖςι τοῖς πόρπαξιν ἀνατεθῆναι.
ἀλλ' ἐστὶ τοῦτ', ὦ Δῆμε, μηχάνημ', ἵν', ἢν cὺ βούλῃ 850
τὸν ἄνδρα κολάςαι τουτονί, ςοι τοῦτο μὴ 'γγένηται.

826 χειροῖν Daubuz, Bentley: χεροῖν codd.: γε χεροῖν Lenting 830 πλατυγίζεις codd.: -ίζῃ Su. π 1712: πτερυγίζεις sch. ad Pac. 92, Su. μ 768   832 τὸν Vv17: τῶν cett.   834 Μυτιλήνης Dindorf: Μιτυ- codd.   835 πλεῖν ἢ μνᾶς] μυριάδας Zacher   837 ἐποίει Kock: -εις codd.   846 ᾖ RL, Su. ε 1061: ᾖ τι cett.   847 post ἐπίςχες non post ἀςπίςιν interpungendum censuit Fraenkel   851 'γγένηται] 'γγένηται R

ΑΡΙΣΤΟΦΑΝΟΥΣ

ὁρᾷς γὰρ αὐτῷ cτῖφος οἷόν ἐcτι βυρcοπωλῶν
νεανιῶν· τούτους δὲ περιοικοῦcι μελιτοπῶλαι
καὶ τυροπῶλαι· τοῦτο δ᾽ εἰς ἕν ἐcτι cυγκεκυφός,
ὥcτ᾽ εἰ cὺ βριμήcαιο καὶ βλέψειας ὀcτρακίνδα, 855
νύκτωρ καθαρπάcαντες ἂν τὰς ἀcπίδας θέοντες
τὰς εἰcβολὰς τῶν ἀλφίτων ἂν καταλάβοιεν ἡμῶν.

Δημ. οἴμοι τάλας· ἔχουcι γὰρ πόρπακας· ὦ πονηρέ,
ὅcον με παρεκόπτου χρόνον τοιαῦτα κρουcιδημῶν.

Πα. ὦ δαιμόνιε, μὴ τοῦ λέγοντος ἴcθι, μηδ᾽ οἰηθῇς 860
ἐμοῦ ποθ᾽ εὑρήcειν φίλον βελτίον᾽, ὅcτις εἷς ὢν
ἔπαυcα τοὺς ξυνωμότας· καί μ᾽ οὐ λέληθεν οὐδὲν
ἐν τῇ πόλει ξυνιcτάμενον, ἀλλ᾽ εὐθέως κέκραγα.

Αλ. ὅπερ γὰρ οἱ τὰς ἐγχέλεις θηρώμενοι πέπονθας.
ὅταν μὲν ἡ λίμνη καταcτῇ, λαμβάνουcιν οὐδέν· 865
ἐὰν δ᾽ ἄνω τε καὶ κάτω τὸν βόρβορον κυκῶcιν,
αἱροῦcι· καὶ cὺ λαμβάνεις, ἢν τὴν πόλιν ταράττῃς.
ἓν δ᾽ εἰπέ μοι τοcουτονί· cκύτη τοcαῦτα πωλῶν
ἔδωκας ἤδη τουτῳὶ κάττυμα παρὰ cεαυτοῦ
ταῖς ἐμβάcιν, φάcκων φιλεῖν;

Δημ. οὐ δῆτα μὰ τὸν Ἀπόλλω. 870

Αλ. ἔγνωκας οὖν δῆτ᾽ αὐτὸν οἷός ἐcτιν; ἀλλ᾽ ἐγώ cοι
ζεῦγος πριάμενος ἐμβάδων τουτὶ φορεῖν δίδωμι.

Δημ. κρίνω c᾽ ὅcων ἐγᾦδα περὶ τὸν δῆμον ἄνδρ᾽ ἄριcτον
εὐνούcτατόν τε τῇ πόλει καὶ τοῖcι δακτύλοιcιν.

Πα. οὐ δεινὸν οὖν δῆτ᾽ ἐμβάδας τοcουτονὶ δύναcθαι, 875
ἐμοῦ δὲ μὴ μνείαν ἔχειν ὅcων πέπονθας; ὅcτις
ἔπαυcα τοὺς βινουμένους, τὸν Γρῦπον ἐξαλείψας.

---

856 καθαρπάcαντες M^{pc}vΦ: καταcπάcαντες RM^{ac}Γ^{ac}, Su. β 544
858 πόνηρε hoc accentu codd. plerique   869 τουτῳὶ L: τούτῳ vel
τοῦτο cett. (sed post κάττυμα transp. RM)   873 c᾽ om. R   ὅcων B^{pc},
Bentley: ὅcον RvΦL: ὅλον M   ante ἐγᾦδα add. γ᾽ L   ἄνδρ᾽ RM^{ac}:
ὄντ᾽ M^{pc} cett.   877 βινουμένους R^{ac} Φ, Su. γ 467: κιν- R^{pc}vL
Γρῦπον v.l. ap. Su.: Γρύππον v.l. ap. sch. M: Γρύττον codd.: Γρύλλον Blaydes

ΙΠΠΗC

Αλ. οὔκουν ϲε ταῦτα δῆτα δεινόν ἐϲτι πρωκτοτηρεῖν
παῦϲαί τε τοὺϲ βινουμένουϲ; κοὐκ ἔϲθ' ὅπωϲ ἐκείνουϲ
οὐχὶ φθονῶν ἔπαυϲαϲ, ἵνα μὴ ῥήτορεϲ γένωνται.   880
τονδὶ δ' ὁρῶν ἄνευ χιτῶνοϲ ὄντα τηλικοῦτον,
οὐπώποτ' ἀμφιμαϲχάλου τὸν Δῆμον ἠξίωϲαϲ
χειμῶνοϲ ὄντοϲ· ἀλλ' ἐγώ ϲοι τουτονὶ δίδωμι.
Δημ. τοιουτονὶ Θεμιϲτοκλῆϲ οὐπώποτ' ἐπενόηϲεν.
καίτοι ϲοφὸν κἀκεῖν' ὁ Πειραιεύϲ· ἔμοιγε μέντοι   885
οὐ μεῖζον εἶναι φαίνετ' ἐξεύρημα τοῦ χιτῶνοϲ.
Πα. οἴμοι τάλαϲ, οἴοιϲ πιθηκιϲμοῖϲ με περιελαύνειϲ.
Αλ. οὔκ, ἀλλ' ὅπερ πίνων ἀνὴρ πέπονθ' ὅταν χεϲείῃ,
τοῖϲιν τρόποιϲ τοῖϲ ϲοῖϲιν ὥϲπερ βλαυτίοιϲι χρῶμαι.
Πα. ἀλλ' οὐχ ὑπερβαλεῖ με θωπείαιϲ· ἐγὼ γὰρ αὐτὸν   890
προϲαμφιῶ τοδί· ϲὺ δ' οἴμωζ', ὦ πονήρ'.
Δημ.   ἰαιβοῖ.
οὐκ ἐϲ κόρακαϲ ἀποφθερεῖ, βύρϲηϲ κάκιϲτον ὄζον;
Αλ. καὶ τοῦτό ⟨γ'⟩ ἐπίτηδέϲ ϲε περιήμπεϲχ', ἵνα ϲ'
ἀποπνίξῃ·
καὶ πρότερον ἐπεβούλευϲέ ϲοι. τὸν καυλὸν οἶϲθ' ἐκεῖνον
τοῦ ϲιλφίου τὸν ἄξιον γενόμενον;
Δημ.   οἶδα μέντοι.   895
Αλ. ἐπίτηδεϲ οὗτοϲ αὐτὸν ἔϲπευϲ' ἄξιον γενέϲθαι,
ἵν' ἐϲθίοιτ' ὠνούμενοι, κἄπειτ' ἐν ἡλιαίᾳ
βδέοντεϲ ἀλλήλουϲ ἀποκτείνειαν οἱ δικαϲταί.
Δημ. νὴ τὸν Ποϲειδῶ καὶ πρὸϲ ἐμὲ τοῦτ' εἶπ' ἀνὴρ Κόπρειοϲ.
Αλ. οὐ γὰρ τόθ' ὑμεῖϲ βδεόμενοι δήπου 'γένεϲθε   900
πυρροί;

---

878 ταῦτα δῆτα M: δῆτα ταῦτα L: ταῦτα cett.   878–9 παῦϲαί τε
τοὺϲ ... κοὐκ] puncto post πρωκτοτηρεῖν posito παῦϲαι δέ· τοὺϲ ... οὐκ
Jackson   879 βινουμένουϲ vΦM^{ac}: κιν- cett.   880 γένωνται]
γένοιντο RM^{pc}   881 τηλικοῦτον X: -ονί cett.   889 βλαυτίοιϲι
ΦL, Su. β 325, χ 220 codd. FM: βαλλαντίοιϲ Rv   891 πονήρ' codd.: sed
cf. 858   ἰαιβοῖ Dindorf: αἰβοῖ codd.   892 ὄζον Lenting: ὄζων codd.:
ὄζει Kock   893 suppl. Bentley   περιήμπεϲχ' Meineke: -εϲχεν R:
-ιϲχεν cett.   ϲ' RMΓ^{pc}L: om. cett.   895 τοῦ] τὸν A, Bentley
896 ἔϲπευϲ' Bergk: ἔϲπευϲεν RM: ἔϲπευδ' cett.

ΑΡΙΣΤΟΦΑΝΟΥΣ

Δημ. καὶ νὴ Δί᾽ ἦν γε τοῦτο Πυρράνδρου τὸ μηχάνημα.
Πα. οἴοιcί μ᾽, ὦ πανοῦργε, βωμολοχεύμαcιν ταράττειc.
Αλ. ἡ γὰρ θεόc μ᾽ ἐκέλευε νικῆcαί c᾽ ἀλαζονείαιc.
Πα. ἀλλ᾽ οὐχὶ νικήcειc. ἐγὼ γάρ φημί cοι παρέξειν,
    ὦ Δῆμε, μηδὲν δρῶντι μιcθοῦ τρύβλιον ῥοφῆcαι.   905
Αλ. ἐγὼ δὲ κυλίχνιόν γέ cοι καὶ φάρμακον δίδωμι
    τὰν τοῖcιν ἀντικνημίοιc ἑλκύδρια περιαλείφειν.
Πα. ἐγὼ δὲ τὰc πολιάc γέ cουκλέγων νέον ποιήcω.
Αλ. ἰδού, δέχου κέρκον λαγῶ τὠφθαλμιδίω περιψῆν.
Πα. ἀπομυξάμενοc, ὦ Δῆμέ, μου πρὸc τὴν κεφαλὴν   910
    ἀποψῶ.
Αλ. ἐμοῦ μὲν οὖν.
Πα.   ἐμοῦ μὲν οὖν.
    ἐγώ cε ποιήcω τριη-
    ραρχεῖν, ἀναλίcκοντα τῶν
    cαυτοῦ, παλαιὰν ναῦν ἔχοντ᾽,
    εἰc ἣν ἀναλῶν οὐκ ἐφέ-   915
    ξειc οὐδὲ ναυπηγούμενοc·
    διαμηχανήcομαί θ᾽ ὅπωc
    ἂν ἱcτίον cαπρὸν λάβῃc.
Αλ. ἀνὴρ παφλάζει—παῦε παῦ᾽—
    ὑπερζέων· ὑφελκτέον   920
    τῶν δαλίων ἀπαρυcτέον
    τε τῶν ἀπειλῶν ταυτῃί.
Πα. δώcειc ἐμοὶ καλὴν δίκην,
    ἰπούμενοc ταῖc εἰcφοραῖc.
    ἐγὼ γὰρ εἰc τοὺc πλουcίουc   925
    cπεύcω c᾽ ὅπωc ἂν ἐγγραφῇc.
Αλ. ἐγὼ δ᾽ ἀπειλήcω μὲν οὐ-

---

901 γε R: καὶ L: γε καὶ cett.   902 πανοῦργε RM^ac Γ^ac: πόνηρε
cett.   903 ἐκέλευε Blaydes: -ευcε codd.   ἀλαζονείαιc Dindorf:
-είᾳ R: -είᾳ cett.   906 γε] τε Φ   908 γε RM: om. cett.
910 ἀπομυξάμενοc RΓ^ac: ἀπομαξ- cett.   921 δαλίων Bentley, qui
etiam δᾳδίων coniecit: δᾴδων codd. plerique, Su. υ 707: ξύλων L
924 εἰcφοραῖc] cυμφοραῖc Φ, Su. ι 582

108

ΙΠΠΗΣ

δέν, εὔχομαι δέ coι ταδί·
τὸ μὲν τάγηνον τευθίδων
ἐφεcτάναι cίζον, cὲ δὲ   930
γνώμην ἐρεῖν μέλλοντα περὶ
Μιληcίων καὶ κερδανεῖν
τάλαντον, ἢν κατεργάcῃ,
cπεύδειν ὅπωc τῶν τευθίδων
ἐμπλήμενοc φθαίηc ἔτ' εἰc   935
ἐκκληcίαν ἐλθών· ἔπει-
τα πρὶν φαγεῖν ἀνὴρ μεθή-
κοι, καὶ cὺ τὸ τάλαντον λαβεῖν
βουλόμενοc ἐ-
cθίων ἐπαποπνιγείηc.   940

Χο. εὖ γε νὴ τὸν Δία καὶ τὸν Ἀπόλλω καὶ τὴν Δήμητρα.

Δημ. κἀμοὶ δοκεῖ, καὶ τἄλλα γ' εἶναι καταφανῶc
ἀγαθὸc πολίτηc, οἷοc οὐδείc πω χρόνου
ἀνὴρ γεγένηται τοῖcι πολλοῖc τοὐβολοῦ.   945
cὺ δ', ὦ Παφλαγών, φάcκων φιλεῖν μ' ἐcκορόδιcαc.
καὶ νῦν ἀπόδοc τὸν δακτύλιον, ὡc οὐκέτι
ἐμοὶ ταμιεύcειc.

Πα.   ἔχε· τοcοῦτον δ' ἴcθ' ὅτι,
εἰ μή μ' ἐάcειc ἐπιτροπεύειν, ἕτεροc αὖ
ἐμοῦ πανουργότερόc τιc ἀναφανήcεται.   950

Δημ. οὐκ ἔcθ' ὅπωc ὁ δακτύλιόc ἐcθ' οὑτοcὶ
οὑμόc· τὸ γοῦν cημεῖον ἕτερον φαίνεται.
ἀλλ' ἦ οὐ καθορῶ;

Αλ.   φέρ' ἴδω, τί cοι cημεῖον ἦν;

Δημ. δημοῦ βοείου θρῖον ἐξωπτημένον.

Αλ. οὐ τοῦτ' ἔνεcτιν.

Δημ.   οὐ τὸ θρῖον; ἀλλὰ τί;   955

936 ἐλθών VΓ^pc: ἐλθεῖν cett.   937 ἀνήρ Lenting: ἀ- codd.
940 ἐπαποπνιγείηc Elmsley: ἀπο- codd.: ἐναπο- Bergk: ⟨ἄμ'⟩ ἀπο-
Meineke   943 κἀμοὶ RMΓ^pcL: καί μοι vΦ   εἶναι] ἐcτὶ Meineke
953 ἦ Lenting: ἢ codd.   955 οὐ τοῦτ' ἔνεcτιν Demo, οὐ τὸ θρῖον
Insiciario tribuit Jackson   τοῦτ' ἔνεcτιν RM: τοῦτό γ' ἐcτίν cett.: τοῦτ'
ἔπεcτιν Blaydes

ΑΡΙΣΤΟΦΑΝΟΥΣ

Αλ. λάρος κεχηνὼς ἐπὶ πέτρας δημηγορῶν.
Δημ. αἰβοῖ τάλας.
Αλ. τί ἐςτιν;
Δημ. ἀπόφερ' ἐκποδών.
οὐ τὸν ἐμὸν εἶχεν, ἀλλὰ τὸν Κλεωνύμου.
παρ' ἐμοῦ δὲ τουτονὶ λαβὼν ταμίευέ μοι.
Πα. μὴ δῆτά πώ γ', ὦ δέςποτ', ἀντιβολῶ c' ἐγώ, 960
πρὶν ἄν γε τῶν χρηςμῶν ἀκούςῃς τῶν ἐμῶν.
Αλ. καὶ τῶν ἐμῶν νυν.
Πα. ἀλλ' ἐὰν τούτῳ πίθῃ,
μολγὸν γενέςθαι δεῖ ςε.
Αλ. κἄν γε τουτῳί,
ψωλὸν γενέςθαι δεῖ ςε μέχρι τοῦ μυρρίνου.
Πα. ἀλλ' οἵ γ' ἐμοὶ λέγουςιν ὡς ἄρξαι ςε δεῖ 965
χώρας ἁπάςης ἐςτεφανωμένον ῥόδοις.
Αλ. οὑμοὶ δέ γ' αὖ λέγουςιν ὡς ἁλουργίδα
ἔχων κατάπαςτον καὶ ςτεφάνην ἐφ' ἅρματος
χρυςοῦ διώξεις Ϲμικύθην καὶ κύριον.
Δημ. καὶ μὴν ἔνεγκ' αὐτοὺς ἰών, ἵν' οὑτοςὶ 970
αὐτῶν ἀκούςῃ.
Αλ. πάνυ γε.
Δημ. καὶ ςύ νυν φέρε.
Πα. ἰδού.
Αλ. ἰδοὺ νὴ τὸν Δί'· οὐδὲν κωλύει.

Χο. ἥδιςτον φάος ἡμέρας [ςτρ.
ἔςται τοῖςι παροῦςι καὶ
τοῖςιν εἰςαφικνουμένοις, 975
ἢν Κλέων ἀπόληται.
καίτοι πρεςβυτέρων τινῶν
οἴων ἀργαλεωτάτων
ἐν τῷ δείγματι τῶν δικῶν
ἤκους' ἀντιλεγόντων, 980

962 νυν] cύ γ' Reisig   969 διώξεις] -ει Elmsley   974 τοῖςι]
τοῖς R, Su. φ 88 : τοῖς τε Cobet   καὶ τοῖςιν] πᾶςιν καὶ (τοῖς ἀφ-) Dobree
975 εἰςαφικνουμένοις Cobet : ἀφικνουμένοιςιν codd.

110

ΙΠΠΗC

ὡc εἰ μὴ 'γένεθ' οὗτοc ἐν
τῇ πόλει μέγαc, οὐκ ἂν ἤ-
cτην cκεύει δύο χρηcίμω,
δοῖδυξ οὐδὲ τορύνη.

ἀλλὰ καὶ τόδ' ἔγωγε θαυ- [ἀντ.
μάζω τῆc ὑομουcίαc 986
αὐτοῦ· φαcὶ γὰρ αὐτὸν οἱ
παῖδεc οἳ ξυνεφοίτων,
τὴν Δωριcτὶ μόνην ἂν ἁρ-
μόττεcθαι θαμὰ τὴν λύραν, 990
ἄλλην δ' οὐκ ἐθέλειν μαθεῖν·
κᾆτα τὸν κιθαριcτὴν
ὀργιcθέντ' ἀπάγειν κελεύ-
ειν, "ὡc ἁρμονίαν ὁ παῖc
οὗτοc οὐ δύναται μαθεῖν 995
ἢν μὴ Δωροδοκιcτί".

Πα.	ἰδού, θέαcαι· κοὐχ ἅπανταc ἐκφέρω.
Αλ.	οἴμ' ὡc χεcείω· κοὐχ ἅπανταc ἐκφέρω.
Δημ.	ταυτὶ τί ἐcτι;
Πα.	λόγια.
Δημ.	πάντ';
Πα.	ἐθαύμαcαc;
	καὶ νὴ Δί' ἔτι γέ μοὔcτι κιβωτὸc πλέα. 1000
Αλ.	ἐμοὶ δ' ὑπερῷον καὶ ξυνοικία δύο.
Δημ.	φέρ' ἴδω, τίνοc γάρ εἰcιν οἱ χρηcμοί ποτε;
Πα.	οὑμοὶ μέν εἰcι Βάκιδοc.
Δημ.	οἱ δὲ coὶ τίνοc;
Αλ.	Γλάνιδοc, ἀδελφοῦ τοῦ Βάκιδοc γεραιτέρου.
Δημ.	εἰcὶν δὲ περὶ τοῦ;
Πα.	περὶ Ἀθηνῶν, περὶ Πύλου, 1005

981 'γένεθ' sch. Γ, Scaliger: γένοιθ' codd., Su. δ 1560   983 cκεύει
van Leeuwen: cκεύη codd.   989 ἂν L: om. cett.   1001 δύο
sch.: δύω codd.   1005 Ἀθηνῶν νΦL: Ἀθηναίων RΓ^pc

ΑΡΙΣΤΟΦΑΝΟΥΣ

περὶ coῦ, περὶ ἐμοῦ, περὶ ἁπάντων πραγμάτων.
Δημ. οἱ coὶ δὲ περὶ τοῦ;
Αλ. περὶ Ἀθηνῶν, περὶ φακῆς,
περὶ Λακεδαιμονίων, περὶ ϲκόμβρων νέων,
περὶ τῶν μετρούντων τἄλφιτ' ἐν ἀγορᾷ κακῶϲ,
περὶ coῦ, περὶ ἐμοῦ. τὸ πέοc οὑτοcὶ δάκοι.   1010
Δημ. ἄγε νυν ὅπωc αὐτοὺc ἀναγνώcεcθέ μοι,
καὶ τὸν περὶ ἐμοῦ 'κεῖνον ᾧπερ ἥδομαι,
ὡc ἐν νεφέλῃcιν αἰετὸc γενήcομαι.
Πα. ἄκουε δή νυν καὶ πρόcεχε τὸν νοῦν ἐμοί.
"φράζευ, Ἐρεχθεΐδη, λογίων ὁδόν, ἥν coι Ἀπόλλων 1015
ἴαχεν ἐξ ἀδύτοιο διὰ τριπόδων ἐριτίμων.
cῴζεcθαί c' ἐκέλευ' ἱερὸν κύνα καρχαρόδοντα,
ὃc πρὸ cέθεν χάcκων καὶ ὑπὲρ coῦ δεινὰ κεκραγὼc
coὶ μιcθὸν ποριεῖ· κἂν μὴ δρᾷ ταῦτ', ἀπολεῖται.
πολλοὶ γὰρ μίcει cφε κατακρώζουcι κολοιοί."   1020
Δημ. ταυτὶ μὰ τὴν Δήμητρ' ἐγὼ οὐκ οἶδ' ὅ τι λέγει.
τί γάρ ἐcτ' Ἐρεχθεῖ καὶ κολοιοῖc καὶ κυνί;
Πα. ἐγὼ μέν εἰμ' ὁ κύων· πρὸ coῦ γὰρ ἀπύω·
coὶ δ' εἶπε cῴζεcθαί μ' ὁ Φοῖβοc τὸν κύνα.
Αλ. οὐ τοῦτό φηc· ὁ χρηcμόc, ἀλλ' ὁ κύων ὁδὶ   1025
ὥcπερ θύραc coυ τῶν λογίων παρεcθίει.
ἐμοὶ γάρ ἐcτ' ὀρθῶc περὶ τούτου τοῦ κυνόc.
Δημ. λέγε νυν· ἐγὼ δὲ πρῶτα λήψομαι λίθον,
ἵνα μή μ' ὁ χρηcμὸc ὁ περὶ τοῦ κυνὸc δάκῃ.
Αλ. "φράζευ, Ἐρεχθεΐδη, κύνα Κέρβερον   1030
ἀνδραποδιcτήν,

1006 ἁπάντων RM: πάντων cett.   1007 Ἀθηνῶν E^pcML: Ἀθηναίων cett.   1008 ⟨τῶν⟩ Λακεδαιμονίων Blaydes   1010 ante τὸ iterant e v. 1006 περὶ ἁπάντων πραγμάτων vL   1013 νεφέλῃcιν] -αιcιν R   1017 ἐκέλευ' P20, Blaydes: -ευc' codd.   1018 πρὸ cέθεν Porson, cf. sch.: πρόcθε(ν) codd.   χάcκων RMΓ^pc: λάcκων V^pcΓ^acL, sch.: δάκνων vΦ   1019 δρᾷ] δρᾷc Bothe   1020 κατακρώζουcι RΦL: -κράζουcι VM   1021 ἐγώ] ἔγωγ' RM^pc   1023 μέν] γὰρ R   1026 θύραc] ἀθάρηc Hermann   1029 in margine τὸ πέοc οὑτοcὶ δάκῃ primitus scripsit V, deinde delevit (cf. 1010)

112

ΙΠΠΗΣ

ὃс κέρκῳ cαίνων c', ὁπόταν δειπνῇс, ἐπιτηρῶν
ἐξέδεταί сου τοὔψον, ὅταν cύ ποι ἄλλοcε χάскῃс·
εἰсφοιτῶν τ' εἰс τοὐπτάνιον λήсει cε κυνηδὸν
νύκτωρ τὰс λοπάδαс καὶ τὰс νήсουс διαλείχων."

Δημ. νὴ τὸν Ποсειδῶ πολύ γ' ἄμεινον, ὦ Γλάνι. 1035
Πα. ὦ τᾶν, ἄκουсον, εἶτα διάκρινον τόδε·
"ἔсτι γυνή, τέξει δὲ λέονθ' ἱεραῖс ἐν Ἀθήναιс,
ὃс περὶ τοῦ δήμου πολλοῖс κώνωψι μαχεῖται
ὥс τε περὶ сκύμνοιсι βεβηκώс· τὸν cὺ φύλαξαι,
τεῖχοс ποιήсαс ξύλινον πύργουс τε сιδηροῦс." 1040
ταῦτ' οἶсθ' ὅ τι λέγει;
Δημ. μὰ τὸν Ἀπόλλω 'γὼ μὲν οὔ.
Πα. ἔφραζεν ὁ θεόс сοι сαφῶс сῴζειν ἐμέ·
ἐγὼ γὰρ ἀντὶ τοῦ λέοντόс εἰμί сοι.
Δημ. καὶ πῶс μ' ἐλελήθειс Ἀντιλέων γεγενημένοс;
Αλ. ἓν οὐκ ἀναδιδάскει сε τῶν λογίων ἑκών, 1045
ὃ μόνον сιδήρου τεῖχόс ἐсτι καὶ ξύλων,
ἐν ᾧ сε сῴζειν τόνδ' ἐκέλευ' ὁ Λοξίαс.
Δημ. πῶс δῆτα τοῦτ' ἔφραζεν ὁ θεόс;
Αλ. τουτονὶ
δῆсαί с' ἐκέλευ' ἐν πεντεсυρίγγῳ ξύλῳ.
Δημ. ταυτὶ τελεῖсθαι τὰ λόγι' ἤδη μοι δοκεῖ. 1050
Πα. μὴ πείθου· φθονεραὶ γὰρ ἐπικρώζουсι κορῶναι.
"ἀλλ' ἱέρακα φίλει μεμνημένοс ἐν φρεсίν, ὅс сοι
ἤγαγε сυνδήсαс Λακεδαιμονίων κορακίνουс."

1031 c' *Φ*: om. cett.   1032 ἐξέδεται] ἐξέλεται RM   ποι Cobet, Blaydes: που codd., Su. o 728   1033 τ' R: δ' cett.   1036 τόδε J. H. Voss, Wieland: τότε codd.: τοδί Blaydes: *Δημ.* τὸ τί; Bamberg   1037 δὲ] τε R   1039 τὸν RMΓ^pc: ὃ vΦL   φύλαξαι RMV^pcΓ^pcL: φυλάξαι V: φύλαссε *Φ*   1042 ἔφραζεν RM: ἔφραcεν cett.   1045 ἀναδιδάскει] -διδάξει Richards   1046 ὃ μόνον] ὅ τι τὸ Cobet, Mehler   сιδήρου P64^ac, Bergk: сιδηροῦν P64^pc, codd.   τεῖχοс post ἐсτι transp. RM   ξύλων RM^acV^pcAΘL: ξύλον Γ^ac: ξύλινον V^pcEΓ^pcMγρ, lm. sch.   1047 ἐκέλευ' Blaydes: -ευс' codd.   1049 ἐκέλευ'P64, codd. plerique: -ευс' RΓ   ἐν Porson ex *Et. Magn.* 346.18: om. P64 et codd.   1050 ταυτὶ] ταύτῃ Dobree   1052 ὅс] ὥс Bergk

ΑΡΙϹΤΟΦΑΝΟΥϹ

Αλ. τοῦτό γέ τοι Παφλαγὼν παρεκινδύνευϲε μεθυϲθείϲ.
"Κεκροπίδη κακόβουλε, τί τοῦθ' ἡγεῖ μέγα   1055
τοὔργον;
καί κε γυνὴ φέροι ἄχθοϲ, ἐπεί κεν ἀνὴρ ἀναθείη·
ἀλλ' οὐκ ἂν μαχέϲαιτο· χέϲαιτο γάρ, εἰ μαχέϲαιτο."
Πα. ἀλλὰ τόδε φράϲϲαι, πρὸ Πύλου Πύλον ἥν ϲοι ἔφραζεν.
"ἔϲτι Πύλοϲ πρὸ Πύλοιο—"
Δημ.   τί τοῦτο λέγει, "πρὸ Πύλοιο";
Αλ. τὰϲ πυέλουϲ φηϲὶν καταλήψεϲθ' ἐν βαλανείῳ.   1060
Δημ. ἐγὼ δ' ἄλουτοϲ τήμερον γενήϲομαι;
Αλ. οὗτοϲ γὰρ ἡμῶν τὰϲ πυέλουϲ ὑφαρπάϲει.
ἀλλ' οὑτοϲὶ γάρ ἐϲτι περὶ τοῦ ναυτικοῦ
ὁ χρηϲμόϲ, ᾧ ϲε δεῖ προϲέχειν τὸν νοῦν πάνυ.
Δημ. προϲέχω· ϲὺ δ' ἀναγίγνωϲκε, τοῖϲ ναύταιϲί μου   1065
ὅπωϲ ὁ μιϲθὸϲ πρῶτον ἀποδοθήϲεται.
Αλ. "Αἰγεΐδη, φράϲϲαι κυναλώπεκα, μή ϲε δολώϲῃ,
λαίθαργον, ταχύπουν, δολίαν κερδώ, πολύιδριν."
οἶϲθ' ὅ τι ἐϲτὶν τοῦτο;
Δημ.   Φιλόϲτρατοϲ ἡ κυναλώπηξ.
Αλ. οὐ τοῦτό φηϲιν, ἀλλὰ ναῦϲ ἑκάϲτοθ' ἃϲ   1070
αἰτεῖ ταχείαϲ ἀργυρολόγουϲ οὑτοϲί,
ταύταϲ ἀπαυδᾷ μὴ διδόναι ϲ' ὁ Λοξίαϲ.
Δημ. πῶϲ δὴ τριήρηϲ ἐϲτὶ κυναλώπηξ;
Αλ.   ὅπωϲ;
ὅτι ἡ τριήρηϲ ἐϲτὶ χὠ κύων ταχύ.
Δημ. πῶϲ οὖν ἀλώπηξ προϲετέθη πρὸϲ τῷ κυνί;   1075
Αλ. ἀλωπεκίοιϲι τοὺϲ ϲτρατιώταϲ ἤκαϲεν,

1054 γε] δὲ R   1056 κεν] νιν Blaydes   ἀναθείη] καταθείη Φ
1057 χέϲαιτο γάρ] χέϲαι γὰρ ἂν Dobree: χέϲαιτό γ' ἂν van
Herwerden   1058 φράϲϲαι P20,Dindorf: φράϲαι RMΓ^pc: φράζευ cett.
1059 πρὸ] τὸ R, et P4 ut videtur   1062 οὗτοϲ RM: οὑτοϲὶ Εγρ, Γ²:
αὐτὸϲ cett.   ὑφαρπάϲει Bothe: ἀφήρπαϲεν codd.: ὑφήρπαϲεν Meineke v.
quam exhibent etiam P20 et P4 del. Kappeyne van de Coppello
1070 ἑκάϲτοθ' ἃϲ P4, Blaydes: ἑκάϲτοτε codd.   1074 τριήρηϲ ⟨τ'⟩
Meineke

ΙΠΠΗС

ὁτιὴ βότρυс τρώγουсιν ἐν τοῖс χωρίοιс.
Δημ. εἶέν.
τούτοιс ὁ μιсθὸс τοῖс ἀλωπεκίοιсι ποῦ;
Αλ. ἐγὼ ποριῶ, καὶ τοῦτον ἡμερῶν τριῶν.
"ἀλλ' ἔτι τόνδ' ἐπάκουсον, ὃν εἶπέ сοι ἐξαλέαсθαι   1080
χρηсμὸν Λητοΐδηс Κυλλήνην, μή сε δολώсῃ."
Δημ. ποίαν Κυλλήνην;
Αλ.   τὴν τούτου χεῖρ' ἐποίηсεν
Κυλλήνην ὀρθῶс, ὁτιή φηс· "ἔμβαλε κυλλῇ."
Πα. οὐκ ὀρθῶс φράζει· τὴν Κυλλήνην γὰρ ὁ Φοῖβοс
εἰс τὴν χεῖρ' ὀρθῶс ᾐνίξατο τὴν Διοπείθουс.   1085
ἀλλὰ γάρ ἐсτιν ἐμοὶ χρηсμὸс περὶ сοῦ πτερυγωτόс,
αἰετὸс ὡс γίγνει καὶ πάсηс γῆс βαсιλεύειс.
Αλ. καὶ γὰρ ἐμοί· καὶ γῆс καὶ τῆс Ἐρυθρᾶс γε θαλάссηс,
χὤτι γ' ἐν Ἐκβατάνοιс δικάсειс, λείχων ἐπίπαсτα.
Πα. ἀλλ' ἐγὼ εἶδον ὄναρ, καί μοὐδόκει ἡ θεὸс αὐτὴ   1090
τοῦ δήμου καταχεῖν ἀρυταίνῃ πλουθυγίειαν.
Αλ. νὴ Δία καὶ γὰρ ἐγώ· καί μοὐδόκει ἡ θεὸс αὐτὴ
ἐκ πόλεωс ἐλθεῖν καὶ γλαῦξ αὐτῇ 'πικαθῆсθαι·
εἶτα καταсπένδειν κατὰ τῆс κεφαλῆс ἀρυβάλλῳ
ἀμβροсίαν κατὰ сοῦ, κατὰ τούτου δὲ   1095
сκοροδάλμην.
Δημ. ἰοὺ ἰού.
οὐκ ἦν ἄρ' οὐδεὶс τοῦ Γλάνιδοс сοφώτεροс.
καὶ νῦν ἐμαυτὸν ἐπιτρέπω сοι τουτονὶ
γεροντωγωγεῖν κἀναπαιδεύειν πάλιν.
Πα. μήπω γ', ἱκετεύω с', ἀλλ' ἀνάμεινον, ὡс ἐγὼ   1100
κριθὰс ποριῶ сοι καὶ βίον καθ' ἡμέραν.
Δημ. οὐκ ἀνέχομαι κριθῶν ἀκούων· πολλάκιс
ἐξηπατήθην ὑπό τε сοῦ καὶ Θουφάνουс.

1078 εἶέν sic R : εἶεν cett.   τούτοιс ⟨δ'⟩ Blaydes   1080 τόνδ'
ἐπάκουсον] τόνδε γ' ἄκουсον Blaydes   1084 φράζει R : -ειс cett.
1087 βαсιλεύειс R : -εύсειс cett.   1088 ἐμοί· καὶ] ἔμοιγ' ὡс
Blaydes   γε RΓ^{pc} : τε cett.   1090, 1092 μοὐδόκει RΓΘ : μοι δοκεῖ
fere cett.   1100 ἐγὼ L : ἔγωγε cett.   1102 οὐκ] οὐδ' V

ΑΡΙΣΤΟΦΑΝΟΥΣ

Πα. ἀλλ' ἄλφιτ' ἤδη coι ποριῶ 'cκευαcμένα.
Αλ. ἐγὼ δὲ μαζίcκαc γε διαμεμαγμέναc 1105
 καὶ τοὔψον ὀπτόν· μηδὲν ἄλλ' εἰ μὴ 'cθιε.
Δημ. ἀνύcατέ νυν ὅ τι περ ποιήcεθ'· ὡc ἐγώ,
 ὁπότεροc ἂν cφῷν εὖ με μᾶλλον ἂν ποιῇ,
 τούτῳ παραδώcω τῆc Πυκνὸc τὰc ἡνίαc.
Πα. τρέχοιμ' ἂν εἴcω πρότεροc.
Αλ. οὐ δῆτ', ἀλλ' ἐγώ. 1110

Χο. ὦ Δῆμε, καλήν γ' ἔχειc [cτρ.
 ἀρχήν, ὅτε πάντεc ἄν-
 θρωποι δεδίαcί c' ὥc-
 περ ἄνδρα τύραννον.
 ἀλλ' εὐπαράγωγοc εἶ, 1115
 θωπευόμενόc τε χαί-
 ρειc κἀξαπατώμενοc,
 πρὸc τόν τε λέγοντ' ἀεὶ
 κέχηναc· ὁ νοῦc δέ cου
 παρὼν ἀποδημεῖ. 1120
Δημ. νοῦc οὐκ ἔνι ταῖc κόμαιc
 ὑμῶν, ὅτε μ' οὐ φρονεῖν
 νομίζετ'· ἐγὼ δ' ἑκὼν
 ταῦτ' ἠλιθιάζω.
 αὐτόc τε γὰρ ἥδομαι 1125
 βρύλλων τὸ καθ' ἡμέραν,
 κλέπτοντά τε βούλομαι
 τρέφειν ἕνα προcτάτην·
 τοῦτον δ', ὅταν ᾖ πλέωc,
 ἄραc ἐπάταξα. 1130

Χο. οὕτω μὲν ἄρ' εὖ ποιεῖc, [ἀντ.

1108 εὖ ... ἂν] νῦν ... εὖ Elmsley: εὖ ... νῦν Kock   1110 εἴcω RMΓ^pc: ἤδη cett.   1118 τόν τε R, Su. ε 3636: τε τὸν cett.   1119 δέ] τε Φ   1129 δ' post ὅταν transp. R   1131 οὕτω P60, AΘL: χοὔτω cett.   ἄρ' Meineke: ἂν P60, codd., Su. π 3154   ποιεῖc Vp3: ποιοῖc vel ποιῇc cett., Su.

116

ΙΠΠΗΣ

καί σοι πυκνότης ἔνεστ᾽
ἐν τῷ τρόπῳ, ὡς λέγεις,
τούτῳ πάνυ πολλή,
εἰ τούσδ᾽ ἐπίτηδες ὥσ-   1135
περ δημοσίους τρέφεις
ἐν τῇ Πυκνί, κᾆθ᾽ ὅταν
μή σοι τύχῃ ὄψον ὄν,
τούτων ὃς ἂν ᾖ παχύς,
θύσας ἐπιδειπνεῖς.   1140

Δημ. σκέψασθε δέ μ᾽, εἰ σοφῶς
αὐτοὺς περιέρχομαι,
τοὺς οἰομένους φρονεῖν
κἄμ᾽ ἐξαπατύλλειν.
τηρῶ γὰρ ἑκάστοτ᾽ αὐ-   1145
τούς, οὐδὲ δοκῶν ὁρᾶν,
κλέπτοντας· ἔπειτ᾽ ἀναγ-
κάζω πάλιν ἐξεμεῖν
ἅττ᾽ ἂν κεκλόφωσί μου,
κημὸν καταμηλῶν.   1150

Πα. ἄπαγ᾽ ἐς μακαρίαν ἐκποδών.
Αλ.   σύ γ᾽, ὦ φθόρε.
Πα. ὦ Δῆμ᾽, ἐγὼ μέντοι παρεσκευασμένος
τρίπαλαι κάθημαι βουλόμενός σ᾽ εὐεργετεῖν.
Αλ. ἐγὼ δὲ δεκάπαλαί γε καὶ δωδεκάπαλαι
καὶ χιλιόπαλαι καὶ προπαλαιπαλαίπαλαι.   1155
Δημ. ἐγὼ δὲ προσδοκῶν γε τρισμυριόπαλαι
βδελύττομαί σφω καὶ προπαλαιπαλαίπαλαι.
Αλ. οἶσθ᾽ οὖν ὃ δρᾶσον;
Δημ.   εἰ δὲ μή, φράσεις γε σύ.

1132 καί Bergler, Reiske: εἴ P 60, codd., Su.   1134 τούτῳ] οὕτω Dobree: τῷ σῷ Blaydes   1147 ἀναγκάζω] -άσω RM^ac   1150 κημόν] κημῷ Blaydes   1151 ἄπαγ᾽] ἔρρ᾽ v. l. ap. sch.   1153 σ᾽ om. R   1154 γε om. R.   1155, 1157 προπαλαιπαλαίπαλαι Dindorf: πρόπαλαι πάλαι πάλαι codd., Su. τ 1000   1158 εἰ δὲ μή R : εἴ γε μή cett. : εἴσομ᾽ ἤν Porson   φράσεις] -ῃς VΓ, Porson

ΑΡΙΣΤΟΦΑΝΟΥΣ

Αλ. ἄφες ἀπὸ βαλβίδων ἐμέ τε καὶ τουτονί,
ἵνα c' εὖ ποιῶμεν ἐξ ἴcου.
Δημ. δρᾶν ταῦτα χρή. 1160
ἄπιτον.
Πα.καὶ Αλ. ἰδού.
Δημ. θέοιτ' ἄν.
Αλ. ὑποθεῖν οὐκ ἐῶ.
Δημ. ἀλλ' ἦ μεγάλως εὐδαιμονήςω τήμερον
ὑπὸ τῶν ἐραστῶν· νὴ Δί', ἦ 'γὼ θρύψομαι.
Πα. ὁρᾷς; ἐγώ coι πρότερος ἐκφέρω δίφρον.
Αλ. ἀλλ' οὐ τράπεζαν, ἀλλ' ἐγὼ προτεραίτερος. 1165
Πα. ἰδού, φέρω coι τήνδε μαζίςκην ἐγὼ
ἐκ τῶν ὁλῶν τῶν ἐκ Πύλου μεμαγμένην.
Αλ. ἐγὼ δὲ μυστίλας μεμυστιλημένας
ὑπὸ τῆς θεοῦ τῇ χειρὶ τηλεφαντίνῃ.
Δημ. ὡς μέγαν ἄρ' εἶχες, ὦ πότνια, τὸν δάκτυλον. 1170
Πα. ἐγὼ δ' ἔτνος γε πίςινον εὔχρων καὶ καλόν·
ἐτόρυνε δ' αὔθ' ἡ Παλλὰς ἡ Πυλαιμάχος.
Αλ. ὦ Δῆμ', ἐναργῶς ἡ θεός c' ἐπισκοπεῖ,
καὶ νῦν ὑπερέχει cου χύτραν ζωμοῦ πλέαν.
Δημ. οἴει γὰρ οἰκεῖςθ' ἂν ἔτι τήνδε τὴν πόλιν, 1175
εἰ μὴ φανερῶς ἡμῶν ὑπερεῖχε τὴν χύτραν;
Πα. τουτὶ τέμαχός coὔδωκεν ἡ Φοβεσιστράτη.
Αλ. ἡ δ' Ὀβριμοπάτρα γ' ἐφθὸν ἐκ ζωμοῦ κρέας
καὶ χόλικος ἠνύστρου τε καὶ γαστρὸς τόμον.
Δημ. καλῶς γ' ἐποίηςε τοῦ πέπλου μεμνημένη. 1180
Πα. ἡ Γοργολόφα c' ἐκέλευε τουτουὶ φαγεῖν
ἐλατῆρος, ἵνα τὰς ναῦς ἐλαύνωμεν καλῶς.
Αλ. λαβὲ καὶ ταδί νυν.
Δημ. καὶ τί τούτοις χρήσομαι

1161 personarum vices parum certae   1162–3 sic interpunxit Lowe
1166 φέρω] 'κφέρω Blaydes   1168 δέ ⟨γε⟩ Cobet
1172 αὔθ'ἡ] αὐτὴ Bothe   1177 coὔδωκεν Reisig: coὶ δῶκεν codd.
Φοβεσιστράτη] Φοβεστράτη scholio fretus Dindorf   1179 χόλικος]
-ας Blaydes   1181 ἐκέλευε] -ευςε V

ΙΠΠΗΣ

τοῖς ἐντέροις;
Αλ. ἐπίτηδες αὔτ' ἔπεμψέ σοι
εἰς τὰς τριήρεις ἐντερόνειαν ἡ θεός· 1185
ἐπισκοπεῖ γὰρ περιφανῶς τὸ ναυτικόν.
ἔχε καὶ πιεῖν κεκραμένον τρία καὶ δύο.
Δημ. ὡς ἡδύς, ὦ Ζεῦ, καὶ τὰ τρία φέρων καλῶς.
Αλ. ἡ Τριτογενὴς γὰρ αὐτὸν ἐνετριτώνισεν.
Πα. λαβέ νυν πλακοῦντος πίονος παρ' ἐμοῦ τόμον. 1190
Αλ. παρ' ἐμοῦ δ' ὅλον γε τὸν πλακοῦντα τουτονί.
Πα. ἀλλ' οὐ λαγῷ' ἕξεις ὁπόθεν δῷς, ἀλλ' ἐγώ.
Αλ. οἴμοι, πόθεν λαγῷά μοι γενήσεται;
ὦ θυμέ, νυνὶ βωμολόχον ἔξευρέ τι.
Πα. ὁρᾷς τάδ', ὦ κακόδαιμον;
Αλ. ὀλίγον μοι μέλει· 1195
ἐκεινοιὶ γὰρ ὡς ἔμ' ἔρχονταί τινες
πρέσβεις ἔχοντες ἀργυρίου βαλλάντια.
Πα. ποῦ ποῦ;
Αλ. τί δὲ σοὶ τοῦτ'; οὐκ ἐάσεις τοὺς ξένους;
ὦ Δημίδιον, ὁρᾷς τὰ λαγῷ' ἅ σοι φέρω;
Πα. οἴμοι τάλας, ἀδίκως γε τἄμ' ὑφήρπασας. 1200
Αλ. νὴ τὸν Ποσειδῶ, καὶ σὺ γὰρ τοὺς ἐκ Πύλου.
Δημ. εἴπ', ἀντιβολῶ, πῶς ἐπενόησας ἁρπάσαι;
Αλ. τὸ μὲν νόημα τῆς θεοῦ, τὸ δὲ κλέμμ' ἐμόν.
Πα. ἐγὼ δ' ἐκινδύνευσ', ἐγὼ δ' ὤπτησά γε.
Δημ. ἄπιθ'· οὐ γὰρ ἀλλὰ τοῦ παραθέντος ἡ χάρις. 1205
Πα. οἴμοι κακοδαίμων, ὑπεραναιδευθήσομαι.
Αλ. τί οὐ διακρίνεις, Δῆμ', ὁπότερός ἐστι νῷν
ἀνὴρ ἀμείνων περὶ σὲ καὶ τὴν γαστέρα;
Δημ. τῷ δῆτ' ἂν ὑμᾶς χρησάμενος τεκμηρίῳ

1187 καὶ πιεῖν] κἀκπιεῖν V   1195 τάδ'] τόδ' Φ
1196 ἐκεινοιὶ Elmsley: ἐκεῖνοι RvΦ: v. refinxit L sunt qui τίνες Paphlagoni tribuant   1204 Insiciario primam versus partem tribuit Lenting, totum v. Paphlagoni restituit Bothe   1206 ὑπεραναιδευθήσομαι Stephanus: -εσθήσομαι codd., Su. υ 225: -ισθήσομαι Bekker, Anecdota 80.30
1207 Δῆμ', ὁπότερός] δῆθ' ὁπότερός Kock: πότερος, ὦ Δῆμ' Richards

ΑΡΙΣΤΟΦΑΝΟΥΣ

   δόξαιμι κρίνειν τοῖϲ θεαταῖϲιν ϲοφῶϲ;   1210
Αλ. ἐγὼ φράϲω ϲοι. τὴν ἐμὴν κίϲτην ἰὼν
   ξύλλαβε ϲιωπῇ καὶ βαϲάνιϲον ἅττ' ἔνι,
   καὶ τὴν Παφλαγόνοϲ· κἀμέλει κρινεῖϲ καλῶϲ.
Δημ. φέρ' ἴδω, τί οὖν ἔνεϲτιν;
Αλ.   οὐχ ὁρᾷϲ κενήν,
   ὦ παππίδιον; ἅπαντα γάρ ϲοι παρεφόρουν.   1215
Δημ. αὕτη μὲν ἡ κίϲτη τὰ τοῦ δήμου φρονεῖ.
Αλ. βάδιζέ νυν καὶ δεῦρο πρὸϲ τὴν Παφλαγόνοϲ.
   ὁρᾷϲ ⟨τάδ';⟩
Δημ.   οἴμοι, τῶν ἀγαθῶν ὅϲων πλέα.
   ὅϲον τὸ χρῆμα τοῦ πλακοῦντοϲ ἀπέθετο·
   ἐμοὶ δ' ἔδωκεν ἀποτεμὼν τυννουτονί.   1220
Αλ. τοιαῦτα μέντοι καὶ πρότερόν ϲ' ἠργάζετο·
   ϲοὶ μὲν προϲεδίδου μικρὸν ὧν ἐλάμβανεν,
   αὐτὸϲ δ' ἑαυτῷ παρετίθει τὰ μείζονα.
Δημ. ὦ μιαρέ, κλέπτων δή με ταῦτ' ἐξηπάταϲ;
   ἐγὼ δέ τυ ἐϲτεφάνιξα κἠδωρηϲάμαν.   1225
Πα. ἐγὼ δ' ἔκλεπτον ἐπ' ἀγαθῷ γε τῇ πόλει.
Δημ. κατάθου ταχέωϲ τὸν ϲτέφανον, ἵν' ἐγὼ τουτῳὶ
   αὐτὸν περιθῶ.
Αλ.   κατάθου ταχέωϲ, μαϲτιγία.
Πα. οὐ δῆτ', ἐπεί μοι χρηϲμόϲ ἐϲτι Πυθικὸϲ
   φράζων ὑφ' οὗ δεῖ μ' ἀνδρὸϲ ἡττᾶϲθαι μόνου.   1230
Αλ. τοὐμόν γε φράζων ὄνομα καὶ λίαν ϲαφῶϲ.
Πα. καὶ μήν ϲ' ἐλέγξαι βούλομαι τεκμηρίῳ,
   εἴ τι ξυνοίϲειϲ τοῦ θεοῦ τοῖϲ θεϲφάτοιϲ.

1210 θεαταῖϲιν RL: -ϲι cett.   1214 οὐχ RM: ἀλλ' οὐχ cett.
1217 νυν Reiske: γοῦν codd.   1218 suppl. Gelenius   1221 ϲ'
RMΓΘ^pc: om. VAL   ἠργάζετο R: εἰρ- cett.   1225 ἐγώ] ἐγὼν
Blaydes τυ vΓ²L: τοι RMΦ: τ' Elmsley κἠδωρηϲάμαν Zacher:
κἀδωρηϲάμαν M: κἀδωρηϲάμην cett.   1230 δεῖ μ' ἀνδρὸϲ van Herwerden: δεήϲει μ' RMvΓL: δεήϲειν ΑΘ: χρεὼν ἔμ' Dindorf: deleto φράζων
temptavit Hermann ὑφ' οὗ δεήϲει μ' ἀνδρὸϲ   1232 τεκμηρίῳ] -ίοιϲ
van Herwerden

120

ΙΠΠΗC

  καί cου τοcοῦτο πρῶτον ἐκπειράcομαι·
  παῖc ὢν ἐφοίταc εἰc τίνοc διδαcκάλου;   1235
Αλ. ἐν ταῖcιν εὔcτραιc κονδύλοιc ἡρμοττόμην.
Πα. πῶc εἶπαc; ὥc μοῦ χρηcμὸc ἅπτεται φρενῶν.
  εἶέν.
  ἐν παιδοτρίβου δὲ τίνα πάλην ἐμάνθανεc;
Αλ. κλέπτων ἐπιορκεῖν καὶ βλέπειν ἐναντία·
Πα. ὦ Φοῖβ' Ἄπολλον Λύκιε, τί ποτέ μ' ἐργάcει;   1240
  τέχνην δὲ τίνα ποτ' εἶχεc ἐξανδρούμενοc;
Αλ. ἠλλαντοπώλουν καί τι καὶ βινεcκόμην.
Πα. οἴμοι κακοδαίμων· οὐκέτ' οὐδέν εἰμ' ἐγώ.
  λεπτή τιc ἐλπίc ἐcτ' ἐφ' ἧc ὀχούμεθα.
  καί μοι τοcοῦτον εἰπέ· πότερον ἐν ἀγορᾷ   1245
  ἠλλαντοπώλειc ἐτεὸν ἢ 'πὶ ταῖc πύλαιc;
Αλ. ἐπὶ ταῖc πύλαιcιν, οὗ τὸ τάριχοc ὤνιον.
Πα. οἴμοι, πέπρακται τοῦ θεοῦ τὸ θέcφατον.
  κυλίνδετ' εἴcω τόνδε τὸν δυcδαίμονα.
  ὦ cτέφανε, χαίρων ἄπιθι· καί c' ἄκων ἐγώ   1250
  λείπω· cὲ δ' ἄλλοc τιc λαβὼν κεκτήcεται,
  κλέπτηc μὲν οὐκ ἂν μᾶλλον, εὐτυχὴc δ' ἴcωc.
Αλ. Ἑλλάνιε Ζεῦ, cὸν τὸ νικητήριον.
Δη. ὦ χαῖρε, καλλίνικε, καὶ μέμνηc' ὅτι
  ἀνὴρ γεγένηcαι δι' ἐμέ· καί c' αἰτῶ βραχύ,   1255
  ὅπωc ἔcομαί cοι Φᾶνοc, ὑπογραφεὺc δικῶν.
Δημ. ἐμοὶ δέ γ' ὅ τι cοι τοὔνομ' εἴπ'.
Αλ.   Ἀγοράκριτοc·
  ἐν τἀγορᾷ γὰρ κρινόμενοc ἐβοcκόμην.
Δημ. Ἀγορακρίτῳ τοίνυν ἐμαυτὸν ἐπιτρέπω

1237 μοῦ (i.e. μοι ὁ) Dindorf: μ' οὐ V: μου cett.   1238 εἶεν sic VL: om. cett.   1239 κλέπτων] -ειν Φ ἐναντία R: -ίον cett. 1242 καί τι καὶ Hermann: Πα. καὶ τί; Ἀλ. καὶ codd. καὶ βινεcκόμην] κἀβ- M   1244 τιc] δ' ἔτ' van Herwerden   1249 post κυλίνδετε add. μ' R   1250 καί] κεἴ Bergk   1252 οὐκ ἂν] οὐχὶ Su. κ 1738, ο 983   1254–6 coryphaeo tribuunt quidam; sed cf. vv. 177–8 1256 ἔcομαι RMΓ^{pc}, Su. φ 77: γένωμαι cett. Φᾶνοc Lehrs: Φανόc codd.

121

ΑΡΙΣΤΟΦΑΝΟΥΣ

καὶ τὸν Παφλαγόνα παραδίδωμι τουτονί. 1260

Αλ. καὶ μὴν ἐγώ c', ὦ Δῆμε, θεραπεύcω καλῶc,
ὥcθ' ὁμολογεῖν cε μηδέν' ἀνθρώπων ἐμοῦ
ἰδεῖν ἀμείνω τῇ Κεχηναίων πόλει.

Χο. τί κάλλιον ἀρχομένοιcιν ἢ καταπαυομένοιcιν [cτρ.
ἢ θοᾶν ἵππων ἐλατῆρας ἀείδειν 1266
μηδὲν εἰc Λυcίcτρατον,
μηδὲ Θούμαντιν τὸν ἀνέcτιον αὖ
λυπεῖν ἑκούcῃ καρδίᾳ;
καὶ γὰρ οὗτος, ὦ φίλ' Ἄπολλον, ⟨ἀεὶ⟩ 1270
πεινῇ, θαλεροῖc δακρύοιc
cᾶc ἁπτόμενοc φαρέτραc
Πυθῶνι δίᾳ μὴ κακῶc πένεcθαι.

λοιδορῆcαι τοὺc πονηροὺc οὐδέν ἐcτ' ἐπίφθονον,
ἀλλὰ τιμὴ τοῖcι χρηcτοῖc, ὅcτιc εὖ λογίζεται. 1275
εἰ μὲν οὖν ἄνθρωπος, ὃν δεῖ πόλλ' ἀκοῦcαι καὶ κακά,
αὐτὸc ἦν ἔνδηλοc, οὐκ ἂν ἀνδρὸc ἐμνήcθην φίλου.
νῦν δ' Ἀρίγνωτον γὰρ οὐδεὶc ὅcτιc οὐκ ἐπίcταται,
ὅcτιc ἢ τὸ λευκὸν οἶδεν ἢ τὸν ὄρθιον νόμον. 1279
ἔcτιν οὖν ἀδελφὸc αὐτῷ τοὺc τρόπουc οὐ cυγγενήc,
Ἀριφράδηc πονηρόc. ἀλλὰ τοῦτο μὲν καὶ βούλεται·
ἔcτι δ' οὐ μόνον πονηρόc, οὐ γὰρ οὐδ' ἂν ᾐcθόμην,
οὐδὲ παμπόνηροc, ἀλλὰ καὶ προcεξηύρηκέ τι.
τὴν γὰρ αὑτοῦ γλῶτταν αἰcχραῖc ἡδοναῖc λυμαίνεται,
ἐν καcωρείοιcι λείχων τὴν ἀπόπτυcτον δρόcον, 1285
καὶ μολύνων τὴν ὑπήνην καὶ κυκῶν τὰc ἐcχάραc,

1263 τῇ] ἐν τῇ Hirschig   1270 οὗτοc Dindorf: οὑτοcὶ codd. suppl.
Dindorf   1273 δίᾳ μὴ Dindorf: ἐνδίᾳ vel ἐν διὰ codd., sed ἐν διὰ τὸ
Γγρ   1274 λοιδορῆcαι] -εῖcθαι Su. λ 753, sch.   1276 ἄνθρωποc
Bernhardy: ἅ - codd., Su. λ 753 et ει 146   1277 αὐτὸc RMΓ^pc, Su. bis:
οὗτοc cett.   1282 ᾐcθόμην] ἠχθόμην Bentley   1282–3 οὐ
γὰρ ... παμπόνηροc RV^pcL i.m. manu posteriore: om. cett.
1285 καcωρείοιcι Cobet: -αυρίοιcι codd., cf. Hsch.: καcαλβίοιcι v.l. ap. sch.
et Su. κ 450: καcωρίοιcι Stephanus Byzantinus 366.24   1286 κυκῶν]
κυνῶν Hermann

ΙΠΠΗΣ

καὶ Πολυμνήςτεια ποιῶν καὶ ξυνὼν Οἰωνίχῳ.
ὅςτις οὖν τοιοῦτον ἄνδρα μὴ ςφόδρα βδελύττεται,
οὔποτ' ἐκ ταὐτοῦ μεθ' ἡμῶν πίεται ποτηρίου. 1289

ἦ πολλάκις ἐννυχίαιςι φροντίςι ςυγγεγένημαι, [ἀντ.
καὶ διεζήτηχ' ὁπόθεν ποτὲ φαύλως
ἐςθίει Κλεώνυμος.
φαςὶ γάρ ⟨ποτ'⟩ αὐτὸν ἐρεπτόμενον
τὰ τῶν ἐχόντων ἀνέρων 1295
οὐκ ἂν ἐξελθεῖν ἀπὸ τῆς ςιπύης·
τοὺς δ' ἀντιβολεῖν ἂν ὁμῶς·
"ἴθ', ὦ ἄνα, πρὸς γονάτων,
ἔξελθε καὶ ςύγγνωθι τῇ τραπέζῃ."

φαςὶν ἀλλήλαις ξυνελθεῖν τὰς τριήρεις εἰς λόγον, 1300
καὶ μίαν λέξαι τιν' αὐτῶν, ἥτις ἦν γεραιτέρα·
"οὐδὲ πυνθάνεςθε ταῦτ', ὦ παρθένοι, τἀν τῇ πόλει;
φαςὶν αἰτεῖςθαί τιν' ἡμῶν ἑκατὸν εἰς Καρχηδόνα,
ἄνδρα μοχθηρὸν πολίτην, ὀξίνην Ὑπέρβολον·"
ταῖς δὲ δόξαι δεινὸν εἶναι τοῦτο κοὐκ ἀναςχετόν, 1305
καί τιν' εἰπεῖν, ἥτις ἀνδρῶν ἆςςον οὐκ ἐληλύθει·
"ἀποτρόπαι', οὐ δῆτ' ἐμοῦ γ' ἄρξει ποτ', ἀλλ' ἐάν με χρῇ,
ὑπὸ τερηδόνων ςαπεῖς' ἐνταῦθα καταγηράςομαι."—
"οὐδὲ Ναυφάντης γε τῆς Ναύςωνος, οὐ δῆτ', ὦ θεοί,
εἴπερ ἐκ πεύκης γε κἀγὼ καὶ ξύλων ἐπηγνύμην. 1310
ἢν δ' ἀρέςκῃ ταῦτ' Ἀθηναίοις, καθῆςθαί μοι δοκῶ
εἰς τὸ Θηςεῖον πλεούςας ἢ 'πὶ τῶν Cεμνῶν θεῶν.
οὐ γὰρ ἡμῶν γε ςτρατηγῶν ἐγχανεῖται τῇ πόλει·

1294 suppl. van Leeuwen: ⟨μὲν⟩ γὰρ Bentley   1297 ἂν ὁμῶς Zacher: ἀλλ' ὅμως ΑθγρΓ²: ἂν ὁμοίως RM: ἀνομοίως fere cett.   1303 Καρχηδόνα] Χαλκηδόνα Γ², sch.   1304 μοχθηρὸν V: πονηρὸν cett.   1307 χρῇ Bekker: χρὴ codd.   1310 πεύκης] πίττης Blaydes   1311 ἦν] ἂν VA: εἰ L   ἀρέςκῃ] -οι L   Ἀθηναίοις Bentley: -οιςι codd.   δοκεῖ Bentley: δοκῶ codd., Su. θ 367   1312 πλεούςας Reiske: -ςαις fere codd.

ΑΡΙϹΤΟΦΑΝΟΥϹ

ἀλλὰ πλείτω χωρὶϲ αὐτὸϲ ἐϲ κόρακαϲ, εἰ βούλεται,
τὰϲ ϲκάφαϲ, ἐν αἷϲ ἐπώλει τοὺϲ λύχνουϲ, 1315
καθελκύϲαϲ."

Αλ. εὐφημεῖν χρὴ καὶ ϲτόμα κλῄειν καὶ μαρτυριῶν
ἀπέχεϲθαι,
καὶ τὰ δικαϲτήρια ϲυγκλῄειν, οἷϲ ἡ πόλιϲ ἥδε γέγηθεν,
ἐπὶ καιναῖϲιν δ' εὐτυχίαιϲιν παιωνίζειν τὸ θέατρον.

Χο. ὦ ταῖϲ ἱεραῖϲ φέγγοϲ Ἀθήναιϲ καὶ ταῖϲ νήϲοιϲ
ἐπίκουρε,
τίν' ἔχων φήμην ἀγαθὴν ἥκειϲ, ἐφ' ὅτῳ κνιϲῶμεν 1320
ἀγυιάϲ;

Αλ. τὸν Δῆμον ἀφεψήϲαϲ ὑμῖν καλὸν ἐξ αἰϲχροῦ πεποίηκα.

Χο. καὶ ποῦ 'ϲτιν νῦν, ὦ θαυμαϲτὰϲ ἐξευρίϲκων ἐπινοίαϲ;

Αλ. ἐν ταῖϲιν ἰοϲτεφάνοιϲ οἰκεῖ ταῖϲ ἀρχαίαιϲιν Ἀθήναιϲ.

Χο. πῶϲ ἂν ἴδοιμεν; ποίαν ⟨τιν'⟩ ἔχει ϲκευήν; ποῖοϲ
γεγένηται;

Αλ. οἷόϲ περ Ἀριϲτείδῃ πρότερον καὶ Μιλτιάδῃ 1325
ξυνεϲίτει.
ὄψεϲθε δέ· καὶ γὰρ ἀνοιγνυμένων ψόφοϲ ἤδη τῶν
προπυλαίων.
ἀλλ' ὀλολύξατε φαινομέναιϲιν ταῖϲ ἀρχαίαιϲιν Ἀθήναιϲ
ταῖϲ θαυμαϲταῖϲ καὶ πολυύμνοιϲ, ἵν' ὁ κλεινὸϲ Δῆμοϲ
ἐνοικεῖ.

Χο. ὦ ταὶ λιπαραὶ καὶ ἰοϲτέφανοι καὶ ἀριζήλωτοι Ἀθῆναι,
δείξατε τὸν τῆϲ Ἑλλάδοϲ ἡμῖν καὶ τῆϲ γῆϲ τῆϲδε 1330
μόναρχον.

1318 καιναῖϲιν L : -αιϲι codd. plerique : κοιναῖϲι ΑΘ εὐτυχίαιϲιν L : -αιϲι cett.   1319 φέγγοϲ ... ἐπίκουρε R : νήϲοιϲ ἐπίκουρε καὶ φέγγοϲ Ἀθήναιϲ cett.   1324 ἴδοιμεν Brunck : ἴδωμεν codd.   suppl. Porson   ποῖοϲ Reisig : καὶ ποῖοϲ codd.   1326 δέ RML : γε Φ : δέ γε V   1327 φαινομέναιϲιν Porson : -αιϲ(ι) vel -ῃϲι codd. : fortasse -ηϲιν   1328 ταῖϲ Blaydes : καὶ codd.

ΙΠΠΗΣ

Αλ. ὅδ' ἐκεῖνος ὁρᾶν τεττιγοφόρας, ἀρχαίῳ cχήματι
λαμπρός,
οὐ χοιρινῶν ὄζων ἀλλὰ cπονδῶν, cμύρνῃ κατάλειπτος.
Χο. χαῖρ', ὦ βαcιλεῦ τῶν Ἑλλήνων· καί cοι ξυγχαίρομεν
ἡμεῖc.
τῆc γὰρ πόλεωc ἄξια πράττειc καὶ τοῦ 'ν Μαραθῶνι
τροπαίου.

Δημ. ὦ φίλτατ' ἀνδρῶν, ἐλθὲ δεῦρ', Ἀγοράκριτε. 1335
ὅcα με δέδρακαc ἀγάθ' ἀφεψήcαc.
Αλ. ἐγώ;
ἀλλ', ὦ μέλ', οὐκ οἶcθ' οἷοc ἦcθ' αὐτὸc πάροc,
οὐδ' οἷ' ἔδραc· ἐμὲ γὰρ νομίζοιc ἂν θεόν.
Δημ. τί δ' ἔδρων πρὸ τοῦ, κάτειπε, καὶ ποῖόc τιc ἦ;
Αλ. πρῶτον μέν, ὁπότ' εἴποι τιc ἐν τἠκκληcίᾳ, 1340
" ὦ Δῆμ', ἐραcτήc εἰμι cὸc φιλῶ τέ cε
καὶ κήδομαί cου καὶ προβουλεύω μόνοc,"
τούτοιc ὁπότε χρήcαιτό τιc προοιμίοιc,
ἀνωρτάλιζεc κἀκερουτίαc.
Δημ. ἐγώ;
Αλ. εἶτ' ἐξαπατήcαc c' ἀντὶ τούτων ᾤχετο. 1345
Δημ. τί φῄc;
ταυτί μ' ἔδρων, ἐγὼ δὲ τοῦτ' οὐκ ᾐcθόμην;
Αλ. τὰ δ' ὦτά γ' ἄν cου νὴ Δί' ἐξεπετάννυτο
ὥcπερ cκιάδειον καὶ πάλιν ξυνήγετο.
Δημ. οὕτωc ἀνόητοc ἐγεγενήμην καὶ γέρων;
Αλ. καὶ νὴ Δί' εἴ γε δύο λεγοίτην ῥήτορε, 1350
ὁ μὲν ποιεῖcθαι ναῦc μακράc, ὁ δ' ἕτεροc αὖ

1331 τεττιγοφόραc Porson ex Hsch.: -φόροc codd., Procopius Gazaeus, *Ep.* 57 ἀρχαίῳ] τἀρχαίῳ Blaydes, duce Brunck: κἀρχαίῳ Bentley 1334 τοῦ 'ν codd.: τοῦ Bentley 1337 αὐτὸc] ἀνὴρ vel ἐν τῷ Blaydes 1339 πρὸ τοῦ ... καὶ R: κάτειπέ μοι πρὸ τοῦ καὶ cett. ἦ R: ἦν cett. 1346 ᾐcθόμην L: ᾔδειν cett. 1347 δ' ὦτά γ' ἄν R: δ' ὦτα γὰρ cett.: γὰρ ὦτά cου Meineke, qui νὴ ⟨τὸν⟩ Δί' supplevit 1350 Δί' εἴ γε Porson: Δί' εἰ v: Δία γ' εἰ cett. 1351 μακράc vΦ: λέγων cett.

ΑΡΙΣΤΟΦΑΝΟΥΣ

καταμιϲθοφορῆϲαι τοῦθ', ὁ τὸν μιϲθὸν λέγων
τὸν τὰϲ τριήρειϲ παραδραμὼν ἂν ᾤχετο.
οὗτοϲ, τί κύπτειϲ; οὐχὶ κατὰ χώραν μενεῖϲ;
Δημ. αἰϲχύνομαί τοι ταῖϲ πρότερον ἁμαρτίαιϲ.   1355
Αλ. ἀλλ' οὐ ϲὺ τούτων αἴτιοϲ, μὴ φροντίϲῃϲ,
ἀλλ' οἵ ϲε ταῦτ' ἐξηπάτων. νυνδὶ φράϲον·
ἐάν τιϲ εἴπῃ βωμολόχοϲ ξυνήγοροϲ,
"οὐκ ἔϲτιν ὑμῖν τοῖϲ δικαϲταῖϲ ἄλφιτα,
εἰ μὴ καταγνώϲεϲθε ταύτην τὴν δίκην,"   1360
τοῦτον τί δράϲειϲ, εἰπέ, τὸν ξυνήγορον;
Δημ. ἄραϲ μετέωρον εἰϲ τὸ βάραθρον ἐμβαλῶ,
ἐκ τοῦ λάρυγγοϲ ἐκκρεμάϲαϲ Ὑπέρβολον.
Αλ. τουτὶ μὲν ὀρθῶϲ καὶ φρονίμωϲ ἤδη λέγειϲ·
τὰ δ' ἄλλα, φέρ' ἴδω, πῶϲ πολιτεύϲει; φράϲον.   1365
Δημ. πρῶτον μὲν ὁπόϲοι ναῦϲ ἐλαύνουϲιν μακράϲ,
καταγομένοιϲ τὸν μιϲθὸν ἀποδώϲω 'ντελῆ.
Αλ. πολλοῖϲ γ' ὑπολίϲφοιϲ πυγιδίοιϲιν ἐχαρίϲω.
Δημ. ἔπειθ' ὁπλίτηϲ ἐντεθεὶϲ ἐν καταλόγῳ
οὐδεὶϲ κατὰ ϲπουδὰϲ μετεγγραφήϲεται,   1370
ἀλλ' οὕπερ ἦν τὸ πρῶτον ἐγγεγράψεται.
Αλ. τοῦτ' ἔδακε τὸν πόρπακα τὸν Κλεωνύμου.
Δημ. οὐδ' ἀγοράϲει γ' ἀγένειοϲ οὐδεὶϲ ἐν ἀγορᾷ.
Αλ. ποῦ δῆτα Κλειϲθένηϲ ἀγοράϲει καὶ Ϲτράτων;
Δημ. τὰ μειράκια ταυτὶ λέγω τἀν τῷ μύρῳ,   1375
ἃ τοιαδὶ ϲτωμύλλεται καθήμενα,
"ϲοφόϲ γ' ὁ Φαίαξ, δεξιῶϲ τ' οὐκ ἀπέθανεν."

1352 τοῦθ'] A: τοῦτό γ' ΓΘ: τούτων R: τοῦτον cett.
1355 πρότερον] -ραιϲ A, Su. αι 361   1357 νυνδὶ Seidler: νῦν δὲ codd.:
νῦν δὴ Brunck   1365 ante φράϲον interpunxerunt Blaydes, Hirschig
1368 γ'] δ' R ὑπολίϲφοιϲ Brunck: -λίϲποιϲ codd.   1369 ὁπλίτηϲ V:
ὁ πολίτηϲ cett., Su. κ 630   1371 οὕπερ Blaydes: ὅϲπερ RMV: ὥϲπερ
cett.   1373 γ'] τ' R   ἐν L: ἕν τ' cett.   οὐδεὶϲ post ἀγορᾷ transp.
R   v. ita refinxit Kock: ἐν τἀγορᾷ τ' ἀγένειοϲ οὐδεὶϲ ἀγοράϲει
1376 τοιαδὶ ϲτωμύλλεται van Herwerden: ϲτωμυλεῖται τοιαδί codd.
1377 τ' οὐκ ἀπέθανεν] ἐμάνθανε ΑΘ: τε κατέμαθεν Dindorf

ΙΠΠΗΣ

cυνερτικὸc γάρ ἐcτι καὶ περαντικόc,
καὶ γνωμοτυπικὸc καὶ cαφὴc καὶ κρουcτικόc,
καταληπτικόc τ' ἄριcτα τοῦ θορυβητικοῦ." 1380

Αλ. οὔκουν καταδακτυλικὸc cὺ τοῦ λαλητικοῦ;
Δημ. μὰ Δί', ἀλλ' ἀναγκάcω κυνηγετεῖν ἐγὼ
τούτουc ἅπανταc, παυcαμένουc ψηφιcμάτων.
Αλ. ἔχε νυν ἐπὶ τούτοιc τουτονὶ τὸν ὀκλαδίαν
καὶ παῖδ' ἐνόρχην, ὃc περιοίcει τόνδε cοι· 1385
κἄν που δοκῇ cοι, τοῦτον ὀκλαδίαν ποίει.
Δημ. μακάριοc εἰc τἀρχαῖα δὴ καθίcταμαι.
Αλ. φήcειc γ', ἐπειδὰν τὰc τριακοντούτιδαc
cπονδὰc παραδῶ cοι. δεῦρ' ἴθ', αἱ Cπονδαί, ταχύ.
Δημ. ὦ Ζεῦ πολυτίμηθ', ὡc καλαί· πρὸc τῶν θεῶν, 1390
ἔξεcτιν αὐτῶν κατατριακοντουτίcαι;
πῶc ἔλαβεc αὐτὰc ἐτεόν;
Αλ. οὐ γὰρ ὁ Παφλαγὼν
ἀπέκρυπτε ταύταc ἔνδον, ἵνα cὺ μὴ λάβῃc;
νῦν οὖν ἐγώ cοι παραδίδωμ' εἰc τοὺc ἀγροὺc
αὐτὰc ἰέναι λαβόντα.
Δημ. τὸν δὲ Παφλαγόνα, 1395
ὃc ταῦτ' ἔδραcεν, εἴφ' ὅ τι ποιήcειc κακόν.
Αλ. οὐδὲν μέγ' ἀλλ' ἢ τὴν ἐμὴν ἕξει τέχνην·
ἐπὶ ταῖc πύλαιc ἀλλαντοπωλήcει μόνοc,
τὰ κύνεια μιγνὺc τοῖc ὀνείοιc τρώγμαcιν,
μεθύων τε ταῖc πόρναιcι λοιδορήcεται, 1400
κἀκ τῶν βαλανείων πίεται τὸ λούτριον.
Δημ. εὖ γ' ἐπενόηcαc οὗπέρ ἐcτιν ἄξιοc,
πόρναιcι καὶ βαλανεῦcι διακεκραγέναι,

1378 cυνερτικὸc sch.: cυνερκτικὸc codd., Su. c 1508 aliquot codd.: cυνεκτικὸc Su. codd. FV: cυνεριcτικὸc vel cυνερειcτικὸc Su. φ 152   1385 ὃc περιοίcει Richards: ὅcπερ οἴcει codd.   1392 ἔλαβεc αὐτὰc Bentley: ἔλαβεc ταύταc ΦL: ἔλαβε ταύταc RMv, unde ἐλάβετ' αὐτὰc Jackson   1393 λάβῃc] λάβοιc Brunck   1399 τρώγμαcιν Wilson: πράγμαcιν codd.   1400 τε] δὲ Φ   1401 λούτριον Elmsley: λοῦτρον vel λουτρὸν codd., Su. λ 693

127

ΑΡΙCΤΟΦΑΝΟΥC

καί c' ἀντὶ τούτων εἰc τὸ πρυτανεῖον καλῶ
εἰc τὴν ἕδραν θ', ἵν' ἐκεῖνοc ἦcθ' ὁ φαρμακόc.   1405
ἕπου δὲ ταυτηνὶ λαβὼν τὴν βατραχίδα·
κἀκεῖνον ἐκφερέτω τιc ὡc ἐπὶ τὴν τέχνην,
ἵν' ἴδωcιν αὐτόν, οἷc ἐλωβᾶθ', οἱ ξένοι.

1405 ἦcθ' Meineke: ἦν codd., Su. ε 262   1408 οἷc RVM: οὓc cett.   post hunc v. desunt aliquot vv.

ΝΕΦΕΛΑΙ

PAPYRI

P. Berol. 13219, saec. V–VI (vv. 946–1015)	(P 8)
P. Berol. 13225–6, saec. V (vv. 177–270, 936–73)	(P 6)
P. Oxy. 1371, saec. V (vv. 2–5, 10–11, 38–48)	(P 2)
P. S. I. 1171, saec. III (vv. 577–635)	(P 7)
P. Strasbourg inv. 621, saec. V–VII (vv. 1372–85, 1407–28)	(P 9)

CODICES

Praecipui

R	Ravennas 429
V	Marcianus gr. 474
E	Estensis gr. 127 (a. U. 5. 10)
K	Ambrosianus C 222 inf.
N	Neapolitanus II F 27
Θ	Laurentianus Conventi Soppressi 140

Hic illic citantur etiam

A	Parisinus gr. 2712
Ct1	Cantabrigiensis, Bibl. Univ. Nn. III. 15 pars prima
Ct3	Cantabrigiensis, Bibl. Univ. Nn. III. 3
Ln5	Harleianus 5725
M	Ambrosianus L 39 sup.
Md1	Matritensis 4683
Np1	Neapolitanus II F 22
O7	Oxoniensis Canonicianus gr. 46
O8	Oxoniensis Rawlinson G 89
Par 8	Parisinus gr. 2821
Par 9	Parisinus gr. 2822
Par 14	Parisinus gr. 2827

ΝΕΦΕΛΑΙ

Par 19	Parisinus suppl. gr. 135
Par 20	Parisinus suppl. gr. 463
U	Vaticanus Urbinas gr. 141
V3	Venetus Marcianus gr. 473
Vb3	Vaticanus Barberinianus gr. 126
Vc1	Vaticanus Chisianus gr. R. IV. 10
Vs1	Vaticanus Reginensis gr. 147
Vv2	Vaticanus gr. 57
Vv4	Vaticanus gr. 198
Z	Vindobonensis phil. gr. 227
Δ	Laurentianus 31.16
Φ	Laurentianus Conventi Soppressi 66
X	Laurentianus 31.13
Ψ	Laurentianus 31.22

ΥΠΟΘΕΣΕΙΣ

I

Τὸ δρᾶμα τῶν Νεφελῶν κατὰ Cωκράτους γέγραπται τοῦ φιλοσόφου ἐπίτηδες ὡς κακοδιδασκαλοῦντος τοὺς νέους Ἀθήνῃσι, τῶν κωμικῶν πρὸς τοὺς φιλοσόφους ἐχόντων τινὰ ἀντιλογίαν· οὐχ, ὥς τινες, δι' Ἀρχέλαον τὸν Μακεδόνων βασιλέα, ὅτι προὔκρινεν αὐτὸν Ἀριστοφάνους. 5

II

Φασὶ τὸν Ἀριστοφάνη γράψαι τὰς Νεφέλας ἀναγκασθέντα ὑπὸ Ἀνύτου καὶ Μελήτου, ἵνα προδιασκέψαιντο, ποῖοί τινες εἶεν Ἀθηναῖοι κατὰ Cωκράτους ἀκούοντες. ηὐλαβοῦντο γάρ, ὅτι πολλοὺς εἶχεν ἐραστὰς καὶ μάλιστα τοὺς περὶ Ἀλκιβιάδην, οἳ καὶ ἐπὶ τοῦ δράματος τούτου μηδὲ νικῆσαι ἐποίησαν τὸν 5 ποιητήν. ὁ δὲ πρόλογός ἐστι τῶν Νεφελῶν ἁρμοδιώτατα καὶ δεξιώτατα ϲυγκείμενος. πρεϲβύτης γάρ ἐστιν ἄγροικος ἀχθόμενος παιδὶ ἀστικοῦ φρονήματος γέμοντι καὶ τῆς εὐγενείας εἰς πολυτέλειαν ἀπολελαυκότι. ἡ γὰρ τῶν Ἀλκμαιωνιδῶν οἰκία, ὅθεν ἦν τὸ πρὸς μητρὸς γένος ὁ μειρακίσκος, ἐξ 10 ἀρχῆς, ὥς φησιν Ἡρόδοτος, τεθριπποτρόφος ἦν καὶ πολλὰς ἀνῃρημένη νίκας, τὰς μὲν Ὀλυμπίασι, τὰς δὲ Πυθοῖ, ἐνίας δὲ Ἰσθμοῖ καὶ Νεμέᾳ καὶ ἐν ἄλλοις πολλοῖς ἀγῶϲιν. εὐδοκιμοῦϲαν οὖν ὁρῶν ὁ νεανίσκος ἀπέκλινε πρὸς τὸ ἦθος τῶν πρὸς μητρὸς προγόνων. 15

---

argumenta alia alii codices habent, sed in R omnino desunt
I 1 τῶν Νεφελῶν N: τὸ τῶν Νεφελῶν EΘ: om. V   5 αὐτὸν Θ: om. cett.
II 2 προδιασκέψαιντο] -ψωνται EΘ   5 καὶ om. E

ΝΕΦΕΛΑΙ

III

Πρεςβύτης τις Cτρεψιάδης ὑπὸ δανείων καταπονούμενος διὰ τὴν ἱπποτροφίαν τοῦ παιδὸς δεῖται τούτου, φοιτήςαντος ὡς τὸν Cωκράτην μαθεῖν τὸν ἥττονα λόγον, εἴ πως δύναιτο τὰ ἄδικα λέγων ἐν τῷ δικαςτηρίῳ τοὺς χρήςτας νικᾶν καὶ μηδενὶ τῶν δανειςτῶν μηδὲν ἀποδοῦναι. οὐ βουλομένου δὲ τοῦ 5 μειρακίςκου, διαγνοὺς αὐτὸς ἐλθὼν μανθάνειν, μαθητὴν τοῦ Cωκράτους ἐκκαλέςας τινὰ διαλέγεται. ἐκκυκληθείςης δὲ τῆς διατριβῆς οἵ τε μαθηταὶ κύκλῳ καθήμενοι πιναροὶ ςυνορῶνται, καὶ αὐτὸς ὁ Cωκράτης ἐπὶ κρεμάθρας αἰωρούμενος καὶ ἀποςκοπῶν τὰ μετέωρα θεωρεῖται. μετὰ ταῦτα τελεῖ παρα- 10 λαβὼν τὸν πρεςβύτην, καὶ τοὺς νομιζομένους παρ' αὐτῷ θεούς, Ἀέρα, προςέτι δὲ Αἰθέρα καὶ Νεφέλας κατακαλεῖται. πρὸς δὲ τὴν εὐχὴν εἰςέρχονται Νεφέλαι ἐν ςχήματι χοροῦ καὶ φυςιολογήςαντος οὐκ ἀπιθάνως τοῦ Cωκράτους καταςτᾶςαι πρὸς τοὺς θεατὰς περὶ πλειόνων διαλέγονται. μετὰ δὲ ταῦτα ὁ μὲν 15 πρεςβύτης διδαςκόμενος ἐν τῷ φανερῷ τινα τῶν μαθημάτων γελωτοποιεῖ· καὶ ἐπειδὴ διὰ τὴν ἀμαθίαν ἐκ τοῦ φροντιςτηρίου ἐκβάλλεται, ἄγων πρὸς βίαν τὸν υἱὸν ςυνίςτηςι τῷ Cωκράτει. τούτου δὲ ἐξαγαγόντος αὐτῷ ἐν τῷ θεάτρῳ τὸν ἄδικον καὶ τὸν δίκαιον λόγον διαγωνιςθεὶς ὁ ἄδικος πρὸς τὸν 20 δίκαιον λόγον καὶ παραλαβὼν αὐτὸν [ὁ ἄδικος λόγος] ἐκδιδάςκει. κομιςάμενος δὲ αὐτὸν ὁ πατὴρ ἐκπεπονημένον ἐπηρεάζει τοῖς χρήςταις καὶ ὡς κατωρθωκὼς εὐωχεῖ παρα-

---

III 1–7 πρεςβύτης . . . διαλέγεται ut novum argumentum iterant codices aliquot, sed pro 3 εἴ πως κτλ. praebent μὴ πειθομένου δὲ τοῦ μειρακίου αὐτὸς ἐλθὼν μανθάνει, μαθητὴν τοῦ Cωκράτους ἐκκαλέςας   5 τῶν δανειςτῶν codd.: del. Dover   6 μειρακίςκου] μειρακίου ΕΝΘ μανθάνειν] μανθάνει ΝΘ, post quod μαθητὴν οὖν Θ, ἐκκαλέςας πρῶτον καὶ διαλεχθεὶς μαθητῇ τοῦ Cωκράτους Ν   7 ἐκκυκληθείςης Fritzsche: ἐκλυθείςης codd.   10 τελεῖ Musurus: τελεῖν ΥΘ: om. Ν   14 καταςτᾶςαι] ἀποκαταςτᾶςαι Ν   16 μαθημάτων Ν: μαθητῶν cett.   18 ἄγων Α: διάγων cett.   20 post λόγον add. καὶ ΥΕ   21 καὶ ΥΕ: om. ΝΘ   del. Dover

ΑΡΙϹΤΟΦΑΝΟΥϹ

λαβών. γενομένης δὲ περὶ τὴν εὐωχίαν ἀντιλογίας πληγὰς λαβὼν ὑπὸ τοῦ παιδὸς βοὴν ἵϲτηϲι, καὶ καταλαλούμενος ὑπὸ τοῦ παιδὸϲ ὅτι δίκαιον τοὺϲ πατέραϲ ὑπὸ τῶν υἱῶν ἀντιτύπτεϲθαι, ὑπεραλγῶν διὰ τὴν πρὸϲ τὸν υἱὸν ϲύγκρουϲιν ὁ γέρων καταϲκάπτει καὶ ἐμπίπρηϲι τὸ φροντιϲτήριον τῶν 5
Ϲωκρατικῶν. τὸ δὲ δρᾶμα τῶν πάνυ δυνατῶϲ πεποιημένων.

IV

Πατὴρ τὸν υἱὸν ϲωκρατίζειν προτρέπεται·
καὶ τῆϲ περὶ αὐτὸν ψυχρολογίαϲ διατριβὴ
ἱκανή, λόγων θ' ὑπόνοια πρὸϲ τοὐναντίον.
χορὸϲ δὲ Νεφελῶν ὡϲ ἐπωφελῆ λέγων,
καὶ τὴν ἀϲέβειαν Ϲωκράτους διεξιών, 5
ἄλλαι θ' ὑπὲρ τἀνδρὸϲ κατηγορίαι πικραί,
καὶ τῶν μαθητῶν εἷϲ πατραλοίαϲ ἐκτόπωϲ.
εἶτ' ἐμπυριϲμὸϲ τῆϲ ϲχολῆϲ τοῦ Ϲωκράτους.
τὸ δὲ δρᾶμα τοῦτο τῆϲ ὅληϲ ποιήϲεωϲ
κάλλιϲτον εἶναί φηϲι καὶ τεχνικώτατον. 10

V

Αἱ πρῶται Νεφέλαι ἐδιδάχθηϲαν ἐν ἄϲτει ἐπὶ ἄρχοντοϲ Ἰϲάρχου, ὅτε Κρατῖνοϲ μὲν ἐνίκα Πυτίνῃ, Ἀμειψίαϲ δὲ Κόννῳ. διόπερ Ἀριϲτοφάνηϲ ἀπορριφθεὶϲ παραλόγωϲ ᾠήθη δεῖν ἀναδιδάξαϲ τὰϲ Νεφέλαϲ τὰϲ δευτέραϲ καταμέμφεϲθαι τὸ θέατρον. ἀτυχῶν δὲ πολὺ μᾶλλον καὶ ἐν τοῖϲ ἔπειτα οὐκέτι τὴν 5
διαϲκευὴν εἰϲήγαγεν. αἱ δὲ δεύτεραι Νεφέλαι ἐπὶ Ἀμεινίου ἄρχοντοϲ.

---

2 καταλαλούμενοϲ N: προϲκατα- ΕΘ: προϲκαλούμενοϲ V
IV 1 προτρέπεται] βούλεται V 3 ὑπόνοια codd. recc.: ἀπό- vett.
6 ὑπὲρ V: ὑπ' cett. τἀνδρὸϲ Wagner: ἀνδρὸϲ codd.

ΝΕΦΕΛΑΙ

VI

Τοῦτο ταὐτόν ἐςτι τῷ προτέρῳ. διεςκεύαςται δὲ ἐπὶ μέρους, ὡς ἂν δὴ ἀναδιδάξαι μὲν αὐτὸ τοῦ ποιητοῦ προθυμηθέντος, οὐκέτι δὲ τοῦτο δι' ἥν ποτε αἰτίαν ποιήςαντος. καθόλου μὲν οὖν cχεδὸν παρὰ πᾶν μέρος γεγενημένη ⟨ἡ⟩ διόρθωςις ... τὰ μὲν γὰρ περιῄρηται, τὰ δὲ παραπέπλεκται καὶ ἐν τῇ τάξει καὶ 5 ἐν τῇ τῶν προςώπων διαλλαγῇ μετεςχημάτιςται, ἃ δὲ ὁλοςχερῆ τῆς διαςκευῆς τοιαῦτα ὄντα τετύχηκεν. αὐτίκα ἡ μὲν παράβαςις τοῦ χοροῦ ἤμειπται, καὶ ὅπου ὁ δίκαιος λόγος πρὸς τὸν ἄδικον λαλεῖ, καὶ τελευταῖον ὅπου καίεται ἡ διατριβὴ Cωκράτους. 10

VII

Τὴν κωμῳδίαν καθῆκε κατὰ Cωκράτους ὡς τοιαῦτα νομίζοντος, καὶ Νεφέλας καὶ Ἀέρα καὶ τί γὰρ ἄλλ' ἢ ξένους εἰςάγοντος δαίμονας. χορῷ δὲ ἐχρήςατο Νεφελῶν πρὸς τὴν τοῦ ἀνδρὸς κατηγορίαν· διὰ τοῦτο οὕτως ἐπεγράφη. διτταὶ δὲ φέρονται Νεφέλαι. οἱ δὲ κατηγορήςαντες Cωκράτους Ἄνυτος 5 καὶ Μέλητος. διήχθρευςε γὰρ Cωκράτης κατὰ τούτων, οἳ καὶ δόντες ἀργύριον τῷ Ἀριςτοφάνει παρεκίνηςαν αὐτὸν κατ' ἐκείνου γράψαι τὴν τῶν Νεφελῶν κωμῳδίαν. οὐκ ἠδύναντο γὰρ κατ' ἐκείνου λέγειν διὰ τὸ μέγαν νομίζεςθαι αὐτόν.

VI 4 γεγενημένη] γεγένηται Bücheler   suppl. Bücheler   lacunam statuit Dover   6 ἃ] τὰ Dindorf   7 ὁλοςχερῇ] -ρῆς VE: -ροῦς Dindorf   τοιαῦτα ὄντα del. Bergk
VII. 6–7 διήχθρευςε ... αὐτόν om. VE

ΤΑ ΤΟΥ ΔΡΑΜΑΤΟΣ ΠΡΟΣΩΠΑ

ΣΤΡΕΨΙΑΔΗΣ
ΦΕΙΔΙΠΠΙΔΗΣ
ΟΙΚΕΤΗΣ ΣΤΡΕΨΙΑΔΟΥ
ΜΑΘΗΤΗΣ ΣΩΚΡΑΤΟΥΣ Α
ΣΩΚΡΑΤΗΣ
ΧΟΡΟΣ ΝΕΦΕΛΩΝ

ΚΡΕΙΤΤΩΝ ΛΟΓΟΣ
ΗΤΤΩΝ ΛΟΓΟΣ
ΧΡΗΣΤΗΣ Α
ΧΡΗΣΤΗΣ Β
ΜΑΘΗΤΗΣ Β

ΝΕΦΕΛΑΙ

ϹΤΡΕΨΙΑΔΗϹ

ἰοὺ ἰού.
ὦ Ζεῦ βαϲιλεῦ, τὸ χρῆμα τῶν νυκτῶν ὅϲον·
ἀπέραντον. οὐδέποθ' ἡμέρα γενήϲεται;
καὶ μὴν πάλαι γ' ἀλεκτρυόνοϲ ἤκουϲ' ἐγώ·
οἱ δ' οἰκέται ῥέγκουϲιν. ἀλλ' οὐκ ἂν πρὸ τοῦ.   5
ἀπόλοιο δῆτ', ὦ πόλεμε, πολλῶν οὕνεκα,
ὅτ' οὐδὲ κολάϲ' ἔξεϲτί μοι τοὺϲ οἰκέταϲ.
ἀλλ' οὐδ' ὁ χρηϲτὸϲ οὑτοϲὶ νεανίαϲ
ἐγείρεται τῆϲ νυκτόϲ, ἀλλὰ πέρδεται
ἐν πέντε ϲιϲύραιϲ ἐγκεκορδυλημένοϲ.   10
ἀλλ' εἰ δοκεῖ, ῥέγκωμεν ἐγκεκαλυμμένοι.
ἀλλ' οὐ δύναμαι δείλαιοϲ εὕδειν δακνόμενοϲ
ὑπὸ τῆϲ δαπάνηϲ καὶ τῆϲ φάτνηϲ καὶ τῶν χρεῶν
διὰ τουτονὶ τὸν υἱόν. ὁ δὲ κόμην ἔχων
ἱππάζεταί τε καὶ ξυνωρικεύεται   15
ὀνειροπολεῖ θ' ἵππουϲ. ἐγὼ δ' ἀπόλλυμαι
ὁρῶν ἄγουϲαν τὴν ϲελήνην εἰκάδαϲ·
οἱ γὰρ τόκοι χωροῦϲιν. ἅπτε, παῖ, λύχνον
κἄκφερε τὸ γραμματεῖον, ἵν' ἀναγνῶ λαβὼν
ὁπόϲοιϲ ὀφείλω καὶ λογίϲωμαι τοὺϲ τόκουϲ.   20
φέρ' ἴδω, τί ὀφείλω; δώδεκα μνᾶϲ Παϲίᾳ.
τοῦ δώδεκα μνᾶϲ Παϲίᾳ; τί ἐχρηϲάμην;
ὅτ' ἐπριάμην τὸν κοππατίαν. οἴμοι τάλαϲ,
εἴθ' ἐξεκόπην πρότερον τὸν ὀφθαλμὸν λίθῳ.

---

3 ἀπέραντον] ἀπέρατον VE^{ac}, lm. sch. E: [P7]   5 ῥέγκουϲι] ῥέγχουϲι fortasse novit sch.

ΑΡΙΣΤΟΦΑΝΟΥΣ

ΦΕΙΔΙΠΠΙΔΗС
      Φίλων, ἀδικεῖс. ἔλαυνε τὸν cαυτοῦ δρόμον.　25
Cτ. τοῦτ' ἐcτὶ τουτὶ τὸ κακὸν ὅ μ' ἀπολώλεκεν·
      ὀνειροπολεῖ γὰρ καὶ καθεύδων ἱππικήν.
Φε. πόcουc δρόμουc ἐλᾷ τὰ πολεμιcτήρια;
Cτ. ἐμὲ μὲν cὺ πολλοὺc τὸν πατέρ' ἐλαύνειc δρόμουc.
      ἀτὰρ τί χρέοc ἔβα με μετὰ τὸν Παcίαν;　30
      τρεῖc μναῖ διφρίcκου καὶ τροχοῖν Ἀμυνίᾳ.
Φε. ἄπαγε τὸν ἵππον ἐξαλίcαc οἴκαδε.
Cτ. ἀλλ', ὦ μέλ', ἐξήλικαc ἐμέ γ' ἐκ τῶν ἐμῶν,
      ὅτε καὶ δίκαc ὤφληκα χἄτεροι τόκου
      ἐνεχυράcεcθαί φαcιν.
Φε.   ἐτεόν, ὦ πάτερ,　35
      τί δυcκολαίνειc καὶ cτρέφει τὴν νύχθ' ὅλην;
Cτ. δάκνει μέ τιc δήμαρχοc ἐκ τῶν cτρωμάτων.
Φε. ἔαcον, ὦ δαιμόνιε, καταδαρθεῖν τί με.
Cτ. cὺ δ' οὖν κάθευδε· τὰ δὲ χρέα ταῦτ' ἴcθ' ὅτι
      εἰc τὴν κεφαλὴν ἅπαντα τὴν cὴν τρέψεται.　40
      φεῦ.
      εἴθ' ὤφελ' ἡ προμνήcτρι' ἀπολέcθαι κακῶc,
      ἥτιc με γῆμ' ἐπῆρε τὴν cὴν μητέρα·
      ἐμοὶ γὰρ ἦν ἄγροικοc ἥδιcτοc βίοc
      εὐρωτιῶν, ἀκόρητοc, εἰκῇ κείμενοc,
      βρύων μελίτταιc καὶ προβάτοιc καὶ cτεμφύλοιc.　45
      ἔπειτ' ἔγημα Μεγακλέουc τοῦ Μεγακλέουc
      ἀδελφιδῆν ἄγροικοc ὢν ἐξ ἄcτεωc,
      cεμνήν, τρυφῶcαν, ἐγκεκοιcυρωμένην.
      ταύτην ὅτ' ἐγάμουν, cυγκατεκλινόμην ἐγὼ
      ὄζων τρυγόc, τραcιᾶc, ἐρίων, περιουcίαc,　50
      ἡ δ' αὖ μύρου, κρόκου, καταγλωττιcμάτων,

---

26 τουτὶ R : τοῦτο cett.　　28 ἐλᾷ] ἐλᾷc Hermann, et fortasse legit sch. R　　31 Ἀμυνίᾳ] Ἀμεινίᾳ V　　35 ἐνεχυράcεcθαι V3 et fortasse sch.: -cαcθαι cett.　　37 τιc post δήμαρχοc traiciunt RENL　　40 τρέψεται] cτρέψεται V: cτρέψαι R^{ac}, τρέψαι R^{pc}　　47 ἄcτεωc Dindorf: -εοc codd.: [P7]

ΝΕΦΕΛΑΙ

δαπάνης, λαφυγμοῦ, Κωλιάδος, Γενετυλλίδος.
οὐ μὴν ἐρῶ γ' ὡς ἀργὸς ἦν, ἀλλ' ἐςπάθα.
ἐγὼ δ' ἂν αὐτῇ θοἰμάτιον δεικνὺς τοδὶ
πρόφαςιν ἔφαςκον "ὦ γύναι, λίαν ςπαθᾷς." 55

ΟΙΚΕΤΗC
ἔλαιον ἡμῖν οὐκ ἔνεςτ' ἐν τῷ λύχνῳ.

Cτ. οἴμοι. τί γάρ μοι τὸν πότην ἧπτες λύχνον;
δεῦρ' ἔλθ', ἵνα κλάῃς.

Οι.   διὰ τί δῆτα κλαύςομαι;

Cτ. ὅτι τῶν παχειῶν ἐνετίθεις θρυαλλίδων.
μετὰ ταῦθ', ὅπως νῷν ἐγένεθ' υἱὸς οὑτοςί, 60
ἐμοί τε δὴ καὶ τῇ γυναικὶ τἀγαθῇ,
περὶ τοὐνόματος δὴ 'ντεῦθεν ἐλοιδορούμεθα·
ἡ μὲν γὰρ ἵππον προςετίθει πρὸς τοὔνομα,
Ξάνθιππον ἢ Χαίριππον ἢ Καλλιππίδην,
ἐγὼ δὲ τοῦ πάππου 'τιθέμην Φειδωνίδην. 65
τέως μὲν οὖν ἐκρινόμεθ'· εἶτα τῷ χρόνῳ
κοινῇ ξυνέβημεν κἀθέμεθα Φειδιππίδην.
τοῦτον τὸν υἱὸν λαμβάνουςʼ ἐκορίζετο·
"ὅταν ςὺ μέγας ὢν ἅρμ' ἐλαύνῃς πρὸς πόλιν,
ὥςπερ Μεγακλέης, ξυςτίδ' ἔχων—"· ἐγὼ δ' ἔφην 70
"ὅταν μὲν οὖν τὰς αἶγας ἐκ τοῦ φελλέως,
ὥςπερ ὁ πατήρ ςου, διφθέραν ἐνημμένος—".
ἀλλ' οὐκ ἐπείθετο τοῖς ἐμοῖς οὐδὲν λόγοις,
ἀλλ' ἵππερόν μοι κατέχεεν τῶν χρημάτων.
νῦν οὖν ὅλην τὴν νύκτα φροντίζων ὁδοῦ 75
μίαν ηὗρον ἀτραπὸν δαιμονίως ὑπερφυᾶ,
ἣν ἢν ἀναπείςω τουτονί, ςωθήςομαι.

56 ΟΙΚΕΤΗC Dover: ΘΕΡΑΠΩΝ codd. plerique: ΔΟΥΛΟC EK
58 ἔλθ'] ἴθ' ΝΘ, Su. δ 286, Daubuz   62 δὴ 'ντεῦθεν K et fortasse voluit
R: δὴν ἐντεῦθεν V: ταῦτ' L: δὴ ταῦτ' cett., unde δὴ 'νταῦθ' Reisig: ἐντεῦθεν
codd. recc.   64 Χαίριππον V: Χάριππον fere cett.: Κάλλιππον R
73 ἐπείθετο] ἐπίθετο Thomas Magister   74 μοι E^{pc}KNΘ^{ac}: μου cett.,
Su. ι 528   76 ηὗρον Dindorf: εὗρον codd.

ΑΡΙΣΤΟΦΑΝΟΥΣ

ἀλλ' ἐξεγεῖραι πρῶτον αὐτὸν βούλομαι.
πῶς δῆτ' ἂν ἥδιστ' αὐτὸν ἐπεγείραιμι; πῶς;
Φειδιππίδη, Φειδιππίδιον.

Φε. τί, ὦ πάτερ; 80
Στ. κύσον με καὶ τὴν χεῖρα δὸς τὴν δεξιάν.
Φε. ἰδού. τί ἐστιν;
Στ. εἰπέ μοι, φιλεῖς ἐμέ;
Φε. νὴ τὸν Ποσειδῶ τουτονὶ τὸν ἵππιον.
Στ. μὴ 'μοιγε τοῦτον μηδαμῶς τὸν ἵππιον·
οὗτος γὰρ ὁ θεὸς αἴτιός μοι τῶν κακῶν. 85
ἀλλ' εἴπερ ἐκ τῆς καρδίας μ' ὄντως φιλεῖς,
ὦ παῖ, πιθοῦ.
Φε. τί οὖν πίθωμαι δῆτά σοι;
Στ. ἔκστρεψον ὡς τάχιστα τοὺς σαυτοῦ τρόπους,
καὶ μάνθαν' ἐλθὼν ἃν ἐγὼ παραινέσω.
Φε. λέγε δή, τί κελεύεις;
Στ. καί τι πείσει;
Φε. πείσομαι, 90
νὴ τὸν Διόνυσον.
Στ. δεῦρό νυν ἀπόβλεπε.
ὁρᾷς τὸ θύριον τοῦτο καὶ τῷκίδιον;
Φε. ὁρῶ. τί οὖν τοῦτ' ἐστὶν ἐτεόν, ὦ πάτερ;
Στ. ψυχῶν σοφῶν τοῦτ' ἐστὶ φροντιστήριον.
ἐνταῦθ' ἐνοικοῦσ' ἄνδρες, οἳ τὸν οὐρανὸν 95
λέγοντες ἀναπείθουσιν ὡς ἔστιν πνιγεύς,
κἄστιν περὶ ἡμᾶς οὗτος, ἡμεῖς δ' ἄνθρακες.
οὗτοι διδάσκουσ', ἀργύριον ἤν τις διδῷ,
λέγοντα νικᾶν καὶ δίκαια κἄδικα.
Φε. εἰσὶν δὲ τίνες;
Στ. οὐκ οἶδ' ἀκριβῶς τοὔνομα· 100
μεριμνοφροντισταὶ καλοί τε κἀγαθοί.

79 ἐπεγείραιμι] ἀνεγ- VE^ac   87 πίθωμαι Vv2 (Thomas Magister), Dawes: πείθομαι RV: πιθοῦμαι cett.   88 ἔκστρεψον] ἔκτρεψον EU, fortasse recte   95 ἐνοικοῦσ'] sch. θακοῦσ' legisse suspicatus est Lenting   97 ἄνθρακες Meineke: ἄ- codd.

ΝΕΦΕΛΑΙ

Φε. αἰβοῖ, πονηροί γ'. οἶδα· τοὺς ἀλαζόνας,
τοὺς ὠχριῶντας, τοὺς ἀνυποδήτους λέγεις,
ὧν ὁ κακοδαίμων Cωκράτης καὶ Χαιρεφῶν.
Cτ. ἢ ἤ, cιώπα. μηδὲν εἴπῃς νήπιον. 105
ἀλλ' εἴ τι κήδει τῶν πατρῴων ἀλφίτων,
τούτων γενοῦ μοι, cχαcάμενος τὴν ἱππικήν.
Φε. οὐκ ἂν μὰ τὸν Διόνυcον εἰ δοίης γέ μοι
τοὺς φαcιανοὺς οὓς τρέφει Λεωγόρας.
Cτ. ἴθ', ἀντιβολῶ c', ὦ φίλτατ' ἀνθρώπων ἐμοί, 110
ἐλθὼν διδάcκου.
Φε. καὶ τί cοι μαθήcομαι;
Cτ. εἶναι παρ' αὐτοῖc φαcιν ἄμφω τὼ λόγω,
τὸν κρείττον', ὅcτις ἐcτί, καὶ τὸν ἥττονα.
τούτοιν τὸν ἕτερον τοῖν λόγοιν, τὸν ἥττονα,
νικᾶν λέγοντά φαcι τἀδικώτερα. 115
ἢν οὖν μάθῃς μοι τὸν ἄδικον τοῦτον λόγον,
ἃ νῦν ὀφείλω διὰ cέ, τούτων τῶν χρεῶν
οὐκ ἂν ἀποδοίην οὐδ' ἂν ὀβολὸν οὐδενί.
Φε. οὐκ ἂν πιθοίμην· οὐ γὰρ ἂν τλαίην ἰδεῖν
τοὺς ἱππέας τὸ χρῶμα διακεκναιcμένος. 120
Cτ. οὐκ ἄρα μὰ τὴν Δήμητρα τῶν γ' ἐμῶν ἔδει,
οὔτ' αὐτὸς οὔθ' ὁ ζύγιος οὔθ' ὁ cαμφόρας·
ἀλλ' ἐξελῶ c' ἐς κόρακας ἐκ τῆς οἰκίας.
Φε. ἀλλ' οὐ περιόψεταί μ' ὁ θεῖος Μεγακλέης
ἄνιππον. ἀλλ' εἴcειμι, cοῦ δ' οὐ φροντιῶ. 125
Cτ. ἀλλ' οὐδ' ἐγὼ μέντοι πεcών γε κείcομαι,
ἀλλ' εὐξάμενος τοῖcιν θεοῖς διδάξομαι
αὐτὸς βαδίζων εἰς τὸ φροντιστήριον.
πῶς οὖν γέρων ὢν κἀπιλήcμων καὶ βραδὺς
λόγων ἀκριβῶν cκινδαλάμους μαθήcομαι; 130

104 v. om. R   108 οὐκ] οὐδ' Blaydes   114 v. om. RV
115 τἀδικώτερα] τἀδικώτατα L   122 cαμφόρας] cαπφόρας ΕΚΝ
Θγρ   125 ἀλλ' εἴcειμι] ὄντ', ἀλλ' εἶμι O7, Cobet   127 τοῖcιν
EL : τοῖcι cett.   130 cκινδαλάμους] -άλμους RV : -αλμοὺς ΕΘ

141

ΑΡΙCΤΟΦΑΝΟΥC

ἰτητέον. τί ταῦτ' ἔχων cτραγγεύομαι
ἀλλ' οὐχὶ κόπτω τὴν θύραν; παῖ, παιδίον.

ΜΑΘΗΤΗC

βάλλ' ἐc κόρακαc. τίc ἐcθ' ὁ κόψαc τὴν θύραν;
Cτ. Φείδωνοc υἱὸc Cτρεψιάδηc Κικυννόθεν.
Μα. ἀμαθήc γε νὴ Δί', ὅcτιc οὑτωcὶ cφόδρα   135
ἀπεριμερίμνωc τὴν θύραν λελάκτικαc
καὶ φροντίδ' ἐξήμβλωκαc ἐξηυρημένην.
Cτ. cύγγνωθί μοι· τηλοῦ γὰρ οἰκῶ τῶν ἀγρῶν.
ἀλλ' εἰπέ μοι τὸ πρᾶγμα τοὐξημβλωμένον.
Μα. ἀλλ' οὐ θέμιc πλὴν τοῖc μαθηταῖcιν λέγειν.   140
Cτ. λέγε νυν ἐμοὶ θαρρῶν· ἐγὼ γὰρ οὑτοcὶ
ἥκω μαθητὴc εἰc τὸ φροντιcτήριον.
Μα. λέξω, νομίcαι δὲ ταῦτα χρὴ μυcτήρια.
ἀνήρετ' ἄρτι Χαιρεφῶντα Cωκράτηc
ψύλλαν ὁπόcουc ἄλλοιτο τοὺc αὑτῆc πόδαc.   145
δακοῦcα γὰρ τοῦ Χαιρεφῶντοc τὴν ὀφρῦν
ἐπὶ τὴν κεφαλὴν τὴν Cωκράτουc ἀφήλατο.
Cτ. πῶc δῆτα διεμέτρηcε;
Μα.   δεξιώτατα.
κηρὸν διατήξαc, εἶτα τὴν ψύλλαν λαβὼν
ἐνέβαψεν εἰc τὸν κηρὸν αὐτῆc τὼ πόδε,   150
κᾆτα ψυχείcῃ περιέφυcαν Περcικαί.
ταύταc ὑπολύcαc ἀνεμέτρει τὸ χωρίον.
Cτ. ὦ Ζεῦ βαcιλεῦ, τῆc λεπτότητοc τῶν φρενῶν.
Μα. τί δῆτ' ἄν, ἕτερον εἰ πύθοιο Cωκράτουc
φρόντιcμα;
Cτ.   ποῖον; ἀντιβολῶ, κάτειπέ μοι.   155

131 cτραγγεύομαι] cτραγεύ- RVE^{ac}K   133 βάλλ'] βάλ' V
137 ἐξηυρημένην A, Porson : ἐξευρ- cett.   145 ἄλλοιτο Ks.l.^{ac}Θ^{2}AL,
v.l. ap. Su. ψ 152 et sch. Pind. O. 14.31 : ἄλοιτο cett.   147 alterum τὴν]
τοῦ VKNΘL   148 διεμέτρηcε codd. plerique et fortasse Lucianus Prom.
6 : τοῦτο διεμέτρηcε R : ἐμέτρηcε V : τοῦτ' ἐμέτρηcε L   151 ψυχείcῃ
Ct3, Elmsley : ψυγείcῃ codd., Su. π 1376 : ψυχέντοc Meineke

ΝΕΦΕΛΑΙ

Μα. ἀνήρετ' αὐτὸν Χαιρεφῶν ὁ Σφήττιος
ὁπότερα τὴν γνώμην ἔχοι, τὰς ἐμπίδας
κατὰ τὸ στόμ' ᾄδειν ἢ κατὰ τοὐρροπύγιον.
Στ. τί δῆτ' ἐκεῖνος εἶπε περὶ τῆς ἐμπίδος;   160
Μα. ἔφασκεν εἶναι τοὔντερον τῆς ἐμπίδος
στενόν, διὰ λεπτοῦ δ' ὄντος αὐτοῦ τὴν πνοὴν
βίᾳ βαδίζειν εὐθὺ τοὐρροπυγίου·
ἔπειτα κοῖλον πρὸς στενῷ προσκείμενον
τὸν πρωκτὸν ἠχεῖν ὑπὸ βίας τοῦ πνεύματος.
Στ. σάλπιγξ ὁ πρωκτός ἐστιν ἄρα τῶν ἐμπίδων.   165
ὦ τρισμακάριος τοῦ διεντερεύματος.
ἦ ῥᾳδίως φεύγων ἂν ἀποφύγοι δίκην,
ὅστις δίοιδε τοὔντερον τῆς ἐμπίδος.
Μα. πρώην δέ γε γνώμην μεγάλην ἀφῃρέθη
ὑπ' ἀσκαλαβώτου.
Στ.   τίνα τρόπον; κάτειπέ μοι.   170
Μα. ζητοῦντος αὐτοῦ τῆς σελήνης τὰς ὁδοὺς
καὶ τὰς περιφοράς, εἶτ' ἄνω κεχηνότος
ἀπὸ τῆς ὀροφῆς νύκτωρ γαλεώτης κατέχεσεν.
Στ. ἥσθην γαλεώτῃ καταχέσαντι Σωκράτους.
Μα. ἐχθὲς δέ γ' ἡμῖν δεῖπνον οὐκ ἦν ἑσπέρας.   175
Στ. εἶἑν. τί οὖν πρὸς τἄλφιτ' ἐπαλαμήσατο;
Μα. κατὰ τῆς τραπέζης καταπάσας λεπτὴν τέφραν,
κάμψας ὀβελίσκον, εἶτα διαβήτην λαβὼν
ἐκ τῆς παλαίστρας θοἰμάτιον ὑφείλετο.
Στ. τί δῆτ' ἐκεῖνον τὸν Θαλῆν θαυμάζομεν;   180
ἄνοιγ' ἄνοιγ' ἀνύσας τὸ φροντιστήριον,
καὶ δεῖξον ὡς τάχιστά μοι τὸν Σωκράτη.

156 Χαιρεφῶν] Χαιρεκράτης vel Κλειτοφῶν dubitanter Sommerstein
157 ἔχοι] ἔχει E^{pc}KNΘ^{pc}, v.l. ap. Su. ο 474, sch. ad Lucian. *Musc. laud.* 19
161 διὰ λεπτοῦ RV: διαλέπτου cett. 169 πρώην R, Su. γ 339:
πρῴην cett. 176 εἶἑν Coulon: εἶἑν codd. (sed εἶἑν ut videtur R); non
amplius notatur 178 post hunc v. lacunam statuit Kock
179 θοἰμάτιον] ἱμάτιον sch. R, Demetrius *de eloc.* 125: [P6]: θυλάκιον van
Herwerden 182 Σωκράτη Musurus, O8: -ην cett.

ΑΡΙΣΤΟΦΑΝΟΥΣ

μαθητιῶ γάρ. ἀλλ' ἄνοιγε τὴν θύραν.
ὦ Ἡράκλεις, ταυτὶ ποδαπὰ τὰ θηρία;
Μα. τί ἐθαύμαcας; τῷ coι δοκοῦcιν εἰκέναι; 185
Cτ. τοῖc ἐκ Πύλου ληφθεῖcι, τοῖc Λακωνικοῖc.
ἀτὰρ τί ποτ' εἰc τὴν γῆν βλέπουcιν οὑτοιί;
Μα. ζητοῦcιν οὗτοι τὰ κατὰ γῆc.
Cτ. βολβοὺc ἄρα
ζητοῦcι. μή νυν τοῦτό γ' ἔτι φροντίζετε·
ἐγὼ γὰρ οἶδ' ἵν' εἰcὶ μεγάλοι καὶ καλοί. 190
τί γὰρ οἵδε δρῶcιν οἱ cφόδρ' ἐγκεκυφότεc;
Μα. οὗτοι δ' ἐρεβοδιφῶcιν ὑπὸ τὸν Τάρταρον.
Cτ. τί δῆθ' ὁ πρωκτὸc εἰc τὸν οὐρανὸν βλέπει;
Μα. αὐτὸc καθ' αὑτὸν ἀcτρονομεῖν διδάcκεται.
ἀλλ' εἴcιθ', ἵνα μὴ 'κεῖνοc ὑμῖν ἐπιτύχῃ. 195
Cτ. μήπω γε, μήπω γ'· ἀλλ' ἐπιμεινάντων, ἵνα
αὐτοῖcι κοινώcω τι πραγμάτιον ἐμόν.
Μα. ἀλλ' οὐχ οἷόν τ' αὐτοῖcι πρὸc τὸν ἀέρα
ἔξω διατρίβειν πολὺν ἄγαν ἐcτὶν χρόνον.
Cτ. πρὸc τῶν θεῶν, τί γὰρ τάδ' ἐcτίν; εἰπέ μοι. 200
Μα. ἀcτρονομία μὲν αὑτηί.
Cτ. τουτὶ δὲ τί;
Μα. γεωμετρία.
Cτ. τοῦτ' οὖν τί ἐcτι χρήcιμον;
Μα. γῆν ἀναμετρεῖcθαι.
Cτ. πότερα τὴν κληρουχικήν;
Μα. οὔκ, ἀλλὰ τὴν cύμπαcαν.
Cτ. ἀcτεῖον λέγειc·
τὸ γὰρ cόφιcμα δημοτικὸν καὶ χρήcιμον. 205
Μα. αὕτη δέ cοι γῆc περίοδοc πάcηc. ὁρᾷc;

185 δοκοῦcιν εἰκέναι V: δοκοῦcιν ἐοικέναι fere cett.: δοκοῦc' ἐοικέναι Np1, Bentley   189 τοῦτό γ' ἔτι Reisig: τοῦτό γε RKΘL: τοῦτ' ἔτι VEN: τουτογὶ Porson   192 δ' RKNΘL: γ' VE^{pc} 195 ὑμῖν Bergk e sch.: ἡμῖν codd., Su. ε 428   ἐπιτύχῃ] περιτύχῃ E   198 οἷόν τ'] δέον γ' Θγρ   200 τάδ'] τόδ' V^{pc} 203 ἀναμετρεῖcθαι] -μετρῆcαι N

ΝΕΦΕΛΑΙ

αἵδε μὲν Ἀθῆναι.
Στ.   τί cὺ λέγεις; οὐ πείθομαι,
ἐπεὶ δικαςτὰς οὐχ ὁρῶ καθημένους.
Μα. ὡς τοῦτ' ἀληθῶς Ἀττικὴ τὸ χωρίον.
Στ. καὶ ποῦ Κικυννῆς εἰςιν, οὑμοὶ δημόται;   210
Μα. ἐνταῦθ' ἔνειςιν. ἡ δέ γ' Εὔβοι', ὡς ὁρᾷς,
ἡδὶ παρατέταται μακρὰ πόρρω πάνυ.
Στ. οἶδ'· ὑπὸ γὰρ ἡμῶν παρετάθη καὶ Περικλέους.
ἀλλ' ἡ Λακεδαίμων ποῦ 'ςτιν;
Μα.   ὅπου 'ςτίν; αὑτηί.
Στ. ὡς ἐγγὺς ἡμῶν. τοῦτο μεταφροντίζετε,   215
ταύτην ἀφ' ἡμῶν ἀπαγαγεῖν πόρρω πάνυ.
Μα. ἀλλ' οὐχ οἷόν τε.
Στ.   νὴ Δί', οἰμώξεςθ' ἄρα.
φέρε, τίς γὰρ οὗτος οὑπὶ τῆς κρεμάθρας ἀνήρ;
Μα. αὐτός.
Στ.   τίς αὐτός;
Μα.   Σωκράτης.
Στ.   ὦ Σωκράτης.
ἴθ' οὗτος, ἀναβόηςον αὐτόν μοι μέγα.   220
Μα. αὐτὸς μὲν οὖν cὺ κάλεςον· οὐ γάρ μοι ςχολή.
Στ. ὦ Σώκρατες,
ὦ Σωκρατίδιον.

ΣΩΚΡΑΤΗΣ
                    τί με καλεῖς, ὦ 'φήμερε;
Στ. πρῶτον μὲν ὅτι δρᾷς, ἀντιβολῶ, κάτειπέ μοι.
Σω. ἀεροβατῶ καὶ περιφρονῶ τὸν ἥλιον.   225
Στ. ἔπειτ' ἀπὸ ταρροῦ τοὺς θεοὺς ὑπερφρονεῖς,

---

209 Ἀττικὴ Dobree: Ἀττικὸν codd. et fortasse P6   210 Κικυννῆς Brunck: -υν(ν)εῖς vel -υνῆς codd.   214 prius 'ςτιν] 'ςθ' A   215 μεταφροντίζετε Bentley, cf. sch. R : μέγα φροντίζετε Su. μ 348 : πάνυ φροντίζετε codd.   218 Σωκράτης van Leeuwen, duce anonymo in ed. a. 1670: Σώκρατες codd.   226 ἔπειτ'] κἄπειτ' Planudes ap. Bachmann, Anecdota 2.108   ὑπερφρονεῖς] περιφρονεῖς V

ΑΡΙΣΤΟΦΑΝΟΥΣ

ἀλλ' οὐκ ἀπὸ τῆς γῆς, εἴπερ;
Cω.   οὐ γὰρ ἄν ποτε
ἐξηῦρον ὀρθῶς τὰ μετέωρα πράγματα,
εἰ μὴ κρεμάσας τὸ νόημα καὶ τὴν φροντίδα
λεπτὴν καταμείξας εἰς τὸν ὅμοιον ἀέρα.   230
εἰ δ' ὢν χαμαὶ τἄνω κάτωθεν ἐςκόπουν,
οὐκ ἄν ποθ' ηὗρον· οὐ γὰρ ἀλλ' ἡ γῆ βίᾳ
ἕλκει πρὸς αὑτὴν τὴν ἰκμάδα τῆς φροντίδος.
πάςχει δὲ ταὐτὸ τοῦτο καὶ τὰ κάρδαμα.
Cτ. πῶς φῄς;   235
ἡ φροντὶς ἕλκει τὴν ἰκμάδ' εἰς τὰ κάρδαμα;
ἴθι νυν κατάβηθ', ὦ Cωκρατίδιον, ὡς ἐμέ,
ἵνα με διδάξῃς ὧνπερ οὕνεκ' ἐλήλυθα.
Cω. ἦλθες δὲ κατὰ τί;
Cτ.   βουλόμενος μαθεῖν λέγειν·
ὑπὸ γὰρ τόκων χρῄςτων τε δυςκολωτάτων   240
ἄγομαι, φέρομαι, τὰ χρήματ' ἐνεχυράζομαι.
Cω. πόθεν δ' ὑπόχρεως ςαυτὸν ἔλαθες γενόμενος;
Cτ. νόςος μ' ἐπέτριψεν ἱππική, δεινὴ φαγεῖν.
ἀλλά με δίδαξον τὸν ἕτερον τοῖν cοῖν λόγοιν,
τὸν μηδὲν ἀποδιδόντα. μιcθὸν δ' ὄντιν' ἄν   245
πράττῃ μ', ὀμοῦμαί cοι καταθήςειν τοὺς θεούς.
Cω. ποίους θεοὺς ὀμεῖ cύ; πρῶτον γὰρ θεοὶ
ἡμῖν νόμιςμ' οὐκ ἔςτι.
Cτ.   τῷ γὰρ ὄμνυτ'; ἢ
cιδαρέοιcιν, ὥςπερ ἐν Βυζαντίῳ;
Cω. βούλει τὰ θεῖα πράγματ' εἰδέναι ςαφῶς   250
ἅττ' ἐςτὶν ὀρθῶς;
Cτ. νὴ Δί', εἴπερ ἔςτι γε.
Cω. καὶ ςυγγενέςθαι ταῖς Νεφέλαιςιν εἰς λόγους,

228 ἐξηῦρον Dindorf: ἐξεῦρον codd: non amplius notatur   235 πῶς P6 ut videtur: τί codd.   237 ὡς] εἰς Es.l., N   238 διδάξῃς RN: ἐκδιδάξῃς cett. οὕνεκα] ἕνεκα Vv4   243 ἐπέτριψεν] ἔτριψεν RVΘγρ   248 ἢ huc transp. L: in initio v. 249 praebent vett.: del. Piccolomini   252 ςυγγενέςθαι] ξυγγ- KL

ΝΕΦΕΛΑΙ

   ταῖς ἡμετέραισι δαίμοσιν;
Στ.   μάλιστά γε.
Σω. κάθιζε τοίνυν ἐπὶ τὸν ἱερὸν σκίμποδα.
Στ. ἰδού, κάθημαι.
Σω.   τουτονὶ τοίνυν λαβὲ   255
 τὸν στέφανον.
Στ.   ἐπὶ τί στέφανον; οἴμοι, ὦ Σώκρατες,
 ὥσπερ με τὸν Ἀθάμανθ᾽ ὅπως μὴ θύσετε.
Σω. οὔκ, ἀλλὰ πάντας ταῦτα τοὺς τελουμένους
 ἡμεῖς ποιοῦμεν.
Στ.   εἶτα δὴ τί κερδανῶ;
Σω. λέγειν γενήσει τρῖμμα, κρόταλον, παιπάλη. 260
 ἀλλ᾽ ἔχ᾽ ἀτρεμεί.
Στ.   μὰ τὸν Δί᾽ οὐ ψεύσει γέ με·
 καταπαττόμενος γὰρ παιπάλη γενήσομαι;

Σω. εὐφημεῖν χρὴ τὸν πρεσβύτην καὶ τῆς εὐχῆς ἐπακούειν.
 ὦ δέσποτ᾽ ἄναξ, ἀμέτρητ᾽ Ἀήρ, ὃς ἔχεις τὴν γῆν
  μετέωρον,
 λαμπρός τ᾽ Αἰθήρ, σεμναί τε θεαὶ Νεφέλαι   265
  βροντησικέραυνοι,
 ἄρθητε, φάνητ᾽, ὦ δέσποιναι, τῷ φροντιστῇ μετέωροι.
Στ. μήπω, μήπω γε, πρὶν ἂν τουτὶ πτύξωμαι, μὴ
  καταβρεχθῶ.
 τὸ δὲ μηδὲ κυνῆν οἴκοθεν ἐλθεῖν ἐμὲ τὸν κακοδαίμον᾽
  ἔχοντα.
Σω. ἔλθετε δῆτ᾽, ὦ πολυτίμητοι Νεφέλαι, τῷδ᾽ εἰς
  ἐπίδειξιν·
 εἴτ᾽ ἐπ᾽ Ὀλύμπου κορυφαῖς ἱεραῖς χιονοβλήτοισι 270
  κάθησθε,

---

258 πάντας ταῦτα Reiske: πάντα ταῦτα EKL: ταῦτα πάντα cett.
261 ἀτρεμεί Hermann: -μί RV: -μας cett. 262 interrogationem
agnovit West 263 ἐπακούειν] ὑπ- R^{ac}EKNΘL 268 μηδὲ
EMd1U : μὴ cett., sch. *Vesp.* 445, Eustathius 1542.42, unde κυνέην Salmasius
κακοδαίμον᾽] δύστηνον VN : ταπεινὸν Eustathius

ΑΡΙΣΤΟΦΑΝΟΥΣ

εἴτ' Ὠκεανοῦ πατρὸς ἐν κήποις ἱερὸν χορὸν ἵστατε
Νύμφαις,
εἴτ' ἄρα Νείλου προχοαῖς ὑδάτων χρυςέαις ἀρύτεςθε
πρόχοιςιν,
ἢ Μαιῶτιν λίμνην ἔχετ' ἢ ςκόπελον νιφόεντα
Μίμαντος·
ὑπακούςατε δεξάμεναι θυςίαν καὶ τοῖς ἱεροῖςι χαρεῖςαι.

ΧΟΡΟΣ

ἀέναοι Νεφέλαι, [cτρ.
ἀρθῶμεν φανεραὶ δροcερὰν φύcιν εὐάγητον 276
πατρὸς ἀπ' Ὠκεανοῦ βαρυαχέος
ὑψηλῶν ὀρέων κορυφὰς ἔπι δενδροκόμους, ἵνα 280
τηλεφανεῖς ςκοπιὰς ἀφορώμεθα
καρπούς τ' ἀρδομέναν ἱερὰν χθόνα
καὶ ποταμῶν ζαθέων κελαδήματα
καὶ πόντον κελάδοντα βαρύβρομον·
ὄμμα γὰρ αἰθέρος ἀκάματον ςελαγεῖται 285/6
μαρμαρέαιςιν αὐγαῖς.
ἀλλ' ἀποςειςάμεναι νέφος ὄμβριον
ἀθανάτας ἰδέας ἐπιδώμεθα
τηλεcκόπῳ ὄμματι γαῖαν. 290

Cω. ὦ μέγα ςεμναὶ Νεφέλαι, φανερῶς ἠκούcατέ μου
καλέcαντος.
ἤcθου φωνῆς ἅμα καὶ βροντῆς μυκηςαμένης
θεοcέπτον;

Cτ. καὶ ςέβομαί γ', ὦ πολυτίμητοι, καὶ βούλομαι
ἀνταποπαρδεῖν

272 ἀρύτεςθε Su. a 4067 : ἀρύεςθε codd.   πρόχοιςιν R^ac: πρόχυςιν Su. praeter cod. T : προχόοιςι R^pcVΘγρ: πρόχοιςι EKNΘ: πρόχουςιν cett., Su. cod. T   276 εὐάγητον] εὐάητον R   post hanc vocem add. ἀφεῖcαι U   282 καρπούς] κήπους Wilamowitz   ante ἱερὰν add. θ' codd. praeter VAK^pcMd1   287 μαρμαρέαιςιν V: -έηςιν Md1 : -έαις ἐν cett. 289 ἀθανάτας ἰδέας R : -αις -αις cett.   292 θεόcεπτον Dover, duce Wilamowitz : θεοcέπτου codd., Su. θ 184

ΝΕΦΕΛΑΙ

  πρὸς τὰς βροντάς· οὕτως αὐτὰς τετραμαίνω καὶ
    πεφόβημαι·
  κεἰ θέμις ἐστίν, νυνί γ' ἤδη, κεἰ μὴ θέμις ἐστί,   295
    χεcείω.
Cω. οὐ μὴ cκώψει, μηδὲ ποιήcειc ἅπερ οἱ τρυγοδαίμονεc
    οὗτοι;
  ἀλλ' εὐφήμει· μέγα γάρ τι θεῶν κινεῖται cμῆνοc
    ἀοιδαῖc.

Χο. παρθένοι ὀμβροφόροι,   [ἀντ.
  ἔλθωμεν λιπαρὰν χθόνα Παλλάδοc, εὔανδρον γᾶν   300
  Κέκροποc ὀψόμεναι πολυήρατον·
  οὗ cέβαc ἀρρήτων ἱερῶν, ἵνα μυcτοδόκοc δόμοc
  ἐν τελεταῖc ἁγίαιc ἀναδείκνυται,
  οὐρανίοιc τε θεοῖc δωρήματα,   305
  ναοί θ' ὑψερεφεῖc καὶ ἀγάλματα,
  καὶ πρόcοδοι μακάρων ἱερώταται,
  εὐcτέφανοί τε θεῶν θυcίαι θαλίαι τε
  παντοδαπαῖcιν ὥραιc,   310
  ἦρί τ' ἐπερχομένῳ Βρομία χάριc,
  εὐκελάδων τε χορῶν ἐρεθίcματα
  καὶ μοῦcα βαρύβρομοc αὐλῶν.

Cτ. πρὸc τοῦ Διόc, ἀντιβολῶ cε, φράcον, τίνεc εἴc', ὦ
    Cώκρατεc, αὗται
  αἱ φθεγξάμεναι τοῦτο τὸ cεμνόν; μῶν ἡρῷναί τινέc 315
    εἰcιν;
Cω. ἥκιcτ', ἀλλ' οὐράνιαι Νεφέλαι, μεγάλαι θεαὶ ἀνδράcιν
    ἀργοῖc,
  αἵπερ γνώμην καὶ διάλεξιν καὶ νοῦν ἡμῖν παρέχουcιν

294 τετραμαίνω Su. τ 396: τετρατμαίνω R^{ac}: τετρμμαίνω V: τετρε-
μαίνω cett.: cf. 374 296 cκώψει Elmsley: -ηc codd. ποιήcειc
R: -ηc cett. 299 post λιπαρὰν add. ἐc codd. praeter KL
306 ὑψερεφεῖc K^{pc}: ὑψη- fere cett.: ὑψι- L 310 παντοδαπαῖcιν
Blaydes: -αῖc ἐν vel -αῖcιν ἐν codd.

149

ΑΡΙΣΤΟΦΑΝΟΥΣ

καὶ τερατείαν καὶ περίλεξιν καὶ κροῦcιν καὶ
κατάληψιν.

(Cτ.) ταῦτ' ἄρ' ἀκούcαc' αὐτῶν τὸ φθέγμ' ἡ ψυχή μου
πεπότηται
καὶ λεπτολογεῖν ἤδη ζητεῖ καὶ περὶ καπνοῦ 320
cτενολεcχεῖν
καὶ γνωμιδίῳ γνώμην νύξαc' ἑτέρῳ λόγῳ ἀντιλογῆcαι·
ὥcτ', εἴ πωc ἔcτιν, ἰδεῖν αὐτὰc ἤδη φανερῶc ἐπιθυμῶ.

(Cω.) βλέπε νυν δευρὶ πρὸc τὴν Πάρνηθ'· ἤδη γὰρ ὁρῶ
κατιούcαc
ἡcυχῇ αὐτάc.

(Cτ.) φέρε, ποῦ; δεῖξον.

(Cω.) χωροῦc' αὗται πάνυ πολλαὶ
διὰ τῶν κοίλων καὶ τῶν δαcέων, αὗται πλάγιαι.

(Cτ.) τί τὸ χρῆμα; 325
ὡc οὐ καθορῶ.

(Cω.) παρὰ τὴν εἴcοδον.

(Cτ.) ἤδη νυνὶ μόλιc οὕτωc.

(Cω.) νῦν γέ τοι ἤδη καθορᾷc αὐτάc, εἰ μὴ λημᾷc
κολοκύνταιc.

(Cτ.) νὴ Δί' ἔγωγ', ὦ πολυτίμητοι· πάντα γὰρ ἤδη
κατέχουcιν.

(Cω.) ταύταc μέντοι cὺ θεὰc οὔcαc οὐκ ᾔδειc οὐδ' ἐνόμιζεc;

(Cτ.) μὰ Δί', ἀλλ' ὁμίχλην καὶ δρόcον αὐτὰc ἡγούμην 330
καὶ καπνὸν εἶναι.

(Cω.) οὐ γὰρ μὰ Δί' οἶcθ' ὁτιὴ πλείcτουc αὗται βόcκουcι
cοφιcτάc,
Θουριομάντειc, ἰατροτέχναc,
cφραγιδονυχαργοκομήταc,
κυκλίων τε χορῶν ᾀcματοκάμπταc, ἄνδραc
μετεωροφένακαc,

---

322 φανερῶc] φανερὰc Halbertsma   324 ἡcυχῇ Elmsley: ἡcύχωc
vel ἥcυχοc codd.: ἥcυχα (ταύταc) codd. recc.   326 παρὰ] πρὸc
VE^{pc}N   νυνὶ] νῦν RE^{ac}Θ: νῦν καὶ E^{pc}N   οὕτωc R: ὁρῶ VE^{ac}KΘL: ἀθρῶ
fere cett.   329 ᾔδειc] ᾔδηcθ' Hirschig, fortasse recte

150

ΝΕΦΕΛΑΙ

οὐδὲν δρῶντας βόςκους' ἀργούς, ὅτι ταύτας
μουςοποιοῦςιν.

Cτ. ταῦτ' ἄρ' ἐποίουν "ὑγρᾶν Νεφελᾶν ϲτρεπταίγλαν 335
δάιον ὁρμάν",
"πλοκάμους θ' ἑκατογκεφάλα Τυφῶ", "πρημαινούϲας
τε θυέλλας",
εἶτ' "ἀερίας διερᾶς γαμψοὺς οἰωνοὺς ἀερονηχεῖς",
"ὄμβρους θ' ὑδάτων δροςερᾶν νεφελᾶν"· εἶτ' ἀντ' αὐτῶν
κατέπινον
κεςτρᾶν τεμάχη μεγαλᾶν ἀγαθᾶν κρέα τ' ὀρνίθεια
κιχηλᾶν.
Cω. διὰ μέντοι τάcδ'. οὐχὶ δικαίως;
Cτ. λέξον δή μοι, τί παθοῦςαι, 340
εἴπερ νεφέλαι γ' εἰςὶν ἀληθῶς, θνηταῖς εἴξαςι γυναιξίν;
οὐ γὰρ ἐκεῖναί γ' εἰςὶ τοιαῦται.
Cω. φέρε, ποῖαι γάρ τινές εἰςιν;
Cτ. οὐκ οἶδα ϲαφῶς· εἴξαςιν δ' οὖν ἐρίοιςιν πεπταμένοιςιν,
κοὐχὶ γυναιξίν, μὰ Δί', οὐδ' ὁτιοῦν· αὗται δὲ ῥῖνας
ἔχουςιν.
Cω. ἀπόκριναί νυν ἅττ' ἂν ἔρωμαι.
Cτ. λέγε νυν ταχέως ὅτι βούλει. 345
Cω. ἤδη ποτ' ἀναβλέψας εἶδες νεφέλην κενταύρῳ ὁμοίαν
ἢ παρδάλει ἢ λύκῳ ἢ ταύρῳ;
Cτ. νὴ Δί' ἔγωγ'. εἶτα τί τοῦτο;
Cω. γίγνονται πάνθ' ὅτι βούλονται· κᾆτ' ἢν μὲν ἴδωςι
κομήτην

335 ϲτρεπταίγλαν] -αίγλας R: -αίγλᾶν Θ: -αιγλᾶν codd. recc., v.l. ap. sch. Thomano-Tricliniana: ϲτραπταίγλαν Bentley 337 διερᾶς Reisig: διερὰς codd. γαμψούς ⟨τ'⟩ Par 9, Bentley 339 μεγαλᾶν V, lm. sch. E: μεγάλαν cett. 340 post δὴ add. νῦν codd. praeter KL, sed νῦν K s.l. 343 δ' οὖν] γοῦν VMd1U, Choeroboscus in Theod. 127.4, Et. Magn. 297.19 ἐρίοιςιν Kuster: -οιςι codd., Choeroboscus, Et. Magn., Su. ει 165 -ςιν πεπταμένοιςιν] διαπεπταμένοιςιν Reisig 344 γυναιξίν L, lm. sch. E: -ξί cett. δὲ EL: δέ γε fere cett. 345 ἂν Eᵖᶜ, Daubuz: ἄν c᾽ cett. 347 παρδάλει] πορδάλει VMd1 348 γίγνονται Brunck: γίν- codd. ὅ τι] ὅϲα VMd1

151

ΑΡΙΣΤΟΦΑΝΟΥΣ

ἄγριόν τινα τῶν λαcίων τούτων, οἷόνπερ τὸν
 Ξενοφάντου,
cκώπτουcαι τὴν μανίαν αὐτοῦ κενταύροιc ἤκαcαν 350
αὐτάc.

Cτ. τί γὰρ ἦν ἅρπαγα τῶν δημοcίων κατίδωcι Cίμωνα, τί
 δρῶcιν;
Cω. ἀποφαίνουcαι τὴν φύcιν αὐτοῦ λύκοι ἐξαίφνηc
 ἐγένοντο.
Cτ. ταῦτ' ἄρα, ταῦτα Κλεώνυμον αὗται τὸν ῥίψαcπιν χθὲc
 ἰδοῦcαι,
ὅτι δειλότατον τοῦτον ἑώρων, ἔλαφοι διὰ τοῦτ'
 ἐγένοντο.
Cω. καὶ νῦν γ' ὅτι Κλειcθένη εἶδον, ὁρᾷc, διὰ τοῦτ' 355
 ἐγένοντο γυναῖκεc.
Cτ. χαίρετε τοίνυν, ὦ δέcποιναι· καὶ νῦν, εἴπερ τινὶ κἄλλῳ,
οὐρανομήκη ῥήξατε κἀμοὶ φωνήν, ὦ παμβαcίλειαι.
Χο. χαῖρ', ὦ πρεcβῦτα παλαιογενέc, θηρατὰ λόγων
 φιλομούcων.
cύ τε, λεπτοτάτων λήρων ἱερεῦ, φράζε πρὸc ἡμᾶc ὅ τι
 χρῄζειc·
οὐ γὰρ ἂν ἄλλῳ γ' ὑπακούcαιμεν τῶν νῦν 360
 μετεωροcοφιcτῶν
πλὴν ἢ Προδίκῳ, τῷ μὲν cοφίαc καὶ γνώμηc οὕνεκα,
 cοὶ δέ,
ὅτι βρενθύει τ' ἐν ταῖcιν ὁδοῖc καὶ τὠφθαλμὼ
 παραβάλλειc
κἀνυπόδητοc κακὰ πόλλ' ἀνέχει κἀφ' ἡμῖν
 cεμνοπροcωπεῖc.
Cτ. ὦ γῆ, τοῦ φθέγματοc, ὡc ἱερὸν καὶ cεμνὸν καὶ
 τερατῶδεc.
Cω. αὗται γάρ τοι μόναι εἰcὶ θεαί, τἆλλα δὲ πάντ' ἐcτὶ 365
 φλύαροc.

349 Ξενοφάντου] Ξενοφῶντοc V   355 Κλειcθένη Ε: -νην
cett.   358 παλαιογενέc] παλαιγενέc VEKΘ, sch. RV, Su. π 54
362 παραβάλλειc] -ει ΕΚΘL, Su. β 532   364 cεμνὸν] τερπνὸν VMd1

152

ΝΕΦΕΛΑΙ

Cτ. ὁ Ζεὺς δ' ὑμῖν, φέρε, πρὸς τῆς γῆς, οὑλύμπιος οὐ θεός ἐcτιν;
Cω. ποῖοc Ζεύc; οὐ μὴ ληρήcειc· οὐδ' ἔcτι Ζεύc.
Cτ. τί λέγειc cύ;
ἀλλὰ τίc ὕει; τουτὶ γὰρ ἔμοιγ' ἀπόφηναι πρῶτον ἁπάντων.
Cω. αὗται δήπου· μεγάλοιc δέ c' ἐγὼ cημείοιc αὐτὸ διδάξω.
φέρε, ποῦ γὰρ πώποτ' ἄνευ νεφελῶν ὕοντ' ἤδη   370
τεθέαcαι;
καίτοι χρῆν αἰθρίαc ὕειν αὐτόν, ταύταc δ' ἀποδημεῖν.
Cτ. νὴ τὸν Ἀπόλλω, τοῦτό γέ τοι τῷ νυνὶ λόγῳ εὖ προcέφυcαc·
καίτοι πρότερον τὸν Δί' ἀληθῶc ᾤμην διὰ κοcκίνου οὐρεῖν.
ἀλλ' ὅcτιc ὁ βροντῶν ἐcτι φράcον, τοῦθ' ὅ με ποιεῖ τετραμαίνειν.
Cω. αὗται βροντῶcι κυλινδόμεναι.
Cτ. τῷ τρόπῳ, ὦ πάντα cὺ τολμῶν;   375
Cω. ὅταν ἐμπληcθῶc' ὕδατοc πολλοῦ κἀναγκαcθῶcι φέρεcθαι
κατακριμνάμεναι πλήρειc ὄμβρου δι' ἀνάγκην, εἶτα βαρεῖαι
εἰc ἀλλήλαc ἐμπίπτουcαι ῥήγνυνται καὶ παταγοῦcιν.
Cτ. ὁ δ' ἀναγκάζων ἐcτὶ τίc αὐτάc—οὐχ ὁ Ζεύc;—ὥcτε φέρεcθαι;
Cω. ἥκιcτ', ἀλλ' αἰθέριοc Δῖνοc.
Cτ. Δῖνοc; τουτί μ' ἐλελήθει,   380
ὁ Ζεὺc οὐκ ὤν, ἀλλ' ἀντ' αὐτοῦ Δῖνοc νυνὶ βαcιλεύων.

---

366 ὑμῖν E^ac Ψ, Daubuz, Dobree: ἡμῖν cett.   367 ληρήcειc R s.l.: -cηc cett.   371 post αἰθρίαc add. οὔcηc VMd1, Su. α 3291   372 τῷ νυνὶ] δὴ τῷ νῦν Porson   374 τοῦθ' ὅ VKΘ: τοῦτο RENL   τετραμμαίνειν (sic) V: τετρεμαίνειν cett.: cf. 294   377 κατακριμνάμεναι V: κατακρημ- vel κᾆτα κρημ- cett.

153

ΑΡΙΣΤΟΦΑΝΟΥΣ

ἀτὰρ οὐδέν πω περὶ τοῦ πατάγου καὶ τῆς βροντῆς μ' ἐδίδαξας.

Cω. οὐκ ἤκουςάς μου τὰς νεφέλας ὕδατος μεςτὰς ὅτι φημὶ ἐμπιπτούςας εἰς ἀλλήλας παταγεῖν διὰ τὴν πυκνότητα;

Cτ. φέρε, τουτὶ τῷ χρὴ πιστεύειν;

Cω. ἀπὸ ςαυτοῦ 'γώ ςε διδάξω. 385
ἤδη ζωμοῦ Παναθηναίοις ἐμπληςθεὶς εἶτ' ἐταράχθης τὴν γαςτέρα, καὶ κλόνος ἐξαίφνης αὐτὴν διεκορκορύγηςεν;

Cτ. νὴ τὸν Ἀπόλλω, καὶ δεινὰ ποιεῖ γ' εὐθύς μοι καὶ τετάρακται,
χὤςπερ βροντὴ τὸ ζωμίδιον παταγεῖ καὶ δεινὰ κέκραγεν· 389
ἀτρέμας πρῶτον "παππὰξ παππάξ", κἄπειτ' ἐπάγει "παπαπαππάξ",
χὤταν χέζω, κομιδῇ βροντᾷ "παπαπαππάξ", ὥςπερ ἐκεῖναι.

Cω. ςκέψαι τοίνυν ἀπὸ γαςτριδίου τυννουτουὶ οἷα πέπορδας·
τὸν δ' ἀέρα τόνδ' ὄντ' ἀπέραντον πῶς οὐκ εἰκὸς μέγα βροντᾶν;

Cτ. ταῦτ' ἄρα καὶ τὠνόματ' ἀλλήλοιν βροντὴ καὶ πορδὴ ὁμοίω.
ἀλλ' ὁ κεραυνὸς πόθεν αὖ φέρεται λάμπων πυρί, 395
τοῦτο δίδαξον,
καὶ καταφρύγει βάλλων ἡμᾶς, τοὺς δὲ ζῶντας περιφλεύει;
τοῦτον γὰρ δὴ φανερῶς ὁ Ζεὺς ἵης' ἐπὶ τοὺς ἐπιόρκους.

Cω. καὶ πῶς, ὦ μῶρε ςὺ καὶ Κρονίων ὄζων καὶ βεκκεςέληνε,

382 οὐδέν πω V: οὐδέπω cett.   384 εἰς ἀλλήλας] ἀλλήλαιςι V   πυκνότητα] ὑγρότητα V   387 ἐξαίφνης post αὐτὴν transp. VANU   394 hunc v. Socrati continuant quidam   396 περιφλεύει Blaydes: -φλύει codd. plerique: -φλέγει VEs.l. Θi.l.

ΝΕΦΕΛΑΙ

εἴπερ βάλλει τοὺс ἐπιόρκουс, δῆτ' οὐχὶ Cίμων'
ἐνέπρηсεν
οὐδὲ Κλεώνυμον οὐδὲ Θέωρον; καίτοι сφόδρα γ' 400
εἴс' ἐπίορκοι·
ἀλλὰ τὸν αὑτοῦ γε νεὼν βάλλει καὶ Coύνιον, ἄκρον
Ἀθηνέων
καὶ τὰс δρῦс τὰс μεγάλαс· τί μαθών; οὐ γὰρ δὴ δρῦс γ'
ἐπιορκεῖ.

Cτ. οὐκ οἶδ'· ἀτὰρ εὖ сὺ λέγειν φαίνει. τί γάρ ἐсτιν δῆθ' ὁ
κεραυνόс;

Cω. ὅταν εἰс ταύταс ἄνεμοс ξηρὸс μετεωριсθεὶс
κατακληсθῇ,
ἔνδοθεν αὐτὰс ὥсπερ κύсτιν φυсᾷ, κἄπειθ' ὑπ' 405
ἀνάγκηс
ῥήξαс αὐτὰс ἔξω φέρεται сοβαρὸс διὰ τὴν πυκνότητα,
ὑπὸ τοῦ ῥοίβδου καὶ τῆс ῥύμηс αὐτὸс ἑαυτὸν
κατακαίων.

Cτ. νὴ Δί' ἐγὼ γοῦν ἀτεχνῶс ἔπαθον τουτί ποτε Διαсίοιсιν,
ὀπτῶν γαсτέρα τοῖс сυγγενέсιν, κᾆτ' οὐκ ἔсχων
ἀμελήсαс·
ἡ δ' ἄρ' ἐφυсᾶτ', εἶτ' ἐξαίφνηс διαλακήсαсα πρὸс 410
αὐτὼ
τὠφθαλμώ μου προсετίληсεν καὶ κατέκαυсεν τὸ 411
πρόсωπον.

399 δῆτ' VE^{pc}: πῶс NΘ^{ac}, Su. κ 1379 : πῶс δῆτ' EΘ^{pc}L, Su. c 447, sch. *Ach.* 134   401 Ἀθηνέων Porson : Ἀθηναίων RVEMd1L, sch. Dion. Per. 506 : Ἀθηνῶν KNΘ, Demetrius *de eloc.* 150   402 μαθών RVKs.l. L : παθών EKi.l.NΘγρ   γε VE^{pc}: om. RE^{ac}KNΘL   403 ἐсτιν codd. recc. : ἐсτι cett.   404 κατακληсθῇ Meineke : -κλειсθῇ codd.   407 κατακαίων RV : -κάων codd. plerique   409 ὀπτῶν R : ὤπτων cett.   сυγγενέсιν RL : -сι cett.   ἔсχων ΘL, novit sch. vet. : ἔсχον cett., Su. ο 886   411 προсετίληсεν et κατέκαυсεν RL : -сε ... -сε cett.   post v. 411 traiecit vv. 423–6 Fritzsche

ΑΡΙϹΤΟΦΑΝΟΥϹ

Ϲω. ἄλλο τι δῆτ' οὐ νομιεῖϲ ἤδη θεὸν οὐδένα πλὴν ἅπερ 423
ἡμεῖϲ,
τὸ Χάοϲ τουτὶ καὶ τὰϲ Νεφέλαϲ καὶ τὴν γλῶτταν, τρία
ταυτί;

Ϲτ. οὐδ' ἂν διαλεχθείην γ' ἀτεχνῶϲ τοῖϲ ἄλλοιϲ οὐδ' ἂν 425
ἁπαντῶν·
οὐδ' ἂν θύϲαιμ' οὐδ' ἂν ϲπείϲαιμ', οὐδ' ἐπιθείην 426
λιβανωτόν.

Χο. ὦ τῆϲ μεγάληϲ ἐπιθυμήϲαϲ ϲοφίαϲ ἄνθρωπε παρ' 412
ἡμῶν,
ὡϲ εὐδαίμων ἐν Ἀθηναίοιϲ καὶ τοῖϲ Ἕλληϲι γενήϲει,
εἰ μνήμων εἶ καὶ φροντιϲτὴϲ καὶ τὸ ταλαίπωρον ἔνεϲτιν
ἐν τῇ ψυχῇ, καὶ μὴ κάμνειϲ μήθ' ἑϲτὼϲ μήτε 415
βαδίζων,
μήτε ῥιγῶν ἄχθει λίαν μήτ' ἀριϲτᾶν ἐπιθυμεῖϲ,
οἴνου τ' ἀπέχει καὶ γυμναϲίων καὶ τῶν ἄλλων ἀνοήτων,
καὶ βέλτιϲτον τοῦτο νομίζειϲ, ὅπερ εἰκὸϲ δεξιὸν ἄνδρα,
νικᾶν πράττων καὶ βουλεύων καὶ τῇ γλώττῃ
πολεμίζων.

Ϲτ. ἀλλ' οὕνεκα γε ψυχῆϲ ϲτερρᾶϲ δυϲκολοκοίτου τε 420
μερίμνηϲ
καὶ φειδωλοῦ καὶ τρυϲιβίου γαϲτρὸϲ καὶ
θυμβρεπιδείπνου,
ἀμέλει, θαρρῶν οὕνεκα τούτων ἐπιχαλκεύειν 422
παρέχοιμ' ἄν.

423 ἄλλο τι Grynaeus post Musurum (aliud aliquid Divus): ἀλλ'ὅτι codd.   δῆτ'οὐ E^{pc}NΘ: δῆτ' οὖν VE^{ac}L: δῆτ'οὖν τ'οὐ K: δὴ R   425 γ' RVEΘ^{pc}X: om. cett.   412 ἄνθρωπε] ὦν- RVE   παρ' ἡμῶν] παρ' ἡμῖν V: δικαίωϲ Diog. L. 2.27   413 γενήϲει] διάξειϲ vel διαζῇϲ Diog. L.   414 εἰ ... εἶ] εἰ γὰρ μνήμων Diog. L.   415 ψυχῇ] γνώμῃ Diog. L.   416 μήτε ... μήτ'] μηδὲ ... μηδ' Blaydes   ἀριϲτᾶν] ἀρίϲτων Diog. L.: ἀριϲτῶν Su. τ 954 cod. G   417 οἴνου codd., Diog. L., Su. α 2548: ὕπνου Et. Magn. 394.32   καὶ γυμναϲίων] κἀδηφαγίαϲ Diog. L.   420 οὕνεκα Elmsley: ἕνεκεν codd.: εἵνεκα Bergk   422 οὕνεκα Elmsley: εἵνεκα V: ἕνεκα cett.

ΝΕΦΕΛΑΙ

Χο. λέγε νυν ἡμῖν ὅτι coι δρῶμεν θαρρῶν· ὡc οὐκ   427
    ἀτυχήcειc,
    ἡμᾶc τιμῶν καὶ θαυμάζων καὶ ζητῶν δεξιὸc εἶναι.
Cτ. ὦ δέcποιναι, δέομαι τοίνυν ὑμῶν τουτὶ πάνυ μικρόν,
    τῶν Ἑλλήνων εἶναί με λέγειν ἑκατὸν cταδίοιcιν   430
    ἄριcτον.
Χο. ἀλλ' ἔcται coι τοῦτο παρ' ἡμῶν· ὥcτε τὸ λοιπόν γ' ἀπὸ
    τουδὶ
    ἐν τῷ δήμῳ γνώμαc οὐδεὶc νικήcει πλείοναc ἢ cύ.
Cτ. μὴ 'μοιγε λέγειν γνώμαc μεγάλαc· οὐ γὰρ τούτων
    ἐπιθυμῶ,
    ἀλλ' ὅc' ἐμαυτῷ cτρεψοδικῆcαι καὶ τοὺc χρήcταc
    διολιcθεῖν.
Χο. τεύξει τοίνυν ὧν ἱμείρειc· οὐ γὰρ μεγάλων   435
    ἐπιθυμεῖc.
    ἀλλὰ cεαυτὸν θαρρῶν παράδοc τοῖc ἡμετέροιc
    προπόλοιcιν.
Cτ. δράcω ταῦθ' ὑμῖν πιcτεύcαc· ἡ γὰρ ἀνάγκη με πιέζει
    διὰ τοὺc ἵππουc τοὺc κοππατίαc καὶ τὸν γάμον ὅc μ'
    ἐπέτριψεν.
    νῦν οὖν ἀτεχνῶc ὅ τι βούλονται
    τουτὶ τό γ' ἐμὸν cῶμ' αὐτοῖcιν   440
    παρέχω, τύπτειν, πεινῆν, διψῆν,
    αὐχμεῖν, ῥιγῶν, ἀcκὸν δείρειν,
    εἴπερ τὰ χρέα διαφευξοῦμαι,
    τοῖc τ' ἀνθρώποιc εἶναι δόξω
    θραcύc, εὔγλωττοc, τολμηρόc, ἴτηc,   445
    βδελυρόc, ψευδῶν cυγκολλητήc,
    εὑρηcιεπήc, περίτριμμα δικῶν,
    κύρβιc, κρόταλον, κίναδοc, τρύμη,

431 γ' R^{pc}NL: om. R^{ac}VEKΘ   436 θαρρῶν hic RVE^{pc}N: post παράδοc cett.   439 post οὖν add. χρήcθων codd.: del. Cobet: νῦν οὖν ⟨οὗτοι⟩ χρήcθων Reisig, ⟨μ' οὗτοι⟩ Sommerstein   440 τό γ' ἐμόν] τοὐμὸν Cobet   442 ῥιγῶν Dobree: ῥιγοῦν codd.   δείρειν Scaliger: δέρειν codd. vett.: δαίρειν L

ΑΡΙΣΤΟΦΑΝΟΥΣ

μάcθληc, εἴρων, γλοιόc, ἀλαζών,
κέντρων, μιαρόc, cτρόφιc, ἀργαλέοc,   450
ματιολοιχόc.
ταῦτ' εἴ με καλοῦc' ἀπαντῶντεc,
δρώντων ἀτεχνῶc ὅτι χρῄζουcιν·
κεἰ βούλονται,
νὴ τὴν Δήμητρ' ἔκ μου χορδὴν   455
τοῖc φροντιcταῖc παραθέντων.

Χο. λῆμα μὲν πάρεcτι τῷδέ γ' οὐκ ἄτολμον ἀλλ' ἕτοιμον.
ἴcθι δ' ὡc
ταῦτα μαθὼν παρ' ἐμοῦ κλέοc οὐρανόμηκεc
ἐν βροτοῖcιν ἕξειc.   460/1

Cτ. τί πείcομαι;

Χο. τὸν πάντα χρόνον μετ' ἐμοῦ
ζηλωτότατον βίον ἀνθρώπων διάξειc.   465

Cτ. ἆρά γε τοῦτ' ἄρ' ἐγώ ποτ' ὄψομαι;

Χο. ὥcτε γέ cου
πολλοὺc ἐπὶ ταῖcι θύραιc ἀεὶ καθῆcθαι,
βουλομένουc ἀνακοινοῦcθαί τε καὶ εἰc λόγον ἐλθεῖν   470
πράγματα κἀντιγραφὰc πολλῶν ταλάντων,
ἄξια cῇ φρενὶ cυμβουλευcομένουc μετὰ cοῦ.   475

ἀλλ' ἐγχείρει τὸν πρεcβύτην ὅ τι περ μέλλειc
προδιδάcκειν,
καὶ διακίνει τὸν νοῦν αὐτοῦ καὶ τῆc γνώμηc ἀποπειρῶ.

Cω. ἄγε δή, κάτειπέ μοι cὺ τὸν cαυτοῦ τρόπον,
ἵν' αὐτὸν εἰδὼc ὅcτιc ἐcτὶ μηχανὰc
ἤδη 'πὶ τούτοιc πρόc cε καινὰc προcφέρω.   480

Cτ. τί δέ; τειχομαχεῖν μοι διανοεῖ, πρὸc τῶν θεῶν;

Cω. οὔκ, ἀλλὰ βραχέα cου πυθέcθαι βούλομαι,

---

451 ματιολοιχόc] ματτυολοιχόc Ln5, Bentley   452 ἀπαντῶντεc R: ἀ- cett.   καλοῦc' RK: -οῦcιν V: λέγουc' ΕΝΘ: λέγουcιν L   453 χρῄζουcιν L: -cι cett.   466 ὄψομαι] ἐπόψομαι Su. a 3730   471 ἐc λόγον (sic) L, cf. sch. V: εὐλόγουc V: εἰc λόγουc cett.   480 cε Blaydes: cὲ codd.

ΝΕΦΕΛΑΙ

εἰ μνημονικὸς εἶ.
Cτ. δύο τρόπω, νὴ τὸν Δία.
ἢν μέν γ' ὀφείληταί τί μοι, μνήμων πάνυ·
ἐὰν δ' ὀφείλω cχέτλιοc, ἐπιλήcμων πάνυ. 485
Cω. ἔνεcτι δῆτα μανθάνειν ἐν τῇ φύcει;
Cτ. λέγειν μὲν οὐκ ἔνεcτ', ἀποcτερεῖν δ' ἔνι.
Cω. πῶc οὖν δυνήcει μανθάνειν;
Cτ. ἀμέλει, καλῶc.
Cω. ἄγε νυν ὅπωc, ὅταν τι προβάλωμαι coφὸν
περὶ τῶν μετεώρων, εὐθέωc ὑφαρπάcει. 490
Cτ. τί δαί; κυνηδὸν τὴν coφίαν cιτήcομαι;
Cω. ἄνθρωποc ἀμαθὴc οὑτοcὶ καὶ βάρβαροc.
δέδοικά c', ὦ πρεcβῦτα, μὴ πληγῶν δέει.
φέρ' ἴδω, τί δρᾷc, ἤν τιc cε τύπτῃ;
Cτ. τύπτομαι,
ἔπειτ' ἐπιcχὼν ὀλίγον ἐπιμαρτύρομαι· 495
εἶτ' αὖθιc ἀκαρῆ διαλιπὼν δικάζομαι.
Cω. ἴθι νυν, κατάθου θοἰμάτιον.
Cτ. ἠδίκηκά τι;
Cω. οὔκ, ἀλλὰ γυμνοὺc εἰcιέναι νομίζεται.
Cτ. ἀλλ' οὐχὶ φωράcων ἔγωγ' εἰcέρχομαι.
Cω. κατάθου. τί ληρεῖc;
Cτ. εἰπὲ δή νύν μοι τοδί· 500
ἢν ἐπιμελὴc ὦ καὶ προθύμωc μανθάνω,
τῷ τῶν μαθητῶν ἐμφερὴc γενήcομαι;
Cω. οὐδὲν διοίcειc Χαιρεφῶντοc τὴν φύcιν.
Cτ. οἴμοι κακοδαίμων, ἡμιθνὴc γενήcομαι.
Cω. οὐ μὴ λαλήcειc, ἀλλ' ἀκολουθήcειc ἐμοὶ 505
ἀνύcαc τι δευρὶ θᾶττον.
Cτ. εἰc τὼ χεῖρέ νυν

483 εἶ] ἦ Dobree   484 μέν γ'] μὲν γὰρ RK   485 possis ante cχέτλιοc interpungere   489 προβάλωμαι] προβάλωμαί coι R: προβάλω coι Hirschig   490 ὑφαρπάcει] -ceιc K^{ac}: -cῃc NL   492 ἄνθρωποc van Leeuwen: ἄ- codd.   493 δέει] δέῃ VEKNL   505 λαλήcειc] -cῃc Ri.l., EKNΘ   ἀκολουθήcειc] -cac R^{pc}K^{ac}: -coν Egl.

ΑΡΙϹΤΟΦΑΝΟΥϹ

δός μοι μελιτοῦτταν πρότερον, ὡς δέδοικ' ἐγὼ
εἴϲω καταβαίνων ὥϲπερ εἰϲ Τροφωνίου.

Ϲω. χώρει. τί κυπτάζεις ἔχων περὶ τὴν θύραν;

Χο. ἀλλ' ἴθι χαίρων 510
τῆϲ ἀνδρείαϲ οὕνεκα ταύτηϲ.
εὐτυχία γένοιτο τἀν-
θρώπῳ, ὅτι προήκων
εἰς βαθὺ τῆϲ ἡλικίας
νεωτέροις τὴν φύσιν αὑ- 515
τοῦ πράγμασιν χρωτίζεται
καὶ ϲοφίαν ἐπαϲκεῖ.

ὦ θεώμενοι, κατερῶ πρὸς ὑμᾶς ἐλευθέρως
τἀληθῆ, νὴ τὸν Διόνυϲον τὸν ἐκθρέψαντά με.
οὕτω νικήϲαιμί τ' ἐγὼ καὶ νομιζοίμην ϲοφός, 520
ὡς ὑμᾶς ἡγούμενος εἶναι θεατὰς δεξιοὺς
καὶ ταύτην ϲοφώτατ' ἔχειν τῶν ἐμῶν κωμῳδιῶν,
†πρώτους ἠξίωϲ' ἀναγεῦϲ' ὑμᾶϲ†, ἣ παρέϲχε μοι
ἔργον πλεῖϲτον· εἶτ' ἀνεχώρουν ὑπ' ἀνδρῶν φορτικῶν
ἡττηθεὶς οὐκ ἄξιος ὤν· ταῦτ' οὖν ὑμῖν μέμφομαι 525
τοῖς ϲοφοῖς, ὧν οὕνεκ' ἐγὼ ταῦτ' ἐπραγματευόμην.
ἀλλ' οὐδ' ὣς ὑμῶν ποθ' ἑκὼν προδώϲω τοὺς δεξιούς.
ἐξ ὅτου γὰρ ἐνθάδ' ὑπ' ἀνδρῶν, οἷς ἡδὺ καὶ ψέγειν,
ὁ ϲώφρων τε χὠ καταπύγων ἄριϲτ' ἠκουϲάτην, 529
κἀγώ, παρθένος γὰρ ἔτ' ἦν, κοὐκ ἐξῆν πώ μοι τεκεῖν,
ἐξέθηκα, παῖς δ' ἑτέρα τις λαβοῦς' ἀνείλετο,
ὑμεῖς δ' ἐξεθρέψατε γενναίως κἀπαιδεύϲατε·
ἐκ τούτου μοι πιστὰ παρ' ὑμῶν γνώμης ἔϲθ' ὅρκια.

507 μελιτοῦτταν Θ: μελιττοῦταν cett. 511 οὕνεκα Brunck: εἵνεκα vel ἕνεκα codd. 512–13 γένοιτο τἀνθρώπῳ] γένοιτ' ἀνθρώπῳ VL, Su. χ 551 513 ὅτι] ἐπεὶ Blaydes 515 αὑτοῦ K: αὐ- cett. 516 πράγμαϲιν Hermann: -ϲι codd., Su. χ 551 520 νικήϲαιμί τ' ἐγὼ Bentley: νικήϲαιμ' ἔγωγε codd. 523 πρώτουϲ] πρῶτον Welcker ἀναγεῦϲ'] ἀναδῆϲ' Kaehler 526 οὕνεκ'] εἵνεκ' V 528 οἷϲ] οὓϲ Blaydes ψέγειν van Herwerden: λέγειν codd. 530 ἦν] ἦ Dindorf, fortasse recte 533 ὑμῶν V3 s.l., Sauppe: ὑμῖν cett.

ΝΕΦΕΛΑΙ

νῦν οὖν Ἠλέκτραν κατ' ἐκείνην ἥδ' ἡ κωμῳδία
ζητοῦς' ἦλθ', ἤν πού 'πιτύχῃ θεαταῖς οὕτω ϲοφοῖϲ· 535
γνώϲεται γάρ, ἤνπερ ἴδῃ, τἀδελφοῦ τὸν βόϲτρυχον.
ὡς δὲ ϲώφρων ἐϲτὶ φύϲει ϲκέψαϲθ'· ἥτις πρῶτα μὲν
οὐδὲν ἦλθε ῥαψαμένη ϲκύτινον καθειμένον,
ἐρυθρὸν ἐξ ἄκρου, παχύ, τοῖς παιδίοις ἵν' ᾖ γέλως· 539
οὐδ' ἔϲκωψεν τοὺς φαλακρούς, οὐδὲ κόρδαχ' εἵλκυϲεν,
οὐδὲ πρεϲβύτης ὁ λέγων τἄπη τῇ βακτηρίᾳ
τύπτει τὸν παρόντ', ἀφανίζων πονηρὰ ϲκώμματα,
οὐδ' εἰϲῇξε δᾷδας ἔχους' οὐδ' "ἰοὺ ἰού" βοᾷ,
ἀλλ' αὑτῇ καὶ τοῖς ἔπεϲιν πιϲτεύους' ἐλήλυθεν.
κἀγὼ μὲν τοιοῦτος ἀνὴρ ὢν ποιητὴς οὐ κομῶ, 545
οὐδ' ὑμᾶς ζητῶ 'ξαπατᾶν δὶς καὶ τρὶς ταὔτ' εἰϲάγων,
ἀλλ' αἰεὶ καινὰς ἰδέας εἰϲφέρων ϲοφίζομαι,
οὐδὲν ἀλλήλαιϲιν ὁμοίας καὶ πάϲας δεξιάς·
ὃς μέγιϲτον ὄντα Κλέων' ἔπαιϲ' εἰς τὴν γαϲτέρα
κοὐκ ἐτόλμης' αὖθις ἐπεμπηδῆϲ' αὐτῷ κειμένῳ. 550
οὗτοι δ', ὡς ἅπαξ παρέδωκεν λαβὴν Ὑπέρβολος,
τοῦτον δείλαιον κολετρῶς' ἀεὶ καὶ τὴν μητέρα.
Εὔπολις μὲν τὸν Μαρικᾶν πρώτιϲτον παρείλκυϲεν
ἐκϲτρέψας τοὺς ἡμετέρους Ἱππέας κακὸς κακῶς,
προϲθεὶς αὐτῷ γραῦν μεθύϲην τοῦ κόρδακος 555
οὕνεχ', ἣν
Φρύνιχος πάλαι πεποίηχ', ἣν τὸ κῆτος ἤϲθιεν.
εἶθ' Ἕρμιππος αὖθις ἐποίηϲεν εἰς Ὑπέρβολον,
ἄλλοι τ' ἤδη πάντες ἐρείδουϲιν εἰς Ὑπέρβολον,
τὰς εἰκοὺς τῶν ἐγχέλεων τὰς ἐμὰς μιμούμενοι.
ὅϲτις οὖν τούτοιϲι γελᾷ, τοῖς ἐμοῖς μὴ χαιρέτω· 560
ἢν δ' ἐμοὶ καὶ τοῖϲιν ἐμοῖς εὐφραίνηϲθ' εὑρήμαϲιν,
εἰς τὰς ὥρας τὰς ἑτέρας εὖ φρονεῖν δοκήϲετε.

534 Ἠλέκτραν NΘ²L, lm. sch. rec.: Ἠλέκτρα cett.   538 ϲκύτινον] ϲκυτίον XLn5, Dobree   540 ἔϲκωψεν RV: -ψε cett.   544 ἔπεϲιν L: -ϲι cett.   555–6 οὕνεχ', ἣν Bentley: οὕνεκα, | ἣν codd.   557 ἐποίηϲεν Brunck: ἐποίηϲ' V: πεποίηκεν cett.   558 ἄλλοι Meineke: ἄλλοι codd.   561 τοῖϲιν ἐμοῖς V: τοῖς ἐμοῖϲιν cett.

ΑΡΙΣΤΟΦΑΝΟΥΣ

ὑψιμέδοντα μὲν θεῶν [cτρ.
Ζῆνα τύραννον εἰc χορὸν
πρῶτα μέγαν κικλήcκω· 565
τόν τε μεγαcθενῆ τριαί-
νηc ταμίαν,
γῆc τε καὶ ἁλμυρᾶc θαλάc-
cηc ἄγριον μοχλευτήν·
καὶ μεγαλώνυμον ἡμέτερον πατέρ᾽,
Αἰθέρα cεμνότατον, βιοθρέμμονα πάντων· 570
τόν θ᾽ ἱππονώμαν, ὃc ὑπερ-
λάμπροιc ἀκτῖcιν κατέχει
γῆc πέδον, μέγαc ἐν θεοῖc
ἐν θνητοῖcί τε δαίμων.

ὦ cοφώτατοι θεαταί, δεῦρο τὸν νοῦν προcέχετε. 575
ἠδικημέναι γὰρ ὑμῖν μεμφόμεcθ᾽ ἐναντίον·
πλεῖcτα γὰρ θεῶν ἁπάντων ὠφελούcαιc τὴν πόλιν,
δαιμόνων ἡμῖν μόναιc οὐ θύετ᾽ οὐδὲ cπένδετε,
αἵτινεc τηροῦμεν ὑμᾶc. ἢν γὰρ ᾖ τιc ἔξοδοc
μηδενὶ ξὺν νῷ, τότ᾽ ἢ βροντῶμεν ἢ ψακάζομεν. 580
εἶτα τὸν θεοῖcιν ἐχθρὸν βυρcοδέψην Παφλαγόνα
ἡνίχ᾽ ᾑρεῖcθε cτρατηγόν, τὰc ὀφρῦc ξυνήγομεν
κἀποιοῦμεν δεινά, βροντὴ δ᾽ ἐρράγη δι᾽ ἀcτραπῆc.
ἡ cελήνη δ᾽ ἐξέλειπε τὰc ὁδούc, ὁ δ᾽ ἥλιοc
τὴν θρυαλλίδ᾽ εἰc ἑαυτὸν εὐθέωc ξυνελκύcαc 585
οὐ φανεῖν ἔφαcκεν ὑμῖν, εἰ cτρατηγήcοι Κλέων.
ἀλλ᾽ ὅμωc εἵλεcθε τοῦτον. φαcὶ γὰρ δυcβουλίαν
τῇδε τῇ πόλει προcεῖναι· ταῦτα μέντοι τοὺc θεούc,
ἅττ᾽ ἂν ὑμεῖc ἐξαμάρτητ᾽, ἐπὶ τὸ βέλτιον τρέπειν.
ὡc δὲ καὶ τοῦτο ξυνοίcει ῥᾳδίωc διδάξομεν· 590
ἢν Κλέωνα τὸν λάρον δώρων ἑλόντεc καὶ κλοπῆc

---

572 ἀκτῖcιν L: -cι cett.   575 προcέχετε] πρόccχετε Bentley
577 ὠφελούcαιc] -οῦcαι R   580 ψακάζομεν P7, R: ψεκ- cett.
582 ξυνήγομεν P7, V: cυν- cett.   584 ἐξέλειπεν (sic) U: ἐξέλιπε cett.
586 cτρατηγήcοι P7, sch. E: -cει cett.   588 ταῦτα] πάντα Bentley

162

ΝΕΦΕΛΑΙ

εἶτα φιμώςητε τούτου τῷ ξύλῳ τὸν αὐχένα,
αὖθις εἰς τἀρχαῖον ὑμῖν, εἴ τι κἀξημάρτετε,
ἐπὶ τὸ βέλτιον τὸ πρᾶγμα τῇ πόλει ξυνοίςεται.

ἀμφί μοι αὖτε, Φοῖβ' ἄναξ   [ἀντ.
Δήλιε, Κυνθίαν ἔχων   596
ὑψικέρατα πέτραν·
ἥ τ' Ἐφέςου μάκαιρα πάγ-
χρυςον ἔχεις οἶκον, ἐν ᾧ κόραι ςε Λυ-
δῶν μεγάλως ςέβουςιν,   600
ἥ τ' ἐπιχώριος ἡμετέρα θεὸς
αἰγίδος ἡνίοχος, πολιοῦχος Ἀθάνα,
Παρναςςίαν θ' ὃς κατέχων
πέτραν ςὺν πεύκαις ςελαγεῖ
Βάκχαις Δελφίςιν ἐμπρέπων,   605
κωμαςτὴς Διόνυςος.

ἡνίχ' ἡμεῖς δεῦρ' ἀφορμᾶςθαι παρεςκευάςμεθα,
ἡ ςελήνη ξυντυχοῦς' ἡμῖν ἐπέςτειλεν φράςαι,
πρῶτα μὲν χαίρειν Ἀθηναίοιςι καὶ τοῖς ξυμμάχοις·
εἶτα θυμαίνειν ἔφαςκε· δεινὰ γὰρ πεπονθέναι   610
ὠφελοῦς' ὑμᾶς ἅπαντας οὐ λόγοις ἀλλ' ἐμφανῶς·
πρῶτα μὲν τοῦ μηνὸς εἰς δᾷδ' οὐκ ἔλαττον ἢ δραχμήν,
ὥςτε καὶ λέγειν ἅπαντας ἐξιόντας ἑςπέρας,
"μὴ πρίῃ, παῖ, δᾷδ', ἐπειδὴ φῶς Cεληναίης καλόν."   614
ἄλλα τ' εὖ δρᾶν φηςιν, ὑμᾶς δ' οὐκ ἄγειν τὰς ἡμέρας
οὐδὲν ὀρθῶς, ἀλλ' ἄνω τε καὶ κάτω κυδοιδοπᾶν·
ὥςτ' ἀπειλεῖν φηςιν αὐτῇ τοὺς θεοὺς ἑκάςτοτε,
ἡνίκ' ἂν ψευςθῶςι δείπνου κἀπίωςιν οἴκαδε
τῆς ἑορτῆς μὴ τυχόντες κατὰ λόγον τῶν ἡμερῶν.

593 κἀξημάρτετε P7, V : -τηται cett.   594 ξυνοίςεται] ςυν- RKΘ
604 πεύκαις] -κῃ P7, X : -ης V   ςελαγεῖ] -εῖς N   608 ξυντυχοῦς'
... ἐπέςτειλεν P7 : ςυν- ... -λε codd.   610 εἶτα] κᾆτα codd. recc.
614 Cεληναίης] -νιας P7 : -ναῖον van Herwerden   615 φηςιν] φαςιν
P7   ὑμᾶς δ' οὐκ L^{pc}, Bentley : ὑμᾶς κοὐκ cett. : κοὐκ[ὑμᾶς (sic) P7 ut videtur

ΑΡΙϹΤΟΦΑΝΟΥϹ

κᾆθ' ὅταν θύειν δέῃ, ϲτρεβλοῦτε καὶ δικάζετε· 620
πολλάκιϲ δ' ἡμῶν ἀγόντων τῶν θεῶν ἀπαϲτίαν,
ἡνίκ' ἂν πενθῶμεν ἢ τὸν Μέμνον' ἢ Ϲαρπηδόνα,
ϲπένδεθ' ὑμεῖϲ καὶ γελᾶτ'· ἀνθ' ὧν λαχὼν Ὑπέρβολοϲ
τῆτεϲ ἱερομνημονεῖν κἄπειθ' ὑφ' ἡμῶν τῶν θεῶν
τὸν ϲτέφανον ἀφῃρέθη· μᾶλλον γὰρ οὕτωϲ εἴϲεται 625
κατὰ ϲελήνην ὡϲ ἄγειν χρὴ τοῦ βίου τὰϲ ἡμέραϲ.

Ϲω. μὰ τὴν Ἀναπνοήν, μὰ τὸ Χάοϲ, μὰ τὸν Ἀέρα,
οὐκ εἶδον οὕτωϲ ἄνδρ' ἄγροικον οὐδαμοῦ
οὐδ' ἄπορον οὐδὲ ϲκαιὸν οὐδ' ἐπιλήϲμονα·
ὅϲτιϲ ϲκαλαθυρμάτι' ἄττα μικρὰ μανθάνων 630
ταῦτ' ἐπιλέληϲται πρὶν μαθεῖν· ὅμωϲ γε μὴν
αὐτὸν καλῶ θύραζε δευρὶ πρὸϲ τὸ φῶϲ.
ποῦ Ϲτρεψιάδηϲ; ἕξει τὸν ἀϲκάντην λαβών;

Ϲτ. ἀλλ' οὐκ ἐῶϲί μ' ἐξενεγκεῖν οἱ κόρειϲ.

Ϲω. ἀνύϲαϲ τι κατάθου καὶ πρόϲεχε τὸν νοῦν.

Ϲτ. ἰδού. 635

Ϲω. ἄγε δή, τί βούλει πρῶτα νυνὶ μανθάνειν
ὧν οὐκ ἐδιδάχθηϲ πώποτ' οὐδέν; εἰπέ μοι.
πότερα περὶ μέτρων ἢ περὶ ἐπῶν ἢ ῥυθμῶν;

Ϲτ. περὶ τῶν μέτρων ἔγωγ'· ἔναγχοϲ γάρ ποτε
ὑπ' ἀλφιταμοιβοῦ παρεκόπην διχοινίκῳ. 640

Ϲω. οὐ τοῦτ' ἐρωτῶ ϲ', ἀλλ' ὅτι κάλλιϲτον μέτρον
ἡγεῖ· πότερα τὸ τρίμετρον ἢ τὸ τετράμετρον;

Ϲτ. ἐγὼ μὲν οὐδὲν πρότερον ἡμιέκτεω.

Ϲω. οὐδὲν λέγειϲ, ὤνθρωπε.

Ϲτ. περίδου νυν ἐμοί,
εἰ μὴ τετράμετρόν ἐϲτιν ἡμιέκτεων. 645

---

622 alterum ἢ P7, V: ἢ τὸν cett. 628 οὐδαμοῦ P7, V, Su. c 548: οὐδένα cett. 630 ϲκαλαθυρμάτι'] καλ- P7, R^pcV 631 ταῦτ'] πάντ' Blaydes 638 πότερα] πότερον R περὶ ἐπῶν ἢ ῥυθμῶν REK, cf. sch. in Hephaestionem 83.21 et 179.6 Consbruch: ἐπῶν ἢ περὶ ῥυθμῶν V: περὶ ῥυθμῶν ἢ ἐπῶν ΝΘ: ῥυθμῶν ἢ περὶ ἐπῶν Hermann 640 διχοινίκῳ] -ίκου Blaydes 643 ἡμιέκτεω Dover: -έου codd. 645 ἡμιέκτεων Dover: -τέον REK: -τέου VEs.l. ΝΘ

ΝΕΦΕΛΑΙ

Σω. ἐς κόρακας· ὡς ἄγροικος εἶ καὶ δυσμαθής.
ταχύ γ' ἂν δύναιο μανθάνειν περὶ ῥυθμῶν.

Στ. τί δέ μ' ὠφελήσουσ' οἱ ῥυθμοὶ πρὸς τἄλφιτα;

Σω. πρῶτον μὲν εἶναι κομψὸν ἐν ξυνουσίᾳ,
ἐπαΐειν θ' ὁποῖός ἐστι τῶν ῥυθμῶν   650
κατ' ἐνόπλιον, χὠποῖος αὖ κατὰ δάκτυλον.

Στ. κατὰ δάκτυλον; νὴ τὸν Δί', ἀλλ' οἶδ'.

Σω. εἰπὲ δή.

Στ. {τίς ἄλλος ἀντὶ τουτουὶ τοῦ δακτύλου;}
πρὸ τοῦ μέν, ἔτ' ἐμοῦ παιδὸς ὄντος, οὑτοσί.

Σω. ἀγρεῖος εἶ καὶ σκαιός.

Στ. οὐ γάρ, ὦ ζυρέ,   655
τούτων ἐπιθυμῶ μανθάνειν οὐδέν.

Σω. τί δαί;

Στ. ἐκεῖν' ἐκεῖνο, τὸν ἀδικώτατον λόγον.

Σω. ἀλλ' ἕτερα δεῖ σε πρότερα τούτου μανθάνειν,
τῶν τετραπόδων ἅττ' ἐστὶν ὀρθῶς ἄρρενα.

Στ. ἀλλ' οἶδ' ἔγωγε τἄρρεν', εἰ μὴ μαίνομαι·   660
κριός, τράγος, ταῦρος, κύων, ἀλεκτρυών.

Σω. ὁρᾷς ἃ πάσχεις; τήν τε θήλειαν καλεῖς
ἀλεκτρυόνα κατὰ ταὐτὸ καὶ τὸν ἄρρενα.

Στ. πῶς δή, φέρε;

Σω. πῶς; ἀλεκτρυὼν κἀλεκτρυών.

Στ. νὴ τὸν Ποσειδῶ. νῦν δὲ πῶς με χρὴ καλεῖν;   665

Σω. ἀλεκτρύαιναν, τὸν δ' ἕτερον ἀλέκτορα.

Στ. ἀλεκτρύαιναν; εὖ γε, νὴ τὸν Ἀέρα·

647 ταχύ γ'] τάχα δ' Thomas Magister: ταχὺ δ' lm. sch. EM 649 ξυνουσίᾳ V: cuv- cett.   650 ἐπαΐειν θ' Blaydes, cf. sch.: ἐπαϊειντ R^pc: ἐπαϊοντ R^ac: ἐπαΐειν sch. in Hephaestionem 203.8: εἶτ' ἐπαΐειν cett. 652 verba νὴ τὸν Δία Socrati tribuit Hirschig   653 v. iam van Leeuwenio suspectum eiecit Dover   654 ἔτ' Thomas Magister, L: ἐπ' RVEK: om. NΘ   655 ἀγρεῖος] ἄγροικος Ks.l.NΘs.l.: ἀχρεῖος M^pcΘ^pcL   656 δαί] δή R: δέ L   658 δεῖ σε post τούτου transp. V   πρότερα] πρότερον REK^acΘ   τούτου] τούτων R   661 post hunc v. lacunam statuit Bentley   662 ἅ] ὅ RV   663 κατὰ ταὐτὸ] κατ' αὐτὸ VE^ac: καὶ ταὐτὸ Φ, Hermann

165

ΑΡΙCΤΟΦΑΝΟΥC

ὥcτ' ἀντὶ τούτου τοῦ διδάγματοc μόνου
διαλφιτώcω cου κύκλῳ τὴν κάρδοπον.
Cω. ἰδοὺ μάλ' αὖθιc, τοῦθ' ἕτερον· τὴν κάρδοπον 670
ἄρρενα καλεῖc θήλειαν οὖcαν.
Cτ. τῷ τρόπῳ;
ἄρρενα καλῶ 'γὼ κάρδοπον;
Cω. μάλιcτά γε,
ὥcπερ γε καὶ Κλεώνυμον.
Cτ. πῶc δή; φράcον.
Cω. ταὐτὸν δύναταί cοι κάρδοποc Κλεωνύμῳ.
Cτ. ἀλλ', ὦγάθ', οὐδ' ἦν κάρδοποc Κλεωνύμῳ, 675
ἀλλ' ἐν θυείᾳ cτρογγύλῃ γ' ἀνεμάττετο.
ἀτὰρ τὸ λοιπὸν πῶc με χρὴ καλεῖν;
Cω. ὅπωc;
τὴν καρδόπην, ὥcπερ καλεῖc τὴν Cωcτράτην.
Cτ. τὴν καρδόπην, θήλειαν;
Cω. ὀρθῶc γὰρ λέγειc.
Cτ. ἐκεῖνο δ' ἦν ἂν "καρδόπη Κλεωνύμῃ". 680
Cω. ἔτι δέ γε περὶ τῶν ὀνομάτων μαθεῖν cε δεῖ,
ἅττ' ἄρρεν' ἐcτίν, ἅττα δ' αὐτῶν θήλεα.
Cτ. ἀλλ' οἶδ' ἔγωγ' ἃ θήλε' ἐcτίν.
Cω. εἰπὲ δή.
Cτ. Λύcιλλα, Φίλιννα, Κλειταγόρα, Δημητρία.
Cω. ἄρρενα δὲ ποῖα τῶν ὀνομάτων;
Cτ. μυρία. 685
Φιλόξενοc, Μελησίαc, Ἀμυνίαc.
Cω. ἀλλ' ὦ πόνηρε, ταῦτά γ' ἔcτ' οὐκ ἄρρενα.
Cτ. οὐκ ἄρρεν' ὑμῖν ἐcτιν;
Cω. οὐδαμῶc γ', ἐπεὶ

---

672 'γὼ] 'γὼ τὴν ΕΝΘ: τὴν Brunck   676 γ' om. VK   ἀνεμάτ-
τετο] ἂν ἐμάττετο Δ   679 ὀρθῶc γὰρ] ὀρθότερον ΕΚΝΘL
680 δ' ἦν ἄν] locus difficilis: δύναμαι West: χρῆν ἄρα Blaydes   Κλεωνύμῃ
Ct3 : -ύμῃ cett.   681 ἔτι δέ Θ¹Vp3ᵖᶜ: ἔτι RVEᵃᶜ: ἔτ' ἔτι Eᵖᶜ N: ἔτι Κ : ἔτι
δὴ Θ²L   686 Ἀμυνίαc] Ἀμεινίαc V in linea   688 ὑμῖν Ms.l.
Θᵖᶜ ZL : ἡμῖν cett.

ΝΕΦΕΛΑΙ

πῶς ἂν καλέσειας ἐντυχὼν Ἀμυνίᾳ;
Στ. ὅπως ἄν; ὡδί· "δεῦρο δεῦρ', Ἀμυνία". 690
Σω. ὁρᾷς; γυναῖκα τὴν Ἀμυνίαν καλεῖς.
Στ. οὔκουν δικαίως, ἥτις οὐ στρατεύεται;
ἀτὰρ τί ταῦθ' ἃ πάντες ἴςμεν μανθάνω;
Σω. οὐδέν, μὰ Δί'· ἀλλὰ κατακλινεὶς δευρὶ—
Στ. τί δρῶ;
Σω. ἐκφρόντισόν τι τῶν ςεαυτοῦ πραγμάτων. 695
Στ. μὴ δῆθ', ἱκετεύω, 'νταυθά γ'· ἀλλ' εἴπερ γε χρή,
χαμαί μ' ἔαςον αὐτὰ ταῦτ' ἐκφροντίςαι.
Σω. οὐκ ἔςτι παρὰ ταῦτ' ἄλλα.
Στ. κακοδαίμων ἐγώ.
οἵαν δίκην τοῖς κόρεςι δώςω τήμερον. 699

Χο. φρόντιζε δὴ καὶ διάθρει   [ςτρ.
πάντα τρόπον τε ςαυτὸν
ςτρόβει πυκνώ-
ςας. ταχὺς δ', ὅταν εἰς ἄπορον
πέςῃς, ἐπ' ἄλλο πήδα
νόημα φρενός· ὕπνος δ' ἀπέ-
ςτω γλυκύθυμος ὀμμάτων. 705

Στ. ἀτταταῖ ἀτταταῖ.
Χο. τί πάςχεις; τί κάμνεις;
Στ. ἀπόλλυμαι δείλαιος· ἐκ τοῦ ςκίμποδος
δάκνουςί μ' ἐξέρποντες οἱ Κορίνθιοι, 710
καὶ τὰς πλευρὰς δαρδάπτουςιν
καὶ τὴν ψυχὴν ἐκπίνουςιν
καὶ τοὺς ὄρχεις ἐξέλκουςιν

689 post πῶς add. γ' R   692 ἥτις RV, cf. Hsch. η 948: ὅςτις EKNΘL   696 'νταυθά γ' Dobree (ἐνταῦθά γ' Par 8 et 20): ς' ἐνταῦθα RVEΘ: ς' ἐνθάδ' KNL, lm. sch. U   εἴπερ NZs.l.L.: εἴ cett.   697 αὐτὰ ταῦτ'] ταὐτὰ ταῦτ' Blaydes: an αὐτὰ πάντ'?   706 post hunc v. nihil versibus 810–13 respondere animadvertit sch. ad 700 et 804; lacunam statuit Hermann   711–15 verbis nu ephelcysticum add. Thomas Magister, L: -ςι vett.   712–13 hos vv. inverso ordine praebent RV

ΑΡΙϹΤΟΦΑΝΟΥϹ

     καὶ τὸν πρωκτὸν διορύττουϲιν,
     καί μ' ἀπολοῦϲιν.   715
Χο. μή νυν βαρέωϲ ἄλγει λίαν.
Ϲτ. καὶ πῶϲ; ὅτε μου
     φροῦδα τὰ χρήματα, φρούδη χροιά,
     φρούδη ψυχή, φρούδη δ' ἐμβάϲ·
     καὶ πρὸϲ τούτοιϲ ἔτι τοῖϲι κακοῖϲ   720
     φρουρᾶϲ ᾄδων
     ὀλίγου φροῦδοϲ γεγένημαι.
Ϲω. οὗτοϲ, τί ποιεῖϲ; οὐχὶ φροντίζειϲ;
Ϲτ.   ἐγώ;
     νὴ τὸν Ποϲειδῶ.
Ϲω.   καὶ τί δῆτ' ἐφρόντιϲαϲ;
Ϲτ. ὑπὸ τῶν κόρεων εἴ μού τι περιλειφθήϲεται.   725
Ϲω. ἀπολεῖ κάκιϲτ'.
Ϲτ.   ἀλλ', ὦ 'γάθ', ἀπόλωλ' ἀρτίωϲ.
Χο. οὐ μαλθακιϲτέ', ἀλλὰ περικαλυπτέα.
     ἐξευρετέοϲ γὰρ νοῦϲ ἀποϲτερητικὸϲ
     κἀπαιόλημ'.
Ϲτ.   οἴμοι, τίϲ ἂν δῆτ' ἐπιβάλοι
     ἐξ ἀρνακίδων γνώμην ἀποϲτερητρίδα;   730
Ϲω. φέρε νυν ἀθρήϲω πρῶτον, ὅτι δρᾷ, τουτονί.
     οὗτοϲ, καθεύδειϲ;
Ϲτ.   μὰ τὸν Ἀπόλλω 'γὼ μὲν οὔ.
Ϲω. ἔχειϲ τι;
Ϲτ.   μὰ Δί' οὐ δῆτ' ἔγωγ'.
Ϲω.   οὐδὲν πάνυ;
Ϲτ. οὐδέν γε πλὴν ἢ τὸ πέοϲ ἐν τῇ δεξιᾷ.
Ϲω. οὐκ ἐγκαλυψάμενοϲ ταχέωϲ τι φροντιεῖϲ;   735
Ϲτ. περὶ τοῦ; ϲὺ γάρ μοι τοῦτο φράϲον, ὦ Ϲώκρατεϲ.

720 ἔτι] ἐπι R   κακοῖϲ ENL: κακοῖϲι cett.   727–9a coryphaeo tribuit Willems, Socrati codd.   728 ἐξευρετέοϲ MdIN, Su. π 878 codd. plerique: -ητέοϲ codd. plerique, Su. codd. GM^{pc}: εὑρητέοϲ L   733 οὐ δῆτ'] οὐδὲν EKNΘ, Su. ε 4002, unde οὐδέν γ' Thomas Magister, L

ΝΕΦΕΛΑΙ

Σω. αὐτὸς ὅ τι βούλει πρῶτος ἐξευρὼν λέγε.
Στ. ἀκήκοας μυριάκις ἁγὼ βούλομαι,
περὶ τῶν τόκων, ὅπως ἂν ἀποδῶ μηδενί.
Σω. ἴθι νυν καλύπτου, καὶ cχάcαc τὴν φροντίδα   740
λεπτὴν κατὰ μικρὸν περιφρόνει τὰ πράγματα,
ὀρθῶς διαιρῶν καὶ cκοπῶν.
Στ.   οἴμοι τάλας.
Σω. ἔχ' ἀτρέμα· κἂν ἀπορῇς τι τῶν νοημάτων,
ἀφεὶς ἄπελθε, κᾆτα τῇ γνώμῃ πάλιν
κίνηcον αὖθις αὐτὸ καὶ ζυγώθριcον.   745
Στ. ὦ Σωκρατίδιον φίλτατον.
Σω.   τί, ὦ γέρον;
Στ. ἔχω τόκου γνώμην ἀποcτερητικήν.
Σω. ἐπίδειξον αὐτήν.
Στ.   εἰπὲ δή νύν μοι—
Σω.   τὸ τί;
Στ. γυναῖκα φαρμακίδ' εἰ πριάμενος Θετταλὴν
καθέλοιμι νύκτωρ τὴν cελήνην, εἶτα δὴ   750
αὐτὴν καθείρξαιμ' εἰς λοφεῖον cτρογγύλον,
ὥσπερ κάτροπτον, κᾆτα τηροίην ἔχων—
Σω. τί δῆτα τοῦτ' ἂν ὠφελήcειέν c';
Στ.   ὅ τι;
εἰ μηκέτ' ἀνατέλλοι cελήνη μηδαμοῦ,
οὐκ ἂν ἀποδοίην τοὺς τόκους.
Σω.   ὁτιὴ τί δή;   755
Στ. ὁτιὴ κατὰ μῆνα τἀργύριον δανείζεται.
Σω. εὖ γ'. ἀλλ' ἕτερον αὖ cοι προβαλῶ τι δεξιόν.
εἴ cοι γράφοιτο πεντετάλαντός τις δίκη,
ὅπως ἂν αὐτὴν ἀφανίcειας εἰπέ μοι.

737 πρῶτος] πρῶτον Tzetzes in sch. U, Par 14, Reisig   ἐξευρὼν RV:
-ρεῖν cett.   744 τῇ γνώμῃ Reiske: τὴν γνώμην codd.   πάλιν]
πάλαι RV   748 τὸ τί;] τοδί NZ   752 κάτροπτον Dover e titu-
lis: κάτοπτρον codd.   754 ἀνατέλλοι Θ¹: ἀνατέλλει RVK^ac: ἀντέλλοι
EK^pcNΘ²L   755 ἄν] ἄν γ' E^acKΘL ὁτιὴ RVNZL: τιὴ cett.
756 τἀργύριον] -ια Vc1, novit sch. E

ΑΡΙΣΤΟΦΑΝΟΥΣ

Στ. ὅπως; ὅπως; οὐκ οἶδ᾽· ἀτὰρ ζητητέον. 760
Σω. μή νυν περὶ cαυτὸν εἷλλε τὴν γνώμην ἀεί,
ἀλλ᾽ ἀποχάλα τὴν φροντίδ᾽ εἰc τὸν ἀέρα,
λινόδετον ὥcπερ μηλολόνθην τοῦ ποδόc.
Στ. ηὕρηκ᾽ ἀφάνιcιν τῆc δίκηc cοφωτάτην,
ὥcτ᾽ αὐτὸν ὁμολογεῖν cέ μοι.
Σω.   ποίαν τινά; 765
Στ. ἤδη παρὰ τοῖcι φαρμακοπώλαιc τὴν λίθον
ταύτην ἑόρακαc, τὴν καλήν, τὴν διαφανῆ,
ἀφ᾽ ἧc τὸ πῦρ ἅπτουcι;
Σω.   τὴν ὕαλον λέγειc;
Στ. ἔγωγε. φέρε, τί δῆτ᾽ ἄν, εἰ ταύτην λαβών,
ὁπότε γράφοιτο τὴν δίκην ὁ γραμματεύc, 770
ἀπωτέρω cτὰc ὧδε πρὸc τὸν ἥλιον
τὰ γράμματ᾽ ἐκτήξαιμι τῆc ἐμῆc δίκηc;
Σω. cοφῶc γε, νὴ τὰc Χάριταc.
Στ.   οἴμ᾽, ὡc ἥδομαι
ὅτι πεντετάλαντοc διαγέγραπταί μοι δίκη.
Σω. ἄγε δὴ ταχέωc τουτὶ ξυνάρπαcον.
Στ.   τὸ τί; 775
Σω. ὅπωc ἀποcτρέψαιc ἂν ἀντιδικῶν δίκην,
μέλλων ὀφλήcειν, μὴ παρόντων μαρτύρων.
Στ. φαυλότατα καὶ ῥᾷcτ᾽.
Σω.   εἰπὲ δή.
Στ.   καὶ δὴ λέγω.
εἰ πρόcθεν ἔτι μιᾶc ἐνεcτώcηc δίκηc,
πρὶν τὴν ἐμὴν καλεῖcθ᾽, ἀπαγξαίμην τρέχων. 780
Σω. οὐδὲν λέγειc.
Στ.   νὴ τοὺc θεοὺc ἔγωγ᾽, ἐπεὶ
οὐδεὶc κατ᾽ ἐμοῦ τεθνεῶτοc εἰcάξει δίκην.
Σω. ὑθλεῖc· ἄπερρ᾽, οὐκ ἂν διδαξαίμην c᾽ ἔτι.

761 εἷλλε RVM^pc: ἴλλε EKN: εἷλε L   770 ὁπότε γράφοιτο] ὁπόταν γράφοιτο Su. υ 6: ὁπότ᾽ ἐγγράφοιτο Cobet   776 ἀντιδικῶν] -δίκων V: ἀντιλέγων Richards   783 διδαξαίμην] διδάξαιμ᾽ ἄν Elmsley: διδάξαιμέν Reiske

ΝΕΦΕΛΑΙ

Cτ. ὁτιὴ τί; ναί, πρὸc τῶν θεῶν, ὦ Cώκρατεc.
Cω. ἀλλ' εὐθὺc ἐπιλήθει cύ γ' ἅττ' ἂν καὶ μάθῃc· 785
 ἐπεὶ τί νυνὶ πρῶτον ἐδιδάχθηc; λέγε.
Cτ. φέρ' ἴδω, τί μέντοι πρῶτον ἦν; τί πρῶτον ἦν;
 τίc ἦν ἐν ᾗ ματτόμεθα μέντοι τἄλφιτα;
 οἴμοι, τίc ἦν;
Cω.   οὐκ ἐc κόρακαc ἀποφθερεῖ,
 ἐπιληcμότατον καὶ cκαιότατον γερόντιον; 790
Cτ. οἴμοι. τί οὖν δῆθ' ὁ κακοδαίμων πείcομαι;
 ἀπὸ γὰρ ὀλοῦμαι μὴ μαθὼν γλωττοcτροφεῖν.
 ἀλλ', ὦ Νεφέλαι, χρηcτόν τι cυμβουλεύcατε.
Χο. ἡμεῖc μέν, ὦ πρεcβῦτα, cυμβουλεύομεν,
 εἴ cοι τιc υἱόc ἐcτιν ἐκτεθραμμένοc, 795
 πέμπειν ἐκεῖνον ἀντὶ cαυτοῦ μανθάνειν.
Cτ. ἀλλ' ἔcτ' ἔμοιγ' υἱὸc καλόc τε κἀγαθόc·
 ἀλλ' οὐκ ἐθέλει γὰρ μανθάνειν. τί ἐγὼ πάθω;
Χο. cὺ δ' ἐπιτρέπειc;
Cτ.   εὐcωματεῖ γὰρ καὶ cφριγᾷ,
 κἄcτ' ἐκ γυναικῶν εὐπτέρων καὶ Κοιcύραc. 800
 ἀτὰρ μέτειμί γ' αὐτόν· ἢν δὲ μὴ 'θέλῃ,
 οὐκ ἔcθ' ὅπωc οὐκ ἐξελῶ 'κ τῆc οἰκίαc.
 ἀλλ' ἐπανάμεινόν μ' ὀλίγον εἰcελθὼν χρόνον.

Χο. ἆρ' αἰcθάνει πλεῖcτα δι' ἡ-   [ἀντ.
 μᾶc ἀγάθ' αὐτίχ' ἕξων 805
 μόναc θεῶν;
 ὡc ἕτοιμοc ὅδ' ἐcτὶν ἅπαν-
 τα δρᾶν ὅc' ἂν κελεύῃc.
 cὺ δ' ἀνδρὸc ἐκπεπληγμένου
 καὶ φανερῶc ἐπηρμένου 810
 γνοὺc ἀπολάψειc ὅτι πλεῖcτον δύναcαι

---

786 ἐδιδάχθηc] ἐδιδάcκου Eᵃᶜ ΚΘL   797 ἔcτ' ἔμοιγ'] ἐcτί μοι γ' Thiersch   800 καὶ V: om. R: τῶν ἀπὸ K: τῶν cett., Su. ε 3670, sch.: ὧν (Κοιcύρα) Blaydes   811 ἀπολάψειc] ἀπολέψειc v.l. ap. sch. et Su. α 3379: ἀπολαύcειc Thomas Magister: ἀπολαῦcαι Hermann

ΑΡΙСΤΟΦΑΝΟΥС

ταχέωс· φιλεῖ γάρ πωс τὰ τοι-
αῦθ' ἑτέρᾳ τρέπεсθαι.

Cτ. οὔτοι μὰ τὴν Ὁμίχλην ἔτ' ἐνταυθοῖ μενεῖс·
ἀλλ' ἔсθι' ἐλθὼν τοὺс Μεγακλέουс κίοναс.   815

Φε. ὦ δαιμόνιε, τί χρῆμα πάсχειс, ὦ πάτερ;
οὐκ εὖ φρονεῖс, μὰ τὸν Δία τὸν Ὀλύμπιον.

Cτ. ἰδού γ' ἰδοὺ Δί' Ὀλύμπιον· τῆс μωρίαс,
τὸν Δία νομίζειν ὄντα τηλικουτονί.

Φε. τί δὲ τοῦτ' ἐγέλαсαс ἐτεόν;

Cτ. ἐνθυμούμενοс   820
ὅτι παιδάριον εἶ καὶ φρονεῖс ἀρχαιϊκά.
ὅμωс γε μὴν πρόсελθ', ἵν' εἰδῇс πλείονα,
καί сοι φράсω τι πρᾶγμ', ὃ μαθὼν ἀνὴρ ἔсει.
ὅπωс δὲ τοῦτο μὴ διδάξειс μηδένα.

Φε. ἰδού· τί ἐсτιν;

Cτ. ὤμοсαс νυνὶ Δία.   825

Φε. ἔγωγ'.

Cτ. ὁρᾷс οὖν ὡс ἀγαθὸν τὸ μανθάνειν;
οὐκ ἔсτιν, ὦ Φειδιππίδη, Ζεύс.

Φε. ἀλλὰ τίс;

Cτ. Δῖνοс βαсιλεύει, τὸν Δί' ἐξεληλακώс.

Φε. αἰβοῖ· τί ληρεῖс;

Cτ. ἴсθι τοῦθ' οὕτωс ἔχον.

Φε. τίс φηсι ταῦτα;

Cτ. Cωκράτηс ὁ Μήλιοс   830
καὶ Χαιρεφῶν, ὃс οἶδε τὰ ψυλλῶν ἴχνη.

Φε. сὺ δ' εἰс τοсοῦτον τῶν μανιῶν ἐλήλυθαс
ὥсτ' ἀνδράсιν πείθει χολῶсιν;

Cτ. εὐсτόμει
καὶ μηδὲν εἴπῃс φλαῦρον ἄνδραс δεξιοὺс
καὶ νοῦν ἔχονταс, ὧν ὑπὸ τῆс φειδωλίαс   835

---

813 ἑτέρᾳ Ernesti : ἑτέρα vel ἕτερα codd. plerique : ἑτέρωс NL, Su. φ 317
819 τὸν] τὸ Valckenaer   post ὄντα add.сε MMdI^pc   823 τι om. KNΘL
ὃ Hermann : ὃ сὺ codd.   832 τοсοῦτον] -το RL

ΝΕΦΕΛΑΙ

ἀπεκείρατ᾽ οὐδεὶς πώποτ᾽ οὐδ᾽ ἠλείψατο
οὐδ᾽ εἰς βαλανεῖον ἦλθε λουσόμενος· σὺ δὲ
ὥςπερ τεθνεῶτος καταλόει μου τὸν βίον.
ἀλλ᾽ ὡς τάχιςτ᾽ ἐλθὼν ὑπὲρ ἐμοῦ μάνθανε.

Φε. τί δ᾽ ἂν παρ᾽ ἐκείνων καὶ μάθοι χρηςτόν τις ἄν; 840
Cτ. ἄληθες; ὅςαπέρ ἐςτιν ἀνθρώποις ςοφά·
γνώςει δὲ ςαυτὸν ὡς ἀμαθὴς εἶ καὶ παχύς.
ἀλλ᾽ ἐπανάμεινόν μ᾽ ὀλίγον ἐνταυθοῖ χρόνον.
Φε. οἴμοι· τί δράςω, παραφρονοῦντος τοῦ πατρός;
πότερον παρανοίας αὐτὸν εἰσαγαγὼν ἕλω, 845
ἢ τοῖς ςοροπηγοῖς τὴν μανίαν αὐτοῦ φράςω;
Cτ. φέρ᾽ ἴδω, σὺ τοῦτον τίνα νομίζεις; εἰπέ μοι.
Φε. ἀλεκτρυόνα.
Cτ. καλῶς γε. ταυτηνὶ δὲ τί;
Φε. ἀλεκτρυόν᾽.
Cτ. ἄμφω ταὐτό; καταγέλαςτος εἶ.
μή νυν τὸ λοιπόν, ἀλλὰ τήνδε μὲν καλεῖν 850
ἀλεκτρύαιναν, τουτονὶ δ᾽ ἀλέκτορα.
Φε. ἀλεκτρύαιναν; ταῦτ᾽ ἔμαθες τὰ δεξιὰ
εἴςω παρελθὼν ἄρτι παρὰ τοὺς γηγενεῖς;
Cτ. χἄτερά γε πόλλ᾽· ἀλλ᾽ ὅ τι μάθοιμ᾽ ἑκάςτοτε
ἐπελανθανόμην ἂν εὐθὺς ὑπὸ πλήθους ἐτῶν. 855
Φε. διὰ ταῦτα δὴ καὶ θοἰμάτιον ἀπώλεσας;
Cτ. ἀλλ᾽ οὐκ ἀπολώλεκ᾽, ἀλλὰ καταπεφρόντικα.
Φε. τὰς δ᾽ ἐμβάδας ποῖ τέτροφας, ὦνόητε σύ;
Cτ. ὥςπερ Περικλέης εἰς τὸ δέον ἀπώλεσα.
ἀλλ᾽ ἴθι, βάδιζ᾽, ἴωμεν· εἶτα τῷ πατρὶ 860
πιθόμενος ἐξάμαρτε· κἀγώ τοί ποτε,

---

838 καταλόει μου Bekker: καταλούει μου codd. plerique, Su. κ 632, Choeroboscus: μου καταλούει Θ¹   840 χρηστὸν om. RV   841 ὅσαπέρ ἐστιν E^{pc}: ὅσαπέρ ἐστ᾽ ἐν E^{ac}ΘL: ὅσαπερ N: ὅσα πάρεστιν R: ὅσα πάρεστ᾽ VK   847 τοῦτον ΘL: τουτονὶ cett., quo recepto τί pro τίνα Reisig   νομίζεις] ὀνομάζεις Mehler   849 ταὐτὸ ΘL: ταὐτὸν fere cett.: ταὐτὰ K   855 ἂν RL: om. VEKNΘ   ἐτῶν KL: τῶν ἐτῶν cett.   861 πιθόμενος Bentley: πειθ- codd.

ΑΡΙΣΤΟΦΑΝΟΥΣ

οἶδ', ἐξέτει coι τραυλίcαντι πιθόμενοc·
ὃν πρῶτον ὀβολὸν ἔλαβον ἡλιαcτικόν,
τούτου 'πριάμην coι Διαcίοιc ἁμαξίδα.

Φε. ἦ μὴν cὺ τούτοιc τῷ χρόνῳ ποτ' ἀχθέcει. 865
Cτ. εὖ γ' ὅτι ἐπείcθηc. δεῦρο δεῦρ', ὦ Cώκρατεc,
ἔξελθ'· ἄγω γάρ cοι τὸν υἱὸν τουτονί,
ἄκοντ' ἀναπείcαc.
Cω. νηπύτιοc γάρ ἐcτ' ἔτι,
καὶ τῶν κρεμαcτῶν οὐ τρίβων τῶν ἐνθάδε.
Φε. αὐτὸc τρίβων εἴηc ἄν, εἰ κρέμαιό γε. 870
Cτ. οὐκ ἐc κόρακαc; καταρᾷ cὺ τῷ διδαcκάλῳ;
Cω. ἰδοὺ κρέμαι'· ὡc ἠλίθιον ἐφθέγξατο
καὶ τοῖcι χείλεcιν διερρυηκόcιν.
πῶc ἂν μάθοι ποθ' οὗτοc ἀπόφευξιν δίκηc
ἢ κλῆcιν ἢ χαύνωcιν ἀναπειcτηρίαν; 875
καίτοι ταλάντου τοῦτ' ἔμαθεν Ὑπέρβολοc.
Cτ. ἀμέλει, δίδαcκε. θυμόcοφόc ἐcτιν φύcει·
εὐθύc γε τοι παιδάριον ὂν τυννουτονὶ
ἔπλαττεν ἔνδον οἰκίαc ναῦc τ' ἔγλυφεν
ἁμαξίδαc τε cυκίναc ἠργάζετο, 880
κἀκ τῶν cιδίων βατράχουc ἐποίει, πῶc δοκεῖc;
ὅπωc δ' ἐκείνω τὼ λόγω μαθήcεται,
τὸν κρείττον' ὅcτιc ἐcτὶ καὶ τὸν ἥττονα,
ὃc τἄδικα λέγων ἀνατρέπει τὸν κρείττονα·
ἐὰν δὲ μή, τὸν γοῦν ἄδικον πάcῃ τέχνῃ. 885
Cω. αὐτὸc μαθήcεται παρ' αὐτοῖν τοῖν λόγοιν.

---

862 πιθόμενοc Θ^{pc}, Bentley: πειθ- cett.   869 κρεμαcτῶν sch. RV ad 869, sch. VM ad 870: κρεμαcτρῶν sch. RE ad 870: κρεμαθρῶν vel sim. codd., Su. ν 327, sch. EM ad 869, sch. ad *Vesp.* 1429   872 κρέμαι' Md1, Bentley: κρέμαιό γ' cett.: γε κρέμαι' Reisig   876 ταλάντου τοῦτ'] γε ταλάντου τοῦτ' RV: ταλάντου γ' αὖτ' Reisig   880 ἁμαξίδαc] ἀναξυρίδαc West   cυκίναc Naber: cκυτίναc codd., Su. c 722   883–4 secl. Dobree (883 = 113)   884 λέγων post ἀνατρέπει transp. Reisig   886 αὐτοῖν] ἀμφοῖν Thomas Magister

174

ΝΕΦΕΛΑΙ

ἐγὼ δ' ἀπέcομαι.

Cτ. τοῦτό νυν μέμνηcʼ, ὅπωc
πρὸc πάντα τὰ δίκαιʼ ἀντιλέγειν δυνήcεται.

ΚΡΕΙΤΤΩΝ ΛΟΓΟC
χώρει δευρί, δεῖξον cαυτὸν
τοῖcι θεαταῖc, καίπερ θραcὺc ὤν. 890

ΗΤΤΩΝ ΛΟΓΟC
ἴθʼ ὅποι χρῄζειc· πολὺ γὰρ μᾶλλόν cʼ
ἐν τοῖc πολλοῖcι λέγων ἀπολῶ.

Κρ. ἀπολεῖc cύ; τίc ὤν;
Ητ. λόγοc.
Κρ. ἥττων γʼ ὤν.
Ητ. ἀλλά cε νικῶ τὸν ἐμοῦ κρείττω
φάcκοντʼ εἶναι.
Κρ. τί cοφὸν ποιῶν; 895
Ητ. γνώμαc καινὰc ἐξευρίcκων.
Κρ. ταῦτα γὰρ ἀνθεῖ διὰ τουτουcὶ
τοὺc ἀνοήτουc.
Ητ. οὔκ, ἀλλὰ cοφούc.
Κρ. ἀπολῶ cε κακῶc.
Ητ. εἰπέ, τί ποιῶν;
Κρ. τὰ δίκαια λέγων. 900
Ητ. ἀλλʼ ἀνατρέψω γʼ αὔτʼ ἀντιλέγων·
οὐδὲ γὰρ εἶναι πάνυ φημὶ δίκην.
Κρ. οὐκ εἶναι φῄc;
Ητ. φέρε γάρ, ποῦ ʼcτιν;
Κρ. παρὰ τοῖcι θεοῖc.

887 νυν RMNp1: δʼ οὖν NZL: γοῦν cett. 889 hic ΧΟΡΟΥ praebet V i.m., cf. sch. VE, ΧΟΡ(ΟC) ut videtur R ΚΡΕΙΤΤΩΝ ΛΟΓΟC sch. RVE: ΔΙΚΑΙΟC ΛΟΓΟC codd. hic et infra 891 ΗΤΤΩΝ ΛΟΓΟC sch.: ΑΔΙΚΟC ΛΟΓΟC codd. hic et infra 894 ἀλλά cε νικῶ] cὲ δὲ νικήcω Blaydes 901 ἀνατρέψω] -cτρέψω RV γʼαὔτʼ R: ταῦτʼ cett.

ΑΡΙΣΤΟΦΑΝΟΥΣ

Ητ. πῶς δῆτα δίκης οὔσης ὁ Ζεὺς
οὐκ ἀπόλωλεν, τὸν πατέρ' αὑτοῦ 905
δήσας;
Κρ. αἰβοῖ, τουτὶ καὶ δὴ
χωρεῖ τὸ κακόν· δότε μοι λεκάνην.
Ητ. τυφογέρων εἶ κἀνάρμοστος.
Κρ. καταπύγων εἶ κἀναίσχυντος.
Ητ. ῥόδα μ' εἴρηκας.
Κρ. καὶ βωμολόχος. 910
Ητ. κρίνεσι στεφανοῖς.
Κρ. καὶ πατραλοίας.
Ητ. χρυσῷ πάττων μ' οὐ γιγνώσκεις.
Κρ. οὐ δῆτα πρὸ τοῦ γ', ἀλλὰ μολύβδῳ.
Ητ. νῦν δέ γε κόσμος τοῦτ' ἐστὶν ἐμοί.
Κρ. θρασὺς εἶ πολλοῦ.
Ητ. σὺ δέ γ' ἀρχαῖος. 915
Κρ. διὰ σὲ δὲ φοιτᾶν
οὐδεὶς ἐθέλει τῶν μειρακίων·
καὶ γνωσθήσει ποτ' Ἀθηναίοις
οἷα διδάσκεις τοὺς ἀνοήτους.
Ητ. αὐχμεῖς αἰσχρῶς.
Κρ. σὺ δέ γ' εὖ πράττεις. 920
καίτοι πρότερόν γ' ἐπτώχευες,
Τήλεφος εἶναι Μυσὸς φάσκων,
ἐκ πηριδίου
γνώμας τρώγων Πανδελετείους.
Ητ. ὤμοι σοφίας—
Κρ. ὤμοι μανίας— 925
Ητ. ἧς ἐμνήσθης—
Κρ. τῆς σῆς, πόλεως θ'
ἥτις σε τρέφει

905 ἀπόλωλεν L : -λε cett.   αὑτοῦ sch. rec. : αὐ- cett.   916 διὰ σὲ δὲ RL : διὰ σὲ V : διὰ σὲ δὴ cett.   918 καὶ N : om. cett.   924 Πανδελετείους L, Su. π 171 codd. GM^pc : -τίας V : -τίους cett.   925-6 ἧς ἐμνήσθης hic RVL, ante ὤμοι collocant cett.

176

ΝΕΦΕΛΑΙ

Ητ.	οὐχὶ διδάξεις τοῦτον Κρόνος ὤν.	
Κρ.	εἴπερ γ' αὐτὸν cωθῆναι χρὴ	930
	καὶ μὴ λαλιὰν μόνον ἀcκῆcαι.	
Ητ.	δεῦρ' ἴθι, τοῦτον δ' ἔα μαίνεcθαι.	
Κρ.	κλαύcει, τὴν χεῖρ' ἢν ἐπιβάλλῃc.	
Χο.	παύcαcθε μάχηc καὶ λοιδορίαc.	
	ἀλλ' ἐπίδειξαι cύ τε τοὺc προτέρουc	935
	ἅττ' ἐδίδαcκεc, cύ τε τὴν καινὴν	
	παίδευcιν, ὅπωc ἂν ἀκούcαc cφῶν	
	ἀντιλεγόντοιν κρίναc φοιτᾷ.	
Κρ.	δρᾶν ταῦτ' ἐθέλω.	
Ητ.	κἄγωγ' ἐθέλω.	
Χο.	φέρε δή, πότεροc λέξει πρότεροc;	940
Ητ.	τούτῳ δώcω·	
	κᾆτ' ἐκ τούτων ὧν ἂν λέξῃ	
	ῥηματίοιcιν καινοῖc αὐτὸν	
	καὶ διανοίαιc κατατοξεύcω,	
	τὸ τελευταῖον δ', ἢν ἀναγρύζῃ,	945
	τὸ πρόcωπον ἅπαν καὶ τὠφθαλμὼ	
	κεντούμενοc ὥcπερ ὑπ' ἀνθρηνῶν	
	ὑπὸ τῶν γνωμῶν ἀπολεῖται.	
Χο.	νῦν δείξετον τὼ πιcύνω	[cτρ.
	τοῖc περιδεξίοιcιν	950
	λόγοιcι καὶ φροντίcι καὶ	
	γνωμοτύποιc μερίμναιc,	
	λέγων ἀμείνων πότεροc	

933 ἐπιβάλλῃc codd. recc., Brunck: -βάλλειc NL: -βάλῃc cett. 936 τε] γε RV: [P6]   940 πότεροc P6, R: τίc cett.   πρότεροc Porson: -ον RN: πρότεροc ὑμῶν cett.: [P6]   943 ῥηματίοιcιν RL: -οιcι cett.   945 ἀναγρύζῃ] -γρύξῃ EKNΘL   952 γνωμοτύποιc] -οιcι RV: -αιc EKΘ²   953–4 λέγων ἀμείνων πότεροc Bergk: ὁπότεροc αὐτοῖν λέγων ἀμείνων codd.: ὁπότεροc αὐτοῖν περιὼν dubitanter Sommerstein   ἀμείνων ante λέγων transp. Dover

ΑΡΙΣΤΟΦΑΝΟΥΣ

φανήcεται. νῦν γὰρ ἅπαc
ἐνθάδε κίνδυνοc ἀνεῖται cοφίαc,   955
ἧc πέρι τοῖc ἐμοῖc φίλοιc
ἐcτὶν ἀγὼν μέγιcτοc.

ἀλλ', ὦ πολλοῖc τοὺc πρεcβυτέρουc ἤθεcι χρηcτοῖc
cτεφανώcαc,
ῥῆξον φωνὴν ᾗτινι χαίρειc, καὶ τὴν cαυτοῦ φύcιν   960
εἰπέ.

Κρ. λέξω τοίνυν τὴν ἀρχαίαν παιδείαν ὡc διέκειτο,
ὅτ' ἐγὼ τὰ δίκαια λέγων ἤνθουν καὶ cωφροcύνη
'νενόμιcτο.
πρῶτον μὲν ἔδει παιδὸc φωνὴν γρύξαντοc μηδέν·
ἀκοῦcαι·
εἶτα βαδίζειν ἐν ταῖcιν ὁδοῖc εὐτάκτωc εἰc κιθαριcτοῦ
τοὺc κωμήταc γυμνοὺc ἁθρόουc, κεἰ κριμνώδη   965
κατανείφοι.
εἶτ' αὖ προμαθεῖν ᾆcμ' ἐδίδαcκεν, τὼ μηρὼ μὴ
ξυνέχονταc,
ἢ "Παλλάδα περcέπολιν δεινάν" ἢ "τηλέπορόν τι
βόαμα,"
ἐντειναμένουc τὴν ἁρμονίαν, ἣν οἱ πατέρεc παρέδωκαν.
εἰ δέ τιc αὐτῶν βωμολοχεύcαιτ' ἢ κάμψειέν τινα   969
καμπήν,
οἵαc οἱ νῦν, τὰc κατὰ Φρῦνιν ταύταc τὰc   971
δυcκολοκάμπτουc,
ἐπετρίβετο τυπτόμενοc πολλὰc ὡc τὰc Μούcαc
ἀφανίζων.

954 φανήcεται] γενήcεται V 960 cαυτοῦ] αὐτοῦ RV
963 γρύξαντοc] γρύζοντοc O. Schneider μηδέν'] μηδὲν RV
964 κιθαριcτοῦ] -ιcτάc RV : [P6] 965 κατανείφοι P8 : -νίφοι codd.
966 ἐδίδαcκεν] ἐδίδαξε V 967 περcέπολιν A, sch. K: περcέπτολιν
cett., Stobaeus 2.31.12, Aristides 2.162.8 968 ἐντειναμένουc] -μένηc
RV : [P6 et P8] 969 κάμψειεν P6, v.l. ap. Arist., L : -ειε cett. post hunc v.
inseruit Valckenaer v. ap. Photium et Sudam χ 296 traditum αὐτὸc δείξαc ἔν θ'
ἁρμονίαιc χιάζων ἢ cιφνιάζων (fr. 930 K.-A.)

ΝΕΦΕΛΑΙ

ἐν παιδοτρίβου δὲ καθίζοντας τὸν μηρὸν ἔδει
προβαλέςθαι
τοὺς παῖδας, ὅπως τοῖς ἔξωθεν μηδὲν δείξειαν ἀπηνές·
εἶτ' αὖ πάλιν αὖθις ἀνιςτάμενον ςυμψῆςαι, καὶ   975
προνοεῖςθαι
εἴδωλον τοῖςιν ἐραςταῖςιν τῆς ἥβης μὴ καταλείπειν.
ἠλείψατο δ' ἂν τοὐμφαλοῦ οὐδεὶς παῖς ὑπένερθεν τότ'
ἄν, ὥςτε
τοῖς αἰδοίοιςι δρόςος καὶ χνοῦς ὥςπερ μήλοιςιν
ἐπήνθει·
οὐδ' ἂν μαλακὴν φυραςάμενος τὴν φωνὴν πρὸς τὸν
ἐραςτὴν
αὐτὸς ἑαυτὸν προαγωγεύων τοῖν ὀφθαλμοῖν   980
ἐβάδιζεν,
οὐδ' ἀνελέςθαι δειπνοῦντ' ἐξῆν κεφάλαιον τῆς
ῥαφανῖδος,
οὐδ' ἄννηθον τῶν πρεςβυτέρων ἁρπάζειν οὐδὲ ςέλινον,
οὐδ' ὀψοφαγεῖν, οὐδὲ κιχλίζειν, οὐδ' ἴςχειν τὼ πόδ'
ἐναλλάξ.

Ητ. ἀρχαῖά γε καὶ Διπολιώδη καὶ τεττίγων ἀνάμεςτα
καὶ Κηδείδου καὶ Βουφονίων.

Κρ.   ἀλλ' οὖν ταῦτ' ἐςτὶν ἐκεῖνα   985
ἐξ ὧν ἄνδρας Μαραθωνομάχας ἡμὴ παίδευςις ἔθρεψεν.
ςὺ δὲ τοὺς νῦν εὐθὺς ἐν ἱματίοιςι διδάςκεις
ἐντετυλίχθαι·
ὥςτε μ' ἀπάγχεςθ' ὅταν, ὀρχεῖςθαι Παναθηναίοις δέον
αὐτούς,

975 ἀνιςτάμενον RV : -νους P8, cett., Stobaeus 2.31.12, Su. c 1415 : -νοις P8 s.l.   προνοεῖςθαι RV : προνοῆςαι ΕΚΝΘL   976 ἐραςταῖςιν Toup : -αις(ι) codd., Stobaeus, Su.   980 τοῖν ὀφθαλμοῖν P8 : τοῖς -οις codd., Stobaeus   981 ἀνελέςθαι ΚΘ, Stobaeus : ἂν ἑλέςθαι cett., Su. ρ 55   982 οὐδ' ἄννηθον Dindorf : οὐδ' ἄνηθον RV, Stobaeus, Su.κ 1444, ρ 55 : οὐδ' ἂν ἄνηθον ΕΚΝΘL : [P8]   984 Διπολιώδη Brunck : Διπ- codd., Stobaeus, Su. : [P8]   985 Κηδείδου P8^pc, cf. titulos : Κειδ- Stobaeus : Κηκείδου vel sim. codd.   986 Μαραθωνομάχας VE^ac : -μάχους cett., Aristides 2.95.8, Stobaeus

ΑΡΙΣΤΟΦΑΝΟΥC

τὴν ἀςπίδα τῆς κωλῆς προέχων ἀμελῇ τις
Τριτογενείας.
πρὸς ταῦτ', ὦ μειράκιον, θαρρῶν ἐμὲ τὸν κρείττω   990
λόγον αἱροῦ·
κἀπιςτήςει μιςεῖν ἀγορὰν καὶ βαλανείων ἀπέχεςθαι,
καὶ τοῖς αἰςχροῖς αἰςχύνεςθαι, κἂν ςκώπτῃ τίς ςε
φλέγεςθαι·
καὶ τῶν θάκων τοῖς πρεςβυτέροις ὑπανίςταςθαι
προςιοῦςιν,
καὶ μὴ περὶ τοὺς ςαυτοῦ γονέας ςκαιουργεῖν, ἄλλο τε
μηδὲν
αἰςχρὸν ποιεῖν, ὅ τι τῆς Αἰδοῦς μέλλει τἄγαλμ'   995
ἀναπλήςειν·
μηδ' εἰς ὀρχηςτρίδος εἰςᾴττειν, ἵνα μὴ πρὸς ταῦτα
κεχηνὼς
μήλῳ βληθεὶς ὑπὸ πορνιδίου τῆς εὐκλείας
ἀποθραυςθῇς·
μηδ' ἀντειπεῖν τῷ πατρὶ μηδὲν μηδ' Ἰαπετὸν
καλέςαντα
μνηςικακῆςαι τῆς ἡλικίας ἐξ ἧς ἐνεοττοτροφήθης.

Ητ. εἰ ταῦτ', ὦ μειράκιον, πείςει τούτῳ, νὴ τὸν   1000
Διόνυςον
τοῖς Ἱπποκράτους υἱέςιν εἴξεις, καί ςε καλοῦςι
βλιτομάμμαν.

Κρ. ἀλλ' οὖν λιπαρός γε καὶ εὐανθὴς ἐν γυμναςίοις
διατρίψεις,
οὐ ςτωμύλλων κατὰ τὴν ἀγορὰν τριβολεκτράπελ',
οἷάπερ οἱ νῦν,

989 κωλῆς] αἰδοῦς Stobaeus   τις Ctl^{ac}, Hermann: τῆς cett., Stobaeus
994 περὶ E^{pc}NΘ²L: παρὰ cett.   ςαυτοῦ E^{pc}L: ςεαυτοῦ cett.   995 ὅ
τι] οὗ Henderson   μέλλει interpretatio ap. Su. α 4716, novit sch. E: -εις
codd., Stobaeus, Su.   ἀναπλήςειν codd. vett., Stobaeus, Su.: ἀναπλάςειν L:
alii alia, e.g. (ἀ)λαπάξειν Dover, παλάξειν Sommerstein (παλάςςειν iam
Kock)   996 εἰςᾴττειν R^{pc}, Su. α 4716, ει 232, μ 938, cf. α 3324:
εἰςάγειν R^{ac}E^{ac}KL, Stobaeus: εἰςιέναι cett.   999 τῆς ἡλικίας Blaydes:
τὴν -αν codd., Su. α 4716, ι 41

ΝΕΦΕΛΑΙ

οὐδ' ἑλκόμενος περὶ πραγματίου
γλιςχραντιλογεξεπιτρίπτου·
ἀλλ' εἰς Ἀκαδήμειαν κατιὼν ὑπὸ ταῖς μορίαις   1005
ἀποθρέξει
ςτεφανωςάμενος καλάμῳ λεπτῷ μετὰ ςώφρονος
ἡλικιώτου,
μίλακος ὄζων καὶ ἀπραγμοςύνης καὶ λεύκης
φυλλοβολούςης,
ἦρός θ' ὥρᾳ χαίρων, ὁπόταν πλάτανος πτελέᾳ
ψιθυρίζῃ.
ἢν ταῦτα ποιῇς ἁγὼ φράζω,
καὶ πρὸς τούτοις προςέχῃς τὸν νοῦν,   1010
ἕξεις αἰεὶ
ςτῆθος λιπαρόν, χροιὰν λαμπράν,
ὤμους μεγάλους, γλῶτταν βαιάν,
πυγὴν μεγάλην, πόςθην μικράν.
ἢν δ' ἅπερ οἱ νῦν ἐπιτηδεύῃς,   1015
πρῶτα μὲν ἕξεις
χροιὰν ὠχράν, ὤμους μικρούς,
ςτῆθος λεπτόν, γλῶτταν μεγάλην,
πυγὴν μικράν, {κωλῆν μεγάλην,} ψήφιςμα μακρόν·
καί ς' ἀναπείςει τὸ μὲν αἰςχρὸν ἅπαν   1020
καλὸν ἡγεῖςθαι, τὸ καλὸν δ' αἰςχρόν·
καὶ πρὸς τούτοις τῆς Ἀντιμάχου
καταπυγοςύνης ἀναπλήςει.

1005 Ἀκαδήμειαν anon. ap. Ernesti: -μίαν codd., Stobaeus, Su. μ 1248, sch. Soph. O. C. 701: Ἑκαδημίαν Su. α 774   ἀποθρέξει R, Stobaeus: -εις fere cett., Su. locc. citt., sch. Soph.: ὑποθρέξει E: καταθρέξεις V 1006 λεπτῷ van Leeuwen: λευκῷ EKNΘL, Su., α 774: om. RV 1007 μίλακος] ςμί- Θ², Stobaeus: [P8]   φυλλοβολούςης] -φορούςης Blaydes: -κομούςης Meineke   1008 θ' Sommerstein: ἐν codd. 1010 πρὸς τούτοις προςέχῃς codd.: προςτουτοι[P8: πρὸς τούτοιςιν ἔχῃς Bergk: τούτοιςιν προςέχῃς Meineke: μὴ τούτῳ προςέχῃς Kaehler 1012 λαμπράν] λευκήν RV: [P8]   1017 μικρούς] λευκούς et λεπτούς vv.ll. ap. sch. EM   1019 μικράν] μεγάλην V^ac del. Austin   v. om. KΘ^ac   1023 ἀναπλήςει] κατα- NZ

ΑΡΙΣΤΟΦΑΝΟΥΣ

Χο. ὦ καλλίπυργον σοφίαν [ἀντ.
κλεινοτάτην ἐπασκῶν, 1025
ὡς ἡδύ σου τοῖσι λόγοις
σῶφρον ἔπεστιν ἄνθος.
εὐδαίμονές γ' ἦσαν ἄρ' οἱ
ζῶντες τότ' ἐπὶ τῶν προτέρων·
πρὸς τάδε σ', ὦ κομψοπρεπῆ μοῦσαν ἔχων, 1030
δεῖ σε λέγειν τι καινόν, ὡς
ηὐδοκίμηκεν ἀνήρ.

δεινῶν δέ σοι βουλευμάτων ἔοικε δεῖν πρὸς αὐτόν,
εἴπερ τὸν ἄνδρ' ὑπερβαλεῖ καὶ μὴ γέλωτ' 1035
ὀφλήσεις.

Ητ. καὶ μὴν πάλαι 'γὼ 'πνιγόμην τὰ σπλάγχνα κἀπεθύμουν
ἅπαντα ταῦτ' ἐναντίαις γνώμαισι συνταράξαι.
ἐγὼ γὰρ ἥττων μὲν λόγος δι' αὐτὸ τοῦτ' ἐκλήθην
ἐν τοῖσι φροντισταῖσιν, ὅτι πρώτιστος ἐπενόησα
τοῖσιν νόμοις καὶ ταῖς δίκαις τἀναντί' ἀντιλέξαι. 1040
καὶ τοῦτο πλεῖν ἢ μυρίων ἔστ' ἄξιον στατήρων,
αἱρούμενον τοὺς ἥττονας λόγους ἔπειτα νικᾶν.
σκέψαι δὲ τὴν παίδευσιν ᾗ πέποιθεν, ὡς ἐλέγξω,
ὅστις σε θερμῷ φησὶ λοῦσθαι πρῶτον οὐκ ἐάσειν.
καίτοι τίνα γνώμην ἔχων ψέγεις τὰ θερμὰ 1045
λουτρά;

Κρ. ὁτιὴ κάκιστόν ἐστι καὶ δειλὸν ποιεῖ τὸν ἄνδρα.

Ητ. ἐπίσχες· εὐθὺς γάρ σε μέσον ἔχω λαβὴν ἄφυκτον.

1025 post κλεινοτάτην add. τ' Θ², Thomas Magister, L   1028 γ' Blaydes: δ' codd.   ἦσαν post ἄρ' transp. codd. praeter RVMd1Vb3   1030 τάδε σ' Hall & Geldart: τάδε δ' L: οὖν τάδ' vett.   1033 ηὐδοκίμηκεν Dindorf: εὐ- codd.   ἀνήρ Hermann: ἀ- codd.   1036 πάλαι 'γὼ Bentley: ἔγωγ' RV: πάλαι ἔγωγ' K: πάλαι γ' ἔγωγ' E^{pc}N: πάλαι γ' Thomas Magister: πάλ' ἔγωγ' L   1040 καὶ] ἐν Kock   1046 δειλὸν Thomas Magister, L: δειλότατον vett.   ποιεῖ τὸν ἄνδρα] ἄνδρα ποιεῖ Reisig   τὸν] τιν' Blaydes; sententiam interruptam esse possis credere   1047 μέσον post ἔχω transp. Su. ε 3522, lm. sch. E, Zonaras 924   λαβὴν W. H. Thompson: λαβὼν codd., Su.

ΝΕΦΕΛΑΙ

καί μοι φράσον· τῶν τοῦ Διὸς παίδων τίν' ἄνδρ' ἄριστον
ψυχὴν νομίζεις, εἰπέ, καὶ πλείστους πόνους πονῆσαι;
Κρ. ἐγὼ μὲν οὐδέν' Ἡρακλέους βελτίον' ἄνδρα κρίνω. 1050
Ητ. ποῦ ψυχρὰ δῆτα πώποτ' εἶδες Ἡράκλεια λουτρά;
καίτοι τίς ἀνδρειότερος ἦν;
Κρ.   ταῦτ' ἐcτὶ ταῦτ' ἐκεῖνα,
ἃ τῶν νεανίcκων ἀεὶ δι' ἡμέρας λαλούντων
πλῆρες τὸ βαλανεῖον ποιεῖ, κενὰς δὲ τὰς παλαίστρας.
Ητ. εἶτ' ἐν ἀγορᾷ τὴν διατριβὴν ψέγεις· ἐγὼ δ' ἐπαινῶ.
εἰ γὰρ πονηρὸν ἦν, Ὅμηρος οὐδέποτ' ἂν ἐποίει 1056
τὸν Νέστορ' ἀγορητὴν ἄν, οὐδὲ τοὺς σοφοὺς ἅπαντας.
ἄνειμι δῆτ' ἐντεῦθεν εἰς τὴν γλῶτταν, ἣν ὁδὶ μὲν
οὔ φησι χρῆναι τοὺς νέους ἀcκεῖν· ἐγὼ δέ φημι.
καὶ cωφρονεῖν αὖ φησι χρῆναι· δύο κακὼ μεγίστω. 1059
ἐπεὶ cὺ διὰ τὸ cωφρονεῖν τῷ πώποτ' εἶδες ἤδη
ἀγαθόν τι γενόμενον; φράσον, καί μ' ἐξέλεγξον εἰπών.
Κρ. πολλοῖς. ὁ γοῦν Πηλεὺς ἔλαβε διὰ τοῦτο τὴν μάχαιραν.
Ητ. μάχαιραν; ἀστεῖόν γε κέρδος ἔλαβεν ὁ κακοδαίμων.
Ὑπέρβολος δ' οὐκ τῶν λύχνων πλεῖν ἢ τάλαντα πολλὰ
εἴληφε διὰ πονηρίαν, ἀλλ' οὐ μὰ Δί' οὐ μάχαιραν. 1066
Κρ. καὶ τὴν Θέτιν γ' ἔγημε διὰ τὸ cωφρονεῖν ὁ Πηλεύς.
Ητ. κᾆτ' ἀπολιποῦcά γ' αὐτὸν ᾤχετ'· οὐ γὰρ ἦν ὑβριστὴς
οὐδ' ἡδὺς ἐν τοῖς στρώμαcιν τὴν νύκτα παννυχίζειν·
γυνὴ δὲ cιναμωρουμένη χαίρει· cὺ δ' εἶ 1070
Κρόνιππος.
σκέψαι γάρ, ὦ μειράκιον, ἐν τῷ cωφρονεῖν ἅπαντα
ἄνεστιν, ἡδονῶν θ' ὅσων μέλλεις ἀποcτερεῖσθαι,
παίδων, γυναικῶν, κοττάβων, ὄψων, πότων,
καχασμῶν.

1048 παίδων om. RV   1063 τοῦτο] αὐτὸ Porson   1064 γε]
τὸ RΘ : γε τὸ N   1065 οὐκ Reisig: οὐκ RV: οὐκ ἐκ fere cett.
1066 εἴληφε Sommerstein, cf. titulos: εἴ- codd.; non amplius notatur
1069 cτρώμασιν Θ²L: -cι cett.   1073 καχασμῶν R : κιχλιcμῶν cett.

ΑΡΙΣΤΟΦΑΝΟΥΣ

καίτοι τί coι ζῆν ἄξιον, τούτων ἐὰν cτερηθῇc;
εἶέν. πάρειμ' ἐντεῦθεν εἰc τὰc τῆc φύcεωc   1075
ἀνάγκαc.
ἥμαρτεc, ἠράcθηc, ἐμοίχευcάc τι, κᾆτ' ἐλήφθηc·
ἀπόλωλαc· ἀδύνατοc γὰρ εἶ λέγειν. ἐμοὶ δ' ὁμιλῶν
χρῶ τῇ φύcει, cκίρτα, γέλα, νόμιζε μηδὲν αἰcχρόν.
μοιχὸc γὰρ ἢν τύχῃc ἁλούc, τάδ' ἀντερεῖc πρὸc αὐτόν,
ὡc οὐδὲν ἠδίκηκαc· εἶτ' εἰc τὸν Δί' ἐπανενεγκεῖν,   1080
κἀκεῖνοc ὡc ἥττων ἔρωτόc ἐcτι καὶ γυναικῶν·
καίτοι cὺ θνητὸc ὢν θεοῦ πῶc μεῖζον ἂν δύναιο;

Κρ. τί δ' ἢν ῥαφανιδωθῇ πιθόμενόc coι τέφρᾳ τε τιλθῇ;
ἕξει τινὰ γνώμην λέγειν τὸ μὴ εὐρύπρωκτοc εἶναι;
Ητ. ἢν δ' εὐρύπρωκτοc ᾖ, τί πείcεται κακόν;   1085
Κρ. τί μὲν οὖν ἂν ἔτι μεῖζον πάθοι τούτου ποτέ;
Ητ. τί δῆτ' ἐρεῖc, ἢν τοῦτο νικηθῇc ἐμοῦ;
Κρ. cιγήcομαι. τί δ' ἄλλο;
Ητ.   φέρε δή μοι φράcον·
cυνηγοροῦcιν ἐκ τίνων;
Κρ. ἐξ εὐρυπρώκτων.
Ητ.   πείθομαι.   1090
τί δαί; τραγῳδοῦc' ἐκ τίνων;
Κρ. ἐξ εὐρυπρώκτων.
Ητ.   εὖ λέγειc.
δημηγοροῦcι δ' ἐκ τίνων;
Κρ. ἐξ εὐρυπρώκτων.
Ητ.   ἆρα δῆτ'
ἔγνωκαc ὡc οὐδὲν λέγειc;   1095
καὶ τῶν θεατῶν ὁπότεροι
πλείουc cκόπει.
Κρ.   καὶ δὴ cκοπῶ.
Ητ. τί δῆθ' ὁρᾷc;

1076 κᾆτ' ἐλήφθηc Bentley: κατε- fere codd.   1080 ἠδίκηκαc] -ηcαc E^{ac}KNΘL   1083 πιθόμενοc Θ: πειθ- cett.   1084 τινα] τίνα KΘ¹, lm. sch. E   1093 δημηγοροῦcι δ' R: δημαγωγοῦcι δ' fere cett.: καὶ δημαγωγοῦc' L

ΝΕΦΕΛΑΙ

Κρ. πολὺ πλείονας, νὴ τοὺς θεούς,
τοὺς εὐρυπρώκτους· τουτονὶ
γοῦν οἶδ' ἐγὼ κἀκεινονὶ
καὶ τὸν κομήτην τουτονί. 1100
Ητ. τί δῆτ' ἐρεῖς;
Κρ. ἡττήμεθ'· ὦ κινούμενοι,
πρὸς τῶν θεῶν δέξασθέ μου
θοἰμάτιον, ὡς
ἐξαυτομολῶ πρὸς ὑμᾶς.
Ητ. τί δῆτα; πότερα τοῦτον ἀπάγεσθαι λαβὼν 1105
βούλει τὸν υἱόν, ἢ διδάσκω σοι λέγειν;
Ϲτ. δίδασκε καὶ κόλαζε, καὶ μέμνησ' ὅπως
εὖ μοι στομώσεις αὐτόν, ἐπὶ μὲν θάτερα
οἷον δικιδίοις, τὴν δ' ἑτέραν αὐτοῦ γνάθον
στόμωσον οἵαν εἰς τὰ μείζω πράγματα. 1110
Ητ. ἀμέλει, κομιεῖ τοῦτον σοφιστὴν δεξιόν.
Φε. ὠχρὸν μὲν οὖν οἶμαί γε καὶ κακοδαίμονα.
Χο. χωρεῖτέ νυν. οἶμαι δὲ σοὶ
ταῦτα μεταμελήσειν.

τοὺς κριτὰς ἃ κερδανοῦσιν, ἤν τι τόνδε τὸν χορὸν 1115
ὠφελῶσ' ἐκ τῶν δικαίων, βουλόμεσθ' ἡμεῖς φράσαι.
πρῶτα μὲν γάρ, ἢν νεᾶν βούλησθ' ἐν ὥρᾳ τοὺς ἀγρούς,
ὕσομεν πρώτοισιν ὑμῖν, τοῖσι δ' ἄλλοις ὕστερον.
εἶτα τὰς καρπὸν τεκούσας ἀμπέλους φυλάξομεν,
ὥστε μήτ' αὐχμὸν πιέζειν μήτ' ἄγαν ἐπομβρίαν. 1120
ἢν δ' ἀτιμάσῃ τις ἡμᾶς θνητὸς ὢν οὔσας θεάς,
προσεχέτω τὸν νοῦν, πρὸς ἡμῶν οἷα πείσεται κακά,
λαμβάνων οὔτ' οἶνον οὔτ' ἄλλ' οὐδὲν ἐκ τοῦ χωρίου.

1105–6, 1111 ita tribuunt sch., Socrati codd.   1105 πότερα]
πότερον ΕΚΝΘL   1106 σοι RVNL: τὸ ΕΚΘ: δὴ Thomas Magister
1108 στομώσεις] -σῃς RVN, Su. c 1138   θάτερα] θατέραν Ε
1109 οἷον sch. V: οἵαν codd., Su.   1110 οἵαν] οἷον RV
1113 χωρεῖτε ΕΚ: χώρει cett.   1116 ἡμεῖς RV: ὑμεῖς Κ: ὑμῖν ΕΘL:
ἡμῖν Ν   1119 τὰς Sommerstein: τὸν codd.

185

ΑΡΙΣΤΟΦΑΝΟΥΣ

ἡνίκ' ἂν γὰρ αἵ τ' ἐλαῖαι βλαστάνωϲ' αἵ τ' ἄμπελοι,
ἀποκεκόψονται· τοιαύταιϲ ϲφενδόναιϲ παιήϲομεν. 1125
ἢν δὲ πλινθεύοντ' ἴδωμεν, ὕϲομεν καὶ τοῦ τέγουϲ
τὸν κέραμον αὐτοῦ χαλάζαιϲ ϲτρογγύλαιϲ
ϲυντρίψομεν.
κἂν γαμῇ ποτ' αὐτὸϲ ἢ τῶν ξυγγενῶν τιϲ ἢ φίλων,
ὕϲομεν τὴν νύκτα πᾶϲαν· ὥϲτ' ἴϲωϲ βουλήϲεται
κἂν ἐν Αἰγύπτῳ τυχεῖν ὢν μᾶλλον ἢ κρῖναι 1130
κακῶϲ.

Ϲτ. πέμπτη, τετράϲ, τρίτη, μετὰ ταύτην δευτέρα,
εἶθ', ἣν ἐγὼ μάλιϲτα παϲῶν ἡμερῶν
δέδοικα καὶ πέφρικα καὶ βδελύττομαι,
εὐθὺϲ μετὰ ταύτην ἔϲθ' ἕνη τε καὶ νέα.
πᾶϲ γάρ τιϲ ὀμνύϲ, οἷϲ ὀφείλων τυγχάνω, 1135
θείϲ μοι πρυτανεῖ' ἀπολεῖν μέ φηϲι κἀξολεῖν,
ἐμοῦ τε μέτρια καὶ δίκαι' αἰτουμένου,
"ὦ δαιμόνιε, τὸ μέν τι νυνὶ μὴ λάβῃϲ,
τὸ δ' ἀναβαλοῦ μοι, τὸ δ' ἄφεϲ", οὔ φαϲίν ποτε
οὕτωϲ ἀπολήψεϲθ', ἀλλὰ λοιδοροῦϲί με 1140
ὡϲ ἄδικόϲ εἰμι, καὶ δικάϲεϲθαί φαϲί μοι.
νῦν οὖν δικαζέϲθων· ὀλίγον γάρ μοι μέλει,
εἴπερ μεμάθηκεν εὖ λέγειν Φειδιππίδηϲ.
τάχα δ' εἴϲομαι κόψαϲ τὸ φροντιϲτήριον.
παῖ, ἠμί, παῖ παῖ.
Ϲω. Ϲτρεψιάδην ἀϲπάζομαι. 1145
Ϲτ. κἄγωγέ ϲ'. ἀλλὰ τουτονὶ πρῶτον λαβέ·
χρὴ γὰρ ἐπιθαυμάζειν τι τὸν διδάϲκαλον.
καί μοι τὸν υἱὸν εἰ μεμάθηκε τὸν λόγον
ἐκεῖνον, εἴφ', ὃν ἀρτίωϲ εἰϲήγαγεϲ.

1124 ἂν UL: om. cett. 1127 αὐτοῦ] αὐτῷ Blaydes
1128 τιϲ ἢ van Herwerden (1862): ἢ τῶν fere codd.: ἤ τιϲ τῶν Md1ᵃᶜVs1
1135 ὀμνύϲ EᵖᶜK: ὄμνυϲ' cett. 1137 ἐμοῦ τε μέτρια Green: ἐμοῦ
μέτριά τε fere codd.: κἀμοῦ μέτριά τε V3 1138 μὴ λάβῃϲ] μὲν
λαβέ Blaydes: μοι λαβέ Naber 1141 δικάϲεϲθαι Θ: -ϲαϲθαι cett.

ΝΕΦΕΛΑΙ

Cω. μεμάθηκεν.
Cτ. εὖ γ', ὦ παμβαcίλει' Ἀπαιόλη. 1150
Cω. ὥcτ' ἀποφύγοιc ἂν ἥντιν' ἂν βούλῃ δίκην.
Cτ. κεἰ μάρτυρεc παρῆcαν ὅτ' ἐδανειζόμην;
Cω. πολλῷ γε μᾶλλον, κἂν παρῶcι χίλιοι.
Cτ. βοάcομαι τἄρα τὰν ὑπέρτονον
βοάν. ἰώ, κλάετ', ὠβολοcτάται 1155
αὐτοί τε καὶ τἀρχαῖα χοἰ τόκοι τόκων·
οὐδὲν γὰρ ἄν με φλαῦρον ἐργάcαιcθ' ἔτι,
οἷοc ἐμοὶ τρέφεται
τοῖcδ' ἐνὶ δώμαcι παῖc,
ἀμφήκει γλώττῃ λάμπων, 1160
πρόβολοc ἐμόc, cωτὴρ δόμοιc, ἐχθροῖc βλάβη,
λυcανίαc πατρῴων μεγάλων κακῶν·
ὃν κάλεcον τρέχων ἔνδοθεν ὡc ἐμέ.
ὦ τέκνον, ὦ παῖ, ἔξελθ' οἴκων, 1165
ἄιε cοῦ πατρόc.
Cω. ὅδ' ἐκεῖνοc ἀνήρ.
Cτ. ὦ φίλοc, ὦ φίλοc.
Cω. ἄπιθι λαβών.
Cτ. ἰὼ ἰώ, τέκνον. 1170
ἰοὺ ἰού.
ὡc ἥδομαί cου πρῶτα τὴν χροιὰν ἰδών.
νῦν μέν γ' ἰδεῖν εἶ πρῶτον ἐξαρνητικὸc
κἀντιλογικόc, καὶ τοῦτο τοὐπιχώριον
ἀτεχνῶc ἐπανθεῖ, τὸ "τί λέγειc cύ;" καὶ δοκεῖν
ἀδικοῦντ' ἀδικεῖcθαι, καὶ κακουργοῦντ', οἶδ' ὅτι· 1175
ἐπὶ τοῦ προcώπου τ' ἐcτὶν Ἀττικὸν βλέποc.

1154 τἄρα R: γὰρ V: γ' ἄρα cett.   1156 χοἰ Blaydes: καὶ codd.
1157 ἐργάcαιcθ' M: -cεcθ' fere cett.: -ηcθ' L   1161 βλάβῃ RV, Su. ι
483: ἀνιαρόc cett.   1164 τρέχων post ἔνδοθεν transp. RV
1169 λαβών Dover: λαβὼν τὸν υἱόν cου RV: cὺ λαβών EKNΘL cυλλαβών
Thomas Magister: cφε λαβών Sommerstein   1170 post τέκνον add. ἰώ
V   1176 hunc v. fortasse secludendum censuit Dover   Ἀττικὸν]
τἀττικὸν Su. τ 585 codd. GV

187

ΑΡΙϹΤΟΦΑΝΟΥϹ

νῦν οὖν ὅπωϲ ϲώϲειϲ μ᾿, ἐπεὶ κἀπώλεϲαϲ.
Φε. φοβεῖ δὲ δὴ τί;
Ϲτ. τὴν ἕνην τε καὶ νέαν.
Φε. ἕνη γάρ ἐϲτι καὶ νέα τιϲ ἡμέρα;
Ϲτ. εἰϲ ἥν γε θήϲειν τὰ πρυτανεῖά φαϲί μοι. 1180
Φε. ἀπολοῦϲ᾿ ἄρ᾿ αὔθ᾿ οἱ θέντεϲ. οὐ γάρ ἐϲθ᾿ ὅπωϲ
μί᾿ ἡμέρα γένοιτ᾿ ἂν ἡμέραι δύο.
Ϲτ. οὐκ ἂν γένοιτο;
Φε. πῶϲ γάρ; εἰ μή περ γ᾿ ἅμα
αὐτὴ γένοιτ᾿ ἂν γραῦϲ τε καὶ νέα γυνή.
Ϲτ. καὶ μὴν νενόμιϲταί γ᾿.
Φε. οὐ γάρ, οἶμαι, τὸν νόμον 1185
ἴϲαϲιν ὀρθῶϲ ὅ τι νοεῖ.
Ϲτ. νοεῖ δὲ τί;
Φε. ὁ Ϲόλων ὁ παλαιὸϲ ἦν φιλόδημοϲ τὴν φύϲιν.
Ϲτ. τουτὶ μὲν οὐδέν πω πρὸϲ ἕνην τε καὶ νέαν.
Φε. ἐκεῖνοϲ οὖν τὴν κλῆϲιν εἰϲ δύ᾿ ἡμέραϲ
ἔθηκεν, εἴϲ γε τὴν ἕνην τε καὶ νέαν, 1190
ἵν᾿ αἱ θέϲειϲ γίγνοιντο τῇ νουμηνίᾳ.
Ϲτ. ἵνα δὴ τί τὴν ἕνην προϲέθηκεν;
Φε. ἵν᾿, ὦ μέλε,
παρόντεϲ οἱ φεύγοντεϲ ἡμέρᾳ μιᾷ
πρότερον ἀπαλλάττοινθ᾿ ἑκόντεϲ, εἰ δὲ μή,
ἕωθεν ὑπανιῷντο τῇ νουμηνίᾳ. 1195
Ϲτ. πῶϲ οὐ δέχονται δῆτα τῇ νουμηνίᾳ
ἀρχαὶ τὰ πρυτανεῖ᾿, ἀλλ᾿ ἕνῃ τε καὶ νέᾳ;
Φε. ὅπερ οἱ προτένθαι γὰρ δοκοῦϲί μοι παθεῖν·
ὅπωϲ τάχιϲτα τὰ πρυτανεῖ᾿ ὑφελοίατο,
διὰ τοῦτο προυτένθευϲαν ἡμέρᾳ μιᾷ. 1200
Ϲτ. εὖ γ᾿· ὦ κακοδαίμονεϲ, τί κάθηϲθ᾿ ἀβέλτεροι,

1182 ἡμέραι] ἡμέρα R   1184 αὐτὴ codd. recc.: αὕτη RV: αὐτὴ cett.: ἡ αὐτὴ Eustathius 66.18   ἂν om. AE^{ac}ΘL, Eustathius
1192 προϲέθηκεν] προϲέθηχ᾿ Bentley   1197 ἀρχαὶ Hermann, cf. Athen. 171 C: ἀρχαὶ codd.   1198 παθεῖν] ποιεῖν RV
1199 ὅπωϲ] ἵν᾿ ὡϲ E^{ac}KZΘL

ΝΕΦΕΛΑΙ

ἡμέτερα κέρδη τῶν cοφῶν, ὄντεc λίθοι,
ἀριθμόc, πρόβατ᾽ ἄλλωc, ἀμφορῆc νενημένοι·
ὥcτ᾽ εἰc ἐμαυτὸν καὶ τὸν υἱὸν τουτονὶ
ἐπ᾽ εὐτυχίαιcιν ᾀcτέον μοὐγκώμιον. 1205
"μάκαρ ὦ Cτρεψίαδεc,
αὐτόc τ᾽ ἔφυc ὡc cοφὸc
χοῖον τὸν υἱὸν τρέφειc,"
φήcουcι δή μ᾽ οἱ φίλοι χοἰ δημόται
ζηλοῦντεc ἡνίκ᾽ ἂν cὺ νι- 1210
κᾷc λέγων τὰc δίκαc.
ἀλλ᾽ εἰcάγων cε βούλομαι
πρῶτον ἑcτιᾶcαι.

ΧΡΗCΤΗC Α´

εἶτ᾽ ἄνδρα τῶν αὑτοῦ τι χρὴ προϊέναι;
οὐδέποτέ γ᾽, ἀλλὰ κρεῖττον εὐθὺc ἦν τότε 1215
ἀπερυθριᾶcαι μᾶλλον ἢ cχεῖν πράγματα,
ὅτε τῶν ἐμαυτοῦ γ᾽ ἕνεκα νυνὶ χρημάτων
ἕλκω cε κλητεύcοντα, καὶ γενήcομαι
ἐχθρὸc ἔτι πρὸc τούτοιcιν ἀνδρὶ δημότῃ.
ἀτὰρ οὐδέποτέ γε τὴν πατρίδα καταιcχυνῶ 1220
ζῶν, ἀλλὰ καλοῦμαι Cτρεψιάδην—

Cτ. τίc οὑτοcί;
Χρ. εἰc τὴν ἕνην τε καὶ νέαν.
Cτ. μαρτύρομαι
ὅτι εἰc δύ᾽ εἶπεν ἡμέραc. τοῦ χρήματοc;
Χρ. τῶν δώδεκα μνῶν, ἃc ἔλαβεc ὠνούμενοc
τὸν ψαρὸν ἵππον.
Cτ. ἵππον; οὐκ ἀκούετε; 1225
ὃν πάντεc ὑμεῖc ἴcτε μιcοῦνθ᾽ ἱππικήν.

1203 νενημένοι Bentley: νενηcμένοι codd. 1206 ante μάκαρ add.
ὦ sch. V 1208 τρέφειc R: ἐκτρέφειc cett. 1212 εἰcάγων RV:
εἰcαγαγὼν cett. 1214 ΧΡΗCΤΗC Α´ Dover: ΔΑΝΕΙCΤΗC REN:
ΠΑCΙΑC ΔΑΝΕΙCΤΗC VK: ΔΑΝΕΙCΤΗC ΠΑCΙΑC L 1215 εὐθὺc
post ἦν transp. ΕΚΘ 1220 γε om. RVK

ΑΡΙϹΤΟΦΑΝΟΥϹ

Χρ. καὶ νὴ Δί᾽ ἀποδώϲειν γ᾽ ἐπώμνυϲ τοὺϲ θεούϲ.
Ϲτ. μὰ τὸν Δί᾽ οὐ γάρ πω τότ᾽ ἐξηπίϲτατο
Φειδιππίδηϲ μοι τὸν ἀκατάβλητον λόγον.
Χρ. νῦν δὲ διὰ τοῦτ᾽ ἔξαρνοϲ εἶναι διανοεῖ; 1230
Ϲτ. τί γὰρ ἄλλ᾽ ἂν ἀπολαύϲαιμι τοῦ μαθήματοϲ;
Χρ. καὶ ταῦτ᾽ ἐθελήϲειϲ ἀπομόϲαι μοι τοὺϲ θεούϲ,
ἵν᾽ ἂν κελεύϲω ᾽γώ ϲε;
Ϲτ. τοὺϲ ποίουϲ θεούϲ;
Χρ. τὸν Δία, τὸν Ἑρμῆν, τὸν Ποϲειδῶ.
Ϲτ. νὴ Δία·
κἂν προϲκαταθείην γ᾽ ὥϲτ᾽ ὀμόϲαι τριώβολον. 1235
Χρ. ἀπόλοιο τοίνυν ἕνεκ᾽ ἀναιδείαϲ ἔτι.
Ϲτ. ἁλϲὶν διαϲμηχθεὶϲ ὄναιτ᾽ ἂν οὑτοϲί.
Χρ. οἴμ᾽, ὡϲ καταγελᾷϲ.
Ϲτ. ἓξ χοᾶϲ χωρήϲεται.
Χρ. οὔτοι μὰ τὸν Δία τὸν μέγαν καὶ τοὺϲ θεοὺϲ
ἐμοῦ καταπροίξει.
Ϲτ. θαυμαϲίωϲ ἥϲθην θεοῖϲ, 1240
καὶ Ζεὺϲ γέλοιοϲ ὀμνύμενοϲ τοῖϲ εἰδόϲιν.
Χρ. ἦ μὴν ϲὺ τούτων τῷ χρόνῳ δώϲειϲ δίκην.
ἀλλ᾽ εἴτ᾽ ἀποδώϲειϲ μοι τὰ χρήματ᾽ εἴτε μή,
ἀπόπεμψόν με ἀποκρινάμενοϲ.
Ϲτ. ἔχε νυν ἥϲυχοϲ.
ἐγὼ γὰρ αὐτίκ᾽ ἀποκρινοῦμαί ϲοι ϲαφῶϲ. 1245
Χρ. τί ϲοι δοκεῖ δράϲειν; ἀποδώϲειν ϲοι δοκεῖ;
Ϲτ. ποῦ ᾽ϲθ᾽ οὗτοϲ ἀπαιτῶν με τἀργύριον; λέγε,

1228 ante μὰ add. τὸ χρέοϲ codd. plerique : om. NMd1ᵖᶜ UL   μὰ τὸν L :
μὰ fere cett. : νὴ τὸν Θ²   οὐ γάρ] οὐ δῆτ᾽ οὐ γὰρ Eᵃᶜ ΚΘ   πω τότ᾽ NL :
πώποτ᾽ RVE : τότ᾽ Θ¹ : om. K   1231 ἀλλ᾽ ἂν L : ἂν RV : ἄλλο γ᾽ K :
ἄλλο γ᾽ ἂν cett.   1233 ἵν᾽ ἂν ... ϲε om. R   τοὺϲ KNL : om. RVEΘ
1235 γ᾽ VENΘL : om. RK   1241 καὶ] ὡϲ Blaydes
1243 ἀποδώϲειϲ μοι KL : γ᾽ ἀποδώϲειϲ Eᵖᶜ N : ἀποδώϲειϲ RVEᵃᶜΘ, quo
recepto εἴτε μὴ ante τὰ χρήματα traiecit Blaydes : ἀποδώϲειϲ δὴ Thomas
Magister   1246 ἀποδώϲειν ϲοι δοκεῖ Testi tribuisse quosdam testatur
sch. E   ϲοι] μοι Thomas Magister   1247 ἀπαιτῶν Reisig : ὁ ἀπ- K : ὡ
᾽π- NL : ἀπ- cett.

ΝΕΦΕΛΑΙ

	τουτὶ τί ἐστι;	
Χρ.	τοῦθ' ὅ τι ἐστί; κάρδοπος.	
Cτ.	ἔπειτ' ἀπαιτεῖς ἀργύριον τοιοῦτος ὤν;	
	οὐκ ἂν ἀποδοίην οὐδ' ἂν ὀβολὸν οὐδενὶ	1250
	ὅςτις καλέςειε κάρδοπον τὴν καρδόπην.	
Χρ.	οὐκ ἄρ' ἀποδώςεις;	
Cτ.	οὐχ ὅςον γ' ἔμ' εἰδέναι.	
	οὔκουν ἀνύςας τι θᾶττον ἀπολιταργιεῖς	
	ἀπὸ τῆς θύρας;	
Χρ.	ἄπειμι· καὶ τοῦτ' ἴςθ', ὅτι	
	θήςω πρυτανεῖ', ἢ μηκέτι ζῴην ἐγώ.	1255
Cτ.	προςαποβαλεῖς ἄρ' αὐτὰ πρὸς ταῖς δώδεκα.	
	καίτοι ςε τοῦτό γ' οὐχὶ βούλομαι παθεῖν,	
	ὁτιὴ 'κάλεςας εὐηθικῶς "τὴν κάρδοπον".	

XPHCTHC B'

	ἰώ μοί μοι.	
Cτ.	ἔα.	
	τίς οὑτοςί ποτ' ἔςθ' ὁ θρηνῶν; οὔ τι που	1260
	τῶν Καρκίνου τις δαιμόνων ἐφθέγξατο;	
Χρ.	τί δ', ὅςτις εἰμί, τοῦτο βούλεςθ' εἰδέναι;	
	ἀνὴρ κακοδαίμων.	
Cτ.	κατὰ ςεαυτόν νυν τρέπου.	
Χρ.	ὦ ςκληρὲ δαῖμον, ὦ τύχαι θραυςάντυγες	
	ἵππων ἐμῶν, ὦ Παλλάς, ὥς μ' ἀπώλεςας.	1265
Cτ.	τί δαί ςε Τληπόλεμός ποτ' εἴργαςται κακόν;	
Χρ.	μὴ ςκῶπτέ μ', ὦ τᾶν, ἀλλά μοι τὰ χρήματα	
	τὸν υἱὸν ἀποδοῦναι κέλευςον ἅλαβεν,	

1249 ἀργύριον E^{ac}KL: τἀργύριον cett.   1254 καὶ τοῦτ'] καίτοι γ'
E^{ac}ΘL: καὶ coí γ' Reisig: κᾆτ' εὖ Elmsley   1256 προςαποβαλεῖς] καὶ
προς- RΘ²: καὶ προςαπολεῖς V   1259 XPHCTHC B' Dover:
AMYNIAC KΘ: ΔΑΝΕΙCTHC fere cett.: ETEPOC ΔΑΝΕΙCTHC L
1260 τίς ... θρηνῶν;] τίς ἔςθ' ὁ θρηνῶν οὗτος; RV   1262 βούλεςθ'
εἰδέναι] βούλει μανθάνειν Blaydes   1263 ςεαυτὸν L: ςαυτὸν cett.
1266 δαί RL s.l.: δέ cett.: δὴ Blaydes   Τληπόλεμος R: Τληπ- cett.

ΑΡΙϹΤΟΦΑΝΟΥϹ

ἄλλωc τε μέντοι καὶ κακῶc πεπραγότι.
Ϲτ. τὰ ποῖα ταῦτα χρήμαθ';
Χρ.   ἀδανείcατο.   1270
Ϲτ. κακῶc ἄρ' ὄντωc εἶχεc, ὥc γ' ἐμοὶ δοκεῖc.
Χρ. ἵππουc γ' ἐλαύνων ἐξέπεcον, νὴ τοὺc θεούc.
Ϲτ. τί δῆτα ληρεῖc ὥcπερ ἀπ' ὄνου καταπεcών;
Χρ. ληρῶ, τὰ χρήματ' ἀπολαβεῖν εἰ βούλομαι;
Ϲτ. οὐκ ἔcθ' ὅπωc cύ γ' αὖθιc ὑγιανεῖc.
Χρ.   τί δαί;   1275
Ϲτ. τὸν ἐγκέφαλον ὥcπερ cεcεῖcθαί μοι δοκεῖc.
Χρ. cὺ δὲ νὴ τὸν Ἑρμῆν προcκεκλήcεcθαί γ' ἐμοί,
     εἰ μἀποδώcειc τἀργύριον.
Ϲτ.   κάτειπέ νυν,
     πότερα νομίζειc καινὸν αἰεὶ τὸν Δία
     ὕειν ὕδωρ ἑκάcτοτ', ἢ τὸν ἥλιον   1280
     ἕλκειν κάτωθεν ταὐτὸ τοῦθ' ὕδωρ πάλιν;
Χρ. οὐκ οἶδ' ἔγωγ' ὁπότερον, οὐδέ μοι μέλει.
Ϲτ. πῶc οὖν ἀπολαβεῖν τἀργύριον δίκαιοc εἶ,
     εἰ μηδὲν οἶcθα τῶν μετεώρων πραγμάτων;
Χρ. ἀλλ' εἰ cπανίζετ', ἀργυρίου, τὸν γοῦν τόκον   1285
     ἀπόδοτε.
Ϲτ.   τοῦτο δ' ἔcθ', ὁ τόκοc, τί θηρίον;
Χρ. τί δ' ἄλλο γ' ἢ κατὰ μῆνα καὶ καθ' ἡμέραν
     πλέον πλέον τἀργύριον αἰεὶ γίγνεται
     ὑπορρέοντοc τοῦ χρόνου;
Ϲτ.   καλῶc λέγειc.
     τί δῆτα; τὴν θάλατταν ἔcθ' ὅτι πλείονα   1290
     νυνὶ νομίζειc ἢ πρὸ τοῦ;
Χρ.   μὰ Δί', ἀλλ' ἴcην.

1269 τε] γε RV   1272 γ' om. RV   1275 αὖθιc Hermann,
ὑγιανεῖc Bergk: αὐτὸc ὑγιαίνειc codd.   1285 cπανίζετ' ἀργυρίου
Blaydes: cπανίζειc τἀργυρίου fere codd. (sed ἀργυρίου N)   τὸν γοῦν
Blaydes: μοι τὸν codd.   1286 ἀπόδοτε RV: ἀπόδοc fere cett.:
ἀπόδοc γε Thomas Magister, L: ἀποδοτέ' temptavit Blaydes, οὗτοc pro
τοῦτο reposito

ΝΕΦΕΛΑΙ

οὐ γὰρ δίκαιον πλείον' εἶναι.
Cτ. κᾆτα πῶc
αὕτη μέν, ὦ κακόδαιμον, οὐδὲν γίγνεται
ἐπιρρεόντων τῶν ποταμῶν πλείων, cὺ δὲ
ζητεῖc ποιῆcαι τἀργύριον πλέον τὸ cόν; 1295
οὐκ ἀποδιώξει cαυτὸν ἀπὸ τῆc οἰκίαc;
φέρε μοι τὸ κέντρον.
Χρ. ταῦτ' ἐγὼ μαρτύρομαι.
Cτ. ὕπαγε. τί μέλλειc; οὐκ ἐλᾷc, ὦ cαμφόρα;
Χρ. ταῦτ' οὐχ ὕβριc δῆτ' ἐcτίν;
Cτ. ἄξειc; ἐπιαλῶ 1300
κεντῶν ὑπὸ τὸν πρωκτόν cε τὸν cειραφόρον.
φεύγειc; ἔμελλόν c' ἆρα κινήcειν ἐγὼ
αὐτοῖc τροχοῖc τοῖc coῖcι καὶ ξυνωρίcιν.

Χο. οἷον τὸ πραγμάτων ἐρᾶν φλαύρων· ὁ γὰρ [cτρ.
γέρων ὅδ' ἐραcθεὶc
ἀποcτερῆcαι βούλεται 1305
τὰ χρήμαθ' ἁδανείcατο·
κοὐκ ἔcθ' ὅπωc οὐ τήμερον
λήψεταί τι πρᾶγμ', ὃ τοῦ-
τον ποιήcει τὸν cοφι-
cτὴν ⟨ἁπάντων⟩ ὧν πανουργεῖν ἤρξατ', ἐξ- 1310
αίφνηc καλόν γ' ὄναcθαι.

οἶμαι γὰρ αὐτὸν αὐτίχ' εὑρήcειν ὅπερ [ἀντ.
πάλαι ποτ' ἐπῄτει,
εἶναι τὸν υἱὸν δεινόν οἱ

1296 ἀποδιώξει Elmsley: -ξειc codd.   ἀπὸ E^(ac)KMΘ^(ac)L: ἐκ RVE^(pc)NΘ^(pc)
1298 cαμφόρα Θs.l. L: caπφόρα EKNΘ: παcία RV   1299 ἄξειc]
ἄξειc Bentley   ἐπιαλῶ RE^(ac): ἐπὶ ἄλω vel sim. cett.: ἐπιβαλὼν v.l. ap. sch.,
quod cum ἄξω c' cohaereret: ἐφιαλῶ van Leeuwen   1301 c' post
κινήcειν transp. E^(ac)KL   1308 λήψεταί τι Bergk: λήψεται RVE^(ac)KL:
λήψεται E^(pc)NΘ   1309 suppl. Austin ex. gr.   1310 καλόν γ'
ὄναcθαι Dover ex. gr.: τι κακὸν λαβεῖν codd.: ἀποcτραφῆναι Sommerstein:
ἄποινα τεῖcαι Henderson   1312 ἐπῄτει Hermann: ἐπεζήτει RV:
ἐζήτει cett.

ΑΡΙΣΤΟΦΑΝΟΥΣ

γνώμας ἐναντίας λέγειν
τοῖςιν δικαίοις, ὥςτε νι-　　　　　　　　　　1315
κᾶν ἅπαντας, οἷςπερ ἂν
ξυγγένηται, κἂν λέγῃ
παμπόνηρ'. ἴςως δ' ἴςως βουλήςεται
κἄφωνον αὐτὸν εἶναι.　　　　　　　　　　1320

Cτ.　ἰοὺ ἰού.
ὦ γείτονες καὶ ξυγγενεῖς καὶ δημόται,
ἀμυνάθετέ μοι τυπτομένῳ πάςῃ τέχνῃ.
οἴμοι κακοδαίμων τῆς κεφαλῆς καὶ τῆς γνάθου.
ὦ μιαρέ, τύπτεις τὸν πατέρα;

Φε.　　　　　　　　　　φήμ', ὦ πάτερ.　1325

Cτ.　ὁρᾷθ' ὁμολογοῦνθ' ὅτι με τύπτει;

Φε.　　　　　　　　　　καὶ μάλα.

Cτ.　ὦ μιαρὲ καὶ πατραλοῖα καὶ τοιχωρύχε.

Φε.　αὖθίς με ταὐτὰ ταῦτα καὶ πλείω λέγε.
ἆρ' οἶςθ' ὅτι χαίρω πόλλ' ἀκούων καὶ κακά;

Cτ.　ὦ λακκόπρωκτε.

Φε.　　　　　　　　　πάττε πολλοῖς τοῖς ῥόδοις.　1330

Cτ.　τὸν πατέρα τύπτεις;

Φε.　　　　　　　　κἀποφανῶ γε νὴ Δία
ὡς ἐν δίκῃ ς' ἔτυπτον.

Cτ.　　　　　　　　　ὦ μιαρώτατε,
καὶ πῶς γένοιτ' ἂν πατέρα τύπτειν ἐν δίκῃ;

Φε.　ἔγωγ' ἀποδείξω καί ςε νικήςω λέγων.

Cτ.　τουτὶ ςὺ νικήςεις;

Φε.　　　　　　　πολύ γε καὶ ῥᾳδίως.　1335
ἑλοῦ δ' ὁπότερον τοῖν λόγοιν βούλει λέγειν.

Cτ.　ποίοιν λόγοιν;

Φε.　　　　　τὸν κρείττον' ἢ τὸν ἥττονα.

Cτ.　ἐδιδαξάμην μέντοι ςε νὴ Δί', ὦ μέλε,

1314 post γνώμας add. τ' RVE^{ac}KL　　1329 post 1330 transp. Su. λ 59, sed cf. μ 1025　　1338 μέλε] μέλ', εὖ van Herwerden

194

ΝΕΦΕΛΑΙ

τοῖϲιν δικαίοιϲ ἀντιλέγειν, εἰ ταῦτά γε
μέλλειϲ ἀναπείϲειν, ὡϲ δίκαιον καὶ καλὸν   1340
τὸν πατέρα τύπτεϲθ' ἐϲτὶν ὑπὸ τῶν υἱέων.
Φε. ἀλλ' οἴομαι μέντοι ϲ' ἀναπείϲειν, ὥϲτε γε
οὐδ' αὐτὸϲ ἀκροαϲάμενοϲ οὐδὲν ἀντερεῖϲ.
Cτ. καὶ μὴν ὅτι καὶ λέξειϲ ἀκοῦϲαι βούλομαι.

Χο. ϲὸν ἔργον, ὦ πρεϲβῦτα, φροντίζειν ὅπῃ   [ϲτρ.
τὸν ἄνδρα κρατήϲειϲ,   1346
ὡϲ οὗτοϲ, εἰ μή τῳ 'πεποίθειν, οὐκ ἂν ἦν
οὕτωϲ ἀκόλαϲτοϲ.
ἀλλ' ἔϲθ' ὅτῳ θραϲύνεται· δῆλόν γέ ⟨τοι⟩
τὸ λῆμα τὸ τἀνδρόϲ.   1350

ἀλλ' ἐξ ὅτου τὸ πρῶτον ἤρξαθ' ἡ μάχη γενέϲθαι
ἤδη λέγειν χρή· πρὸϲ χάριν πάντων δὲ τοῦτο δράϲειϲ.
Cτ. καὶ μὴν ὅθεν γε πρῶτον ἠρξάμεϲθα λοιδορεῖϲθαι
ἐγὼ φράϲω. ἐπειδὴ γὰρ εἱϲτιώμεθ', ὥϲπερ ἴϲτε,
πρῶτον μὲν αὐτὸν τὴν λύραν λαβόντ' ἐγὼ 'κέλευϲα
ᾆϲαι Cιμωνίδου μέλοϲ, τὸν Κριόν, ὡϲ ἐπέχθη.   1356
ὁ δ' εὐθέωϲ ἀρχαῖον εἶν' ἔφαϲκε τὸ κιθαρίζειν
ᾄδειν τε πίνονθ' ὡϲπερεὶ κάχρυϲ γυναῖκ' ἀλοῦϲαν.
Φε. οὐ γὰρ τότ' εὐθὺϲ χρῆν ϲ' ἀράττεϲθαί τε καὶ πατεῖϲθαι,
ᾄδειν κελεύονθ' ὡϲπερεὶ τέττιγά μ' ἐϲτιῶντα;   1360
Cτ. τοιαῦτα μέντοι καὶ τότ' ἔλεγεν ἔνδον οἷάπερ νῦν,
καὶ τὸν Cιμωνίδην ἔφαϲκ' εἶναι κακὸν ποιητήν.
κἀγὼ μόλιϲ μέν, ἀλλ' ὅμωϲ ἠνεϲχόμην τὸ πρῶτον·

1340 post μέλλειϲ add. μ' ΝΘΜdl   1347 'πεποίθειν Dawes: πεποίθει RΘ²γρ: πέποιθεν vel πέποιθ' cett.   1349 γε L: om. cett. suppl. Hermann   1350 τὸ λῆμα τὸ τἀνδρόϲ Hermann: τὸ λῆμ' ἐϲτὶ τἀνθρώπου codd.: τὸ λῆμα τἀνθρώπου Dover   1352 πρὸϲ χάριν πάντων van Herwerden: πρὸϲ χορόν. πάντωϲ codd. (sed ante χορόν add. τὸν Ν, unde χρὴ del. Dobree)   1358 κάχρυϲ VAE^{ac}M^{ac}, Su. κ 1156: κάγχρυϲ cett.   1359 ἀράττεϲθαι Meineke: ἄρα τύπτεϲθαι fere codd.: ἀλλὰ τύπτεϲθαι V   τε om. VKL: γε Ν   1360 τέττιγά μ' Blaydes: τέττιγαϲ codd.: τέττιγα Su. α 454   1361 ἔνδον om. RV

195

ΑΡΙΣΤΟΦΑΝΟΥΣ

ἔπειτα δ' ἐκέλευς' αὐτὸν ἀλλὰ μυρρίνην λαβόντα
τῶν Αἰςχύλου λέξαι τί μοι· κᾆθ' οὗτος εὐθὺς   1365
εἶπεν·
"ἐγὼ γὰρ Αἰςχύλον νομίζω πρῶτον ἐν ποιηταῖς—
ψόφου πλέων, ἀξύςτατον, ςτόμφακα, κρημνοποιόν."
κἀνταῦθα πῶς οἴεςθέ μου τὴν καρδίαν ὀρεχθεῖν;
ὅμως δὲ τὸν θυμὸν δακὼν ἔφην· "cὺ δ' ἀλλὰ τούτων
λέξον τι τῶν νεωτέρων, ἅττ' ἐςτὶ τὰ ςοφὰ ταῦτα." 1370
ὁ δ' εὐθὺς ἧς' Εὐριπίδου ῥῆςίν τιν', ὡς ἐκίνει
ἀδελφός, ὠλεξίκακε, τὴν ὁμομητρίαν ἀδελφήν.
κἀγὼ οὐκέτ' ἐξηνεςχόμην, ἀλλ' εὐθέως ἀράττω
πολλοῖς κακοῖς καἰςχροῖςι· κᾆτ' ἐντεῦθεν, οἷον εἰκός,
ἔπος πρὸς ἔπος ἠρειδόμεςθ'· εἶθ' οὗτος ἐπαναπηδᾷ,
κἄπειτ' ἔφλα με κἀςπόδει κἄπνιγε κἀπέτριβεν.   1376

Φε. οὔκουν δικαίως, ὅςτις οὐκ Εὐριπίδην ἐπαινεῖς,
ςοφώτατον;

Cτ.   ςοφώτατον γ' ἐκεῖνον, ὦ—τί ς' εἴπω;
ἀλλ' αὖθις αὖ τυπτήςομαι.

Φε.   νὴ τὸν Δί', ἐν δίκῃ γ' ἄν.

Cτ. καὶ πῶς δικαίως; ὅςτις, ὦναίςχυντέ, ς' ἐξέθρεψα,   1380
αἰςθανόμενός ςου πάντα τραυλίζοντος, ὅ τι νοοίης.
εἰ μέν γε βρῦν εἴποις, ἐγὼ γνοὺς ἂν πιεῖν ἐπέςχον·
μαμμᾶν δ' ἂν αἰτήςαντος ἧκόν ςοι φέρων ἂν ἄρτον·
κακκᾶν δ' ἂν οὐκ ἔφθης φράςας, κἀγὼ λαβὼν θύραζε
ἐξέφερον ἂν καὶ προὐςχόμην ςε. ςὺ δέ με νῦν   1385
ἀπάγχων,

1367 in fine v. notam interrogationis ponere malunt quidam
1371 ἧς' R: ἧς' ἐξ E^pc: ἧςεν cett.: εἶπ' Römer: ἦγ' Borthwick: ἧκ'
Sommerstein   1372 ἀδελφὸς Hermann: ὁ 'δ- codd. recc.: ἀδ- vett.
1373 κἀγὼ RL: κἀγὼ δ' VΘ: κἄγωγ' K: ἐγὼ δέ τ' cett.   εὐθέως P9, Vb3,
v.l. ap. sch. U: εὐθὺς cett.   ἀράττω P9, Vb3 Vs1: ἐξαράττω cett.
1375 ἠρειδόμεςθ'] ἠριζόμεςθ' L: [P9]   1376 κἀπέτριβεν P9, codd.
plerique: κἀπέθλιβεν RV   1379 ἐν δίκῃ] ἐνδίκως AU   γ' ἄν RVE^ac
KML: γε P9, Dindorf: γὰρ AE^pc Θ   1384 ἂν οὐκ NL: οὐκ ἄν cett.:
[P9]   φράςας ENΘ: φράςαι RVKL: [P9]   1385 δέ με] δ' ἐμὲ Θ

ΝΕΦΕΛΑΙ

βοῶντα καὶ κεκραγόθ' ὅτι
χεζητιώην, οὐκ ἔτλης
ἔξω 'ξενεγκεῖν, ὦ μιαρέ,
θύραζέ μ', ἀλλὰ πνιγόμενος
αὐτοῦ 'ποίησα κακκᾶν.   1390

Χο. οἴμαί γε τῶν νεωτέρων τὰς καρδίας   [ἀντ.
πηδᾶν ὅτι λέξει.
εἰ γὰρ τοιαῦτά γ' οὗτος ἐξειργασμένος
λαλῶν ἀναπείσει,
τὸ δέρμα τῶν γεραιτέρων λάβοιμεν ἂν   1395
ἀλλ' οὐδ' ἐρεβίνθου.

còν ἔργον, ὦ καινῶν ἐπῶν κινητὰ καὶ μοχλευτά,
πειθώ τινα ζητεῖν, ὅπως δόξεις λέγειν δίκαια.
Φε. ὡς ἡδὺ καινοῖς πράγμασιν καὶ δεξιοῖς ὁμιλεῖν,   1399
καὶ τῶν καθεστώτων νόμων ὑπερφρονεῖν δύνασθαι.
ἐγὼ γὰρ ὅτε μὲν ἱππικῇ τὸν νοῦν μόνῃ προςεῖχον,
οὐδ' ἂν τρί' εἰπεῖν ῥήμαθ' οἷός τ' ἦν πρὶν ἐξαμαρτεῖν·
νυνὶ δ' ἐπειδή μ' οὑτοcὶ τούτων ἔπαυσεν αὐτός,
γνώμαις δὲ λεπταῖς καὶ λόγοις ξύνειμι καὶ μερίμναις,
οἶμαι διδάξειν ὡς δίκαιον τὸν πατέρα κολάζειν.   1405
Cτ. ἵππευε τοίνυν νὴ Δί', ὡς ἔμοιγε κρεῖττόν ἐστιν
ἵππων τρέφειν τέθριππον ἢ τυπτόμενον ἐπιτριβῆναι.
Φε. ἐκεῖσε δ' ὅθεν ἀπέςχιcάς με τοῦ λόγου μέτειμι,
καὶ πρῶτ' ἐρήσομαί σε τουτί· παῖδά μ' ὄντ' ἔτυπτες;
Cτ. ἔγωγέ c', εὐνοῶν τε καὶ κηδόμενος.
Φε.   εἰπὲ δή μοι,   1410

1386 καὶ NL: om. cett.   1390 κακκᾶν] κάκκην van Herwerden
(κάκκαν iam Daubuz)   1398 δόξεις codd. recc.: δόξῃς vett.
1399 πράγμασιν Θ^{pc}L: -αcι cett.   1401 τὸν νοῦν μόνῃ Bentley: τὸν
νοῦν μόνον R: τὸν νοῦν μου V: μόνῃ τὸν νοῦν cett.   1402 οὐδ'] οὐκ
ἦν] ἢ Dindorf, fortasse recte   1408 μέτειμι] 'πάνειμι Blaydes
1409 ἔτυπτες] ἐτύπτηςας RV: [P9]   1410 τε] γε Hermann

ΑΡΙΣΤΟΦΑΝΟΥΣ

οὐ κἀμὲ coì δίκαιόν ἐcτιν εὐνοεῖν ὁμοίως
τύπτειν τ', ἐπειδήπερ γε τοῦτ' ἔcτ' εὐνοεῖν, τὸ τύπτειν;
πῶc γὰρ τὸ μὲν còν cῶμα χρὴ πληγῶν ἀθῶον εἶναι,
τοὐμὸν δὲ μή; καὶ μὴν ἔφυν ἐλεύθερόc γε κἀγώ.
"κλάουcι παῖδεc, πατέρα δ' οὐ κλάειν δοκεῖc;" 1415
φήcειc νομίζεcθαι cὺ παιδὸc τοῦτο τοὔργον εἶναι·
ἐγὼ δέ γ' ἀντείποιμ' ἂν ὡc δὶc παῖδεc οἱ γέροντεc·
εἰκόc τε μᾶλλον τοὺc γέρονταc ἢ νέουc τι κλάειν,
ὅcῳπερ ἐξαμαρτάνειν ἧττον δίκαιον αὐτούc. 1419

Cτ. ἀλλ' οὐδαμοῦ νομίζεται τὸν πατέρα τοῦτο πάcχειν.
Φε. οὔκουν ἀνὴρ ὁ τὸν νόμον θεὶc τοῦτον ἦν τὸ πρῶτον,
ὥcπερ cὺ κἀγώ, καὶ λέγων ἔπειθε τοὺc παλαιούc;
ἧττόν τι δῆτ' ἔξεcτι κἀμοὶ καινὸν αὖ τὸ λοιπὸν
θεῖναι νόμον τοῖc υἱέcιν, τοὺc πατέραc ἀντιτύπτειν;
ὅcαc δὲ πληγὰc εἴχομεν πρὶν τὸν νόμον τεθῆναι, 1425
ἀφίεμεν, καὶ δίδομεν αὐτοῖc προῖκα cυγκεκόφθαι.
cκέψαι δὲ τοὺc ἀλεκτρυόναc καὶ τἆλλα τὰ βοτὰ ταυτί,
ὡc τοὺc πατέραc ἀμύνεται· καίτοι τί διαφέρουcιν
ἡμῶν ἐκεῖνοι, πλήν γ' ὅτι ψηφίcματ' οὐ γράφουcιν;

Cτ. τί δῆτ', ἐπειδὴ τοὺc ἀλεκτρυόναc ἅπαντα μιμεῖ, 1430
οὐκ ἐcθίειc καὶ τὴν κόπρον κἀπὶ ξύλου καθεύδειc;
Φε. οὐ ταὐτόν, ὦ τᾶν, ἐcτίν, οὐδ' ἂν Cωκράτει δοκοίη.
Cτ. πρὸc ταῦτα μὴ τύπτ'· εἰ δὲ μή, cαυτόν ποτ' αἰτιάcει.
Φε. καὶ πῶc;
Cτ. ἐπεὶ cὲ μὲν δίκαιόc εἰμ' ἐγὼ κολάζειν,

1412 τύπτειν τ'] τύπτοντ' codd. recc. τ'] δ' V: om. R γε E²L: om. cett.: [P9] 1415 post δοκεῖc add. τιὴ τί δή Θ, ὁτιὴ τί δή N: ⟨προcήκειν⟩ van Herwerden: ⟨ἴcωc δὲ⟩ Richards 1418 τε] δὲ VEK νέουc Bentley: τοὺc νέουc RE^{pc}Θ: τοὺc νεωτέρουc VE^{ac}KNL: [P9] 1421 θεὶc] τιθεὶc RVΘ²: [P9] 1426 αὑτοῖc] αὐτοὺc R 1427 ἀλεκτρυόναc] ἀλέκτοραc Beck, cf. 666, 851 1428 post διαφέρουcιν add. οὐδέν codd. praeter NAU: [P9] 1430 ἅπαντα] -ταc RV 1431 καθεύδειc] καθίζειc Thomas Magister

ΝΕΦΕΛΑΙ

cù δ', ἢν γένηταί coι, τὸν υἱόν.
Φε. ἢν δὲ μὴ γένηται, 1435
μάτην ἐμοὶ κεκλαύcεται, cù δ' ἐγχανὼν τεθνήξεις.
{Cτ. ἐμοὶ μέν, ὦνδρες ἥλικες, δοκεῖ λέγειν δίκαια·
κἄμοιγε cυγχωρεῖν δοκεῖ τούτοιcι τἀπιεικῆ.
κλάειν γὰρ ἡμᾶς εἰκός ἐcτ', ἢν μὴ δίκαια δρῶμεν.}
Φε. cκέψαι δὲ χἀτέραν ἔτι γνώμην.
Cτ. ἀπὸ γὰρ ὀλοῦμαι. 1440
Φε. καὶ μὴν ἴcως γ' οὐκ ἀχθέcει παθὼν ἃ νῦν πέπονθας.
Cτ. πῶς δή; δίδαξον γὰρ τί μ' ἐκ τούτων ἐπωφελήcεις.
Φε. τὴν μητέρ' ὥcπερ καὶ cὲ τυπτήcω.
Cτ. τί φῄς, τί φῂς cύ;
τουθ' ἕτερον αὖ μεῖζον κακόν.
Φε. τί δ' ἢν ἔχων τὸν ἥττω
λόγον cε νικήcω λέγων 1445
τὴν μητέρ' ὡς τύπτειν χρεών;
Cτ. τί δ' ἄλλο γ' ἤ, ταῦτ' ἢν ποιῇς,
οὐδέν cε κωλύcει cεαυ-
τὸν ἐμβαλεῖν εἰς τὸ βάραθρον
μετὰ Cωκράτους 1450
καὶ τὸν λόγον τὸν ἥττω;
ταυτὶ δι' ὑμᾶς, ὦ Νεφέλαι, πέπονθ' ἐγώ,
ὑμῖν ἀναθεὶς ἅπαντα τἀμὰ πράγματα.
Χο. αὐτὸς μὲν οὖν cαυτῷ cù τούτων αἴτιος,
cτρέψας cεαυτὸν εἰς πονηρὰ πράγματα. 1455
Cτ. τί δῆτα ταῦτ' οὔ μοι τότ' ἠγορεύετε,
ἀλλ' ἄνδρ' ἄγροικον καὶ γέροντ' ἐπήρατε;

1436 τεθνήξεις Dawes: -ει vel -ῃ codd.   1437–9 vv. huic loco vix idonei   1438 τούτοιcι] τοῖc παιcί Blaydes   1442 ἐπωφελήcεις] ὠφελήcεις E^{ac}KL: cύ γ' ὠφελήcεις Thomas Magister: ἔτ' ὠφελήcεις Dover   1444 δ' ἢν E^{pc}NL: δῆτ' ἂν RV: δῆτ' ἢν E^{ac}KΘ : δῆτ' ἄν, ἢν (deleto ἔχων) Hermann   1447 ἤ, ταῦτ' ἢν Kock: ἢν ταύτην V: ἢν ταυτὶ REKL: ἢν ταῦτα NΘ   1456 ταῦτ' οὔ μοι] μοι ταῦτ' οὐ Wilson   ἠγορεύετε] -εύcατε VE^{pc}NΘ^{ac}   1457 ἐπήρατε].ἐπήρετε (sic) R

ΑΡΙΣΤΟΦΑΝΟΥC

Χο. ἡμεῖc ποιοῦμεν ταῦθ' ἑκάcτοθ', ὅντιν' ἂν
γνῶμεν πονηρῶν ὄντ' ἐραcτὴν πραγμάτων,
ἕωc ἂν αὐτὸν ἐμβάλωμεν εἰc κακόν, 1460
ὅπωc ἂν εἰδῇ τοὺc θεοὺc δεδοικέναι.
Cτ. ὤμοι, πονηρά γ', ὦ Νεφέλαι, δίκαια δέ.
οὐ γάρ με χρῆν τὰ χρήμαθ' ἀδανειcάμην
ἀποcτερεῖν. νῦν οὖν ὅπωc, ὦ φίλτατε,
τὸν Χαιρεφῶντα τὸν μιαρὸν καὶ Cωκράτη 1465
ἀπολεῖc μετ' ἐμοῦ 'λθών, οἵ cε κἄμ' ἐξηπάτων.
Φε. ἀλλ' οὐκ ἂν ἀδικήcαιμι τοὺc διδαcκάλουc.
Cτ. ναὶ ναί, καταιδέcθητι πατρῷον Δία.
Φε. ἰδού γε Δία πατρῷον· ὡc ἀρχαῖοc εἶ.
Ζεὺc γάρ τιc ἔcτιν;
Cτ. ἔcτιν.
Φε. οὐκ ἔcτ', οὔκ, ἐπεὶ 1470
Δῖνοc βαcιλεύει, τὸν Δί' ἐξεληλακώc.
Cτ. οὐκ ἐξελήλακ', ἀλλ' ἐγὼ τοῦτ' ᾠόμην
διὰ τουτονὶ τὸν δῖνον. ὤμοι δείλαιοc,
ὅτε καὶ cὲ χυτρεοῦν ὄντα θεὸν ἡγηcάμην.
Φε. ἐνταῦθα cαυτῷ παραφρόνει καὶ φληνάφα. 1475
Cτ. οἴμοι παρανοίαc. ὡc ἐμαινόμην ἄρα
ὅτ' ἐξέβαλον καὶ τοὺc θεοὺc διὰ Cωκράτη.
ἀλλ', ὦ φίλ' Ἑρμῆ, μηδαμῶc θύμαινέ μοι,
μηδέ μ' ἐπιτρίψῃc, ἀλλὰ cυγγνώμην ἔχε
ἐμοῦ παρανοήcαντοc ἀδολεcχίᾳ· 1480
καί μοι γενοῦ ξύμβουλοc, εἴτ' αὐτοὺc γραφὴν
διωκάθω γραψάμενοc, εἴθ' ὅ τι cοι δοκεῖ.

1458 ἡμεῖc RV: ἀεὶ cett.   ὅντιν' ἂν Porson : ἄν τιν' οὖν E^{ac}KL: ὅταν τινὰ cett.   1462 ὤμοι EΘL: οἴμοι RVKN   1465 Cωκράτη O8: -την cett.   1466 post ἐμοῦ add. γ' RV   1470 τίc EKΘ: τιc LN: τι RV   ἔcτ' Reisig: ἔcτιν RVE^{ac}K: ἔcτιν γ' L: ἔνεcτ' E^{pc}N: ἔνεcτιν Θ   alterum οὐκ RV: om. cett.   1473 ὤμοι] οἴμοι E^{pc}Θ, Su. χ 617   1476 οἴμοι] ὤμοι K   1477 ἐξέβαλον] -βαλλον R^{pc}V   καὶ om. N, lm. sch. EΘ   Cωκράτη O8: -την cett.   1480 παρανοήcαντοc] -νομήcαντοc RV

ΝΕΦΕΛΑΙ

ὀρθῶς παραινεῖς οὐκ ἐῶν δικορραφεῖν,
ἀλλ' ὡς τάχιστ' ἐμπιμπράναι τὴν οἰκίαν
τῶν ἀδολεσχῶν. δεῦρο δεῦρ', ὦ Ξανθία, 1485
κλίμακα λαβὼν ἔξελθε καὶ σμινύην φέρων,
κἄπειτ' ἐπαναβὰς ἐπὶ τὸ φροντιστήριον
τὸ τέγος κατάσκαπτ', εἰ φιλεῖς τὸν δεσπότην,
ἕως ἂν αὐτοῖς ἐμβάλῃς τὴν οἰκίαν·
ἐμοὶ δὲ δᾷδ' ἐνεγκάτω τις ἡμμένην. 1490
κἀγώ τιν' αὐτῶν τήμερον δοῦναι δίκην
ἐμοὶ ποιήσω, κεἰ σφόδρ' εἴσ' ἀλαζόνες.

ΜΑΘΗΤΗΣ Α'
ἰοὺ ἰού.
Στ. σὸν ἔργον, ὦ δᾴς, ἱέναι πολλὴν φλόγα.
Μα.ᵃ ἄνθρωπε, τί ποιεῖς;
Στ. ὅ τι ποιῶ; τί δ' ἄλλο γ' ἢ 1495
διαλεπτολογοῦμαι ταῖς δοκοῖς τῆς οἰκίας;

ΜΑΘΗΤΗΣ Β'
οἴμοι· τίς ἡμῶν πυρπολεῖ τὴν οἰκίαν;
Στ. ἐκεῖνος οὗπερ θοἰμάτιον εἰλήφατε.
Μα.ᵝ ἀπολεῖς, ἀπολεῖς.
Στ. τοῦτ' αὐτὸ γὰρ καὶ βούλομαι,
ἢν ἡ σμινύη μοι μὴ προδῷ τὰς ἐλπίδας, 1500
ἢ 'γὼ πρότερόν πως ἐκτραχηλισθῶ πεσών.
Σω. οὗτος, τί ποιεῖς ἐτεόν, οὑπὶ τοῦ τέγους;
Στ. ἀεροβατῶ καὶ περιφρονῶ τὸν ἥλιον.
Σω. οἴμοι τάλας, δείλαιος ἀποπνιγήσομαι.
Μα.ᵝ ἐγὼ δὲ κακοδαίμων γε κατακαυθήσομαι. 1505
Στ. τί γὰρ μαθόντες τοὺς θεοὺς ὑβρίζετε,

1484 ἐμπιμπράναι Brunck: ἐμπιπρ- vel sim. fere codd.: πιμπράναι K
1497 hunc v. et 1499a Chaerephonti tribuit Beer   1499 ἀπολεῖς
⟨μ'⟩, ἀπολεῖς Blaydes   1506 μαθόντες] μαθόντ' vel μαθόνθ'
EᵃᶜKγρΘL   ante τοὺς add. εἰ V, εἰς EᵃᶜKΘγρL   ὑβρίζετε] -ετον EᵃᶜKΘγρL
(qui ante εἰς τοὺς θεοὺς traiecit)

201

ΑΡΙΣΤΟΦΑΝΟΥΣ

καὶ τῆς σελήνης ἐσκοπεῖσθε τὴν ἕδραν;
δίωκε, παῖε, βάλλε, πολλῶν οὕνεκα,
μάλιστα δ' εἰδὼς τοὺς θεοὺς ὡς ἠδίκουν.

Χο. ἡγεῖσθ' ἔξω· κεχόρευται γὰρ 1510
μετρίως τό γε τήμερον ἡμῖν.

1507 ἐσκοπεῖσθε] -εῖσθον ΕΘ : ἐσκοπεῖτε K^ac N   τὴν ἕδραν] τὰς ἕδρας Thomas Magister   1508 παῖε post βάλλε transp. EKL, om. R   1511 γε om. RV

СФНКЕС

PAPYRI

P. Oxy. 1374, saec. V vel VI (vv. 443–878)	(P10)
P. Oxy. 4512, saec. III (vv. 96–116)	(P75)
P. Oxy. 4513, saec. V (vv. 1066–1108)	(P76)
PSI XI 1221, saec. II (1435–40)	(P47)

CODICES

R	Ravennas 429
V	Marcianus gr. 474
Γ	Laurentianus 31.15 (vv. 421–1396, 1494–1537)
L	Holkhamensis gr. 88

Rarius citantur

B	Parisinus gr. 2715
C	Parisinus gr. 2717
G	Marcianus gr. 475
H	Hauniensis 1980
Vp3	Vaticanus Palatinus gr. 128

ΥΠΟΘΕΣΕΙΣ

I

Φιλοκλέων Ἀθηναῖος φιλόδικος ὢν τὴν φύσιν ἐφοίτα περὶ τὰ δικαστήρια συνεχῶς. Βδελυκλέων δὲ ὁ τούτου παῖς ἀχθόμενος ταύτῃ τῇ νόσῳ καὶ πειρώμενος τὸν πατέρα παύςειν, ἐγκαθείρξας τοῖς οἴκοις καὶ δίκτυα περιβαλὼν ἐφύλαττε νύκτωρ καὶ μεθ' ἡμέραν. ὁ δὲ ἐξόδου ἑαυτῷ μὴ προκειμένης 5 ἔκραζεν. οἱ δὲ ςυνδικαςταὶ αὐτοῦ ςφηξὶν ἑαυτοὺς ἀφομοιώςαντες παρεγένοντο, βουλόμενοι διὰ ταύτης τῆς τέχνης ὑποκλέπτειν τὸν ςυνδικαςτήν· ἐξ ὧν καὶ ὁ χορὸς ςυνέςτηκε καὶ τὸ δρᾶμα ἐπιγέγραπται. ἀλλ' οὐδὲν ἤνυον οὐδὲ οὗτοι. πέρας δὲ τοῦ νεανίςκου θαυμάζοντος τίνος ἕνεκα ὁ πατὴρ οὕτως ἥττη- 10 ται τοῦ πράγματος, ἔφη ὁ πρεςβύτης τὸ πρᾶγμα εἶναι ςπουδαῖον καὶ ςχεδὸν ἀρχὴν τὸ δικάζειν. ὁ δὲ παῖς ἐπειρᾶτο τὰς ὑποψίας ἐξαίρειν τοῦ πράγματος νουθετῶν τὸν γέροντα. ὁ δὲ πρεςβύτης μηδαμῶς νουθετούμενος οὐ μεθίει τοῦ πάθους· ἀλλ' ἀναγκάζεται ὁ νέος ἐπιτρέπειν αὐτῷ φιλοδικεῖν, καὶ ἐπὶ τῆς 15 οἰκίας τοῦτο ποιεῖ καὶ τοῖς κατὰ τὴν οἰκίαν δικάζει. καὶ δύο κύνες ἐπειςάγονται πολιτικῶς παρ' αὐτῷ κρινόμενοι· καὶ κατὰ τοῦ φεύγοντος ἐκφέρειν ςυνεχῶς τὴν ψῆφον μέλλων ἀπατηθεὶς ἄκων τὴν ἀποδικάζουςαν φέρει ψῆφον.

περιέχει δὲ καὶ δικαιολογίαν τινὰ τοῦ ποιητοῦ ἐκ τοῦ ποιη- 20

I 1 φιλόδικος R: φιλοδικαςτὴς cett.   3 παύςειν] παύειν V: παῦςαι Vp3   5 προκειμένης Kuster: περικειμένης codd.   12 ἀρχὴν R: ἀρχῆς cett.   13 ὑποψίας] ὑπεροψίας Zacher   ἐξαίρειν] ἐξαιρεῖν Dindorf   16 ποιεῖ ... δικάζει RV: ποιεῖν καὶ τοὺς κατὰ τὴν οἰκίαν δικάζειν cett.   17 ἐπειςάγονται RV: παρειςάγονται cett.   πολιτικῶς RV: πολιτευτικῶς (ante κρινόμενοι transp.) cett.   17–18 καὶ κατὰ ... ψῆφον LVp3: καὶ κατὰ τοῦ φεύγοντος ἐκφέρει τὴν ψῆφον RV   20 ποιητοῦ RV: χοροῦ cett.

ΑΡΙΣΤΟΦΑΝΟΥΣ

τικοῦ προσώπου, ὡς cφηξὶν ἐμφερεῖς εἰσιν οἱ τοῦ χοροῦ, ἐξ ὧν
καὶ τὸ δρᾶμα. οἵ, ὅτε μὲν ἦσαν νέοι, πικρῶς †ταῖς δίκαις†
ἐφήδρευον, ἐπεὶ δὲ γέροντες γεγόνασιν, κεντοῦσι τοῖς κέντροις.
ἐπὶ τέλει δὲ τοῦ δράματος ὁ γέρων ἐπὶ δεῖπνον καλεῖται, καὶ
ἐπὶ ὕβριν τρέπεται, καὶ κρίνει αὐτὸν ὕβρεως ἀρτόπωλις· ὁ δὲ 25
γέρων πρὸς αὐλὸν καὶ ὄρχησιν τρέπεται καὶ γελωτοποιεῖ τὸ
δρᾶμα.

τοῦτο τὸ δρᾶμα πεποίηται αὐτῷ οὐκ ἐξ ὑποκειμένης
ὑποθέσεως, ἀλλ᾽ ὡσανεὶ γενομένης. πέπλασται γὰρ τὸ ὅλον.
διαβάλλει δὲ Ἀθηναίους ὡς φιλοδικοῦντας, καὶ σωφρονίζει τὸν 30
δῆμον ἀποστῆναι δικῶν, καὶ διά τοι τοῦτο καὶ τοὺς δικαστὰς
cφηξὶν ἀπεικάζει κέντρα ἔχουσι καὶ πλήττουσι. πεποίηται δ᾽
αὐτῷ χαριέντως.

ἐδιδάχθη ἐπὶ ἄρχοντος Ἀμεινίου διὰ Φιλωνίδου ἐν τῇ πθ᾽
ὀλυμπιάδι. δεύτερος ἦν, εἰς Λήναια. καὶ ἐνίκα πρῶτος Φιλ- 35
ωνίδης Προάγωνι, Λεύκων Πρέσβεσι τρίτος.

II

ΑΡΙΣΤΟΦΑΝΟΥΣ ΤΟΥ ΓΡΑΜΜΑΤΙΚΟΥ

Φιλοῦντα δικάζειν πατέρα παῖς εἴρξας ἄφνω
αὐτός τ᾽ ἐφύλαττεν ἔνδον οἰκέται θ᾽, ὅπως
μὴ λανθάνῃ μηδ᾽ ἐξίῃ διὰ τὴν νόσον.
ὁ δ᾽ ἀντιμάχεται παντὶ τρόπῳ καὶ μηχανῇ.
εἶθ᾽ οἱ συνήθεις καὶ γέροντες, λεγόμενοι 5
σφῆκες, παραγίνονται βοηθοῦντες σφόδρα
ἐπὶ τῷ δύνασθαι κέντρον ἐνιέναι τισὶν
φρονοῦντες ἱκανόν. ὁ δὲ γέρων τηρούμενος
συμπείθετ᾽ ἔνδον διαδικάζειν καὶ βιοῦν,
ἐπεὶ τὸ δικάζειν κέκρικεν ἐκ παντὸς τρόπου. 10

22 ταῖς δίκαις] τοῖς Μήδοις van Leeuwen   34 Ἀμεινίου Brunck:
Ἀμυνίου codd.   πθ᾽ Kannegiesser : πόλει codd.

ΤΑ ΤΟΥ ΔΡΑΜΑΤΟΣ ΠΡΟΣΩΠΑ

ΣΩΣΙΑΣ   *ΠΑΙΣ*
ΞΑΝΘΙΑΣ   *ΚΥΩΝ*
ΒΔΕΛΥΚΛΕΩΝ   *ΑΝΗΡ*
ΦΙΛΟΚΛΕΩΝ   *ΑΡΤΟΠΩΛΙΣ*
ΧΟΡΟΣ ΔΙΚΑΣΤΩΝ   *ΚΑΤΗΓΟΡΟΣ*

ΣΦΗΚΕΣ

ΣΩΣΙΑΣ
  Οὗτος, τί πάσχεις, ὦ κακόδαιμον Ξανθία;
ΞΑΝΘΙΑΣ
  φυλακὴν καταλύειν νυκτερινὴν διδάσκομαι.
Σω. κακὸν ἄρα ταῖς πλευραῖς τι προὐφείλεις μέγα.
  ἆρ' οἶσθά γ' οἷον κνώδαλον φυλάττομεν;
Ξα. οἶδ', ἀλλ' ἐπιθυμῶ ςμικρὸν ἀπομερμηρίσαι. 5
Σω. ςὺ δ' οὖν παρακινδύνευ', ἐπεὶ καὐτοῦ γ' ἐμοῦ
  κατὰ ταῖν κόραιν ἤδη τι καταχεῖται γλυκύ.
Ξα. ἀλλ' ἦ παραφρονεῖς ἐτεὸν ἢ κορυβαντιᾷς;
Σω. οὔκ, ἀλλ' ὕπνος μ' ἔχει τις ἐκ Σαβαζίου.
Ξα. τὸν αὐτὸν ἄρ' ἐμοὶ βουκολεῖς ςὺ δαίμονα. 10
  κἀμοὶ γὰρ ἀρτίως ἐπεστρατεύσατο
  Μῆδός τις ἐπὶ τὰ βλέφαρα νυςτακτὴς ὕπνος·
  καὶ δῆτ' ὄναρ θαυμαστὸν εἶδον ἀρτίως.
Σω. κἄγωγ' ἀληθῶς οἷον οὐδεπώποτε.
  ἀτὰρ ςὺ λέξον πρότερος.
Ξα.   ἐδόκουν αἰετὸν 15
  καταπτάμενον εἰς τὴν ἀγορὰν μέγαν πάνυ
  ἀναρπάσαντα τοῖς ὄνυξιν ἀςπίδα
  φέρειν ἐπίχαλκον ἀνεκὰς εἰς τὸν οὐρανόν,
  κἄπειτα ταύτην ἀποβαλεῖν Κλεώνυμον.
Σω. οὐδὲν ἄρα γρίφου διαφέρει Κλεώνυμος. 20
Ξα. πῶς δή;
Σω.   προερεῖ τις τοῖσι συμπόταις, λέγων

3 προὐφείλεις Elmsley (*praedebes* Divus): προὔφειλες codd.
7 ταῖν] τοῖν Hirschig ἤδη] ὕπνου RV   10 ςὺ δαίμονα van Herwerden: Σαβάζιον codd.   18 φέρειν post οὐρανόν transp. Naber
21 προερεῖ R: προςερεῖ cett.: προβαλεῖ W. C. Green   λέγων LVp3, Greg. Cor. *in Hermog.* 1334: λέγω cett.

ΑΡΙΣΤΟΦΑΝΟΥΣ

ὅτι "ταὐτὸν ἐν γῇ τ' ἀπέβαλεν κἂν οὐρανῷ
κἂν τῇ θαλάττῃ θηρίον τὴν ἀςπίδα."
Ξα. οἴμοι, τί δῆτά μοι κακὸν γενήςεται
ἰδόντι τοιοῦτον ἐνύπνιον;
Cω. μὴ φροντίςῃς. 25
οὐδὲν γὰρ ἔςται δεινόν, οὐ μὰ τοὺς θεούς.
Ξα. δεινόν γέ ποὖςτ' ἄνθρωπος ἀποβαλὼν ὅπλα.
ἀτὰρ cὺ τὸ cὸν αὖ λέξον.
Cω. ἀλλ' ἐςτὶν μέγα.
περὶ τῆς πόλεως γάρ ἐςτι, τοῦ ςκάφους ὅλου.
Ξα. λέγε νυν ἀνύςας τι τὴν τρόπιν τοῦ πράγματος. 30
Cω. ἔδοξέ μοι περὶ πρῶτον ὕπνον ἐν τῇ Πυκνὶ
ἐκκληςιάζειν πρόβατα ςυγκαθήμενα,
βακτηρίας ἔχοντα καὶ τριβώνια·
κἄπειτα τούτοις τοῖςι προβάτοις μοὐδόκει
δημηγορεῖν φάλλαινα πανδοκεύτρια, 35
ἔχουςα φωνὴν ἐμπεπρημένης ὑός.
Ξα. αἰβοῖ.
Cω. τί ἐςτι;
Ξα. παῦε παῦε, μὴ λέγε·
ὄζει κάκιςτον τοὐνύπνιον βύρςης ςαπρᾶς.
Cω. εἶθ' ἡ μιαρὰ φάλλαιν' ἔχουςα τρυτάνην
ἵςτη βόειον δημόν.
Ξα. οἴμοι δείλαιος· 40
τὸν δῆμον ἡμῶν βούλεται διςτάναι.
Cω. ἐδόκει δέ μοι Θέωρος αὐτῆς πληςίον
χαμαὶ καθῆςθαι τὴν κεφαλὴν κόρακος ἔχων.
εἶτ' Ἀλκιβιάδης εἶπε πρός με τραυλίςας,
"ὁλᾷς; Θέωλος τὴν κεφαλὴν κόλακος ἔχει." 45
Ξα. ὀρθῶς γε τοῦτ' Ἀλκιβιάδης ἐτραύλιςεν.
Cω. οὔκουν ἐκεῖν' ἀλλόκοτον, ὁ Θέωρος κόραξ

23 κἂν τῇ] κἂν ἐν Greg. Cor.   28 ἐςτὶν L, Greg. Cor.: ἐςτί cett.
30 ἀνύςας sch. V: ἀ- codd.   36 ἐμπεπρημένης Bekker: -μένην R:
-ηςμένην V: -ηςμένης cett.   45 ὁλᾷς; Θέωλος] ὁλᾷς Θέωλον· Plut.
Alc. 1.7

210

ΣΦΗΚΕΣ

γενόμενος;
Ξα.   ἥκιστ', ἀλλ' ἄριστον.
Σω.   πῶς;
Ξα.   ὅπως;
ἄνθρωπος ὢν εἶτ' ἐγένετ' ἐξαίφνης κόραξ·
οὔκουν ἐναργὲς τοῦτο cυμβαλεῖν, ὅτι   50
ἀρθεὶς ἀφ' ἡμῶν ἐς κόρακας οἰχήcεται;
Σω.   εἶτ' οὐκ ἐγὼ δοὺς δύ' ὀβολὼ μιcθώcομαι
οὕτως ὑποκρινόμενον cοφῶς ὀνείρατα;
Ξα.   φέρε νυν κατείπω τοῖc θεαταῖc τὸν λόγον,
ὀλίγ' ἄτθ' ὑπειπὼν πρῶτον αὐτοῖcιν ταδί,   55
μηδὲν παρ' ἡμῶν προcδοκᾶν λίαν μέγα,
μηδ' αὖ γέλωτα Μεγαρόθεν κεκλεμμένον.
ἡμῖν γὰρ οὐκ ἔcτ' οὔτε κάρυ' ἐκ φορμίδος
δούλω διαρριπτοῦντε τοῖc θεωμένοιc,
οὔθ' Ἡρακλῆc τὸ δεῖπνον ἐξαπατώμενος,   60
οὐδ' αὖθις ἐναcελγαινόμενος Εὐριπίδης·
οὐδ' εἰ Κλέων γ' ἔλαμψε τῆς τύχης χάριν,
αὖθις τὸν αὐτὸν ἄνδρα μυττωτεύcομεν.
ἀλλ' ἔcτιν ἡμῖν λογίδιον γνώμην ἔχον,
ὑμῶν μὲν αὐτῶν οὐχὶ δεξιώτερον,   65
κωμῳδίαc δὲ φορτικῆς cοφώτερον.
ἔcτιν γὰρ ἡμῖν δεcπότης, ἐκεινοcὶ
ἄνω καθεύδων, ὁ μέγας, οὑπὶ τοῦ τέγους.
οὗτος φυλάττειν τὸν πατέρ' ἐπέταξε νῷν,
ἔνδον καθείρξας, ἵνα θύραζε μὴ 'ξίῃ.   70
νόcον γὰρ ὁ πατὴρ ἀλλόκοτον αὐτοῦ νοcεῖ,
ἣν οὐδ' ἂν εἷς γνοίη ποτ' οὐδ' ἂν ξυμβάλοι
εἰ μὴ πύθοιθ' ἡμῶν· ἐπεὶ τοπάζετε.

48 γενόμενος Bothe (*factus* Divus): γιγνόμενος codd.   52 οὐκ] οὔ
c' Tournier   53 σοφῶς RV: σαφῶς cett.   55 ἄτθ' Portus: ἄττα
RV: γ' L: om. Vp3   πρῶτον RV: πρότερον cett.   58 οὔτε] οὐδὲ RV
59 διαρριπτοῦντε] -τες RV   61 οὐδ'] οὔτ' Blaydes   ἐναcελγαι-
νόμενος Hermann: ἀνα- codd.   68 ἄνω V ut videtur, Reisig: ἄνω
cett.   μέγας] μέλας van Herwerden   72 alterum ἂν RV: om. cett.

ΑΡΙΣΤΟΦΑΝΟΥΣ

Ἀμυνίας μὲν ὁ Προνάπους φήςˊ οὑτοσὶ
εἶναι φιλόκυβον αὐτόν.
Cω.   ἀλλ᾽ οὐδὲν λέγει, 75
μὰ Δί᾽, ἀλλ᾽ ἀφ᾽ αὑτοῦ τὴν νόσον τεκμαίρεται.
Ξα. οὔκ, ἀλλὰ "φιλο" μέν ἐστιν ἀρχὴ τοῦ κακοῦ.
ὁδὶ δέ φησι Cωσίας πρὸς Δερκύλον
εἶναι φιλοπότην αὐτόν.
Cω.   οὐδαμῶς γ᾽, ἐπεὶ
αὕτη γε χρηστῶν ἐστιν ἀνδρῶν ἡ νόσος. 80
Ξα. Νικόστρατος δ᾽ αὖ φησιν ὁ Cκαμβωνίδης
εἶναι φιλοθύτην αὐτὸν ἢ φιλόξενον.
Cω. μὰ τὸν κύν᾽, ὦ Νικόστρατ᾽, οὐ φιλόξενος,
ἐπεὶ καταπύγων ἐστὶν ὅ γε Φιλόξενος.
Ξα. ἄλλως φλυαρεῖτ᾽· οὐ γὰρ ἐξευρήσετε. 85
εἰ δὴ ᾽πιθυμεῖτ᾽ εἰδέναι, σιγᾶτε νῦν.
φράσω γὰρ ἤδη τὴν νόσον τοῦ δεσπότου.
φιληλιαστής ἐστιν ὡς οὐδεὶς ἀνήρ,
ἐρᾷ τε τούτου, τοῦ δικάζειν, καὶ στένει
ἢν μὴ ᾽πὶ τοῦ πρώτου καθίζηται ξύλου. 90
ὕπνου δ᾽ ὁρᾷ τῆς νυκτὸς οὐδὲ πασπάλην.
ἢν δ᾽ οὖν καταμύσῃ κἂν ἄχνην, ὅμως ἐκεῖ
ὁ νοῦς πέτεται τὴν νύκτα περὶ τὴν κλεψύδραν.
ὑπὸ τοῦ δὲ τὴν ψῆφόν γ᾽ ἔχειν εἰωθέναι
τοὺς τρεῖς ξυνέχων τῶν δακτύλων ἀνίσταται, 95
ὥσπερ λιβανωτὸν ἐπιτιθεὶς νουμηνίᾳ.
καὶ νὴ Δί᾽ ἢν ἴδῃ γέ που γεγραμμένον
υἱὸν Πυριλάμπους ἐν θύρᾳ Δῆμον καλόν,
ἰὼν παρέγραψε πλησίον "κημὸς καλός."
τὸν ἀλεκτρυόνα δ᾽, ὃς ᾖδ᾽ ἀφ᾽ ἑσπέρας, ἔφη 100
ὀψ᾽ ἐξεγείρειν αὐτὸν ἀναπεπεισμένον,

74–84 personarum vices parum certae; Xanthiae omnia tribuere maluit sch. R; post 76 lacunam unius v. statuit Bergk   77 ἀρχὴ Hirschig: ἀ- codd.   78 Cωσίας] Cωσικλέης van Herwerden: Νικίας MacDowell   98 υἱὸν RV: τὸν cett., unde τὸν τοῦ Bentley   100 ἀφ᾽ RV: ἐφ᾽ cett.

212

ΣΦΗΚΕΣ

παρὰ τῶν ὑπευθύνων ἔχοντα χρήματα.
εὐθὺς δ' ἀπὸ δορπηστοῦ κέκραγεν ἐμβάδας,
κἄπειτ' ἐκεῖς' ἐλθὼν προκαθεύδει πρῲ πάνυ,
ὥσπερ λεπὰς προσεχόμενος τῷ κίονι. 105
ὑπὸ δυσκολίας δ' ἅπασι τιμῶν τὴν μακρὰν
ὥσπερ μέλιττ' ἢ βομβυλιὸς εἰσέρχεται
ὑπὸ τοῖς ὄνυξι κηρὸν ἀναπεπλασμένος.
ψήφων δὲ δείσας μὴ δεηθείη ποτέ,
ἵν' ἔχοι δικάζειν, αἰγιαλὸν ἔνδον τρέφει. 110
τοιαῦτ' ἀλύει· νουθετούμενος δ' ἀεὶ
μᾶλλον δικάζει. τοῦτον οὖν φυλάττομεν
μοχλοῖσιν ἐγκλῄσαντες, ὡς ἂν μὴ 'ξίῃ.
ὁ γὰρ υἱὸς αὐτοῦ τὴν νόσον βαρέως φέρει.
καὶ πρῶτα μὲν λόγοισι παραμυθούμενος 115
ἀνέπειθεν αὐτὸν μὴ φορεῖν τριβώνιον
μηδ' ἐξιέναι θύραζ', ὁ δ' οὐκ ἐπείθετο.
εἶτ' αὐτὸν ἀπέλου κἀκάθαιρ', ὁ δ' οὐ μάλα.
μετὰ τοῦτ' ἐκορυβάντιζ', ὁ δ' αὐτῷ τυμπάνῳ
ᾄξας ἐδίκαζεν εἰς τὸ Καινὸν ἐμπεσών. 120
ὅτε δῆτα ταύταις ταῖς τελεταῖς οὐκ ὠφέλει,
διέπλευσεν εἰς Αἴγιναν, εἶτα ξυλλαβὼν
νύκτωρ κατέκλινεν αὐτὸν εἰς Ἀσκληπιοῦ,
ὁ δ' ἀνεφάνη κνεφαῖος ἐπὶ τῇ κιγκλίδι.
ἐντεῦθεν οὐκέτ' αὐτὸν ἐξεφρίεμεν, 125
ὁ δ' ἐξεδίδρασκε διά τε τῶν ὑδορροῶν
καὶ τῶν ὀπῶν· ἡμεῖς δ' ὅς' ἦν τετρημένα
ἐνεβύσαμεν ῥακίοισι κἀπακτώσαμεν,
ὁ δ' ὡσπερεὶ κολοιὸς αὑτῷ παττάλους
ἐνέκρουεν εἰς τὸν τοῖχον, εἶτ' ἐξήλλετο. 130

---

108 ἀναπεπλασμένος RV: ὑπο- P75 ut videtur, cett. 110 ἔχοι RV: ἔχῃ cett. δικάζειν] δικάζων Lenting 113 ἐγκλῄσαντες] ἐνδήσαντες P75 (?), RV 118 κἀκάθαιρ' Brunck: καὶ 'κάθαιρε L: κακκάθαιρ' RV: καὶ κάθαιρε Vp3 119 τοῦτ' V: τοῦδ' R: ταῦτ' cett. 125 ἐξεφρίεμεν Nauck: -φρίομεν RV: -φρείομεν cett. 128 ἐνεβύσαμεν] ἐπε- Blaydes

ΑΡΙϹΤΟΦΑΝΟΥϹ

ἡμεῖϲ δὲ τὴν αὐλὴν ἅπαϲαν δικτύοιϲ
καταπετάϲαντεϲ ἐν κύκλῳ φυλάττομεν.
ἔϲτιν δ' ὄνομα τῷ μὲν γέροντι Φιλοκλέων,
ναὶ μὰ Δία, τῷ δ' υἱεῖ γε τῳδὶ Βδελυκλέων,
ἔχων τρόπουϲ φρυαγμοϲεμνάκουϲ τινάϲ. 135

ΒΔΕΛΥΚΛΕΩΝ
ὦ Ξανθία καὶ Ϲωϲία, καθεύδετε;
Ξα. οἴμοι.
Ϲω. τί ἐϲτι;
Ξα. Βδελυκλέων ἀνίϲταται.
Βδ. οὐ περιδραμεῖται ϲφῶν ταχέωϲ δεῦρ' ἅτεροϲ;
ὁ γὰρ πατὴρ εἰϲ τὸν ἰπνὸν ἐξελήλυθε
καὶ μυϲπολεῖ τι καταδεδυκώϲ. ἀλλ' ἄθρει 140
κατὰ τῆϲ πυέλου τὸ τρῆμ' ὅπωϲ μὴ 'κδύϲεται·
ϲὺ δὲ τῇ θύρᾳ πρόϲκειϲο.
Ξα. ταῦτ', ὦ δέϲποτα.
Βδ. ἄναξ Πόϲειδον, τί ποτ' ἄρ' ἡ κάπνη ψοφεῖ;
οὗτοϲ, τίϲ εἶ ϲύ;

ΦΙΛΟΚΛΕΩΝ
καπνὸϲ ἔγωγ' ἐξέρχομαι.
Βδ. καπνόϲ; φέρ' ἴδω, ξύλου τίνοϲ ϲύ;
Φι. ϲυκίνου. 145
Βδ. νὴ τὸν Δί', ὅϲπερ γ' ἐϲτὶ δριμύτατοϲ καπνῶν.
ἀτὰρ οὐκέτ' ἐκφρήϲει γε· ποῦ 'ϲθ' ἡ τηλία;
δύου πάλιν· φέρ' ἐπαναθῶ ϲοι καὶ ξύλον.
ἐνταῦθά νυν ζήτει τιν' ἄλλην μηχανήν.
ἀτὰρ ἄθλιόϲ γ' εἴμ' ὡϲ ἕτεροϲ οὐδεὶϲ ἀνήρ, 150

---

135 φρυαγμοϲεμνάκουϲ τινάϲ. Su. φ 747: -ουϲτίναϲ V: -ουϲτίνουϲ cett.: -ακάϲ τιναϲ Blaydes   139 ἐξελήλυθε V: εἰϲελήλυθε cett.   140 τι VB: τιϲ RVp3: γ' ὅϲτιϲ L: ποι Blaydes   147 οὐκέτ' ἐκφρήϲει Wilson: οὐκ ἐρρήϲειϲ R: οὐκ ἐϲερρήϲειϲ (vel εἰϲ-) cett.: οὐ κατερρήϲειϲ Sommerstein: οὔτι χαιρήϲειϲ Wilamowitz   150 post ἕτεροϲ add. γ' RV

ΣΦΗΚΕΣ

ὅστις πατρὸς νῦν Καπνίου κεκλήσομαι.
Φι. παῖ.
Ξα. τὴν θύραν ὠθεῖ·
Βδ. πίεζέ νυν σφόδρα,
εὖ κἀνδρικῶς· κἀγὼ γὰρ ἐνταῦθ' ἔρχομαι.
καὶ τῆς κατακλῇδος ἐπιμελοῦ καὶ τοῦ μοχλοῦ,
φύλαττέ θ' ὅπως μὴ τὴν βάλανον ἐκτρώξεται.   155
Φι. τί δράσετ'; οὐκ ἐκφρήσετ', ὦ μιαρώτατοι,
δικάσοντά μ', ἀλλ' ἐκφεύξεται Δρακοντίδης;
Ξα. σὺ δὲ τοῦτο βαρέως ἂν φέροις;
Φι. ὁ γὰρ θεὸς
μαντευομένῳ μοὔχρησεν ἐν Δελφοῖς ποτέ,
ὅταν τις ἐκφύγῃ μ', ἀποσκλῆναι τότε.   160
Ξα. Ἄπολλον ἀποτρόπαιε, τοῦ μαντεύματος.
Φι. ἴθ', ἀντιβολῶ σ', ἔκφρες με, μὴ διαρραγῶ.
Ξα. μὰ τὸν Ποσειδῶ, Φιλοκλέων, οὐδέποτέ γε.
Φι. διατρώξομαι τοίνυν ὀδὰξ τὸ δίκτυον.
Ξα. ἀλλ' οὐκ ἔχεις ὀδόντας.
Φι. οἴμοι δείλαιος·   165
πῶς ἄν σ' ἀποκτείναιμι; πῶς; δότε μοι ξίφος
ὅπως τάχιστ', ἢ πινάκιον τιμητικόν.
Βδ. ἄνθρωπος οὗτος μέγα τι δρασείει κακόν.
Φι. μὰ τὸν Δί' οὐ δῆτ', ἀλλ' ἀποδόσθαι βούλομαι
τὸν ὄνον ἄγων αὐτοῖσι τοῖς κανθηλίοις·   170
νουμηνία γάρ ἐστιν.
Βδ. οὔκουν κἂν ἐγὼ
αὐτὸν ἀποδοίμην δῆτ' ἄν;
Φι. οὐχ ὥσπερ γ' ἐγώ.
Βδ. μὰ Δί', ἀλλ' ἄμεινον.
Φι. ἀλλὰ τὸν ὄνον ἔξαγε.

151 νῦν RV: νυνὶ cett.   152 παῖ om. RV   hanc vocem Philocleoni tribuit MacDowell   155 φύλαττέ θ'] φύλατθ' Elmsley   156 μιαρώτατοι RV: -τατε cett.   162 ἔκφρες Buttmann: ἔκφερε codd.   168 δρασείει R: δράσειεν L: δράσει VVp3   172 γ' L: om. cett.

215

ΑΡΙϹΤΟΦΑΝΟΥϹ

Ξα. οἵαν πρόφαϲιν καθῆκεν, ὡϲ εἰρωνικῶϲ,
ἵν' αὐτὸν ἐκπέμψειαϲ.
Βδ. ἀλλ' οὐκ ἔϲπαϲεν 175
ταύτῃ γ'· ἐγὼ γὰρ ᾐϲθόμην τεχνωμένου.
ἀλλ' εἰϲιών μοι τὸν ὄνον ἐξάξειν δοκῶ,
ὅπωϲ ἂν ὁ γέρων μηδὲ παρακύψῃ πάλιν.
κάνθων, τί κλάειϲ; ὅτι πεπράϲει τήμερον;
βάδιζε θᾶττον. τί ϲτένειϲ, εἰ μὴ φέρειϲ 180
Ὀδυϲϲέα τιν';
Ξα. ἀλλὰ ναὶ μὰ Δία φέρει
κάτω γε τουτονί τιν' ὑποδεδυκότα.
Βδ. ποῖον; φέρ' ἴδωμαι.
Ξα. τουτονί.
Βδ. τουτὶ τί ἦν;
τίϲ εἶ ποτ', ὦνθρωπ', ἐτεόν;
Φι. Οὖτιϲ, νὴ Δία.
Βδ. Οὖτιϲ ϲύ; ποδαπόϲ;
Φι. Ἴθακοϲ Ἀποδραϲιππίδου. 185
Βδ. Οὖτιϲ μὰ τὸν Δί' οὔτι χαιρήϲων γε ϲύ.
ὕφελκε θᾶττον αὐτόν. ὦ μιαρώτατοϲ,
ἵν' ὑποδέδυκεν· ὥϲτ' ἔμοιγ' ἰνδάλλεται
ὁμοιότατοϲ κλητῆροϲ εἶναι πωλίῳ.
Φι. εἰ μή μ' ἐάϲεθ' ἥϲυχον, μαχούμεθα. 190
Βδ. περὶ τοῦ μαχεῖ νῷν δῆτα;
Φι. περὶ ὄνου ϲκιᾶϲ.
Βδ. πονηρὸϲ εἶ πόρρω τέχνηϲ καὶ παράβολοϲ.
Φι. ἐγὼ πονηρόϲ; οὐ μὰ Δί', ἀλλ' οὐκ οἶϲθα ϲὺ
νῦν μ' ὄντ' ἄριϲτον· ἀλλ' ἴϲωϲ, ὅταν φάγῃϲ
ὑπογάϲτριον γέροντοϲ ἡλιαϲτικοῦ. 195
Βδ. ὤθει τὸν ὄνον καὶ ϲαυτὸν εἰϲ τὴν οἰκίαν.

175 ἵν' αὐτὸν R: ἵνα θᾶττον cett.   177 ἐξάξειν Elmsley: ἐξάγειν codd.   181 τιν'] τινά γ' L   186 ϲύ R^pc: ϲὺ ἔϲει R^acVVp3: ἔϲει L   189 πωλίῳ] ψωλίῳ E. L. Bowie   190 ἥϲυχον] ἡϲύχωϲ RV   195 ἡλιαϲτικοῦ MacDowell, cf. titulos et sch. ad v. 772: ἠλ- codd.: infra non notatur

ΣΦΗΚΕΣ

Φι. ὦ ξυνδικασταὶ καὶ Κλέων, ἀμύνατε.
Βδ. ἔνδον κέκραχθι τῆς θύρας κεκλημένης.
ὤθει cὺ πολλοὺς τῶν λίθων πρὸς τὴν θύραν,
καὶ τὴν βάλανον ἔμβαλλε πάλιν εἰς τὸν μοχλόν, 200
καὶ τὴν δοκὸν προςθεὶς τὸν ὅλμον τὸν μέγαν
ἀνύςας τι προςκύλιςον.
Ξα. οἴμοι δείλαιος·
πόθεν ποτ' ἐμπέπτωκέ μοι τὸ βωλίον;
Βδ. ἴςως ἄνωθεν μῦς ἐνέβαλέ ςοί ποθεν.
Ξα. μῦς; οὐ μὰ Δί', ἀλλ' ὑποδυόμενός τις οὑτοcὶ 205
ὑπὸ τῶν κεραμίδων ἡλιαςτὴς ὀροφίας.
Βδ. οἴμοι κακοδαίμων, στροῦθος ἀνὴρ γίγνεται·
ἐκπτήσεται. ποῦ ποῦ 'cτί μοι τὸ δίκτυον;
ςοῦ, ςοῦ, πάλιν, ςοῦ. νὴ Δί' ἦ μοι κρεῖττον ἦν
τηρεῖν Cκιώνην ἀντὶ τούτου τοῦ πατρός. 210
Ξα. ἄγε νυν, ἐπειδὴ τουτονὶ ςεςοβήκαμεν,
κοὐκ ἔςθ' ὅπως διαδὺς ἂν ἡμᾶς ἔτι λάθοι,
τί οὐκ ἀπεκοιμήθημεν ὅςον ὅςον ςτίλην;
Βδ. ἀλλ', ὦ πόνηρ', ἥξουσιν ὀλίγον ὕςτερον
οἱ ξυνδικασταὶ παρακαλοῦντες τουτονὶ 215
τὸν πατέρα.
Ξα. τί λέγεις; ἀλλὰ νῦν γ' ὄρθρος βαθύς.
Βδ. νὴ τὸν Δί', ὀψέ γ' ἆρ' ἀνεστήκασι νῦν.
ὡς ἀπὸ μέςων νυκτῶν γε παρακαλοῦς' ἀεί,
λύχνους ἔχοντες καὶ μινυρίζοντες μέλη
ἀρχαιομελιςιδωνοφρυνιχήρατα, 220

198 κεκλημένης Meineke: κεκλης- Vp3: κεκλείςμ- cett.
200 ἔμβαλλε B: ἔμβαλε cett.   201 τὴν δοκὸν Dobree (fortasse novit sch.): τῇ δοκῷ codd.   202 προςκύλιςον Cobet: προςκύλιε RVVp3: προςκύλιέ γ' L   οἴμοι V: ὤμοι cett.   206 κεραμίδων] κεραμίων v.l. ap. Poll. 10. 183   208 μοι LVp3: μου RV, Su. ε 2807, ς 792: που Meineke   211 νυν] δή V   212 ἔτι λάθοι] ἐπιλάθοι R   213 οὐκ ἀπεκοιτήθημεν] οὐ κατε- Photius s.v. ςτίλην   216 γ' V: om. cett.   217 γ' ἆρ' Porson: γὰρ RVVp3: γοῦν L   νῦν] γε L   220 ἀρχαιομελι- sch., Su. α 4075, μ 1103: ἀρχαῖα μελη- R: ἀρχαιομελη- cett.

ΑΡΙΣΤΟΦΑΝΟΥΣ

οἷc ἐκκαλοῦνται τοῦτον.
Ξα. οὐκοῦν, ἢν δέῃ,
ἤδη ποτ' αὐτοὺc τοῖc λίθοιc βαλλήcομεν.
Βδ. ἀλλ', ὦ πόνηρε, τὸ γένοc ἤν τιc ὀργίcῃ
τὸ τῶν γερόντων, ἔcθ' ὅμοιον cφηκιᾷ.
ἔχουcι γὰρ καὶ κέντρον ἐκ τῆc ὀcφύοc   225
ὀξύτατον, ᾧ κεντοῦcι, καὶ κεκραγότεc
πηδῶcι καὶ βάλλουcιν ὥcπερ φέψαλοι.
Ξα. μὴ φροντίcῃc· ἐὰν ἐγὼ λίθουc ἔχω,
πολλῶν δικαcτῶν cφηκιὰν διαcκεδῶ.

ΧΟΡΟC

χώρει, πρόβαιν' ἐρρωμένωc. ὦ Κωμία, βραδύνειc.   230
μὰ τὸν Δί' οὐ μέντοι πρὸ τοῦ γ', ἀλλ' ἦcθ' ἱμὰc κύνειοc·
νυνὶ δὲ κρείττων ἐcτί cου Χαρινάδηc βαδίζειν.
ὦ Cτρυμόδωρε Κονθυλεῦ, βέλτιcτε cυνδικαcτῶν,
Εὐεργίδηc ἆρ' ἐcτί που 'νταῦθ' ἢ Χάβηc ὁ Φλυεύc;
πάρεcθ' ὃ δὴ λοιπόν γ' ἔτ' ἐcτίν, ἀππαπαῖ παπαιάξ, 235
ἥβηc ἐκείνηc, ἡνίκ' ἐν Βυζαντίῳ ξυνῆμεν
φρουροῦντ' ἐγώ τε καὶ cύ· κᾆτα περιπατοῦντε νύκτωρ
τῆc ἀρτοπώλιδοc λαθόντ' ἐκλέψαμεν τὸν ὅλμον,
κᾆθ' ἥψομεν τοῦ κορκόρου καταcχίcαντεc αὐτόν.
ἀλλ' ἐγκονῶμεν, ὦνδρεc, ὡc ἔcται Λάχητι νυνί·   240
cίμβλον δέ φαcι χρημάτων ἔχειν ἅπαντεc αὐτόν.
χθὲc οὖν Κλέων ὁ κηδεμὼν ἡμῖν ἐφεῖτ' ἐν ὥρᾳ
ἥκειν ἔχονταc ἡμερῶν ὀργὴν τριῶν πονηρὰν
ἐπ' αὐτόν, ὡc κολωμένουc ὧν ἠδίκηcεν. ἀλλὰ
cπεύcωμεν, ὦνδρεc ἥλικεc, πρὶν ἡμέραν γενέcθαι.   245
χωρῶμεν, ἅμα τε τῷ λύχνῳ πάντῃ διαcκοπῶμεν,
μή που λίθοc τιc ἐμποδὼν ἡμᾶc κακόν τι δράcῃ.

234 Χάβηc RV, sch.: Χάρηc cett.   235 γ' VVp3: om. cett.   ἔτ' RV: om. cett.   239 ἥψομεν R, Brunck: ἥψαμεν cett.   240 ἔcται] ἐcτὶν V   Λάχητι νυνί] κακὸν Λάχητι Blaydes   244 κολωμένουc V s.l.: χολου- V: καλου- R: κολου- cett.   245 cπεύcωμεν RV: cπεύδωμεν cett.   247 λίθοc V: λαθών cett.

ΣΦΗΚΕΣ

ΠΑΙΣ
ὤ.
τὸν πηλόν, ὦ πάτερ πάτερ, τουτονὶ φύλαξαι.
Χο. κάρφος χαμᾶθέν νυν λαβὼν τὸν λύχνον πρόβυσον.
Πα. οὔκ, ἀλλὰ τῳδί μοι δοκῶ τὸν λύχνον προβύσειν. 250
Χο. τί δὴ μαθὼν τῷ δακτύλῳ τὴν θρυαλλίδ᾽ ὠθεῖς,
καὶ ταῦτα τοὐλαίου σπανίζοντος, ὦνόητε;
οὐ γὰρ δάκνει σ᾽, ὅταν δέῃ τίμιον πρίασθαι.
Πα. εἰ νὴ Δί᾽ αὖθις κονδύλοις νουθετήσεθ᾽ ἡμᾶς,
ἀποσβέσαντες τοὺς λύχνους ἄπιμεν οἴκαδ᾽ αὐτοί· 255
κἄπειτ᾽ ἴσως ἐν τῷ σκότῳ τουτουὶ στερηθεὶς
τὸν πηλὸν ὥσπερ ἀτταγᾶς τυρβάσεις βαδίζων.
Χο. ἦ μὴν ἐγώ σου χἀτέρους μείζονας κολάζω.
ἀλλ᾽ οὑτοσί μοι βόρβορος φαίνεται πατοῦντι·
κοὐκ ἔσθ᾽ ὅπως οὐχ ἡμερῶν τεττάρων τὸ πλεῖστον 260
ὕδωρ ἀναγκαίως ἔχει τὸν θεὸν ποιῆσαι.
ἔπεισι γοῦν τοῖσιν λύχνοις οὑτοιὶ μύκητες·
φιλεῖ δ᾽, ὅταν τοῦτ᾽ ᾖ, ποιεῖν ὑετὸν μάλιστα.
δεῖται δὲ καὶ τῶν καρπίμων ἄττα μή 'στι πρῷα
ὕδωρ γενέσθαι κἀπιπνεῦσαι βόρειον αὐτοῖς. 265
τί χρῆμ᾽ ἄρ᾽ οὐκ τῆς οἰκίας τῆσδε συνδικαστὴς
πέπονθεν, ὡς οὐ φαίνεται δεῦρο πρὸς τὸ πλῆθος;
οὐ μὴν πρὸ τοῦ γ᾽ ἐφολκὸς ἦν, ἀλλὰ πρῶτος ἡμῶν
ἡγεῖτ᾽ ἂν ᾄδων Φρυνίχου· καὶ γάρ ἐστιν ἀνὴρ
φιλῳδός. ἀλλά μοι δοκεῖ στάντας ἐνθάδ᾽, ὦνδρες, 270
ᾄδοντας αὐτὸν ἐκκαλεῖν, ἤν τί πως ἀκούσας
τοὐμοῦ μέλους ὑφ᾽ ἡδονῆς ἑρπύσῃ θύραζε.

---

248 post alterum πάτερ add. cὺ codd.: del. Fl. Christianus   250 μοι V: μοι γε R: μοι γε νῦν LVp3   254 κονδύλοις L: -οισι RVVp3   255 αὐτοί] αὖθις Elmsley: εὐθύς Blaydes   262 τοῖσιν R: τοῖσι cett.   263 τοῦτ᾽ ᾖ Fl. Christianus: ᾖ τουτί codd.   post ποιεῖν add. ὁ Ζεὺς RV   264 πρῷα Porson: πρώϊα RV: πρώϊμα cett.   266–90 post 316 transp. Srebrny   269 ἂν ᾄδων ita divisim solus R   271 ἐκκαλεῖν V: ἐκβαλεῖν cett.   272 ἑρπύσῃ V: ἐξερπύσῃ cett.

ΑΡΙΣΤΟΦΑΝΟΥΣ

τί ποτ' οὐ πρὸ θυρῶν φαίνετ' ἄρ' ἡμῖν ὁ γέρων   [ϲτρ.
οὐδ' ὑπακούει;
μῶν ἀπολώλεκε τὰϲ
ἐμβάδαϲ, ἢ προϲέκοψ' ἐν   275
τῷ ϲκότῳ τὸν δάκτυλόν που,
εἶτ' ἐφλέγμηνεν αὐτοῦ
τὸ ϲφυρὸν γέροντοϲ ὄντοϲ;
καὶ τάχ' ἂν βουβωνιῴη.
ἦ μὴν πολὺ δριμύτατόϲ γ' ἦν τῶν παρ' ἡμῖν,
καὶ μόνοϲ οὐκ ἀνεπείθετ', ἀλλ' ὁπότ' ἀντιβολοίη
τιϲ, κάτω κύπτων ἂν οὕτω
"λίθον ἕψειϲ" ἔλεγεν.   280

τάχα δ' ἂν διὰ τὸν χθιζινὸν ἄνθρωπον, ὃϲ ἡμᾶϲ
    διέδυ πωϲ,   [ἀντ.
ἐξαπατῶν καὶ λέγων
ὡϲ φιλαθήναιοϲ ἦν καὶ
τἀν Ϲάμῳ πρῶτοϲ κατείποι,
διὰ τοῦτ' ὀδυνηθεὶϲ
εἶτ' ἴϲωϲ κεῖται πυρέττων.
ἔϲτι γὰρ τοιοῦτοϲ ἀνήρ.   285
ἀλλ', ὦγάθ', ἀνίϲταϲο μηδ' οὕτω ϲεαυτὸν
ἔϲθιε μηδ' ἀγανάκτει. καὶ γὰρ ἀνὴρ παχὺϲ ἥκει
τῶν προδόντων τἀπὶ Θρᾴκηϲ·
ὃν ὅπωϲ ἐγχυτριεῖϲ.
ὕπαγ', ὦ παῖ, ὕπαγε.   290

Πα.   ἐθελήϲειϲ τί μοι οὖν, ὦ   [ϲτρ.
       πάτερ, ἤν ϲού τι δεηθῶ;
Χο.   πάνυ γ', ὦ παιδίον. ἀλλ' εἰ-

275 προϲέκοψ' ἐν Bentley: προϲέκοψε(ν) codd.   278 ἀνεπείθετ' V: ἂν ἐπείθετ' cett.   280 post hunc v. ⟨ὕπαγ', ὦ παῖ, ὕπαγε⟩ add. Hermann   281 χθιζινὸν Hermann: χθεϲινὸν RVVp3: χθεϲινόν γ' L   διέδυ πωϲ Dindorf, duce Bentley: διεδύετ' codd.   282 καὶ λέγων] τε λέγων θ' Richter   285 ἀνήρ Bekker: ἀ- codd.   288 παχὺϲ] ταχὺϲ R

ΣΦΗΚΕΣ

πέ, τί βούλει με πρίαςθαι
καλόν; οἶμαι δέ c' ἐρεῖν ἀ- 295
cτραγάλους δήπουθεν, ὦ παῖ.

Πα. μὰ Δί', ἀλλ' ἰcχάδας, ὦ παπ-
πία· ἥδιον γάρ—
Χο. οὐκ ἂν
μὰ Δί', εἰ κρέμαιcθέ γ' ὑμεῖc.
Πα. μὰ Δί' οὔ τἄρα προπέμψω ce τὸ λοιπόν.
Χο. ἀπὸ γὰρ τοῦδέ με τοῦ μιcθαρίου 300
τρίτον αὐτὸν ἔχειν ἄλφιτα δεῖ καὶ ξύλα κᾦψον·
⟨ἒ ἔ.⟩
cὺ δὲ cῦκά μ' αἰτεῖc.

Πα. ἄγε νυν, ὦ πάτερ, ἢν μὴ [ἀντ.
τὸ δικαcτήριον ἄρχων
καθίcῃ νῦν, πόθεν ὠνη- 305
cόμεθ' ἄριcτον; ἔχειc ἐλ-
πίδα χρηcτήν τινα νῷν ἢ
πόρον Ἕλλας ἱρὸν ⟨εὑρεῖν⟩;
Χο. ἀπαπαῖ φεῦ, ⟨ἀπαπαῖ φεῦ,⟩
μὰ Δί' οὐκ ἔγωγε νῷν οἶδ' 310
ὁπόθεν γε δεῖπνον ἔcται.
Πα. τί με δῆτ', ὦ μελέα μῆτερ, ἔτικτεc;
Χο. ἵν' ἐμοὶ πράγματα βόcκειν παρέχῃc.
Πα. ἀνόνητον ἄρ', ὦ θυλάκιόν, c' εἶχον ἄγαλμα.
ἒ ἔ. 315
πάρα νῷν cτενάζειν.

Φι. φίλοι, τήκομαι μὲν 317a
πάλαι διὰ τῆc ὀπῆc 317b
ὑμῶν ἐπακούων. 318a

297 παππία Bentley: παπία codd.   298 κρέμαιcθε Dobree: κρέμεcθε V: κρέμοιcθε cett.   302 suppl. Hermann   308 suppl. Blaydes   309 suppl. Hermann   311 γε] τὸ Cobet   314 ἄρ'... c' Hermann: ἄρα c'... γ' codd.   318a ἐπακούων Cobet: ὑπακούων codd.: ὄπ' ἀκούων van Herwerden

ΑΡΙΣΤΟΦΑΝΟΥΣ

ἀλλ'—οὐ γὰρ οἷός τ' εἴμ' 318b
ᾄδειν—τί ποιήςω; 319a
τηροῦμαι δ' ὑπὸ τῶνδ', ἐπεὶ 319b
βούλομαί γε πάλαι μεθ' ὑ- 320
μῶν ἐλθὼν ἐπὶ τοὺς καδίς-
κους κακόν τι ποιῆςαι.
ἀλλ', ὦ Ζεῦ μεγαβρόντα,

ἤ με ποίηςον καπνὸν ἐξαίφνης
ἢ Προξενίδην ἢ τὸν Cέλλου 325
τοῦτον τὸν ψευδαμάμαξυν.
τόλμηςον, ἄναξ, χαρίςαςθαί μοι,
πάθος οἰκτίρας· ἤ με κεραυνῷ
διατινθαλέῳ ςπόδιςον ταχέως,
κἄπειτ' ἀνελών μ' ἀποφυςήςας 330
εἰς ὀξάλμην ἔμβαλε θερμήν·
ἢ δῆτα λίθον με ποίηςον, ἐφ' οὗ
τὰς χοιρίνας ἀριθμοῦςι.

Χο. τίς γάρ ἐςθ' ὁ ταῦτά ς' εἴργων [ςτρ.
κἀποκλείων τῇ θύρᾳ; λέξον· πρὸς εὔνους γὰρ φράςεις.
Φι. οὑμὸς υἱός. ἀλλὰ μὴ βοᾶτε· καὶ γὰρ τυγχάνει 336
οὑτοςὶ πρόςθεν καθεύδων. ἀλλ' ὕφεςθε τοῦ τόνου.
Χο. τοῦ δ' ἔφεξιν, ὦ μάταιε, ταῦτα δρᾶν ςε βούλεται;
τίνα πρόφαςιν ἔχων;
Φι. οὐκ ἐᾷ μ', ὦνδρες, δικάζειν οὐδὲ δρᾶν οὐδὲν κακόν, 340
ἀλλά μ' εὐωχεῖν ἕτοιμός ἐςτ'· ἐγὼ δ' οὐ βούλομαι.
Χο. τοῦτ' ἐτόλμης' ὁ μιαρὸς χα- 342
νεῖν, ὁ Δημολογοκλέων ⟨ὅδ',⟩

318b ἀλλ'—οὐ γὰρ Bentley: ἀλλὰ γὰρ οὐχ RVp3: ἀλλ' ἀτὰρ οὐ V: ἀλλ'
οὐχ L   320 πάλαι L: πάλαι πάνυ cett.   325 Προξενίδην V:
Προξενιάδην cett.   326 ψευδαμάμαξυν B, cf. sch.: ψευδο- cett.
328 οἰκτίρας van Herwerden: οἰκτείρας codd.: non amplius notatur
334 τῇ θύρᾳ V: τὰς θύρας cett.   338 ἔφεξιν R, cf. sch. et Hsch. s.v.:
ἐφέξειν cett.: ὑφέξειν v.l. ap. sch.   339 ⟨καὶ⟩ τίνα Bergk
342 Δημολογοκλέων] varie temptatum: Δεινο- Hermann suppl.
Hermann

ΣΦΗΚΕΣ

	ὅτι λέγεις ⟨cύ⟩ τι περὶ τῶν νε-	343
	ῶν ἀληθές. οὐ γὰρ ἄν ποθ'	
	οὗτος ἀνὴρ τοῦτ' ἐτόλμη-	344
	cεν λέγειν, εἰ	
	μὴ ξυνωμότης τις ἦν.	345
	ἀλλ' ἐκ τούτων ὥρα τινά cοι ζητεῖν καινὴν ἐπίνοιαν,	
	ἥτις cε λάθρᾳ τἀνδρὸς τουδὶ καταβῆναι δεῦρο ποιήcει.	
Φι.	τίς ἂν οὖν εἴη; ζητεῖθ' ὑμεῖς, ὡς πᾶν ⟨ἂν⟩ ἔγωγε	
	ποιοίην·	
	οὕτω κιττῶ διὰ τῶν cανίδων μετὰ χοιρίνης περιελθεῖν.	
Χο.	ἔςτιν ὀπὴ δῆθ' ἥντιν' ἂν ἔνδοθεν οἷός τ' εἴης	350
	διαλέξαι,	
	εἶτ' ἐκδῦναι ῥάκεcιν κρυφθεὶς ὥcπερ πολύμητις	
	Ὀδυccεύc;	
Φι.	πάντα πέφαρκται κοὐκ ἔcτιν ὀπῆς οὐδ' εἰ cέρφῳ	
	διαδῦναι.	
	ἀλλ' ἄλλο τι δεῖ ζητεῖν ὑμᾶc· ὀπίαν δ' οὐκ ἔcτι	
	γενέcθαι.	
Χο.	μέμνηcαι δῆθ', ὅτ' ἐπὶ cτρατιᾶc κλέψας ποτὲ τοὺς	
	ὀβελίcκους	
	ἵεις cαυτὸν κατὰ τοῦ τείχους ταχέως, ὅτε Νάξος	355
	ἑάλω.	
Φι.	οἶδ'· ἀλλὰ τί τοῦτ'; οὐδὲν γὰρ τοῦτ' ἐcτὶν ἐκείνῳ	
	προcόμοιον.	
	ἥβων γὰρ κἀδυνάμην κλέπτειν, ἰcχυόν τ' αὐτὸς	
	ἐμαυτοῦ,	
	κοὐδείς μ' ἐφύλαττ', ἀλλ' ἐξῆν μοι	
	φεύγειν ἀδεῶc. νῦν δὲ ξὺν ὅπλοις	
	ἄνδρες ὁπλῖται διαταξάμενοι	360

343 suppl. Meineke νεῶν] νέων Bentley 346 τούτων] πάντων R
347 τουδὶ Fl. Christianus: τοῦδε codd. 348 suppl. Daubuz, Bentley
350 διαλέξαι Hermann, cf. Hsch. s.v., *Lys.* 720: διορύξαι codd.
352 πέφαρκται Dindorf: πέφρακται codd. εἰ] ἂν Blaydes
356 ἐcτὶν LVp3: ἐcτ' RV

ΑΡΙΣΤΟΦΑΝΟΥΣ

    κατὰ τὰς διόδους cκοπιωροῦνται,
    τὼ δὲ δύ' αὐτῶν ἐπὶ ταῖcι θύραις
    ὥcπερ με γαλῆν κρέα κλέψαcαν
    τηροῦcιν ἔχοντ' ὀβελίcκους.   364

Χο. ἀλλὰ καὶ νῦν ἐκπόριζε   [ἀντ.
    μηχανὴν ὅπως τάχιcθ'· ἕως γάρ, ὦ μελίττιον.
Φι. διατραγεῖν τοίνυν κράτιcτόν ἐcτί μοι τὸ δίκτυον.
    ἡ δέ μοι Δίκτυννα cυγγνώμην ἔχοι τοῦ δικτύου.
Χο. ταῦτα μὲν πρὸς ἀνδρός ἐcτ' ἄνοντος εἰς cωτηρίαν.
    ἀλλ' ἔπαγε τὴν γνάθον.   370
Φι. διατέτρωκται τοῦτό γ'. ἀλλὰ μὴ βοᾶτε μηδαμῶς,
    ἀλλὰ τηρώμεcθ' ὅπως μὴ Βδελυκλέων αἰcθήcεται.
Χο. μηδέν, ὦ τᾶν, δέδιθι, μηδέν·
    ὡς ἐγὼ τοῦτόν γ', ἐὰν γρύ-
    ξῃ τι, ποιήcω δακεῖν τὴν
    καρδίαν καὶ τὸν περὶ ψυ-   375
    χῆς δρόμον δραμεῖν, ἵν' εἰδῇ
    μὴ πατεῖν τὰ
    ταῖν θεαῖν ψηφίcματα.

    ἀλλ' ἐξάψας διὰ τῆς θυρίδος τὸ καλῴδιον εἶτα καθίμα
    δήcας cαυτὸν καὶ τὴν ψυχὴν ἐμπληcάμενος   380
    Διοπείθους.
Φι. ἄγε νυν, ἢν αἰcθομένῳ τούτω ζητητόν μ'
    εἰcκαλαμᾶcθαι
    κἀναcπαcτὸν ποιεῖν εἴcω, τί ποιήcετε; φράζετε νυνί.
Χο. ἀμυνοῦμέν cοι τὸν πρινώδη θυμὸν ἅπαντες καλέcαντες,
    ὥcτ' οὐ δυνατόν c' εἴργειν ἔcται· τοιαῦτα ποιήcομεν
    ἡμεῖς.

---

365 καὶ νῦν] καινὴν Dobree   367 μελίττιον L: μελίτιον cett.
378 ταῖν θεαῖν] τῶν θεῶν R: τοῖν θεοῖν Hirschig, fortasse recte
381 εἰcκαλαμᾶcθαι V: ἐνκαλ- R: ἐκκαλ- cett.   383 ἅπαντες
καλέcαντες] ἅπαντ' ἐκκαλέcαντες Cobet   384 ἔcται V, Bentley: τα
vel τὰ cett.: ἔνδον Blaydes

ΣΦΗΚΕΣ

Φι. δράcω τοίνυν ὑμῖν πίcυνοc. καὶ μανθάνετ'· ἤν τι 385
πάθω 'γώ,
ἀνελόντεc καὶ κατακλαύcαντεc θεῖναί μ' ὑπὸ τοῖcι
δρυφάκτοιc.
Χο. οὐδὲν πείcει· μηδὲν δείcῃc. ἀλλ', ὦ βέλτιcτε, καθίει
cαυτὸν θαρρῶν κἀπευξάμενοc τοῖcι πατρῴοιcι θεοῖcιν.
Φι. ὦ Λύκε δέcποτα, γείτων ἥρωc· cὺ γὰρ οἷcπερ ἐγὼ
κεχάρηcαι,
τοῖc δακρύοιcιν τῶν φευγόντων ἀεὶ καὶ τοῖc 390
ὀλοφυρμοῖc·
ᾤκηcαc γοῦν ἐπίτηδεc ἰὼν ἐνταῦθ' ἵνα ταῦτ' ἀκροῷο,
κἀβουλήθηc μόνοc ἡρώων παρὰ τὸν κλάοντα καθῆcθαι.
ἐλέηcον καὶ cῶcον νυνὶ τὸν cαυτοῦ πληcιόχωρον·
κοὔ μή ποτέ cου παρὰ τὰc κάνναc οὐρήcω μηδ'
ἀποπάρδω.
Βδ. οὗτοc, ἐγείρου.
Ξα. τί τὸ πρᾶγμ';
Βδ. ὥcπερ φωνή μέ τιc ἐγκεκύκλωται. 395
μῶν ὁ γέρων πῃ διαδύεται ⟨αὖ⟩;
Ξα. μὰ Δί' οὐ δῆτ', ἀλλὰ καθιμᾷ
αὑτὸν δήcαc.
Βδ. ὦ μιαρώτατε, τί ποιεῖc; οὐ μὴ καταβήcει.
ἀνάβαιν' ἀνύcαc κατὰ τὴν ἑτέραν καὶ ταῖcιν φυλλάcι
παῖε,
ἤν πωc πρύμνην ἀνακρούcηται πληγεὶc ταῖc
εἰρεcιώναιc.
Φι. οὐ ξυλλήψεcθ' ὁπόcοιcι δίκαι τῆτεc μέλλουcιν 400
ἕcεcθαι,
ὦ Cμικυθίων καὶ Τειcιάδη καὶ Χρήμων καὶ
Φερέδειπνε;

386 κατακλαύcαντεc V, Bentley: κλαύcαντεc cett. θεῖναί] θάψαι
Blaydes 390 δακρύοιcιν B, Daubuz: -οιcι cett. 396 suppl.
Dindorf 398 ταῖcιν G, Daubuz, Bentley: ταῖcι cett. 399 ἤν] εἴ
V πρύμνην C, Elmsley: πρύμναν cett. 400 ὁπόcοιcι V: ὁπόcοι
RVp3: ὁπόcοιc L 401 Τειcιάδη van Herwerden: Τιc- codd.

225

ΑΡΙCΤΟΦΑΝΟΥC

πότε δ', εἰ μὴ νῦν, ἐπαρήξετέ μοι, πρίν μ' εἴcω μᾶλλον
ἄγεcθαι;

Χο. εἰπέ μοι, τί μέλλομεν κινεῖν ἐκείνην τὴν χολήν,
ἥνπερ ἡνίκ' ἄν τιc ἡμῶν ὀργίcῃ τὴν cφηκιάν;
νῦν ἐκεῖνο νῦν ἐκεῖνο 405
τοὐξύθυμον, ᾧ κολαζό-
μεcθα, κέντρον ἐντατέον ὀξέωc.
ἀλλὰ θαἰμάτια λαβόντεc ὡc τάχιcτα, παιδία,
θεῖτε καὶ βοᾶτε, καὶ Κλέωνι ταῦτ' ἀγγέλλετε,
καὶ κελεύετ' αὐτὸν ἥκειν 410
ὡc ἐπ' ἄνδρα μιcόπολιν
ὄντα κἀπολούμενον, ὅτι
τόνδε λόγον εἰcφέρει,
μὴ δικάζειν δίκαc.

Βδ. ὦγαθοί, τὸ πρᾶγμ' ἀκούcατ', ἀλλὰ μὴ κεκράγετε. 415
Χο. νὴ Δί', εἰc τὸν οὐρανόν γ'.
Βδ. ὡc τοῦδ' ἐγὼ οὐ μεθήcομαι.
Χο. ταῦτα δῆτ' οὐ δεινὰ καὶ τυραννίc ἐcτιν ἐμφανήc;
ὦ πόλιc καὶ Θεώρου θεοιcεχθρία,
κεἴ τιc ἄλλοc προέcτηκεν ἡμῶν κόλαξ.
Ξα. Ἡράκλειc, καὶ κέντρ' ἔχουcιν. οὐχ ὁρᾷc, ὦ 420
δέcποτα;
Βδ. οἷc γ' ἀπώλεcαν Φίλιππον ἐν δίκῃ τὸν Γοργίου.
Χο. καὶ cέ γ' αὐτοῖc ἐξολοῦμεν· ἀλλὰ πᾶc ἐπίcτρεφε
δεῦρο κἀξείραc τὸ κέντρον εἶτ' ἐπ' αὐτὸν ἵεcο,
ξυcταλείc, εὔτακτοc, ὀργῆc καὶ μένουc ἐμπλήμενοc,
ὡc ἂν εὖ εἰδῇ τὸ λοιπὸν cμῆνοc οἷον ὤργιcεν. 425

---

407 ἐντατέον D. M. Jones: ἐντέτατ' codd.   ὀξέωc Bergk: ὀξὺ codd.: εἰc
μάχην Sommerstein   408 λαβόντεc] βαλόντεc Bs.l.:   414 μὴ
Dindorf: ὡc χρὴ μὴ codd.   415 κεκράγετε L: -γατε cett.
416 τοῦδ' Porson: τόνδ' codd.   418 πόλιc L: πόλι cett.
θεοιcεχθρία Bentley: θεὸc ἐχθρία vel sim. codd.   419 ἡμῶν Vp3, Fl.
Christianuc: ὑμῶν cett.   422 αὐτοῖc Hirschig: αὐτῆc V: αὖτιc cett.

ΣΦΗΚΕΣ

Ξα. τοῦτο μέντοι δεινὸν ἤδη, νὴ Δί', εἰ μαχούμεθα·
ὡς ἔγωγ' αὐτῶν ὁρῶν δέδοικα τὰς ἐγκεντρίδας.
Χο. ἀλλ' ἀφίει τὸν ἄνδρ'· εἰ δὲ μή, φήμ' ἐγὼ
τὰς χελώνας μακαριεῖν σε τοῦ δέρματος.
Φι. εἶά νυν, ὦ ξυνδικασταί, σφῆκες ὀξυκάρδιοι, 430
οἱ μὲν εἰς τὸν πρωκτὸν αὐτῶν εἰσπέτεσθ' ὠργισμένοι,
οἱ δὲ τὠφθαλμὼ κύκλῳ κεντεῖτε καὶ τοὺς δακτύλους.
Βδ. ὦ Μίδα καὶ Φρύξ, βοήθει δεῦρο, καὶ Μασυντία,
καὶ λάβεσθε τουτουὶ καὶ μὴ μεθῆσθε μηδενί·
εἰ δὲ μή, 'ν πέδαις παχείαις οὐδὲν ἀριστήσετε, 435
ὡς ἐγὼ πολλῶν ἀκούσας οἶδα θρίων τὸν ψόφον.
Χο. εἰ δὲ μὴ τοῦτον μεθήσεις, ἔν τί σοι παγήσεται.
Φι. ὦ Κέκροψ ἥρως ἄναξ, τὰ πρὸς ποδῶν Δρακοντίδη,
περιορᾷς οὕτω μ' ὑπ' ἀνδρῶν βαρβάρων χειρούμενον,
οὓς ἐγὼ 'δίδαξα κλάειν τέτταρ' εἰς τὴν χοίνικα; 440
Χο. εἶτα δῆτ' οὐ πόλλ' ἔνεστι δεινὰ τῷ γήρᾳ κακά;
δηλαδή· καὶ νῦν γε τούτω τὸν παλαιὸν δεσπότην
πρὸς βίαν χειροῦσιν, οὐδὲν τῶν πάλαι μεμνημένοι
διφθερῶν κἀξωμίδων, ἃς οὗτος αὐτοῖς ἠμπόλα,
καὶ κυνᾶς· καὶ τοὺς πόδας χειμῶνος ὄντος ὠφέλει, 445
ὥστε μὴ ῥιγῶν ἑκάστοτ'· ἀλλὰ τούτοις γ' οὐκ ἔνι
οὐδ' ἐν ὀφθαλμοῖσιν αἰδὼς τῶν παλαιῶν ἐμβάδων.
Φι. οὐκ ἀφήσεις οὐδὲ νυνί μ', ὦ κάκιστον θηρίον,
οὐδ' ἀναμνησθεὶς ὅθ' εὑρὼν τοὺς βότρυς κλέπτοντά σε
προσαγαγὼν πρὸς τὴν ἐλάαν ἐξέδειρ' εὖ 450
κἀνδρικῶς,
ὥστε σε ζηλωτὸν εἶναι; σὺ δ' ἀχάριστος ἦσθ' ἄρα.
ἀλλ' ἄνες με καὶ σὺ καὶ σύ, πρὶν τὸν υἱὸν ἐκδραμεῖν.
Χο. ἀλλὰ τούτων μὲν τάχ' ἡμῖν δώσετον καλὴν δίκην,

430 εἷα semel L: bis cett.   432 κεντεῖτε Fl. Christianus: κεντεῖθ' οἱ δὲ codd.   433 βοήθει Bentley: βοηθεῖτε codd.   434 λάβεσθε L: βάλ(λ)εσθε cett.   435 μὴ 'ν Fl. Christianus: μὴν codd.   437 ἕν Farreus: ἔν codd.   446 ῥιγῶν Dindorf: ῥιγόντ' R: ῥιγῶν γ' cett.   453 τούτων] τούτω v.l. ap. sch.

ΑΡΙΣΤΟΦΑΝΟΥΣ

οὐκέτ' εἰς μακράν, ἵν' εἰδῇθ' οἷός ἐστ' ἀνδρῶν τρόπος
ὀξυθύμων καὶ δικαίων καὶ βλεπόντων κάρδαμα.   455
Βδ. παῖε, παῖ', ὦ Ξανθία, τοὺς cφῆκας ἀπὸ τῆς οἰκίας.
Ξα. ἀλλὰ δρῶ τοῦτ'.
Βδ. ἀλλὰ καὶ cὺ τῦφε πολλῷ τῷ καπνῷ.
Ξα. οὐχὶ coῦcθ'; οὐκ ἐς κόρακας; οὐκ ἄπιτε;
Βδ. παῖε τῷ ξύλῳ·
καὶ cὺ προcθεὶc Αἰcχίνην ἔντυφε τὸν Cελλαρτίου.
ἆρ' ἐμέλλομέν ποθ' ὑμᾶς ἀποcοβήcειν τῷ χρόνῳ;   460
Φι. ἀλλὰ μὰ Δί' οὐ ῥᾳδίως οὕτως ἂν αὐτοὺς διέφυγες,
εἴπερ ἔτυχον τῶν μελῶν τῶν Φιλοκλέους βεβρωκότες.
Χο. ἆρα δῆτ' οὐκ αὐτὰ δῆλα
τοῖς πένηςιν, ἡ τυραννὶς ὡς λάθρᾳ γ' ἐ-
λάμβαν' ὑπιοῦσά με,   465
εἰ cύ γ', ὦ πονωπόνηρε καὶ Κομηταμυνία,
τῶν νόμων ἡμᾶς ἀπείργεις ὧν ἔθηκεν ἡ πόλις,
οὔτε τιν' ἔχων πρόφασιν
οὔτε λόγον εὐτράπελον,
αὐτὸς ἄρχων μόνος;   470
Βδ. ἔcθ' ὅπως ἄνευ μάχης καὶ τῆς κατοξείας βοῆς
εἰς λόγους ἔλθοιμεν ἀλλήλοιςι καὶ διαλλαγάς;
Χο. cοὺς λόγοις, ὦ μιςόδημε
καὶ μοναρχίας ἐραcτὰ
καὶ ξυνὼν Βραcίδᾳ καὶ φορῶν κράcπεδα   475
cτεμμάτων τήν θ' ὑπήνην ἄκουρον τρέφων;   476/7
Βδ. νὴ Δί' ἦ μοι κρεῖττον ἐκcτῆναι τὸ παράπαν τοῦ πατρὸς
μᾶλλον ἢ κακοῖς τοcούτοις ναυμαχεῖν ὁcημέραι.

454 οἷός V, Su. ι 377: οἷόν cett.   456 παῖε] παῦε R   457–60 personarum vices parum certae; v. 460 Bdelycleoni tribuit Graves   459 ἔντυφε] ἔκτυφε Meineke   461–2 Philocleoni tribuit Wilson   463 αὐτὰ δῆλα (cum signo vocis compositae in R)] αὐτόδηλα Dindorf   465 ἐλάμβαν' R: ἐλάνθαν(εν) cett.   466 πονωπόνηρε] πόνῳ πόνηρε VΓ   471 ἄνευ] ἂν ἐκ van Herwerden   472 ἔλθοιμεν V: -ωμεν cett.   473 cοὺς Hirschig, duce Bothe: cοὶ codd.   479 ναυμαχεῖν] δυcμαχεῖν van Herwerden

ΣΦΗΚΕΣ

Χο. οὐδὲ μὴν οὐδ' ἐν ϲελίνῳ ϲουϲτὶν οὐδ' ἐν πηγάνῳ· 480
τοῦτο γὰρ παρεμβαλοῦμεν τῶν τριχοινίκων ἐπῶν.
ἀλλὰ νῦν μὲν οὐδὲν ἀλγεῖϲ, ἀλλ' ὅταν ξυνήγοροϲ
ταὐτὰ ταῦτά ϲου καταντλῇ καὶ ξυνωμότην καλῇ.

Βδ. ἆρ' ἄν, ὦ πρὸϲ τῶν θεῶν, ὑμεῖϲ ἀπαλλαχθεῖτέ μου;
ἢ δέδοκταί τοι δέρεϲθαι καὶ δέρειν δι' ἡμέραϲ; 485

Χο. οὐδέποτέ γ', οὔχ, ἕωϲ ἄν τί μου λοιπὸν ᾖ—
ὅϲτιϲ ἡμῶν ἐπὶ τυραννίδ' ⟨ὧδ'⟩ ἐϲτάληϲ.

Βδ. ὡϲ ἅπανθ' ὑμῖν τυραννίϲ ἐϲτι καὶ ξυνωμόται,
ἤν τε μεῖζον ἤν τ' ἔλαττον πρᾶγμά τιϲ κατηγορῇ.
ἧϲ ἐγὼ οὐκ ἤκουϲα τοὔνομ' οὐδὲ πεντήκοντ' ἐτῶν· 490
νῦν δὲ πολλῷ τοῦ ταρίχουϲ ἐϲτὶν ἀξιωτέρα,
ὥϲτε καὶ δὴ τοὔνομ' αὐτῆϲ ἐν ἀγορᾷ κυλίνδεται.
ἢν μὲν ὠνῆταί τιϲ ὀρφῶϲ, μεμβράδαϲ δὲ μὴ 'θέλῃ,
εὐθέωϲ εἴρηχ' ὁ πωλῶν πληϲίον τὰϲ μεμβράδαϲ·
"οὗτοϲ ὀψωνεῖν ἔοιχ' ἄνθρωποϲ ἐπὶ τυραννίδι." 495
ἢν δὲ γήτειον προϲαιτῇ ταῖϲ ἀφύαιϲ ἥδυϲμά τι,
ἡ λαχανόπωλιϲ παραβλέψαϲά φηϲι θατέρῳ·
"εἰπέ μοι· γήτειον αἰτεῖϲ· πότερον ἐπὶ τυραννίδι;
ἢ νομίζειϲ τὰϲ Ἀθήναϲ ϲοὶ φέρειν ἡδύϲματα;"

Ξα. κἀμέ γ' ἡ πόρνη χθὲϲ εἰϲελθόντα τῆϲ μεϲημβρίαϲ, 500
ὅτι κελητίϲαι 'κέλευον, ὀξυθυμηθεῖϲά μοι
ἤρετ' εἰ τὴν Ἱππίου καθίϲταμαι τυραννίδα.

Βδ. ταῦτα γὰρ τούτοιϲ ἀκούειν ἡδέ', εἰ καὶ νῦν ἐγώ,
τὸν πατέρ' ὅτι βούλομαι τούτων ἀπαλλαχθέντα τῶν
ὀρθροφοιτοϲυκοφαντοδικοταλαιπώρων τρόπων 505
ζῆν βίον γενναῖον ὥϲπερ Μόρυχοϲ, αἰτίαν ἔχω

480 μὴν Cobet, Hirschig: μήν γ' Γ^ac, lm. sch. Γ: μέν γ' cett. ϲουϲτὶν V: ποῦ 'ϲτιν; cett. 483 ταὐτὰ B^pc: om. Γ: ταῦτα cett. ξυνωμότην Cobet, Hirschig: ξυνωμόταϲ codd. praeter R, qui compendium ambiguum praebet 484 ἆρ' R: ἆρά γ' cett. μου ΓB s.l.: μοι cett. 485 τοι Platnauer: μοι codd.: καὶ MacDowell 487 suppl. Hermann (om. etiam P10): ⟨ἐξ⟩εϲτάληϲ Meineke 488 ὑμῖν VΓL: ἡμῖν RVp3 496 ταῖϲ] τιϲ Brunck 501 ὅτι] ὅτε Dindorf 504 ὅτι Su. ει 68 cod. A: ὁτιὴ cett., Su. ο 581 505 ὀρθρο- Grynaeus: ὀρθο- codd., Su. utrubique

ΑΡΙΣΤΟΦΑΝΟΥΣ

ταῦτα δρᾶν ξυνωμότης ὢν καὶ φρονῶν τυραννικά.
Φι. νὴ Δί᾽ ἐν δίκῃ γ᾽· ἐγὼ γὰρ οὐδ᾽ ἂν ὀρνίθων γάλα
ἀντὶ τοῦ βίου λάβοιμ᾽ ἂν οὗ με νῦν ἀποστερεῖς·
οὐδὲ χαίρω βατίσιν οὐδ᾽ ἐγχέλεσιν, ἀλλ᾽ ἥδιον ἂν   510
δικίδιον σμικρὸν φάγοιμ᾽ ἂν ἐν λοπάδι πεπνιγμένον.
Βδ. νὴ Δί᾽, εἰθίσθης γὰρ ἥδεσθαι τοιούτοις πράγμασιν·
ἀλλ᾽ ἐὰν σιγῶν ἀνάσχῃ καὶ μάθῃς ἁγὼ λέγω,
ἀναδιδάξειν οἴομαί σ᾽ ὡς πάντα ταῦθ᾽ ἁμαρτάνεις.
Φι. ἐξαμαρτάνω δικάζων;
Βδ. καταγελώμενος μὲν οὖν   515
οὐκ ἐπαΐεις ὑπ᾽ ἀνδρῶν, οὓς σὺ μόνον οὐ προσκυνεῖς.
ἀλλὰ δουλεύων λέληθας.
Φι. παῦε δουλείαν λέγων,
ὅστις ἄρχω τῶν ἁπάντων.
Βδ. οὐ σύ γ᾽, ἀλλ᾽ ὑπηρετεῖς
οἰόμενος ἄρχειν· ἐπεὶ δίδαξον ἡμᾶς, ὦ πάτερ,
ἥτις ἡ τιμή ᾽στί σοι καρπουμένῳ τὴν Ἑλλάδα.   520
Φι. πάνυ γε, καὶ τούτοισί γ᾽ ἐπιτρέψαι ᾽θέλω.
Βδ. καὶ μὴν ἐγώ.
ἄφετέ νυν ἅπαντες αὐτόν.
Φι. καὶ ξίφος γέ μοι δότε.
ἢν γὰρ ἡττηθῶ λέγων σου, περιπεσοῦμαι τῷ ξίφει.
Βδ. εἰπέ μοι, τί δ᾽ ἤν, τὸ δεῖνα, τῇ διαίτῃ μὴ ᾽μμένῃς;
Φι. μηδέποτε πίοιμ᾽ ἄκρατον μισθὸν ἀγαθοῦ δαίμονος.   525

Χο. νῦν δὴ τὸν ἐκ θἠμετέρου   [στρ.
γυμνασίου δεῖ τι λέγειν
καινόν, ὅπως φανήσει—
Βδ. ἐνεγκάτω μοι δεῦρο τὴν κίστην τις ὡς τάχιστα.
ἀτὰρ φανεῖ ποῖός τις ὤν, εἰ ταῦτα παρακελεύει;   530

507 τυραννικά P10, V, Su. ει 68: τυραννίδα cett.   510 ἐγχέλεσιν Athenaeus 299 B, Zonaras, *Anecd. Paris.* 4.246. 28: -λισιν vel -λυσιν codd., Su. 522–3 post 525 transp. Halbertsma   525 ἄκρατον Richter: ἀκράτου codd.   526 δὴ Vp3, Porson: δὲ cett.   527 δεῖ τι λέγειν Bentley: λέγειν τι δεῖ codd.   530 εἰ . . . παρακελεύει Srebrny: ἢν . . . παρακελεύῃ codd.   ταῦτα L: ταῦτ᾽ αὐτὰ cett.

230

ΣΦΗΚΕΣ

Χο. μὴ κατὰ τὸν νεανίαν
τονδὶ λέγων. ὁρᾷς γὰρ ὡς
cοι μέγας ἔcτ' ἀγὼν ⟨νῦν⟩
καὶ περὶ τῶν ἁπάντων.
εἰ γάρ, ὃ μὴ γένοιθ', οὗ- 535
τός ce λέγων κρατήcει—
Βδ. καὶ μὴν ὅc' ἂν λέξῃ γ' ἁπλῶς μνημόcυνα γράψομαι 'γώ.
Φι. τί γὰρ φαθ' ὑμεῖς, ἢν ὁδί με τῷ λόγῳ κρατήσῃ;
Χο. οὐκέτι πρεσβυτῶν ὄχλος 540
χρήσιμός ἐcτ' οὐδ' ἀκαρῆ·
σκωπτόμενοι δ' ἐν ταῖς ὁδοῖς
θαλλοφόροι καλούμεθ', ἀντ-
ωμοσιῶν κελύφη.

ἀλλ', ὦ περὶ τῆς πάσης μέλλων βασιλείας ἀντιλογήσειν
τῆς ἡμετέρας, νυνὶ θαρρῶν πᾶσαν γλῶτταν βασάνιζε.
Φι. καὶ μὴν εὐθύς γ' ἀπὸ βαλβίδων περὶ τῆς ἀρχῆς
ἀποδείξω
τῆς ἡμετέρας ὡς οὐδεμιᾶς ἥττων ἐστὶν βασιλείας.
τί γὰρ εὔδαιμον καὶ μακαριστὸν μᾶλλον νῦν ἐστι 550
δικαστοῦ,
ἢ τρυφερώτερον ἢ δεινότερον ζῷον, καὶ ταῦτα
γέροντος;
ὃν πρῶτα μὲν ἕρποντ' ἐξ εὐνῆς τηροῦς' ἐπὶ τοῖcι
δρυφάκτοις
ἄνδρες μεγάλοι καὶ τετραπήχεις· κἄπειτ' εὐθὺς
προσιόντι

532 τονδὶ Bentley: τόνδε codd.   533 ἔcτ'] ἐcτιν L   ἀγὼν ⟨νῦν⟩ Bentley: ἀγὼν codd.: ἀγὼν Elmsley   535 εἰ γάρ Sommerstein, puncto post ἁπάντων posito: εἴπερ codd.   γένοιθ' Bentley: γένοιτο νῦν codd.   535–6 οὗτος Bentley: νῦν οὗτος codd.   536 cε λέγων κρατήcει Blaydes: ἐθέλει κρατῆcαι codd.: c' ἔθ' ἕλοι κρατήσας Starkie   538 γράψομαι 'γώ L: -μ' ἐγώ cett.   542 δ' Porson: δ' ἂν fere codd. (γὰρ ἂν L)   ταῖς] ταῖσιν RVL ὁδοῖς Porson: ὁδοῖς ἁπάσαις codd.   544 καλούμεθ' Porson: καλοίμεθ' codd.   550 καὶ Porson: ἢ καὶ codd.
553 προσιόντι] προσιών τις Fl. Christianus

231

ΑΡΙΣΤΟΦΑΝΟΥΣ

ἐμβάλλει τις τὴν χεῖρ' ἀπαλὴν τῶν δημοσίων
κεκλοφυῖαν·
ἱκετεύουσίν θ' ὑποκύπτοντες τὴν φωνὴν   555
οἰκτροχοοῦντες·
"οἴκτιρόν μ', ὦ πάτερ, αἰτοῦμαί ς', εἰ καὐτὸς πώποθ'
ὑφείλου
ἀρχὴν ἄρξας ἢ 'πὶ στρατιᾶς τοῖς ξυσσίτοις ἀγοράζων."
ὅς ἔμ' οὐδ' ἂν ζῶντ' ᾔδειν, εἰ μὴ διὰ τὴν προτέραν
ἀπόφευξιν.

Βδ. τουτὶ περὶ τῶν ἀντιβολούντων ἔστω τὸ μνημόσυνόν
μοι.

Φι. εἶτ' εἰσελθὼν ἀντιβοληθεὶς καὶ τὴν ὀργὴν   560
ἀπομορχθεὶς
ἔνδον τούτων ὧν ἂν φάσκω πάντων οὐδὲν πεποίηκα,
ἀλλ' ἀκροῶμαι πάσας φωνὰς ἱέντων εἰς ἀπόφευξιν.
φέρ' ἴδω, τί γὰρ οὐκ ἔστιν ἀκοῦσαι θώπευμ' ἐνταῦθα
δικαστῇ;
οἱ μέν γ' ἀποκλάονται πενίαν αὑτῶν, καὶ προστιθέασιν
κακὰ πρὸς τοῖς οὖσι ⟨κακοῖσιν⟩, ἕως ἂν ἰσωθῇ   565
τοῖσιν ἐμοῖσιν·
οἱ δὲ λέγουσιν μύθους ἡμῖν, οἱ δ' Αἰσώπου τι γέλοιον·
οἱ δὲ σκώπτους', ἵν' ἐγὼ γελάσω καὶ τὸν θυμὸν
καταθῶμαι.
κἂν μὴ τούτοις ἀναπειθώμεσθα, τὰ παιδάρι' εὐθὺς
ἀνέλκει
τὰς θηλείας καὶ τοὺς υἱεῖς τῆς χειρός, ἐγὼ δ'
ἀκροῶμαι,

554 τις Blaydes: μοι codd.   555 ὑποκύπτοντες] ὑποπίπτοντες R   οἰκτρογοοῦντες] οἰκτο- Blaydes   558 ἀπόφευξιν H, Bentley: -φυξιν cett.   562 ἀπόφευξιν] -φυξιν V   565 ⟨κακοῖσιν⟩, ἕως ἂν ἰσωθῇ Blaydes, duce Erfurdt: ἕως ἀνιὼν ἀνισώσῃ V: ἕως ἂν ἰσώσῃ cett.: alii alia, ex. gr. ἕως ἂν ἰὼν ἀνισώσῃ Paley, ἕως ἄν πως ἀνισῶσιν Platnauer

ΣΦΗΚΕΣ

τὰ δὲ συγκύψανθ' ἅμα βληχᾶται· κἄπειθ' ὁ πατὴρ 570
ὑπὲρ αὐτῶν
ὥσπερ θεὸν ἀντιβολεῖ με τρέμων τῆς εὐθύνης
ἀπολῦσαι·
"εἰ μὲν χαίρεις ἀρνὸς φωνῇ, παιδὸς φωνὴν ἐλεήσαις·"
εἰ δ' αὖ τοῖς χοιριδίοις χαίρω, θυγατρὸς φωνῇ με
πιθέσθαι.
χἠμεῖς αὐτῷ τότε τῆς ὀργῆς ὀλίγον τὸν κόλλοπ'
ἀνεῖμεν.
ἆρ' οὐ μεγάλη τοῦτ' ἔστ' ἀρχὴ καὶ τοῦ πλούτου 575
καταχήνη;

Βδ. δεύτερον αὖ σου τουτὶ γράφομαι, τὴν τοῦ πλούτου
καταχήνην·
καὶ τἀγαθά μοι μέμνησ'· ἄχεις φάσκων τῆς Ἑλλάδος
ἄρχειν.

Φι. παίδων τοίνυν δοκιμαζομένων αἰδοῖα πάρεστι θεᾶσθαι.
κἂν Οἴαγρος εἰσέλθῃ φεύγων, οὐκ ἀποφεύγει πρὶν ἂν
ἡμῖν
ἐκ τῆς Νιόβης εἴπῃ ῥῆσιν τὴν καλλίστην ἀπολέξας. 580
κἂν αὐλητής γε δίκην νικᾷ, ταύτης ἡμῖν ἐπίχειρα
ἐν φορβειᾷ τοῖσι δικασταῖς ἔξοδον ηὔλησ' ἀπιοῦσι.
κἂν ἀποθνῄσκων ὁ πατήρ τῳ δῷ καταλείπων παῖδ'
ἐπίκληρον,
κλαίειν ἡμεῖς μακρὰ τὴν κεφαλὴν εἰπόντες τῇ διαθήκῃ
καὶ τῇ κόγχῃ τῇ πάνυ σεμνῶς τοῖς σημείοισιν 585
ἐπούσῃ,
ἔδομεν ταύτην ὅστις ἂν ἡμᾶς ἀντιβολήσας ἀναπείσῃ.
καὶ ταῦτ' ἀνυπεύθυνοι δρῶμεν· τῶν δ' ἄλλων οὐδεμί'
ἀρχή.

570 συγκύψαντ' (sic) V: συγκηψαντ' P10: συγκύπτοντ' (vel -νθ') cett.   ἅμα] ἀπο- P10, V: ἀμ- Bergk   572 φωνῇ codd. et P10: ψωλῇ E. L. Bowie   573 αὖ τοῖς Fl. Christianus: αὐτοῖς codd.   576 γράφομαι P10, Brunck: γράψομαι codd.   577 μέμνησ'] μίμνησχ' Blaydes   ἄχεις LVp3: ἄχρις RVΓ: [P10]   ἄχεις φάσκων] ἄχων φάσκεις Blaydes   583 καταλείπων B: -λιπὼν cett.

ΑΡΙϹΤΟΦΑΝΟΥϹ

Βδ. τουτὶ γάρ τοι ϲεμνόν· τούτων ὧν εἴρηκας μακαρίζω·
τῆϲ δ' ἐπικλήρου τὴν διαθήκην ἀδικεῖϲ
ἀνακογχυλιάζων.

Φι. ἔτι δ' ἡ βουλὴ χὠ δῆμοϲ, ὅταν κρῖναι μέγα πρᾶγμ' 590
ἀπορήϲῃ,
ἐψήφιϲται τοὺϲ ἀδικοῦνταϲ τοῖϲι δικαϲταῖϲ παραδοῦναι·
εἶτ' Εὔαθλοϲ χὠ μέγαϲ οὗτοϲ Κολακώνυμοϲ
ἀϲπιδαποβλὴϲ
οὐχὶ προδώϲειν ἡμᾶϲ φαϲιν, περὶ τοῦ πλήθουϲ δὲ
μαχεῖϲθαι.
κἂν τῷ δήμῳ γνώμην οὐδεὶϲ πώποτ' ἐνίκηϲεν, ἐὰν μὴ
εἴπῃ τὰ δικαϲτήρι' ἀφεῖναι πρώτιϲτα μίαν 595
δικάϲανταϲ·
αὐτὸϲ δὲ Κλέων ὁ κεκραξιδάμαϲ μόνον ἡμᾶϲ οὐ
περιτρώγει,
ἀλλὰ φυλάττει διὰ χειρὸϲ ἔχων καὶ τὰϲ μυίαϲ
ἀπαμύνει.
cὺ δὲ τὸν πατέρ' οὐδ' ὁτιοῦν τούτων τὸν ϲαυτοῦ πώποτ'
ἔδραϲαϲ.
ἀλλὰ Θέωροϲ—καίτοὐϲτὶν ἀνὴρ Εὐφημίδου οὐδὲν
ἐλάττων—
τὸν ϲπόγγον ἔχων ἐκ τῆϲ λεκάνηϲ τἀμβάδι' ἡμῶν 600
περικωνεῖ.
ϲκέψαι μ' ἀπὸ τῶν ἀγαθῶν οἵων ἀποκλῄειϲ καὶ
κατερύκειϲ,
ἣν δουλείαν οὖϲαν ἔφαϲκεϲ καὶ ὑπηρεϲίαν ἀποδείξειν.

Βδ. ἔμπληϲο λέγων· πάντωϲ γάρ τοι παύϲει ποτὲ
κἀναφανήϲει

588 ϲεμνόν] ϲε μόνον Reiske, puncto deleto   τούτων ⟨ϲ'⟩ ὧν Wilson
592 ἀϲπιδαποβλὴϲ Bachmann: ἀ- codd.   593 ἡμᾶϲ] ὑμᾶϲ Kuster
φαϲιν Daubuz, Bentley: φαϲι vel φηϲι codd.   596 δὲ V: δ' ὁ cett.
μόνον Fl. Christianus: μόνουϲ codd.   599 Εὐφημίδου Meineke: -μίου
codd.: -μου γ' Blaydes   601 μ' V: δ' cett.   ἀπὸ ... οἵων] ἀφ' ὅϲων
ἀγαθῶν οἵων ⟨τ'⟩ Blaydes

ϹΦΗΚΕϹ

πρωκτὸϲ λουτροῦ περιγιγνόμενοϲ τῆϲ ἀρχῆϲ τῆϲ
περιϲέμνου.

Φι. ὃ δέ γ' ἥδιϲτον τούτων ἐϲτὶν πάντων, οὗ 'γὼ   605
'πελελήϲμην,
ὅταν οἴκαδ' ἴω τὸν μιϲθὸν ἔχων, κᾆπειθ' ἥκονθ' ἅμα
πάντεϲ
ἀϲπάζωνται διὰ τἀργύριον, καὶ πρῶτα μὲν ἡ θυγάτηρ
με
ἀπονίζῃ καὶ τὼ πόδ' ἀλείφῃ καὶ προϲκύψαϲα φιλήϲῃ
καὶ παππίζουϲ' ἅμα τῇ γλώττῃ τὸ τριώβολον
ἐκκαλαμᾶται,
καὶ τὸ γύναιόν μ' ὑποθωπεῦϲαν φυϲτὴν μᾶζαν   610
προϲενέγκῃ,
κᾆπειτα καθεζομένη παρ' ἐμοὶ προϲαναγκάζῃ, "φάγε
τουτί,
ἔντραγε τουτί." τούτοιϲιν ἐγὼ γάνυμαι, κοὐ μή με
δεήϲῃ
εἰϲ ϲὲ βλέψαι καὶ τὸν ταμίαν, ὁπότ' ἄριϲτον παραθήϲει
καταραϲάμενοϲ καὶ τονθορύϲαϲ· ἀλλ' ἢν μή μοι ταχὺ
μάξῃ,
τάδε κέκτημαι πρόβλημα κακῶν, ϲκευὴν βελέων   615
ἀλεωρήν.
κἂν οἶνόν μοι μὴ 'γχῇϲ ϲὺ πιεῖν, τὸν ὄνον τόνδ'
εἰϲκεκόμιϲμαι
οἴνου μεϲτόν, κᾆτ' ἐγχέομαι κλίναϲ· οὗτοϲ δὲ κεχηνὼϲ
βρωμηϲάμενοϲ τοῦ ϲοῦ δίνου μέγα καὶ ϲτράτιον
κατέπαρδεν.
ἆρ' οὐ μεγάλην ἀρχὴν ἄρχω καὶ τοῦ Διὸϲ οὐδὲν
ἐλάττω,
ὅϲτιϲ ἀκούω ταῦθ' ἅπερ ὁ Ζεύϲ;   620

604 περιγιγνόμενοϲ Brunck: περιγιν- codd.   605 'πελελήϲμην
Blaydes: 'πιλελήϲμην codd.   606 κᾆπειθ'] κᾆθ' (sic) V ἥκονθ' B:
εἰϲήκονθ' cett.   609 παππίζουϲ' V, Su. ε 341: παππάζουϲ' cett.   τὸ
B: om. cett. et Su.   612 τούτοιϲιν V: τοῖϲιν cett.: [P10]
614 ἀλλ' ἢν P10, Γ: ἄλλην cett.   620 ταῦθ' Dindorf: ταῦθ' codd.

235

ΑΡΙΣΤΟΦΑΝΟΥΣ

ἢν γοῦν ἡμεῖς θορυβήςωμεν,
πᾶς τίς φηςιν τῶν παριόντων,
"οἷον βροντᾷ τὸ δικαςτήριον,
ὦ Ζεῦ βαςιλεῦ."
κἂν ἀςτράψω, ποππύζουςιν 625
κἀγκεχόδαςίν μ' οἱ πλουτοῦντες
καὶ πάνυ ςεμνοί.
καὶ ςὺ δέδοικάς με μάλιςτ' αὐτός·
νὴ τὴν Δήμητρα δέδοικας. ἐγὼ δ'
ἀπολοίμην εἰ ςὲ δέδοικα. 630

Χο. οὐπώποθ' οὕτω καθαρῶς [ἀντ.
οὐδενὸς ἠκούςαμεν οὐ-
δὲ ξυνετῶς λέγοντος.
Φι. οὔκ, ἀλλ' ἐρήμας ᾤεθ' οὕτω ῥᾳδίως τρυγήςειν.
καλῶς γὰρ ᾔδειν ὡς ἐγὼ ταύτῃ κράτιςτός εἰμι. 635
Χο. ὡς δ' ἐπὶ πάντ' ἐλήλυθεν
κοὐδὲν παρῆλθεν, ὥςτ' ἔγωγ'
ηὐξανόμην ἀκούων,
κἀν μακάρων δικάζειν
αὐτὸς ἔδοξα νήςοις, 640
ἡδόμενος λέγοντι.
Φι. ὥςθ' οὗτος ἤδη ςκορδινᾶται κἄςτιν οὐκ ἐν αὑτοῦ.
ἦ μὴν ἐγώ ςε τήμερον ςκύτη βλέπειν ποιήςω.
Χο. δεῖ δέ ςε παντοίας πλέκειν
εἰς ἀπόφευξιν παλάμας· 645
τὴν γὰρ ἐμὴν ὀργὴν πεπᾶ-
ναι χαλεπὸν ⟨νεανίᾳ⟩
μὴ πρὸς ἐμοῦ λέγοντι.

πρὸς ταῦτα μύλην ἀγαθὴν ὥρα ζητεῖν ςοι καὶ
νεόκοπτον,

623 φηςιν P10, RL: φηςι cett.   630 εἰ ςὲ Blaydes: εἴ ςε codd.
634 οὕτω] οὗτος Dawes   636 δ' ... ἐλήλυθεν Porson: δὲ πάντ'
ἐπελήλυθεν codd.   642 ὡς Dindorf: ὥςθ' codd.: ὡς δ' Hirschig
646 suppl. Porson

ΣΦΗΚΕΣ

ἢν μή τι λέγῃς, ἥτις δυνατὴ τὸν ἐμὸν θυμὸν κατερεῖξαι.

Βδ. χαλεπὸν μὲν καὶ δεινῆς γνώμης καὶ μείζονος ἢ 'πὶ 650
τρυγῳδοῖς
ἰάςαςθαι νόςον ἀρχαίαν ἐν τῇ πόλει ἐντετακυῖαν.
ἀτάρ, ὦ πάτερ ἡμέτερε Κρονίδη—

Φι. παῦςαι καὶ μὴ πατέριζε.
εἰ μὴ γὰρ ὅπως δουλεύω 'γώ, τουτὶ ταχέως με
διδάξεις,
οὐκ ἔςτιν ὅπως οὐχὶ τεθνήξεις, κἂν χρῇ ςπλάγχνων μ'
ἀπέχεςθαι.

Βδ. ἀκρόαςαί νυν, ὦ παππίδιον, χαλάςας ὀλίγον τὸ 655
μέτωπον·
καὶ πρῶτον μὲν λόγιςαι φαύλως, μὴ ψήφοις ἀλλ' ἀπὸ
χειρός,
τὸν φόρον ἡμῖν ἀπὸ τῶν πόλεων ςυλλήβδην τὸν
προςιόντα·
κἄξω τούτου τὰ τέλη χωρὶς καὶ τὰς πολλὰς ἑκατοςτάς,
πρυτανεῖα, μέταλλ', ἀγοράς, λιμένας, μιςθώςεις,
δημιόπρατα·
τούτων πλήρωμα τάλαντ' ἐγγὺς διςχίλια γίγνεται 660
ἡμῖν.
ἀπὸ τούτου νυν κατάθες μιςθὸν τοῖςι δικαςταῖς
ἐνιαυτοῦ
ἓξ χιλιάςιν—κοὔπω πλείους ἐν τῇ χώρᾳ
κατένας θεν—,
γίγνεται ἡμῖν ἑκατὸν δήπου καὶ πεντήκοντα τάλαντα.

Φι. οὐδ' ἡ δεκάτη τῶν προςιόντων ἡμῖν ἄρ' ἐγίγνεθ' ὁ
μιςθός.

Βδ. μὰ Δί' οὐ μέντοι.

Φι. καὶ ποῖ τρέπεται δὴ 'πειτα τὰ χρήματα τἄλλα; 665

651 ἐντετακυῖαν Reiske: ἐντετοκυῖαν codd. 654 τεθνήξεις Elmsley: -ήξει Β: -ήξῃ sch. L: -ήςει cett. 659 μιςθώςεις Bergk: μιςθοὺς RVΓ, Su. π 2997: μιςθοὺς καὶ cett. 661 τούτου RΓ: τούτων cett. ἐνιαυτοῦ Bentley: τοῦ 'νιαυτοῦ codd. 663 ἡμῖν] ὑμῖν Bentley
665–6 personarum vices distinxit Elmsley

ΑΡΙϹΤΟΦΑΝΟΥϹ

Βδ. εἰϲ τούτουϲ τοὺϲ "οὐχὶ προδώϲω τὸν Ἀθηναίων
κολοϲυρτόν,
ἀλλὰ μαχοῦμαι περὶ τοῦ πλήθουϲ ἀεί." ϲὺ γάρ, ὦ
πάτερ, αὐτοὺϲ
ἄρχειν αἱρεῖ ϲαυτοῦ τούτοιϲ τοῖϲ ῥηματίοιϲ
περιπεφθείϲ.
κᾆθ᾽ οὗτοι μὲν δωροδοκοῦϲιν κατὰ πεντήκοντα
τάλαντα
ἀπὸ τῶν πόλεων ἐπαπειλοῦντεϲ τοιαυτὶ   670
κἀναφοβοῦντεϲ,
"δώϲετε τὸν φόρον, ἢ βροντήϲαϲ τὴν πόλιν ὑμῶν
ἀνατρέψω."
ϲὺ δὲ τῆϲ ἀρχῆϲ ἀγαπᾷϲ τῆϲ ϲῆϲ τοὺϲ ἀργελόφουϲ
περιτρώγων.
οἱ δὲ ξύμμαχοι, ὡϲ ᾔϲθηνται τὸν μὲν ϲύρφακα τὸν
ἄλλον
ἐκ κηθαρίου λαγαριζόμενον καὶ τραγαλίζοντα τὸ
μηδέν,
ϲὲ μὲν ἡγοῦνται Κόννου ψῆφον, τούτοιϲι δὲ   675
δωροφοροῦϲιν
ὔρχαϲ, οἶνον, δάπιδαϲ, τυρόν, μέλι, ϲήϲαμα,
προϲκεφάλαια,
φιάλαϲ, χλανίδαϲ, ϲτεφάνουϲ, ὅρμουϲ, ἐκπώματα,
πλουθυγίειαν·
ϲοὶ δ᾽ ὧν ἄρχειϲ, πολλὰ μὲν ἐν γῇ, πολλὰ δ᾽ ἐφ᾽ ὑγρᾷ
πιτυλεύϲαϲ,
οὐδεὶϲ οὐδὲ ϲκορόδου κεφαλὴν τοῖϲ ἑψητοῖϲι δίδωϲιν.

Φι. μὰ Δί᾽, ἀλλὰ παρ᾽ Εὐχαρίδου καὐτὸϲ τρεῖϲ γ᾽   680
ἄγλιθαϲ μετέπεμψα.

668 περιπεφθείϲ L, Su. π 1246: -πεμφθείϲ cett.   670 ἐπαπει-
λοῦντεϲ] ὑπαπ- V   673 ᾔϲθηνται V: -ντο cett.   674 λα-
γαριζόμενον Su. λ 12, η 589 cod. M, λ 14 codd. FV, lm. sch., CVp3:
λαγαρυζ- cett.   675 δωροφοροῦϲιν V: δωροδοκοῦϲιν cett.
678 ϲοὶ Fl. Christianus: ϲὺ codd.   680 καὐτὸϲ] κἀχθὲϲ Zacher   γ᾽
RVΓ: om. cett.

ΣΦΗΚΕΣ

ἀλλ' αὐτήν μοι τὴν δουλείαν οὐκ ἀποφαίνων
ἀποκναίεις.

Βδ. οὐ γὰρ μεγάλη δουλεία 'cτὶν τούτους μὲν ἅπαντας ἐν
ἀρχαῖς
αὐτούς τ' εἶναι καὶ τοὺς κόλακας τοὺς τούτων
μιcθοφοροῦντας;
cοὶ δ' ἤν τις δῷ τοὺς τρεῖς ὀβολούς, ἀγαπᾷς· οὓς αὐτὸς
ἐλαύνων
καὶ πεζομαχῶν καὶ πολιορκῶν ἐκτήcω πολλὰ   685
πονήcας.
καὶ πρὸς τούτοις ἐπιταττόμενος φοιτᾷς, ὃ μάλιστά μ'
ἀπάγχει,
ὅταν εἰcελθὸν μειράκιόν cοι κατάπυγον, Χαιρέου υἱός,
ὡδὶ διαβάς, διακινηθεὶς τῷ cώματι καὶ τρυφερανθείς,
ἥκειν εἴπῃ πρῴ κἂν ὥρᾳ δικάcονθ', "ὡς ὅcτις ἂν ὑμῶν
ὕcτερος ἔλθῃ τοῦ cημείου, τὸ τριώβολον οὐ   690
κομιεῖται·"
αὐτὸς δὲ φέρει τὸ cυνηγορικόν, δραχμήν, κἂν ὕcτερος
ἔλθῃ·
καὶ κοινωνῶν τῶν ἀρχόντων ἑτέρῳ τινὶ τῶν μεθ'
ἑαυτοῦ,
ἤν τίς τι διδῷ τῶν φευγόντων, ξυνθέντε τὸ πρᾶγμα δύ'
ὄντε
ἐcπουδάκατον, κᾆθ' ὡς πρίονθ' ὁ μὲν ἕλκει ὁ δ'
ἀντενέδωκε·
cὺ δὲ χαcκάζεις τὸν κωλακρέτην, τὸ δὲ   695
πραττόμενόν cε λέληθεν.

Φι. ταυτί με ποιοῦc'; οἴμοι, τί λέγεις; ὥς μου τὸν θῖνα
ταράττεις,
καὶ τὸν νοῦν μου προcάγει μᾶλλον, κοὐκ οἶδ' ὅ τι
χρῆμά με ποιεῖς.

684 cοὶ] cοῦ V   οὓς] οἷς R   688 τρυφερανθείς] τρυφερωθείς
ΓΒ² 694 πρίονθ' Reisig: πρίον' RV: πρίονες Γ: πρίων
L ἀντενέδωκεν H, Dobree: ἀνταν- cett.   697 προcάγει Blaydes:
προcάγεις fere codd.: προάγεις G

ΑΡΙΣΤΟΦΑΝΟΥΣ

Βδ. cκέψαι τοίνυν ὡc, ἐξόν coι πλουτεῖν καὶ τοῖcιν ἅπαcιν,
ὑπὸ τῶν ἀεὶ δημιζόντων οὐκ οἶδ' ὅπη ἐγκεκύκληcαι,
ὅcτιc πόλεων ἄρχων πλείcτων ἀπὸ τοῦ Πόντου 700
μέχρι Cαρδοῦc
οὐκ ἀπολαύειc πλὴν τοῦθ' ὃ φέρειc ἀκαρῆ· καὶ τοῦτ'
ἐρίῳ coι
ἐνcτάζουcιν κατὰ μικρὸν ἀεὶ τοῦ ζῆν ἕνεχ' ὥcπερ
ἔλαιον.
βούλονται γάρ cε πένητ' εἶναι· καὶ τοῦθ' ὧν οὕνεκ' ἐρῶ
coι·
ἵνα γιγνώcκῃc τὸν τιθαcευτήν, κᾆθ' ὅταν οὗτόc c'
ἐπιcίζῃ
ἐπὶ τῶν ἐχθρῶν τιν' ἐπιρρύξαc, ἀγρίωc αὐτοῖc 705
ἐπιπηδᾷc.
εἰ γὰρ ἐβούλοντο βίον πορίcαι τῷ δήμῳ, ῥᾴδιον ἦν ἄν.
εἰcίν γε πόλειc χίλιαι αἳ νῦν τὸν φόρον ἡμῖν ἀπάγουcι·
τούτων εἴκοcιν ἄνδραc βόcκειν εἴ τιc προcέταξεν
ἑκάcτῃ,
δύο μυριάδ' ἂν τῶν δημοτικῶν ἔζων ἐν πᾶcι λαγῴοιc
καὶ cτεφάνοιcιν παντοδαποῖcιν καὶ πυῷ καὶ 710
πυριάτῃ,
ἄξια τῆc γῆc ἀπολαύοντεc καὶ τοῦ 'ν Μαραθῶνι
τροπαίου.
νῦν δ' ὥcπερ ἐλαολόγοι χωρεῖθ' ἅμα τῷ τὸν μιcθὸν
ἔχοντι.

Φι. οἴμοι, τί πέπονθ'; ὡc νάρκη μου κατὰ τῆc χειρὸc
καταχεῖται,

698 καὶ τοῖcιν] ἀγαθοῖcιν Bentley: κἀcτοῖcιν Meineke   699 ὅπῃ
Su. α 801, ε 88: ὅποι codd.   702 ἔλαιον V, Su. α 801: ἄλευρον cett.
703 τοῦθ' ὧν Bentley: τούτων codd.   οὕνεκα Brunck: εἵ- codd.
704 τιθαcευτήν L: τιθαcc- cett. c' Meineke: γ' codd.   ἐπιcίζῃ RLVp3:
-ίξῃ VΓ   709 μυριάδ' ἂν Dobree: μυριάδεc codd.   711 τοῦ 'ν]
τοῦ Bentley   712 ἐλαολόγοι V, Su. ε 742: ἐλαιο- cett., -λόχοι R
713 πέπονθ' Su. ν 38: ποθ' codd.   ὡc Kuster: ὥcπερ codd., Su.

ΣΦΗΚΕΣ

καὶ τὸ ξίφος οὐ δύναμαι κατέχειν, ἀλλ' ἤδη μαλθακός
εἰμι.

Βδ. ἀλλ' ὁπόταν μὲν δείςως' αὐτοί, τὴν Εὔβοιαν   715
διδόαςιν
ὑμῖν, καὶ ςῖτον ὑφίςτανται κατὰ πεντήκοντα μεδίμνους
ποριεῖν· ἔδοςαν δ' οὐπώποτέ ςοι· πλὴν πρῴην πέντε
μεδίμνους,
καὶ ταῦτα μόλις ξενίας φεύγων, ἔλαβες κατὰ χοίνικα
κριθῶν.
ὧν οὕνεκ' ἐγώ ς' ἀπέκλειον ἀεὶ
βόςκειν ἐθέλων καὶ μὴ τούτους   720
ἐγχάςκειν ςοι ςτομφάζοντας.
καὶ νῦν ἀτεχνῶς ἐθέλω παρέχειν
ὅ τι βούλει ςοι,
πλὴν κωλακρέτου γάλα πίνειν.

Χο. ἦ που ςοφὸς ἦν ὅςτις ἔφαςκεν, "πρὶν ἂν ἀμφοῖν   725
μῦθον ἀκούςῃς,
οὐκ ἂν δικάςαις." ςὺ γὰρ οὖν νῦν μοι νικᾶν πολλῷ
δεδόκηςαι·
ὥςτ' ἤδη τὴν ὀργὴν χαλάςας τοὺς ςκίπωνας
καταβάλλω.
ἀλλ', ὦ τῆς ἡλικίας ἡμῖν τῆς αὐτῆς ςυνθιαςῶτα,

πιθοῦ πιθοῦ λόγοιςι, μηδ' ἄφρων γένῃ   [ςτρ.
μηδ' ἀτενὴς ἄγαν ἀτεράμων τ' ἀνήρ.   730
εἴθ' ὤφελέν μοι κηδεμὼν ἢ ξυγγενὴς
εἶναί τις ὅςτις τοιαῦτ' ἐνουθέτει.
ςοὶ δὲ νῦν τις θεῶν παρὼν ἐμφανὴς
ξυλλαμβάνει τοῦ πράγματος, καὶ δῆλός ἐςτιν εὖ ποιῶν·
ςὺ δὲ παρὼν δέχου.   735

Βδ. καὶ μὴν θρέψω γ' αὐτὸν παρέχων
ὅςα πρεσβύτῃ ξύμφορα, χόνδρον

---

718 ἔλαβες sch. L: ἔλαβε(ν) codd.   719 οὕνεκα Brunck: εἵ- codd.
724 πλὴν L: πλὴν τοῦ cett., Su. κ 1929   734 ἐςτιν V: om. cett.: ἐςτί ς'
Blaydes   735 παρὼν] πρόφρων Kock

241

ΑΡΙΣΤΟΦΑΝΟΥΣ

λείχειν, χλαῖναν μαλακήν, cιcύραν,
πόρνην, ἥτις τὸ πέος τρίψει
καὶ τὴν ὀcφῦν. 740
ἀλλ' ὅτι cιγᾷ κοὐδὲν γρύζει,
τοῦτ' οὐ δύναταί με προcέcθαι.

Χο. νενουθέτηκεν αὐτὸν εἰc τὰ πράγμαθ', οἷc [ἀντ.
τότ' ἐπεμαίνετ'· ἔγνωκε γὰρ ἀρτίωc,
λογίζεταί τ' ἐκεῖνα πάνθ' ἁμαρτίαc 745
ἃ coῦ κελεύοντοc οὐκ ἐπείθετο.
νῦν δ' ἴcωc τοῖcι coῖc λόγοιc πείθεται,
καὶ cωφρονεῖ μέντοι μεθιcτὰc εἰc τὸ λοιπὸν τὸν τρόπον
πειθόμενόc τέ coι.

Φι. ἰώ μοί μοι.
Βδ.   οὗτοc, τί βοᾷc; 750
Φι. μή μοι τούτων μηδὲν ὑπιcχνοῦ.
κείνων ἔραμαι, κεῖθι γενοίμαν,
ἵν' ὁ κῆρύξ φηcι, "τίc ἀψήφιcτοc; ἀνιcτάcθω."
κἀπιcταίην ἐπὶ τοῖc κημοῖc
ψηφιζομένων ὁ τελευταῖοc. 755
cπεῦδ', ὦ ψυχή.—ποῦ μοι ψυχή;—
πάρεc, ὦ cκιερά—. μὰ τὸν Ἡρακλέα
μή νυν ἔτ' ἐγὼ 'ν τοῖcι δικαcταῖc
κλέπτοντα Κλέωνα λάβοιμι.

Βδ. ἴθ', ὦ πάτερ, πρὸc τῶν θεῶν ἐμοὶ πιθοῦ. 760
Φι. τί coι πίθωμαι; λέγ' ὅ τι βούλει πλὴν ἑνόc.
Βδ. ποίου; φέρ' ἴδω.
Φι.   τοῦ μὴ δικάζειν. τοῦτο δὲ
Ἅιδηc διακρινεῖ πρότερον ἢ 'γὼ πείcομαι.
Βδ. cὺ δ' οὖν, ἐπειδὴ τοῦτο κεχάρηκαc ποιῶν,
ἐκεῖcε μὲν μηκέτι βάδιζ', ἀλλ' ἐνθάδε 765
αὐτοῦ μένων δίκαζε τοῖcιν οἰκέταιc.

747 τοῖcι coῖc Invernizi: τοῖc coῖc L: τοῖc ἴcοιc cett.: [P10]   749 τε] γε Blaydes   750 τί P10, V: τί μοι cett.   758 ἐγὼ 'ν L: ἐγὼν ἐν cett.   761 πίθωμαι Tyrwhitt: πείθομαι codd.

ΣΦΗΚΕΣ

Φι. περὶ τοῦ; τί ληρεῖς;
Βδ. ταῦθ' ἅπερ ἐκεῖ πράττεται·
ὅτι τὴν θύραν ἀνέῳξεν ἡ σηκὶς λάθρᾳ,
ταύτης ἐπιβολὴν ψηφιεῖ μίαν μόνην.
πάντως δὲ κἀκεῖ ταῦτ' ἔδρας ἑκάστοτε. 770
καὶ ταῦτα μὲν νῦν εὐλόγως· ἢν ⟨δ'⟩ ἐξέχῃ
εἵλη, κατ' ὀρθὸν ἡλιάσει πρὸς ἥλιον·
ἐὰν δὲ νείφῃ, πρὸς τὸ πῦρ καθήμενος·
ὕοντος εἴσει· κἂν ἔγρῃ μεσημβρινός,
οὐδείς σ' ἀποκλῄσει θεσμοθέτης τῇ κιγκλίδι. 775
Φι. τουτί μ' ἀρέσκει.
Βδ. πρὸς δὲ τούτοις γ', ἢν δίκην
λέγῃ μακράν τις, οὐχὶ πεινῶν ἀναμενεῖς
δάκνων σεαυτὸν καὶ τὸν ἀπολογούμενον.
Φι. πῶς οὖν διαγιγνώσκειν καλῶς δυνήσομαι
ὥσπερ πρότερον τὰ πράγματ' ἔτι μασώμενος; 780
Βδ. πολλῷ γ' ἄμεινον· καὶ λέγεται γὰρ τουτογί,
ὡς οἱ δικασταὶ ψευδομένων τῶν μαρτύρων
μόλις τὸ πρᾶγμ' ἔγνωσαν ἀναμασώμενοι.
Φι. ἀνά τοί με πείθεις. ἀλλ' ἐκεῖν' οὔπω λέγεις,
τὸν μισθὸν ὁπόθεν λήψομαι.
Βδ. παρ' ἐμοῦ.
Φι. καλῶς, 785
ὁτιὴ κατ' ἐμαυτὸν κοὐ μεθ' ἑτέρου λήψομαι.
αἴσχιστα γάρ τοί μ' ἠργάσατο Λυσίστρατος
ὁ σκωπτόλης. δραχμὴν μετ' ἐμοῦ πρῴην λαβὼν
ἐλθὼν διεκερματίζετ' ἐν τοῖς ἰχθύσιν,
κἄπειτ' ἐνέθηκε τρεῖς λοπίδας μοι κεστρέων· 790

767 ταῦθ' Boissonade: ταὖθ' codd.   πράττεται] πράττετε Γ²
769 ταύτης] ταύτῃ γ' Blaydes   770 δὲ] γε Β   771 suppl. Starkie
772 εἵλῃ] ἕλῃ R   ὀρθὸν v.l. ap. sch.: ὄρθρον codd., Su. ε 1684
775 οὐδείς σ' L: οὐδεὶς VΓ, Su. θ 266: οὐ δεῖ σ' R   787 ἠργάσατο
Starkie: εἰργ- codd.   789 διεκερματίζετ' V: -άτιζέ μ' cett.
790 κἄπειτ' ἐνέθηκε Bergk: κἄπειθεν ἔθηκεν V: κἄπειτ' ἐπέθηκε RL:
κἄπειτ' ἀπέθηκε Γ: [P10]

ΑΡΙΣΤΟΦΑΝΟΥΣ

κἀγὼ 'νέκαψ'· ὀβολοὺς γὰρ ᾠόμην λαβεῖν·
κᾆτα βδελυχθεὶς ὀςφρόμενος ἐξέπτυςα·
κᾆθ' εἷλκον αὐτόν.

Βδ.   ὁ δὲ τί πρὸς ταῦτ' εἶφ';
Φι.   ὅ τι;
ἀλεκτρυόνος μ' ἔφαςκε κοιλίαν ἔχειν·
"ταχὺ γοῦν καθέψεις τἀργύριον," ᾗ δ' ὃς λέγων. 795
Βδ. ὁρᾷς ὅςον καὶ τοῦτο δῆτα κερδανεῖς.
Φι. οὐ πάνυ τι μικρόν. ἀλλ' ὅπερ μέλλεις ποίει.
Βδ. ἀνάμενέ νυν· ἐγὼ δὲ ταῦθ' ἥξω φέρων.
Φι. ὅρα τὸ χρῆμα, τὰ λόγι' ὡς περαίνεται.
ἠκηκόη γὰρ ὡς Ἀθηναῖοί ποτε 800
δικάcοιεν ἐπὶ ταῖς οἰκίαιcι τὰς δίκας,
κἀν τοῖς προθύροις ἐνοικοδομήςει πᾶς ἀνὴρ
αὑτῷ δικαςτηρίδιον μικρὸν πάνυ,
ὥςπερ Ἑκατεῖον πανταχοῦ πρὸ τῶν θυρῶν.
Βδ. ἰδού. τί ἔτ' ἐρεῖς; ὡς ἅπαντ' ἐγὼ φέρω, 805
ὅςαπέρ γ' ἔφαςκον κᾆτι πολλῷ πλείονα.
ἀμὶς μέν, ἢν οὐρητιάcῃς, αὑτηὶ
παρά coι κρεμήςετ' ἐγγὺς ἐπὶ τοῦ παττάλου.
Φι. ςοφόν γε τουτὶ καὶ γέροντι πρόςφορον
ἐξηῦρες ἀτεχνῶς φάρμακον ςτραγγουρίας. 810
Βδ. καὶ πῦρ γε τουτί· καὶ προςέςτηκεν φακῆ
ῥοφεῖν, ἐὰν δέῃ τι.
Φι.   τοῦτ' αὖ δεξιόν·
κἂν γὰρ πυρέττω, τόν γε μιςθὸν λήψομαι.
αὐτοῦ μένων γὰρ τὴν φακῆν ῥοφήςομαι.
ἀτὰρ τί τὸν ὄρνιν ὡς ἔμ' ἐξηνέγκατε; 815

---

795 λέγων] γελῶν Tyrwhitt   798 ταῦθ'] πάνθ' Reiske
800 ἠκηκόη Brunck: -όειν codd.   802 ἐνοικοδομήςει VL: ἀν- RΓ:
[P10]: -coι Dawes   804 Ἑκατεῖον v.l. ap. sch. in ed. Aldina (an Musuri
coniectura?): Ἑκαταῖον codd.   806 γ' om. V   807 ἀμὶς
scribendum auctore Aelio Dionysio monet Sommerstein; non amplius notatur
808 παρά coι Blaydes: παρὰ coὶ codd.   810 ἐξηῦρες Meineke:
ἐξεῦρες codd., Su. α 1590

ΣΦΗΚΕΣ

Βδ. ἵνα γ᾽, ἢν καθεύδῃς ἀπολογουμένου τινός,
 ᾄδων ἄνωθεν ἐξεγείρῃ c᾽ οὑτοcί.
Φι. ἓν ἔτι ποθῶ, τὰ δ᾽ ἄλλ᾽ ἀρέcκει μοι.
Βδ. τὸ τί;
Φι. θἠρῷον εἴ πως ἐκκομίcαις τὸ τοῦ Λύκου.
Βδ. πάρεcτι τουτί, καὐτὸc ἄναξ οὑτοcί. 820
Φι. ὦ δέcποθ᾽ ἥρως, ὡc χαλεπὸc ἄρ᾽ ἦcθ᾽ ἰδεῖν.
Βδ. οἷόcπερ ἡμῖν φαίνεται Κλεώνυμοc.
Φι. οὔκουν ἔχει γ᾽ οὐδ᾽ αὐτὸc ἥρως ὢν ὅπλα.
Βδ. εἰ θᾶττον ἐκαθίζου cύ, θᾶττον ἂν δίκην
 ἐκάλουν.
Φι. κάλει νυν, ὡc κάθημ᾽ ἐγὼ πάλαι. 825
Βδ. φέρε νυν, τίν᾽ αὐτῷ πρῶτον εἰcαγάγω δίκην;
 τί τις κακὸν δέδρακε τῶν ἐν τὠκίᾳ;
 ἡ Θρᾷττα προcκαύcαcα πρῴην τὴν χύτραν—
Φι. ἐπίcχες, οὗτοc· ὡc ὀλίγου μ᾽ ἀπώλεcαc.
 ἄνευ δρυφάκτου τὴν δίκην μέλλειc καλεῖν, 830
 ὃ πρῶτον ἡμῖν τῶν ἱερῶν ἐφαίνετο;
Βδ. μὰ τὸν Δί᾽ οὐ πάρεcτιν.
Φι. ἀλλ᾽ ἐγὼ δραμὼν
 αὐτὸc κομιοῦμαι τό γε παραυτίκ᾽ ἔνδοθεν.
Βδ. τί ποτε τὸ χρῆμ᾽; ὡc δεινὸν ἡ φιλοχωρία.
Ξα. βάλλ᾽ ἐc κόρακας. τοιουτονὶ τρέφειν κύνα. 835
Βδ. τί δ᾽ ἐcτὶν ἐτεόν;
Ξα. οὐ γὰρ ὁ Λάβηc ἀρτίως,
 ὁ κύων, παράξαc εἰc τὸν ἰπνὸν ἀναρπάcαc
 τροφαλίδα τυροῦ Cικελικὴν κατεδήδοκεν;
Βδ. τοῦτ᾽ ἆρα πρῶτον τἀδίκημα τῷ πατρὶ
 εἰcακτέον μοι· cὺ δὲ κατηγόρει παρών. 840
Ξα. μὰ Δί᾽ οὐκ ἔγωγ᾽, ἀλλ᾽ ἅτερόc φηcιν κύων

819 ἐκκομίcαιc τὸ] μοι κομίcαιο Herodianus (Anecd. Oxon. 3.253.9)
821 χαλεπὸc B: -ὸν cett.   ἦcθ᾽] ἦν c᾽ Post   823 αὐτὸc] οὗτοc
Blaydes   826 εἰcαγάγω] εἰcάγω R   834 φιλοχωρία] φιλοχοι-
ρία E. L. Bowie   837 ἀναρπάcαc Dobree: ἁρπάcαc codd.: ὑφαρπάcαc
Elmsley

ΑΡΙϹΤΟΦΑΝΟΥϹ

    κατηγορήϲειν, ἤν τιϲ εἰϲάγῃ γραφήν.
Βδ. ἴθι νυν, ἄγ' αὐτὼ δεῦρο.
Ξα.   ταῦτα χρὴ ποιεῖν.
Βδ. τουτὶ τί ἐϲτι;
Φι.   χοιροκομεῖον Ἑϲτίαϲ.
Βδ. εἶθ' ἱεροϲυλήϲαϲ φέρειϲ;
Φι.   οὔκ, ἀλλ' ἵνα   845
    ἀφ' Ἑϲτίαϲ ἀρχόμενοϲ ἐπιτρίψω τινά.
    ἀλλ' εἴϲαγ' ἀνύϲαϲ, ὡϲ ἐγὼ τιμᾶν βλέπω.
Βδ. φέρε νυν, ἐνέγκω τὰϲ ϲανίδαϲ καὶ τὰϲ γραφάϲ.
Φι. οἴμοι, διατρίβειϲ κἀπολεῖϲ τριψημερῶν·
    ἐγὼ δ' ἀλοκίζειν ἐδεόμην τὸ χωρίον.   850
Βδ. ἰδού.
Φι.   κάλει νυν.
Βδ.   ταῦτα δή.
Φι.   τίϲ οὑτοcὶ
    ὁ πρῶτόϲ ἐϲτιν; ἐϲ κόρακαϲ. ὡϲ ἄχθομαι
    ὁτιὴ 'πελαθόμην τοὺϲ καδίϲκουϲ ἐκφέρειν.
Βδ. οὗτοϲ ϲύ, ποῖ θεῖϲ;
Φι.   ἐπὶ καδίϲκουϲ.
Βδ.   μηδαμῶϲ.
    ἐγὼ γὰρ εἶχον τούϲδε τοὺϲ ἀρυϲτίχουϲ.   855
Φι. κάλλιϲτα τοίνυν. πάντα γὰρ πάρεϲτι νῷν
    ὅϲων δεόμεθα, πλήν γε δὴ τῆϲ κλεψύδραϲ.
Βδ. ἡδὶ δὲ δὴ τίϲ ἐϲτιν; οὐχὶ κλεψύδρα;
Φι. εὖ γ' ἐκπορίζειϲ αὐτὰ κἀπιχωρίωϲ.
Βδ. ἀλλ' ὡϲ τάχιϲτα πῦρ τιϲ ἐξενεγκάτω   860
    καὶ μυρρίναϲ καὶ τὸν λιβανωτὸν ἔνδοθεν,
    ὅπωϲ ἂν εὐξώμεϲθα πρῶτα τοῖϲ θεοῖϲ.
Χο. καὶ μὴν ἡμεῖϲ ἐπὶ ταῖϲ ϲπονδαῖϲ
    καὶ ταῖϲ εὐχαῖϲ

---

849 διατρίβειϲ RΓ: διατρίψειϲ cett.   851–60 personarum vices parum certae; ita distinxit E. L. Bowie   853 ὁτιὴ 'πελαθόμην Bergler: ὅτι ὑπελ- V: ὁτιὴ 'πιλ- cett.   858 τίϲ] τί Blaydes

ΣΦΗΚΕΣ

φήμην ἀγαθὴν λέξομεν ὑμῖν, 865
ὅτι γενναίως ἐκ τοῦ πολέμου
καὶ τοῦ νείκους ξυνέβητον.

Βδ. εὐφημία μὲν πρῶτα νῦν ὑπαρχέτω. [cτρ.
Χο. ὦ Φοῖβ' Ἄπολλον Πύθι', ἐπ' ἀγαθῇ τύχῃ
τὸ πρᾶγμ', ὃ μηχανᾶται 870
ἔμπροσθεν οὗτος τῶν θυρῶν,
ἅπασιν ἡμῖν ἁρμόσαι
παυσαμένοις πλάνων.
ἰήιε Παιάν.

Βδ. ὦ δέσποτ' ἄναξ γεῖτον Ἀγυιεῦ, τοὐμοῦ προθύρου 875
προπύλαιε,
δέξαι τελετὴν καινήν, ὦναξ, ἣν τῷ πατρὶ
καινοτομοῦμεν,
παῦσόν τ' αὐτοῦ τοῦτο τὸ λίαν στρυφνὸν καὶ πρίνινον
ἦθος,
ἀντὶ cιραίου μέλιτος cμικρὸν τῷ θυμιδίῳ παραμείξας·
ἤδη δ' εἶναι τοῖς ἀνθρώποις
ἤπιον αὐτόν, τοὺς φεύγοντάς τ'
ἐλεεῖν μᾶλλον τῶν γραψαμένων, 880
κἀπιδακρύειν ἀντιβολούντων,
καὶ παυσάμενον τῆς δυσκολίας
ἀπὸ τῆς ὀργῆς
τὴν ἀκαλήφην ἀφελέσθαι. 884

Χο. ξυνευχόμεσθα ⟨ταὐτά⟩ σοι κἀπᾴδομεν [ἀντ.
νέαισιν ἀρχαῖς ἕνεκα τῶν προλελεγμένων.
εὖνοι γάρ ἐσμεν ἐξ οὗ

---

865 λέξομεν] ἕξομεν R^acV: [P10]   873 πλάνων] πλάνου Γ: τῶν πλάνων L   875 προπύλαιε Bentley: πρὸς πύλας codd.: [P10]   877 τοῦτο Elmsley: τουτὶ codd.   878 cμικρὸν] μικρὸν RV   παραμείξας Starkie: -μίξας P10, codd.   880 τοὺς VL: καὶ τοὺς cett.   τ' om. Γ, Su. φ 236   885 suppl. Reisig: ⟨ταὐτά⟩ Dindorf   886 νέαισιν V: ἐν νέαισιν cett.   ἕνεκα Reisig: εἵνεκα codd.

ΑΡΙΣΤΟΦΑΝΟΥΣ

τὸν δῆμον ᾐσθόμεσθά cου
φιλοῦντος ὡc οὐδεὶς ἀνὴρ
τῶν γε νεωτέρων. 890
⟨ἰήιε Παιάν.⟩

Βδ. εἴ τις θύραcιν ἠλιαcτής, εἰcίτω·
ὡc ἡνίκ' ἂν λέγωcιν, οὐκ εἰcφρήcομεν.
Φι. τίc ἆρ' ὁ φεύγων οὗτοc; ὅcον ἁλώcεται.
Βδ. ἀκούετ' ἤδη τῆc γραφῆc. "ἐγράψατο
Κύων Κυδαθηναιεὺc Λάβητ' Αἰξωνέα 895
τὸν τυρὸν ἀδικεῖν ὅτι μόνος κατήσθιεν
τὸν Cικελικόν. τίμημα κλῳὸc cύκινος."
Φι. θάνατος μὲν οὖν κύνειοc, ἢν ἅπαξ ἁλῷ.
Βδ. καὶ μὴν ὁ φεύγων οὑτοcὶ Λάβηc πάρα.
Φι. ὦ μιαρὸς οὗτος· ὡς δὲ καὶ κλέπτον βλέπει, 900
οἷον σεσηρὼς ἐξαπατήσειν μ' οἴεται.
ποῦ δ' ⟨ἔcθ'⟩ ὁ διώκων, ὁ Κυδαθηναιεὺς κύων;

ΚΥΩΝ
αὖ αὖ.
Βδ. πάρεcτιν.
Ξα. ἕτερος οὗτος αὖ Λάβης,
ἀγαθός γ' ὑλακτεῖν καὶ διαλείχειν τὰς χύτρας.
Βδ. σίγα, κάθιζε. cὺ δ' ἀναβὰς κατηγόρει. 905
Φι. φέρε νυν ἅμα τήνδ' ἐγχεάμενος κἀγὼ ῥοφῶ.
Κυ. τῆς μὲν γραφῆς ἠκούcαθ' ἣν ἐγραψάμην,
ἄνδρες δικασταί, τουτονί. δεινότατα γὰρ
ἔργων δέδρακε κἀμὲ καὶ τὸ ῥυππαπαῖ.
ἀποδρὰς γὰρ εἰς τὴν γωνίαν τυρὸν πολὺν 910

888 ᾐcθόμεcθα] -μεθα RΓ: ἡδόμεcθα V   889 οὐδεὶc L: οὐδὲ εἷc
cett.   890 γε νεωτέρων Reisig, cf. sch.: γενναιοτέρων RVΓ: νῦν γε
cοῦ νεωτέρων L   890a suppl. Meineke   894 γραφῆc Bentley:
γραφῆc ἧc codd.   900 κλέπτον hoc accentu R: κλέπτειν Richter
902 ⟨ἔcθ'⟩ ὁ Toup: ὁ R: ὤ Vγρ: οὐ cett.: ὅ ⟨γε⟩ MacDowell   904–5
ἕτεροc ... χύτραc Xanthiae tribuerunt Blaydes et Rogers, Philocleoni
plerique   908 ἄνδρεc] ὦνδρεc dubitanter Blaydes

ΣΦΗΚΕΣ

κατεσικέλιζε κἀνέπλητ' ἐν τῷ σκότῳ—
Φι. νὴ τὸν Δί' ἀλλὰ δῆλός ἐστ'· ἔμοιγέ τοι
τυροῦ κάκιστον ἀρτίως ἐνήρυγεν
ὁ βδελυρὸς οὗτος.
Κυ. κοὐ μετέδωκ' αἰτοῦντί μοι.
καίτοι τίς ὑμᾶς εὖ ποιεῖν δυνήσεται, 915
ἢν μή τι κἀμοί τις προβάλλῃ, τῷ Κυνί;
Φι. οὐδὲν μετέδωκεν οὐδὲ τῷ κοινῷ γ', ἐμοί.
θερμὸς γὰρ ἀνὴρ οὐδὲν ἧττον τῆς φακῆς.
Βδ. πρὸς τῶν θεῶν, μὴ προκαταγίγνωσκ', ὦ πάτερ,
πρὶν ἄν γ' ἀκούσῃς ἀμφοτέρων.
Φι. ἀλλ', ὦγαθέ, 920
τὸ πρᾶγμα φανερόν ἐστιν· αὐτὸ γὰρ βοᾷ.
Κυ. μή νυν ἀφῆτέ γ' αὐτόν, ὡς ὄντ' αὖ πολὺ
κυνῶν ἁπάντων ἄνδρα μονοφαγίστατον,
ὅστις περιπλεύσας τὴν θυείαν ἐν κύκλῳ
ἐκ τῶν πόλεων τὸ σκῖρον ἐξεδήδοκεν. 925
Φι. ἐμοὶ δέ γ' οὐκ ἔστ' οὐδὲ τὴν ὑδρίαν πλάσαι.
Κυ. πρὸς ταῦτα τοῦτον κολάσατ'—οὐ γὰρ ἄν ποτε
τρέφειν δύναιτ' ἂν μία λόχμη κλέπτα δύο—
ἵνα μὴ κεκλάγγω διὰ κενῆς ἄλλως ἐγώ·
ἐὰν δὲ μή, τὸ λοιπὸν οὐ κεκλάγξομαι. 930
Φι. ἰοὺ ἰού.
ὅσας κατηγόρησε τὰς πανουργίας.
κλέπτον τὸ χρῆμα τἀνδρός. οὐ καὶ σοὶ δοκεῖ,
ὠλεκτρυών; νὴ τὸν Δί'· ἐπιμύει γέ τοι.
ὁ θεσμοθέτης· ποῦ 'σθ' οὗτος; ἀμίδα μοι δότω. 935
Βδ. αὐτὸς καθελοῦ· τοὺς μάρτυρας γὰρ εἰσκαλῶ.
Λάβητι μάρτυρας παρεῖναι τρύβλιον,
δοίδυκα, τυρόκνηστιν, ἐσχάραν, χύτραν,
καὶ πάντα τὰ σκεύη τὰ προσκεκαυμένα.

919 προκαταγίγνωσκ' Brunck: -γίνωσκ' codd.   928 δύο Vp3, lm. sch. V: δύω cett.   934 ὠλεκτρυών] -νόν R   935 μοι] τις Blaydes   939 πάντα Blaydes: τἄλλα codd.   prius τὰ] γε Lenting

249

ΑΡΙΣΤΟΦΑΝΟΥΣ

   ἀλλ' ἔτι cύ γ' οὐρεῖc καὶ καθίζειc οὐδέπω; 940
Φι. τοῦτον δέ γ' οἶμ' ἐγὼ χεcεῖcθαι τήμερον.
Βδ. οὐκ αὖ cὺ παύcει χαλεπὸc ὢν καὶ δύcκολοc,
   καὶ ταῦτα τοῖc φεύγουcιν, ὧν ὀδὰξ ἔχει;
   ἀνάβαιν', ἀπολογοῦ. τί cεcιώπηκαc; λέγε.
Φι. ἀλλ' οὐκ ἔχειν οὗτόc γ' ἔοικεν ὅ τι λέγῃ. 945
Βδ. οὔκ, ἀλλ' ἐκεῖνό μοι δοκεῖ πεπονθέναι,
   ὅπερ ποτὲ φεύγων ἔπαθε καὶ Θουκυδίδηc·
   ἀπόπληκτοc ἐξαίφνηc ἐγένετο τὰc γνάθουc.
   πάρεχ' ἐκποδών· ἐγὼ γὰρ ἀπολογήcομαι.
   χαλεπὸν μέν, ὦνδρέc, ἐcτι διαβεβλημένου 950
   ὑπεραποκρίνεcθαι κυνόc, λέξω δ' ὅμωc.
   ἀγαθὸc γάρ ἐcτι καὶ διώκει τοὺc λύκουc.
Φι. κλέπτηc μὲν οὖν οὗτόc γε καὶ ξυνωμότηc.
Βδ. μὰ Δί', ἀλλ' ἄριcτόc ἐcτι τῶν νυνὶ κυνῶν,
   οἷόc τε πολλοῖc προβατίοιc ἐφεcτάναι. 955
Φι. τί οὖν ὄφελοc, τὸν τυρὸν εἰ κατεcθίει;
Βδ. ὅ τι; cοῦ προμάχεται καὶ φυλάττει τὴν θύραν,
   καὶ τἄλλ' ἄριcτόc ἐcτιν· εἰ δ' ὑφείλετο,
   cύγγνωθι. κιθαρίζειν γὰρ οὐκ ἐπίcταται.
Φι. ἐγὼ δ' ἐβουλόμην ἂν οὐδὲ γράμματα, 960
   ἵνα μὴ κακουργῶν ἐνέγραφ' ἡμῖν τὸν λόγον.
Βδ. ἄκουcον, ὦ δαιμόνιέ, μου τῶν μαρτύρων.
   ἀνάβηθι, τυρόκνηcτι, καὶ λέξον μέγα·
   cὺ γὰρ ταμιεύουc' ἔτυχεc. ἀπόκριναι cαφῶc,
   εἰ μὴ κατέκνηcαc τοῖc cτρατιώταιc ἄλαβεc. 965
   φηcὶ κατακνῆcαι.
Φι. νὴ Δί', ἀλλὰ ψεύδεται.
Βδ. ὦ δαιμόνι', αἰδοῦ τοὺc ταλαιπωρουμένουc.
   οὗτοc γὰρ ὁ Λάβηc καὶ τραχήλι' ἐcθίει
   καὶ τὰc ἀκάνθαc, κοὐδέποτ' ἐν ταὐτῷ μένει.

942 αὖ RΓ: ἂν cett. 943 ὧν Blaydes: ἀλλ' codd.
950 διαβεβλημένου Γ: -μένουc cett. 967 αἰδοῦ Richards, Starkie: ἐλέει codd. τοὺc om. L

CΦHKEC

  ὁ δ' ἕτερος οἷός ἐcτιν. οἰκουρὸc μόνον·   970
  αὐτοῦ μένων γάρ, ἅττ' ἂν εἴcω τιc φέρῃ,
  τούτων μεταιτεῖ τὸ μέροc· εἰ δὲ μή, δάκνει.
Φι. αἰβοῖ. τί τόδε ποτ' ἔcθ' ὅτῳ μαλάττομαι;
  κακόν τι περιβαίνει με κἀναπείθομαι.
Βδ. ἴθ', ἀντιβολῶ c', οἰκτίρατ' αὐτόν, ὦ πάτερ,   975
  καὶ μὴ διαφθείρητε. ποῦ τὰ παιδία;
  ἀναβαίνετ', ὦ πόνηρα, καὶ κνυζούμενα
  αἰτεῖτε κἀντιβολεῖτε καὶ δακρύετε.
Φι. κατάβα, κατάβα, κατάβα, κατάβα.
Βδ.   καταβήcομαι.
  καίτοι τὸ "κατάβα" τοῦτο πολλοὺc δὴ πάνυ   980
  ἐξηπάτηκεν. ἀτὰρ ὅμωc καταβήcομαι.
Φι. ἐc κόρακαc. ὡc οὐκ ἀγαθόν ἐcτι τὸ ῥοφεῖν.
  ἐγὼ γὰρ ἐπεδάκρυcα νῦν, γνώμην ἐμήν,
  οὐδέν ποτέ γ' ἀλλ' ἢ τῆc φακῆc ἐμπλήμενοc.
Βδ. οὔκουν ἀποφεύγει δῆτα;
Φι.   χαλεπὸν εἰδέναι.   985
Βδ. ἴθ', ὦ πατρίδιον, ἐπὶ τὰ βελτίω τρέπου.
  τηνδὶ λαβὼν τὴν ψῆφον ἐπὶ τὸν ὕcτερον
  μύcαc παρᾷξον κἀπόλυcον, ὦ πάτερ.
Φι. οὐ δῆτα· κιθαρίζειν γὰρ οὐκ ἐπίcταμαι.
Βδ. φέρε νύν cε τῃδὶ τὴν ταχίcτην περιάγω.   990
Φι. ὅδ' ἔcθ' ὁ πρότεροc;
Βδ.   οὗτοc.
Φι.   αὕτη 'νταῦθ' ἔνι.
Βδ. ἐξηπάτηται κἀπολέλυκεν οὐχ ἑκών.
  φέρ' ἐξεράcω.
Φι.   πῶc ἄρ' ἠγωνίcμεθα;

970 μόνον] μόνοc R^{ac}V 973 τόδε MacDowell: κακόν L: τὸ κακόν cett. 974 κακόν] καινόν Blaydes περιβαίνει] περιμένει R 979 κατάβα quater L: ter cett. 982 ἐc L: ἧc cett. 983 ἐπεδάκρυcα Hirschig, cf. sch. VΓ: ἀπε- codd. γνώμην ⟨γ'⟩ Meineke 984 ποτ' Invernizi: ποτέ γ' codd. 991 'νταῦθ' ἔνι Dobree: 'ντευθενί vel sim. codd.

ΑΡΙΣΤΟΦΑΝΟΥΣ

Βδ. δείξειν ἔοικεν. ἐκπέφευγας, ὦ Λάβης.
πάτερ πάτερ, τί πέπονθας; οἴμοι. ποῦ 'cθ' ὕδωρ; 995
ἔπαιρε cαυτόν.
Φι. εἰπέ νυν ἐκεῖνό μοι,
ὄντως ἀπέφυγε;
Βδ. νὴ Δί'.
Φι. οὐδέν εἰμ' ἄρα.
Βδ. μὴ φροντίcῃc, ὦ δαιμόνι', ἀλλ' ἀνίcταcο.
Φι. πῶc οὖν ἐμαυτῷ τοῦτ' ἐγὼ ξυνείcομαι,
φεύγοντ' ἀπολύcαc ἄνδρα; τί ποτε πείcομαι; 1000
ἀλλ', ὦ πολυτίμητοι θεοί, ξύγγνωτέ μοι·
ἄκων γὰρ αὖτ' ἔδραcα κοὐ τοὐμοῦ τρόπου.
Βδ. καὶ μηδὲν ἀγανάκτει γ'. ἐγὼ γάρ c', ὦ πάτερ,
θρέψω καλῶc, ἄγων μετ' ἐμαυτοῦ πανταχοῖ,
ἐπὶ δεῖπνον, εἰc ξυμπόcιον, ἐπὶ θεωρίαν, 1005
ὥcθ' ἡδέωc διάγειν cε τὸν λοιπὸν χρόνον·
κοὐκ ἐγχανεῖταί c' ἐξαπατῶν Ὑπέρβολοc.
ἀλλ' εἰcίωμεν.
Φι. ταῦτά νυν, εἴπερ δοκεῖ.

Χο. ἀλλ' ἴτε χαίροντεc ὅποι βούλεcθ'.
ὑμεῖc δὲ τέωc, 1010
ὦ μυριάδεc ἀναρίθμητοι,
νῦν τὰ μέλλοντ' εὖ λέγεcθαι
μὴ πέcῃ φαύλωc χαμᾶζ'
εὐλαβεῖcθε.
τοῦτο γὰρ cκαιῶν θεατῶν
ἐcτι πάcχειν, κοὐ πρὸc ὑμῶν.

νῦν αὖτε, λεώ, προcέχετε τὸν νοῦν, εἴπερ καθαρόν 1015
τι φιλεῖτε.
μέμψαcθαι γὰρ τοῖcι θεαταῖc ὁ ποιητὴc νῦν ἐπιθυμεῖ.

994 ἔοικεν] ἔοικαc R   1004 πανταχοῖ Brunck: πανταχοῦ codd.
1010 τέωc RV: ταχέωc Γ: γε ταχέωc L   1011 νῦν Burges: νῦν μὲν codd.   1015 προcέχετε] πρόcχετε (sic) B: πρόccχετε Elmsley, duce Bentley

ΣΦΗΚΕΣ

ἀδικεῖςθαι γάρ φηςιν πρότερος πόλλ' αὐτοὺς εὖ
πεποιηκώς·
τὰ μὲν οὐ φανερῶς ἀλλ' ἐπικουρῶν κρύβδην ἑτέροιςι
ποιηταῖς,
μιμηςάμενος τὴν Εὐρυκλέους μαντείαν καὶ διάνοιαν,
εἰς ἀλλοτρίας γαςτέρας ἐνδὺς κωμῳδικὰ πολλὰ   1020
χέαςθαι·
μετὰ τοῦτο δὲ καὶ φανερῶς ἤδη κινδυνεύων καθ'
ἑαυτόν,
οὐκ ἀλλοτρίων ἀλλ' οἰκείων Μουςῶν ςτόμαθ'
ἡνιοχήςας.
ἀρθεὶς δὲ μέγας καὶ τιμηθεὶς ὡς οὐδεὶς πώποτ' ἐν ὑμῖν,
οὐκ ἐκχαλάςαι φηςὶν ἐπαρθεὶς οὐδ' ὀγκῶςαι τὸ
φρόνημα,
οὐδὲ παλαίςτρας περικωμάζειν πειρῶν· οὐδ' εἴ   1025
τις ἐραςτὴς
κωμῳδεῖςθαι παιδίχ' ἑαυτοῦ μιςῶν ἔςπευςε πρὸς
αὐτόν,
οὐδενὶ πώποτέ φηςι πιθέςθαι, γνώμην τιν' ἔχων
ἐπιεικῆ,
ἵνα τὰς Μούςας αἷςιν χρῆται μὴ προαγωγοὺς ἀποφήνῃ.
οὐδ' ὅτε πρῶτόν γ' ἦρξε διδάςκειν, ἀνθρώποις φής'
ἐπιθέςθαι,
ἀλλ' Ἡρακλέους ὀργήν τιν' ἔχων τοῖςι μεγίςτοις   1030
ἐπεχείρει,
θραςέως ξυςτὰς εὐθὺς ἀπ' ἀρχῆς αὐτῷ τῷ
καρχαρόδοντι,

1020 εἴς ⟨τ'⟩ Dobree: ὥςτ' Starkie   1022 ἡνιοχήςας] -ῆςαι Richards   1024 ἐκχαλάςαι Wilson: ἐκτελέςαι codd.: alii alia   1025 πειρῶν Brunck: περιιών vel sim. codd.   1026 ἔςπευςε] ἔςπευδε L   1027 πιθέςθαι B: πείθεςθαι cett.   1029 πρῶτον] πρώτιςτ' Meineke   γ' B: om. cett.: ὅδ' Porson   ἦρξε] φηςὶ V: ἐπῆλθε dubitanter Wilson   φής' ἐπιθέςθαι] φηςὶ πιθέςθαι R   1030 τοῖςι L: τοῖς cett.: θηρςὶ Merry   ἐπεχείρει Meineke: ἐπιχειρεῖν codd.

253

ΑΡΙΣΤΟΦΑΝΟΥΣ

οὗ δεινόταται μὲν ἀπ' ὀφθαλμῶν Κύννης ἀκτῖνες
ἔλαμπον,
ἑκατὸν δὲ κύκλῳ κεφαλαὶ κολάκων οἰμωξομένων
ἐλιχμῶντο
περὶ τὴν κεφαλήν, φωνὴν δ' εἶχεν χαράδρας ὄλεθρον
τετοκυίας,
φώκης δ' ὀςμήν, Λαμίας δ' ὄρχεις ἀπλύτους, 1035
πρωκτὸν δὲ καμήλου.
τοιοῦτον ἰδὼν τέρας οὔ φηςιν δείςας
καταδωροδοκῆςαι,
ἀλλ' ὑπὲρ ὑμῶν ἔτι καὶ νυνὶ πολεμεῖ· φηςίν τε μετ'
αὐτὸν
τοῖς ἠπιάλοις ἐπιχειρῆςαι πέρυςιν καὶ τοῖς πυρετοῖςιν,
οἳ τοὺς πατέρας τ' ἦγχον νύκτωρ καὶ τοὺς πάππους
ἀπέπνιγον
κατακλινομένους ἐν ταῖς κοίταις, ἐπὶ τοῖςί τ' 1040
ἀπράγμοςιν ὑμῶν
ἀντωμοςίας καὶ προςκλήςεις καὶ μαρτυρίας
ςυνεκόλλων,
ὥςτ' ἀναπηδᾶν δειμαίνοντας πολλοὺς ὡς τὸν
πολέμαρχον.
τοιόνδ' εὑρόντες ἀλεξίκακον τῆς χώρας τῆςδε
καθαρτήν,
πέρυςιν καταπροὔδοτε καινοτάτας ςπείραντ' αὐτὸν
διανοίας,
ἃς ὑπὸ τοῦ μὴ γνῶναι καθαρῶς ὑμεῖς ἐποιήςατ' 1045
ἀναλδεῖς·
καίτοι ςπένδων πόλλ' ἐπὶ πολλοῖς ὄμνυςιν τὸν Διόνυςον
μὴ πώποτ' ἀμείνον' ἔπη τούτων κωμῳδικὰ μηδέν'
ἀκοῦςαι.

1036 καταδωροδοκῆςαι] -ήςειν Γ   1037 ὑμῶν B: ἡμῶν cett.
αὐτὸν Bentley: αὐτοῦ codd.   1040 κατακλινομένους ἐν ... ἐπὶ τοῖςί
τ' Hamaker: -μενοί τ' ἐπὶ ... ἐπὶ τοῖςιν codd.   1044 καινοτάτας ...
διανοίας Bothe: -ταις ... -αις codd.   ςπείραντ' R: ςπαίροντ' V: ςπαί-
ροντες Γ: ςπέροντ' L   αὐτὸν] αὐτὴν Hecker: an αὐτῇ?

ΣΦΗΚΕΣ

τοῦτο μὲν οὖν ἔσθ' ὑμῖν αἰσχρὸν τοῖς μὴ γνοῦσιν
 παραχρῆμα,
ὁ δὲ ποιητὴς οὐδὲν χείρων παρὰ τοῖσι σοφοῖς
 νενόμισται,
εἰ παρελαύνων τοὺς ἀντιπάλους τὴν ἐπίνοιαν 1050
 ξυνέτριψεν.
ἀλλὰ τὸ λοιπὸν τῶν ποιητῶν,
ὦ δαιμόνιοι, τοὺς ζητοῦντας
καινόν τι λέγειν κἀξευρίσκειν
στέργετε μᾶλλον καὶ θεραπεύετε,
καὶ τὰ νοήματα σώζεσθ' αὐτῶν, 1055
εἰσβάλλετέ τ' εἰς τὰς κιβωτοὺς
μετὰ τῶν μήλων. κἂν ταῦτα ποιῆθ',
ὑμῖν δι' ἔτους τῶν ἱματίων
ὀζήσει δεξιότητος. 1059

ὦ πάλαι ποτ' ὄντες ἡμεῖς ἄλκιμοι μὲν ἐν χοροῖς, [στρ.
ἄλκιμοι δ' ἐν μάχαις, 1061
καὶ κατ' αὐτὸ τοῦτο μόνον
ἄνδρες ἀλκιμώτατοι.
πρίν ποτ' ἦν, πρὶν ταῦτα· νῦν δ'
οἴχεται, κύκνου τε πολι-
ώτεραι δὴ αἵδ' ἐπανθοῦσιν τρίχες. 1065
ἀλλὰ κἀκ τῶν λειψάνων δεῖ τῶνδε ῥώμην
νεανικὴν σχεῖν· ὡς ἐγὼ τοὐμὸν νομίζω
γῆρας εἶναι κρεῖττον ἢ πολλῶν κικίννους
νεανιῶν καὶ σχῆμα κεὐρυπρωκτίαν. 1070

εἴ τις ὑμῶν, ὦ θεαταί, τὴν ἐμὴν ἰδὼν φύσιν
εἶτα θαυμάζει μ' ὁρῶν μέσον διεσφηκωμένον,

1050 εἰ παρελαύνων sch.: εἴπερ ἐλαύνων codd.   1056 τ' RV: om.
Γ: δ' L   1061 μάχαις] μάχαισιν L   1062 αὐτὸ] αὐτὸ δὴ
L   ἀλκιμώτατοι Bentley: μαχιμώτατοι codd.   1064 οἴχεται]
οἴχεταί γε L   πολιώτεραι VL: -τερα RΓ   1067 ῥώμην] γνώμην
VΓγρ   σχεῖν Reisig: ἔχειν codd.   1070 κεὐρυπρωκτίαν Kuster:
κηΰρ- codd.

ΑΡΙϹΤΟΦΑΝΟΥϹ

ἥτιϲ ἡμῶν ἐϲτιν ἡ 'πίνοια τῆϲ ἐγκεντρίδοϲ,
ῥᾳδίωϲ ἐγὼ διδάξω, "κἂν ἄμουϲοϲ ᾖ τὸ πρίν".
ἐϲμὲν ἡμεῖϲ, οἷϲ πρόϲεϲτι τοῦτο τοὐρροπύγιον,   1075
Ἀττικοὶ μόνοι δικαίωϲ ἐγγενεῖϲ αὐτόχθονεϲ,
ἀνδρικώτατον γένοϲ καὶ πλεῖϲτα τήνδε τὴν πόλιν
ὠφελῆϲαν ἐν μάχαιϲιν, ἡνίκ' ἦλθ' ὁ βάρβαροϲ,
τῷ καπνῷ τύφων ἅπαϲαν τὴν πόλιν καὶ πυρπολῶν,
ἐξελεῖν ἡμῶν μενοινῶν πρὸϲ βίαν τἀνθρήνια.   1080
εὐθέωϲ γὰρ ἐκδραμόντεϲ "ξὺν δορὶ ξὺν ἀϲπίδι"
ἐμαχόμεϲθ' αὐτοῖϲι, θυμὸν ὀξίνην πεπωκότεϲ,
ϲτὰϲ ἀνὴρ παρ' ἄνδρ', ὑπ' ὀργῆϲ τὴν χελύνην ἐϲθίων·
ὑπὸ δὲ τῶν τοξευμάτων οὐκ ἦν ἰδεῖν τὸν οὐρανόν.
ἀλλ' ὅμωϲ ἐωϲάμεϲθα ξὺν θεοῖϲ πρὸϲ ἑϲπέραν.   1085
γλαῦξ γὰρ ἡμῶν πρὶν μάχεϲθαι τὸν ϲτρατὸν διέπτατο.
εἶτα δ' εἱπόμεϲθα θυννάζοντεϲ εἰϲ τοὺϲ θυλάκουϲ,
οἱ δ' ἔφευγον τὰϲ γνάθουϲ καὶ τὰϲ ὀφρῦϲ κεντούμενοι·
ὥϲτε παρὰ τοῖϲ βαρβάροιϲι πανταχοῦ καὶ νῦν ἔτι
μηδὲν Ἀττικοῦ καλεῖϲθαι ϲφηκὸϲ ἀνδρικώτερον.   1090

ἆρα δεινὸϲ ἦ τόθ', ὥϲτε ταῦτα μὴ δεδοικέναι,   [ἀντ.
καὶ κατεϲτρεψάμην
τοὺϲ ἐναντίουϲ, πλέων ἐ-
κεῖϲε ταῖϲ τριήρεϲιν;
οὐ γὰρ ἦν ἡμῖν ὅπωϲ
ῥῆϲιν εὖ λέξειν ἐμέλλο-   1095
μεν τότ' οὐδὲ ϲυκοφαντήϲειν τινὰ
φροντίϲ, ἀλλ' ὅϲτιϲ ἐρέτηϲ ἔϲοιτ' ἄριϲτοϲ.
τοιγαροῦν πολλὰϲ πόλειϲ Μήδων ἑλόντεϲ
αἰτιώτατοι φέρεϲθαι τὸν φόρον δεῦρ'   1100
ἐϲμέν, ὃν κλέπτουϲιν οἱ νεώτεροι.

1076 ἐγγενεῖϲ] εὐγενεῖϲ L   1081 δορὶ] δορεὶ P76, cf. Choerobosc. in Theod. 1.346.15–16   1085 ἐωϲάμεϲθα P76 (ἐωϲα[ ), epimerismi Homerici ω 21 (p. 758 Dyck): ἀπεωϲάμεϲθα ΓL: ἐπαυϲάμεϲθα R: ἐϲωζόμεϲθα VΓ³γρ   1087 εἱπόμεϲθα R: ἐπό- VΓ: ἔϲπο- L   1091 ἦ] ἦν R   ταῦτα Wilson: πάντα codd.   μὴ] μ' ἂν Dobree   1092 καὶ] fortasse ὅϲ, si πάντα retineas   1097 ὅϲτιϲ Elmsley: ὅϲτιϲ ἂν RVΓ: ὅϲ ἂν L

ΣΦΗΚΕΣ

πολλαχῇ σκοποῦντες ἡμᾶς εἰς ἅπανθ' εὑρήσετε
τοὺς τρόπους καὶ τὴν δίαιταν σφηξὶν ἐμφερεστάτους.
πρῶτα μὲν γὰρ οὐδὲν ἡμῶν ζῷον ἠρεθιςμένον
μᾶλλον ὀξύθυμόν ἐςτιν οὐδὲ δυςκολώτερον· 1105
εἶτα τἄλλ' ὅμοια πάντα ςφηξὶ μηχανώμεθα.
ξυλλεγέντες γὰρ καθ' ἑςμοὺς ὥςπερ εἰς ἀνθρήνια,
οἱ μὲν ἡμῶν οὗπερ ἄρχων, οἱ δὲ παρὰ τοὺς ἕνδεκα,
οἱ δ' ἐν ᾠδείῳ δικάζους', ὧδε πρὸς τοῖς τειχίοις
ξυμβεβυςμένοι πυκνόν, νεύοντες εἰς τὴν γῆν, μόλις 1110
ὥςπερ οἱ ςκώληκες ἐν τοῖς κυττάροις κινούμενοι.
εἴς τε τὴν ἄλλην δίαιτάν ἐςμεν εὐπορώτατοι.
πάντα γὰρ κεντοῦμεν ἄνδρα κἀκπορίζομεν βίον.
ἀλλὰ γὰρ κηφῆνες ἡμῖν εἰσιν ἐγκαθήμενοι
οὐκ ἔχοντες κέντρον, οἳ μένοντες ἡμῶν τοῦ φόρου 1115
τὸν γόνον κατεσθίουσιν οὐ ταλαιπωρούμενοι.
τοῦτο δ' ἔςτ' ἄλγιςτον ἡμῖν, ἤν τις ἀςτράτευτος ὢν
ἐκροφῇ τὸν μιςθὸν ἡμῶν, τῆςδε τῆς χώρας ὕπερ
μήτε κώπην μήτε λόγχην μήτε φλύκταιναν λαβών.
ἀλλά μοι δοκεῖ τὸ λοιπὸν τῶν πολιτῶν ἔμβραχυ 1120
ὅςτις ἂν μὴ 'χῃ τὸ κέντρον μὴ φέρειν τριώβολον.

Φι. οὔτοι ποτὲ ζῶν τοῦτον ἀποδυθήςομαι,
ἐπεὶ μόνος μ' ἔςωςε παρατεταγμένον,
ὅθ' ὁ βορέας ὁ μέγας ἐπεςτρατεύςατο.
Βδ. ἀγαθὸν ἔοικας οὐδὲν ἐπιθυμεῖν παθεῖν. 1125
Φι. μὰ τὸν Δί', οὐ γὰρ οὐδαμῶς μοι ξύμφορον.
καὶ γὰρ πρότερον ἐπανθρακίδων ἐμπλήμενος
ἀπέδωκ' ὀφείλων τῷ κναφεῖ τριώβολον.
Βδ. ἀλλ' οὖν πεπειράςθω γ', ἐπειδήπερ γ' ἅπαξ

1102 πολλαχῇ P76: -αχοῦ codd.   1107 ὥςπερ εἰς ἀνθρήνια Kock: ὡςπερεὶ τἀνθρήνια codd.   1109 ὧδε Starkie: οἱ δὲ codd. 1112 τε] δὲ Richter   1116 γόνον] πόνον sch. legisse credebat Dobree 1118 ἐκροφῇ Reiske: ἐκφορῇ codd.   1123 παρατεταγμένον] -μένος Wilamowitz   1127 ἐπανθρακίδων Scaliger: ἐπ' ἀν- codd.: δὶς ἀν- Athenaeus 329 B   ἐμπλημένος] πεπληςμένος L: ἅλμην πιὼν Athenaeus 1128 κναφεῖ Dindorf: γναφεῖ codd.

ΑΡΙΣΤΟΦΑΝΟΥΣ

   ἐμοὶ ϲεαυτὸν παραδέδωκαϲ εὖ ποιεῖν.   1130
Φι. τί οὖν κελεύειϲ δρᾶν με;
Βδ.   τὸν τρίβων' ἄφεϲ,
   τηνδὶ δὲ χλαῖναν ἀναβαλοῦ τριβωνικῶϲ.
Φι. ἔπειτα παῖδαϲ χρὴ φυτεύειν καὶ τρέφειν,
   ὅθ' οὑτοϲί με νῦν ἀποπνῖξαι βούλεται;
Βδ. ἔχ', ἀναβαλοῦ τηνδὶ λαβών, καὶ μὴ λάλει.   1135
Φι. τουτὶ τὸ κακὸν τί ἐϲτι, πρὸϲ πάντων θεῶν;
Βδ. οἱ μὲν καλοῦϲι Περϲίδ', οἱ δὲ καυνάκην.
Φι. ἐγὼ δὲ ϲιϲύραν ᾠόμην Θυμαιτίδα.
Βδ. κοὐ θαῦμά γ'· εἰϲ Cάρδειϲ γὰρ οὐκ ἐλήλυθαϲ.
   ἔγνωϲ γὰρ ἄν· νῦν δ' οὐχὶ γιγνώϲκειϲ.
Φι.   ἐγώ;   1140
   μὰ τὸν Δί' οὗτοι νῦν γ'· ἀτὰρ δοκεῖ γέ μοι
   ἐοικέναι μάλιϲτα Μορύχου ϲάγματι.
Βδ. οὔκ, ἀλλ' ἐν Ἐκβατάνοιϲι ταῦθ' ὑφαίνεται.
Φι. ἐν Ἐκβατάνοιϲι γίγνεται κρόκηϲ χόλιξ;
Βδ. πόθεν, ὦγάθ'; ἀλλὰ τοῦτο τοῖϲι βαρβάροιϲ   1145
   ὑφαίνεται πολλαῖϲ δαπάναιϲ. αὕτη γέ τοι
   ἐρίων τάλαντον καταπέπωκε ῥᾳδίωϲ.
Φι. οὔκουν ἐριώλην δῆτ' ἐχρῆν αὐτὴν καλεῖν
   δικαιότερον ἢ καυνάκην;
Βδ.   ἔχ', ὦγαθέ,
   καὶ ϲτῆθ' ἀναμπιϲχόμενοϲ.
Φι.   οἴμοι δείλαιοϲ·   1150
   ὡϲ θερμὸν ἡ μιαρά τί μου κατήρυγεν.

1132 ἀναβαλοῦ B: ἀναλαβοῦ cett. τριβωνικῶϲ] γεροντικῶϲ v.l. ap. sch.   1135 ἀναβαλοῦ R^{pc}: ἀναλαβοῦ cett.   1140 post ἐγώ sic interpunxerunt L et Musurus   1141 οὗτοι νῦν γ' Starkie: οὐ τοίνυν codd.: οὐ τανῦν γ' A. Palmer   1148 αὐτὴν V: ταύτην cett. 1149 ἢ VΓ: γ' ἢ RL   1150 ϲτῆθ' ἀναμπιϲχόμενοϲ R: ϲτῆθ' ἀμπ- VΓ: ϲτῆθί γ' ἀμπ- L: ϲτῆθ' ἐπαμπ- Blaydes: ϲτῆθ' ἐναμπ- Bergk: ϲτῆθ' ἄμ' ἀμπ- von Holzinger

CΦHKEC

Βδ. οὐκ ἀναβαλεῖ;
Φι. μὰ Δί' οὐκ ἔγωγ'.
Βδ. ἀλλ', ὦγαθέ—
Φι. εἴπερ γ' ἀνάγκη, κρίβανόν μ' ἀμπίσχετε.
Βδ. φέρ', ἀλλ' ἐγώ cε περιβάλω·
Φι. cὺ δ' οὖν ἴθι.
παράθου γε μέντοι καὶ κρεάγραν.
Βδ. τιὴ τί δή; 1155
Φι. ἵν' ἐξέλῃc με πρὶν διερρυηκέναι.
Βδ. ἄγε νυν ὑπολύου τὰc καταράτουc ἐμβάδαc,
ταcδὶ δ' ἀνύcαc ὑποδοῦ cὺ τὰc Λακωνικάc.
Φι. ἐγὼ γὰρ ἂν τλαίην ὑποδήcαcθαί ποτε
ἐχθρῶν παρ' ἀνδρῶν δυcμενῆ καττύματα; 1160
Βδ. ἔνθεc ποτ', ὦ τᾶν, κἀπόβαιν' ἐρρωμένωc
εἰc τὴν Λακωνικὴν ἀνύcαc.
Φι. ἀδικεῖc γέ με
εἰc τὴν πολεμίαν ἀποβιβάζων τὸν πόδα.
Βδ. φέρε, καὶ τὸν ἕτερον.
Φι. μηδαμῶc τοῦτόν γ', ἐπεὶ
πάνυ μιcολάκων αὐτοῦ 'cτιν εἶc τῶν δακτύλων. 1165
Βδ. οὐκ ἔcτι παρὰ ταῦτ' ἄλλα.
Φι. κακοδαίμων ἐγώ,
ὅcτιc ἐπὶ γήρᾳ χίμετλον οὐδὲν λήψομαι.
Βδ. ἄνυcόν ποθ' ὑποδηcάμενοc· εἶτα πλουcίωc
ὡδὶ προβὰc τρυφερόν τι διαcαλακώνιcον.
Φι. ἰδού. θεῶ τὸ cχῆμα, καὶ cκέψαι μ' ὅτῳ 1170
μάλιcτ' ἔοικα τὴν βάδιcιν τῶν πλουcίων.

1152 ἀλλ' ὦγαθέ Bdelycleoni tribuit van Leeuwen   1154 περιβάλω Blaydes: -βαλῶ codd.   cὺ δ' οὖν ἴθι Philocleoni tribuit Lenting   1155 παράθου V: καταθοῦ cett.: L: expectares παράθεc (Blaydes)   1157 ὑπολύου Hirschig: ὑποδύου RVΓ: ἀποδύου L   1158 ὑποδοῦ Hirschig, cὺ Wilson: ὑπόδυθι codd.   1159 ὑποδήcαcθαι Scaliger: ὑποδύcαcθαι codd.   1167 γήρᾳ] γήρωc Hirschig   1168 ὑποδηcάμενοc Scaliger (indutus Divus): ὑποδηcόμενοc B: ὑποδυcάμενοc cett.   1169 διαcαλακώνιcον] διαcακώνιcον v.l. ap. Hsch.: διαλυκώνιcον et διαλακώνιcον vv.ll. ap. sch.

ΑΡΙΣΤΟΦΑΝΟΥΣ

Βδ. ὅτῳ; δοθιῆνι cκόροδον ἠμφιεcμένῳ.
Φι. καὶ μὴν προθυμοῦμαί γε cαυλοπρωκτιᾶν.
Βδ. ἄγε νυν, ἐπιcτήcει λόγουc cεμνοὺc λέγειν
 ἀνδρῶν παρόντων πολυμαθῶν καὶ δεξιῶν; 1175
Φι. ἔγωγε.
Βδ. τίνα δῆτ' ἂν λέγοιc;
Φι. πολλοὺc πάνυ.
 πρῶτον μὲν ὡc ἡ Λάμι' ἁλοῦc' ἐπέρδετο,
 ἔπειτα δ' ὡc ὁ Καρδοπίων τὴν μητέρα—
Βδ. μὴ 'μοιγε μύθουc, ἀλλὰ τῶν ἀνθρωπίνων,
 οἵουc λέγομεν μάλιcτα, τοὺc κατ' οἰκίαν. 1180
Φι. ἐγᾦδα τοίνυν τῶν γε πάνυ κατ' οἰκίαν
 ἐκεῖνον ὡc "οὕτω ποτ' ἦν μῦc καὶ γαλῆ—"
Βδ. ὦ cκαιὲ κἀπαίδευτε— Θεογένηc ἔφη
 τῷ κοπρολόγῳ, καὶ ταῦτα λοιδορούμενοc—
 μῦc καὶ γαλᾶc μέλλειc λέγειν ἐν ἀνδράcιν; 1185
Φι. ποίουc τινὰc δὲ χρὴ λέγειν;
Βδ. μεγαλοπρεπεῖc,
 ὡc ξυνεθεώρειc Ἀνδροκλεῖ καὶ Κλειcθένει.
Φι. ἐγὼ δὲ τεθεώρηκα πώποτ' οὐδαμοῖ,
 πλὴν εἰc Πάρον, καὶ ταῦτα δύ' ὀβολὼ φέρων.
Βδ. ἀλλ' οὖν λέγειν χρή c' ὡc ἐμάχετό γ' αὐτίκα 1190
 Ἐφουδίων παγκράτιον Ἀcκώνδᾳ καλῶc,
 ἤδη γέρων ὢν καὶ πολιόc, ἔχων δέ τοι
 πλευρὰν βαθυτάτην χἠρακλείαν λαγόνα καὶ
 θώρακ' ἄριcτον.
Φι. παῦε παῦ', οὐδὲν λέγειc.
 πῶc ἂν μαχέcαιτο παγκράτιον θώρακ' ἔχων; 1195
Βδ. οὕτω διηγεῖcθαι νομίζουc' οἱ cοφοί.

1174 ἐπιcτήcει] ἐπίcταcαι Blaydes   1184 καὶ ταῦτα] ταῦτ' αὐτὰ Blaydes   1185 γαλᾶc] γαλῇ R   1188 οὐδαμοῖ Bekker: οὐδαμοῦ codd.   1190 ἐμάχετό γ'] ἐμαχέcατ' Dobree, cf. 1383   1193 βαθυτάτην G: καθυτάτην V: βαρυτάτην cett.   χἠρακλείαν Starkie: καὶ χέραc καὶ RVΓ: καὶ χέραc L   λαγόνα V: λαγόναc RΓ: λαγόναc τε hemistichium ita refinxit Richards: καὶ λαγόνα/-νε/-ναc χεῖράc τε καὶ   1195 πῶc V: πῶc δ' cett.   1196 οὕτω V: οὕτωc cett.

ϹΦΗΚΕϹ

ἀλλ' ἕτερον εἰπέ μοι· παρ' ἀνδράϲι ξένοιϲ
πίνων ϲεαυτοῦ ποῖον ἂν λέξαι δοκεῖϲ
ἐπὶ νεότητοϲ ἔργον ἀνδρικώτατον;

Φι. ἐκεῖν' ἐκεῖν' ἀνδρειότατόν γε τῶν ἐμῶν, 1200
ὅτ' Ἐργαϲίωνοϲ τὰϲ χάρακαϲ ὑφειλόμην.

Βδ. ἀπολεῖϲ με. ποίαϲ χάρακαϲ; ἀλλ' ὡϲ ἢ κάπρον
ἐδιώκαθέϲ ποτ' ἢ λαγών, ἢ λαμπάδα
ἔδραμεϲ, ἀνευρὼν ὅ τι νεανικώτατον. 1205

Φι. ἐγᾦδα τοίνυν τό γε νεανικώτατον·
ὅτε τὸν δρομέα Φάυλλον ὢν βούπαιϲ ἔτι
εἷλον διώκων λοιδορίαϲ ψήφοιν δυοῖν.

Βδ. παῦ'· ἀλλὰ δευρὶ κατακλινεὶϲ προϲμάνθανε
ξυμποτικὸϲ εἶναι καὶ ξυνουϲιαϲτικόϲ.

Φι. πῶϲ οὖν κατακλινῶ; φράζ' ἀνύϲαϲ.

Βδ. εὐϲχημόνωϲ. 1210

Φι. ὡδὶ κελεύειϲ κατακλινῆναι;

Βδ. μηδαμῶϲ.

Φι. πῶϲ δαί;

Βδ. τὰ γόνατ' ἔκτεινε, καὶ γυμναϲτικῶϲ
ὑγρὸν χύτλαϲον ϲεαυτὸν ἐν τοῖϲ ϲτρώμαϲιν.
ἔπειτ' ἐπαίνεϲόν τι τῶν χαλκωμάτων,
ὀροφὴν θέαϲαι, κρεκάδι' αὐλῆϲ θαύμαϲον· 1215
ὕδωρ κατὰ χειρόϲ· τὰϲ τραπέζαϲ εἰϲφέρειν·
δειπνοῦμεν· ἀπονενίμμεθ'· ἤδη ϲπένδομεν.

Φι. πρὸϲ τῶν θεῶν, ἐνύπνιον ἐϲτιώμεθα;

Βδ. αὐλητρὶϲ ἐνεφύϲηϲεν· οἱ δὲ ϲυμπόται
εἰϲὶν Θέωροϲ, Αἰϲχίνηϲ, Φᾶνοϲ, Κλέων, 1220
ξένοϲ τιϲ ἕτεροϲ πρὸϲ κεφαλῆϲ, Ἀκέϲτοροϲ.
τούτοιϲ ξυνὼν τὰ ϲκόλι' ὅπωϲ δέξει καλῶϲ.

Φι. ἄληθεϲ; ὡϲ οὐδείϲ γε Διακρίων ἐγώ.

1210 κατακλινῶ B, Scaliger: -κλίνω cett.   1211 κατακλινῆναι Γ: -κλιθῆναι RL: -κλῖναι V   1219 ἐνεφύϲηϲεν] ἀνε- Blaydes   1221 Ἀκέϲτοροϲ Dindorf e sch. (Ἀκέϲτοροϲ iam Bentley): Ἀκέϲτεροϲ codd.   1222 ὅπωϲ] πῶϲ Meineke, qui καλῶϲ Philocleoni, ἄληθεϲ filio tribuit   1223 ἐγώ von Bamberg: δεδέξεται vel sim. codd.

ΑΡΙΣΤΟΦΑΝΟΥΣ

Βδ. τάχ' εἴcομαι· καὶ δὴ γάρ εἰμ' ἐγὼ Κλέων,
ᾄδω δὲ πρῶτος Ἁρμοδίου, δέξει δὲ cύ. 1225
"οὐδεὶς πώποτ' ἀνὴρ ἔγεντ' Ἀθήναιc—"
Φι. —οὐχ οὕτω γε πανοῦργος ⟨οὐδὲ⟩ κλέπτης.
Βδ. τουτὶ cὺ δράcειc; παραπολεῖ βοώμενος·
φήcει γὰρ ἐξολεῖν cε καὶ διαφθερεῖν
κἀκ τῆcδε τῆc γῆc ἐξελᾶν.
Φι.   ἐγὼ δέ γε, 1230
ἐὰν ἀπειλῇ, νὴ Δί' ἑτέραν ᾄcομαι·
"ὤνθρωφ', οὗτος ὁ μαιόμενος τὸ μέγα κράτος,
ἀντρέψεις ἔτι τὰν πόλιν· ἁ δ' ἔχεται ῥοπᾶς." 1235
Βδ. τί δ' ὅταν Θέωρος πρὸς ποδῶν κατακείμενος
ᾄδῃ Κλέωνος λαβόμενος τῆc δεξιᾶc·
"Ἀδμήτου λόγον, ὦταῖρε, μαθὼν τοὺς ἀγαθοὺς φίλει."
τούτῳ τί λέξεις cκόλιον;
Φι.   ὡδί πως ἐγώ. 1240
"οὐκ ἔστιν ἀλωπεκίζειν,
οὐδ' ἀμφοτέροιcι γίγνεcθαι φίλον."
Βδ. μετὰ τοῦτον Αἰcχίνης ὁ Cέλλου δέξεται,
ἀνὴρ cοφὸς καὶ μουcικός, κᾆτ' ᾄcεται·
"χρήματα καὶ βίον 1245
Κλειταγόρᾳ τε κἀμοὶ μετὰ Θετταλῶν—"
Φι. —πολλὰ δὴ διεκόμπαcας cὺ κἀγώ.
Βδ. τουτὶ μὲν ἐπιεικῶς cύ γ' ἐξεπίcταcαι·
ὅπως δ' ἐπὶ δεῖπνον εἰς Φιλοκτήμονος ἴμεν— 1250
παῖ παῖ, τὸ δεῖπνον, Χρῦcε, cυcκεύαζε νῷν,

1224 τάχ' Burges: ἐγὼ codd. (1224–6 om. L)   1225 δέξει] δέξαι V
1226–7 Philocleoni tribuit Dobree   1226 ἔγεντ' Ἀθήναιc Bentley:
ἐγένετ' Ἀθηναίοιc codd.   1227 suppl. Hirschig   1230 κἀκ
Blaydes: καὶ codd.   1231 ἑτέραν ᾄcομαι] ἕτερ' ἀντᾴcομαι Dobree
1234 ἀντρέψεις Bentley: ἀνατρέψεις codd.   1239 ὡδί πως Dindorf:
ᾠδικῶc vel sim. codd.   1244 κᾆτ' ᾄcεται] κἀντᾴcεται Dobree
1245 βίον Tyrwhitt: βίαν codd.   1248 διεκόμπαcας Tyrwhitt: διεκόμιcα V: διεκόμιcας cett.   1251 Χρῦcε hoc accentu scribendum monuit
Gelzer: Κροῖcε Wilamowitz

ϹΦΗΚΕϹ

—ἵνα καὶ μεθυϲθῶμεν διὰ χρόνου.
Φι. μηδαμῶϲ.
κακὸν τὸ πίνειν· ἀπὸ γὰρ οἴνου γίγνεται
καὶ θυροκοπῆϲαι καὶ πατάξαι καὶ βαλεῖν,
κἄπειτ' ἀποτίνειν ἀργύριον ἐκ κραιπάληϲ. 1255
Βδ. οὔκ, ἤν ξυνῇϲ γ' ἀνδράϲι καλοῖϲ τε κἀγαθοῖϲ.
ἢ γὰρ παρῃτήϲαντο τὸν πεπονθότα,
ἢ λόγον ἔλεξαϲ αὐτὸϲ ἀϲτεῖόν τινα,
Αἰϲωπικὸν γέλοιον ἢ Ϲυβαριτικόν,
ὧν ἔμαθεϲ ἐν τῷ ϲυμποϲίῳ· κᾆτ' εἰϲ γέλων 1260
τὸ πρᾶγμ' ἔτρεψαϲ, ὥϲτ' ἀφείϲ ϲ' ἀποίχεται.
Φι. μαθητέον τἄρ' ἐϲτὶ πολλοὺϲ τῶν λόγων,
εἴπερ ἀποτείϲω μηδέν, ἤν τι δρῶ κακόν.
ἄγε νυν, ἴωμεν· μηδὲν ἡμᾶϲ ἰϲχέτω. 1264

Χο. πολλάκιϲ δὴ 'δοξ' ἐμαυτῷ
δεξιὸϲ πεφυκέναι καὶ ϲκαιὸϲ οὐδεπώποτε·
ἀλλ' Ἀμυνίαϲ ὁ Ϲέλλου μᾶλλον, οὐκ τῶν Κρωβύλου,
οὗτοϲ ὅν γ' ἐγώ ποτ' εἶδον
ἀντὶ μήλου καὶ ῥοᾶϲ δει- 1269
πνοῦντα μετὰ Λεωγόρου· πεινῇ γὰρ ᾗπερ Ἀντιφῶν·
ἀλλὰ πρεϲβεύων γὰρ εἰϲ Φάρϲαλον ᾤχετ'·
εἶτ' ἐκεῖ μόνοϲ μόνοιϲ
τοῖϲ Πενέϲταιϲι ξυνῆν τοῖϲ
Θετταλῶν, αὐτὸϲ πενέϲτηϲ ὢν ἐλάττων οὐδενόϲ. 1274

ὦ μακάρι' Αὐτόμενεϲ, ὥϲ ϲε μακαρίζομεν. [ϲτρ.
παῖδαϲ ἐφύτευϲαϲ ὅτι χειροτεχνικωτάτουϲ·

1253 γίγνεται Brunck: γίνεται codd.   1254 πατάξαι L s.l., B, v.l. ap. sch.: κατάξαι RVΓ, L in linea   1256 γ' R: om. cett.   1262 τἄρ' Hermann, Elmsley: γ' ἄρ' L: γ' ἄρα R: ἄρα V: γ' ἆρ δ' Γ   1263 εἴπερ VΓ: εἴπερ γ' RL   ἀποτείϲω van Leeuwen: ἀποτίϲω codd.   1264 v. Bdelycleoni tribuit Bergk   1265 'δοξ' ἐμαυτῷ R: 'δοξα 'μαυτῷ cett.   1267 Κρωβύλου] Κρωβύλων V, Su. a 1677   1268 ὅν γ' R: ὅν Γ: ὧν V: ὅντιν' L   1272 μόνοιϲ] μόνοιϲι L

ΑΡΙΣΤΟΦΑΝΟΥΣ

πρῶτα μὲν ἅπαcι φίλον ἄνδρα τε cοφώτατον,
τὸν κιθαραοιδότατον, ᾧ χάρις ἐφέσπετο·
τὸν δ' ὑποκριτὴν ἕτερον ἀργαλέον ὡς cοφόν·
εἶτ' Ἀριφράδη πολύ τι θυμοσοφικώτατον,   1280
ὅντινά ποτ' ὤμοσε μαθόντα παρὰ μηδενός
{ἀλλ' ἀπὸ coφῆc φύcεως αὐτόματον ἐκμαθεῖν}
γλωττοποιεῖν εἰc τὰ πορνεῖ' εἰcιόνθ' ἑκάcτοτε.

⟨– ∪ ∪∪ – ∪ – ∪ ∪∪ – ∪ –⟩   [ἀντ.
εἰcί τινες οἵ μ' ἔλεγον ὡς καταδιηλλάγην,
ἡνίκα Κλέων μ' ὑπετάραττεν ἐπικείμενος   1285
καί με κακίcας ἔκνιcε· κᾆθ', ὅτ' ἀπεδειρόμην,
οὑκτὸc ἐγέλων μέγα κεκραγότα θεώμενοι,
οὐδὲν ἄρ' ἐμοῦ μέλον, ὅσον δὲ μόνον εἰδέναι
σκωμμάτιον εἴποτέ τι θλιβόμενος ἐκβαλῶ.
ταῦτα κατιδὼν ὑπό τι μικρὸν ἐπιθήκιcα·   1290
εἶτα νῦν ἐξηπάτησεν ἡ χάραξ τὴν ἄμπελον.

Ξα. ἰὼ χελῶναι μακάριαι τοῦ δέρματος,
{καὶ τριcμακάριαι τοῦ 'πὶ ταῖc πλευραῖc}
ὡς εὖ κατηρέψαcθε καὶ νουβυcτικῶς
κεράμῳ τὸ νῶτον, ὥcτε τὰς πλευρὰς στέγειν.   1295
ἐγὼ δ' ἀπόλωλα cτιζόμενοc βακτηρίᾳ.

Χο. τί δ' ἐcτίν, ὦ παῖ; παῖδα γάρ, κἂν ᾖ γέρων,
καλεῖν δίκαιον ὅστις ἂν πληγὰς λάβῃ.

Ξα. οὐ γὰρ ὁ γέρων ἀτηρότατον ἄρ' ἦν κακὸν
καὶ τῶν ξυνόντων πολὺ παροινικώτατος;   1300
καίτοι παρῆν Ἵππυλλος, Ἀντιφῶν, Λύκων,

1280 Ἀριφράδη Elmsley: -δην codd.   1282 v. del. Bothe
post v. 1283 lacunam exstare affirmant sch. VΓ, locum parum perspicuum esse
in exemplaribus suis testatur Heliodorus ap. sch. V   1285 ὑπετάραττεν
ΓL: ὑπερτάραττεν RV   1286 με] τι Handley   κακίcαc Briel: κα-
κίcταιc codd.   1287 οὑκτὸc Dindorf: οἱ 'κτὸc L: ἐκτὸc cett.
θεώμενοι L: μ' οἱ θεώμενοι cett.   1290 ταῦτα L: ταυτὶ cett.
1291 ἐξηπάτηcεν] -ηκεν Richter   1293 v. om. Γ, del. Willems;
post πλευραῖc add. cτέγειν R, ἐμαῖc L, ⟨τέγους⟩ Bentley
1295 πλευρὰc] πληγὰc L s.l., B   1297 ᾖ L, Su. π 835: ἧc cett.

CΦHKEC

Λυcίcτρατοc, Θούφραcτοc, οἱ περὶ Φρύνιχον.
τούτων ἁπάντων ἦν ὑβριcτότατοc μακρῷ.
εὐθὺc γὰρ ὡc ἐνέπλητο πολλῶν κἀγαθῶν,
ἀνήλατ', ἐcκίρτα, 'πεπόρδει, κατεγέλα,   1305
ὥcπερ καχρύων ὀνίδιον εὐωχημένον,
κἄτυπτε δή με νεανικῶc "παῖ παῖ" καλῶν.
εἶτ' αὐτόν, ὡc εἶδ', ἤκαcεν Λυcίcτρατοc·
"ἔοικαc, ὦ πρεcβῦτα, νεοπλούτῳ Φρυγὶ
κλητῆρί τ' εἰc ἀχυρὸν ἀποδεδρακότι."   1310
ὁ δ' ἀνακραγὼν ἀντήκαc' αὐτὸν πάρνοπι
τὰ θρῖα τοῦ τρίβωνοc ἀποβεβληκότι,
Cθενέλῳ τε τὰ cκευάρια διακεκαρμένῳ.
οἱ δ' ἀνεκρότηcαν, πλήν γε Θουφράcτου μόνου·
οὗτοc δὲ διεμύλλαινεν, ὡc δὴ δεξιόc.   1315
ὁ γέρων δὲ τὸν Θούφραcτον ἤρετ'· "εἰπέ μοι,
ἐπὶ τῷ κομᾷc καὶ κομψὸc εἶναι προcποιεῖ,
κωμῳδολοιχῶν περὶ τὸν εὖ πράττοντ' ἀεί;"
τοιαῦτα περιύβριζεν αὐτοὺc ἐν μέρει,
cκώπτων ἀγροίκωc καὶ προcέτι λόγουc λέγων   1320
ἀμαθέcτατ' οὐδὲν εἰκόταc τῷ πράγματι.
ἔπειτ', ἐπειδὴ 'μέθυεν, οἴκαδ' ἔρχεται
τύπτων ἅπανταc, ἤν τιc αὐτῷ ξυντύχῃ.
ὁδὶ δὲ καὶ δὴ cφαλλόμενοc προcέρχεται.
ἀλλ' ἐκποδὼν ἄπειμι πρὶν πληγὰc λαβεῖν.   1325
Φι. ἄνεχε, πάρεχε.
κλαύcεταί τιc τῶν ὄπιcθεν ἐπακολουθούντων ἐμοί·
οἷον, εἰ μὴ 'ρρήcεθ', ὑμᾶc,
ὦ πόνηροι, ταυτηὶ τῇ δᾳδὶ φρυκτοὺc cκευάcω.   1330

1305 ἀνήλατ' Lenting: ἐνήλ(λ)ατ' codd.   1307 δή με Γ manu recentiore, L: ἐμὲ cett.   1309 Φρυγὶ Kock: τρυγὶ codd.   1310 ἀχυρὸν RV: ἀχυρῶν Γ¹: ἀχυρῶναc Γ²L: ἀχυρμὸν Dindorf   1324 καὶ δὴ B: δὴ καὶ RΓL: καὶ V   1330 ταυτηὶ Bentley: ταύτῃ codd.

ΑΡΙΣΤΟΦΑΝΟΥΣ

ΑΝΗΡ
ἦ μὴν cὺ δώcειc αὔριον τούτων δίκην
ἡμῖν ἅπαcιν, κεἰ cφόδρ' εἶ νεανίαc.
ἀθρόοι γὰρ ἥξομέν cε προcκαλούμενοι.

Φι. ἰηῦ ἰηῦ, "καλούμενοι". 1335
ἀρχαῖά γ' ὑμῶν. ἆρά γ' ἴcθ' ὡc οὐδ' ἀκούων ἀνέχομαι
δικῶν; ἰαιβοῖ αἰβοῖ.
τάδε μ' ἀρέcκει· βάλλε κημούc.
οὐκ ἄπει; ποῦ 'cτ' ἡλιαcτήc; ἐκποδών. 1340
ἀνάβαινε δεῦρο, χρυcομηλολόνθιον,
τῇ χειρὶ τουδὶ λαβομένη τοῦ cχοινίου.
ἔχου· φυλάττου δ', ὡc cαπρὸν τὸ cχοινίον·
ὅμωc γε μέντοι τριβόμενον οὐκ ἄχθεται.
ὁρᾷc ἐγώ c' ὡc δεξιῶc ὑφειλόμην 1345
μέλλουcαν ἤδη λεcβιεῖν τοὺc ξυμπόταc·
ὧν οὕνεκ' ἀπόδοc τῷ πέει τῳδὶ χάριν.
ἀλλ' οὐκ ἀποδώcειc οὐδ' ἐφιαλεῖc, οἶδ' ὅτι,
ἀλλ' ἐξαπατήcειc κἀγχανεῖ τούτῳ μέγα·
πολλοῖc γὰρ ἤδη χἀτέροιc αὔτ' ἠργάcω. 1350
ἐὰν γένῃ δὲ μὴ κακὴ νυνὶ γυνή,
ἐγώ c' ἐπειδὰν οὑμὸc υἱὸc ἀποθάνῃ,
λυcάμενοc ἕξω παλλακήν, ὦ χοιρίον.
νῦν δ' οὐ κρατῶ 'γὼ τῶν ἐμαυτοῦ χρημάτων·
νέοc γάρ εἰμι. καὶ φυλάττομαι cφόδρα· 1355
τὸ γὰρ υἴδιον τηρεῖ με, κἄcτι δύcκολον
κἄλλωc κυμινοπριcτοκαρδαμογλύφον.
ταῦτ' οὖν περί μου δέδοικε μὴ διαφθαρῶ·
πατὴρ γὰρ οὐδείc ἐcτιν αὐτῷ πλὴν ἐμοῦ.
ὁδὶ δὲ καὐτόc· ἐπὶ cὲ κἄμ' ἔοικε θεῖν. 1360

1332 ΑΝΗΡ MacDowell, duce Tyrwhitt; Bdelycleoni vv. 1332–4 tribuunt RV, nota carent cett.   1335 ἰηῦ ἰηῦ West: ἰὴ ἰεῦ codd.   1338 ἰ-αιβοῖ RL: om. VΓ   1340 ἄπει Weise: ἄπειcι codd.   'cτ' MacDowell, duce Fl. Christiano: 'cτιν codd.   1347 οὕνεκα Brunck: εἵ- codd.   1348 οὐδ' ἐφιαλεῖc Eustathius 1403.16: οὐδὲ φιαλεῖc RVL, Su. φ 282: οὐδὲ φιαλῶc Γ   1350 ἠργάcω Hall & Geldart: εἰρ- fere codd.

ΣΦΗΚΕΣ

ἀλλ' ὡς τάχιστα στῆθι τάσδε τὰς δετὰς
λαβοῦς', ἵν' αὐτὸν τωθάσω νεανικῶς,
οἵοις ποθ' οὗτος ἐμὲ πρὸ τῶν μυστηρίων.
Βδ. ὦ οὗτος οὗτος, τυφεδανὲ καὶ χοιρόθλιψ,
ποθεῖν ἐρᾶν τ' ἔοικας ὡραίας σοροῦ. 1365
οὔτοι καταπροίξει μὰ τὸν Ἀπόλλω τοῦτο δρῶν.
Φι. ὡς ἡδέως φάγοις ἂν ἐξ ὄξους δίκην.
Βδ. οὐ δεινὰ τωθάζειν σε, τὴν αὐλητρίδα
τῶν ξυμποτῶν κλέψαντα;
Φι. πόθεν; αὐλητρίδα;
τί ταῦτα ληρεῖς ὥσπερ ἀπὸ τύμβου πεσών; 1370
Βδ. νὴ τὸν Δί', αὕτη πού 'στί σοί γ' ἡ Δαρδανίς.
Φι. οὔκ, ἀλλ' ἐν ἀγορᾷ τοῖς θεοῖς δᾲς κάεται.
Βδ. δᾲς ἥδε;
Φι.   δᾲς δῆτ'. οὐχ ὁρᾷς ἐσχισμένην;
Βδ. τί δὲ τὸ μέλαν τοῦτ' ἐστὶν αὐτῆς τοὐν μέσῳ;
Φι. ἡ πίττα δήπου καομένης ἐξέρχεται. 1375
Βδ. ὁ δ' ὄπισθεν οὐχὶ πρωκτός ἐστιν οὑτοσί;
Φι. ὄζος μὲν οὖν τῆς δᾳδὸς οὗτος ἐξέχει.
Βδ. τί λέγεις σύ; ποῖος ὄζος; οὐκ εἶ δεῦρο σύ;
Φι. ἆ ἆ, τί μέλλεις δρᾶν;
Βδ.   ἄγειν ταύτην λαβὼν
ἀφελόμενός σε καὶ νομίσας εἶναι σαπρὸν 1380
κοὐδὲν δύνασθαι δρᾶν.
Φι.   ἄκουσόν νυν ἐμοῦ.
Ὀλυμπίασιν, ἡνίκ' ἐθεώρουν ἐγώ,
Ἐφουδίων ἐμαχέσατ' Ἀσκώνδᾳ καλῶς
ἤδη γέρων ὤν· εἶτα τῇ πυγμῇ θενὼν
ὁ πρεσβύτερος κατέβαλε τὸν νεώτερον. 1385

1365 ποθεῖν RL: ποθεῖς cett., Su. c 790, 1263, τ 1209: νοεῖν Starkie: ποῖ θεῖς; van Herwerden   τ'] γ' van Herwerden   1369 πόθεν; Dindorf: ποίαν codd.: τὴν Hermann: ποίων Elmsley, qui ξυμποτῶν pro αὐλητρίδα coniecit   1371 σοί L: τοί cett.   1372 κάεται R: καίεται VΓL, Su. δ 18   1373 ἐσχισμένην Meineke: ἐστιγμένην codd.   1374 δὲ] δαὶ Su. codd. AFVM   αὐτῆς] αὐτῇ Blaydes

267

ΑΡΙΣΤΟΦΑΝΟΥΣ

πρὸς ταῦτα τηροῦ μὴ λάβῃς ὑπώπια.
Βδ. νὴ τὸν Δί', ἐξέμαθές γε τὴν Ὀλυμπίαν.

ΑΡΤΟΠΩΛΙC
ἴθι μοι παράστηθ', ἀντιβολῶ, πρὸς τῶν θεῶν.
ὁδὶ γὰρ ἀνήρ ἐστιν ὅς μ' ἀπώλεσεν
τῇ δᾳδὶ παίων, κἀξέβαλεν ἐντευθενὶ   1390
ἄρτους δέκ' ὀβολῶν κἀπιθήκην τεττάρων.
Βδ. ὁρᾷς ἃ δέδρακας; πράγματ' αὖ δεῖ καὶ δίκας
ἔχειν διὰ τὸν cὸν οἶνον.
Φι.   οὐδαμῶς γ', ἐπεὶ
λόγοι διαλλάξουσιν αὐτὰ δεξιοί·
ὥcτ' οἶδ' ὁτιὴ ταύτῃ διαλλαχθήcομαι.   1395
Αρ. οὔτοι μὰ τὼ θεὼ καταπροίξει Μυρτίας
τῆς Ἀγκυλίωνος γενομένης καὶ Cωστράτης,
οὕτω διαφθείρας ἐμοῦ τὰ φορτία.
Φι. ἄκουcον, ὦ γύναι· λόγον cοι βούλομαι
λέξαι χαρίεντα.
Αρ.   μὰ Δία μὴ 'μοιγ', ὦ μέλε.   1400
Φι. Αἴcωπον ἀπὸ δείπνου βαδίζονθ' ἑcπέρας
θραcεῖα καὶ μεθύcη τις ὑλάκτει κύων.
κἄπειτ' ἐκεῖνος εἶπεν, "ὦ κύον κύον,
εἰ νὴ Δί' ἀντὶ τῆς κακῆς γλώττης ποθὲν
πυροὺς πρίαιο, cωφρονεῖν ἄν μοι δοκεῖς."   1405
Αρ. καὶ καταγελᾷς μου; προcκαλοῦμαί c', ὅcτις εἶ,
πρὸς τοὺς ἀγορανόμους βλάβης τῶν φορτίων,
κλητῆρ' ἔχουcα Χαιρεφῶντα τουτονί.
Φι. μὰ Δί', ἀλλ' ἄκουcον, ἤν τί cοι δόξω λέγειν.
Λᾶcός ποτ' ἀντεδίδαcκε καὶ Cιμωνίδης·   1410
ἔπειθ' ὁ Λᾶcος εἶπεν, "ὀλίγον μοι μέλει."

1386 ὑπώπια] ὑπώπιον V   1391 τεττάρων Dobree] τέτταρας codd.   1397 γενομένης Richards: θυγατέρος codd.   1401 βαδίζονθ' L, Su. αι 335: -οντ' cett.   1402 ὑλάκτει] ὑλακτεῖ L   post 1410 v. excidisse, ex. gr. νικᾶν ἔκριναν οἱ βραβῆς Cιμωνίδην, coniecit A. Palmer

ΣΦΗΚΕΣ

Αρ. ἄληθες, οὗτος;
Φι. καὶ σὺ δή μοι, Χαιρεφῶν,
γυναικὶ κλητεύεις ἐοικὼς θαψίνῃ
Ἰνοῖ κρεμαμένη πρὸς ποδῶν Εὐριπίδου;
Βδ. ὁδί τις ἕτερος, ὡς ἔοικεν, ἔρχεται   1415
καλούμενός σε· τόν γέ τοι κλητῆρ' ἔχει.

ΚΑΤΗΓΟΡΟΣ
οἴμοι κακοδαίμων. προσκαλοῦμαί σ', ὦ γέρον,
ὕβρεως.
Βδ. ὕβρεως; μὴ μὴ καλέσῃ, πρὸς τῶν θεῶν·
ἐγὼ γὰρ ὑπὲρ αὐτοῦ δίκην δίδωμί σοι,
ἣν ἂν σὺ τάξῃς, καὶ χάριν προσείσομαι.   1420
Φι. ἐγὼ μὲν οὖν αὐτῷ διαλλαχθήσομαι
ἑκών· ὁμολογῶ γὰρ πατάξαι καὶ βαλεῖν.
ἀλλ' ἐλθὲ δευρί· πότερον ἐπιτρέπεις ἐμοὶ
ὅ τι χρή μ' ἀποτείσαντ' ἀργύριον τοῦ πράγματος
εἶναι φίλον τὸ λοιπόν, ἢ σύ μοι φράσεις;   1425
Κα. σὺ λέγε. δικῶν γὰρ οὐ δέομ' οὐδὲ πραγμάτων.
Φι. ἀνὴρ Συβαρίτης ἐξέπεσεν ἐξ ἅρματος,
καί πως κατεάγη τῆς κεφαλῆς μέγα σφόδρα·
ἐτύγχανεν γὰρ οὐ τρίβων ὢν ἱππικῆς.
κἄπειτ' ἐπιστὰς εἶπ' ἀνὴρ αὐτῷ φίλος·   1430
"ἔρδοι τις ἣν ἕκαστος εἰδείη τέχνην."
οὕτω δὲ καὶ σὺ παράτρεχ' εἰς τὰ Πιττάλου.
Βδ. ὅμοιά σου καὶ ταῦτα τοῖς ἄλλοις τρόποις.
Κα. ἀλλ' οὖν σὺ μέμνησ'· οὗτος ἀπεκρίνατο.
Φι. ἄκουε, μὴ φεῦγ'. ἐν Συβάρει γυνή ποτε   1435

1413 κλητεύεις B, Bergler: -ειν cett.   1417 ΚΑΤΗΓΟΡΟΣ Tyrwhitt: ἀνήρ τις εὑριπ (sic) L: om. cett.   οἴμοι] ὤμοι RL   1418 καλέσῃ Reiske: -ῃς codd.   1423 πότερον Bentley: πρότερον codd.   1424 ἀποτείσαντ' van Leeuwen: ἀποτίσαντ' codd.   πράγματος] τραύματος B, Reiske   1428 μέγα] μεγάλ' (sic) RV: πάνυ vel μάλα Blaydes   1433 σου] σοι R   1434 οὗτος Meineke: αὐτὸς codd.

ΑΡΙΣΤΟΦΑΝΟΥΣ

κατέαξ' ἐχῖνον.
Κα.   ταῦτ' ἐγὼ μαρτύρομαι.
Φι.   οὐχῖνος οὖν ἔχων τιν' ἐπεμαρτύρατο·
εἶθ' ἡ Συβαρῖτις εἶπεν, "αἰ ναὶ τὰν κόραν
τὰν μαρτυρίαν ταύταν ἐάσας ἐν τάχει
ἐπίδεσμον ἐπρίω, νοῦν ἂν εἶχες πλείονα." 1440
Κα.   ὕβριζ', ἕως ἂν τὴν δίκην ἄρχων καλῇ.
Βδ.   οὗτοι μὰ τὴν Δήμητρ' ἔτ' ἐνταυθοῖ μενεῖς,
ἀλλ' ἀράμενος οἴσω σε—
Φι.   τί ποιεῖς;
Βδ.   ὅ τι ποιῶ;
εἴσω φέρω σ' ἐντεῦθεν· εἰ δὲ μή, τάχα
κλητῆρες ἐπιλείψουσι τοὺς καλουμένους. 1445
Φι.   Αἴσωπον οἱ Δελφοί ποτ'—
Βδ.   ὀλίγον μοι μέλει.
Φι.   φιάλην ἐπῃτιῶντο κλέψαι τοῦ θεοῦ·
ὁ δ' ἔλεξεν αὐτοῖς ὡς ὁ κάνθαρός ποτε—
Βδ.   οἴμ' ὡς ἀπολεῖς με τοῖσι σοῖσι κανθάροις. 1449

Χο.   ζηλῶ γε τῆς εὐτυχίας   [στρ.
τὸν πρέσβυν, οἷ μετέστη
ξηρῶν τρόπων καὶ βιοτῆς·
ἕτερα δὲ νῦν ἀντιμαθὼν
ἦ μέγα τι μεταπεσεῖται
ἐπὶ τὸ τρυφῶν καὶ μαλακόν. 1455
τάχα δ' ἂν ἴσως οὐκ ἐθέλοι.
τὸ γὰρ ἀποστῆναι χαλεπὸν
φύσεως, ἣν ἔχοι τις ἀεί.
καίτοι πολλοὶ ταῦτ' ἔπαθον·

1438–9 αἰ ... ταύταν Blaydes: εἰ ... τὴν μαρτυρίαν ταύτην codd., sed τὰν pro τὴν P47   1443 οἴςω] γ' οἴςω L: γ' ἔγωγε B   1449 με τοῖσι σοῖσι Blaydes: αὐτοῖσι τοῖς codd. vett.: αὐτοῖσι τοῖσι L   1453 ἀντιμαθὼν] ἄρτι μαθὼν Blaydes   1454 μεταπεσεῖται Dobree: μέγα πείσεται R: μεταπείσεται vel sim. cett.   1455 τρυφῶν Dindorf: τρυφῶν R: ῥυφᾶν V: τρυφερὸν L: τρυφᾶν Bergk   1458 φύσεως RV, Su. a 3556: φύςεος cett.   ἔχοι R: ἔχει cett., Su.

ΣΦΗΚΕΣ

ξυνόντες γνώμαις ἑτέρων 1460
μετεβάλοντο τοὺς τρόπους.

πολλοῦ δ' ἐπαίνου παρ' ἐμοὶ [ἀντ.
καὶ τοῖϲιν εὖ φρονοῦϲιν
τυχὼν ἄπειϲιν διὰ τὴν
φιλοπατρίαν καὶ ϲοφίαν 1465
ὁ παῖϲ ὁ Φιλοκλέωνοϲ.
οὐδενὶ γὰρ οὕτωϲ ἀγανῷ
ξυνεγενόμην, οὐδὲ τρόποιϲ
ἐπεμάνην οὐδ' ἐξεχύθην.
τί γὰρ ἐκεῖνοϲ ἀντιλέγων 1470
οὐ κρείττων ἦν, βουλόμενοϲ
τὸν φύϲαντα ϲεμνοτέροιϲ
κατακοϲμῆϲαι πράγμαϲιν;

Ξα. νὴ τὸν Διόνυϲον, ἄπορά γ' ἡμῖν πράγματα
δαίμων τιϲ εἰϲκεκύκληκεν εἰϲ τὴν οἰκίαν. 1475
ὁ γὰρ γέρων, ὡϲ ἔπιε διὰ πολλοῦ χρόνου
ἤκουϲέ τ' αὐλοῦ, περιχαρὴϲ τῷ πράγματι
ὀρχούμενοϲ τῆϲ νυκτὸϲ οὐδὲν παύεται
τἀρχαῖ' ἐκεῖν' οἷϲ Θέϲπιϲ ἠγωνίζετο·
καὶ τοὺϲ τραγῳδούϲ φηϲιν ἀποδείξειν Κρόνουϲ 1480
τοὺϲ νῦν διορχηϲάμενοϲ ὀλίγον ὕϲτερον.
Φι. τίϲ ἐπ' αὐλείοιϲι θύραιϲ θάϲϲει;
Ξα. τουτὶ καὶ δὴ χωρεῖ τὸ κακόν.
Φι. κλῇθρα χαλάϲθω τάδε. καὶ δὴ γὰρ
ϲχήματοϲ ἀρχὴ— 1485
Ξα. μᾶλλον δέ γ' ἴϲωϲ μανίαϲ ἀρχή.

1461 μετεβάλοντο Vp3: -βαλον Su.: -βάλλοντο RVL
1464 ἄπειϲιν L: ἄπειϲι cett.   1473 κατακοϲμῆϲαι dubium propter
numeros: κατακηλῆϲαι v.l. ap. sch. V: κατακομῆϲαι Meineke
1474 ante πράγματα add. τὰ codd. vett.: om. L et Su. ει 281
1475 εἰϲκεκύκληκεν] εἰϲκεκύλικεν Reiske   1478 παύεται V:
παύϲεται RL   1481 τοὺϲ νῦν Bentley: τὸν νοῦν codd.

ΑΡΙΣΤΟΦΑΝΟΥΣ

Φι. —πλευρὰν λυγίcαντος ὑπὸ ῥύμης·
οἷον μυκτὴρ μυκᾶται καὶ
cφόνδυλος ἀχεῖ.
Ξα. πῖθ' ἑλλέβορον.
Φι. πτήccει Φρύνιχος ὥς τις ἀλέκτωρ— 1490
Ξα. τάχα βαλλήcει.
Φι. —cκέλος οὐρανίαν ἐκλακτίζων.
πρωκτὸς χάcκει·—
Ξα. κατὰ cαυτὸν ὅρα.
Φι. νῦν γὰρ ἐν ἄρθροις τοῖς ἡμετέροις
cτρέφεται χαλαρὰ κοτυληδών. 1495
οὐκ εὖ;
Ξα. μὰ Δί' οὐ δῆτ', ἀλλὰ μανικὰ πράγματα.
Φι. φέρε νυν ἀνείπω κἀνταγωνιcτὰς καλῶ.
εἴ τις τραγῳδός φηcιν ὀρχεῖcθαι καλῶς,
ἐμοὶ διορχηcόμενος ἐνθάδ' εἰcίτω.
φηcίν τις ἢ οὐδείς;
Ξα. εἷς γ' ἐκεινοcὶ μόνος. 1500
Φι. τίς ὁ κακοδαίμων ἐcτίν;
Ξα. υἱὸς Καρκίνου
ὁ μέcατος.
Φι. ἀλλ' οὗτός γε καταποθήcεται·
ἀπολῶ γὰρ αὐτὸν ἐμμελείᾳ κονδύλου.
ἐν τῷ ῥυθμῷ γὰρ οὐδέν ἐcτ'.
Ξα. ἀλλ', ὦζυρέ,
ἕτερος τραγῳδὸς Καρκινίτης ἔρχεται, 1505
ἀδελφὸς αὐτοῦ.
Φι. νὴ Δί' ὠψώνηκ' ἄρα.
Ξα. μὰ τὸν Δί' οὐδέν γ' ἄλλο πλὴν τρεῖς καρκίνους·
προcέρχεται γὰρ ἕτερος αὖ τῶν Καρκίνου.

1487 ῥύμης Lobeck: ῥώμης codd.   1491 βαλλήcει Dindorf: -ήcῃ R: -ήcεις cett.   1492 οὐρανίαν Meineke, cf. sch. RV et Hsch. s.v.: οὐράνιον RV: οὐράνιόν γ' L   1496 μὰ Δί' κτλ. servo tribuit sch.   1502 μέcατος] μεcαίτατος R   1506 ὠψώνηκ' Musurus: ὀψώνηκ' codd.   1507 τρεῖς Badham: γε codd.

ΣΦΗΚΕΣ

Φι. τουτὶ τί ἦν τὸ προσέρπον; ὀξὶς ἢ φάλαγξ;
Ξα. ὁ πινοτήρης οὗτός ἐςτι τοῦ γένους, 1510
ὁ ϲμικρότατος, ὃς τὴν τραγῳδίαν ποιεῖ.
Φι. ὦ Καρκίν', ὦ μακάριε τῆς εὐπαιδίας,
ὅϲον τὸ πλῆθος κατέπεσεν τῶν ὀρχίλων.
ἀτὰρ καταβατέον γ' ἐπ' αὐτούς μοι· cὺ δὲ
ἅλμην κύκα τούτοιϲιν, ἢν ἐγὼ κρατῶ. 1515

Χο. φέρε νυν ἡμεῖς αὐτοῖς ὀλίγον ξυγχωρήϲωμεν ἅπαντες,
ἵν' ἐφ' ἡϲυχίας ἡμῶν πρόϲθεν βεμβικίζωϲιν ἑαυτούς.

ἄγ', ὦ μεγαλώνυμα τέκνα τοῦ θαλαϲϲίοιο,   [ϲτρ.
πηδᾶτε παρὰ ψάμαθον 1520
καὶ θῖν' ἁλὸς ἀτρυγέτοιο, καρίδων ἀδελφοί·
ταχὺν πόδα κυκλοϲοβεῖτε, καὶ τὸ Φρυνίχειον
ἐκλακτιϲάτω τις, ὅπως 1525
ἰδόντες ἄνω ϲκέλος ὤζωϲιν οἱ θεαταί.
ϲτρόβει· περίβαινε κύκλῳ καὶ γάϲτριϲον ϲεαυτόν,
ῥῖπτε ϲκέλος οὐράνιον· βέμβικες ἐγγενέϲθων. 1530
καὐτὸς γὰρ ὁ ποντομέδων ἄναξ πατὴρ προϲέρπει
ἡϲθεὶς ἐπὶ τοῖϲιν ἑαυτοῦ παιϲὶ τοῖς τριόρχοις.
ἀλλ' ἐξάγετ', εἴ τι φιλεῖτ', ὀρχούμενοι, θύραζε 1535
ἡμᾶς ταχύ· τοῦτο γὰρ οὐδείς πω πάρος δέδρακεν,
ὀρχούμενον ὅϲτις ἀπήλλαξεν χορὸν τρυγῳδῶν.

1509 ὀξὶς] ὦτος Borthwick: ὠτὶς Meineke: ὄφις ἐϲτ' Blaydes   φάλαγξ] φάλαξ R: ϲφάλαξ Borthwick   1511 v. del. Hamaker   τὴν] δὴ vel καὶ Blaydes   1514 μοι· cὺ δὲ Hermann: μ'· ὦζυρέ vel sim. codd.   1519 θαλαϲϲίοιο Burges: θαλαϲ(ϲ)ίου codd.: θαλαϲϲίου θεοῦ Bergk   1523 πόδα κυκλοϲοβεῖτε Dindorf: πόδ' ἐν κύκλῳ ϲοβεῖτε (ϲτροβεῖτε V) codd.   1529 περίβαινε Blaydes: παράβαινε codd.   1534 τοῖς L: τοῖϲι cett.   1537 ὀρχούμενον VL: -μενος RΓ   ὅϲτις] τις R

EIPHNH

PAPYRI

P. Berol. 21223, saec. VI (vv. 141–52, 175, 178–87, 194–200)	(P67)
P. Duke inv. 643, saec. III (vv. 474, 476, 507–23)	(P70)
P. Oxy. 1373, saec. V (vv. 1328–38)	(P20)
P. Oxy. 4514, saec. IV (vv. 1195–1211, 1233–47)	(P77)
P. S. I. 720, saec. III (vv. 721–47, 749–68, 776–802, 805–27)	(P11)
P. Vindob. 29354, saec. V (vv. 609–19, 655–67)	(P61)
P. Vindob. 29780, saec. V (vv. 410–15, 457–66)	(P66)

CODICES

R	Ravennas 429
V	Marcianus gr. 474
Γ	Laurentianus 31. 15 (vv. 378–490, 548–837, 893–947, 1012–1126, 1190–1300)
L	Holkhamensis gr. 88 (vv. 1–947, 1012–1268)
C	Parisinus gr. 2717
H	Hauniensis 1980
P	Vaticanus Palatinus gr. 67
p	consensus codicum CHP (vv. 1–947, 1012–1367)

Rarius citatur

B	Parisinus gr. 2715

ΥΠΟΘΕϹΕΙϹ

I

Ἤδη τῷ Πελοποννηϲιακῷ πολέμῳ κεκμηκότας τοὺς
Ἀθηναίους καὶ τοὺς ϲύμπαντας Ἕλληνας Ἀριϲτοφάνης ἰδών,
ἱκανὸς γὰρ διιππεύκει πολεμούντων αὐτῶν χρόνος, τὸ δρᾶμα
ϲυνέγραψε τοῦτο προτρέπων τὰς πόλεις καταθέϲθαι μὲν τὴν
πρὸς αὑτὰς φιλονεικίαν, ὁμόνοιαν δὲ καὶ εἰρήνην ἀντὶ τῆς 5
πρότερον ἔχθρας ἑλέϲθαι. παρειϲάγει τοίνυν γεωργὸν Τρυ-
γαῖον τοὔνομα μάλιϲτα τῆς εἰρήνης ἀντιποιούμενον, ὃς
ἀϲχάλλων ἐπὶ τῷ πολέμῳ εἰς οὐρανὸν ἀνελθεῖν ἐβουλεύϲατο
πρὸς τὸν Δία πευϲόμενος παρ᾽ αὐτοῦ, δι᾽ ἣν αἰτίαν οὕτως
ἐκτρύχει τὰ τῶν Ἑλλήνων πράγματα τοϲοῦτον ποιήϲας 10
πόλεμον αὐτοῖς. ὃν δὴ διαποροῦντα τίνα τρόπον τὴν εἰς
οὐρανὸν πορείαν ποιήϲει, παρειϲάγει τρέφοντα κάνθαρον ὡς
ἀναπτηϲόμενον εἰς οὐρανὸν δι᾽ αὐτοῦ Βελλεροφόντου δίκην.
προλογίζουϲι δὲ οἱ δύο θεράποντες αὐτοῦ, οἷς καὶ ἐκτρέφειν
προϲετέτακτο τὸν κάνθαρον, δυϲφοροῦντες ἐπὶ τοῖς αὐτοῦ 15
ϲιτίοις. ἡ δὲ ϲκηνὴ τοῦ δράματος ἐκ μέρους μὲν ἐπὶ τῆς γῆς, ἐκ
μέρους δὲ ἐπὶ τοῦ οὐρανοῦ. ὁ δὲ χορὸς ϲυνέϲτηκεν ἔκ τινων
ἀνδρῶν Ἀττικῶν γεωργῶν.

Argumenta sic in codicibus disposita sunt: R: I, II; V: I II III IV; Γ: I II III; L:
III I II   I. 1 κεκμηῶτας R   3 ἱκανῶς Γ   5 αυ- R sine
spiritu: αὐ- V: ἀλλήλας ΓL: ἀλλήλους Ald.   τῆς om. L   6 πρότερον
RV: προτέρας ΓL   πρότερον RV: προτέρας ΓL   τινα post γεωργὸν add. ΓL
10 ἐκτρύχει Kuster: ἐκτρέχει codd.   ποιήϲας RV: ποιήϲαντα ΓL
12 τὸν ante οὐρανὸν add. L   ποιήϲει RL: ποιήϲοι VΓ: ποιήϲῃ van
Herwerden   13 ἀναπτηϲϲόμενον ΓL   15 δυϲφοροῦντος V
16 ϲίτοις L

ΑΡΙΣΤΟΦΑΝΟΥΣ

II

Φέρεται ἐν ταῖc διδαcκαλίαιc δεδιδαχὼc ⟨ἑτέραν⟩ Εἰρήνην
ὁμοίωc ὁ Ἀριcτοφάνηc. ἄδηλον οὖν, φηcὶν Ἐρατοcθένηc,
πότερον τὴν αὐτὴν ἀνεδίδαξεν ἢ ἑτέραν καθῆκεν, ἥτιc οὐ
cῴζεται. Κράτηc μέντοι δύο οἶδε δράματα γράφων οὕτωc·
"ἀλλ' οὖν γε ἐν τοῖc Ἀχαρνεῦcιν ἢ Βαβυλωνίοιc, ἢ ἐν τῇ ἑτέρᾳ   5
Εἰρήνῃ". καὶ cποράδην δέ τινα ποιήματα παρατίθεται, ἅπερ ἐν
τῇ νῦν φερομένῃ οὐκ ἔcτιν.

III

Τρυγαῖοc ἄγροικοc πρεcβύτηc Ἀθήνηcιν ὀχούμενοc ἐπὶ καν-
θάρου ὑπὲρ τῆc Ἑλλάδοc εἰc τὸν οὐρανὸν ἀναφέρεται. γε-
νόμενοc δὲ κατὰ τὴν τοῦ Διὸc οἰκίαν ἐντυγχάνει τῷ Ἑρμῇ, καὶ
ἀκούcαc ὅτι μετοικιcαμένων τῶν θεῶν εἰc τὰ τοῦ οὐρανοῦ
ἀνωτάτω διὰ τὴν τῶν Ἑλλήνων ἀλληλοκτονίαν ἐνοικιcάμενοc   5
ὁ Πόλεμοc εἰc ἄντρον τὴν Εἰρήνην εἴρξαc λίθουc ἐπιφορήcειε
καὶ νῦν μέλλει τὰc πόλειc ἐμβαλὼν ἐν θυείᾳ τρίβειν, καὶ μέχρι
μέν τινοc ἐναγώνιοc γίνεται, ἐπεὶ δὲ μεταπεμπομένου τοῦ

II. 1 φέρεται] φαίνεται V   δεδιδαχὼc ... Ἀριcτοφάνηc] ὅτι καὶ ἑτέραν δεδίδαχεν ὁμοίωc Ἀριcτοφάνηc Εἰρήνην Γ et nisi quod ὁμοίωc δεδίδαχεν hoc ordine praebet L, unde ⟨ἑτέραν⟩ Εἰρήνην Olson: Εἰρήνην ⟨βʹ⟩ Rutherford: ⟨δὶc⟩ δεδιχακὼc Dindorf   2 ὁμοίωc] ὁμωνύμωc Dindorf   Ἀριcτοφάνηc post φηcὶν R^{ac}   4 οἶδε V^{pc}ΓL: οἶδεν RV^{ac}: εἶπε Ald. γε ἐν RV: γε ἐνὶ Γ: γε ἐπὶ L   6 δέ R: διά VΓL   περιτίθεται ΓL
III Titulum ἄλλοc ὑπόθεcιc Εἰρήνηc praefix. VΓ: Ἀριcτοφάνουc γραμματικοῦ ὑπόθεcιc Εἰρήνηc L   1 τοῦ ante κανθάρου add. Γ   2 ἀναφέρεται ΓL: ἀναφερόμενοc V   4 μετοικιcαμένων L: μετοικηcαμένων VΓ   5 ἐνοικιcάμενοc Γ: ἐνοικηcάμενοc V: ἐνοικήcαc L   6 ὁ Πόλεμοc ... τὴν Εἰρήνην] εἰc ἄντρον τὴν Εἰρήνην ὁ Πόλεμοc Γ   post ἄντρον add. τι L   εἴρξαc] καὶ καθείρξαc L   ἐπιφορήcειε V: ἐπεφόρηcε L: ἐπεφόρηcεν Γ   7 ἐκβαλὼν L   καὶ om. ΓL   7–8 μέχρι ... γίνεται om. L   8 post ἐνα- defic. Γ   8–12 ἐπεὶ δὲ μεταπεμπομένων Παναθηναίων τοῦ Πολέμου δοίδυκα Κλέωνα καὶ παρὰ Λακ [lacunam ab librario indicatam ita supplevit L^{2mg} ἀδαιμονίων [sic] ἐν Θρᾴκῃ τὸν] Βραcίδα, ἑκάτεροι χρήcαντεc ἀπολωλεκέναι εἰc Θρᾴκην ἔφαcαν. καὶ παραcκευῆc δοίδυκοc ὁ Πόλεμοc γίνεται L hic deficiens

ΕΙΡΗΝΗ

Πολέμου παρὰ Ἀθηναίων δοίδυκα Κλέωνα καὶ παρὰ
Λακεδαιμονίων Βρασίδαν ἑκάτεροι χρήςαντες ἀπολωλεκέναι 10
εἰς Θράκην ἔφασαν, ἀναθαρρεῖ· καὶ ἐν ᾧ περὶ κατασκευὴν
δοίδυκος ὁ Πόλεμος γίνεται, κηρύττει τοὺς δημιουργούς, ἔτι
δὲ καὶ ⟨γεωργοὺς καὶ⟩ ἐμπόρους ἅμα⟨ς⟩, μόχλους καὶ σχοινία
λαβόντας παραγενέςθαι. ςυνδραμόντων δὲ πολλῶν ἐν χοροῦ
ςχήματι προθύμως, ἀφέλκει τε τοὺς λίθους ἀπὸ τοῦ ἄντρου, 15
καὶ καθικετεύςας τὸν Ἑρμῆν ςυλλαβέςθαι ἐξάγει πρὸς τὸ φῶς
τὴν Εἰρήνην. ἀςμένως δὲ τῆς θεοῦ πᾶςιν ὀφθείςης καὶ παρ᾽
αὐτὴν εὐθέως Ὀπώρας τε καὶ Θεωρίας ἀναφανειςῶν,
ςυμπαρὼν ὁ Ἑρμῆς ἀνιςτορούςης τι τῆς Εἰρήνης καὶ πυν-
θανομένης τι ⟨ταύτῃ⟩ τὰ παρὰ τοῦ Τρυγαίου διαςαφεῖ. ⟨εἶ⟩τα 20
δέ, ὡ⟨ς⟩ πάλιν ἀποφαινομένης, πρὸς τοῦτο⟨ν⟩ μηνύει, προ-
διελθόντος αὐτοῦ καὶ περὶ τῆς ἀρχῆς τοῦ πολέμου καὶ δι᾽ ἃς
αἰτίας ςυνέςτη, Φειδίου τε καὶ Περικλέους μνηςθέντος. τὰ
λοιπὰ τοῦ δράματος ἐπὶ τῆς γῆς ἤδη περαίνεται, καὶ ὁ μὲν
χορὸς περὶ τῆς τοῦ ποιητοῦ τέχνης χἁτέρων τινῶν πρὸς τοὺς 25
θεατὰς διαλέγεται, ὁ δὲ Τρυγαῖος, καθὰ ςυνέταξεν ὁ Ἑρμῆς,
⟨τὴν μὲν Θεωρίαν⟩ τῇ βουλῇ ςυνίςτηςιν, αὐτὸς δὲ τὴν Ὀπώραν
γαμεῖν διαγνοὺς τὴν Εἰρήνην ἱδρύεται, καὶ θύςας ἐν τῷ προ-
φανεῖ πρὸς εὐωχίαν τρέπεται. τοὐντεῦθεν οἵ τε τῶν εἰρηνικῶν
ὅπλων δημιουργοὶ ⟨παραγίνονται⟩ χαίροντες καὶ οἱ τῶν 30
πολεμικῶν τοὔμπαλιν κλάοντες. εἰςάγεται δὲ καὶ ἐπὶ τέλει τοῦ
λόγου παιδία τινὰ τῶν κεκλημένων ἐπὶ τὸ δεῖπνον λέγοντα
ῥήςεις γελωτοποιούς. τὸ δὲ δρᾶμα τῶν ἄγαν ἐπιτετευγμένων.
τὸ δὲ κεφάλαιον τῆς κωμῳδίας ἐςτὶ τοῦτο· ςυμβουλεύει
Ἀθηναίοις ςπείςαςθαι πρὸς Λακεδαιμονίους καὶ τοὺς ἄλλους 35

13 γεωργοὺς καὶ add. Olson, cf. Platnauer   ἅμας καὶ van Herwerden:
ἅμα V   15 ἀφέλκει Dindorf: ἀφέλκειν V   19 τι Olson: τε
V   ταύτῃ add. Olson   εἶτα δέ, ὡς van Leeuwen: ταδέω V
21 ἀποφαινομένης] ἄλλο ἀνερομένης van Leeuwen   22 τοῦτον Hol-
werda: τοῦτο V   27 suppl. Bekker   ςυνίςτηςιν Olson: ςυνέςτηςεν V
28 θύςας Meineke: οὔςας V   30 δημιουργοὶ Dindorf: γεωργοὶ
V   suppl. van Leeuwen, sed nimis Attice (-γίγν-)   33 ἐπιτε-
τευγμένων] ἐπιτετηδευμένων Dindorf

ΑΡΙϹΤΟΦΑΝΟΥϹ

Ἕλληναϲ. οὐ τοῦτο δὲ μόνον ὑπὲρ εἰρήνηϲ Ἀριϲτοφάνηϲ τὸ δρᾶμα τέθεικεν, ἀλλὰ καὶ τοὺϲ Ἀχαρνεῖϲ καὶ τοὺϲ Ἱππέαϲ καὶ ⟨τὰϲ⟩ Ὁλκάδαϲ, καὶ πανταχοῦ τοῦτο ἐϲπούδακεν, τὸν δὲ Κλέωνα κωμῳδῶν τὸν ἀντιλέγοντα καὶ Λάμαχον τὸν φιλοπόλεμον ἀεὶ διαβάλλων. διὸ καὶ νῦν διὰ τούτου τοῦ δράματοϲ 40 εἰρήνηϲ αὐτοὺϲ ἐπιθυμεῖν ποιεῖ, δεικνὺϲ ὁπόϲα μὲν ὁ πόλεμοϲ κακὰ ἐργάζεται, ὅϲα δὲ ἀγαθὰ ἡ εἰρήνη ποιεῖ. οὐ μόνοϲ δὲ περὶ τῆϲ εἰρήνηϲ ϲυνεβούλευϲεν, ἀλλὰ καὶ ἄλλοι πολλοὶ ποιηταί. οὐδὲν γὰρ ϲυμβούλων διέφερον, ὅθεν αὐτοὺϲ καὶ διδαϲκάλουϲ ὠνόμαζον, ὅτι πάντα τὰ πρόϲφορα διὰ δραμάτων αὐτοὺϲ 45 ἐδίδαϲκον.

ἐνίκηϲε δὲ [τῷ δράματι ὁ ποιητὴϲ] ἐπὶ ἄρχοντοϲ Ἀλκαίου ἐν ἄϲτει· πρῶτοϲ Εὔπολιϲ Κόλαξι, δεύτεροϲ Ἀριϲτοφάνηϲ Εἰρήνῃ, τρίτοϲ Λεύκων Φράτορϲι. τὸ δὲ δρᾶμα ὑπεκρίνατο Ἀπολλόδωροϲ †ἡνίκα Ἑρμῆν Λοιοκρότηϲ†. 50

IV

Τῷ Διὶ̈ φράϲαι ϲπεύδων τὰ κατ' ἀνθρώπουϲ ⟨κακά⟩
Τρυγαῖοϲ ⟨ἀναβῆναί τε⟩ θέλων ὡϲ τοὺϲ θεούϲ
ἐξέτρεφεν ὄρνιθ'· ὡϲ δ' ἀνέπτη, κατέλαβεν
⟨Ἑρ⟩μῆν μόνον ἄνω. κᾆτ' ἐπιδείκνυϲιν φράϲαϲ
τὸν Πόλεμον †βρυθήται ἀπηρτημένον 5

37 τέθεικεν] καθῆκεν Dindorf: ϲυντέθεικεν van Herwerden 38 suppl. van Leeuwen δὲ] τε van Leeuwen 43 τῆϲ del. Dindorf 44 αὐτοὺϲ] αὑτοὺϲ van Herwerden 45 ὠνόμαζον van Herwerden: ὠνόμαζεν V ὅτι Dindorf: ὅθεν V 46 ἐδίδαϲκον van Herwerden: ἐδίδαϲκεν V 47 ἐνίκηϲε] ἐνίηϲε Gröbl τῷ δράματι ὁ ποιητὴϲ del. Olson 48 πρῶτοϲ Dindorf: πρῶτον V δεύτεροϲ Ἀριϲτοφάνηϲ Dindorf: δεύτερον Ἀριϲτοφάνουϲ V 50 ἡνίκα Ἑρμῆν Λοιοκρότηϲ V: ἡνίκα Ἑρμῆν Καλλίϲτρατοϲ Ranke: ἐνίκα Ἕρμων ὑποκριτήϲ Rose: alii alia: Ἰϲοκράτηϲ? Λακράτηϲ?

IV Titulum Ἀριϲτοφάνουϲ γρ(αμματικοῦ) ὑπόθεϲιϲ praefix. V 1 ϲπεύδων ⟨∪ –⟩ Holwerda κακά add. Meineke 2 suppl. Olson: ⟨ἀναπτέϲθαι⟩ Meineke: ⟨ἀναβαίνειν⟩ Holwerda 3 ἐξέτρεφεν ὄρνιθ' Dindorf: ἐξέτρεφον ὄρνιθεϲ V 4 suppl. Bekker ἐπιδείκνυϲιν Dindorf: ἐπιδείκνυϲι V

EIPHNH

ἀέριος,† ἕτοιμόν τ' ὄντα πρὸς κακουχίαν
τὴν πρότερον, Εἰρήνην δὲ κατορωρυγμένην.
ἱκέτευcαν οἱ κατ' ἀγροὺc ἀνάπαλιν ⟨–⟩ ποεῖν.
†τὸ μέλ βαδ'†. ἐπένευcε, καὶ τότε
ἀπάγουcιν αὐτὴν ἐκ βερέθρου καὶ τἀγαθά.   10

7 κατορωρυγμένην G: -μένον V   8–9 fort. ⟨μὴ⟩ ποεῖν | τὸν πόλεμον ⟨–×⟩· κατεπένευcε Olson: ⟨cφιν⟩ ποεῖν | τόλμημα ⟨–×⟩ Holwerda   10 αὐτὴν τὴν V^{ac}

281

ΤΑ ΤΟΥ ΔΡΑΜΑΤΟC ΠΡΟCΩΠΑ

OIKETAI ΔΥΟ ΤΡΥΓΑΙΟΥ
ΤΡΥΓΑΙΟC
ΤΑ ΠΑΙΔΙΑ ΤΟΥ ΤΡΥΓΑΙΟΥ
ΕΡΜΗC
ΠΟΛΕΜΟC
ΚΥΔΟΙΜΟC
ΧΟΡΟC ΠΑΝΕΛΛΗΝΩΝ

ΙΕΡΟΚΛΗC ΜΑΝΤΙC
ΔΡΕΠΑΝΟΥΡΓΟC
ΟΠΛΩΝ ΚΑΠΗΛΟC
ΠΑΙΔΙΟΝ Α
ΠΑΙΔΙΟΝ Β

κωφὰ πρόcωπα

ΕΙΡΗΝΗ
ΟΠΩΡΑ
ΘΕΩΡΙΑ

ΕΙΡΗΝΗ

ΟΙΚΕΤΗC Α΄
αἶρ᾽ αἶρε μᾶζαν ὡς τάχος τῷ κανθάρῳ.

ΟΙΚΕΤΗC Β΄
ἰδού. δὸς αὐτῷ, τῷ κάκιστ᾽ ἀπολουμένῳ·
καὶ μήποτ᾽ αὐτῆς μᾶζαν ἡδίω φάγοι.

Οἰ.ᵃ δὸς μᾶζαν ἑτέραν, ἐξ ὀνίδων πεπλασμένην.

Οἰ.ᵝ ἰδοὺ μάλ᾽ αὖθις. ποῦ γὰρ ἦν νῦν δὴ ᾽φερες; 5
ἢ κατέφαγεν;

Οἰ.ᵃ   μὰ τὸν Δί᾽, ἀλλ᾽ ἐξαρπάσας
ὅλην ἐνέκαψε περικυλίσας τοῖν ποδοῖν.
ἀλλ᾽ ὡς τάχιστα τρῖβε πολλὰς καὶ πυκνάς.

Οἰ.ᵝ ἄνδρες κοπρολόγοι, προσλάβεσθε πρὸς θεῶν,
εἰ μή με βούλεσθ᾽ ἀποπνιγέντα περιιδεῖν. 10

Οἰ.ᵃ ἑτέραν ἑτέραν δός, παιδὸς ἡταιρηκότος·
τετριμμένης γάρ φησιν ἐπιθυμεῖν.

Οἰ.ᵝ   ἰδού.
ἑνὸς μέν, ὦνδρες, ἀπολελύσθαι μοι δοκῶ·
οὐδεὶς γὰρ ἂν φαίη με μάττοντ᾽ ἐσθίειν.

Οἰ.ᵃ αἰβοῖ, φέρ᾽ ἄλλην χἀτέραν μοι χἀτέραν, 15
καὶ τρῖβ᾽ ⟨ἔθ᾽⟩ ἑτέρας.

Οἰ.ᵝ   μὰ τὸν Ἀπόλλω ᾽γὼ μὲν οὔ·
οὐ γὰρ ἔθ᾽ οἷός τ᾽ εἴμ᾽ ὑπερέχειν τῆς ἀντλίας.

Οἰ.ᵃ αὐτὴν ἄρ᾽ οἴσω συλλαβὼν τὴν ἀντλίαν.

1–19 personarum vices distinxit Dobree   1 τάχος τῷ Kiehl: τάχιστα codd., Su. α 110, αι 280, 299; quam lectionem si recipias, de poeta Cantharo agitur   2 αὐτῷ] αὐτὸς Richter   3 φάγοι] φάγοις Brunck   6 ἦ Bentley: οὐ codd., quod ante μὰ traiecit Bergk: μῶν Blaydes   7 περικυλίσας Bentley, cf. sch.: περικυκλίσας codd. 16 suppl. Dindorf: τρῖβέ ⟨γ᾽⟩ malit Sommerstein   post ἑτέρας add. τε PC, γε L, αὖ Dobree   18 συλλαβών] προσλαβὼν pL

ΑΡΙΣΤΟΦΑΝΟΥΣ

Οἰ.ᵝ νὴ τὸν Δί᾽ ἐς κόρακάς γε, καὶ σαυτόν γε πρός.
ὑμῶν δέ γ᾽ εἴ τις οἶδέ μοι κατειπάτω 20
πόθεν ἂν πριαίμην ῥῖνα μὴ τετρημένην.
οὐδὲν γὰρ ἔργον ἦν ἄρ᾽ ἀθλιώτερον
ἢ κανθάρῳ μάττοντα παρέχειν ἐσθίειν.
ὗς μὲν γάρ, ὥσπερ ἂν χέσῃ τις, ἢ κύων
φαύλως ἐρείδει· τοῦτο δ᾽ ὑπὸ φρονήματος 25
βρενθύεταί τε καὶ φαγεῖν οὐκ ἀξιοῖ,
ἢν μὴ παραθῶ τρίψας δι᾽ ἡμέρας ὅλης
ὥσπερ γυναικὶ γογγύλην μεμαγμένην.
ἀλλ᾽ εἰ πέπαυται τῆς ἐδωδῆς σκέψομαι
τῃδὶ παροίξας τῆς θύρας, ἵνα μή μ᾽ ἴδῃ. 30
ἔρειδε, μὴ παύσαιο μηδέποτ᾽ ἐσθίων
τέως ἕως σαυτὸν λάθῃς διαρραγείς.
οἷον δὲ κύψας ὁ κατάρατος ἐσθίει,
ὥσπερ παλαιστής, παραβαλὼν τοὺς γομφίους,
καὶ ταῦτα τὴν κεφαλήν τε καὶ τὼ χεῖρέ πως 35
ὡδὶ περιάγων, ὥσπερ οἱ τὰ σχοινία
τὰ παχέα συμβάλλοντες εἰς τὰς ὁλκάδας.

Οἰ.ᵃ μιαρὸν τὸ χρῆμα καὶ κάκοσμον καὶ βορόν·
χὤτου ποτ᾽ ἐστὶ δαιμόνων ἡ προσβολὴ
οὐκ οἶδ᾽. Ἀφροδίτης μὲν γὰρ οὔ μοι φαίνεται, 40
οὐ μὴν Χαρίτων γε.

Οἰ.ᵝ   τοῦ γάρ ἐστ᾽;
Οἰ.ᵃ   οὐκ ἔσθ᾽ ὅπως
οὐκ ἔστι τὸ τέρας τοῦ Διὸς σκαταιβάτου.

Οἰ.ᵝ οὐκοῦν ἂν ἤδη τῶν θεατῶν τις λέγοι
νεανίας δοκησίσοφος, "τόδε πρᾶγμα τί;
ὁ κάνθαρος δὲ πρὸς τί;"

Οἰ.ᵃ   κᾆτ᾽ αὐτῷ γ᾽ ἀνὴρ 45

---

24 ὥσπερ] ὅσαπερ Richards   26 τε] γε B   28 γυναικὶ] γυναιξὶ Athenaeus 173Α   31 μηδέποτ᾽ RV: μήποτ᾽ cett.   32 λάθῃς] λάθοις Reisig   38–49 personarum vices parum certae   42 οὐκ ... τοῦ Bentley: τοῦτ᾽ ... τοῦ V: τοῦτ᾽ ... οὐ cett.   σκαταιβάτου sch. R et fortasse Rᵃᶜ, Meineke: καταιβάτου codd.

284

ΕΙΡΗΝΗ

Ἰωνικός τίς φησι παρακαθήμενος·
"δοκέω μέν, ἐς Κλέωνα τοῦτ' αἰνίςςεται,
ὡς κεῖνος ἐν Ἀΐδεω ςπατίλην ἐςθίει."
ἀλλ' εἰςιὼν τῷ κανθάρῳ δώςω πιεῖν.

Οἱ.^β ἐγὼ δὲ τὸν λόγον γε τοῖςι παιδίοις 50
καὶ τοῖςιν ἀνδρίοιςι καὶ τοῖς ἀνδράςι
καὶ τοῖς ὑπερτάτοιςιν ἀνδράςιν φράςω
καὶ τοῖς ὑπερηνορέουςιν ἔτι τούτοις μάλα.
ὁ δεςπότης μου μαίνεται καινὸν τρόπον,
οὐχ ὅνπερ ὑμεῖς, ἀλλ' ἕτερον καινὸν πάνυ. 55
δι' ἡμέρας γὰρ εἰς τὸν οὐρανὸν βλέπων
ὡδὶ κεχηνὼς λοιδορεῖται τῷ Διὶ
καί φηςιν, "ὦ Ζεῦ, τί ποτε βουλεύει ποιεῖν;
κατάθου τὸ κόρημα· μὴ 'κκόρει τὴν Ἑλλάδα."
ἔα ἔα· 60
ςιγήςαθ', ὡς φωνῆς ἀκούειν μοι δοκῶ.

ΤΡΥΓΑΙΟΣ

ὦ Ζεῦ, τί δραςείεις ποθ' ἡμῶν τὸν λεών;
λήςεις ςεαυτὸν τὰς πόλεις ἐκκοκκίςας.

Οἱ.^β τοῦτ' ἐςτὶ τουτὶ τὸ κακὸν αὔθ' οὑγὼ 'λεγον·
τὸ γὰρ παράδειγμα τῶν μανιῶν ἀκούετε· 65
ἃ δ' εἶπε πρῶτον ἡνίκ' ἤρχεθ' ἡ χολή,
πεύςεςθ'. ἔφαςκε γὰρ πρὸς αὐτὸν ἐνθαδί·
"πῶς ἄν ποτ' ἀφικοίμην ἂν εὐθὺ τοῦ Διός;"
ἔπειτα λεπτὰ κλιμάκια ποιούμενος,
πρὸς ταῦτ' ἀνηρρίχατ' ἂν εἰς τὸν οὐρανόν, 70
ἕως ξυνετρίβη τῆς κεφαλῆς καταρρυείς.

47 αἰνίςςεται Dobree: αἰνίττεται codd., Su. αι 226   48 ἐν Ἀΐδεω van Leeuwen: ἀναιδέως τὴν RV: ἀναιδῶς τὴν cett.   52 ὑπερτάτοιςιν B: ὑπὲρ τούτοιςιν cett.   53 ἔτι post τούτοις transp. Blaydes   58 ποιεῖν] ποεῖν RV   59 'κκόρει RV: κόρει cett.   63 ςεαυτὸν B: ςεαυτοῦ cett.   64 τουτὶ RV: δῆτα cett.   67 ἐνθαδί] ἂν ταδί Lenting: τοιαδί van Herwerden   70 ἀνηρρίχατ' Photius α 1641: ἀνηριχᾶτ' Phrynichus: ἀνερριχᾶτ' fere codd., Su. α 2313: ἀναρριχᾶτ' lm. sch. R, Su. α 2049

ΑΡΙΣΤΟΦΑΝΟΥΣ

ἐχθὲς δὲ μετὰ ταῦτ' ἐκφθαρεὶς οὐκ οἶδ' ὅποι
εἰςήγαγ' Αἰτναῖον μέγιςτον κάνθαρον,
κἄπειτα τοῦτον ἱπποκομεῖν μ' ἠνάγκαςεν,
καὐτὸς καταψῶν αὐτὸν ὥςπερ πωλίον, 75
"ὦ Πηγάςιόν μοι," φηςί, "γενναῖον πτερόν,
ὅπως πετήςει μ' εὐθὺ τοῦ Διὸς λαβών."
ἀλλ' ὅ τι ποιεῖ τῃδὶ διακύψας ὄψομαι.
οἴμοι τάλας· ἴτε δεῦρο δεῦρ', ὦ γείτονες·
ὁ δεςπότης γάρ μου μετέωρος αἴρεται 80
ἱππηδὸν εἰς τὸν ἀέρ' ἐπὶ τοῦ κανθάρου.

Τρ. ἥςυχος ἥςυχος, ἠρέμα, κάνθων·
μή μοι coβαρὸς χώρει λίαν
εὐθὺς ἀπ' ἀρχῆς ῥώμῃ πίcυνος,
πρὶν ἂν ἰδίῃς καὶ διαλύςῃς 85
ἄρθρων ἶνας πτερύγων ῥύμῃ.
καὶ μὴ πνεῖ μοι κακόν, ἀντιβολῶ c'·
εἰ δὲ ποιήςεις τοῦτο, κατ' οἴκους
αὐτοῦ μεῖνον τοὺς ἡμετέρους.

Οἰ.ᵝ ὦ δέςποτ' ἄναξ, ὡς παραπαίεις. 90
Τρ. cίγα cίγα.
Οἰ.ᵝ ποῖ δῆτ' ἄλλως μετεωροκοπεῖς;
Τρ. ὑπὲρ Ἑλλήνων πάντων πέτομαι,
τόλμημα νέον παλαμηςάμενος.
Οἰ.ᵝ τί πέτει; τί μάτην οὐχ ὑγιαίνεις; 95
Τρ. εὐφημεῖν χρὴ καὶ μὴ φλαῦρον
μηδὲν γρύζειν ἀλλ' ὀλολύζειν·
τοῖς τ' ἀνθρώποις φράζω ςιγᾶν,
τούς τε κοπρῶνας καὶ τὰς λαύρας

76 Πηγάςιόν μοι] Πηγάςειόν Dindorf: Πηγαςίδιόν Meineke   μοι, φηςί L: φηςί μοι p: φηςί RV   78 ποιεῖ] ποῇ (sic) R   83 coβαρὸς lm. *Rhet. lex.* 161 Naoumides, Cobet: -ρῶς codd.   84 ῥώμῃ] ῥύμῃ Lobeck   85 ἰδίῃς] ἰδίςῃς Porson, cf. sch. ἰδρώςῃς   87 πνεῖ] βδεῖ Kock   98 ἀνθρώποιςι RP: -οιςι cett.   φράζω Dobree, qui etiam φράζειν temptavit: φράςον codd.

286

ΕΙΡΗΝΗ

καιναῖς πλίνθοιςιν ἀποικοδομεῖν 100
καὶ τοὺς πρωκτοὺς ἐπικλῄειν.
Οι.^β οὐκ ἔςθ' ὅπως ςιγήςομ', ἢν μή μοι φράςῃς
ὅποι πέτεςθαι διανοεῖ.
Τρ. τί δ' ἄλλο γ' ἢ
ὡς τὸν Δί' εἰς τὸν οὐρανόν;
Οι.^β τίνα νοῦν ἔχων;
Τρ. ἐρηςόμενος ἐκεῖνον Ἑλλήνων πέρι 105
ἁπαξαπάντων ὅ τι ποιεῖν βουλεύεται.
Οι.^β ἐὰν δὲ μή ςοι καταγορεύςῃ;
Τρ. γράψομαι
Μήδοιςιν αὐτὸν προδιδόναι τὴν Ἑλλάδα.
Οι.^β μὰ τὸν Διόνυςον οὐδέποτε ζῶντος γ' ἐμοῦ.
Τρ. οὐκ ἔςτι παρὰ ταῦτ' ἀλλ'.
Οι.^β ἰοὺ ἰοὺ ἰού· 110
ὦ παιδί', ὁ πατὴρ ἀπολιπὼν ἀπέρχεται
ὑμᾶς ἐρήμους εἰς τὸν οὐρανὸν λάθρᾳ.
ἀλλ' ἀντιβολεῖτε τὸν πατέρ', ὦ κακοδαίμονα.

ΠΑΙΔΙΟΝ

ὦ πάτερ, ὦ πάτερ, ἆρ' ἔτυμός γε
δώμαςιν ἡμετέροις φάτις ἥκει, 115
ὡς ςὺ μετ' ὀρνίθων προλιπὼν ἐμὲ
ἐς κόρακας βαδιεῖ μεταμώνιος;
ἔςτι τι τῶνδ' ἐτύμως; εἴπ', ὦ πάτερ, εἴ τι φιλεῖς με.
Τρ. δοξάςαι ἔςτι, κόραι· τὸ δ' ἐτήτυμον, ἄχθομαι ὑμῖν,
ἡνίκ' ἂν αἰτίζητ' ἄρτον πάππαν με καλοῦςαι, 120
ἔνδον δ' ἀργυρίου μηδὲ ψακὰς ᾖ πάνυ πάμπαν.
ἢν δ' ἐγὼ εὖ πράξας ἔλθω πάλιν, ἕξετ' ἐν ὥρᾳ
κολλύραν μεγάλην καὶ κόνδυλον ὄψον ἐπ' αὐτῇ.
Πα. καὶ τίς πόρος ςοι τῆς ὁδοῦ γενήςεται;

100 ἀποικοδομεῖν Fl. Christianus: ἀν- codd.   107 καταγορεύςῃ] -εύῃ Cobet   110 ἰοὺ bis R, quater V   114 ἆρ'] ἦ ῥ' lm. sch. RV   118 an ante ἐτύμως interpungendum (Blaydes)?

ΑΡΙΣΤΟΦΑΝΟΥC

	ναῦc μὲν γὰρ οὐκ ἄξει cε τήνδε τὴν ὁδόν.	125
Τρ.	πτηνὸc πορεύcει πῶλοc· οὐ ναυcθλώcομαι.	
Πα.	τίc δ' ἡ 'πίνοιά coυcτὶν ὥcτε κάνθαρον ζεύξαντ' ἐλαύνειν εἰc θεούc, ὦ παππία;	
Τρ.	ἐν τοῖcιν Αἰcώπου λόγοιc ἐξηυρέθη μόνοc πετηνῶν εἰc θεοὺc ἀφιγμένοc.	130
Πα.	ἄπιcτον εἶπαc μῦθον, ὦ πάτερ πάτερ, ὅπωc κάκοcμον ζῷον ἦλθεν εἰc θεούc.	
Τρ.	ἦλθεν κατ' ἔχθραν αἰετοῦ πάλαι ποτέ, ᾤ' ἐκκυλίνδων κἀντιτιμωρούμενοc.	
Πα.	οὔκουν ἐχρῆν cε Πηγάcου ζεῦξαι πτερόν, ὅπωc ἐφαίνου τοῖc θεοῖc τραγικώτεροc;	135
Τρ.	ἀλλ', ὦ μέλ', ἄν μοι cιτίων διπλῶν ἔδει· νῦν δ' ἅττ' ἂν αὐτὸc καταφάγω τὰ cιτία, τούτοιcι τοῖc αὐτοῖcι τοῦτον χορτάcω.	
Πα.	τί δ', ἢν ἐc ὑγρὸν πόντιον πέcῃ βάθοc; πῶc ἐξολιcθεῖν πτηνὸc ὢν δυνήcεται;	140
Τρ.	ἐπίτηδεc εἶχον πηδάλιον, ᾧ χρήcομαι· τὸ δὲ πλοῖον ἔcται Ναξιουργὴc κάνθαροc.	
Πα.	λιμὴν δὲ τίc cε δέξεται φορούμενον;	
Τρ.	ἐν Πειραιεῖ δήπου 'cτὶ Κανθάρου λιμήν.	145
Πα.	ἐκεῖνο τήρει, μὴ cφαλεὶc καταρρυῇc ἐντεῦθεν, εἶτα χωλὸc ὢν Εὐριπίδῃ λόγον παράcχῃc καὶ τραγῳδία γένῃ.	
Τρ.	ἐμοὶ μελήcει ταῦτά γ'. ἀλλὰ χαίρετε. ὑμεῖc δέ γ', ὑπὲρ ὧν τοὺc πόνουc ἐγὼ πονῶ, μὴ βδεῖτε μηδὲ χέζεθ' ἡμερῶν τριῶν· ὡc εἰ μετέωροc οὗτοc ὢν ὀcφρήcεται, κατωκάρα ῥίψαc με βουκολήcεται.	150

125 τήνδε Sharpley: ταύτην codd.   128 παππία B: παπία cett.
130 πετηνῶν R: πετεινῶν cett.   137 μέλ', ἄν Brunck: μέλ' ἐάν RV:
μέλε' ἄν cett.   139 τούτοιcι ... τοῦτον] τοῦτόν γε ... τούτοιc
Richards   145 Πειραιεῖ B, Su. ν 28, sch. in Lucianum p. 71.19 Rabe:
Πειραεῖ cett.

ΕΙΡΗΝΗ

ἀλλ' ἄγε, Πήγασε, χώρει χαίρων,
χρυσοχάλινον πάταγον ψαλίων   155
διακινήσας φαιδροῖς ὠςίν.
τί ποιεῖς, τί ποιεῖς; ποῖ παρακλίνεις
τοὺς μυκτῆρας; πρὸς τὰς λαύρας;
ἵει cαυτὸν θαρρῶν ἀπὸ γῆς,
κᾆτα δρομαίαν πτέρυγ' ἐκτείνων   160
ὀρθὸς χώρει Διὸς εἰς αὐλάς,
ἀπὸ μὲν κάκκης τὴν ῥῖν' ἀπέχων,
ἀπό θ' ἡμερίων cίτων πάντων.
ἄνθρωπε, τί δρᾷς, οὗτος ὁ χέζων
ἐν Πειραιεῖ παρὰ ταῖς πόρναις;   165
ἀπολεῖς μ', ἀπολεῖς. οὐ κατορύξεις
κἀπιφορήσεις τῆς γῆς πολλήν,
κἀπιφυτεύσεις ἕρπυλλον ἄνω
καὶ μύρον ἐπιχεῖς; ὡς ἤν τι πεσὼν
ἐνθένδε πάθω, τοὐμοῦ θανάτου   170
πέντε τάλανθ' ἡ πόλις ἡ Χίων
διὰ τὸν cὸν πρωκτὸν ὀφλήσει.

οἴμ' ὡς δέδοικα, κοὐκέτι ςκώπτων λέγω.
ὦ μηχανοποιέ, πρόσεχε τὸν νοῦν, ὡς ἐμὲ
ἤδη στροβεῖ τι πνεῦμα περὶ τὸν ὀμφαλόν, 175
κεἰ μὴ φυλάξει, χορτάσω τὸν κάνθαρον.
ἀτὰρ ἐγγὺς εἶναι τῶν θεῶν ἐμοὶ δοκῶ·
καὶ δὴ καθορῶ τὴν οἰκίαν τὴν τοῦ Διός.
τίς ἐν Διὸς θύραιςιν; οὐκ ἀνοίξετε;

155 χρυσοχάλινον] -ίνων Fl. Christianus   156 φαιδροῖς] ςφοδροῖς B   158 post μυκτῆρας interpungendum esse vidit Reiske   161 ὀρθὸς V: ὀρθῶς cett.: ὀρθὴν van Herwerden   163 θ'] δ' V   ἡμερίων lm. sch. R^ac (-ιῶν^pc): ἡμερινῶν codd., Su. η 303   cίτων Brunck: cιτίων codd., Su.   165 Πειραιεῖ B: -αεῖ cett.   166 μ' del. van Herwerden   169 καὶ ... ἐπιχεῖς] κᾆτ' ἐπιχεῖς μύρον van Herwerden   174 post νοῦν interpunxit Blaydes, post ἐμέ edd. priores   175 στροβεῖ van Herwerden: στροφεῖ codd.: στρέφει Cobet   176 φυλάξει Reiske: -εις codd.   179 θύραιςιν] θύρῃςι V

ΑΡΙϹΤΟΦΑΝΟΥϹ

ΕΡΜΗϹ
    πόθεν βροτοῦ με προcέβαλ' —; ὦναξ Ἡράκλειc,   180
    τουτὶ τί ἐcτι τὸ κακόν;
Τρ.   ἱπποκάνθαροc.
Ερ.   ὦ μιαρὲ καὶ τόλμηρε κἀναίcχυντε cὺ
    καὶ μιαρὲ καὶ παμμίαρε καὶ μιαρώτατε,
    πῶc δεῦρ' ἀνῆλθεc, ὦ μιαρῶν μιαρώτατε;
    τί cοί ποτ' ἔcτ' ὄνομ'; οὐκ ἐρεῖc;
Τρ.   μιαρώτατοc.   185
Ερ.   πατὴρ δέ cοι τίc ἐcτιν;
Τρ.   ἐμοί; μιαρώτατοc.   187
Ερ.   ποδαπὸc τὸ γένοc δ' εἶ; φράζε μοι.
Τρ.   μιαρώτατοc.   186
Ερ.   οὔτοι μὰ τὴν γῆν ἔcθ' ὅπωc οὐκ ἀποθανεῖ,
    εἰ μὴ κατερεῖc μοι τοὔνομ' ὅ τι ποτ' ἐcτί cοι.
Τρ.   Τρυγαῖοc Ἀθμονεύc, ἀμπελουργὸc δεξιόc,   190
    οὐ cυκοφάντηc οὐδ' ἐραcτὴc πραγμάτων.
Ερ.   ἥκειc δὲ κατὰ τί;
Τρ.   τὰ κρέα ταυτί cοι φέρων.
Ερ.   ὦ δειλακρίων, πῶc ἦλθεc;
Τρ.   ὦ γλίcχρων, ὁρᾷc
    ὡc οὐκέτ' εἶναί cοι δοκῶ μιαρώτατοc;
    ἴθι νυν κάλεcόν μοι τὸν Δί'.
Ερ.   ἰηῦ ἰηῦ ἰηῦ,   195
    ὅτ' οὐδὲ μέλλειc ἐγγὺc εἶναι τῶν θεῶν·
    φροῦδοι γάρ· ἐχθέc εἰcιν ἐξῳκιcμένοι.

---

180 με] μοι Blaydes   προcέβαλ'] προcέβαλεν RV, Greg. Cor. de dial. pp.
35–6 et fortasse P67   182 μιαρὲ] βδελυρὲ Porson   185 ἔcτ' B,
Su. μ 1027: ἐcτὶ (ν) cett.   186 δ' om. L, Su.   187 ante 186 transp.
B. Millis: v. om. R, Su.   ἐcτιν] ἔcτ' Bentley   193 πῶc ἦλθεc] ὡc
ἠδέ' van Herwerden   195 ἰηῦ ter P67: ἰὴ ter codd.   197 post
γάρ interpunxit van Leeuwen   εἰcιν ante ἐχθέc transp. Lp

ΕΙΡΗΝΗ

Τρ. ποῖ γῆς;
Ερ. ἰδοὺ γῆς.
Τρ. ἀλλὰ ποῖ;
Ερ. πόρρω πάνυ,
ὑπ' αὐτὸν ἀτεχνῶς τοὐρανοῦ τὸν κύτταρον.
Τρ. πῶς οὖν cὺ δῆτ' ἐνταῦθα κατελείφθης μόνος; 200
Ερ. τὰ λοιπὰ τηρῶ cκευάρια τὰ τῶν θεῶν,
χυτρίδια καὶ cανίδια κἀμφορείδια.
Τρ. ἐξῳκίcαντο δ' οἱ θεοὶ τίνοc οὕνεκα;
Ερ. Ἕλληcιν ὀργιcθέντες. εἶτ' ἐνταῦθα μέν,
ἵν' ἦcαν αὐτοί, τὸν Πόλεμον κατῴκιcαν, 205
ὑμᾶc παραδόντες δρᾶν ἀτεχνῶc ὅ τι βούλεται·
αὐτοὶ δ' ἀνῳκίcανθ' ὅπως ἀνωτάτω,
ἵνα μὴ βλέποιεν μαχομένους ὑμᾶc ἔτι
μηδ' ἀντιβολούντων μηδὲν αἰcθανοίατο.
Τρ. τοῦ δ' οὕνεχ' ἡμᾶc ταῦτ' ἔδραcαν; εἰπέ μοι. 210
Ερ. ὁτιὴ πολεμεῖν ᾑρεῖcθ', ἐκείνων πολλάκις
cπονδὰς ποιούντων· κεἰ μὲν οἱ Λακωνικοὶ
ὑπερβάλοιντο μικρόν, ἔλεγον ἂν ταδί·
"ναὶ τὼ cιὼ νῦν Ὠττικίων δωcεῖ δίκαν."
εἰ δ' αὖ τι πράξαιτ' ἀγαθόν, Ἀττικωνικοί, 215
κἄλθοιεν οἱ Λάκωνες εἰρήνης πέρι,
ἐλέγετ' ἂν ὑμεῖς εὐθύς· "ἐξαπατώμεθα
νὴ τὴν Ἀθηνᾶν".—"νὴ Δί', οὐχὶ πειστέον.
ἥξουcι καὖθις, ἢν ἔχωμεν τὴν Πύλον."
Τρ. ὁ γοῦν χαρακτὴρ ἡμεδαπὸς τῶν ῥημάτων. 220
Ερ. ὧν οὕνεκ' οὐκ οἶδ' εἴ ποτ' Εἰρήνην ἔτι

198 ante hunc v. suppl. Holwerda τί φῄς; extra metrum, sch. ad v. 173 fretus; cf. ad v. 236   202 κἀμφορείδια Su. a 1785: -ρίδια codd., Phot. a 1380 (ubi corr. Reitzenstein)   208 βλέποιεν] 'πιβλέποιεν Richards   210 οὕνεχ' Brunck: εὕνεχ' codd.   211 ὁτιὴ Bentley: ὅτι codd.   214 Ὠττικίων ... δίκαν Hirschig: Ἀττικίων ... δίκην codd.   δωcεῖ Cobet: δώcει codd.   215 πράξαιτ' Bekker: πράξαιντ' codd.   Ἀττικωνικοί] Ἀ- Dobree: Ὠ- Holford-Strevens   219 Πύλον] πόλιν RV: utrumque noverunt scholiastae

ΑΡΙΣΤΟΦΑΝΟΥΣ

   τὸ λοιπὸν ὄψεcθ᾽.
Τρ.   ἀλλὰ ποῖ γὰρ οἴχεται;
Ερ. ὁ Πόλεμοc αὐτὴν ἐνέβαλ᾽ εἰc ἄντρον βαθύ.
Τρ. εἰc ποῖον;
Ερ.   εἰc τουτὶ τὸ κάτω, κἄπειθ᾽ ὁρᾶc
 ὅcουc ἄνωθεν ἐπεφόρηcε τῶν λίθων,   225
 ἵνα μὴ λάβητε μηδέποτ᾽ αὐτήν.
Τρ.   εἰπέ μοι,
 ἡμᾶc δὲ δὴ τί δρᾶν παραcκευάζεται;
Ερ. οὐκ οἶδα πλὴν ἕν, ὅτι θυείαν ἑcπέραc
 ὑπερφυᾶ τὸ μέγεθοc εἰcηνέγκατο.
Τρ. τί δῆτα ταύτῃ τῇ θυείᾳ χρήcεται;   230
Ερ. τρίβειν ἐν αὐτῇ τὰc πόλειc βουλεύεται.
 ἀλλ᾽ εἶμι· καὶ γὰρ ἐξιέναι, γνώμην ἐμήν,
 μέλλει· θορυβεῖ γοῦν ἔνδοθεν.
Τρ.   οἴμοι δείλαιοc.
 φέρ᾽ αὐτὸν ἀποδρῶ· καὶ γὰρ ὥcπερ ᾐcθόμην
 καὐτὸc θυείαc φθέγμα πολεμιcτηρίαc.   235

ΠΟΛΕΜΟΣ

 ἰὼ βροτοὶ βροτοὶ βροτοὶ πολυτλήμονεc,
 ὡc αὐτίκα μάλα τὰc γνάθουc ἀλγήcετε.
Τρ. ὦναξ Ἄπολλον, τῆc θυείαc τοῦ πλάτουc—
 ὅcον κακόν—καὶ τοῦ Πολέμου τοῦ βλέμματοc.
 ἆρ᾽ οὗτόc ἐcτ᾽ ἐκεῖνοc ὃν καὶ φεύγομεν,   240
 ὁ δεινόc, ὁ ταλαύρινοc, ὁ κατὰ τοῖν cκελοῖν;
Πο. ἰὼ Πραcιαὶ τρὶc ἄθλιαι καὶ πεντάκιc
 καὶ πολλοδεκάκιc, ὡc ἀπολεῖcθε τήμερον.
Τρ. τουτὶ μέν, ἄνδρεc, οὐδὲν ἡμῖν πρᾶγμά πω·
 τὸ γὰρ κακὸν τοῦτ᾽ ἐcτὶ τῆc Λακωνικῆc.   245

---

224 ante hunc v. suppl. Zacher τί φῄc; e sch. 173 (ubi τί φηcι praebet V) 233 ἔνδον] ἔνδοθεν R 236 ante hunc v. add. Holwerda ἰὴ ἰή e sch. 173 238–9 sic interpunxit Meineke 242 τρὶc ἄθλιαι ita divisim scripsit Dobree 243 πολλοδεκάκιc] malim πολλα-

ΕΙΡΗΝΗ

- *Πο.* ὦ Μέγαρα Μέγαρ', ὡς ἐπιτετρίψεςθ' αὐτίκα
ἀπαξάπαντα καταμεμυττωτευμένα.
- *Τρ.* βαβαὶ βαβαιάξ, ὡς μεγάλα καὶ δριμέα
τοῖςιν Μεγαρεῦςιν ἐνέβαλεν τὰ κλαύματα.
- *Πο.* ἰὼ Cικελία, καὶ cὺ δ' ὡς ἀπόλλυcαι. 250
- *Τρ.* οἵα πόλις τάλαινα διακναιcθήcεται.
- *Πο.* φέρ' ἐπιχέω καὶ τὸ μέλι τουτὶ τἀττικόν.
- *Τρ.* οὗτος, παραινῶ ςοι μέλιτι χρῆςθαι 'τέρῳ.
τετρώβολον τοῦτ' ἐςτί· φείδου τἀττικοῦ.
- *Πο.* παῖ παῖ Κυδοιμέ.

ΚΥΔΟΙΜΟC
τί με καλεῖς;
- *Πο.* κλαύcει μακρά. 255
ἕcτηκας ἀργός; οὑτοcί cοι κόνδυλος.
- *Τρ.* ὡς δριμύς.
- *Κυ.* οἴμοι μοι τάλας, ὦ δέςποτα.
- *Τρ.* μῶν τῶν cκορόδων ἐνέβαλες εἰς τὸν κόνδυλον;
- *Πο.* οἴcεις ἀλετρίβανον τρέχων;
- *Κυ.* ἀλλ', ὦ μέλε,
οὐκ ἔστιν ἡμῖν· ἐχθὲς εἰcῳκίcμεθα. 260
- *Πο.* οὔκουν παρ' Ἀθηναίων μεταθρέξει ταχὺ ⟨πάνυ⟩;
- *Κυ.* ἔγωγε νὴ Δί'· εἰ δὲ μή, κεκλαύcομαι.
- *Τρ.* ἄγε δή, τί δρῶμεν, ὦ πόνηρ' ἀνθρώπια;
ὁρᾶτε τὸν κίνδυνον ἡμῖν ὡς μέγας·
εἴπερ γὰρ ἥξει τὸν ἀλετρίβανον φέρων, 265
τούτῳ ταράξει τὰς πόλεις καθήμενος.

246 ὦ RV: ἰὼ cett.   ἐπιτετρίψεcθ' lm. sch. R, Elmsley: ἐπιτρίψεcθ' codd.   ἰὼ Μέγαρ', ὡς ⟨ξυν⟩επιτετρίψεcθ' Sommerstein   249 τοῖcιν RV: τοῖcι cett.   253 χρῆcθαι 'τέρῳ Brunck: χρῆcθαι θατέρῳ codd.: χρῆcθἀτέρῳ Dindorf   257–8 personarum vices parum certae; 257 ὡς δριμύς et v. 258, ἐνέβαλες in ἐνέβαλεν mutato, Trygaeo tribuit Hermann   257 μοι L: om. cett.   261 suppl. Dobree   262 ante hunc v. suppl. von Bamberg ἰὴ ἰή e sch. 173   κεκλαύcομαι Raper: γε κλαύcομαι codd.: 'γὼ κλαύcομαι Meineke: κεκλαύcεται Richter   266 ταράξει] καταράξει van Herwerden

ΑΡΙΣΤΟΦΑΝΟΥΣ

ἀλλ', ὦ Διόνυc', ἀπόλοιτο καὶ μὴ 'λθοι φέρων.
Κυ. οὗτοc.
Πο. τί ἐcτιν; οὐ φέρειc;
Κυ. τὸ δεῖνα γάρ,
ἀπόλωλ' Ἀθηναίοιcιν ἁλετρίβανοc,
ὁ βυρcοπώληc, ὃc ἐκύκα τὴν Ἑλλάδα. 270
Τρ. εὖ γ', ὦ πότνια δέcποιν' Ἀθηναία, ποιῶν
ἀπόλωλ' ἐκεῖνοc κἂν δέοντι τῇ πόλει.
{ἢ πρίν γε τὸν μυττωτὸν ἡμῖν ἐγχέαι.}
Πο. οὔκουν ἕτερον δῆτ' ἐκ Λακεδαίμονοc μέτει
ἀνύcαc τι;
Κυ. ταῦτ', ὦ δέcποθ'.
Πο. ἧκέ νυν ταχύ. 275
Τρ. ὦνδρεc, τι πειcόμεθα; νῦν ἀγὼν μέγαc.
ἀλλ' εἴ τιc ὑμῶν ἐν Cαμοθρᾴκῃ τυγχάνει
μεμυημένοc, νῦν ἐcτιν εὔξαcθαι καλὸν
ἀποcτραφῆναι τοῦ μετιόντοc τὼ πόδε.
Κυ. οἴμοι τάλαc, οἴμοι γε κᾆτ' οἴμοι μάλα. 280
Πο. τί ἐcτι; μῶν οὐκ αὖ φέρειc;
Κυ. ἀπόλωλε γὰρ
καὶ τοῖc Λακεδαιμονίοιcιν ἁλετρίβανοc.
Πο. πῶc, ὦ πανοῦργ';
Κυ. εἰc τἀπὶ Θρᾴκηc χωρία
χρήcαντεc ἑτέροιc αὐτὸν εἶτ' ἀπώλεcαν.
Τρ. εὖ γ' εὖ γε ποιήcαντεc, ὦ Διοcκόρω. 285
ἴcωc ἂν εὖ γένοιτο· θαρρεῖτ', ὦ βροτοί.
Πο. ἀπόφερε τὰ cκεύη λαβὼν ταυτὶ πάλιν·
ἐγὼ δὲ δοίδυκ' εἰcιὼν ποιήcομαι.
Τρ. νῦν τοῦτ' ἐκεῖν'· ἥκει τὸ Δάτιδοc μέλοc,

268 personarum vices distinxit Rogers 269 Ἀθηναίοιcιν Porson: -οιc codd. 271 πότνια post δέcποινα praebent codd. praeter B 273 v. del. Dindorf 274 δῆτ'] γ' ἔτι R: γέ τιν' Dindorf 276 ὦνδρεc] ἄνδρεc V ἀγὼν Rogers: ἀγὼν codd. 280 κᾆτ' Dobree: κᾆτ' codd. 282 ἁλετρίβανοc Porson: ἀ- codd. 286 ἂν ⟨ἔτ'⟩ εὖ van Herwerden 287 ἀπόφερε RV: ἀπόφυρε cett.

ΕΙΡΗΝΗ

ὃ δεφόμενός ποτ' ᾖδε τῆς μεσημβρίας, 290
"ὡς ἥδομαι καὶ χαίρομαι κεὐφραίνομαι."
νῦν ἐστιν ὑμῖν, ὦνδρες Ἕλληνες, καλὸν
ἀπαλλαγεῖσι πραγμάτων τε καὶ μαχῶν
ἐξελκύσαι τὴν πᾶσιν Εἰρήνην φίλην,
πρὶν ἕτερον αὖ δοίδυκα κωλῦσαί τινα. 295
ἀλλ', ὦ γεωργοὶ κἄμποροι καὶ τέκτονες
καὶ δημιουργοὶ καὶ μέτοικοι καὶ ξένοι
καὶ νησιῶται, δεῦρ' ἴτ', ὦ πάντες λεῴ,
ὡς τάχιστ' ἅμας λαβόντες καὶ μοχλοὺς καὶ σχοινία·
νῦν γὰρ ἡμῖν αὖ σπάσαι πάρεστιν ἀγαθοῦ 300
  δαίμονος.

ΧΟΡΟΣ
δεῦρο πᾶς χώρει προθύμως εὐθὺ τῆς σωτηρίας.
ὦ Πανέλληνες, βοηθήσωμεν, εἴπερ πώποτε,
τάξεων ἀπαλλαγέντες καὶ κακῶν φοινικίδων·
ἡμέρα γὰρ ἐξέλαμψεν ἥδε μισολάμαχος.
πρὸς τάδ' ἡμῖν, εἴ τι χρὴ δρᾶν, φράζε 305
  κἀρχιτεκτόνει·
οὐ γὰρ ἔσθ' ὅπως ἀπειπεῖν ἂν δοκῶ μοι τήμερον,
πρὶν μοχλοῖς καὶ μηχαναῖσιν εἰς τὸ φῶς ἀνελκύσαι
τὴν θεῶν πασῶν μεγίστην καὶ φιλαμπελωτάτην.

Τρ. οὐ σιωπήσεσθ', ὅπως μὴ περιχαρεῖς τῷ πράγματι
τὸν Πόλεμον ἐκζωπυρήσετ' ἔνδοθεν κεκραγότες; 310
Χο. ἀλλ' ἀκούσαντες τοιούτου χαίρομεν κηρύγματος.
οὐ γὰρ ἦν ἔχοντας ἥκειν σιτί' ἡμερῶν τριῶν.
Τρ. εὐλαβεῖσθέ νυν ἐκεῖνον τὸν κάτωθεν Κέρβερον,
μὴ παφλάζων καὶ κεκραγώς, ὥσπερ ἡνίκ' ἐνθάδ' ἦν,
ἐμποδὼν ἡμῖν γένηται τὴν θεὸν μὴ 'ξελκύσαι. 315

---

291 χαίρομαι κεὐφραίνομαι] εὐφραίνομαι καὶ χαίρομαι Su. ν 611: τέρπομαι καὶ χαίρομαι L   292 ὑμῖν] ἡμῖν L   300 αὖ σπάσαι van Herwerden: ἁρπάσαι codd.: alii alia   303 κακῶν] καλῶν Sommerstein   φοινικίδων Meineke, cf. sch.: φοινικικῶν codd., Su. φ 791

ΑΡΙϹΤΟΦΑΝΟΥϹ

Χο. οὔτι νῦν γ' ἔτ' ἔϲτιν αὐτὴν ὅϲτιϲ ἐξαιρήϲεται,
ἢν ἅπαξ εἰϲ χεῖραϲ ἔλθῃ τὰϲ ἐμάϲ. ἰοὶ ἰοί.
Τρ. ἐξολεῖτέ μ', ὦνδρεϲ, εἰ μὴ τῆϲ βοῆϲ ἀνήϲετε·
ἐκδραμὼν γὰρ πάντα ταυτὶ ϲυνταράξει τοῖν ποδοῖν.
Χο. †ὡϲ κυκάτω καὶ πατείτω πάντα καὶ ταραττέτω, 320
οὐ γὰρ ἂν χαίροντεϲ ἡμεῖϲ τήμερον παυϲαίμεθ' ἄν.
Τρ. τί τὸ κακόν; τί πάϲχετ', ὦνδρεϲ; μηδαμῶϲ πρὸϲ τῶν
θεῶν,
πρᾶγμα κάλλιϲτον διαφθείρητε διὰ τὰ ϲχήματα.
Χο. ἀλλ' ἔγωγ' οὐ ϲχηματίζειν βούλομ', ἀλλ' ὑφ' ἡδονῆϲ
οὐκ ἐμοῦ κινοῦντοϲ αὐτὼ τὼ ϲκέλει χορεύετον. 325
Τρ. μή τί μοι νυνί γ' ἔτ', ἀλλὰ παῦε παῦ' ὀρχούμενοϲ.
Χο. ἢν ἰδού· καὶ δὴ πέπαυμαι.
Τρ.   φῄϲ γε, παύει δ' οὐδέπω.
Χο. ἓν μὲν οὖν τουτί μ' ἔαϲον ἑλκύϲαι, καὶ μηκέτι.
Τρ. τοῦτό νυν, καὶ μηκέτ' ἄλλο· μηδὲν ὀρχήϲηϲθ' ἔτι.
Χο. οὐκ ἂν ὀρχηϲαίμεθ', εἴπερ ὠφελήϲομέν τί ϲε. 330
Τρ. ἀλλ', ὁρᾶτ', οὔπω πέπαυϲθε.
Χο.   τουτογὶ νὴ τὸν Δία
τὸ ϲκέλοϲ ῥίψαντεϲ ἤδη λήγομεν τὸ δεξιόν.
Τρ. ἐπιδίδωμι τοῦτό γ' ὑμῖν, ὥϲτε μὴ λυπεῖν ἔτι.
Χο. ἀλλὰ καὶ τἀριϲτερόν τοί μ' ἔϲτ' ἀναγκαίωϲ ἔχον.
ἥδομαι γὰρ καὶ γέγηθα καὶ πέπορδα καὶ γελῶ 335
μᾶλλον ἢ τὸ γῆραϲ ἐκδὺϲ ἐκφυγὼν τὴν ἀϲπίδα.
Τρ. μή τί μοι νυνί γε χαίρετ'· οὐ γὰρ ἴϲτε πω ϲαφῶϲ·
ἀλλ' ὅταν λάβωμεν αὐτήν, τηνικαῦτα χαίρετε
καὶ βοᾶτε καὶ γελᾶτ'· ἤ-
δη γὰρ ἐξέϲται τόθ' ὑμῖν 340

---

316 νῦν γ' ἔτ' Dobree: καὶ νῦν codd.: χαίρων Meineke: alii alia
320 ὡϲ κυκάτω suspectum: καὶ κυκάτω Blaydes: malim ϲυγκυκάτω
325 ϲκέλει Hall & Geldart: ϲκέλη codd. 326 μοι Blaydes: καὶ codd.
329 post ἄλλο interpunxit van Leeuwen ὀρχήϲηϲθ' Bekker: ὀρχήϲεϲθ'
codd. ἔτι] τι Boissonade 330 ὠφελήϲομέν Blaydes: -ήϲαιμέν
codd. 337 μή τι] μηκέτ' L μοι Blaydes: καὶ RVp: οὖν L

ΕΙΡΗΝΗ

πλεῖν, μένειν, κινεῖν, καθεύδειν,
εἰς πανηγύρεις θεωρεῖν,
ἑςτιᾶςθαι, κοτταβίζειν,
cυβαριάζειν,
"ἰοὶ ἰοί" κεκραγέναι. 345

Χο. εἰ γὰρ ἐκγένοιτ' ἰδεῖν ταύτην μέ ποτε τὴν [ςτρ.
ἡμέραν.
πολλὰ γὰρ ἀνεςχόμην
πράγματά τε καὶ cτιβάδας,
ἃς ἔλαχε Φορμίων·
κοὐκέτ' ἄν μ' εὕροις δικαστὴν δριμὺν οὐδὲ δύςκολον,
οὐδὲ τοὺς τρόπους γε δήπου ςκληρὸν ὥςπερ καὶ 350
πρὸ τοῦ,
ἀλλ' ἁπαλὸν ἄν μ' ἴδοις
καὶ πολὺ νεώτερον ἀπ-
αλλαγέντα πραγμάτων.
καὶ γὰρ ἱκανὸν χρόνον ἀπ-
ολλύμεθα καὶ κατατε-
τρίμμεθα πλανώμενοι 355
εἰς Λύκειον κἀκ Λυκείου ξὺν δορὶ ξὺν ἀςπίδι.
ἀλλ' ὅ τι μάλιστα χαρι-
ούμεθα ποιοῦντες, ἄγε,
φράζε· ςὲ γὰρ αὐτοκράτορ'
εἵλετ' ἀγαθή τις ἡμῖν τύχη. 360

Τρ. φέρε δὴ κατίδω· πῇ τοὺς λίθους ἀφέλξομεν;
Ερ. ὦ μιαρὲ καὶ τόλμηρε, τί ποιεῖν διανοεῖ;
Τρ. οὐδὲν πονηρόν, ἀλλ' ὅπερ καὶ Κιλλικῶν.

341 κινεῖν] βινεῖν Daubuz   344 cυβαριάζειν Meineke: cυβαρίζειν codd.   346 εἰ γὰρ] εἴθε μοι Bentley (recepto γένοιτ' et deleto με) ἐκγένοιτ' R: γένοιτ' Vp: μοι γένοιτ' L   ποτε huc traiecit Dindorf, post ἡμέραν praebent codd.: del. Bergk   347 ἀνεςχόμην Brunck: ἦν- codd.   351 ἄν μ' R^{pc}: μ' ἄν R^{ac}Vp: γ' ἄν μ' L   353–4 ἀπολλύμεθα RV: ἀπω- cett.   356 ξὺν utrobique Porson: cὺν codd.   361 δὴ κατίδω] δῆτ' ἴδω Blaydes   πῇ Boissonade: ποῖ codd.: πῶς Meineke

297

ΑΡΙΣΤΟΦΑΝΟΥΣ

Ερ. ἀπόλωλας, ὦ κακόδαιμον.
Τρ. οὔκ, ἢν μὴ λάχω.
Ἑρμῆς γὰρ ὢν κλῆρον ποιήςεις οἶδ' ὅτι. 365
Ερ. ἀπόλωλας, ἐξόλωλας.
Τρ. εἰς τίν' ἡμέραν;
Ερ. εἰς αὐτίκα μάλ'.
Τρ. ἀλλ' οὐδὲν ἠμπόληκά πω,
οὔτ' ἄλφιτ' οὔτε τυρόν, ὡς ἀπολούμενος.
Ερ. καὶ μὴν ἐπιτέτριψαί γε.
Τρ. κᾆτα τῷ τρόπῳ
οὐκ ᾐςθόμην ἀγαθὸν τοςουτονὶ λαβών; 370
Ερ. ἆρ' οἶςθα θάνατον ὅτι προεῖφ' ὁ Ζεὺς ὃς ἂν
ταύτην ἀνορύττων εὑρεθῇ;
Τρ. νῦν ἆρά με
ἅπας' ἀνάγκη 'ςτ' ἀποθανεῖν;
Ερ. εὖ ἴςθ' ὅτι.
Τρ. εἰς χοιρίδιόν μοί νυν δάνειςον τρεῖς δραχμάς·
δεῖ γὰρ μυηθῆναί με πρὶν τεθνηκέναι. 375
Ερ. ὦ Ζεῦ κεραυνοβρόντα—
Τρ. μή, πρὸς τῶν θεῶν,
ἡμῶν κατείπῃς, ἀντιβολῶ ςε, δέςποτα.
Ερ. οὐκ ἂν ςιωπήςαιμι.
Τρ. ναί, πρὸς τῶν κρεῶν,
ἁγὼ προθύμως ςοι φέρων ἀφικόμην.
Ερ. ἀλλ', ὦ μέλ', ὑπὸ τοῦ Διὸς ἀμαλδυνθήςομαι, 380
εἰ μὴ τετορήςω ταῦτα καὶ λακήςομαι.
Τρ. μή νυν λακήςῃς, λίςςομαί ς', Ὡρμῄδιον.
εἰπέ μοι, τί πάςχετ', ὦνδρες; ἕςτατ' ἐκπεπληγμένοι.
ὦ πόνηροι, μὴ ςιωπᾶτ'· εἰ δὲ μή, λακήςεται.

364 οὔκ, ἢν μὴ Dobree: οὐκοῦν, ἢν codd.   365 κλῆρον van Herwerden: κλήρῳ codd. v. del. van Leeuwen   373 'ςτ'] γ' L   377 ς', ⟨ὦ⟩ Blaydes   382 Ὡρμῄδιον Schwabe: ὡρμίδιον vel sim. codd.   384 post Ἑρμῆ add. μὴ RΓp   μὴ om. RV

ΕΙΡΗΝΗ

Χο. μηδαμῶς, ὦ δέςποθ' Ἑρμῆ, μηδαμῶς, μὴ   [ἀντ. α′
    μηδαμῶς,
    εἴ τι κεχαριςμένον   386
    χοιρίδιον οἶςθα παρ' ἐ-
    μοῦ γε κατεδηδοκώς,
    τοῦτο μὴ φαῦλον νόμιζ' ἐν τουτωὶ τῷ πράγματι.
Τρ. οὐκ ἀκούεις οἷα θωπεύουςί ς', ὦναξ δέςποτα;
Χο. †μὴ γένῃ παλίγκοτος   390
    ἀντιβολοῦςιν ἡμῖν,†
    ὥςτε τήνδε μὴ λαβεῖν·
    ἀλλὰ χάρις', ὦ φιλαν-
    θρωπότατε καὶ μεγαλο-
    δωρότατε δαιμόνων,   394
    εἴ τι Πειςάνδρου βδελύττει τοὺς λόφους καὶ τὰς ὀφρῦς,
    καί ςε θυςίαιςιν ἱε-
    ραῖςι προςόδοις τε μεγά-
    λαιςι διὰ παντός, ὦ
    δέςποτ', ἀγαλοῦμεν ἡμεῖς ἀεί.

Τρ. ἴθ', ἀντιβολῶ ς', ἐλέηςον αὐτῶν τὴν ὄπα,   400
    ἐπεί ςε καὶ τιμῶςι μᾶλλον ἢ πρὸ τοῦ—
Ἑρ. κλέπται τὰ νῦν γὰρ μᾶλλόν εἰςιν ἢ πρὸ τοῦ.
Τρ. καί ςοι φράςω τι πρᾶγμα δεινὸν καὶ μέγα,
    ὃ τοῖς θεοῖς ἅπαςιν ἐπιβουλεύεται.
Ἑρ. ἴθι δὴ κάτειπ'· ἴςως γὰρ ἂν πείςαις ἐμέ.   405
Τρ. ἡ γὰρ Cελήνη χὠ πανοῦργος Ἥλιος
    ὑμῖν ἐπιβουλεύοντε πολὺν ἤδη χρόνον
    τοῖς βαρβάροιςι προδίδοτον τὴν Ἑλλάδα.

387b γε L: om. cett.   388 νόμιζ' Bentley: νομίζων codd. τουτωὶ Dindorf: τῷδε codd., quo recepto τῷ ⟨νῦν⟩ Bentley   390–1 locus perdifficilis: μηδ' ἔχε παλιγκότως | ἀντιβολίαις ἐμαῖς Rogers   392 χάρις' L: χάριςαι cett.   396 ἱεραῖςι προςόδοις L, Su. α 217: ἱεραῖς προςόδοιςι cett.   402 τὰ νῦν γὰρ μᾶλλόν εἰςιν Meineke: τε γὰρ νῦν μᾶλλόν εἰςιν V: γὰρ νῦν μᾶλλόν εἰςιν R^pc: γὰρ νῦν εἰςι μᾶλλον p, lm. sch. Γ: γάρ εἰςι νῦν μᾶλλον Γ, unde γάρ εἰςι νῦν ⟨γε⟩ μᾶλλον L   407 ἐπιβουλεύοντε R: -ονται V Γp: -ουςι L

ΑΡΙСΤΟΦΑΝΟΥС

Ερ. ἵνα δὴ τί τοῦτο δρᾶτον;
Τρ.   ὁτιὴ νὴ Δία
ἡμεῖс μὲν ὑμῖν θύομεν, τούτοιcι δὲ   410
οἱ βάρβαροι θύουcι. διὰ τοῦτ' εἰκότωс
βούλοιντ' ἂν ἡμᾶс πάνταс ἐξολωλέναι,
ἵνα τὰс τελετὰс λάβοιεν αὐτοὶ τῶν θεῶν.
Ερ. ταῦτ' ἄρα πάλαι τῶν ἡμερῶν παρεκλεπτέτην
καὶ τοῦ κύκλου παρέτρωγον ὑφ' ἁμαρτωλίαс.   415
Τρ. ναὶ μὰ Δία. πρὸс ταῦτ', ὦ φίλ' Ἑρμῆ, ξύλλαβε
ἡμῖν προθύμωс τήνδε τε ξυνέλκυcον.
καὶ cοὶ τὰ μεγάλ' ἡμεῖс Παναθήναι' ἄξομεν
πάcαс τε τὰс ἄλλαс τελετὰс τὰс τῶν θεῶν,
μυcτήρι' Ἑρμῆ, Διπολίει', Ἀδώνια·   420
ἄλλαι τέ cοι πόλειс πεπαυμέναι κακῶν
ἀλεξικάκῳ θύcουcιν Ἑρμῇ πανταχοῦ.
χἄτερ' ἔτι πόλλ' ἕξειс ἀγαθά. πρῶτον δέ cοι
δῶρον δίδωμι τήνδ', ἵνα cπένδειν ἔχῃс.
Ερ. οἴμ', ὡс ἐλεήμων εἴμ' ἀεὶ τῶν χρυcίδων.   425
Τρ. ὑμέτερον ἐντεῦθεν ἔργον, ὦνδρεс. ἀλλὰ ταῖс ἅμαιс
εἰcιόντεс ὡс τάχιcτα τοὺс λίθουс ἀφέλκετε.
Χο. ταῦτα δράcομεν· cὺ δ' ἡμῖν, ὦ θεῶν cοφώτατε,
ἄττα χρὴ ποιεῖν ἐφεcτὼс φράζε δημιουργικῶс· 429
τἆλλα δ' εὑρήcειс ὑπουργεῖν ὄνταс ἡμᾶс οὐ κακούс.
Τρ. ἄγε δὴ cὺ ταχέωс ὕπεχε τὴν φιάλην, ὅπωс
ἔργῳ 'φιαλοῦμεν εὐξάμενοι τοῖcιν θεοῖс.
Ερ. cπονδὴ cπονδή·

409 δὴ τί Bentley: τί δὴ RVΓp: τί δὲ L   ὁτιὴ RV: ὅτι cett.   νὴ ⟨τὸν⟩ L   412 ἡμᾶс RV: ὑμᾶс cett.   414 παρεκλεπτέτην Brunck: -έπτετον vel -επτον codd. (sed παρα- V)   415 ἁμαρτωλίαс Photius α 1141, Antiatticista 79.10, Bentley: ἁρματωλίαс codd., Su. α 3971, Hdn. et Phryn. ap. sch.   417 τήνδε] τῆсδε Blaydes: τῶνδε (i.e. funium) Meineke   τε Meineke: καὶ codd.   ξυνέλκυcον] ξυνανέλκυcον Dobree: κἀξανέλκυcον Agar   420 Διπολίει' Wackernagel: Διπόλει' codd.   v. del. Meineke   421 ἄλλαι Meineke: ἅλλαι codd.   424 cπένδειν] cπένδων L   428 δράcομεν] δράcωμεν p   432 'φιαλοῦμεν Bentley ex Eustathio 1403.19–20: φιαλοῦμεν codd.

ΕΙΡΗΝΗ

   εὐφημεῖτε εὐφημεῖτε.
Τρ. cπένδοντεc εὐχώμεcθα τὴν νῦν ἡμέραν   435
   Ἕλληcιν ἄρξαι πᾶcι πολλῶν κἀγαθῶν,
   χὤcτιc προθύμωc ξυλλάβοι τῶν cχοινίων,
   τοῦτον τὸν ἄνδρα μὴ λαβεῖν ποτ' ἀcπίδα.
Χο. μὰ Δί', ἀλλ' ἐν εἰρήνῃ διαγαγεῖν τὸν βίον,
   ἔχονθ' ἑταίραν καὶ cκαλεύοντ' ἄνθρακαc.   440
Τρ. ὅcτιc δὲ πόλεμον μᾶλλον εἶναι βούλεται—
Χο. μηδέποτε παύcαcθ' αὐτόν, ὦ Διόνυc' ἄναξ,
   ἐκ τῶν ὀλεκράνων ἀκίδαc ἐξαιρούμενον.
Τρ. κεἴ τιc ἐπιθυμῶν ταξιαρχεῖν cοὶ φθονεῖ
   εἰc φῶc ἀνελθεῖν, ὦ πότνι', ἐν ταῖcιν μάχαιc— 445
Χο. πάcχοι γε τοιαῦθ' οἷάπερ Κλεώνυμοc.
Τρ. κεἴ τιc δορυξὸc ἢ κάπηλοc ἀcπίδων,
   ἵν' ἐμπολᾷ βέλτιον, ἐπιθυμεῖ μαχῶν—
Χο. ληφθείc ⟨γ'⟩ ὑπὸ λῃcτῶν ἐcθίοι κριθὰc μόναc.
Τρ. κεἴ τιc cτρατηγεῖν βουλόμενοc μὴ ξυλλάβῃ   450
   ἢ δοῦλοc αὐτομολεῖν παρεcκευαcμένοc—
Χο. ἐπὶ τοῦ τροχοῦ γ' ἕλκοιτο μαcτιγούμενοc.
Τρ. ἡμῖν δ' ἀγαθὰ γένοιτ'. ἰὴ παιών, ἰή.
Χο. ἄφελε τὸ παίειν, ἀλλ' "ἰὴ" μόνον λέγε.
Τρ. ἰὴ ἰὴ τοίνυν, ἰὴ μόνον λέγω.   455
   Ἑρμῆ, Χάριcιν, Ὥραιcιν, Ἀφροδίτῃ, Πόθῳ—
Χο. Ἄρει δὲ μή.
Τρ.   μή.
Χο.   μηδ' Ἐνυαλίῳ γε.
Τρ.   μή.

---

435 εὐχώμεcθα] εὐχόμεcθα Hamaker 437 χὤcτιc RB: χὦτιc cett. ξυλλάβοι RV: -βῃ cett. 439 διαγαγεῖν Lenting: διάγειν RVΓp: διάγειν με L: γε διάγειν Rogers: διαζῆν van Herwerden post v. 440 lacunam 7–9 vv. indicavit p 443 ἐκ τῶν ⟨γ'⟩ Neil 445 post πότνια add. γ' L ταῖcιν Bekker: ταῖc codd. 446 πάcχοι γε] πάcχοιτο V 447 κεἴ] εἴ RV 449 suppl. Neil 450 ξυλλάβῃ] ξυλλάβοι Richter 453 γένοιτ' B: γένοιθ' cett. 455 ἰὴ μόνον L: ἰὴ ἰὴ μόνον cett. 456 Ὥραιcιν L: Ὥραιc cett.

ΑΡΙΣΤΟΦΑΝΟΥΣ

Ερ. ὑπότεινε δὴ πᾶc καὶ κάταγε τοῖcιν κάλῳc.
Χο. ὢ εἶα   [cτρ.
— εἶα μάλα.   460
— ὢ εἶα.
— εἶα ἔτι μάλα.
— ὢ εἶα, ὢ εἶα.
— ἀλλ' οὐχ ἕλκουc' ἄνδρεc ὁμοίωc.
οὐ ξυλλήψεcθ'; οἶ' ὀγκύλλεcθ'·   465
οἰμώξεcθ', οἱ Βοιωτοί.
Χο. εἶά νυν.
— εἶα ὤ.
— ἄγε νυν ξυνανέλκετε καὶ cφώ.
Τρ. οὔκουν ἕλκω κἀξαρτῶμαι   470
κἀπεμπίπτω καὶ cπουδάζω;
Χο. πῶc οὖν οὐ χωρεῖ τοὔργον;

Τρ. ὦ Λάμαχ', ἀδικεῖc ἐμποδὼν καθήμενοc.
οὐδὲν δεόμεθ', ὦνθρωπε, τῆc cῆc μορμόνοc.
Ερ. οὐδ' οἴδε γ' εἷλκον οὐδὲν Ἀργεῖοι πάλαι   475
ἀλλ' ἢ κατεγέλων τῶν ταλαιπωρουμένων,
καὶ ταῦτα διχόθεν μιcθοφοροῦντεc ἄλφιτα.
Τρ. ἀλλ' οἱ Λάκωνεc, ὦγάθ', ἕλκουc' ἀνδρικῶc.
Ερ. ἆρ' οἶcθ'; ὅcοι γ' αὐτῶν ἔχοντ' ἐν τῷ ξύλῳ,
μόνοι προθυμοῦντ'· ἀλλ' ὁ χαλκεὺc οὐκ ἐᾷ.   480
Τρ. οὐδ' οἱ Μεγαρῆc δρῶc' οὐδέν· ἕλκουcιν δ' ὅμωc
γλιcχρότατα cαρκάζοντεc ὥcπερ κυνίδια—
Ερ. ὑπὸ τοῦ γε λιμοῦ νὴ Δί' ἐξολωλότεc.

458–519 de personarum vicibus parum constat   459 κάλῳc L s.l.: κάλοιc cett.   462 εἶα L, cf. sch. VΓ ad 459: om. cett. 464 ἄνδρεc Dindorf: ἀνδρεc codd.   469 ἄγε νυν Austin: ἄγετον codd.: ἄγε δὴ Zimmermann: ἀλλ' ἄγετε Hermann   ξυνανέλκετε Dobree: ξυνελκετον codd. praeter V, qui ξυνάλκετον cum νε supra scripto praebet   475 οὐδ' R: εὖ δ' V: εὖ cett. Ἀργεῖοι V, Dindorf: Ἀ- cett. 479 ἔχοντ' ἐν τῷ ξύλῳ van Leeuwen: ἔχονται τοῦ ξύλου codd.: ἐνέχονται τῷ ξύλῳ Richards   481 Μεγαρῆc ΓL: -ρεῖc cett.

ΕΙΡΗΝΗ

Χο. οὐδὲν ποιοῦμεν, ὦνδρες. ἀλλ' ὁμοθυμαδὸν
ἅπαcιν ἡμῖν αὖθιc ἀντιληπτέον. 485
ὦ εἶα. [ἀντ.
— εἶα μάλα.
— ὦ εἶα.
— εἶα νὴ Δία.
— μικρόν γε κινοῦμεν. 490
Τρ. οὔκουν δεινὸν ⟨κἄτοπον, ὑμῶν⟩
τοὺc μὲν τείνειν τοὺc δ' ἀντιcπᾶν;
πληγὰc λήψεcθ', Ὠργεῖοι.
Χο. εἶά νυν.
— εἶα ὤ. 495
— κακόνοι τινέc εἰcιν ἐν ἡμῖν.
Τρ. ὑμεῖc μέν νυν οἱ κιττῶντεc
τῆc εἰρήνηc cπᾶτ' ἀνδρείωc.
Χο. ἀλλ' εἴc' οἳ κωλύουcιν.

Ερ. ἄνδρεc Μεγαρῆc, οὐκ ἐc κόρακαc ἐρρήcετε; 500
μιcεῖ γὰρ ὑμᾶc ἡ θεὸc μεμνημένη·
πρῶτοι γὰρ αὐτὴν τοῖc cκορόδοιc ἠλείψατε.
καὶ τοῖc Ἀθηναίοιcι παύcαcθαι λέγω
ἐντεῦθεν ἐχομένοιc ὅθεν νῦν ἕλκετε·
οὐδὲν γὰρ ἄλλο δρᾶτε πλὴν δικάζετε. 505
ἀλλ' εἴπερ ἐπιθυμεῖτε τήνδ' ἐξελκύcαι,
πρὸc τὴν θάλατταν ὀλίγον ὑποχωρήcατε.
Τρ. ἄγ', ὦνδρεc, αὐτοὶ δὴ μόνοι λαβώμεθ' οἱ γεωργοί.
Ερ. χωρεῖ γέ τοι τὸ πρᾶγμα πολλῷ μᾶλλον, ὦνδρεc, ὑμῖν.

484 ὦνδρεc R: ἄνδρεc cett.   491 suppl. Merry: alii alia
496 ante κακόνοι praebent codd. ὡc: del. White   κακόνοι τινέc R, Su. κ
163: κακοί τινεc V: κακὸν οἵτινεc p: κακόν, εἴ τινεc L   ἡμῖν Su.: ὑμῖν
codd.   497 νυν Lenting: οὖν codd.: γ' οὖν Bentley
498 ἀνδρείωc Bentley: ἀνδρικῶc codd.   499 εἴc' L: εἰcὶν cett.
500 Μεγαρῆc RB: -ρεῖc cett.   508–11 personarum vices ita distinxit
Landfester   508 ἄγ'] ἀλλ' P70   509 γέ τοι RV: γε p: τε δὴ L: γε
δὴ B

ΑΡΙϹΤΟΦΑΝΟΥϹ

Χο. χωρεῖν τὸ πρᾶγμά φηϲιν· ἀλλὰ πᾶϲ ἀνὴρ 510
προθυμοῦ.
Ερ. οἵ τοι γεωργοὶ τοὔργον ἐξέλκουϲι κάλλοϲ οὐδείϲ.
Χο. ἄγε νυν, ἄγε πᾶϲ.
Ερ. καὶ μὴν ὁμοῦ 'ϲτιν ἤδη.
Χο. μή νυν ἀνῶμεν, ἀλλ' ἐπεντείνωμεν ἀνδρικώτερον. 515
Ερ. ἤδη 'ϲτὶ τοῦτ' ἐκεῖνο.
Χο. ὢ εἶα νυν, ὢ εἶα πᾶϲ.
ὢ εἶα εἶα εἶά ⟨νυν⟩.
ὢ εἶα εἶα εἶα πᾶϲ.
Τρ. ὦ πότνια βοτρυόδωρε, τί προϲείπω ϲ' ἔποϲ; 520
πόθεν ἂν λάβοιμι ῥῆμα μυριάμφορον
ὅτῳ προϲείπω ϲ'; οὐ γὰρ εἶχον οἴκοθεν.
ὦ χαῖρ' Ὀπώρα, καὶ ϲὺ δ', ὦ Θεωρία·
οἷον δ' ἔχειϲ τὸ πρόϲωπον, ὦ φίλη θεόϲ,
οἷον δὲ πνεῖϲ, ὡϲ ἡδὺ κατὰ τῆϲ καρδίαϲ, 525
γλυκύτατον, ὥϲπερ ἀϲτρατείαϲ καὶ μύρου.
Ερ. μῶν οὖν ὅμοιον καὶ γυλιοῦ ϲτρατιωτικοῦ;
Τρ. ἀπέπτυϲ' ἐχθροῦ φωτὸϲ ἔχθιϲτον πλέκοϲ.
τοῦ μὲν γὰρ ὄζει κρομμυοξυρεγμίαϲ,
ταύτηϲ δ' ὀπώραϲ, ὑποδοχῆϲ, Διονυϲίων, 530
αὐλῶν, τραγῳδῶν, Ϲοφοκλέουϲ μελῶν, κιχλῶν,
ἐπυλλίων Εὐριπίδου—
Ερ. κλαύϲάρα ϲὺ
ταύτηϲ καταψευδόμενοϲ· οὐ γὰρ ἥδεται
αὕτη ποιητῇ ῥηματίων δικανικῶν.
Τρ. κιττοῦ, τρυγοίπου, προβατίων βληχωμένων, 535
κόλπου γυναικῶν διατρεχουϲῶν εἰϲ ἱπνόν,

---

511 ἐξέλκουϲι] ἐκτελοῦϲι van Herwerden   513 ἤδη] ἤδ' ἐγγύϲ L
518 εἶα bis vel pluries codd.: iambos ita restituit et ⟨νῦν⟩ supplevit Richter, cf.
sch. R: trimetros maluit Olson   523 δ'] γ' Blaydes   524 ὦ φίλη
θεόϲ Blaydes: ὦ Θεωρία codd.: Εἰρήνη φίλη Meineke
530 ταύτηϲ] τηϲδὶ Blaydes   531 τραγῳδῶν] τρυγῳδῶν Brunck
536 κόλπου] κτύπου Reiske: alii alia   ἰπνόν (sic) v.l. ap. sch., lm. Rhet. lex.
186 Naoumides: ἀγρόν codd.

ΕΙΡΗΝΗ

   δούλης μεθυούcης, ἀνατετραμμένου χοῶc,
   ἄλλων τε πολλῶν κἀγαθῶν—
Ερ.   ἴθι νυν, ἄθρει
   οἷον πρὸc ἀλλήλαc λαλοῦcιν αἱ πόλειc
   διαλλαγεῖcαι καὶ γελῶcιν ἄcμεναι—   540
Τρ. καὶ ταῦτα δαιμονίωc ὑπωπιαcμέναι
   ἁπαξάπαcαι καὶ κυάθουc προcκείμεναι.
Ερ. καὶ τῶνδε τοίνυν τῶν θεωμένων cκόπει
   τὰ πρόcωφ', ἵνα γνῷc τὰc τέχναc.
Τρ.   αἰβοῖ τάλαc.
Ερ. ἐκεινονὶ γοῦν τὸν λοφοποιὸν οὐχ ὁρᾷc   545
   τίλλονθ' ἑαυτόν;
Τρ.   ὁ δέ γε τὰc cμινύαc ποιῶν
   κατέπαρδεν ἄρτι τοῦ ξιφουργοῦ 'κεινουί.
Ερ. ὁ δὲ δρεπανουργὸc οὐχ ὁρᾷc ὡc ἥδεται—
Τρ. καὶ τὸν δορυξὸν οἷον ἐcκιμάλιcεν;
   ἴθι νυν ἄνειπε τοὺc γεωργοὺc ἀπιέναι.   550
Ερ. ἀκούετε λεῴ· τοὺc γεωργοὺc ἀπιέναι
   τὰ γεωργικὰ cκεύη λαβόνταc εἰc ἀγρὸν
   ὡc τάχιcτ' ἄνευ δορατίου καὶ ξίφουc κἀκοντίου·
   ὡc ἅπαντ' ἤδη 'cτὶ μεcτὰ τἀνθάδ' εἰρήνηc cαπρᾶc.
   ἀλλὰ πᾶc χώρει πρὸc ἔργον εἰc ἀγρὸν παιωνίcαc. 555
Χο. ὦ ποθεινὴ τοῖc δικαίοιc καὶ γεωργοῖc ἡμέρα,
   ἄcμενόc c' ἰδὼν προcειπεῖν βούλομαι τὰc ἀμπέλουc,
   τάc τε cυκᾶc, ἃc ἐγὼ 'φύτευον ὢν νεώτεροc,
   ἀcπάcαcθαι θυμὸc ἡμῖν ἐcτι πολλοcτῷ χρόνῳ. 559
Τρ. νῦν μὲν οὖν, ὦνδρεc, προcευξώμεcθα πρῶτον τῇ θεῷ,
   ἥπερ ἡμῶν τοὺc λόφουc ἀφεῖλε καὶ τὰc Γοργόναc·
   εἶθ' ὅπωc λιταργιοῦμεν οἴκαδ' εἰc τὰ χωρία,
   ἐμπολήcαντέc τι χρηcτὸν εἰc ἀγρὸν ταρίχιον.
Ερ. ὦ Πόcειδον, ὡc καλὸν τὸ cτῖφοc αὐτῶν φαίνεται

538–55 personarum vices parum certae 542 κυάθουc] κυάθοιc L
545 γοῦν RV: γὰρ L: om. p 549 δορυξόν ⟨γ'⟩ Sommerstein, qui hunc
v. Trygaeo tribuit 557 c' B, Stobaeus 4.15.2: γ' L: om. cett.
561 ἡμῶν] ἡμῖν B

ΑΡΙΣΤΟΦΑΝΟΥΣ

καὶ πυκνὸν καὶ γοργόν, ὥςπερ μᾶζα καὶ πανδαιςία. 565

Τρ. νὴ Δί᾽ ἥ γοῦν cφῦρα λαμπρὸν ἦν ἄρ᾽ ἐξωπλιςμένη,
αἵ τε θρίνακες διαςτίλβουςι πρὸς τὸν ἥλιον.
ἦ καλῶς αὐτῶν ἀπαλλάξειεν ἂν μετόρχιον.
ὥςτ᾽ ἔγωγ᾽ ἤδη ᾽πιθυμῶ καὐτὸς ἐλθεῖν εἰς ἀγρὸν
καὶ τριαινοῦν τῇ δικέλλῃ διὰ χρόνου τὸ γῄδιον. 570
ἀλλ᾽ ἀναμνηςθέντες, ὦνδρες,
τῆς διαίτης τῆς παλαιᾶς,
ἣν παρεῖχ᾽ αὕτη ποθ᾽ ἡμῖν,
τῶν τε παλαςίων ἐκείνων,
τῶν τε ςύκων, τῶν τε μύρτων, 575
τῆς τρυγός τε τῆς γλυκείας,
τῆς ἰωνιᾶς τε τῆς πρὸς
τῷ φρέατι τῶν τ᾽ ἐλαῶν
ὧν ποθοῦμεν,
ἀντὶ τούτων τήνδε νυνὶ 580
τὴν θεὸν προςείπατε.

Χο. χαῖρε, χαῖρ᾽, ὡς ἀςμένοιςιν ἦλθες ἡμῖν, [ἀντ. β′
φιλτάτη·
ςῷ γὰρ ἐδάμην πόθῳ,
δαιμόνια βουλόμενος
εἰς ἀγρὸν ἀνερπύςαι. 585
⟨– ⏑ – × – ⏑ – × – ⏑ – × – ⏑ –⟩
ᾖςθα γὰρ μέγιςτον ἡμῖν κέρδος, ὦ ποθουμένη,
πᾶςιν ὁπόςοι γεωρ-
γὸν βίον ἐτρίβομεν·
καὶ γὰρ ὠφέλεις μόνη. 590
πολλὰ γὰρ ἐπάςχομεν
πρίν ποτ᾽ ἐπὶ ςοῦ γλυκέα

566 γοῦν Sommerstein: γὰρ codd.: γε Blaydes   ἄρ᾽ RVΓ: ἂν L: om. p
582 ὡς ... φιλτάτη Enger: ὦ φίλταθ᾽, ὡς ἀςμένοιςιν ἡμῖν ἦλθες codd.
583 ἐδάμην Bothe, cf. sch.: ἐδάμημεν codd.   584 δαιμόνια R:
δαίμονα cett.   βουλόμενος Dindorf, cf. sch.: βουλόμενοι codd.
586 lacunam statuit Bergk   588 γεωργὸν Bothe: γεωργικὸν codd.
590 καὶ ... μόνη Platnauer: μόνη γὰρ ἡμᾶς ὠφέλεις codd.

ΕΙΡΗΝΗ

κἀδάπανα καὶ φίλα.
τοῖς ἀγροίκοισιν γὰρ ἦσθα χῖδρα καὶ σωτηρία.   595
ὥστε σε τά τ' ἀμπέλια
καὶ τὰ νέα συκίδια
τἄλλα θ' ὁπόσ' ἐστὶ φυτὰ
προσγελάσεται λαβόντ' ἄσμενα.   600

ἀλλὰ ποῦ ποτ' ἦν ἀφ' ἡμῶν τὸν πολὺν τοῦτον χρόνον
ἥδε; τοῦθ' ἡμᾶς δίδαξον, ὦ θεῶν εὐνούστατε.

Ερ. ὦ σοφώτατοι γεωργοί, τἀμὰ δὴ ξυνίετε
ῥήματ', εἰ βούλεσθ' ἀκοῦσαι τήνδ' ὅπως ἀπώλετο.   604
πρῶτα μὲν γὰρ †αὐτῆς ἦρξε† Φειδίας πράξας κακῶς.
εἶτα Περικλέης φοβηθεὶς μὴ μετάσχοι τῆς τύχης,
τὰς φύσεις ὑμῶν δεδοικὼς καὶ τὸν αὐτοδὰξ τρόπον,
πρὶν παθεῖν τι δεινὸν αὐτός, ἐξέφλεξε τὴν πόλιν,
ἐμβαλὼν σπινθῆρα μικρὸν Μεγαρικοῦ ψηφίσματος·
κἀξεφύσησεν τοσοῦτον πόλεμον ὥστε τῷ καπνῷ   610
πάντας Ἕλληνας δακρῦσαι, τούς τ' ἐκεῖ τούς τ' ἐνθάδε.
ὡς δ' ἅπαξ τὸ πρῶτον ἄκους' ἐψόφησεν ἄμπελος
καὶ πίθος πληγεὶς ὑπ' ὀργῆς ἀντελάκτισεν πίθῳ,
οὐκέτ' ἦν οὐδεὶς ὁ παύσων, ἥδε δ' ἠφανίζετο.   614

Τρ. ταῦτα τοίνυν μὰ τὸν Ἀπόλλω 'γὼ 'πεπύσμην οὐδενός,
οὐδ' ὅπως αὐτῇ προσήκοι Φειδίας ἠκηκόη.

Χο. οὐδ' ἔγωγε, πλήν γε νυνί. ταῦτ' ἄρ' εὐπρόσωπος ἦν,
οὖσα συγγενὴς ἐκείνου. πολλά γ' ἡμᾶς λανθάνει.

Ερ. κᾆτ' ἐπειδὴ 'γνωσαν ὑμᾶς αἱ πόλεις ὧν ἤρχετε

---

595 ἀγροίκοισι L: -οις cett.   598 ὁπόσ' Bentley: ὅσ'] codd.
601 τοῦτον RV: om. Γρ: ἤδη L   603 σοφώτατοι] λιπερνῆτες Diod.
Sic. 12.40.6: περνῆτες Aristodemus FGrH 104F16   δὴ ξυνίετε] τις
ξυνιέτω Diod. Sic.   605 αὐτῆς ἦρξε codd. et Diod. Sic.: ἦρξατ' αὐτῆς
Aristodemus: ἤψατ' αὐτῆς Herington: ἦρξεν ἄτης Seidler: ἦρξε ταραχῆς
Holford-Strevens: εἶρξεν αὐτὴν Blaydes, duce Reiske   606 μετάσχοι
RV: -χῃ cett., Diod. Sic.   τύχης] δίκης L   610 κἀξεφύσησεν Bentley: ἐξ- codd., Diod. Sic., Aristodemus   612 ἄκους'] ἤκους' L: ἀφθεῖσ'
Blaydes: an αἴθους'?   613 ἀντελάκτισεν] ἀντελάκησεν Wilson, cf. Nub.
410   616 ἠκηκόη Brunck: -όειν P61, codd.

ΑΡΙΣΤΟΦΑΝΟΥΣ

ἠγριωμένους ἐπ' ἀλλήλοισι καὶ σεσηρότας, 620
πάντ' ἐμηχανῶντ' ἐφ' ὑμῖν τοὺς φόρους φοβούμεναι,
κἀνέπειθον τῶν Λακώνων τοὺς μεγίστους χρήμασιν.
οἱ δ' ἅτ' ὄντες αἰσχροκερδεῖς καὶ διειρωνόξενοι
τήνδ' ἀπορρίψαντες αἰσχρῶς τὸν πόλεμον ἀνήρπασαν·
κᾆτα τἀκείνων γε κέρδη τοῖς γεωργοῖς ἦν κακά· 625
αἱ γὰρ ἐνθένδ' αὖ τριήρεις ἀντιτιμωρούμεναι
οὐδὲν αἰτίων ἂν ἀνδρῶν τὰς κράδας κατήσθιον.
Τρ. ἐν δίκῃ μὲν οὖν, ἐπεί τοι τὴν κορώνεών γέ μου
ἐξέκοψαν, ἣν ἐγὼ 'φύτευσα κἀξεθρεψάμην.
Χο. νὴ Δί', ὦ μέλ', ἐν δίκῃ ⟨γε⟩ δῆτ', ἐπεὶ κἀμοῦ λίθον 630
ἐμβαλόντες ἐξέδιμνον κυψέλην ἀπώλεσαν.
Ερ. κἀνθάδ' ὡς ἐκ τῶν ἀγρῶν ξυνῆλθεν οὑργάτης λεώς,
τὸν τρόπον πωλούμενος τὸν αὐτὸν οὐκ ἐμάνθανεν,
ἀλλ' ἅτ' ὢν ἄνευ γιγάρτων καὶ φιλῶν τὰς ἰσχάδας 634
ἔβλεπεν πρὸς τοὺς λέγοντας· οἱ δὲ γιγνώσκοντες εὖ
τοὺς πένητας ἀσθενοῦντας κἀποροῦντας ἀλφίτων,
τήνδε μὲν δικροῖς ἐώθουν τὴν θεὸν κεκράγμασιν,
πολλάκις φανεῖσαν αὐτὴν τῆσδε τῆς χώρας πόθῳ,
τῶν δὲ συμμάχων ἔσειον τοὺς παχεῖς καὶ πλουσίους,
αἰτίας ἂν προστιθέντες ὡς "φρονοῖ τὰ Βρασίδου". 640
εἶτ' ἂν ὑμεῖς τοῦτον ὥσπερ κυνίδι' ἐσπαράττετε·
ἡ πόλις γὰρ ὠχριῶσα κἀν φόβῳ καθημένη,
ἅττα διαβάλοι τις αὐτῇ, ταῦτ' ἂν ἥδιστ' ἤσθιεν.
οἳ δὲ τὰς πληγὰς ὁρῶντες ἃς ἐτύπτονθ', οἱ ξένοι,
χρυσίῳ τῶν ταῦτα ποιούντων ἐβύνουν τὸ στόμα, 645
ὥστ' ἐκείνους μὲν ποιῆσαι πλουσίους, ἡ δ' Ἑλλὰς ἂν

627 ἂν ἀνδρῶν RV: ἀνδρῶν Γp: ἀνδρῶν γε L   629 'φύτευσα
κἀξεθρεψάμην Bentley: φυτεύσας ἐξεθρεψάμην codd.   630 μέλ' ed.
Parisina a. 1528: μέλε᾽ codd. ἐν δίκῃ Porson: ἐνδίκως codd. suppl. Bent-
ley (δῆτά γ' L)   632 κἀνθάδ᾽ Dobree: κᾆτα δ' codd.
633 ἐμάνθανεν] ἐλάνθανεν Γ^acL   635 ἔβλεπεν Brunck: -πε codd.
γιγνώσκοντες V: γιν- cett.   640 φρονεῖ LH, Su. β 519: φρονοῖ
cett.   643 ἅττα Fl. Christianus: ἅττ' ἂν codd. διαβάλοι] -βάλλοι
VL ἤσθιεν RL²B: ἤσθιον cett.   644 ἐτύπτονθ' RV: ἔτυπτον cett.:
ἐτύπτεθ' Hirschig   646 ἂν] αὖ Blaydes

ΕΙΡΗΝΗ

ἐξερημωθεῖϲ᾽ ἂν ὑμᾶϲ ἔλαθε. ταῦτα δ᾽ ἦν ὁ δρῶν
βυρcοπώληc.

Τρ. παῦε παῦ᾽, ὦ δέϲποθ᾽ Ἑρμῆ, μὴ λέγε,
ἀλλ᾽ ἔα τὸν ἄνδρ᾽ ἐκεῖνον οὗπερ ἔϲτ᾽ εἶναι κάτω·
οὐ γὰρ ἡμέτεροc ἔτ᾽ ἔϲτ᾽ ἐκεῖνοc ἀνὴρ ἀλλὰ cόc. 650
ἅττ᾽ ἂν οὖν λέγῃϲ ἐκεῖνον,
κεἰ πανοῦργοϲ ἦν, ὅτ᾽ ἔζη,
καὶ λάλοc καὶ cυκοφάντηc
καὶ κύκηθρον καὶ τάρακτρον,
ταῦθ᾽ ἁπαξάπαντα νυνὶ 655
τοὺc cεαυτοῦ λοιδορεῖc.
ἀλλ᾽ ὅ τι cιωπᾷϲ, ὦ πότνια, κάτειπέ μοι.
Ερ. ἀλλ᾽ οὐκ ἂν εἴποι πρόc γε τοὺc θεωμένουc·
ὀργὴν γὰρ αὐτοῖc ὧν ἔπαθε πολλὴν ἔχει.
Τρ. ἡ δ᾽ ἀλλὰ πρὸϲ cὲ μικρὸν εἰπάτω μόνον. 660
Ερ. εἴφ᾽ ὅ τι νοεῖc αὐτοῖcι πρὸc ἔμ᾽, ὦ φιλτάτη.
ἴθ᾽, ὦ γυναικῶν μιcοπορπακιcτάτη.
εἶέν, ἀκούω. ταῦτ᾽ ἐπικαλεῖc; μανθάνω.
ἀκούcαθ᾽ ὑμεῖc ὧν ἕνεκα μομφὴν ἔχει.
ἐλθοῦcά φηϲιν αὐτομάτη μετὰ τἀν Πύλῳ 665
cπονδῶν φέρουcα τῇ πόλει κίcτην πλέαν
ἀποχειροτονηθῆναι τρὶc ἐν τἠκκληcίᾳ.
Τρ. ἡμάρτομεν ταῦτ᾽· ἀλλὰ cυγγνώμην ἔχε·
ὁ νοῦϲ γὰρ ἡμῶν ἦν τότ᾽ ἐν τοῖc cκύτεcιν.
Ερ. ἴθι νυν ἄκουcον οἷον ἄρτι μ᾽ ἤρετο· 670
ὅcτιc κακόνουc αὐτῇ μάλιcτ᾽ ἦν ἐνθάδε,
χὤcτιϲ φίλοc κἄcπευδεν εἶναι μὴ μάχαc.
Τρ. εὐνούcτατοc μὲν ἦν μακρῷ Κλεώνυμοc.
Ερ. ποῖόc τιc οὖν εἶναι ᾽δόκει τὰ πολεμικὰ

648 ante βυρcοπώληc add. ὁ codd. praeter L   650 ἔτ᾽ RV: om. ΓpB: τιc L   ἀνήρ Bekker: ἀνὴρ codd.   656 cεαυτοῦ] cαυτοῦ RV   661 αὐτοῖcι L: αὐτοῖc cett.   663 εἶέν ⟨γ᾽⟩ L   664 ὑμεῖc] ἡμεῖc R: . . . ν P61: ἡμῖν Richter   674 ᾽δόκει Richards: δοκεῖ codd.

309

ΑΡΙΣΤΟΦΑΝΟΥΣ

ὁ Κλεώνυμος;
Τρ.   ψυχήν γ' ἄριστος, πλήν γ' ὅτι 675
οὐκ ἦν ἄρ' οὗπέρ φηcιν εἶναι τοῦ πατρόc.
εἰ γάρ ποτ' ἐξέλθοι cτρατιώτηc, εὐθέωc
ἀποβολιμαῖοc τῶν ὅπλων ἐγίγνετο.
Ερ. ἔτι νυν ἄκουcον οἷον ἄρτι μ' ἤρετο,
ὅcτιc κρατεῖ νῦν τοῦ λίθου τοῦ 'ν τῇ Πυκνί. 680
Τρ.   Ὑπέρβολοc νῦν τοῦτ' ἔχει τὸ χωρίον.
αὕτη, τί ποιεῖc; τὴν κεφαλὴν ποῖ περιάγειc;
Ερ. ἀποcτρέφεται τὸν δῆμον ἀχθεcθεῖc', ὅτι
οὕτω πονηρὸν προcτάτην ἐπεγράψατο.
Τρ.   ἀλλ' οὐκέτ' αὐτῷ χρηcόμεθ' οὐδέν, ἀλλὰ νῦν 685
ἀπορῶν ὁ δῆμος ἐπιτρόπου καὶ γυμνὸς ὢν
τοῦτον τέωc τὸν ἄνδρα περιεζώcατο.
Ερ. πῶc οὖν ξυνοίcει ταῦτ' ἐρωτᾷ τῇ πόλει.
Τρ.   εὐβουλότεροι γενηcόμεθα.
Ερ.   τρόπῳ τίνι;
Τρ.   ὅτι τυγχάνει λυχνοποιὸc ὤν. πρὸ τοῦ μὲν οὖν 690
ἐψηλαφῶμεν ἐν cκότῳ τὰ πράγματα,
νυνὶ δ' ἅπαντα πρὸc λύχνον βουλεύcομεν.
Ερ. ὢ ὤ,
οἷά μ' ἐκέλευcεν ἀναπυθέcθαι cου.
Τρ.   τὰ τί;
Ερ. πάμπολλα, καὶ τἀρχαῖ' ἃ κατέλιπεν τότε·
πρῶτον δ' ὅ τι πράττει Cοφοκλέηc ἀνήρετο. 695
Τρ.   εὐδαιμονεῖ, πάcχει δὲ θαυμαcτόν.
Ερ.   τὸ τί;
Τρ.   ἐκ τοῦ Cοφοκλέουc γίγνεται Cιμωνίδηc.

675 prius γ' RV: τ' ΓpL: om. B   676 οὗπερ Bentley: ὅπερ RVΓp: ὥcπερ L   678 ἐγίγνετο Brunck: ἐγίνετο codd.   post hunc v. lacunam statuit Bergk, ut mentio κακονοίαc (v. 671) fieret   680 κρατεῖ νῦν] κρατύνει lm. Rhet. lex. 249 Naoumides, cf. sch. R   Πυκνί] Πυνκί L   682 ποῖ RV: om. Γp: cου L   684 οὕτω Cobet: αὐτῷ codd.   693 τὰ] τὸ Reiske   694 καὶ] δὴ Blaydes   697 γίγνεται Brunck: γίνεται codd.

310

ΕΙΡΗΝΗ

Ερ.	Cιμωνίδης; πῶς;
Τρ.	ὅτι γέρων ὢν καὶ caπρὸς

κέρδους ἕκατι κἂν ἐπὶ ῥιπὸς πλέοι.
| Ερ. | τί δαὶ Κρατῖνος ὁ σοφός; ἔστιν; |
| Τρ. | ἀπέθανεν, 700 |

ὅθ' οἱ Λάκωνες ἐνέβαλον.
| Ερ. | τί παθών; |
| Τρ. | ὅ τι; |

ὡρακιάcας· οὐ γὰρ ἐξηνέcχετο
ἰδὼν πίθον καταγνύμενον οἴνου πλέων.
χἄτερα πόc' ἄττ' οἴει γεγενῆcθ' ἐν τῇ πόλει;
ὥcτ' οὐδέποτ', ὦ δέcποιν', ἀφηcόμεcθά cου. 705
| Ερ. | ἴθι νυν ἐπὶ τούτοις τὴν Ὀπώραν λάμβανε |

γυναῖκα cαυτῷ τήνδε· κᾆτ' ἐν τοῖς ἀγροῖς
ταύτῃ ξυνοικῶν ἐκποιοῦ cαυτῷ βότρυς.
| Τρ. | ὦ φιλτάτη, δεῦρ' ἐλθὲ καὶ δός μοι κύcαι. |

ἆρ' ἂν βλαβῆναι διὰ χρόνου τί cοι δοκῶ, 710
ὦ δέcποθ' Ἑρμῆ, τῆς Ὀπώρας κατελάcας;
| Ερ. | οὔκ, εἴ γε κυκεῶν' ἐπιπίοις βληχωνίαν. |

ἀλλ' ὡς τάχιcτα τήνδε τὴν Θεωρίαν
ἀπάγαγε τῇ βουλῇ λαβών, ἧςπέρ ποτ' ἦν.
| Τρ. | ὦ μακαρία βουλὴ cὺ τῆς Θεωρίας, 715 |

ὅcον ῥοφήcει ζωμὸν ἡμερῶν τριῶν,
ὅcας δὲ κατέδει χόλικας ἑφθὰς καὶ κρέα.
ἀλλ', ὦ φίλ' Ἑρμῆ, χαῖρε πολλά.
| Ερ. | καὶ cύ γε, |

ὤνθρωπε, χαίρων ἄπιθι καὶ μέμνηcό μου.
Τρ.	ὦ κάνθαρ', οἴκαδ' οἴκαδ' ἀποπετώμεθα. 720
Ερ.	οὐκ ἐνθάδ', ὦ τᾶν, ἔcτι.
Τρ.	ποῖ γὰρ οἴχεται;
Ερ.	ὑφ' ἅρματ' ἐλθὼν Ζηνὸς ἀcτραπηφορεῖ.

700 δαί Γp: δέ cett.   705 ἀφηcόμεcθα Invernizi: -όμεθα R: ἀφεξόμεθα VH: ἀφεξόμεcθα cett.   714 ἀπάγαγε RV: ἄπαγε Γp: ἄπαγε cὺ L   715 βουλὴ cὺ sch., Bentley: cὺ βουλὴ codd.   716 ῥοφήcει Elmsley: -cεις codd.

ΑΡΙΣΤΟΦΑΝΟΥΣ

Τρ. πόθεν οὖν ὁ τλήμων ἐνθάδ' ἕξει cιτία;
Ερ. τὴν τοῦ Γανυμήδους ἀμβροςίαν cιτήςεται.
Τρ. πῶς δῆτ' ἐγὼ καταβήςομαι;
Ερ.   θάρρει, καλῶς·   725
  τῃδὶ παρ' αὐτὴν τὴν θεόν.
Τρ.   δεῦρ', ὦ κόραι,
  ἔπεcθον ἅμ' ἐμοὶ θᾶττον, ὡς πολλοὶ πάνυ
  ποθοῦντες ὑμᾶς ἀναμένουc' ἐςτυκότες.

Χο. ἀλλ' ἴθι χαίρων· ἡμεῖς δὲ τέως τάδε τὰ ςκεύη
  παραδόντες
  τοῖς ἀκολούθοις δῶμεν ςῴζειν, ὡς εἰώθαςι   730
  μάλιστα
  περὶ τὰς ςκηνὰς πλεῖστοι κλέπται κυπτάζειν καὶ
  κακοποιεῖν.
  ἀλλὰ φυλάττετε ταῦτ' ἀνδρείως· ἡμεῖς δ' αὖ τοῖςι
  θεαταῖς
  ἣν ἔχομεν ὁδὸν λόγων εἴπωμεν ὅcα τε νοῦς ἔχει.
  χρῆν μὲν τύπτειν τοὺς ῥαβδούχους, εἴ τις
  κωμῳδοποιητὴς
  αὑτὸν ἐπῄνει πρὸς τὸ θέατρον παραβὰς ἐν τοῖς   735
  ἀναπαίστοις·
  εἰ δ' οὖν εἰκός τινα τιμῆσαι, θύγατερ Διός, ὅστις
  ἄριστος
  κωμῳδοδιδάσκαλος ἀνθρώπων καὶ κλεινότατος
  γεγένηται,
  ἄξιος εἶναί φηc' εὐλογίας μεγάλης ὁ διδάςκαλος ἡμῶν.
  πρῶτον μὲν γὰρ τοὺς ἀντιπάλους μόνος ἀνθρώπων
  κατέπαυσεν
  εἰς τὰ ῥάκια ςκώπτοντας ἀεὶ καὶ τοῖς φθειρςὶν   740
  πολεμοῦντας,

725 θάρρει P11, Brunck: θάρcει codd.   726 κόραι] κόρα Meineke
729 παραδόντες] παραβάντες Richards   730 δῶμεν] φῶμεν
Meineke   732 φυλάττετε V: φύλαττε RΓp: φύλαττε cὺ L
733 ἔχομεν RLP: ἔχωμεν VΓCH   ὅcα τε νοῦc] χῶcά τε νοῦc αὐτὸς
L   νοῦc] νοῦν Schneider   740 φθειρcὶν P11, B: -cὶ cett.

312

ΕΙΡΗΝΗ

τούς θ' Ἡρακλέας τοὺς μάττοντας κἀεὶ πεινῶντας 741
ἐκείνους
ἐξήλας' ἀτιμώςας πρῶτος, καὶ τοὺς δούλους 743
παρέλυςεν
τοὺς φεύγοντας κἀξαπατῶντας καὶ τυπτομένους, 742
ἐπίτηδες
{οὓς ἐξῆγον κλάοντας ἀεί, καὶ τούτους οὕνεκα τουδί}
ἵν' ὁ cύνδουλος ςκώψας αὐτοῦ τὰς πληγὰς εἶτ' ἀνέροιτο·
"ὦ κακόδαιμον, τί τὸ δέρμ' ἔπαθες; μῶν ὑςτριχὶς 746
εἰςέβαλέν coι
εἰς τὰς πλευρὰς πολλῇ ςτρατιᾷ κἀδενδροτόμηςε τὸ
νῶτον;"
τοιαῦτ' ἀφελὼν κακὰ καὶ φόρτον καὶ βωμολοχεύματ'
ἀγεννῆ
ἐποίηςε τέχνην μεγάλην ὑμῖν κἀπύργως' οἰκοδομήςας
ἔπεςιν μεγάλοις καὶ διανοίαις καὶ ςκώμμαςιν οὐκ 750
ἀγοραίοις,
οὐκ ἰδιώτας ἀνθρωπίςκους κωμῳδῶν οὐδὲ γυναῖκας,
ἀλλ' Ἡρακλέους ὀργήν τιν' ἔχων τοῖςι μεγίςτοις
ἐπεχείρει,
διαβὰς βυρςῶν ὀςμὰς δεινὰς κἀπειλὰς βορβοροθύμους.
καὶ πρῶτον μὲν μάχομαι πάντων αὐτῷ τῷ
καρχαρόδοντι,
οὗ δεινόταται μὲν ἀπ' ὀφθαλμῶν Κύννης ἀκτῖνες 755
ἔλαμπον,

741 κἀεὶ van Herwerden: καὶ τοὺς P11, codd.   743 ante 742 transp.
Bergk   743 παρέλυςεν RV: κατέλυςεν cett.: [P11]   744 v. praebent
P11 (cum ἐξήγαγον pro ἐξῆγον), codd.: del. Hamaker, Bergk (qui aut 743 aut
744 delendum censuit)   745 εἶτ' ἀνέροιτο Bentley: ἐπανέροιτο P11 ut
videtur, codd., Su. c 1468   747 τὸ νῶτον P11, Su. υ 693 codd. plerique:
τὰ νῶτα L: τὸν νῶτον cett.   749 ὑμῖν Blaydes: ἡμῖν codd.   752
τοῖςι] θηρςὶ Merry   ἐπεχείρει] ἐπιχειρεῖ L   753 βορβοροθύμους]
βαρβαρο- e sch. Bentley: βαρβαρομύθους Meineke   754 μὲν μάχο-
μαι] δὴ 'μαχόμην Richter   755 οὗ] ᾧ Kiehl   δεινόταται] δεινότε-
ραι Kiehl   Κύννης R, V^{ac}?, L, Su. κ 2692: Κύνης V^{pc}Γp: κυνὸς ὡς
Eratosthenes ap. sch.

ΑΡΙΣΤΟΦΑΝΟΥΣ

ἑκατὸν δὲ κύκλῳ κεφαλαὶ κολάκων οἰμωξομένων
  ἐλιχμῶντο
περὶ τὴν κεφαλήν, φωνὴν δ' εἶχεν χαράδρας ὄλεθρον
  τετοκυίας,
φώκης δ' ὀςμήν, Λαμίας δ' ὄρχεις ἀπλύτους, πρωκτὸν
  δὲ καμήλου.
τοιοῦτον ἰδὼν τέρας οὐ κατέδεις᾽, ἀλλ' ὑπὲρ ὑμῶν
  πολεμίζων
ἀντεῖχον ἀεὶ καὶ τῶν ἄλλων νήςων. ὧν οὕνεκα νυνὶ   760
ἀποδοῦναί μοι τὴν χάριν ὑμᾶς εἰκὸς καὶ μνήμονας
  εἶναι.
καὶ γὰρ πρότερον πράξας κατὰ νοῦν οὐχὶ παλαίςτρας
  περινοςτῶν
παῖδας ἐπείρων, ἀλλ' ἀράμενος τὴν ςκευὴν εὐθὺς
  ἐχώρουν,
παῦρ' ἀνιάσας, πόλλ' εὐφράνας, πάντα παρασχὼν τὰ
  δέοντα.
πρὸς ταῦτα χρεὼν εἶναι μετ' ἐμοῦ   765
καὶ τοὺς ἄνδρας καὶ τοὺς παῖδας·
καὶ τοῖς φαλακροῖσι παραινοῦμεν
ξυςπουδάζειν περὶ τῆς νίκης.
πᾶς γάρ τις ἐρεῖ νικῶντος ἐμοῦ
κἀπὶ τραπέζῃ καὶ ξυμποςίοις,   770
"φέρε τῷ φαλακρῷ, δὸς τῷ φαλακρῷ
τῶν τρωγαλίων, καὶ μἀφαίρει
γενναιοτάτου τῶν ποιητῶν
ἀνδρὸς τὸ μέτωπον ἔχοντος."

Μοῦσα, σὺ μὲν πολέμους ἀπωςαμένη μετ' ἐμοῦ   [ςτρ.
τοῦ φίλου χόρευςον,   775

---

756 κεφαλαὶ] γλῶτται Bentley   ἐλιχμῶντο RVB, Su.: ἐλιχνῶντο cett., sch., Hsch.   758 alterum δ' P11, Bentley: om. codd., Su. λ 85   καμήλου P11, L: καμίνου fere cett.   759 τοιοῦτον P11, L: τοιοῦτ' cett.   760 οὕνεκα Brunck: εἵνεκα P11, codd.   770 καὶ] κἂν Meineke

ΕΙΡΗΝΗ

κλείουca θεῶν τε γάμουc
ἀνδρῶν τε δαῖταc καὶ θαλίαc μακάρων·
coὶ γὰρ τάδ' ἐξ ἀρχῆc μέλει. 780
ἢν δέ cε Καρκίνοc ἐλθὼν
ἀντιβολῇ μετὰ τῶν παίδων χορεῦcαι,
μήθ' ὑπάκουε μήτ' ἔλ- 785
θῃc cυνέριθοc αὐτοῖc,
ἀλλὰ νόμιζε πάνταc
ὄρτυγαc οἰκογενεῖc, γυλιαύχεναc ὀρχηcτὰc
νανοφυεῖc, cφυράδων ἀποκνίcματα, μηχανοδίφαc. 790
καὶ γὰρ ἔφαcχ' ὁ πατὴρ ὃ παρ' ἐλπίδαc
εἶχε τὸ δρᾶμα γαλῆν τῆc ἑcπέραc ἀπάγξαι. 795

τοιάδε χρὴ Χαρίτων δαμώματα καλλικόμων   [ἀντ.
τὸν coφὸν ποιητὴν
ὑμνεῖν, ὅταν ἠρινὰ μὲν
φωνῇ χελιδὼν ἡδομένη κελαδῇ, 800
χορὸν δὲ μὴ 'χῃ Μόρcιμοc
μηδὲ Μελάνθιοc, οὗ δὴ
πικροτάτην ὄπα γηρύcαντοc ἤκουc', 805
ἡνίκα τῶν τραγῳδῶν
τὸν χορὸν εἶχον ἀδελ-
φόc τε καὶ αὐτόc, ἄμφω
Γοργόνεc ὀψοφάγοι, βατιδοcκόποι Ἅρπυιαι, 810
γραοcόβαι μιαροί, τραγομάcχαλοι ἰχθυολῦμαι·
ὧν καταχρεμψαμένη μέγα καὶ πλατύ, 815
Μοῦcα θεά, μετ' ἐμοῦ ξύμπαιζε τὴν ἑορτήν.

---

783 ἀντιβολῇ P11, Vs.l., B: -λεῖ cett.   785 ὑπάκουε Bentley: ὑπακούcῃc P11, codd. plerique: ὑπάcῃc L.   786 cυνέριθοc codd.: ξυνεριθ[P11   790 νανοφυεῖc P11: ναννο- codd., Su. κ 396, c 1762   ἀποκνίcματα] ὑπο- R, Su. c 1762   795 εἶχε τὸ δρᾶμα parum luculentum   800 ἡδομένη Meineke: ἑζομένη codd.: ἡδομένῃ Bergk: [P11]   807 εἶχον] εἶχεν R, sch. VΓ   ἀδελφὸc Bekker: ἀ- codd.   810 ὀψοφάγοι] -φάγω Rhet. lex. 198 Naoumides   816 τὴν] τήνδ' van Herwerden

ΑΡΙϹΤΟΦΑΝΟΥϹ

Τρ. ὡϲ χαλεπὸν ἐλθεῖν ἦν ἄρ' εὐθὺ τῶν θεῶν.
ἔγωγέ τοι πεπόνηκα κομιδῇ τὼ ϲκέλει. 820
μικροὶ δ' ὁρᾶν ἄνωθεν ἦϲτ'. ἔμοιγέ τοι
ἀπὸ τοὐρανοῦ 'φαίνεϲθε κακοήθειϲ πάνυ,
ἐντευθενὶ δὲ πολύ τι κακοηθέϲτεροι.
Οι. ὦ δέϲποθ', ἥκειϲ;
Τρ. ὡϲ ἐγὼ 'πυθόμην τινόϲ.
Οι. τί δ' ἔπαθεϲ;
Τρ. ἤλγουν τὼ ϲκέλει μακρὰν ὁδὸν 825
διεληλυθώϲ.
Οι. ἴθι νυν, κάτειπέ μοι—
Τρ. τὸ τί;
Οι. ἄλλον τιν' εἶδεϲ ἄνδρα κατὰ τὸν ἀέρα
πλανώμενον πλὴν ϲαυτόν;
Τρ. οὔκ, εἰ μή γέ που
ψυχὰϲ δύ' ἢ τρεῖϲ διθυραμβοδιδαϲκάλων.
Οι. τί δ' ἔδρων;
Τρ. ξυνελέγοντ' ἀναβολὰϲ ποτώμεναι 830
τὰϲ εὐδιαεριαυρινηχέτουϲ τινάϲ.
Οι. οὐκ ἦν ἄρ' οὐδ' ἃ λέγουϲι, κατὰ τὸν αἰθέρα
ὡϲ ἀϲτέρεϲ γιγνόμεθ', ὅταν τιϲ ἀποθάνῃ;
Τρ. μάλιϲτα.
Οι. καὶ τίϲ ἐϲτιν ἀϲτὴρ νῦν ἐκεῖ;
Τρ. Ἴων ὁ Χῖοϲ, ὅϲπερ ἐποίηϲεν πάλαι 835
ἐνθάδε τὸν Ἀοῖόν ποθ'· ὡϲ δ' ἦλθ', εὐθέωϲ

819 ἦν ante ἐλθεῖν transp. L   θεῶν] νεῶν L   820 ἔγωγε] ἐγὼ δὲ Hdn. I 420.12, II 360.16, Choeroboscus II 137.21, 161.9   τὼ ϲκέλει Hall & Geldart: τὼ ϲκέλη PII, RV, Hdn., Choerob.: τὰ ϲκέλη Γp L: non amplius notatur   822 ἀπὸ τοὐρανοῦ] ἀπ' οὐρανοῦ L   'φαίνεϲθε Bentley (apparebatis Divus): φαίνεϲθαι (vel -θε) PII, codd.   824 ἐγὼ PII, L: ἔγωγ' cett.: γ' ἐγὼ Dindorf   825 ἤλγουν] ἀλγῶ Hamaker   830 ποτώμεναι] πωτώμεναι V, Hsch.   831 εὐδι- Bentley: ἐνδι- codd., Su. δ 1029, ε 1174   -αυρι- Dindorf: -αερι- RV: -ανερι- cett.: -αιερι- Su. δ 1029: -αιθερι- Reisig   832 ἃ] ὃ Hamaker   αἰθέρα Sommerstein: ἀέρα codd.   833 γιγνόμεθ' Brunck: γίνομεθ' codd.   836 ὡϲ δ' ἦλθ'] ὥϲτε γ' L

316

ΕΙΡΗΝΗ

Ἀοῖον αὐτὸν πάντες ἐκάλουν ἀςτέρα.
Οι. τίνες γάρ εἰς᾽ οἱ διατρέχοντες ἀςτέρες,
οἳ καόμενοι θέουςιν;
Τρ. ἀπὸ δείπνου τινὲς
τῶν πλουςίων οὗτοι βαδίζουςʼ ἀςτέρων 840
ἱπνοὺς ἔχοντες, ἐν δὲ τοῖς ἱπνοῖςι πῦρ.
ἀλλʼ εἴςαγʼ ὡς τάχιςτα ταυτηνὶ λαβών,
καὶ τὴν πύελον κατάκλυζε καὶ θέρμαινʼ ὕδωρ,
ςτόρνυ τʼ ἐμοὶ καὶ τῇδε κουρίδιον λέχος.
καὶ ταῦτα δράςας ἧκε δεῦρʼ αὖθις πάλιν· 845
ἐγὼ δʼ ἀποδώςω τήνδε τῇ βουλῇ τέως.
Οι. πόθεν δʼ ἔλαβες ταύτας ςύ;
Τρ. πόθεν; ἐκ τοὐρανοῦ.
Οι. οὐκ ἂν ἔτι δοίην τῶν θεῶν τριώβολον,
εἰ πορνοβοςκοῦςʼ ὥςπερ ἡμεῖς οἱ βροτοί.
Τρ. οὔκ, ἀλλὰ κἀκεῖ ζῶςιν ἀπὸ τούτων τινές. 850
Οι. ἄγε νυν ἴωμεν. εἰπέ μοι, δῶ καταφαγεῖν
ταύτῃ τι;
Τρ. μηδέν· οὐ γὰρ ἐθελήςει φαγεῖν
οὔτʼ ἄρτον οὔτε μᾶζαν, εἰωθυῖʼ ἀεὶ
παρὰ τοῖς θεοῖςιν ἀμβροςίαν λείχειν ἄνω.
Οι. λείχειν ἄρʼ αὐτῇ κἀνθάδε ςκευαςτέον. 855

Χο. εὐδαιμονικῶς γʼ ὁ πρε- [ςτρ.
ςβύτης, ὅςα γʼ ὧδʼ ἰδεῖν,
τὰ νῦν τάδε πράττει.
Τρ. τί δῆτʼ ἐπειδὰν νυμφίον μʼ ὁρᾶτε λαμπρὸν ὄντα;
Χο. ζηλωτὸς ἔςει γέρων, 860
αὖθις νέος ὢν πάλιν,
μύρῳ κατάλειπτος.

838 γάρ] δʼ ἄρʼ van Herwerden 840 βαδίζουςʼ L: βαδίζουςιν cett.
844 τʼ ἐμοί Brunck: τέ μοι codd. 847 ταύτας RV: ταῦτα cett.: ταύτα
Brunck τοὐρανοῦ RV: τῶν οὐρανῶν cett. 849 πορνοβοςκοῦςʼ L:
-ούςιν cett. 855 κἀνθάδε RV: κανάδε p: καὶ κανᾶ L 857 ὧδʼ]
ἔςτʼ Brunck 860 γέρων B: γέρον cett.

ΑΡΙΣΤΟΦΑΝΟΥΣ

Τρ. οἶμαι. τί δῆθ' ὅταν ξυνὼν τῶν τιτθίων ἔχωμαι;
Χο. εὐδαιμονέστερος φανεῖ τῶν Καρκίνου στροβίλων.
Τρ. οὔκουν δικαίως; ὅςτις εἰς ὄχημα κανθάρου 'πιβὰς   865
ἔςωςα τοὺς Ἕλληνας, ὥςτ' ἐν τοῖς ἀγροῖςιν αὐτοὺς
ἅπαντας ὄντας ἀςφαλῶς κινεῖν τε καὶ καθεύδειν.

Οι. ἡ παῖς λέλουται καὶ τὰ τῆς πυγῆς καλά·
ὁ πλακοῦς πέπεπται, ςηςαμῆ ξυμπλάττεται,
καὶ τἄλλ' ἁπαξάπαντα· τοῦ πέους δὲ δεῖ.   870
Τρ. ἴθι νυν, ἀποδῶμεν τήνδε τὴν Θεωρίαν
ἀνύςαντε τῇ βουλῇ.
Οι.   τί; ταυτηνί; τί φῄς;
αὕτη Θεωρία 'ςτίν, ἣν ἡμεῖς ποτε
ἐπαίομεν Βραυρωνάδ' ὑποπεπωκότες;
Τρ. ςάφ' ἴςθι, κἀλήφθη γε μόλις.
Οι.   ὦ δέςποτα,   875
ὅςην ἔχει τὴν πρωκτοπεντετηρίδα.
Τρ. εἶἑν· τίς ἐςθ' ὑμῶν δίκαιος; τίς ποτε;
τίς διαφυλάξει τήνδε τῇ βουλῇ λαβών;
οὗτος, τί περιγράφεις;
Οι.   τὸ δεῖν', εἰς Ἴςθμια
ςκηνὴν ἐμαυτοῦ τῷ πέει καταλαμβάνω.   880
Τρ. οὔπω λέγεθ' ὑμεῖς τίς ὁ φυλάξων. δεῦρο ςύ·
καταθήςομαι γὰρ αὐτὸς εἰς μέςους ἄγων.
Οι. ἐκεινοςὶ νεύει.
Τρ.   τίς;
Οι.   ὅςτις; Ἀριφράδης,

863 οἶμαι] οἴμοι Lenting   864 φανεῖ RVB: φανεὶς cett.
865 εἰς] εἷς Nenci   866 ἀγροῖςιν αὐτοὺς L: ἀγροῖς cett.: lacunam
statuit Dindorf   867 κινεῖν] βινεῖν Fl. Christianus   872 prius τί
p: τι V: om. R: τίς L   ταυτηνί V: ταυτηί R: ταύτην p: ἐςθ' αὕτη L: τίς
αὐτηί Dobree   874 ἐπαίομεν] ἐπέμπομεν Kock   ὑποπεπωκότες
B, cf. sch.: ὑποπεπτ- cett.   post hunc v. lacunam statuit van Herwerden
879 εἰς RV: ἐς L: om. p   882 αὐτὸς εἰς μέςους Seidler: αὐτοὺς ἐς
μέςους V: εἰς μέςους αὐτοὺς fere cett.   ⟨ς'⟩ ἄγων Rogers

ΕΙΡΗΝΗ

ἄγειν παρ' αὐτὸν ἀντιβολῶν.
Τρ.   ἀλλ', ὦ μέλε,
τὸν ζωμὸν αὐτῆς προσπεσὼν ἐκλάψεται.   885
ἄγε δὴ cὺ κατάθου πρῶτα τὰ cκεύη χαμαί.
βουλή, πρυτάνεις, ὁρᾶτε τὴν Θεωρίαν.
cκέψαcθ' ὅc' ὑμῖν ἀγαθὰ παραδώcω φέρων,
ὥcτ' εὐθέωc ἄραντας ὑμᾶc τὼ cκέλει
ταύτηc μετεώρω κᾆτ' ἀγαγεῖν Ἀνάρρυcιν.   890
τουτὶ δ' ὁρᾶτε τοὐπτάνιον.
Οἰ.   οἴμ' ὡc καλόν.
διὰ ταῦτα καὶ κεκάπνικεν ἆρ'· ἐνταῦθα γὰρ
πρὸ τοῦ πολέμου τὰ λάcανα τῇ βουλῇ ποτ' ἦν.
Τρ. ἔπειτ' ἀγῶνά γ' εὐθὺc ἐξέcται ποιεῖν
ταύτην ἔχουcιν αὔριον καλὸν πάνυ,   895
ἐπὶ γῆc παλαίειν, τετραποδηδὸν ἱcτάναι,
{πλαγίαν καταβάλλειν, εἰc γόνατα κύβδ' ἑcτάναι,} 896a
καὶ παγκράτιόν γ' ὑπαλειψαμένοιc νεανικῶc
παίειν, ὀρύττειν, πὺξ ὁμοῦ καὶ τῷ πέει·
τρίτῃ δὲ μετὰ ταῦθ' ἱπποδρομίαν ἄξετε,
ἵνα δὴ κέληc κέλητα παρακελητιεῖ,   900
ἅρματα δ' ἐπ' ἀλλήλοιcιν ἀνατετραμμένα
φυcῶντα καὶ πνέοντα προcκινήcεται·
ἕτεροι δὲ κείcονταί γ' ἀπεψωλημένοι
περὶ ταῖcι καμπαῖc ἡνίοχοι πεπτωκότεc.
ἀλλ', ὦ πρυτάνειc, δέχεcθε τὴν Θεωρίαν.   905
θέαc' ὡc προθύμωc ὁ πρύτανιc παρεδέξατο.
ἀλλ' οὐκ ἄν, εἴ τι προῖκα προcαγαγεῖν c' ἔδει,

---

886 τὰ cκεύη] τὴν cκευὴν Meineke   890 μετεώρω Blaydes: μετέωρα codd.   κᾆτ' ἀγαγεῖν van Herwerden: καταγαγεῖν codd. 891 ὁρᾶτε τοὐπτάνιον] ὁρᾶτ', ὀπτάνιον Bentley   οἴμ' Zacher: ἡμῖν RV (sed post καλόν transp. V): ὑμῖν cett.   892 κεκάπνικεν Brunck: κεκάπνικ' codd.   894 ἔπειτ'] κἄπειτ' van Herwerden   896 ἱcτάναι Bothe: ἑcτάναι codd. v. del. Willems   896a v. praebet R solus: del. Rogers   900 ἵνα δὴ RV: ἡνίκα δὴ Γp: ἡνίκα δὲ L   906 θέαc'] ἴθ' L   907 προῖκ' ἂν RVΓ

ΑΡΙϹΤΟΦΑΝΟΥϹ

ἀλλ' ηὗρον ἄν c' ὑπέχοντα τὴν ἐκεχειρίαν.

Χο. ἦ χρηϲτὸϲ ἀνὴρ πολί-   [ἀντ.
     ταιϲ ἐϲτὶν ἅπαϲιν ὅϲ-   911
     τιϲ ἐϲτὶ τοιοῦτοϲ.
Τρ. ὅταν τρυγᾶτ', εἴϲεϲθε πολλῷ μᾶλλον οἷόϲ εἰμι.
Χο. καὶ νῦν ϲύ γε δῆλοϲ εἶ·
     ϲωτὴρ γὰρ ἅπαϲιν ἀν-
     θρώποιϲ γεγένηϲαι.   915
Τρ. φήϲειϲ ⟨γ'⟩, ἐπειδὰν ἐκπίῃϲ οἴνου νέου λεπαϲτήν.
Χο. καὶ πλήν γε τῶν θεῶν ἀεί c' ἡγηϲόμεϲθα πρῶτον.
Τρ. πολλῶν γὰρ ὑμῖν ἄξιοϲ Τρυγαῖοϲ Ἀθμονεὺϲ ἐγώ,
     δεινῶν ἀπαλλάξαϲ πόνων τὸν δημότην ὅμιλον   920
     καὶ τὸν γεωργικὸν λεών, Ὑπέρβολόν τε παύϲαϲ.

Οι. ἄγε δή, τί νῷν ἐντευθενὶ ποιητέον;
Τρ. τί δ' ἄλλο γ' ἢ ταύτην χύτραιϲ ἱδρυτέον;
Χο. χύτραιϲιν, ὥϲπερ μεμφόμενον Ἑρμῄδιον;
Τρ. τῷ δαὶ δοκεῖ; βούλεϲθε λαρινῷ βοΐ;   925
Χο. βοΐ; μηδαμῶϲ, ἵνα μὴ βοηθεῖν ποι δέῃ.
Τρ. ἀλλ' ὑὶ παχείᾳ καὶ μεγάλῃ;
Χο.   μὴ μή.
Τρ.   τιή;
Χο. ἵνα μὴ γένηται Θεογένουϲ ὑηνία.
Τρ. τῷ δαὶ δοκεῖ ϲοι δῆτα τῶν λοιπῶν;
Χο.   οἴ.
Τρ. οἴ;
Χο.   ναὶ μὰ Δί'.
Τρ.   ἀλλὰ τοῦτό γ' ἔϲτ' Ἰωνικὸν   930

908 ηὗρον Meineke: εὗρον codd.   910 πολίταιϲ Hermann: πολίτηϲ codd.   912 post ὅϲτιϲ add. γ' L   916 φήϲειϲ γ' Dindorf: φήϲειϲ RVΓp, Su. λ 285: φήϲειϲ τί δῆτ' LB (omisso νέου): τί δῆται (sic) Athenaeus 485 A, unde τί δῆτ' Biset   919 Ἀθμονεὺϲ Dawes: Ἀ- codd.   920 ὅμιλον del. Dindorf   924 Ἑρμῄδιον Schwabe: Ἑρμίδιον codd.   925 τῷ Blaydes: τί codd.   δαὶ] δὲ RV   926 δέῃ Dindorf: δέοι codd.   928 Θεογένουϲ Dindorf: Θεα- codd., Su. υ 79   929 τῷ R: τί cett. δαὶ Dawes: δὴ codd.

EIPHNH

  τὸ ῥῆμ᾽.
Χο. ἐπίτηδές γ᾽, ἵν᾽ ⟨ὅταν⟩ ἐν τἠκκλησίᾳ
  ὡς χρὴ πολεμεῖν λέγῃ τις, οἱ καθήμενοι
  ὑπὸ τοῦ δέους λέγωσ᾽ Ἰωνικῶς "οἲ"—
Τρ. εὖ τοι λέγεις.
Χο. —καὶ τἄλλα γ᾽ ὦσιν ἤπιοι.
  ὥστ᾽ ἐσόμεθ᾽ ἀλλήλοισιν ἀμνοὶ τοὺς τρόπους   935
  καὶ τοῖσι συμμάχοισι πρᾳότεροι πολύ.
Τρ. ἴθι νυν, ἄγ᾽ ὡς τάχιστα τὸ πρόβατον λαβών·
  ἐγὼ δὲ ποριῶ βωμὸν ἐφ᾽ ὅτου θύσομεν.

Χο. ὡς πάνθ᾽ ὅσ᾽ ἂν θεὸς θέλῃ χἠ τύχη κατορθοῖ   [ϲτρ.
  χωρεῖ κατὰ νοῦν, ἕτερον δ᾽ ἑτέρῳ   940
  τούτων κατὰ καιρὸν ἀπαντᾷ.
Τρ. ὡς ταῦτα δῆλά γ᾽ ἔσθ᾽· ὁ γὰρ βωμὸς θύρασι καὶ δή.
Χο. ⟨ἄγ᾽⟩ ἐπείγετέ νυν ἐν ὅσῳ σοβαρὰ
  θεόθεν κατέχει πολέμου μετάτροπος
  αὖρα· νῦν γὰρ δαίμων φανερῶς   945
  εἰς ἀγαθὰ μεταβιβάζει.
Τρ. τὸ κανοῦν πάρεστ᾽ ὀλὰς ἔχον καὶ στέμμα καὶ μάχαιραν,
  καὶ πῦρ γε τουτί, κοὐδὲν ἴσχει πλὴν τὸ πρόβατον ἡμᾶς.
Χο. οὔκουν ἁμιλλήσεσθον; ὡς   950
  ὁ Χαῖρις ἢν ὑμᾶς ἴδῃ,
  πρόσεισιν αὐλήσων ἄκλη-
  τος, κᾆτα τοῦδ᾽ εὖ οἶδ᾽ ὅτι
  φυσῶντι καὶ πονουμένῳ
  προσδώσετε δήπου.   955

931 post ῥῆμα add. γ᾽ L suppl. Meineke 932 λέγῃ V: λέγει cett.
939 θεὸς θέλῃ] θεὸς θέλῃ γε B et fortasse V^ac: θέλῃ γε L ἡ τύχη del.
Bothe, κατορθοῦν pro κατορθοῖ reposito: χἠ τύχη κατορθοῖ del. Bergk
942 θύρασι RV, Su. β 492, θ 600: θύραιcι(ν) cett.   943 suppl. Dindorf:
⟨κατ⟩επείγετε Bothe: ⟨φέρ᾽⟩ ἐπείγετε van Herwerden   947 εἰς] ἐς
Bothe: ἐπ᾽ Bachmann   948–9 servo tribuit M. G. Bonanno
951–3~1034–6 de numeris vide Parker, *Songs*, 286   951 ὁ Χαῖρις ἢν
Bentley: ἢν Χαῖρις codd.   953 τοῦδ᾽ Olson: τοῦθ᾽ codd.: τοῦτ᾽ ed.
Iuntina (1525)

ΑΡΙΣΤΟΦΑΝΟΥC

Τρ. ἄγε δή, τὸ κανοῦν λαβὼν cὺ καὶ τὴν χέρνιβα
περίιθι τὸν βωμὸν ταχέως ἐπιδέξια.
Οι. ἰδού· λέγοις ἂν ἄλλο· περιελήλυθα.
Τρ. φέρε δή, τὸ δαλίον τόδ᾽ ἐμβάψω λαβών.
cείου cὺ ταχέως· cὺ δὲ πρότεινε τῶν ὀλῶν, 960
καὐτός γε χερνίπτου παραδοὺς ταύτην ἐμοί,
καὶ τοῖc θεαταῖc ῥῖπτε τῶν κριθῶν.
Οι. ἰδού.
Τρ. ἔδωκας ἤδη;
Οι. νὴ τὸν Ἑρμῆν, ὥcτε γε
τούτων ὅcοιπέρ εἰcι τῶν θεωμένων
οὐκ ἔcτιν οὐδεὶc ὅcτιc οὐ κριθὴν ἔχει. 965
Τρ. οὐχ αἱ γυναῖκές γ᾽ ἔλαβον.
Οι. ἀλλ᾽ εἰc ἑcπέραν
δώcουcιν αὐταῖc ἄνδρεc.
Τρ. ἀλλ᾽ εὐχώμεθα.
τίc τῇδε; ποῦ ποτ᾽ εἰcὶ πολλοὶ κἀγαθοί;
Οι. τοιcδὶ φέρε δῶ· πολλοὶ γάρ εἰcι κἀγαθοί.
Τρ. τούτουc ἀγαθοὺc ἐνόμιcαc;
Οι. οὐ γάρ, οἵτινεc 970
ἡμῶν καταχεόντων ὕδωρ τοcουτονὶ
εἰc ταὐτὸ τοῦθ᾽ ἑcτᾶc᾽ ἰόντεc χωρίον;
Τρ. ἀλλ᾽ ὡc τάχιcτ᾽ εὐχώμεθ᾽.
Οι. εὐχώμεcθα δή.
Τρ. ὦ cεμνοτάτη βαcίλεια θεά,
πότνι᾽ Εἰρήνη, 975
δέcποινα χορῶν, δέcποινα γάμων,
δέξαι θυcίαν τὴν ἡμετέραν.

959 δαλίον sch. et v.l. ap. Su. δ 31, cf. Hsch.: δᾳδίον codd.   961 γε Enger: τε codd.   962 τοῖc Dindorf: τοῖcιν R: τοῖcι V   964 ὅcοιπέρ εἰcι] ὅcοι πάρειcι Bergk   967 ἄνδρεc Dindorf, duce Brunck: ἄ- codd.   968 εἰcί] ἐcτέ Tyrwhitt   972 τοῦθ᾽ Reiske: τοῦτ᾽ codd.   ἑcτᾶc᾽ ἰόντεc] ἑcτᾶcιν ὄντεc Hense   973 εὐχώμεcθα δή choro tribuit Bergk, servo Bentley

322

ΕΙΡΗΝΗ

Χο. δέξαι δῆτ', ὦ πολυτιμήτη,
νὴ Δία, καὶ μὴ ποίει γ' ἅπερ αἱ
μοιχευόμεναι δρῶcι γυναῖκεc. 980
καὶ γὰρ ἐκεῖναι παρακλίναcαι
τῆc αὐλείαc παρακύπτουcιν,
κἄν τιc προcέχῃ τὸν νοῦν αὐταῖc
ἀναχωροῦcιν,
κᾆτ' ἢν ἀπίῃ παρακύπτουc' αὖ. 985
τούτων cὺ ποίει μηδὲν ἔθ' ἡμᾶc.
Τρ. μὰ Δί', ἀλλ' ἀπόφηνον ὅλην cαυτὴν
γενναιοπρεπῶc τοῖcιν ἐραcταῖc
ἡμῖν, οἵ cου τρυχόμεθ' ἤδη
τρία καὶ δέκ' ἔτη, 990
λῦcον δὲ μάχαc καὶ κορκορυγάc,
ἵνα Λυcιμάχην cε καλῶμεν·
παῦcον δ' ἡμῶν τὰc ὑπονοίαc
τὰc περικόμψουc,
αἷc cτωμυλλόμεθ' εἰc ἀλλήλουc· 995
μεῖξον δ' ἡμᾶc τοὺc Ἕλληναc
πάλιν ἐξ ἀρχῆc
φιλίαc χυλῷ, καὶ cυγγνώμῃ
τινὶ πρᾳοτέρᾳ κέραcον τὸν νοῦν·
καὶ τὴν ἀγορὰν ἡμῖν ἀγαθῶν
ἐμπληcθῆναι 'κ Μεγάρων cκορόδων, 1000
cικύων πρῴων, μήλων, ῥοιῶν,
δούλοιcι χλανιcκιδίων μικρῶν·
κἀκ Βοιωτῶν γε φέρονταc ἰδεῖν
χῆναc, νήτταc, φάτταc, τροχίλουc·

---

978 sqq. choro tribuit Brunck, servo plerique   982 παρακύπτουcιν Brunck: -ουcι codd., Su. π 366   984 ἀναχωροῦcιν Brunck: -ουcι codd., Su. π 366   985 παρακύπτουc' αὖ Hirschig: παρακύπτουcι(ν) codd., Su. π 366   986 ἡμᾶc R, Victorius: ἡμῖν V   989 ἡμῖν, οἵ cου] οἵ cου χωρὶc van Leeuwen   992 ⟨δή⟩ cε Kock   995 αἷc] ἇc Blaydes   996 μεῖξον van Herwerden: μῖξον codd.   1000 'κ Μεγάρων Hamaker e sch.: μεγάλων codd.

ΑΡΙΣΤΟΦΑΝΟΥΣ

καὶ Κωπᾴδων ἐλθεῖν cπυρίδαc, 1005
καὶ περὶ ταύταc ἡμᾶc ἀθρόουc
ὀψωνοῦνταc τυρβάζεcθαι
Μορύχῳ, Τελέᾳ, Γλαυκέτῃ, ἄλλοιc
τένθαιc πολλοῖc· κᾆτα Μελάνθιον
ἥκειν ὕcτερον εἰc τὴν ἀγοράν, 1010
τὰc δὲ πεπρᾶcθαι, τὸν δ' ὀτοτύζειν,
εἶτα μονῳδεῖν ἐκ Μηδείαc,
"ὀλόμαν, ὀλόμαν ἀποχηρωθεὶc
τᾶc ἐν τεύτλοιcι λοχευομέναc·"
τοὺc δ' ἀνθρώπουc ἐπιχαίρειν. 1015
ταῦτ', ὦ πολυτίμητ', εὐχομένοιc ἡμῖν δίδου.
λαβὲ τὴν μάχαιραν· εἶθ' ὅπωc μαγειρικῶc
cφάξειc τὸν οἶν.

Οι. ἀλλ' οὐ θέμιc.
Τρ. τιὴ τί δή;
Οι. οὐχ ἥδεται δήπουθεν Εἰρήνη cφαγαῖc,
οὐδ' αἱματοῦται βωμόc.
Τρ. ἀλλ' εἴcω φέρων 1020
θύcαc τὰ μηρί' ἐξελὼν δεῦρ' ἔκφερε,
χοὔτω τὸ πρόβατον τῷ χορηγῷ cῴζεται.

Χο. cέ τοι θύραcι χρὴ μένοντα †τοίνυν† [ἀντ.
cχίζαc δευρὶ τιθέναι ταχέωc
τά τε πρόcφορα πάντ' ἐπὶ τούτοιc. 1025
Τρ. οὔκουν δοκῶ cοι μαντικῶc τὸ φρύγανον τίθεcθαι;
Χο. πῶc δ' οὐχί; τί γάρ cε πέφευγ' ὅcα χρὴ

1005 Κωπᾴδων Elmsley: Κωπαΐδων codd. 1006 ἀθρόουc Meineke: ἁ- codd. 1013 ἀποχηρωθεὶc V: ἀποχειρ- cett., Su. μ 1243 1014 τᾶc Fl. Christianus: τὰc codd., Su. 1017–20 personarum vices parum certae 1023 τοι RV, sch. ad 939: δὴ cett., v.l. ap. sch. θύραcι sch.: θύραιcι codd.: θύραcι⟨ν ἐνθαδὶ⟩ Enger χρὴ μένοντα τοίνυν codd.: χρὴ μένειν ὄντα τινάc sch.: locus perdifficilis: displicet τοίνυν in hac sede, pro quo ἐνθαδὶ μεθ' ἡμῶν Rogers, ὦ Τρυγαῖε, πῦρ καὶ Blaydes 1025 πρόcφορα πάντ' R: πρόcφορ' ἅπαντ' cett.

324

ΕΙΡΗΝΗ

```
        cοφὸν ἄνδρα; τί δ' οὐ cὺ φρονεῖc ὁπόcα χρε-
        ών ἐcτιν τόν γε cοφῇ δόκιμον                            1030
        φρενὶ πορίμῳ τε τόλμῃ;
Τρ.     ἡ cχίζα γοῦν ἐνημμένη τὸν Cτιλβίδην πιέζει.
        καὶ τὴν τράπεζαν οἴcομαι, καὶ παιδὸc οὐ δεήcει.
Χο.     τίc οὖν ἂν οὐκ ἐπαινέcει-
        εν ἄνδρα τοιοῦτον, ὅc-
        τιc πόλλ' ἀνατλὰc ἔcω-                                   1035
        cε τὴν ἱερὰν πόλιν;
        ὥcτ' οὐχὶ μὴ παύcει ποτ' ὤν
        ζηλωτὸc ἅπαcιν.

Οι.     ταυτὶ δέδραται. τίθεcο τὼ μηρὼ λαβών.
        ἐγὼ δ' ἐπὶ cπλάγχν' εἶμι καὶ θυλήματα.                   1040
Τρ.     ἐμοὶ μελήcει ταῦτά γ'· ἀλλ' ἥκειν ἐχρῆν.
Οι.     ἰδού, πάρειμι. μῶν ἐπιcχεῖν cοι δοκῶ;
Τρ.     ὄπτα καλῶc νυν αὐτά· καὶ γὰρ οὑτοcὶ
        προcέρχεται δάφνῃ τιc ἐcτεφανωμένοc.
Οι.     τίc ἄρα πότ' ἐcτιν;
Τρ.                    ὡc ἀλαζὼν φαίνεται·                      1045
Οι.     μάντιc τίc ἐcτιν;
Τρ.                    οὐ μὰ Δί', ἀλλ' Ἱεροκλέηc
        οὑτόc γέ τοῦcθ', ὁ χρηcμολόγοc οὑξ Ὠρεοῦ.
Οι.     τί ποτ' ἄρα λέξει;
Τρ.                    δῆλόc ἐcθ' οὑτόc γ' ὅτι
        ἐναντιώcεταί τι ταῖc διαλλαγαῖc.
```

1029 ὁπόcα] ὁπόc' ἂν RV   χρεών post ἐcτι transp. L   1030 ἐcτιν Hermann: ἐcτι codd., Su. τ 557   γε L: om. cett.   πορίμῳ τε] καὶ πορίμῳ τῇ L   1031 ἐνημμένη] fortasse ἀνημμένη: νενημμένη Verrall   πιέζει] πιέζοι Blaydes   1032 οὖ] οὐδὲν V s.l., Γρ   1033 οὖν ἂν οὐκ Dindorf: ἂν οὖν οὐκ RV: ἂν οὐκ Γρ: οὐκ ἂν L   1034–6 vix respondent numeri in vv. 951–3   1037 οὐχὶ L: οὐ cett.   παύcει] παύcῃ Elmsley: πεπαύcει L   ὤν RV^{ac}: ἂν cett.   1041 ⟨c'⟩ ἐχρῆν Blaydes   1043 αὐτά RV: ταῦτα cett.   γὰρ] μὴν Dobree   1045–6 personarum vices parum certae; ita distinxit van Leeuwen   1047 οὑτόc R: αὐτόc cett.   τοῦcθ' Bergk: πού 'cθ' codd.

ΑΡΙΣΤΟΦΑΝΟΥΣ

Οι. οὔκ, ἀλλὰ κατὰ τὴν κνῖcαν εἰcελήλυθεν. 1050
Τρ. μή νυν ὁρᾶν δοκῶμεν αὐτόν.
Οι.   εὖ λέγεις.

ΙΕΡΟΚΛΗΣ
 τίc ἡ θυcία ποθ' αὑτηὶ καὶ τῷ θεῶν;
Τρ. ὄπτα cὺ cιγῇ κἄπαγ' ἀπὸ τῆc ὀcφύοc.
Ιε. ὅτῳ δὲ θύετ' οὐ φράcεθ';
Τρ.   ἡ κέρκοc ποιεῖ
καλῶc.
Οι.   καλῶc δῆτ', ὦ πότνι' Εἰρήνη φίλη. 1055
Ιε. ἄγε νυν ἀπάρχου κᾆτα δὸc τἀπάργματα.
Τρ. ὀπτᾶν ἄμεινον πρῶτον.
Ιε.   ἀλλὰ ταυταγὶ
ἤδη 'cτὶν ὀπτά.
Τρ.   πολλὰ πράττειc, ὅcτιc εἶ.
κατάτεμνε.
Ιε.   ποῦ τράπεζα;
Τρ.   τὴν cπονδὴν φέρε.
Ιε. ἡ γλῶττα χωρὶc τέμνεται.
Τρ.   μεμνήμεθα. 1060
ἀλλ' οἶcθ' ὃ δρᾶcον;
Ιε.   ἢν φράcῃc.
Τρ.   μὴ διαλέγου
νῷν μηδέν· Εἰρήνῃ γὰρ ἱερὰ θύομεν.
Ιε. ὦ μέλεοι θνητοὶ καὶ νήπιοι—
Τρ.   εἰc κεφαλὴν cοί.
Ιε. οἵτινεc ἀφραδίῃcι θεῶν νόον οὐκ ἀΐοντεc
cυνθήκαc πεποίηcθ' ἄνδρεc χαροποῖcι πιθήκοιc— 1065

1053 κἄπαγ'] κἄπεχε Bachmann: κἀπέχου Blaydes, deleto ἀπό
1054 φράcεθ' Kuster: φράcετ' R: φράζεθ' vel φράζετε cett.   1059 v.
ita divisit Boissonade

326

ΕΙΡΗΝΗ

Τρ. αἰβοιβοῖ.
Ιε. τί γελᾷς;
Τρ. ἥϲθην χαροποῖϲι πιθήκοιϲ.
Ιε. καὶ κέπφοι τρήρωνεϲ ἀλωπεκιδεῦϲι πέπειϲθε,
    ὧν δόλιαι ψυχαί, δόλιαι φρένεϲ.
Τρ.   εἴθε ϲου εἶναι
    ὤφελεν, ὦ λαζών, οὑτωϲὶ θερμὸϲ ὁ πλεύμων.
Ιε. εἰ γὰρ μὴ νύμφαι γε θεαὶ Βάκιν ἐξαπάταϲκον,   1070
    μηδὲ Βάκιϲ θνητούϲ, μηδ' αὖ νύμφαι Βάκιν αὐτὸν—
Τρ. ἐξώληϲ ἀπόλοι', εἰ μὴ παύϲαιο βακίζων.
Ιε. οὔπω θέϲφατον ἦν Εἰρήνηϲ δέϲμ' ἀναλῦϲαι,
    ἀλλὰ τό γε πρότερον—
Τρ.   τοῖϲ ἁλϲί γε παϲτέα ταυτί.
Ιε. οὐ γάρ πω τοῦτ' ἐϲτὶ φίλον μακάρεϲϲι θεοῖϲιν,   1075
    φυλόπιδοϲ λῆξαι, πρίν κεν λύκοϲ οἶν ὑμεναιοῖ.
Τρ. καὶ πῶϲ, ὦ κατάρατε, λύκοϲ ποτ' ἂν οἶν   1076a
    ὑμεναιοῖ;
Ιε. ἕωϲ ἡ ϲφονδύλη φεύγουϲα πονηρότατον βδεῖ,
    χἠ κώδων Ἀκαλανθὶϲ ἐπειγομένη τυφλὰ τίκτει,
    τουτάκιϲ οὔπω χρῆν τὴν εἰρήνην πεποιῆϲθαι.
Τρ. ἀλλὰ τί χρῆν ἡμᾶϲ; οὐ παύϲαϲθαι πολεμοῦνταϲ;   1080
    ἢ διακαυνιάϲαι πότεροι κλαυϲούμεθα μεῖζον,
    ἐξὸν ϲπειϲαμένοιϲ κοινῇ τῆϲ Ἑλλάδοϲ ἄρχειν;
Ιε. οὔποτε ποιήϲειϲ τὸν καρκίνον ὀρθὰ βαδίζειν.
Τρ. οὔποτε δειπνήϲειϲ ἔτι τοῦ λοιποῦ 'ν πρυτανείῳ,
    οὐδ' ἐπὶ τῷ πραχθέντι ποιήϲειϲ ὕϲτερον οὐδέν.   1085
Ιε. οὐδέποτ' ἂν θείηϲ λεῖον τὸν τρηχὺν ἐχῖνον.

<small>1066 verba τί γελᾷϲ servo tribuit Olson, Hierocli plerique   1069 οὑτωϲὶ RL: οὑτοϲὶ cett.   1071 μηδὲ ... μηδ'] μήτε ... μήτ' Richards   νύμφαι] Φοῖβοϲ van Herwerden: θνητοὶ Holford-Strevens   1074 τό γε R: τότε V, δε supra τε addito: τότε cett.: τόδε Dobree: cf. 1107   τοῖϲ ΓpL: τοῖϲδ' RV   1076a v. praebent RV: om. cett.   1077 ἕωϲ Brunck: ὡϲ codd.   1078 χἠ κώδων] κωδίνων Agar, Borthwick (κωδίνουϲ' iam Blaydes post van Lennep)   1081 μεῖζον RV: μείζω cett.   1084 ἔτι τοῦ λοιποῦ 'ν] τοῦ λοιποῦ γ' ἐν L   1086 τρηχὺν RV: τραχὺν cett.</small>

ΑΡΙΣΤΟΦΑΝΟΥΣ

Τρ. ἆρα φενακίζων ποτ' Ἀθηναίους ἔτι παύcει;
Ιε. ποῖον γὰρ κατὰ χρηcμὸν ἐκαύcατε μῆρα θεοῖcιν;
Τρ. ὅνπερ κάλλιcτον δήπου πεποίηκεν Ὅμηρος·
 "ὣς οἱ μὲν νέφος ἐχθρὸν ἀπωcάμενοι πολέμοιο   1090
 Εἰρήνην εἵλοντο καὶ ἱδρύcανθ' ἱερείῳ.
 αὐτὰρ ἐπεὶ κατὰ μῆρ' ἐκάη καὶ cπλάγχν' ἐπάcαντο,
 ἔcπενδον δεπάεccιν, ἐγὼ δ' ὁδὸν ἡγεμόνευον·"
 χρηcμολόγῳ δ' οὐδεὶς ἐδίδου κώθωνα φαεινόν.
Ιε. οὐ μετέχω τούτων· οὐ γὰρ ταῦτ' εἶπε Cίβυλλα.   1095
Τρ. ἀλλ' ὁ coφός τοι νὴ Δί' Ὅμηρος δεξιὸν εἶπεν·
 "ἀφρήτωρ, ἀθέμιcτος, ἀνέcτιός ἐcτιν ἐκεῖνος,
 ὃς πολέμου ἔραται ἐπιδημίου ὀκρυόεντος."
Ιε. φράζεο δὴ μή πώς cε δόλῳ φρένας ἐξαπατήcας
 ἰκτῖνος μάρψῃ—
Τρ. τουτὶ μέντοι cὺ φυλάττου,   1100
 ὡς οὗτος φοβερὸς τοῖς cπλάγχνοιc ἐcτὶν ὁ χρηcμός.
 ἔγχει δὴ cπονδὴν καὶ τῶν cπλάγχνων φέρε δευρί.
Ιε. ἀλλ' εἰ ταῦτα δοκεῖ, κἀγὼ 'μαυτῷ βαλανεύcω.
Τρ. cπονδὴ cπονδή.
Ιε. ἔγχει δὴ κἀμοὶ καὶ cπλάγχνων μοῖραν ὄρεξον.   1105
Τρ. ἀλλ' οὔπω τοῦτ' ἐcτὶ φίλον μακάρεccι θεοῖcιν·
 ἀλλὰ τό γε πρότερον, cπένδειν ἡμᾶς, cὲ δ' ἀπελθεῖν.
 ὦ πότνι' Εἰρήνη, παράμεινον τὸν βίον ἡμῖν.
Ιε. πρόcφερε τὴν γλῶτταν.
Τρ. cὺ δὲ τὴν cαυτοῦ γ' ἀπένεγκε.
 cπονδή.
Οι. καὶ ταυτὶ μετὰ τῆς cπονδῆς λαβὲ θᾶττον.   1110
Ιε. οὐδεὶς προcδώcει μοι cπλάγχνων;
Τρ. οὐ γὰρ οἷόν τε

1089 ὅνπερ] ὥcπερ L   1099 post δὴ add. νῦν RV
1100 φυλάττου] φυλάccου Richter   1107 τό γε Sharpley: τόδε codd.
1109 γλῶτταν] γλῶccαν Richter   ἀπένεγκε] ἀπένεγκον R
1110 personarum vices ita distinxit Olson   1111 προcδώcει V: προ-
δώcει RΓp: δώcει L   τῶν Blaydes: μοι τῶν codd.: μοι Bekker

328

ΕΙΡΗΝΗ

	ἡμῖν προσδιδόναι, πρίν κεν λύκος οἶν ὑμεναιοῖ.	
Ιε.	ναί, πρὸς τῶν γονάτων.	
Τρ.	ἄλλως, ὦ τᾶν, ἱκετεύεις·	
	οὐ γὰρ ποιήσεις λεῖον τὸν τρηχὺν ἐχῖνον.	
	ἄγε δή, θεαταί, δεῦρο cυcπλαγχνεύετε	1115
	μετὰ νῷν.	
Ιε.	τί δαὶ 'γώ;	
Τρ.	τὴν Cίβυλλαν ἔcθιε.	
Ιε.	οὔτοι μὰ τὴν Γῆν ταῦτα κατέδεcθον μόνω,	
	ἀλλ' ἁρπάcομαι cφῷν αὐτά· κεῖται δ' ἐν μέcῳ.	
Τρ.	ὦ παῖε παῖε τὸν Βάκιν.	
Ιε.	μαρτύρομαι.	
Τρ.	κἄγωγ', ὅτι τένθης εἶ cὺ κἀλαζὼν ἀνήρ.	1120
	παῖ' αὐτὸν ἐπέχων τῷ ξύλῳ, τὸν ἀλαζόνα.	
Οι.	cὺ μὲν οὖν· ἐγὼ δὲ τουτονὶ τῶν κῳδίων,	
	ἀλάμβαν' αὐτὸς ἐξαπατῶν, ἐκβολβιῶ.	
	οὐ καταβαλεῖς τὰ κῴδι', ὦ θυηπόλε;	
Τρ.	ἤκουcας; ὁ κόραξ οἷος ἦλθ' ἐξ Ὠρεοῦ.	1125
	οὐκ ἀποπετήcει θᾶττον εἰς Ἐλύμνιον;	

Χο.	ἥδομαί γ' ἥδομαι	[cτρ.
	κράνους ἀπηλλαγμένος	
	τυροῦ τε καὶ κρομμύων.	
	οὐ γὰρ φιληδῶ μάχαις,	1130
	ἀλλὰ πρὸς πῦρ διέλκων μετ' ἀνδρῶν ἑταίρων φίλων,	
	ἐκκέας τῶν ξύλων ἅττ' ἂν ᾖ δανότατα τοῦ θέρους	
	ἐκπεπρεμνιcμένα,	1135
	κἀνθρακίζων τοὐρεβίνθου τήν τε φηγὸν ἐμπυρεύων,	
	χἅμα τὴν Θρᾷτταν κυνῶν	

1112 προcδιδόναι V^{pc}: προδιδόναι RV^{ac}Γp: πρὶν διδόναι L   κεν PC, lm. sch.: κε V: καὶ RΓL   1114 τρηχὺν Bothe: τραχὺν codd.   1116 δαὶ Blaydes: δὴ RV: δ' ΓpL   1119 ὦ RV: om. cett.   1125–6 hos vv. Trygaeo tribuit Dobree   1128 κράνους ⟨τ'⟩ van Leeuwen   1133 ἐκκέας RV: οὐκ ἐᾶς pL   τοῦ θέρους] τῷ θέρει lm. sch. V: τῶν θέρους cum 1135 ἐκπεπρεμνιcμένων Blaydes   1135 ἐκπεπρεμνιcμένα Bergk (-μένων iam Bothe): ἐκπεπριcμένα RV: ἐκπεπιεcμένα L: om. p

ΑΡΙΣΤΟΦΑΝΟΥΣ

τῆς γυναικὸς λουμένης.
οὐ γὰρ ἔcθ' ἥδιον ἢ τυχεῖν μὲν ἤδη 'cπαρμένα,   1140
τὸν θεὸν δ' ἐπιψακάζειν, καί τιν' εἰπεῖν γείτονα,
"εἰπέ μοι, τί τήμερον δὴ δρῶμεν, ὦ Κωμαρχίδη;" —
"ἐμπιεῖν ἔμοιγ' ἀρέσκει τοῦ θεοῦ δρῶντος καλῶς.
ἀλλ' ἄφευε τῶν φαςήλων, ὦ γύναι, τρεῖς χοίνικας,
τῶν τε πυρῶν μεῖξον αὐτοῖς, τῶν τε cύκων ἔξελε,   1145
τόν τε Μανῆν ἡ Cύρα βωcτρηcάτω 'κ τοῦ χωρίου.
οὐ γὰρ οἷόν τ' ἐcτὶ πάντως οἰναρίζειν τήμερον
οὐδὲ τυντλάζειν, ἐπειδὴ παρδακὸν τὸ χωρίον."
"κᾆξ ἐμοῦ δ' ἐνεγκάτω τις τὴν κίχλην καὶ τὼ cπίνω·
ἦν δὲ καὶ πυός τις ἔνδον καὶ λαγῷα τέτταρα,   1150
εἴ τι μὴ 'ξήνεγκεν αὐτῶν ἡ γαλῆ τῆς ἑcπέραc·
ἐψόφει γοῦν ἔνδον οὐκ οἶδ' ἅττα κἀκυδοιδόπα·
ὧν ἔνεγκ', ὦ παῖ, τρί' ἡμῖν, ἓν δὲ δοῦναι τῷ πατρί·
μυρρίνας τ' αἴτηcον ἐξ παρ' Αἰcχίνου τῶν καρπίμων·
χἄμα τῆς αὐτῆς ὁδοῦ Χαρινάδην τις βωcάτω,   1155
ὡc ἂν ἐμπίῃ μεθ' ἡμῶν,
εὖ ποιοῦντος κὠφελοῦντος
τοῦ θεοῦ τἀρώματα."

ἡνίκ' ἂν δ' ἀχέτας   [ἀντ.
ᾄδῃ τὸν ἡδὺν νόμον,   1160
διαcκοπῶν ἥδομαι
τὰς Λημνίας ἀμπέλους,
εἰ πεπαίνουcιν ἤδη (τὸ γὰρ φῖτυ πρῷον φύcει),   1164

1142 τήμερον δὴ Blaydes: τηνικάδε RVp: δ' ἂν τηνικάδε L: τηνικαῦτα Bentley   1143 ἐμπιεῖν] ἐκπιεῖν V^pcp   1144 ἄφευε R, Su. α 4593, φ 121, sch.: ἄφαυε vel sim. cett.: ἄφαυcε et ἄφαυcον vv. ll. ap. sch.: φαύζε Paley: φῶζε Blaydes   1146 'κ RV: om. pL   1147 οἰναρίζειν] ἀμπελουργεῖν v.l. ap. sch.   τήμερον RV: cήμερον pL   1147–8 post 1142 transp. Hamaker   1152 κἀκυδοιδόπα L², Musurus: καὶ κυδοιδόπα RV: καὶ κυδοιδότα L   1154 ἐξ παρ' Αἰcχίνου van Leeuwen: ἐξ Αἰcχινάδου codd.: alii alia   1159 ἡνίκ' ἂν δ' Hermann: ἡνίκα δ' ἂν RVp: ἡνίκ' ἂν L   ἀχέτας Lenting: ἀ- codd.   1164 φύcει RV: φύει pL

ΕΙΡΗΝΗ

τόν τε φήληχ' ὁρῶν οἰδάνοντ'· εἶθ' ὁπόταν ᾖ πέπων,
ἐcθίω κἀπέχω
χἄμα φήμ', "Ὧραι φίλαι·" καὶ τοῦ θύμου τρίβων
κυκῶμαι·
κᾆτα γίγνομαι παχὺc   1170
τηνικαῦτα τοῦ θέρουc,
μᾶλλον ἢ θεοῖcιν ἐχθρὸν ταξίαρχον προcβλέπων
τρεῖc λόφουc ἔχοντα καὶ φοινικίδ' ὀξεῖαν πάνυ,
ἣν ἐκεῖνόc φηcιν εἶναι βάμμα Cαρδιανικόν·
ἢν δέ που δέῃ μάχεcθ' ἔχοντα τὴν φοινικίδα,   1175
τηνικαῦτ' αὐτὸc βέβαπται βάμμα Κυζικηνικόν·
κᾆτα φεύγει πρῶτοc ὥcπερ ξουθὸc ἱππαλεκτρυὼν
τοὺc λόφουc cείων· ἐγὼ δ' ἕcτηκα λινοπτώμενοc.
ἡνίκ' ἂν δ' οἴκοι γένωνται, δρῶcιν οὐκ ἀναcχετά,
τοὺc μὲν ἐγγράφοντεc ἡμῶν, τοὺc δ' ἄνω τε καὶ   1180
κάτω
ἐξαλείφοντεc δὶc ἢ τρίc. αὔριον δ' ἔcθ' ἧξοδοc.
τῷ δὲ cιτί' οὐκ ἐώνητ'· οὐ γὰρ ᾔδειν ἐξιών·
εἶτα προccτὰc πρὸc τὸν ἀνδριάντα τὸν Πανδίονοc
εἶδεν αὑτόν, κἀπορῶν θεῖ τῷ κακῷ βλέπων ὀπόν.   1184
ταῦτα δ' ἡμᾶc τοὺc ἀγροίκουc δρῶcι, τοὺc δ' ἐξ ἄcτεωc
ἧττον, οἱ θεοῖcιν οὗτοι κἀνδράcι ῥιψάcπιδεc.
ὧν ἔτ' εὐθύναc ἐμοὶ δώcουcιν, ἢν θεὸc θέλῃ.
πολλὰ γὰρ δή μ' ἠδίκηcαν,
ὄντεc οἴκοι μὲν λέοντεc,
ἐν μάχῃ δ' ἀλώπεκεc.   1190

1165 οἰδάνοντ' Bentley: οἰδαίνοντ' codd.   1170 γίγνομαι Brunck: γίνομαι codd.   1176 αὐτὸc] εὐθὺc Blaydes Κυζικηνικόν] χεζικηνικόν Markland   1178 λινοπτώμενοc] ἀνεπτερωμένοc Naber: δὴ πνέων μένοc van Herwerden: θωραχθεὶc λίνῳ Olson   1179 ἂν δ' RV: δ' ἂν pL   1181 δ' RV: om. p: γ' L   1183 προccτὰc Lenting (astans ad Divus): προcτὰc codd.   1184 θεῖ τῷ κακῷ RV: θεῖ τὸ κακὸν p: ἔθει τὸ κακὸν L   1185 ταῦτα δ'] ταῦταc R^ac: ταῦτ' ἄρ' Meineke   ἄcτεωc R: ἄcτεοc cett.   1186 οὗτοι] ἐχθροὶ van Leeuwen   κἀνδράcι Vp: -cιν RL   1187 ἔτ'] ἐντεῦθεν R

ΑΡΙΣΤΟΦΑΝΟΥΣ

Τρ. ἰοὺ ἰού.
ὅcον τὸ χρῆμ᾽ ἐπὶ δεῖπνον ἦλθ᾽ εἰc τοὺc γάμουc.
ἔχ᾽, ἀποκάθαιρε τὰc τραπέζαc ταυτηί·
πάντωc γὰρ οὐδὲν ὄφελόc ἐcτ᾽ αὐτῆc ἔτι.
ἔπειτ᾽ ἐπιφόρει τοὺc ἀμύλουc καὶ τὰc κίχλαc   1195
καὶ τῶν λαγῴων πολλὰ καὶ τοὺc κολλάβουc.

ΔΡΕΠΑΝΟΥΡΓΟC
ποῦ ποῦ Τρυγαῖόc ἐcτιν;
Τρ.   ἀναβράττω κίχλαc.
Δρ. ὦ φίλτατ᾽, ὦ Τρυγαῖ᾽, ὅc᾽ ἡμᾶc τἀγαθὰ
δέδρακαc εἰρήνην ποιήcαc· ὡc πρὸ τοῦ
οὐδεὶc ἐπρίατ᾽ ἂν δρέπανον οὐδὲ κολλύβου,   1200
νυνὶ δὲ πεντήκοντα δραχμῶν ἐμπολῶ·
ὁδὶ δὲ τριδράχμουc τοὺc κάδουc εἰc τοὺc ἀγρούc.
ἀλλ᾽, ὦ Τρυγαῖε, τῶν δρεπάνων τε λάμβανε
καὶ τῶνδ᾽ ὅ τι βούλει προῖκα· καὶ ταυτὶ δέχου·
ἀφ᾽ ὧν γὰρ ἀπεδόμεcθα κἀκερδάναμεν   1205
τὰ δῶρα ταυτί cοι φέρομεν εἰc τοὺc γάμουc.
Τρ. ἴθι νυν, καταθέμενοι παρ᾽ ἐμοὶ ταῦτ᾽ εἴcιτε
ἐπὶ δεῖπνον ὡc τάχιcτα· καὶ γὰρ οὑτοcὶ
ὅπλων κάπηλοc ἀχθόμενοc προcέρχεται.

ΟΠΛΩΝ ΚΑΠΗΛΟC
οἴμ᾽ ὡc προθέλυμνόν μ᾽, ὦ Τρυγαῖ᾽, ἀπώλεcαc.   1210
Τρ. τί δ᾽ ἐcτίν, ὦ κακόδαιμον; οὔτι που λοφᾷc;
Ο. κ. ἀπώλεcάc μου τὴν τέχνην καὶ τὸν βίον,

1195 ἐπιφόρει Dobree: ἐπιcφόρει R: ἐπειcφόρει VΓp: ἐπείcφερε L: ἐπίφερε Blaydes   1198 ὅc᾽ RVΓ: ὃc pL   1201 πεντήκοντα] πέντε γ᾽ αὐτὰ Meineke   δραχμῶν] δραχμαῖc γρ in V: δραχμῶν ⟨ἓν⟩ Holford-Strevens   1204 καὶ τῶνδ᾽] κάδων θ᾽ Fl. Christianus   ταυτὶ] ταῦτα RV   1205 κἀκερδάναμεν RV: κἀκερδαίνομεν cett.
1210-55 uni armorum institori partes tribuunt Bergk Meineke alii, quas quinque personis dant codices   οἴμ᾽ ὡc] οἴμοι RV   1211 δ᾽ del. van Herwerden

ΕΙΡΗΝΗ

καὶ τουτουὶ καὶ τοῦ δορυξοῦ 'κεινουί.
Τρ. τί δῆτα τουτοινὶ καταθῶ coι τοῖν λόφοιν;
Ο. κ. αὐτὸς cὺ τί δίδωc;
Τρ.   ὅ τι δίδωμ'· αἰcχύνομαι. 1215
ὅμωc δ' ὅτι τὸ cφήκωμ' ἔχει πόνον πολύν,
δοίην ἂν αὐτοῖν ἰcχάδων τρεῖc χοίνικαc,
ἵν' ἀποκαθαίρω τὴν τράπεζαν τουτωί.
Ο. κ. ἔνεγκε τοίνυν εἰcιὼν τὰc ἰcχάδαc·
κρεῖττον γάρ, ὦ τᾶν, ἐcτιν ἢ μηδὲν λαβεῖν. 1220
Τρ. ἀπόφερ', ἀπόφερ' ἐc κόρακαc ἀπὸ τῆc οἰκίαc.
τριχορρυεῖτον, οὐδέν ἐcτον τὼ λόφω.
οὐκ ἂν πριαίμην οὐδ' ἂν ἰcχάδοc μιᾶc.
Ο. κ. τί δαὶ δεκάμνῳ τῷδε θώρακοc κύτει
ἐνημμένῳ κάλλιcτα χρήcομαι τάλαc; 1225
Τρ. οὗτοc μὲν οὐ μή cοι ποιήcῃ ζημίαν.
ἀλλ' αἶρέ μοι τοῦτόν γε τῆc ἰcωνίαc·
ἐναποπατεῖν γάρ ἐcτ' ἐπιτήδειοc πάνυ—
Ο. κ. παῦcαί μ' ὑβρίζων τοῖc ἐμοῖcι χρήμαcιν.
Τρ. ὡδὶ παραθέντι τρεῖc λίθουc. οὐ δεξιῶc; 1230
Ο. κ. ποίᾳ δ' ἀποψήcει ποτ', ὠμαθέcτατε;
Τρ. τῃδὶ διεὶc τὴν χεῖρα διὰ τῆc θαλαμιᾶc
καὶ τῇδ'.
Ο. κ.   ἅμ' ἀμφοῖν δῆτ';
Τρ.   ἔγωγε νὴ Δία,
ἵνα μή γ' ἁλῶ τρύπημα κλέπτων τῆc νεώc.
Ο. κ. ἔπειτ' ἐπὶ δεκάμνῳ χεcεῖ καθήμενοc; 1235
Τρ. ἔγωγε νὴ Δί', ὠπίτριπτ'. οἴει γὰρ ἂν
τὸν πρωκτὸν ἀποδόcθαι με χιλίων δραχμῶν;

1217 αὐτοῖν B: αὐτῶν RV: αὐτὸν ΓpL   1218 v. del. Hamaker
1220 μηδὲν] μηδένα RV   1221 ἀπὸ RV: ἐκ cett.   1224 δαὶ] an
δ' αὖ vel δή? θώρακοc V s.l., pL: θόρακοc Γ: θώρηκοc RV
1225 ἐνημμένῳ] -ωc R: cυνημμένῳ Meineke   1226 ποήcῃ V: -cω R:
-cει cett.   1229 μ' ὑβρίζων codd.: 'φυβρίζων Meineke: 'νυβρίζων
Elmsley

ΑΡΙСΤΟΦΑΝΟΥС

Ο. κ. ἴθι δή, ξένεγκε τἀργύριον.
Τρ.   ἀλλ', ὦγαθέ,
θλίβει τὸν ὄρρον. ἀπόφερ', οὐκ ὠνήσομαι.
Ο. κ. τί δ' ἆρα τῇ cάλπιγγι τῇδε χρήcομαι, 1240
ἣν ἐπριάμην δραχμῶν ποθ' ἑξήκοντ' ἐγώ;
Τρ. μόλυβδον εἰc τουτὶ τὸ κοῖλον ἐγχέαc
ἔπειτ' ἄνωθεν ῥάβδον ἐνθεὶc ὑπόμακρον,
γενήcεταί cοι τῶν κατακτῶν κοττάβων.
Ο. κ. οἴμοι, καταγελᾷc.
Τρ.   ἀλλ' ἕτερον παραινέcω. 1245
τὸν μὲν μόλυβδον, ὥcπερ εἶπον, ἔγχεον,
ἐντευθενὶ δὲ cπαρτίοιc ἠρτημένην
πλάcτιγγα πρόcθεc, καὐτό cοι γενήcεται
τὰ cῦκ' ἐν ἀγρῷ τοῖc οἰκέταιcιν ἱcτάναι.
Ο. κ. ὦ δυcκάθαρτε δαῖμον, ὥc μ' ἀπώλεcαc, 1250
ὅτ' ἀντέδωκα κἀντὶ τῶνδε μνᾶν ποτέ·
καὶ νῦν τί δράcω; τίc γὰρ αὔτ' ὠνήcεται;
Τρ. πώλει βαδίζων αὐτὰ τοῖc Αἰγυπτίοιc·
ἔcτιν γὰρ ἐπιτήδεια cυρμαίαν μετρεῖν.
Ο. κ. οἴμ', ὦ κρανοποί', ὡc ἀθλίωc πεπράγαμεν. 1255
Τρ. οὗτοc μὲν οὐ πέπονθεν οὐδέν.
Ο. κ.   ἀλλὰ τί
ἔτ' ἐcτὶ τοῖcι κράνεcιν ὅ τι τιc χρήcεται;
Τρ. ἐὰν τοιαυταcὶ μάθῃ λαβὰc ποιεῖν,
ἄμεινον ἢ νῦν αὔτ' ἀποδώcεται πολύ.
Ο. κ. ἀπίωμεν, ὦ δορυξέ.
Τρ.   μηδαμῶc γ', ἐπεὶ 1260
τούτῳ γ' ἐγὼ τὰ δόρατα ταῦτ' ὠνήcομαι.

1238 δὴ] νυν P77   1240 δ' P77, codd.: del. Elmsley   ἆρα] αλλ[ο
P77   1244 κοττάβων] κόττaβοc Dobree   1248 καὐτό RVB:
καὐτόc cett.: κᾆτα Fl. Christianus   1249 ἱcτάναι] ἑcτάναι R, Vin linea
1250 ὥc RV: ὅc cett.   1251 κἀντὶ Enger, cf. sch.: ἀντὶ RV: γ' ἀντὶ cett.
1257 ἔτ' ἐcτὶ ΓpB: ἔνεcτι RV   τοῖcι ΓpB: τοῖc RV   1258 μάθῃ
ΓpB: μάθηc RV   1260 γ' RV: om. cett.   1261 γ' om. R

334

ΕΙΡΗΝΗ

Ο. κ. πόϲον δίδωϲ δῆτ';
Τρ. εἰ διαπριϲθεῖεν δίχα,
λάβοιμ' ἂν αὔτ' εἰϲ χάρακαϲ, ἑκατὸν τῆϲ δραχμῆϲ.
Ο. κ. ὑβριζόμεθα. χωρῶμεν, ὦ τᾶν, ἐκποδών.
Τρ. νὴ τὸν Δί', ὡϲ τὰ παιδί' ἤδη 'ξέρχεται   1265
οὐρηϲόμενα τὰ τῶν ἐπικλήτων δεῦρ', ἵνα
ἅττ' ἄϲεται προαναβάληταί, μοι δοκεῖ.
ἀλλ' ὅ τι περ ᾄδειν ἐπινοεῖϲ, ὦ παιδίον,
αὐτοῦ παρ' ἐμὲ ϲτὰν πρότερον ἀναβαλοῦ 'νθαδί.

ΠΑΙΔΙΟΝ Αʹ
"νῦν αὖθ' ὁπλοτέρων ἀνδρῶν ἀρχώμεθα—"
Τρ.   παῦϲαι   1270
ὁπλοτέρουϲ ᾄδον, καὶ ταῦτ', ὦ τριϲκακόδαιμον,
εἰρήνηϲ οὔϲηϲ· ἀμαθέϲ γ' εἶ καὶ κατάρατον.
Π. αʹ "οἱ δ' ὅτε δὴ ϲχεδὸν ἦϲαν ἐπ' ἀλλήλοιϲιν ἰόντεϲ,
ϲύν ῥ' ἔβαλον ῥινούϲ τε καὶ ἀϲπίδαϲ ὀμφαλοέϲϲαϲ."
Τρ. ἀϲπίδαϲ; οὐ παύϲει μεμνημένοϲ ἀϲπίδοϲ ἡμῖν;   1275
Π. αʹ "ἔνθα δ' ἅμ' οἰμωγή τε καὶ εὐχωλὴ πέλεν ἀνδρῶν."
Τρ. ἀνδρῶν οἰμωγή; κλαύϲει, νὴ τὸν Διόνυϲον,
οἰμωγὰϲ ᾄδων, καὶ ταύταϲ ὀμφαλοέϲϲαϲ.
Π. αʹ ἀλλὰ τί δῆτ' ᾄδω; ϲὺ γὰρ εἰπέ μοι οἷϲτιϲι χαίρειϲ.
Τρ. "ὣϲ οἱ μὲν δαίνυντο βοῶν κρέα," καὶ τὰ τοιαυτί·   1280
"ἄριϲτον προτίθεντο καὶ ἅτθ' ἥδιϲτα πάϲαϲθαι."
Π. αʹ "ὣϲ οἱ μὲν δαίνυντο βοῶν κρέα, καὐχέναϲ ἵππων
ἔκλυον ἱδρώονταϲ, ἐπεὶ πολέμου ἐκόρεϲθεν."
Τρ. εἶἑν· ἐκόρεϲθεν τοῦ πολέμου, κᾆτ' ἤϲθιον.
ταῦτ' ᾆδε, ταῦθ', ὡϲ ἤϲθιον κεκορημένοι.   1285

1262 διαπριϲθεῖεν] -θείη Meineke   1263 τῆϲ δραχμῆϲ] τρεῖϲ δραχμάϲ R   1265 παιδί'] RV: παιδία γʹ cett.   1267 προαναβάληταί, μοι] -άλητ', ἐμοὶ Bothe, duce Kuster   1271 ᾄδον] ᾄδων R^{ac}V^{ac}   1272 post εἰρήνηϲ add. γὰρ V s.l., γʹ cett. praeter R   1275 μεμνημένοϲ] -νον Dindorf   ἀϲπίδοϲ RV: -αϲ cett.   1278 ᾄδων RV^{ac}: ᾆδον cett.   1281 ἅτθ' V^{pc}: ἅττ' cett.: ἅϲϲ' van Herwerden: ὅϲϲ' Blaydes   πάϲαϲθαι RB: μαϲᾶϲθαι V: μάϲαϲθαι cett.

ΑΡΙΣΤΟΦΑΝΟΥΣ

Π. α΄ "θωρήccοντ᾽ ἄρ᾽ ἔπειτα πεπαυμένοι—"
Τρ. ἄcμενοι, οἶμαι.
Π. α΄ "πύργων δ᾽ ἐξεχέοντο, βοὴ δ᾽ ἄcβεcτοc ὀρώρει."
Τρ. κάκιcτ᾽ ἀπόλοιο, παιδάριον, αὐταῖc μάχαιc·
οὐδὲν γὰρ ᾄδειc πλὴν πολέμουc. τοῦ καί ποτ᾽ εἶ;
Π. α΄ ἐγώ;
Τρ. cὺ μέντοι νὴ Δί᾽.
Π. α΄ υἱὸc Λαμάχου.   1290
Τρ. αἰβοῖ.
ἦ γὰρ ἐγὼ θαύμαζον ἀκούων, εἰ cὺ μὴ εἴηc
ἀνδρὸc βουλομάχου καὶ κλαυcιμάχου τινὸc υἱόc.
ἄπερρε καὶ τοῖc λογχοφόροιcιν ᾆδ᾽ ἰών.
ποῦ μοι τὸ τοῦ Κλεωνύμου ᾽cτὶ παιδίον;   1295
ᾆcον πρὶν εἰcιέναι τι· cὺ γὰρ εὖ οἶδ᾽ ὅτι
οὐ πράγματ᾽ ᾄcει· cώφρονοc γὰρ εἶ πατρόc.

ΠΑΙΔΙΟΝ Β΄

"ἀcπίδι μὲν Caίων τιc ἀγάλλεται, ἣν παρὰ θάμνῳ
ἔντοc ἀμώμητον κάλλιπον οὐκ ἐθέλων."
Τρ. εἰπέ μοι, ὦ πόcθων, εἰc τὸν cαυτοῦ πατέρ᾽ ᾄδειc;   1300
Π. β΄ "ψυχὴν δ᾽ ἐξεcάωcα—"
Τρ. κατῄcχυναc δὲ τοκῆαc.
ἀλλ᾽ εἰcίωμεν. εὖ γὰρ οἶδ᾽ ἐγὼ cαφῶc
ὅτι ταῦθ᾽ ὅc᾽ ᾖcαc ἄρτι περὶ τῆc ἀcπίδοc
οὐ μὴ ᾽πιλάθῃ ποτ᾽, ὢν ἐκείνου τοῦ πατρόc.
ὑμῶν τὸ λοιπὸν ἔργον ἤδη ᾽νταῦθα τῶν μενόντων   1305
φλᾶν ταῦτα πάντα καὶ cποδεῖν, καὶ μὴ κενὰc παρέλκειν.
ἀλλ᾽ ἀνδρικῶc ἐμβάλλετε

1286 πεπαυμένοι] πεπαcμένοι Fl. Christianus   οἶμαι] οὕτωc Fl. Christianus: ὄντεc 'alii' ap. ed. a. 1670   1292 εἴηc V^pc: ειc (sic) R: ἦc Γρ: ἦcθα B   1294 ἰών V: ἰόν RΓB: υἱόν p   1295 ᾽cτὶ] ᾽cτὶν RV   1297 ᾄcει Dawes: ᾄcειc codd.   εἶ post γὰρ transp. RV   1301 κατῄcχυναc] καταιcχύναc Lenting   δὲ RV: τε PC: γε V s.l., C s.l., H, probat Lenting   1308 ἐμβάλλετε Biset: -ετον codd., Su. α 2171, c 746: -ετ᾽ ὦ Bergk: -ετ᾽ εὖ Blaydes

336

ΕΙΡΗΝΗ

καὶ cμώχετ' ἀμφοῖν τοῖν γνάθοιν· οὐδὲν γάρ, ὦ πόνηροι,
λευκῶν ὀδόντων ἔργον ἔcτ', ἢν μή τι καὶ   1310
μαcῶνται.

Χο. ἡμῖν μελήcει ταῦτά γ'· εὖ ποιεῖc δὲ καὶ cὺ φράζων.
ἀλλ', ὦ πρὸ τοῦ πεινῶντεc, ἐμβάλλεcθε τῶν λαγῴων·
ὡc οὐχὶ πᾶcαν ἡμέραν
πλακοῦcιν ἔcτιν ἐντυχεῖν πλανωμένοιc ἐρήμοιc.   1314
πρὸc ταῦτα βρύκετ' ἢ τάχ' ὑμῖν φημι μεταμελήcειν.

Τρ. εὐφημεῖν χρὴ καὶ τὴν νύμφην ἔξω τινὰ δεῦρο κομίζειν
δᾳδάc τε φέρειν, καὶ πάντα λεὼν cυγχαίρειν
κἀπικελεύειν.
καὶ τὰ cκεύη πάλιν εἰc τὸν ἀγρὸν νυνὶ χρὴ πάντα
κομίζειν
ὀρχηcαμένουc καὶ cπείcανταc καὶ Ὑπέρβολον
ἐξελάcανταc,
κἀπευξαμένουc τοῖcι θεοῖcιν   1320
διδόναι πλοῦτον τοῖc Ἕλληcιν,
κριθάc τε ποιεῖν ἡμᾶc πολλὰc
πάνταc ὁμοίωc οἶνόν τε πολύν,
cῦκά τε τρώγειν,
τάc τε γυναῖκαc τίκτειν ἡμῖν,   1325
καὶ τἀγαθὰ πάνθ' ὅc' ἀπωλέcαμεν
cυλλέξαcθαι πάλιν ἐξ ἀρχῆc,
λῆξαί τ' αἴθωνα cίδηρον.
δεῦρ', ὦ γύναι, εἰc ἀγρόν,
χὤπωc μετ' ἐμοῦ καλὴ   1330
καλῶc κατακείcει.

1309 ταῖν p: τοῖν RV   1310 ἔcτ' Bentley: ἐcτίν codd., Su.
1317 κἀπικελεύειν] κἀπιχορεύειν V^pc   1318 νυνὶ Kuster: νῦν Rp: om.
V   1320 κἀπευξαμένουc RV: κἄπειτ' εὐξαμένουc v.l. ap. sch. V:
κἄπειτ' ἐπευξαμένουc p: κᾆτ' εὐξαμένουc Bentley   θεοῖcιν Porson: θεοῖcι
V: θεοῖc cett.   1321 Ἕλληcιν Brunck: -cι codd.   1328 τ' RV: τ'
vel γ' P20: δ' p   1329–59 de numeris parum constat; lacunas alii alias
statuerunt

ΑΡΙΣΤΟΦΑΝΟΥΣ

Χο. Ὑμὴν Ὑμέναι' ὤ.
— Ὑμὴν Ὑμέναι' ὤ.
ὦ τρὶς μάκαρ ὡς δικαί-
ως τἀγαθὰ νῦν ἔχεις.
— Ὑμὴν Ὑμέναι' ὤ.   1335
— Ὑμὴν Ὑμέναι' ὤ.
— τί δράσομεν αὐτήν;
— τί δράσομεν αὐτήν;
— τρυγήσομεν αὐτήν,
— τρυγήσομεν αὐτήν.   1340
— ἀλλ' ἀράμενοι φέρω-
μεν οἱ προτεταγμένοι
τὸν νυμφίον, ὦνδρες.
— Ὑμὴν Ὑμέναι' ὤ.
— Ὑμὴν Ὑμέναι' ὤ.   1345
— οἰκήσετε γοῦν καλῶς
οὐ πράγματ' ἔχοντες, ἀλ-
λὰ συκολογοῦντες.
— Ὑμὴν Ὑμέναι' ὤ.
— Ὑμὴν Ὑμέναι' ὤ.   1350
— τοῦ μὲν μέγα καὶ παχύ—
— τῆς δ' ἡδὺ τὸ σῦκον.
Τρ. φήσεις γ' ὅταν ἐσθίῃς
οἶνόν τε πίῃς πολύν.
Χο. Ὑμὴν Ὑμέναι' ὤ.   1355
— Ὑμὴν Ὑμέναι' ὤ.
Τρ. ὦ χαίρετε χαίρετ' ἄν-
δρες, κἂν ξυνέπησθέ μοι,
πλακοῦντας ἔδεσθε.

1332 hunc v. iteratum praebent p, sch., semel P20, RV   1337–40 hos vv. non exstare in quibusdam exemplaribus testatur sch. V   1342 προτεταγμένοι Bentley: προςτ- codd.   1345 post hunc v. lacunam circa sex vv. indicat p   1353 γ' RV: γοῦν p   1359 post hunc v. suppl. Schrader ⟨Ὑμὴν Ὑμέναι' ὤ, Ὑμὴν Ὑμέναι' ὤ⟩

ΟΡΝΙΘΕϹ

PAPYRI

P. Berol. 13231 + 21201, saec. VI (vv. 819–29, 859–64)	(P19)
P. Louvre Arsinoitica, saec. VI (vv. 1057–85, 1101–27)	(P12)
P. Oxy. 1401, saec. V (vv. 382–4, 460–1)	(P48)
P. Oxy. 4515, saec. V–VI (vv. 1324–8, 1357–61)	(P78)
P. Oxy. 4516, saec. II (vv. 1661–76)	(P69)

CODICES

R	Ravennas 429
V	Marcianus gr. 474
Laur.	Laurentianus 60. 9, saec. X–XI (v. 1393–1454)
E	Estensis gr. 127 (a. U. 5. 10) (desunt vv. 222–601)
M	Ambrosianus L 39 sup. (desunt vv. 1642–1765)
A	Parisinus gr. 2712
Γ	Laurentianus 31.15 (vv. 1–1419) + Leidensis Vossianus gr. F. 52 (vv. 1492–1765)
U	Vaticanus Urbinas gr. 141
M9	Ambrosianus L 41 sup., saec. XV (citatur in vv. 222–601, ubi E deest)
L	Holkhamensis gr. 88

Rarius citantur

G	Marcianus gr. 475
B	Parisinus gr. 2715
P	Vaticanus Palatinus gr. 67
C	Parisinus gr. 2717
H	Hauniensis 1980
p	consensus codicum PCH

ΟΡΝΙΘΕC

Vv17 Vaticanus gr. 2181
Δ   Laurentianus 31. 16

ΥΠΟΘΕΣΕΙΣ

I

Δύο εἰcὶν Ἀθήνηθεν ἐκκεχωρηκότες πρεcβῦται διὰ τὰς δίκας. πορεύονται δὲ πρὸς τὸν Τηρέα ἔποπα γενόμενον, πευcόμενοι παρ' αὐτοῦ ποία ἐcτὶ πόλις εἰς κατοικιcμὸν βελτίcτη. χρῶνται δὲ τῆς ὁδοῦ καθηγεμόcιν ὀρνέοις ὁ μὲν κορώνῃ ὁ δὲ κολοιῷ. ὀνομάζονται δὲ ὁ μὲν Πειcέταιρος, ὁ δὲ Εὐελπίδης, ὃς καὶ πρότερος ἄρχεται. ἡ cκηνὴ ἐν Ἀθήναις. τὸ δρᾶμα τοῦτο τῶν ἄγαν δυνατῶς πεποιημένων.

ἐδιδάχθη ἐπὶ Χαρίου ἄρχοντος διὰ Καλλιcτράτου ἐν ἄcτει, ὃς ἦν δεύτερος τοῖς Ὄρνιcι· πρῶτος Ἀμειψίας Κωμαcταῖς, τρίτος Φρύνιχος Μονοτρόπῳ. ἔcτι δὲ λε΄. φοβερὰ δὲ τότε τοῖς Ἀθηναίοις τὰ πράγματα. τό τε γὰρ ναυτικὸν ἀπώλετο περὶ Cικελίαν, Λάμαχος οὐκ ἔτι ἦν, Νικίας ἐτεθνήκει, Δεκέλειαν ἦcαν τειχίcαντες Λακεδαιμόνιοι, Ἆγις ὁ Λακεδαιμονίων cτρατηγὸς περιεκάθητο τὴν Ἀττικήν, Ἀλκιβιάδης τὰ Λακεδαιμονίων ἐφρόνει καὶ ἐκκληcιάζων cυνεβούλευε τὰ χρηcτὰ Λακεδαιμονίοις. ταῦτα αἱ Ἀθηναίων cυμφοραί, διὰ ταῦτα αἱ Ἀθηναίων φυγαί. καὶ ὅμως οὐκ ἀπείχοντο τοῦ κακοπραγμονεῖν καὶ cυκοφαντεῖν.

II

Τοῖς τῶν Ἀθηνῶν πολίταις τὸ μέγιcτον ἦν κλέος αὐτόχθοcι γενέcθαι, καὶ αὕτη φιλοτιμία πρώτη τὸ μηδέπω μηδεμιᾶς

I 5 Πειcέταιρος Dobree: Πειcθέταιρος vel sim. codd.: non amplius notatur   6 Ἀθήναις] πέτραις van Leeuwen, cf. III 15
8 Χαρίου Koumanoudis: Χαβρίου codd.   ἄρχοντος om. RΓ^ac   διὰ . . . ἄcτει RΓ: εἰc ἄcτυ διὰ Καλλιcτράτου cett.   10 ἔcτι δὲ λε΄ VML: om. RE: verba varie temptata   15 cυνεβούλευε R: -εύcατο VE

II 1 τοῖς . . . πολίταις Vitelli: τῆς τῶν Ἀθηναίων πολιτείας codd.

342

ΟΡΝΙΘΕC

πόλεως φανείсης αὐτὴν πρῶτον ἀναβλαcτῆcαι. ἀλλὰ τῷ χρόνῳ
ὑπὸ προεcτώτων πονηρῶν καὶ πολιτῶν δυcχερῶν ἀνετ-
έτραπτο, καὶ διωρθοῦτο πάλιν. ἐπὶ οὖν τοῦ Δεκελεικοῦ πολ- 5
έμου, πονηρῶν τινων τὰ πράγματα ἐγχειριcθέντων, ἐπιcφαλὴc
γέγονεν ἡ παρ' αὐτοῖc κατάcταcιc. καὶ ἐν μὲν ἄλλοιc δράμαcι
διὰ τῆc κωμῳδικῆc ἀδείαc ἤλεγχεν Ἀριcτοφάνηc τοὺc κακῶc
πολιτευομένουc ⟨φανερῶc⟩. ἐν δὲ τοῖc Ὄρνιcι καὶ μέγα τι
διανενόηται· φανερῶc μὲν οὐδαμῶc (οὐ γὰρ ἐπὶ τούτου ἦν 10
ἐκκληcία), λεληθότωc δέ, ὅcον ἀνῆκεν ἀπὸ κωμῳδίαc
προcκρούειν. ὡc γὰρ ἀδιόρθωτον ἤδη νόcον τῆc πολιτείαc
νοcούcηc καὶ διεφθαρμένηc ὑπὸ τῶν προεcτώτων, ἄλλην τινὰ
πολιτείαν αἰνίττεται καὶ προεcτῶταc ἑτέρουc, ὡcανεὶ τῶν
ὄντων κακῶν καθεcτώτων· οὐ μόνον δὲ τοῦτο, ἀλλὰ καὶ τὸ 15
cχῆμα ὅλον καὶ τὴν φύcιν, εἰ δέοι, cυμβουλεύει μετατίθεcθαι
πρὸc τὸ ἠρεμαίωc βιοῦν. καὶ ἡ μὲν ἀπόταcιc αὕτη. τὰ δὲ κατὰ
θεῶν βλάcφημα ἐπιτηδείωc ᾠκονόμηται. καινῶν γάρ φηcι τὴν
πόλιν προcδεῖcθαι θεῶν, ἀφροντιcτούντων τῆc κακίαc Ἀθηνῶν
τῶν ὄντων καὶ παντελῶc ἠλλοτριωκότων αὐτοὺc τῆc χώραc. 20
ἀλλ' ὁ μὲν καθόλου cτόχοc τοιοῦτοc. ἕκαcτον δὲ τῶν κατὰ
μέροc οὐκ εἰκῇ, ἀλλ' ἄντικρυc Ἀθηναίων καὶ τῶν παρ' αὐτοῖc
ἐγχειριζομένων τὰ κοινὰ ἐλέγχει τὴν φαύλην διάθεcιν,
ἐπιθυμίαν ἐγκαταcπείρων τοῖc ἀκούουcιν ἀπαλλαγῆναι τῆc
ἐνεcτώcηc μοχθηρᾶc πολιτείαc. ὑποτίθεται γὰρ περὶ τὸν ἀέρα 25
πόλιν, τῆc γῆc ἀπαλλάccων, ἅμα καὶ βουλὰc καὶ cυνόδουc
ὀρνίθων, ταῖc Ἀθηναίων δυcχεραίνων. ἀλλὰ καὶ ὅcα παίζει,
ἐπίcκοπον ἢ ψηφιcματογράφον ἢ τοὺc λοιποὺc εἰcάγων, οὐχ
ἁπλῶc, ἀλλὰ γυμνοῖ τὰc πάντων προαιρέcειc, ὡc αἰcχροκερ-

---

7 αὐτοῖc Γ²: αὐτῶν RAΓ: αὐτῆc U   9 suppl. Koechly, qui etiam
φανερῶc . . . προcκρούειν traiecit, post πολιτευομένουc in codd. tradita
10–11 ἐπὶ τούτου ἦν ἐκκληcία] ἔτι τούτου ἦν ἐξουcία Koechly
13–15 ἄλλην . . . καθεcτώτων om. R   14 καὶ προεcτῶταc ἑτέρουc
om. ΑΓ   19 κακίαc Koechly: κατοικίαc codd.   Ἀθηνῶν V^ac:
Ἀθηναίων cett.   21 cτόχοc Dobree: cτίχοc codd.: cκοπὸc Boissonade
ἕκαcτον R: ἕκαcτοc cett.

ΑΡΙCΤΟΦΑΝΟΥC

δείαс ἕνεκεν χρηματίζονται. εἶθ᾽ ὕcτερον καὶ τὸ θεῖον εἰc 30
ἀπρονοηcίαν κωμῳδεῖ.
τὰ δὲ ὀνόματα τῶν γερόντων πεποίηται, ὡς εἰ πεποιθοίη
ἕτεροc τῷ ἑτέρῳ καὶ ἐλπίζοι ἔcεcθαι ἐν βελτίοcι. τινὲc δέ φαcι
τὸν ποιητὴν τὰc ἐν ταῖc τραγῳδίαιc τερατολογίαc ἐν μὲν
ἄλλοιc διελέγχειν, ἐν δὲ τοῖc νῦν τὴν τῆc Γιγαντομαχίαc 35
cυμπλοκὴν ἔωλον ἀποφαίνων, ὄρνιcιν ἔδωκε διαφέρεcθαι πρὸc
θεοὺc περὶ τῆc ἀρχῆc.
ἐπὶ Χαρίου τὸ δρᾶμα καθῆκεν εἰc ἄcτυ διὰ Καλλιcτράτου·
εἰc δὲ Λήναια τὸν Ἀμφιάραον ἐδίδαξε διὰ Φιλωνίδου. λάβοι δ᾽
ἄν τιc τοὺc χρόνουc ἐκ τῶν πέρυcι γενομένων ἐπὶ Ἀριμνήcτου 40
τοῦ πρὸ Χαρίου. Ἀθηναῖοι γὰρ πέμπουcι τὴν Cαλαμινίαν, τὸν
Ἀλκιβιάδην μεταcτελλόμενοι ἐπὶ κρίcει τῆc τῶν μυcτηρίων
ἐκμιμήcεωc. ὁ δὲ ἄχρι μὲν Θουρίου εἴπετο τοῖc μεθήκουcιν,
ἐκεῖθεν δὲ δραcμὸν ποιηcάμενοc εἰc Πελοπόννηcον ἐπεραιώθη.
τῆc δὲ μετακλήcεωc μέμνηται καὶ Ἀριcτοφάνηc, ἀποκρύπτων 45
μὲν τὸ ὄνομα, τὸ δὲ πρᾶγμα δηλῶν ἐν οἷc γέ φηcι,

μηδαμῶc
ἡμῖν ⟨γε⟩ παρὰ θάλατταν, ἵν᾽ ἀνακύψεται
κλητῆρ᾽ ἄγουc᾽ ἕωθεν ἡ Cαλαμινία.

III

Δύο πρεcβῦται Ἀθηναίων Πειcέταιροc καὶ Εὐελπίδηc τὴν
cυκοφαντίαν φεύγοντεc τὴν Ἀθήνηcι μετανίcταcθαι δοκι-
μάζουcι, καὶ κολοιὸν καὶ κορώνην πριάμενοι παραγίνονται
πρὸc ὄρνιθαc τῆc παρ᾽ αὐτοῖc ἐπιθυμοῦντεc διαγωγῆc. οἱ δὲ
ὄρνιθεc τὸ μὲν πρῶτον ἀρνεῖcθαί φαcιν, εἰ μετὰ ἀνθρώπων 5

30 χρηματίζονται Γ^pc: -ονταc cett.   τὸ θεῖον RAΓ: τοὺc θεοὺc VE:
τοὺc θεοὺc τῶν Ἀθηναίων U   32 τῶν] τὰ τῶν R   33 ἑτέρῳ
καὶ] ἑταίρῳ καὶ ⟨ὃc⟩ Meineke   34 τὰc ... τερατολογίαc] τὰ ...
τερατολογούμενα ΑΓ   34–5 ἐν μὲν ἄλλοιc] εἰ μὲν R: om. VEU
37 θεοὺc] τοὺc θεοὺc ΑΓL   38, 41 Χαρίου Koumanoudis: Χαβρίου
codd.   38 Καλλιcτράτου Kuster: Καλλίου codd.   48 suppl. e v. 146
edd.

ΟΡΝΙΘΕϹ

πολεμίων ὄντων οἰκήϲουϲι· μαθόντεϲ δὲ ὕϲτερον ἃ ὠφελ-
ηθήϲονται, ϲυγχωροῦϲι μένειν αὐτούϲ· οἱ δὲ πόλιν κτίϲαντεϲ
ἐν τῷ ἀέρι Νεφελοκοκκυγίαν ὠνόμαϲαν· ἀλλ' οὐδὲ ταύτην
ἀνενόχλητον ἐῶϲιν οἱ Ἀθηναῖοι. μάντειϲ γὰρ καὶ χρηϲμολόγοι
φοιτῶϲι λαβεῖν τι βουλόμενοι, ἐν οἷϲ καὶ Μέτων. οὗτοι δὲ 10
πάντεϲ ἀποπέμπονται ἄπρακτοι. τελευταῖον δὲ καὶ θεοί, διὰ τὸ
μὴ ἐᾶϲθαι τὸν καπνὸν τῶν ἱερείων ἀνιέναι λιμῷ φθειρόμενοι,
πρεϲβεύονται πρὸϲ τοὺϲ ὄρνιθαϲ. ὁ δὲ ϲκοπὸϲ τοῦ δράματοϲ
διαϲῦραι πάλιν τοὺϲ Ἀθηναίουϲ ὡϲ φιλοδίκουϲ. ἡ δὲ ϲκηνὴ ἐν
πέτραιϲ καὶ ὀρνέοιϲ. ἐγράφη δὲ μετὰ τὸ Ἀλκιβιάδην ὑπὸ τῆϲ 15
Ϲαλαμινίαϲ νεὼϲ μεταπεμφθῆναι διὰ τὴν περικοπὴν τῶν
Ἑρμῶν καὶ φυγεῖν εἰϲ Λακεδαίμονα.

IV

ΑΡΙϹΤΟΦΑΝΟΥϹ ΓΡΑΜΜΑΤΙΚΟΥ

Διὰ τὰϲ δίκαϲ φεύγουϲιν Ἀθήναϲ δύο τινέϲ,
οἳ πρὸϲ τὸν ἔποπα τὸν λεγόμενον Τηρέα
ἐλθόντεϲ ἠρώτων ἀπραγμόνων πόλιν.
εἷϲ δ' ὄρνιϲ ἔποπι ϲυμπαρὼν μετὰ πλειόνων
πτηνῶν διδάϲκει τί δύνατ' ὀρνίθων γένοϲ, 5
καὶ πῶϲ ἐάνπερ κατὰ μέϲον τὸν ἀέρα
πόλιν κτίϲωϲι, τῶν θεῶν τὰ πράγματα
αὐτοὶ παραλήψοντ'. ἐκ δὲ τοῦδε φαρμάκῳ
πτέρυγάϲ ἐποιοῦντ'· ἠξίωϲαν δ' οἱ θεοί,
ἐπίθεϲιν οὐ μικρὰν ὁρῶντεϲ γενομένην. 10

IV 4 εἷϲ δ' ὄρνιϲ VEM: εἷϲ ὄρνιϲ RΓ: οὓϲ ὄρνιϲ L: εἷϲ πρέϲβυϲ
Brunck 5 πτηνῶν RV^{pc}L: τινῶν V^{ac}EΓ: πτηνὸν Rutherford
8 φαρμάκῳ Rutherford: φάρμακον R: τοῦ φαρμάκου cett.
9 πτέρυγαϲ MΓ: πτέρυγάϲ τ' RVEL   ἐποιοῦντ' Bothe: ἐποίουν codd.

ΤΑ ΤΟΥ ΔΡΑΜΑΤΟϹ ΠΡΟϹΩΠΑ

ΕΥΕΛΠΙΔΗϹ   ΑΓΓΕΛΟϹ Α΄
ΠΕΙϹΕΤΑΙΡΟϹ   ΑΓΓΕΛΟϹ Β΄
ΘΕΡΑΠΩΝ   ΙΡΙϹ
ΕΠΟΨ   ΚΗΡΥΞ
ΧΟΡΟϹ ΟΡΝΙΘΩΝ   ΠΑΤΡΑΛΟΙΑϹ
ΙΕΡΕΥϹ   ΚΙΝΗϹΙΑϹ ΔΙΘΥΡΑΜΒΟΠΟΙΟϹ
ΠΟΙΗΤΗϹ   ϹΥΚΟΦΑΝΤΗϹ
ΧΡΗϹΜΟΛΟΓΟϹ   ΠΡΟΜΗΘΕΥϹ
ΜΕΤΩΝ ΓΕΩΜΕΤΡΗϹ   ΠΟϹΕΙΔΩΝ
ΕΠΙϹΚΟΠΟϹ   ΗΡΑΚΛΗϹ
ΨΗΦΙϹΜΑΤΟΠΩΛΗϹ

κωφὰ πρόϲωπα

ΞΑΝΘΙΑϹ οἰκέτηϲ   ΚΑΤΩΦΑΓΑϹ ὄρνιϲ
ΜΑΝΟΔΩΡΟϹ οἰκέτηϲ   ΠΡΟΚΝΗ ἀηδών (αὐλητήϲ)
ΦΟΙΝΙΚΟΠΤΕΡΟϹ   ΚΟΡΑΞ (αὐλητήϲ)
ΜΗΔΟϹ ὄρνιϲ   ΒΑϹΙΛΕΙΑ
ΕΠΟΨ Β΄

ΟΡΝΙΘΕC

ΕΥΕΛΠΙΔΗC
Ὀρθὴν κελεύεις, ᾗ τὸ δένδρον φαίνεται;

ΠΕΙCΕΤΑΙΡΟC
διαρραγείης· ἥδε δ' αὖ κρώζει "πάλιν".
Ευ. τί, ὦ πόνηρ', ἄνω κάτω πλανύττομεν;
ἀπολούμεθ' ἄλλως τὴν ὁδὸν προφορουμένω.
τὸ δ' ἐμὲ κορώνῃ πειθόμενον τὸν ἄθλιον 5
ὁδοῦ περιελθεῖν στάδια πλεῖν ἢ χίλια.
Πε. τὸ δ' ἐμὲ κολοιῷ πειθόμενον τὸν δύσμορον
ἀποσποδῆσαι τοὺς ὄνυχας τῶν δακτύλων.
Ευ. ἀλλ' οὐδὲ ποῦ γῆς ἐσμὲν οἶδ' ἔγωγ' ἔτι.
ἐντευθενὶ τὴν πατρίδ' ἂν ἐξεύροις σύ που; 10
Πε. οὐδ' ἂν μὰ Δία γ' ἐντεῦθεν Ἐξηκεστίδης.
Ευ. οἴμοι.
Πε. σὺ μέν, ὦ τᾶν, τὴν ὁδὸν ταύτην ἴθι.
ἦ δεινὰ νὼ δέδρακεν οὐκ τῶν ὀρνέων,
ὁ πινακοπώλης Φιλοκράτης μελαγχολῶν,
ὃς τώδ' ἔφασκε νῷν φράσειν τὸν Τηρέα, 15
{τὸν ἔποφ' ὃς ὄρνις ἐγένετ' ἐκ τῶν ὀρνέων·}
κἀπέδοτο τὸν μὲν Θαρραλείδου τουτονὶ
κολοιὸν ὀβολοῦ, τηνδεδὶ τριωβόλου.
τὼ δ' οὐκ ἄρ' ᾔστην οὐδὲν ἄλλο πλὴν δάκνειν.
καὶ νῦν τί κέχηνας; ἔσθ' ὅποι κατὰ τῶν πετρῶν 20
ἡμᾶς ἔτ' ἄξεις; οὐ γάρ ἐστ' ἐνταῦθά τις

1 sqq. de personarum vicibus parum constat   9 ποῦ C: ποῖ fere cett.: πῇ B: ὅποι Bothe   11 Δία γ'] Δί' ἔτ' Dindorf   γ' ἐντεῦθεν] ἐντεῦθέν γ' ⟨ἂν⟩ Porson   16 ut e vv. 13 et 47 conflatum v. del. Cobet: pro ἐκ τῶν ὀρνέων temptavit ἄνθρωπός ποτ' ὤν Koechly: alii alia   19 ᾔστην Porson ex Et. Magn., cf. sch.: ἥστην codd.

ΑΡΙΣΤΟΦΑΝΟΥΣ

ὁδός.
Ευ. οὐδὲ μὰ Δί' ἐνταῦθά γ' ἀτραπὸc οὐδαμοῦ.
Πε. τί δ'; ἡ κορώνη τῆc ὁδοῦ τι λέγει πέρι;
Ευ. οὐ ταὐτὰ κρώζει μὰ Δία νῦν τε καὶ τότε.
Πε. τί δὴ λέγει περὶ τῆc ὁδοῦ;
Ευ. τί δ' ἄλλο γ' ἢ 25
βρύκουc' ἀπέδεcθαί φηcί μου τοὺc δακτύλουc;
Πε. οὐ δεινὸν οὖν δῆτ' ἐcτὶν ἡμᾶc δεομένουc
ἐc κόρακαc ἐλθεῖν καὶ παρεcκευαcμένουc
ἔπειτα μὴ 'ξευρεῖν δύναcθαι τὴν ὁδόν;
ἡμεῖc γάρ, ὦνδρεc οἱ παρόντεc ἐν λόγῳ, 30
νόcον νοcοῦμεν τὴν ἐναντίαν Cάκᾳ·
ὁ μὲν γὰρ ὢν οὐκ ἀcτὸc εἰcβιάζεται,
ἡμεῖc δὲ φυλῇ καὶ γένει τιμώμενοι,
ἀcτοὶ μετ' ἀcτῶν, οὐ cοβοῦντοc οὐδενὸc
ἀνεπτόμεcθ' ἐκ τῆc πατρίδοc ἀμφοῖν ποδοῖν, 35
αὐτὴν μὲν οὐ μιcοῦντ' ἐκείνην τὴν πόλιν
τὸ μὴ οὐ μεγάλην εἶναι φύcει κεὐδαίμονα
καὶ πᾶcι κοινὴν ἐναποτεῖcαι χρήματα.
οἱ μὲν γὰρ οὖν τέττιγεc ἕνα μῆν' ἢ δύο
ἐπὶ τῶν κραδῶν ᾄδουc', Ἀθηναῖοι δ' ἀεὶ 40
ἐπὶ τῶν δικῶν ᾄδουcι πάντα τὸν βίον.
διὰ ταῦτα τόνδε τὸν βάδον βαδίζομεν,
κανοῦν δ' ἔχοντε καὶ χύτραν καὶ μυρρίναc
πλανώμεθα ζητοῦντε τόπον ἀπράγμονα,
ὅποι καθιδρυθέντε διαγενοίμεθ' ἄν. 45
ὁ δὲ cτόλοc νῷν ἐcτι παρὰ τὸν Τηρέα,
τὸν ἔποπα, παρ' ἐκείνου πυθέcθαι δεομένω,
εἴ που τοιαύτην εἶδε πόλιν ᾗ 'πέπτατο.

23 τί δ' Dindorf: ἥδ' ΜΑΓU: ἥδ' R: οὐδ' VEL, v.l. ap. sch.   τι Bergk (neque ... quid Divus): τί codd.   35 ἀνεπτόμεcθ'] -μεθ' U, Su. c 33 codd. AFV, sch.   post ἀμφοῖν add. τοῖν M, sch.   40 ᾄδουc' Bentley: ᾄδουcιν codd.   41 δικῶν] κάδων Blass   45 καθιδρυθέντε] -υνθέντε RV   48 'πέπτατο Γ: πέπτατο fere cett.: πέπταται AL

348

ΟΡΝΙΘΕϹ

Ευ. οὗτος.
Πε. τί ἐστιν;
Ευ. ἡ κορώνη μοι πάλαι
ἄνω τι φράζει.
Πε. χὠ κολοιὸς οὑτοσὶ 50
ἄνω κέχηνεν ὡσπερεὶ δεικνύς τί μοι,
κοὐκ ἔσθ' ὅπως οὐκ ἔστιν ἐνταῦθ' ὄρνεα.
εἰσόμεθα δ' αὐτίκ', ἢν ποιήϲωμεν ψόφον.
Ευ. ἀλλ' οἶσθ' ὃ δρᾶσον; τῷ σκέλει θένε τὴν πέτραν.
Πε. σὺ δὲ τῇ κεφαλῇ γ', ἵν' ᾖ διπλάσιος ὁ ψόφος. 55
Ευ. σὺ δ' οὖν λίθῳ κόψον λαβών.
Πε. πάνυ γ', εἰ δοκεῖ.
παῖ παῖ.
Ευ. τί λέγεις, οὗτος; τὸν ἔποπα παῖ καλεῖς;
οὐκ ἀντὶ τοῦ παιδός ⟨ϲ'⟩ ἐχρῆν ἐποποῖ καλεῖν;
Πε. ἐποποῖ. ποιήϲεις τοί με κόπτειν αὖθις αὖ.
ἐποποῖ.

ΘΕΡΑΠΩΝ ΕΠΟΠΟϹ
τίνες οὗτοι; τίς ὁ βοῶν τὸν δεσπότην; 60
Πε. Ἄπολλον ἀποτρόπαιε, τοῦ χαϲμήματος.
Θε. οἴμοι τάλας, ὀρνιθοθήρα τουτωί.
Πε. †οὕτως τι δεινὸν οὐδὲ κάλλιον λέγειν.†
Θε. ἀπολεῖσθον.
Πε. ἀλλ' οὐκ ἐϲμὲν ἀνθρώπω.
Θε. τί δαί;
Πε. Ὑποδεδιὼς ἔγωγε, Λιβυκὸν ὄρνεον. 65
Θε. οὐδὲν λέγεις.
Πε. καὶ μὴν ἐροῦ τὰ πρὸς ποδῶν.
Θε. ὁδὶ δὲ δὴ τίς ἐστιν ὄρνις; οὐκ ἐρεῖς;
Ευ. Ἐπικεχοδὼς ἔγωγε Φαϲιανικός.

53 ἢν Dindorf: ἂν codd.   55 ὁ RΓUB: om. VEMAL
56 λαβών] an βαλών?   58 suppl. Beck: ⟨γ'⟩ L   59 v. om.
R   τοι VM^pcA: ἔτι B: τί cett.   63 v. saepius temptatum delere malit
Austin; an versus superior pessumivit (Holford-Strevens)?   64 δαί] δέ
EΓU

ΑΡΙΣΤΟΦΑΝΟΥΣ

Πε. ἀτὰρ cὺ τί θηρίον ποτ' εἶ, πρὸc τῶν θεῶν;
Θε. ὄρνιc ἔγωγε δοῦλοc.
Ευ. ἡττήθηc τινὸc 70
 ἀλεκτρυόνοc;
Θε. οὔκ, ἀλλ' ὅτε περ ὁ δεcπότηc
 ἔποψ ἐγένετο, τότε γενέcθαι μ' ηὔξατο
 ὄρνιν, ἵν' ἀκόλουθον διάκονόν τ' ἔχῃ.
Πε. δεῖται γὰρ ὄρνιc καὶ διακόνου τινόc;
Θε. οὗτόc γ', ἅτ', οἶμαι, πρότερον ἄνθρωπόc ποτ' ὤν, 75
 τοτὲ μὲν ἐρᾷ φαγεῖν ἀφύαc Φαληρικάc·
 τρέχω 'π' ἀφύαc λαβὼν ἐγὼ τὸ τρύβλιον·
 ἔτνουc δ' ἐπιθυμεῖ, δεῖ τορύνηc καὶ χύτραc·
 τρέχω 'πὶ τορύνην.
Πε. τροχίλοc ὄρνιc οὑτοcί.
 οἶcθ' οὖν ὃ δρᾶcον, ὦ τροχίλε; τὸν δεcπότην 80
 ἡμῖν κάλεcον.
Θε. ἀλλ' ἀρτίωc νὴ τὸν Δία
 εὕδει καταφαγὼν μύρτα καὶ cέρφουc τινάc.
Πε. ὅμωc ἐπέγειρον αὐτόν.
Θε. οἶδα μὲν cαφῶc
 ὅτι ἀχθέcεται, cφῶν δ' αὐτὸν οὕνεκ' ἐπεγερῶ.
Ευ. κακῶc cύ γ' ἀπόλοι', ὥc μ' ἀπέκτειναc δέει. 85
Πε. οἴμοι κακοδαίμων, χὠ κολοιὸc μοἴχεται
 ὑπὸ τοῦ δέουc.
Ευ. ὦ δειλότατον cὺ θηρίον,
 δείcαc ἀφῆκαc τὸν κολοιόν.
Πε. εἰπέ μοι,
 cὺ δὲ τὴν κορώνην οὐκ ἀφῆκαc καταπεcών;
Ευ. μὰ Δί' οὐκ ἔγωγε.
Πε. ποῦ γάρ ἐcτιν;
Ευ. ἀπέπτατο. 90
Πε. οὐκ ἆρ' ἀφῆκαc; ὠγάθ', ὡc ἀνδρεῖοc εἶ.

69 ἀτὰρ R: ἀλλὰ cett.   75 γ', ἅτ' R: γὰρ VMAΓ^pcL: γὰρ ἅτ' cett.
80 δρᾶcον] δράcειc M, Γ s.l., U   85 ὥc] ὅc EMA   87 θηρίον]
θηρίων RML   90 ἐcτιν] ἐcτ' Bentley

ΟΡΝΙΘΕC

ΕΠΟΨ
ἄνοιγε τὴν ὕλην, ἵν' ἐξέλθω ποτέ.
Πε. ὦ Ἡράκλεις, τουτὶ τί ποτ' ἐcτὶ θηρίον;
τίc ἡ πτέρωcιc; τίc ὁ τρόποc τῆc τριλοφίαc;
Επ. τίνεc εἰcί μ' οἱ ζητοῦντεc;
Πε. οἱ δώδεκα θεοὶ 95
εἴξαcιν ἐπιτρῖψαί cε.
Επ. μῶν με cκώπτετον
ὁρῶντε τὴν πτέρωcιν; ἦ γάρ, ὦ ξένοι,
ἄνθρωποc.
Πε. οὐ cοῦ καταγελῶμεν.
Επ. ἀλλὰ τοῦ;
Πε. τὸ ῥάμφοc ἥμιν cου γέλοιον φαίνεται.
Επ. τοιαῦτα μέντοι Cοφοκλέηc λυμαίνεται 100
ἐν ταῖc τραγῳδίαιcιν ἐμὲ τὸν Τηρέα.
Πε. Τηρεὺc γὰρ εἶ cύ; πότερον ὄρνιc ἢ ταῶc;
Επ. ὄρνιc ἔγωγε.
Πε. κᾆτά cοι ποῦ τὰ πτερά;
Επ. ἐξερρύηκε.
Πε. πότερον ὑπὸ νόcου τινόc;
Επ. οὔκ, ἀλλὰ τὸν χειμῶνα πάντα τὤρνεα 105
πτερορρυεῖ κᾆτ' αὖθιc ἕτερα φύομεν.
ἀλλ' εἴπατόν μοι cφὼ τίν' ἐcτόν;
Πε. νώ; βροτώ.
Επ. ποδαπὼ τὸ γένοc;
Πε. ὅθεν αἱ τριήρειc αἱ καλαί.
Επ. μῶν ἡλιαcτά;
Πε. μἀλλὰ θἀτέρου τρόπου,

---

93 ἐcτὶ ΕΑΓL: ἐcτὶ τὸ RVMU: ἦν τὸ Blaydes   97 ἦ Choeroboscus in Theod. *Can.* 2.119.14: ἦν codd.   100 Cοφοκλέηc RL: -κλῆc cett.   106 πτερορρυεῖ κᾆτ' αὖθιc Dobree: πτερορρυεῖ τε καὖθιc codd. plerique: πτερορρυεῖται καὖθιc A: πτερορρυοῦμεν καὖθιc Cobet   109 ἡλιαcτά VML: ἠ- cett.   μἀλλὰ ΕΓ^pc: μᾶλα R: μάλα VMA, lm. sch.: οὐκ ἀλλὰ UB: οὐ μάλα L

ΑΡΙΣΤΟΦΑΝΟΥC

   ἀπηλιαστά.
Επ.   cπείρεται γὰρ τοῦτ' ἐκεῖ   110
  τὸ cπέρμ';
Πε. ὀλίγον ζητῶν ἂν ἐξ ἀγροῦ λάβοις.
Επ. πράγους δὲ δὴ τοῦ δεομένω δεῦρ' ἤλθετον;
Πε. coὶ ξυγγενέcθαι βουλομένω.
Επ.   τίνος πέρι;
Πε. ὅτι πρῶτα μὲν ἦcθ' ἄνθρωπος ὥcπερ νώ ποτε,
  κἀργύριον ὠφείληcας ὥcπερ νώ ποτε,
  κοὐκ ἀποδιδοὺς ἔχαιρες ὥcπερ νώ ποτε·   115
  εἶτ' αὖθις ὀρνίθων μεταλλάξας φύcιν
  καὶ γῆν ἐπέπτου καὶ θάλατταν ἐν κύκλῳ,
  καὶ πάνθ' ὅcαπερ ἄνθρωπος ὅcα τ' ὄρνις φρονεῖς·
  ταῦτ' οὖν ἱκέται νὼ πρὸς cὲ δεῦρ' ἀφίγμεθα,   120
  εἴ τινα πόλιν φράcειας ἡμῖν εὔερον
  ὥcπερ cιcύραν ἐγκατακλινῆναι μαλθακήν.
Επ. ἔπειτα μείζω τῶν Κραναῶν ζητεῖς πόλιν;
Πε. μείζω μὲν οὐδέν, προcφορωτέραν δὲ νῷν.
Επ. ἀριcτοκρατεῖcθαι δῆλος εἶ ζητῶν.
Πε.   ἐγώ;   125
  ἥκιcτα· καὶ τὸν Cκελλίου βδελύττομαι.
Επ. ποίαν τιν' οὖν ἥδιcτ' ἂν οἰκοῖτ' ἂν πόλιν;
Πε. ὅπου τὰ μέγιcτα πράγματ' εἴη τοιάδε·
  ἐπὶ τὴν θύραν μου πρῴ τις ἐλθὼν τῶν φίλων
  λέγοι ταδί· "πρὸς τοῦ Διὸς τοὐλυμπίου,   130
  ὅπως παρέcει μοι καὶ cὺ καὶ τὰ παιδία
  λουcάμενα πρῴ· μέλλω γὰρ ἑcτιᾶν γάμους·
  καὶ μηδαμῶς ἄλλως ποιήcῃς· εἰ δὲ μή,

---

115 κἀργύριον ὠφείληcας] κᾆτ' ἀργύριον ὤφειλες Blaydes
118 ἐπέπτου καὶ Beck: ἐπέτου καὶ τὴν codd.   122 ἐγκατακλινῆναι
R, sch.: -κλιθῆναι V^{ac}EAΓ^{pc}UL: -κλινθῆναι V^{pc}MΓ^{ac}   μαλθακήν RML:
μαλακήν cett.   126 καὶ ⟨γὰρ⟩ Kirchhoff: ἐπεὶ Blaydes: γ' ὃς καὶ Heiberg   Cκελλίου] Cκελίου v.l. ap. sch.   129 πρῴ τις Γ^{pc}UL, cf. sch.:
πρώτιcτ' R: πρῴ VEAM   ἐλθὼν RΓ^{pc}L: εἰcελθὼν fere cett.

352

ΟΡΝΙΘΕC

μή μοι τότε γ' ἔλθῃc, ὅταν ἐγὼ πράττω κακῶc."
Επ. νὴ Δία ταλαιπώρων γε πραγμάτων ἐρᾷc. 135
τί δαὶ cύ;
Ευ.   τοιούτων ἐρῶ κἀγώ.
Επ.   τίνων;
Ευ. ὅπου ξυναντῶν μοι ταδί τιc μέμψεται
ὥcπερ ἀδικηθεὶc παιδὸc ὡραίου πατήρ·
"καλῶc γέ μου τὸν υἱόν, ὦ Cτιλβωνίδη,
εὑρὼν ἀπιόντ' ἀπὸ γυμναcίου λελουμένον 140
οὐκ ἔκυcαc, οὐ προcεῖπαc, οὐ προcηγάγου,
οὐκ ὠρχιπέδιcαc, ὢν ἐμοὶ πατρικὸc φίλοc."
Επ. ὦ δειλακρίων cὺ τῶν κακῶν, οἵων ἐρᾷc.
ἀτὰρ ἔcτι γ' ὁποίαν λέγετον εὐδαίμων πόλιc
παρὰ τὴν ἐρυθρὰν θάλατταν.
Ευ.   οἴμοι, μηδαμῶc 145
ἡμῖν γε παρὰ θάλατταν, ἵν' ἀνακύψεται
κλητῆρ' ἄγουc' ἕωθεν ἡ Cαλαμινία.
Ἑλληνικὴν δὲ πόλιν ἔχειc ἡμῖν φράcαι;
Επ. τί οὐ τὸν Ἠλεῖον Λέπρεον οἰκίζετον
ἐλθόνθ';
Ευ.   †ὅτι νὴ τοὺc θεοὺc ὃc οὐκ ἰδὼν† 150
βδελύττομαι τὸν Λέπρεον ἀπὸ Μελανθίου.
Επ. ἀλλ' εἰcὶν ἕτεροι, τῆc Λοκρίδοc Ὀπούντιοι,
ἵνα χρὴ κατοικεῖν.
Ευ.   ἀλλ' ἔγωγ' Ὀπούντιοc
οὐκ ἂν γενοίμην ἐπὶ ταλάντῳ χρυcίου.
οὗτοc δὲ δὴ τίc ἐcθ' ὁ μετ' ὀρνίθων βίοc; 155

134 τότε γ'] ποτ' Su. μ 945, Cobet: τότ' Gelenius 136 δαὶ] δὲ ΓUB^{ac}PC: δὴ B^{pc} 142 ὠρχιπέδιcαc L. Dindorf: -πέδηcαc codd. 143 v. ita interpunxit Lenting 146 γε παρὰ Bekker: γε παρὰ τὴν RMAΓ^{ac}U: παρὰ τὴν VEΓ^{pc}L 149 τί] τί δ' Su. α 302, sch. Ach. 724 150 ὅτι] ὁτιὴ L ὅc] ὅc' Bothe; locus multum temptatus: ὅcον γ' pro ὃc οὐκ Blaydes 155 ἐcθ' L: ἐcτιν cett. 155–156a Peisetaero tribuit Terzaghi

ΑΡΙCΤΟΦΑΝΟΥC

<table>
<tr><td></td><td>cὺ γὰρ οἶcθ' ἀκριβῶc.</td><td></td></tr>
<tr><td>Επ.</td><td>οὐκ ἄχαρις εἰς τὴν τριβήν·
οὗ πρῶτα μὲν δεῖ ζῆν ἄνευ βαλλαντίου.</td><td></td></tr>
<tr><td>Ευ.</td><td>πολλήν γ' ἀφεῖλες τοῦ βίου κιβδηλίαν.</td><td></td></tr>
<tr><td>Επ.</td><td>νεμόμεcθα δ' ἐν κήποιc τὰ λευκὰ cήcαμα
καὶ μύρτα καὶ μήκωνα καὶ cιcύμβρια.</td><td>160</td></tr>
<tr><td>Ευ.</td><td>ὑμεῖc μὲν ἄρα ζῆτε νυμφίων βίον.</td><td></td></tr>
<tr><td>Πε.</td><td>φεῦ φεῦ·
ἦ μέγ' ἐνορῶ βούλευμ' ἐν ὀρνίθων γένει,
καὶ δύναμιν ἣ γένοιτ' ἄν, εἰ πίθοιcθέ μοι.</td><td></td></tr>
<tr><td>Επ.</td><td>τί coι πιθώμεcθ';</td><td></td></tr>
<tr><td>Πε.</td><td>ὅ τι πίθηcθε; πρῶτα μὲν
μὴ περιπέτεcθε πανταχῇ κεχηνότεc·
ὡc τοῦτ' ἄτιμον τοὔργον ἐcτίν. αὐτίκα
ἐκεῖ παρ' ἡμῖν τοὺc πετομένουc ἢν ἔρῃ,
"τίc ἐcτιν οὗτοc;" ὁ Τελέαc ἐρεῖ ταδί·
"ἄνθρωποc ὄρνιc ἀcτάθμητοc πετόμενοc,
ἀτέκμαρτοc, οὐδὲν οὐδέποτ' ἐν ταὐτῷ μένων."</td><td>165

170</td></tr>
<tr><td>Επ.</td><td>νὴ τὸν Διόνυcον εὖ γε μωμᾷ ταυταγί.
τί οὖν ποιῶμεν;</td><td></td></tr>
<tr><td>Πε.</td><td>οἰκίcατε μίαν πόλιν.</td><td></td></tr>
<tr><td>Επ.</td><td>ποίαν δ' ἂν οἰκίcαιμεν ὄρνιθεc πόλιν;</td><td></td></tr>
<tr><td>Πε.</td><td>ἄληθεc, ὦ cκαιότατον εἰρηκὼc ἔποc;
βλέψον κάτω.</td><td></td></tr>
<tr><td>Επ.</td><td>καὶ δὴ βλέπω.</td><td></td></tr>
<tr><td>Πε.</td><td>βλέπε νυν ἄνω.</td><td>175</td></tr>
</table>

156 τὴν τριβήν] διατριβήν Burges   161 ἆρα L, Su. υ 107: ἄρα cett., Su. ν 597   163 πίθοιcθέ Dawes (πείθοιcθέ ed. Iuntina a. 1515): πείθεcθέ fere codd.   164 πιθώμεcθ' AΓ^ac et fortasse L^pc: πειθ- R: π(ε)ιθοίμεcθ' fere cett.   πίθηcθε Dawes: πείθοιcθε RV^pcM: πίθοιcθε cett. 167 τοὺc om. V   τοὺc πετομένουc] τὸν Κλεομένουc Kock: περὶ Θεογένουc van Leeuwen   168 ἐcτιν οὗτοc Dobree: ὄρνιc οὗτοc codd. vett.: οὗτοc ὄρνιc L locus difficilis necdum fortasse sanatus   169 ἄνθρωποc Hall & Geldart: ἄ- codd.   172 ποιοῖμεν] ποιῶμεν L, quo recepto ἂν del. Cobet

ΟΡΝΙΘΕΣ

Επ. βλέπω.
Πε. περίαγε τὸν τράχηλον.
ΕΠ. νὴ Δία
ἀπολαύϲομαί γ' ⟨ἄρ'⟩, εἰ διαϲτραφήϲομαι·
Πε. εἶδέϲ τι;
Επ. τὰϲ νεφέλαϲ γε καὶ τὸν οὐρανόν.
Πε. οὐχ οὗτοϲ οὖν δήπου 'ϲτὶν ὀρνίθων πόλοϲ;
Επ. πόλοϲ; τίνα τρόπον;
Πε. ὥϲπερ ⟨ἂν⟩ εἴποι τιϲ τόποϲ.   180
ὅτι δὲ πολεῖται τοῦτο καὶ διέρχεται
ἅπαντα διὰ τούτου, καλεῖται νῦν πόλοϲ.
ἢν δ' οἰκίϲητε τοῦτο καὶ φάρξηθ' ἅπαξ,
ἐκ τοῦ πόλου τούτου κεκλήϲεται πόλιϲ.
ὥϲτ' ἄρξετ' ἀνθρώπων μὲν ὥϲπερ παρνόπων,   185
τοὺϲ δ' αὖ θεοὺϲ ἀπολεῖτε λιμῷ Μηλίῳ.
Επ. πῶϲ;
Πε. ἐν μέϲῳ δήπουθεν ἀήρ ἐϲτι γῆϲ.
εἶθ' ὥϲπερ ἡμεῖϲ, ἢν ἰέναι βουλώμεθα
Πυθώδε, Βοιωτοὺϲ δίοδον αἰτούμεθα,
οὕτωϲ, ὅταν θύϲωϲιν ἄνθρωποι θεοῖϲ,   190
ἢν μὴ φόρον φέρωϲιν ὑμῖν οἱ θεοί,
{διὰ τῆϲ πόλεωϲ τῆϲ ἀλλοτρίαϲ καὶ τοῦ χάουϲ}
τῶν μηρίων τὴν κνῖϲαν οὐ διαφρήϲετε.
Επ. ἰοὺ ἰού·
μὰ γῆν, μὰ παγίδαϲ, μὰ νεφέλαϲ, μὰ δίκτυα,
μὴ 'γὼ νόημα κομψότερον ἤκουϲά πω·   195
ὥϲτ' ἂν κατοικίζοιμι μετὰ ϲοῦ τὴν πόλιν,
εἰ ξυνδοκοίη τοῖϲιν ἄλλοιϲ ὀρνέοιϲ.

177 suppl. Lowe: γ' VEMAΓU: δ' R: ⟨τί⟩ γ' L   179 suppl.
Dobree   ὥϲπερ ... τιϲ] ὡϲπερεὶ 'πὶ γῆϲ Rademacher   181
τοῦτο] 'νταῦθα Robert   182 τούτου Bergk: τοῦτο codd. vett.:
τοῦτό γε L   183 φάρξηθ' Dindorf: φράξ- codd.   190 θύϲωϲιν]
θύϲωϲιν Lenting   191 ὑμῖν A^{pc}ΓL: ἡμῶν fere cett.   192 = 1218
v. del. Beck   195 πω] που VEA

ΑΡΙϹΤΟΦΑΝΟΥϹ

Πε. τίϲ ἂν οὖν τὸ πρᾶγμ' αὐτοῖϲ διηγήϲαιτο;
Επ.   ϲύ.
    ἐγὼ γὰρ αὐτοὺϲ βαρβάρουϲ ὄνταϲ πρὸ τοῦ
    ἐδίδαξα τὴν φωνήν, ξυνὼν πολὺν χρόνον.   200
Πε. πῶϲ δῆτ' ἂν αὐτοὺϲ ξυγκαλέϲειαϲ;
Επ.   ῥᾳδίωϲ.
    δευρὶ γὰρ ἐμβὰϲ αὐτίκα μάλ' εἰϲ τὴν λόχμην,
    ἔπειτ' ἀνεγείραϲ τὴν ἐμὴν ἀηδόνα,
    καλοῦμεν αὐτούϲ· οἱ δὲ νῷν τοῦ φθέγματοϲ
    ἐάνπερ ἐπακούϲωϲι θεύϲονται δρόμῳ.   205
Πε. ὦ φίλτατ' ὀρνίθων ϲύ, μή νυν ἕϲταθι·
    ἀλλ', ἀντιβολῶ ϲ', ἄγ' ὡϲ τάχιϲτ' εἰϲ τὴν λόχμην
    εἴϲβαινε κἀνέγειρε τὴν ἀηδόνα.
Επ. ἄγε, ϲύννομέ μοι, παῦϲαι μὲν ὕπνου,
    λῦϲον δὲ νόμουϲ ἱερῶν ὕμνων,   210
    οὓϲ διὰ θείου ϲτόματοϲ θρηνεῖϲ
    τὸν ἐμὸν καὶ ϲὸν πολύδακρυν Ἴτυν,
    ἐλελιζομένη διεροῖϲ μέλεϲιν
    γένυοϲ ξουθῆϲ.
    καθαρὰ χωρεῖ διὰ φυλλοκόμου   215
    μίλακοϲ ἠχὼ πρὸϲ Διὸϲ ἕδραϲ,
    ἵν' ὁ χρυϲοκόμαϲ Φοῖβοϲ ἀκούων,
    τοῖϲ ϲοῖϲ ἐλέγοιϲ ἀντιψάλλων
    ἐλεφαντόδετον φόρμιγγα, θεῶν
    ἵϲτηϲι χορούϲ· διὰ δ' ἀθανάτων   220
    ϲτομάτων χωρεῖ ξύμφωνοϲ ὁμοῦ
    θεία μακάρων ὀλολυγή.

---

202 ἐμβὰϲ] εἰϲβὰϲ Meineke   204 καλοῦμεν] καλοῖμ' ἂν U, v.l. ap. sch. R: καλοῖμί γ' ἂν v.l. ap. sch. ΕΓ   205 ἐπακούϲωϲι RΓL: ἀκούϲωϲι VEU: ὑπακούϲωϲι A: ἀκούϲωνται M   210 λῦϲον RΓ^acUB, Su. λ 871, v.l. ap. sch.: χῦϲον vel χύϲον cett.   213 ἐλελιζομένη διεροῖϲ] ἐλελιζομένηϲ δ' ἱεροῖϲ H, Meineke, puncto post Ἴτυν addito   μέλεϲιν L: μέλεϲ(ϲ)ι cett.   216 μίλακοϲ] ϲμι- R^ac   post 222 parepigrapham αὐλεῖ praebent vett. plerique, αὐλεῖ τιϲ L, om. AU

ΟΡΝΙΘΕC

Ευ. ὦ Ζεῦ βαcιλεῦ, τοῦ φθέγματοc τοὐρνιθίου·
οἷον κατεμελίτωcε τὴν λόχμην ὅλην.
Πε. οὗτοc.
Ευ. τί ἐcτιν;
Πε. οὐ cιωπήcει;
Ευ. τί δαί; 225
Πε. οὔποψ μελῳδεῖν αὖ παραcκευάζεται.
Επ. ἐποποποῖ ποποποποῖ ποποῖ,
ἰὼ ἰὼ ἰτὼ ἰτὼ ἰτὼ ἰτώ,
ἴτω τιc ὧδε τῶν ἐμῶν ὁμοπτέρων·
ὅcοι τ' εὐcπόρουc ἀγροίκων γύαc 230
νέμεcθε, φῦλα μυρία κριθοτράγων
cπερμολόγων τε γένη
ταχὺ πετόμενα, μαλθακὴν ἱέντα γῆρυν·
ὅcα τ' ἐν ἄλοκι θαμὰ
βῶλον ἀμφιτιττυβίζεθ' ὧδε λεπτὸν 235
ἡδομένᾳ φωνᾷ·
τιὸ τιὸ τιὸ τιὸ τιὸ τιὸ τιὸ τιό.
ὅcα θ' ὑμῶν κατὰ κήπουc ἐπὶ κιccοῦ
κλάδεcι νομὸν ἔχει,
τά τε κατ' ὄρεα τὰ κοτινοτράγα τὰ κομαροφάγα, 240
ἀνύcατε πετόμενα πρὸc ἐμὰν αὐδάν·
τριοτὸ τριοτὸ τοτοβρίξ·
οἵ θ' ἑλείαc παρ' αὐλῶναc ὀξυcτόμουc
ἐμπίδαc κάπτεθ', ὅcα τ' εὐδρόcουc γῆc τόπουc 245
ἔχετε λειμῶνά τ' ἐρόεντα Μαραθῶνοc, †ὄρ-

227 ἐποποποῖ Dunbar: ἐποποῖ ποί R: ἐποποί fere cett.   ποποποποῖ ποποῖ R: πο ter vel ποῖ pluries fere cett.   228 ἰτὼ quater fere codd.: ἴτω quater U^{ac}B   230 γύαc Γ^{pc}M: γυίαc cett.   240 τὰ ... τὰ Dale: τά τε ... τά τε codd.   241 αὐδάν RAΓ^{ac}UL: ἀοιδάν VM9MΓ^{pc}B²   242 τριοτὸ τριοτὸ τοτοβρίξ ita praebent R, Su. ε 2807, varie deformatum cett.   244 post αὐλῶναc add. τὰc L   245 κάπτεθ' vett., B: κάμπτεθ' L, Su.   post εὐδρόcουc add. τε L   246 λειμῶνά τ' vett.: καὶ λειμῶνα τὸν L

ΑΡΙΣΤΟΦΑΝΟΥΣ

νις πτεροποίκιλος† ἀτταγᾶς ἀτταγᾶς.
ὧν τ' ἐπὶ πόντιον οἶδμα θαλάccης 250
φῦλα μετ' ἀλκυόνεccι ποτῆται,
δεῦρ' ἴτε πευcόμενοι τὰ νεώτερα·
πάντα γὰρ ἐνθάδε φῦλ' ἀθροΐζομεν
οἰωνῶν ταναοδείρων.
ἥκει γάρ τις δριμὺς πρέσβυς 255
καινὸς γνώμην
καινῶν ἔργων τ' ἐγχειρητής.
ἀλλ' ἴτ' εἰς λόγους ἄπαντα,
δεῦρο δεῦρο δεῦρο δεῦρο.
τοροτοροτοροτοροτίξ. 260
κικκαβαῦ κικκαβαῦ.
τοροτοροτοροτορολιλιλίξ.

Πε. ὁρᾷς τιν' ὄρνιν;
Ευ.   μὰ τὸν Ἀπόλλω 'γὼ μὲν οὔ·
καίτοι κέχηνά γ' εἰς τὸν οὐρανὸν βλέπων.
Πε. ἄλλως ἄρ' οὔποψ, ὡς ἔοικ', εἰς τὴν λόχμην 265
ἐμβὰς ἐπόπωζε χαραδριὸν μιμούμενος.
Επ. τοροτὶξ τοροτίξ.
Πε. ὠγάθ', ἀλλ' ⟨εἷς⟩ οὑτοcὶ καὶ δή τις ὄρνις ἔρχεται.
Ευ. νὴ Δί' ὄρνις δῆτα. τίς ποτ' ἐστίν; οὐ δήπου ταῶς;
Πε. οὗτος αὐτὸς νῷν φράσει· τίς ἐστιν οὕρνις οὑτοσί; 270
Επ. οὗτος οὐ τῶν ἠθάδων τῶνδ' ὧν ὁρᾶθ' ὑμεῖς ἀεί,

248 locus nondum sanatus; de numeris vide Parker, *Songs*, pp. 302–3: ὄρνις ⟨τε⟩ L   πτεροποίκιλος] πτερυγοποίκιλος τ' Wiesler (et sine τ' Fleckeisen): πτερῶν ποικίλος τ' Meineke, cf. fr. com. adesp. 416   251 ποτῆται Cobet, cf. sch.: -ᾶται codd.: πέτονται Γγρ   254 ante ταναοδείρων add. τῶν L   257 τ' om. M, Su. κ 1175, ante ἔργων transp. AB   259 δεῦρο quater AUL, Su. ε 2807 cod. F: quinquies cett. 260, 262 ita praebet R: ceteri codd. paulum discrepant   263 ὁρᾷς V^{ac}M9Γ^{ac}L: ὁρῇς cett.   266 ἐμβὰς] εἰcβὰc Meineke   ἐπόπωζε Schroeder: ἐπῴζε vel ἐπῶζε codd.   267 utrumque τοροτίγξ] -τίξ R^{ac}M9^{ac}   268 suppl. Hall & Geldart: ⟨οὖν⟩ Bergk: ⟨οὐκ⟩ ἀλλ' Bentley   270 οὕρνις RVM9M (sed spiritu leni), cf. 284: ὄρνις cett.

ΟΡΝΙΘΕC

Ευ.	ἀλλὰ λιμναῖος.
Ευ.	βαβαί, καλός γε καὶ φοινικιοῦς.
Επ.	εἰκότως ⟨γε⟩· καὶ γὰρ ὄνομ' αὐτῷ 'cτὶ φοινικόπτερος.
Ευ.	οὗτος, ὦ—cέ τοι.
Πε.	τί βωcτρεῖc;
Ευ.	ἕτερος ὄρνις οὑτοcί.
Πε.	νὴ Δί' ἕτερος δῆτα χοὗτος ἔξεδρον χρόαν ἔχων. 275
	τίς ποτ' ἔcθ' ὁ μουcόμαντις, ἄτοπος ὄρνις, ὀριβάτης;
Επ.	ὄνομα τούτῳ Μῆδός ἐcτι.
Ευ.	Μῆδος; ὦναξ Ἡράκλεις.
	εἶτα πῶς ἄνευ καμήλου Μῆδος ὢν εἰcέπτατο;
Πε.	ἕτερος αὖ λόφον καθειληφώς τις ὄρνις οὑτοcί.
Ευ.	τί τὸ τέρας τουτί ποτ' ἐcτίν; οὐ cὺ μόνος ἄρ' ἦcθ' ἔποψ,
	ἀλλὰ χοὗτος ἕτερος;
Επ.	οὑτοcὶ μέν ἐcτι Φιλοκλέους 281
	ἐξ ἔποπος, ἐγὼ δὲ τούτου πάππος, ὥσπερ εἰ λέγοις
	"Ἱππόνικος Καλλίου κἀξ Ἱππονίκου Καλλίας."
Ευ.	Καλλίας ἄρ' οὗτος οὕρνις ἐcτίν· ὡς πτερορρυεῖ. 284
Επ.	ἅτε γὰρ ὢν γενναῖος ὑπό ⟨τε⟩ cυκοφαντῶν τίλλεται,
	αἵ τε θήλειαι πρὸς ἐκτίλλουcιν αὐτοῦ τὰ πτερά.
Ευ.	ὦ Πόcειδον, ἕτερος αὖ τις βαπτὸς ὄρνις οὑτοcί.
	τίς ὀνομάζεταί ποθ' οὗτος;
Επ.	οὑτοcὶ κατωφαγᾶς.
Πε.	ἔcτι γὰρ κατωφαγᾶς τις ἄλλος ἢ Κλεώνυμος; 289
Ευ.	πῶς ἂν οὖν Κλεώνυμός γ' ὢν οὐκ ἀπέβαλε τὸν λόφον;
Πε.	ἀλλὰ μέντοι τίς ποθ' ἡ λόφωcις ἡ τῶν ὀρνέων;

273 suppl. Koechly   post αὐτῷ add. γε L   275 χρόαν Su. ε 1596: χροιὰν sch.: χώραν codd., cf. Soph. fr. 654   276 ὀριβάτης Brunck: ὀρειβάτης codd.   278 εἰcέπτατο fere vett.: ἐπέπτατο L   279 καθειληφώς Sommerstein: κατει- codd.   281 οὑτοcὶ Blaydes: οὗτος codd.   μέν post ἐcτι transp. L   285 suppl. Koechly: ⟨τῶν⟩ L   286 πρὸς ἐκ- ut videtur R: προcεκ- cett.   287 ἕτερος Bentley: ὡς ἕτερος codd.   291 alterum ἡ B^{pc}, Bentley: ἡ 'πὶ L: ἐcτ' η 'πι R: ἔcθ' ἡ 'πὶ fere cett.

ΑΡΙΣΤΟΦΑΝΟΥΣ

       ἦ 'πὶ τὸν δίαυλον ἦλθον;
Επ.   ὥσπερ οἱ Κᾶρες μὲν οὖν
       ἐπὶ λόφων οἰκοῦςιν, ὠγάθ', ἀςφαλείας οὕνεκα.
Πε. ὦ Πόςειδον, οὐχ ὁρᾷς ὅςον ςυνείλεκται κακὸν
       ὀρνέων;
Ευ.   ὦναξ Ἄπολλον, τοῦ νέφους. ἰοὺ ἰού,   295
       οὐδ' ἰδεῖν ἔτ' ἔςθ' ὑπ' αὐτῶν πετομένων τὴν εἴςοδον.
Πε. οὑτοςὶ πέρδιξ.
Ευ.   ἐκεινοςὶ δὲ νὴ Δί' ἀτταγᾶς.
Πε. οὑτοςὶ δὲ πηνέλοψ.
Ευ.   ἐκεινηὶ δέ γ' ἀλκυών.
Πε. τίς γάρ ἐςθ' οὕπιςθεν αὐτῆς;
Επ.   ὅςτις ἐςτί; κειρύλος.
Πε. κειρύλος γάρ ἐςτιν ὄρνις;
Επ.   οὐ γάρ ἐςτι Cπоργίλος;   300
       χαὑτηί γε γλαῦξ.
Πε.   τί φῄς; τίς γλαῦκ' Ἀθήναζ' ἤγαγεν;
Επ. κίττα, τρυγών, κορυδός, ἐλεᾶς, ὑποθυμίς, περιςτερά,
       νέρτος, ἱέραξ, φάττα, κόκκυξ, ἐρυθρόπους, κεβλήπυρις,
       πορφυρίς, κερχνῄς, κολυμβίς, ἀμπελίς, φήνη, δρύοψ.
Πε. ἰοὺ ἰού, τῶν ὀρνέων, ἰοὺ ἰού, τῶν κοψίχων·   305
       οἷα πιππίζουςι καὶ τρέχουςι διακεκραγότες.
       ἆρ' ἀπειλοῦςίν γε νῷν; οἴμοι, κεχήναςίν γέ τοι
       καὶ βλέπουςιν εἰς ςὲ κἀμέ.
Ευ.   τοῦτο μὲν κἀμοὶ δοκεῖ.

ΧΟΡΟΣ

       ποποποποποποπο ποῦ μ' ὃς ἐκάλεςε; τίνα   310

292 ἦ Brunck: ἤ R: ἢ cett.   293 οἰκοῦςιν L: -οῦς' cett.
297–8 personarum vices ita distinxit Reiske   297 δὲ Elmsley: γε codd.
298 ἐκεινηὶ Leutsch: ἐκεινοςὶ codd.   299 κειρύλος Γ^pcU, cf. sch.:
κηρύλος vel sim. cett.   300 κειρύλος ΓU: κηρύλος vel sim. cett.
302–4 nomina singula alternis vicibus ab Eu. et Pi. pronuntiata esse credidit
Reiske   308 ἀπειλοῦςίν Γ^pcL: -ςί cett. κεχήναςιν RL: -ςι cett.
310 πο octies AL: septies U: novies cett.   ποῦ Dindorf: ποῖ ποῦ
codd.   ὅς Haupt: ἆρ' ὅς codd.

360

ΟΡΝΙΘΕΣ

     τόπον ἄρα νέμεται;
Επ. οὑτοcὶ πάλαι πάρειμι κοὐκ ἀποcτατῶ φίλων.
Χο. τιτιτιτιτιτιτι τίνα λόγον ἄρα ποτὲ
     πρὸc ἐμὲ φίλον ἔχων;   315
Επ. κοινόν, ἀcφαλῆ, δίκαιον, ἡδύν, ὠφελήcιμον.
     ἄνδρε γὰρ λεπτὼ λογιcτὰ δεῦρ᾽ ἀφῖχθον ὡc ἐμέ.
Χο. ποῦ; πᾶ; πῶc φῄc;
Επ. φήμ᾽ ἀπ᾽ ἀνθρώπων ἀφῖχθαι δεῦρο πρεcβύτα δύο· 320
     ἥκετον δ᾽ ἔχοντε πρέμνον πράγματοc πελωρίου.
Χο. ὦ μέγιcτον ἐξαμαρτὼν ἐξ ὅτου 'τράφην ἐγώ,
     πῶc λέγειc;
Επ.   μήπω φοβηθῇc τὸν λόγον.
Χο.   τί μ᾽ ἠργάcω;
Επ. ἄνδρ᾽ ἐδεξάμην ἐραcτὰ τῆcδε τῆc ξυνουcίαc.
Χο. καὶ δέδρακαc τοῦτο τοὔργον;
Επ.   καὶ δεδρακώc γ᾽ ἥδομαι. 325
Χο. κἄcτον ἤδη που παρ᾽ ἡμῖν;
Επ.   εἰ παρ᾽ ὑμῖν εἴμ᾽ ἐγώ.

Χο. ἔα ἔα·   [cτρ.
     προδεδόμεθ᾽ ἀνόcιά τ᾽ ἐπάθομεν·
     ὃc γὰρ φίλοc ἦν ὁμότροφά θ᾽ ἡμῖν
     ἐνέμετο πεδία παρ᾽ ἡμῖν,   330
     παρέβη μὲν θεcμοὺc ἀρχαίουc,
     παρέβη δ᾽ ὅρκουc ὀρνίθων
     εἰc δὲ δόλον ἐκάλεcε,
     παρέβαλέ τ᾽ ἐμὲ παρὰ
     γένοc ἀνόcιον, ὅπερ
     ἐξότ᾽ ἐγένετ᾽ ἐμοὶ
     πολέμιον ἐτράφη.   335

312 ἄρα L: ἄρα ποτὲ vett.   314 τι vel τί octies RVM9MΓB: quater usque ad decies cett.   318 ἀφῖχθον ΓU: ἀφίχθον θ᾽ R: ἀφῖχθον θ᾽ M: ἀφῖχθαι A: ἀφίκονθ᾽ cett.   322 ἐξ ὅτου UL: ἐξόcου vel ἐξ ὅcου cett.   323 μήπω] μηδὲν vel μή μοι/μου Blaydes   324 ἐραcτὰ ML: -ὰc cett.   326 που Bekker: ποῦ cett. ὑμῖν ⟨γ᾽⟩ Blaydes   334 ἐξότ᾽] ὅτ᾽ Schroeder: ἐξότου Daubuz ἐμοὶ Blaydes: ἐπ᾽ ἐμοὶ fere codd.

ΑΡΙΣΤΟΦΑΝΟΥΣ

ἀλλὰ πρὸc μὲν τοῦτον ἡμῖν ἐcτιν ὕcτεροc λόγοc·
τὼ δὲ πρεcβύτα δοκεῖ μοι τώδε δοῦναι νῦν δίκην
{διαφορηθῆναί θ' ὑφ' ἡμῶν.

Πε. ὡc ἀπωλόμεcθ' ἄρα}.
Ευ. αἴτιοc μέντοι cὺ νῶν εἶ τῶν κακῶν τούτων μόνοc.
ἐπὶ τί γάρ μ' ἐκεῖθεν ἦγεc;
Πε. ἵν' ἀκολουθοίηc ἐμοί. 340
Ευ. ἵνα μὲν οὖν κλάοιμι μεγάλα.
Πε. τοῦτο μὲν ληρεῖc ἔχων
κάρτα· πῶc κλαύcει γάρ, ἢν ἅπαξ γε τὠφθαλμὼ
'κκοπῇc;

Χο. ἰὼ ἰώ, [ἀντ.
ἔπαγ', ἔπιθ', ἐπίφερε πολέμιον
ὁρμὰν φονίαν, πτέρυγά τε παντᾷ 345
περίβαλε, περί τε κύκλωcαι·
ὡc δεῖ τώδ' οἰμώζειν ἄμφω
καὶ δοῦναι ῥύγχει φορβάν.
οὔτε γὰρ ὄροc cκιερὸν
οὔτε νέφοc αἰθέριον
οὔτε πολιὸν πέλαγοc 350
ἔcτιν, ὅ τι δέξεται
τώδ' ἀποφυγόντε με.

ἀλλὰ μὴ μέλλωμεν ἤδη τώδε τίλλειν καὶ δάκνειν.
ποῦ 'cθ' ὁ ταξίαρχοc; ἐπαγέτω τὸ δεξιὸν κέραc.
Ευ. τοῦτ' ἐκεῖνο. ποῖ φύγω δύcτηνοc;
Πε. οὗτοc, οὐ μενεῖc;

---

336 ἀλλὰ Su. υ 690: om. codd.   πρὸc μὲν τοῦτον Fraenkel: πρὸc μὲν τούτουc Su.: πρὸc μὲν οὖν (οὖν om. VM9Γ^ac) τὸν ὄρνιν codd. 337 νῦν Dobree: τὴν codd.   338 v. del. Dunbar   ἀπωλόμεcθ' Bentley: ἀπολούμε(c)θ' codd.   342 'κκοπῇc L: -ῇ vett.   345 παντᾷ Reisig: πάντη Γ^pcU, B s.l.: πάντα fere cett.: πάντα γε L   346 περίβαλε Reisig: ἐπίβαλε codd.   348 ῥύγχει] ῥάμφει v.l. ap. sch.

ΟΡΝΙΘΕΣ

Ευ. ἵν' ὑπὸ τούτων διαφορηθῶ;
Πε. πῶς γὰρ ἂν τούτους δοκεῖς
ἐκφυγεῖν;
Ευ. οὐκ οἶδ' ὅπως ἄν.
Πε. ἀλλ' ἐγώ τοί σοι λέγω, 356
ὅτι μένοντε δεῖ μάχεσθαι λαμβάνειν τε τῶν χυτρῶν.
Ευ. τί δὲ χύτρα νώ γ' ὠφελήσει;
Πε. γλαῦξ μὲν οὐ πρόσεισι νῷν.
Ευ. τοῖς δὲ γαμψώνυξι τοισδί;
Πε. τὸν ὀβελίσκον ἁρπάσας
εἶτα κατάπηξον πρὸ σαυτοῦ.
Ευ. τοῖσι δ' ὀφθαλμοῖσι τί;
Πε. ὀξύβαφον ἐντευθενὶ προσθοῦ λαβὼν ἢ τρύβλιον. 361
Ευ. ὦ σοφώτατ', εὖ γ' ἀνηῦρες αὐτὸ καὶ στρατηγικῶς·
ὑπερακοντίζεις σύ γ' ἤδη Νικίαν ταῖς μηχαναῖς.
Χο. ἐλελελεῦ· χώρει, κάθες τὸ ῥύγχος· οὐ μέλλειν ἐχρῆν.
ἕλκε, τίλλε, παῖε, δεῖρε· κόπτε πρώτην τὴν χύτραν. 365
Επ. εἰπέ μοι, τί μέλλετ', ὦ πάντων κάκιστα θηρίων,
ἀπολέσαι παθόντες οὐδὲν ἄνδρε καὶ διασπάσαι
τῆς ἐμῆς γυναικὸς ὄντε ξυγγενεῖ καὶ φυλέτα;
Χο. φεισόμεσθα γάρ τι τῶνδε μᾶλλον ἡμεῖς ἢ λύκων;
ἢ τίνας τεισαίμεθ' ἄλλους τῶνδ' ἂν ἐχθίους ἔτι; 370
Επ. εἰ δὲ τὴν φύσιν μὲν ἐχθροί, τὸν δὲ νοῦν εἰσιν φίλοι,
καὶ διδάξοντές τι δεῦρ' ἥκουσιν ὑμᾶς χρήσιμον;
Χο. πῶς δ' ἂν οἶδ' ἡμᾶς τι χρήσιμον διδάξειάν ποτε
ἢ φράσειαν, ὄντες ἐχθροὶ τοῖσι πάπποις τοῖς ἐμοῖς;

355 δοκεῖς RVM9: δοκῆς cett. 359 τοισδί R: τοῖσδε cett. 360 πρὸ σαυτοῦ Bentley: πρὸς αὑτὸν codd. 361 προσθοῦ Dindorf: πρόσθου codd.: προθοῦ Badham 362 γ' ἂν- VAL: γ' ἂν RM9M: γὰρ ΓUB 364 ἐλελελεῦ L, lm. sch. Γ: ἐλελεῦ vett. μέλλειν] μένειν R, Su. ε 786, ρ 281 368 ξυγγενεῖ Hall & Geldart, duce Bentley: -νέε codd. 369 φεισόμεσθα RVML: -μεθα cett. 370 τεισαίμεθ' edd.: τισαίμεθ' AUB, Su. φ 253: τισαίμεσθ' fere cett. 371 εἰσιν RL: εἰσι cett. 372 ὑμᾶς RVL: ἡμᾶς cett. τι ante χρήσιμον iterant RVMA 373 οἶδ' Porson, Brunck: οἵ γ' codd. χρήσιμον L: χρήσιμον ἢ vett.: χρηστὸν ⟨ἐκ-⟩ Reisig: χρηστὸν ἢ G. M. Thomas

ΑΡΙΣΤΟΦΑΝΟΥC

Επ. ἀλλ' ἀπ' ἐχθρῶν δὴ τὰ πολλὰ μανθάνουcιν οἱ cοφοί. 375
ἡ γὰρ εὐλάβεια cῴζει πάντα. παρὰ μὲν οὖν φίλου
οὐ μάθοιc ἂν τοῦθ', ὁ δ' ἐχθρὸc εὐθὺc ἐξηνάγκαcεν.
αὐτίχ' αἱ πόλειc παρ' ἀνδρῶν γ' ἔμαθον ἐχθρῶν κοὐ
φίλων
ἐκπονεῖν θ' ὑψηλὰ τείχη ναῦc τε κεκτῆcθαι μακράc·
τὸ δὲ μάθημα τοῦτο cῴζει παῖδαc, οἶκον, χρήματα. 380
Χο. ἔcτι μὲν λόγων ἀκοῦcαι πρῶτον, ὡc ἡμῖν δοκεῖ·
χρήcιμον μάθοι γὰρ ἄν τι κἀπὸ τῶν ἐχθρῶν cοφόc.
Πε. οἵδε τῆc ὀργῆc χαλᾶν εἴξαcιν. ἄναγ' ἐπὶ cκέλοc.
Επ. καὶ δίκαιόν γ' ἐcτί, κἀμοὶ δεῖ νέμειν ὑμᾶc χάριν.
Χο. ἀλλὰ μὴν οὐδ' ἄλλο cοί πω πρᾶγμ' ἐνηντιώμεθα. 385
Ευ. μᾶλλον εἰρήνην ἄγουcιν.
Πε.   νὴ Δί', ὥcτε τὴν χύτραν
τώ τε τρυβλίῳ καθίει·
καὶ τὸ δόρυ χρή, τὸν ὀβελίcκον,
περιπατεῖν ἔχονταc ἡμᾶc
τῶν ὅπλων ἐντόc, παρ' αὐτὴν 390
τὴν χύτραν, μακρὰν ὁρῶνταc
κἀγγύc· ὡc οὐ φευκτέον νῷν.
Ευ. ἐτεόν, ἢν δ' ἄρ' ἀποθάνωμεν,
κατορυχηcόμεcθα ποῦ γῆc;
Πε. ὁ Κεραμεικὸc δέξεται νώ. 395

375 δὴ τὰ Blaydes: δῆτα L: δὴ vett.: om. Su. α 3104   377 τοῦθ']
malim αὖθ'   εὐθὺc R: αὐτὸc cett., Su.: αὐτίκ' Dunbar: αὐτό c̔ Bentley
378 γ' RVML: om. cett., Su.   381 post δοκεῖ interpunxerunt Hamaker
et Koechly, post χρήcιμον (382) plerique   382 τι ... cοφόc Hamaker:
τιc ... cοφόν codd., Su. μ 45 (cοφόν etiam ρ 48)   385 πω RMAL: που
cett.   ἐνηντιώμεθα Bentley: ἠναντ- codd.   386 partes ita distinxit
Blaydes   νὴ Δί' Meineke: ἡμῖν codd.: ἢ πρὶν Porson: del. van Leeu-
wen   χύτραν ⟨τε⟩ Dawes, ut hinc incipiant numeri trochaici dimetri
387 τώ τε τρυβλίῳ vett.: τῷ γε τρυβλίῳ L: del. van Leeuwen
390–1 παρ' αὐτὴν τὴν Dawes: παρ' αὐτὴν AM: παρὰ τὴν fere cett.
391 μακρὰν Bothe: ἄκραν αὐτὴν codd.: ἄκραν Dawes   392 κἀγγὺc
Bothe: ἐγγὺc codd.   394 κατορυχηcόμεcθα Elmsley: κατορυχθη-
cόμεθα vett., -μεcθα L

ΟΡΝΙΘΕC

δημοσίᾳ γὰρ ἵνα ταφῶμεν,
φήσομεν πρὸς τοὺς στρατηγοὺς
μαχομένω τοῖς πολεμίοισιν
ἀποθανεῖν ἐν Ὀρνεαῖς.

Χο. ἄναγ' εἰς τάξιν πάλιν εἰς ταὐτόν, 400
καὶ τὸν θυμὸν κατάθου κύψας
παρὰ τὴν ὀργὴν ὥσπερ ὁπλίτης·
κἀναπυθώμεθα τούσδε τίνες πόθεν
ἐπὶ τίνα τ' ἐμόλετον ἐπίνοιαν. 405
ἰώ, ἔποψ, σέ τοι καλῶ.

Επ. καλεῖς δὲ τοῦ κλύειν θέλων;
Χο. τίνες ποθ' οἵδε καὶ πόθεν;
Επ. ξένω σοφῆς ἀφ' Ἑλλάδος.
Χο. τύχῃ δὲ ποία κομίζει ποτ' αὐ- 410
τὼ πρὸς ὄρνιθας ἐλθεῖν;
Επ.   ἔρως
βίου διαίτης τέ σου καὶ ξυνοι-
κεῖν γέ σοι καὶ ξυνεῖναι τὸ πᾶν.
Χο. τί φῄς;
λέγει δὲ δὴ τίνας λόγους; 415
Επ. ἄπιστα καὶ πέρα κλύειν.
Χο. ὁρᾷ τι κέρδος ἐνθάδ' ἄξιον μονῆς,
ὅτῳ πέποιθ' ἐμοὶ ξυνὼν
κρατεῖν ἂν ἢ τὸν ἐχθρὸν ἢ 420
φίλοισιν ὠφελεῖν ἔχειν;
Επ. λέγει μέγαν τιν' ὄλβον οὔτε λεκτὸν οὔ-
τε πιστόν· ὡς σὰ πάντα καὶ τὸ τῇδε καὶ

---

403 τίνες πόθεν Bothe: τίνες ποτὲ καὶ πόθεν codd.   404 ἐπὶ τίνα τ' ἐμόλετον Dunbar: ἔμολον ἐπὶ τίνα τ' codd.: alii alia   409 ξένω Dindorf: ξείνω codd.   413 σου καὶ Reiske: καὶ σοῦ fere codd.   γε Meineke: τε codd.   416 τί φῄς; extra metrum esse censuit Dindorf   λέγει Dindorf: λέγουσι codd.: λέγουσιν Wilamowitz ut numeri iambici fiant, sed displicet syncope   δὲ om. U   δὴ om. R   418 πέποιθ' ἐμοὶ Dobree: πέποιθέ μοι codd.   420 τὸν ἐχθρὸν L: τῶν ἐχθρῶν vett.

ΑΡΙΣΤΟΦΑΝΟΥΣ

	τὸ κεῖϲε καὶ τὸ δεῦρο προϲβιβᾷ λέγων.	425
Χο.	πότερα μαινόμενοϲ;	
Επ.	ἄφατον ὡϲ φρόνιμοϲ.	
Χο.	ἔνι ϲοφόν τι φρενί;	
Επ.	πυκνότατον κίναδοϲ,	
	ϲόφιϲμα, κύρμα, τρῖμμα, παιπάλημ' ὅλον.	430
Χο.	λέγειν λέγειν κέλευέ μοι.	
	κλυὼν γὰρ ὧν ϲύ μοι λέγειϲ	
	λόγων ἀνεπτέρωμαι.	
Επ.	ἄγε δὴ ϲὺ καὶ ϲὺ τὴν πανοπλίαν μὲν πάλιν	
	ταύτην λαβόντε κρεμάϲατον τύχἀγαθῇ	435
	εἰϲ τὸν ἰπνὸν εἴϲω πληϲίον τοὐπιϲτάτου·	
	ϲὺ δὲ τούϲδ' ἐφ' οἷϲπερ τοι λόγοιϲ ϲυνέλεξ' ἐγὼ	
	φράϲον, δίδαξον.	
Πε.	μὰ τὸν Ἀπόλλω 'γὼ μὲν οὔ,	
	ἢν μὴ διάθωνταί γ' οἵδε διαθήκην ἐμοὶ	
	ἥνπερ ὁ πίθηκοϲ τῇ γυναικὶ διέθετο,	440
	ὁ μαχαιροποιόϲ, μήτε δάκνειν τούτουϲ ἐμὲ	
	μήτ' ὀρχίπεδ' ἕλκειν μήτ' ὀρύττειν—	
Ευ.	οὔτι που	
	τόμ—;	
Πε.	οὐδαμῶϲ· οὔκ, ἀλλὰ τὠφθαλμὼ λέγω.	
Χο.	διατίθεμαι 'γώ.	
Πε.	κατόμυϲόν νυν ταῦτά μοι.	
Χο.	ὄμνυμ' ἐπὶ τούτοιϲ, πᾶϲι νικᾶν τοῖϲ κριταῖϲ	445
	καὶ τοῖϲ θεαταῖϲ πᾶϲιν.	
Πε.	ἔϲται ταυταγί.	

425 ϲὰ πάντα Bergk: ϲὰ γὰρ ταῦτα πάντα vett.: ϲὰ ταῦτα γὰρ δὴ πάντα L: ϲὰ γὰρ τὰ πάντα Meineke   τὸ ... τὸ ... τὸ] τὰ ... τὰ ... τὰ maluit Blaydes   431 alterum λέγειν post μοι transp. codd. praeter R   432 κλυὼν Sommerstein: κλύων codd.   437 τοι Reiske: τοῖϲ codd. 442–3 personarum vices parum certae; Pisetaerum inde a voce οὔκ incipere haud absonum est   443 τὸμ πρωκτὸν Pisetaerum dicturum fuisse vidit Dunbar: τὸν codd.   444 διατίθεμαι 'γώ Hermann: διατίθεμ' ἐγὼ vett.: διατίθεμ' ἔγωγε L

ΟΡΝΙΘΕС

Χο. εἰ δὲ παραβαίην, ἑνὶ κριτῇ νικᾶν μόνον.
Πε. ἀκούετε λεῴ· τοὺс ὁπλίταс νυνμενὶ
ἀνελομένουс θὤπλ' ἀπιέναι πάλιν οἴκαδε,
cκοπεῖν δ' ὅ τι ἂν προγράψωμεν ἐν τοῖс πινακίοιс. 450

Χο. δολερὸν μὲν ἀεὶ κατὰ πάντα δὴ τρόπον [cτρ.
πέφυκεν ἄνθρωποс· cὺ δ' ὅμωс λέγε μοι. τάχα γὰρ
τύχοιс ἂν χρηcτὸν ἐξειπὼν ὅ τι μοι παρορᾷс,
ἢ δύναμίν τινα μείζω 455
παραλειπομένην ὑπ' ἐμῆс φρενὸс ἀξυνέτου·
cὺ δὲ τοῦθ' οὑρᾷс λέγ' εἰс κοινόν.
ὃ γὰρ ἂν cὺ τύχῃс μοι
ἀγαθὸν πορίcαс, τοῦτο κοινὸν ἔcται.
ἀλλ' ἐφ' ὅτῳπερ πράγματι τὴν cὴν ἥκειс γνώμην 460
ἀναπείcων,
λέγε θαρρήcαс· ὡc τὰc cπονδὰc οὐ μὴ πρότεροι
παραβῶμεν.

Πε. καὶ μὴν ὀργῶ νὴ τὸν Δία καὶ προπεφύραται λόγοс εὖ
μοι,
ὃν διαμάττειν cύ μ' ἐκώλυεс· φέρε, παῖ, cτέφανον·
κατάκειcθε·
κατὰ χειρὸс ὕδωρ φερέτω ταχύ τιс.

Ευ.   δειπνήcειν μέλλομεν, ἢ τί;
Πε. μὰ Δί', ἀλλὰ λέγειν ζητῶ τι πάλαι, μέγα καὶ λαρινὸν
ἔποс τι, 465
ὅ τι τὴν τούτων θραύcει ψυχήν· οὕτωс ὑμῶν
ὑπεραλγῶ,

454 παρορᾷс] παρορᾷτ' Bentley   455 φρενὸс om. L (add. manus posterior)   457 οὑρᾷс Bothe: ὁρᾷс codd.   460 πράγματι ... ἥκειс Dawes: ἥκειс ... πράγματι vett.: ἂν ἥκειс ... πράγματι L   πράγματι τὴν cὴν] τὴν ἡμετέραν Bentley   ἀναπείcων Bentley: ἀναπείcαс codd.   461 πρότεροι Hermann: -ον P48, codd.   462 εὖ Bergk: εἷс codd., Su. ο 519   463 cύ μ' ἐκώλυες Bergk: οὐ κωλύει codd. (sed οὐ om. R), Su.: τί με κωλύει; Koechly   κατάκειcθε anon. Parisinus, Bentley: καταχεῖcθαι AU: καταχεῖcθε cett.   466 οὕτωс] ὄντωс anon. ap. Blaydes

ΑΡΙΣΤΟΦΑΝΟΥC

     οἵτινες ὄντες πρότερον βασιλῆς—
Χο.   ἡμεῖς βασιλῆς; τίνος;
Πε.   ὑμεῖς
     πάντων ὁπός᾽ ἔςτιν, ἐμοῦ πρῶτον, τουδί, καὶ τοῦ Διὸς
        αὐτοῦ,
     ἀρχαιότεροι πρότεροί τε Κρόνου καὶ Τιτάνων ἐγένεςθε
     καὶ Γῆς.   469
Χο.   καὶ Γῆς;
Πε.   νὴ τὸν Ἀπόλλω.
Χο.   τουτὶ μὰ Δί᾽ οὐκ ἐπεπύςμην.
Πε.   ἀμαθὴς γὰρ ἔφυς κοὐ πολυπράγμων, οὐδ᾽ Αἴςωπον
        πεπάτηκας,
     ὃς ἔφαςκε λέγων κορυδὸν πάντων πρώτην ὄρνιθα
        γενέςθαι,
     προτέραν τῆς γῆς, κἄπειτα νόςῳ τὸν πατέρ᾽ αὐτῆς
        ἀποθνῄςκειν·
     γῆν δ᾽ οὐκ εἶναι, τὸν δὲ προκεῖςθαι πεμπταῖον· τὴν δ᾽
        ἀποροῦςαν
     ὑπ᾽ ἀμηχανίας τὸν πατέρ᾽ αὐτῆς ἐν τῇ κεφαλῇ   475
        κατορύξαι.
Ευ.   ὁ πατὴρ ἄρα τῆς κορυδοῦ νυνὶ κεῖται τεθνεὼς
        Κεφαλῆςιν.
Πε.   οὔκουν δῆτ᾽, εἰ πρότεροι μὲν γῆς, πρότεροι δὲ θεῶν
        ἐγένοντο,
     ὡς πρεςβυτάτων ὄντων αὐτῶν ὀρθῶς ἐςθ᾽ ἡ βαςιλεία;
Ευ.   νὴ τὸν Ἀπόλλω· πάνυ τοίνυν χρὴ ῥύγχος βόςκειν ςε τὸ
        λοιπόν·
     οὐκ ἀποδώςει ταχέως ὁ Ζεὺς τὸ ςκῆπτρον τῷ   480
        δρυκολάπτῃ.

468 virgulam post πρῶτον abesse malunt quidam   471 πεπάτηκας] μεμάθηκας Galenus *de simpl. med.* 11.37 (K 12.360)   475 αὑτῆς Brunck: αὐτῆς codd.   476–8 personarum vices ita distinxit Bentley 478 αὐτῶν post ὄντων transp. Brunck   479–80 personarum vices parum certae   480 οὐκ] ὡς Bentley; in fine v. notam interrogationis addunt quidam

ΟΡΝΙΘΕΣ

Πε. ὡϲ δ' οὐχὶ θεοὶ τοίνυν ἦρχον τῶν ἀνθρώπων τὸ
παλαιόν,
ἀλλ' ὄρνιθεϲ, κἀβαϲίλευον, πόλλ' ἐϲτὶ τεκμήρια τούτων.
αὐτίκα δ' ὑμῖν πρῶτ' ἐπιδείξω τὸν ἀλεκτρυόν', ὡϲ
ἐτυράννει
ἦρχέ τε Περϲῶν πρότερον πολλῷ Δαρείου καὶ
Μεγαβάζου,
ὥϲτε καλεῖται Περϲικὸϲ ὄρνιϲ ἀπὸ τῆϲ ἀρχῆϲ ἔτ'   485
ἐκείνηϲ.
διὰ ταῦτ' ἄρ' ἔχων καὶ νῦν ὥϲπερ βαϲιλεὺϲ ὁ μέγαϲ
διαβάϲκει
ἐπὶ τῆϲ κεφαλῆϲ τὴν κυρβαϲίαν τῶν ὀρνίθων μόνοϲ
ὀρθήν.
οὕτω δ' ἴϲχυέ τε καὶ μέγαϲ ἦν τότε καὶ πολύϲ, ὥϲτ' ἔτι
καὶ νῦν
ὑπὸ τῆϲ ῥώμηϲ τῆϲ τότ' ἐκείνηϲ, ὁπόταν μόνον ὄρθριον
ᾄϲῃ,
ἀναπηδῶϲιν πάντεϲ ἐπ' ἔργον, χαλκῆϲ, κεραμῆϲ,   490
ϲκυλοδέψαι,
ϲκυτῆϲ, βαλανῆϲ, ἀλφιταμοιβοί,
τορνευτολυραϲπιδοπηγοί·
οἱ δὲ βαδίζουϲ' ὑποδηϲάμενοι νύκτωρ.

Ευ.   ἐμὲ τοῦτό γ' ἐρώτα.
χλαῖναν γὰρ ἀπώλεϲ' ὁ μόχθηροϲ Φρυγίων ἐρίων διὰ
τοῦτον.

---

481 ἦρχον huc revocavit Bentley: post ἀνθρώπων praebent codd.
484 πρότερον Dindorf: πρῶτον codd.: πρῶτοϲ Bergk: πρότεροϲ Hirschig   πολλῷ Wilson: πάντων codd.   Δαρείου καὶ Μεγαβάζου] -ων ... -ων Haupt   Μεγαβάζου RVML: -βύζου M9 AΓUB
486–7 Euelpidi tribuit Bentley   486 ante βαϲιλεὺϲ add. ὁ codd. praeter ΓUL   488 ἴϲχυέ Elmsley: ἴϲχυϲε codd.   489 ὑπὸ] ἀπὸ Hamaker   μόνον] νόμον Porson   ὄρθριον] ὄρθιον RAUB   490 ἀναπηδῶϲιν L: -ῶϲι cett.   ϲκυλοδέψαι Bentley: ϲκυτο- codd. -δέψαι ΓUL: -δεψοί cett.   491 τορνευτολυραϲπιδοπηγοί R, Su. τ 793: τορνευταϲπιδολυροπηγοί cett.   493 μόχθηροϲ hoc accentu codd. praeter AB

369

ΑΡΙΣΤΟΦΑΝΟΥΣ

εἰς δεκάτην γάρ ποτε παιδαρίου κληθεὶς ὑπέπινον ἐν
  ἄστει,
κἄρτι καθηῦδον, καὶ πρὶν δειπνεῖν τοὺς ἄλλους   495
  οὗτος ἄρ᾽ ᾖςεν·
κἀγὼ νομίςας ὄρθρον ἐχώρουν Ἁλιμουντάδε, κἄρτι
  προκύπτω
ἔξω τείχους καὶ λωποδύτης παίει ῥοπάλῳ με τὸ
  νῶτον·
κἀγὼ πίπτω μέλλω τε βοᾶν, ὁ δ᾽ ἀπέβλιςε θοἰμάτιόν
  μου.

Πε. ἰκτῖνος δ᾽ οὖν τῶν Ἑλλήνων ἦρχεν τότε κἀβαςίλευεν.
Χο. τῶν Ἑλλήνων;
Πε.   καὶ κατέδειξέν γ᾽ οὗτος πρῶτος βαςιλεύων 500
προκυλινδεῖςθαι τοῖς ἰκτίνοις.
Ευ.   νὴ τὸν Διόνυςον, ἐγὼ γοῦν
ἐκυλινδούμην ἰκτῖνον ἰδών· κᾆθ᾽ ὕπτιος ὢν ἀναχάςκων
ὀβολὸν κατεβρόχθιςα· κᾆτα κενὸν τὸν θύλακον οἴκαδ᾽
ἀφεῖλκον.

Πε. Αἰγύπτου δ᾽ αὖ καὶ Φοινίκης πάςης κόκκυξ βαςιλεὺς
  ἦν·
χὠπόθ᾽ ὁ κόκκυξ εἴποι "κόκκυ," τότ᾽ ἂν οἱ Φοίνικες
  ἅπαντες   505
τοὺς πυροὺς ἂν καὶ τὰς κριθὰς ἐν τοῖς πεδίοις ἐθέριζον.
Ευ. τοῦτ᾽ ἄρ᾽ ἐκεῖν᾽ ἦν τοὖπος ἀληθῶς· "κόκκυ, ψωλοὶ
  πεδίονδε."
Πε. ἦρχον δ᾽ οὕτω ςφόδρα τὴν ἀρχήν, ὥςτ᾽ εἴ τις καὶ
  βαςιλεύοι
ἐν ταῖς πόλεςιν τῶν Ἑλλήνων Ἀγαμέμνων ἢ Μενέλαος,
ἐπὶ τῶν ςκήπτρων ἐκάθητ᾽ ὄρνις μετέχων ὅ τι   510
  δωροδοκοίη.

---

496 Ἁλιμουντάδε M9B: Ἁ- cett.   497 τὸ AL, Su. α 3255 codd. AM,
α 2968 cod. M: τὸν cett.   499 δ᾽ om. AL   ἦρχεν R: -ε cett.   τότε]
ποτὲ R   500 γ᾽ L: om. vett.   501 ἐγὼ γοῦν p: ἔγωγ᾽ οὖν cett.
502 ἐκυλινδούμην L: -όμην cett.   505 τότ᾽ ἂν Porson: τότ᾽ αὖ B: τότ᾽
vel τόθ᾽ cett.: τότε γ᾽ Kuster   509 πόλεςιν B: -ςι cett.

ΟΡΝΙΘΕC

Ευ. τουτὶ τοίνυν οὐκ ἤδη 'γώ· καὶ δῆτά μ' ἐλάμβανε θαῦμα,
ὁπότ' ἐξέλθοι Πρίαμός τις ἔχων ὄρνιν ἐν τοῖcι
τραγῳδοῖc,
ὁ δ' ἄρ' εἰcτήκει τὸν Λυcικράτη τηρῶν ὅ τι
δωροδοκοίη.

Πε. ὃ δὲ δεινότατόν γ' ἐcτὶν ἁπάντων, ὁ Ζεὺc γὰρ ὁ νῦν
βαcιλεύων
αἰετὸν ὄρνιν ἕcτηκεν ἔχων ἐπὶ τῆc κεφαλῆc   515
βαcιλεὺc ὤν,
ἡ δ' αὖ θυγάτηρ γλαῦχ', ὁ δ' Ἀπόλλων ὥcπερ θεράπονθ'
ἱέρακα.

Χο. νὴ τὴν Δήμητρ' εὖ ταῦτα λέγειc. τίνοc οὕνεκα ταῦτ' ἄρ'
ἔχουcιν;

Πε. ἵν' ὅταν θύων τιc ἔπειτ' αὐτοῖc εἰc τὴν χεῖρ', ὡc νόμοc
ἐcτίν,
τὰ cπλάγχνα διδῷ, τοῦ Διὸc αὐτοὶ πρότεροι τὰ
cπλάγχνα λάβωcιν.
ὤμνυ δ' οὐδεὶc τότ' ⟨ἂν⟩ ἀνθρώπων θεόν, ἀλλ'   520
ὄρνιθαc ἅπαντεc·

Ευ. Λάμπων δ' ὄμνυc' ἔτι καὶ νυνὶ τὸν χῆν', ὅταν ἐξαπατᾷ
τι.

Πε. οὕτωc ὑμᾶc πάντεc πρότερον μεγάλουc ἁγίουc τ'
ἐνόμιζον,
νῦν δ' αὖ Μανᾶc.
ἤδη δ' ὥcπερ τοὺc μαινομένουc

---

511 ἤδη VM9AΓ^{pc}UB: εἰδ' R, ἠδ' s.l.: ᾔδειν ML   'γὼ VAΓUL: ἐγὼ RMp: δ' ἐγὼ M9   513 εἰcτήκει R: ἐcτ- cett.   Λυcικράτη] -ην RMΓ^{ac}U   514 γ' B: om. cett.   515 ὄρνιν ἕcτηκεν Tyrwhitt, Brunck (ὄρνιν γ' ἕcτηκεν iam Daubuz): ἕcτηκεν ὄρνιν vett.: ἕcτηκ' ὄρνιν L   516 ὥcπερ θεράπονθ' Blaydes, qui etiam ὡc θεράπων ὤν temptavit: ὥcπερ θεράπων codd.: ὡc θεραπεύων Griffin   517 v. Euelpidi tribuere possis   519 διδῷ Brunck: διδοῖ codd.   520 ὤμνυ δ' Blaydes: ὤμνυ τ' G, Bentley: ὤμνυέ τ' vel ὠμνύετ' cett.   suppl. Tyrwhitt   521 νυνὶ Kuster: νῦν codd.   v. Euelpidi tribuit Tyrwhitt   522 ἁγίουc τ' RVM9L: θ' ἁγίουc fere cett.   523 αὖ anon. Jenensis: ἀνδράποδ', ἠλιθίουc codd.   524 ἤδη δ' ὥcπερ van Herwerden: ὥcπερ δ' ἤδη codd.

371

ΑΡΙΣΤΟΦΑΝΟΥΣ

βάλλουϲ' ὑμᾶϲ κἀν τοῖϲ ἱεροῖϲ· 525
πᾶϲ τιϲ ἐφ' ὑμῖν ὀρνιθευτὴϲ
ἵϲτηϲι βρόχουϲ, παγίδαϲ, ῥάβδουϲ,
ἕρκη, νεφέλαϲ, δίκτυα, πηκτάϲ·
εἶτα λαβόντεϲ πωλοῦϲ' ἀθρόουϲ·
οἱ δ' ὠνοῦνται βλιμάζοντεϲ· 530
κοὐ μόνον οἷϲπερ ταῦτα δοκεῖ δρᾶν
ὀπτηϲάμενοι παρέθενθ' ὑμᾶϲ,
ἀλλ' ἐπικνῶϲιν τυρόν, ἔλαιον,
ϲίλφιον, ὄξοϲ, καὶ τρίψαντεϲ
κατάχυϲμ' ἕτερον 535
λιπαρόν, κἄπειτα κατεϲκέδαϲαν
θερμὸν θερμῶν
ἀτεχνῶϲ ὥϲπερ κενεβρείων.

Χο. πολὺ δὴ πολὺ δὴ χαλεπωτάτουϲ λόγουϲ [ἀντ.
ἤνεγκαϲ, ἄνθρωφ'· ὡϲ ἐδάκρυϲά γ' ἐμῶν πατέρων 540
κάκην, οἳ τάϲδε τὰϲ τιμὰϲ προγόνων παραδόν-
των ἐπ' ἐμοῦ κατέλυϲαν.
ϲὺ δέ μοι κατὰ δαίμονα καί ⟨τινα⟩ ϲυντυχίαν
ἀγαθὴν ἥκειϲ ἐμοὶ ϲωτήρ. 545
ἀναθεὶϲ γὰρ ἐγώ ϲοι
τὰ νεόττια κἀμαυτὸν οἰκετεύϲω.

ἀλλ' ὅ τι χρὴ δρᾶν, ϲὺ δίδαϲκε παρών· ὡϲ ζῆν οὐκ ἄξιον
ἡμῖν,
εἰ μὴ κομιούμεθα παντὶ τρόπῳ τὴν ἡμετέραν βαϲιλείαν.

---

525 post ὑμᾶϲ interpungunt quidam   526 ὑμῖν ⟨δ'⟩ Seidler
531 κοὐ μόνον Dunbar, duce van Herwerden: κοὐδ' οὖν codd.: κοὐδ' ὣϲ
Blaydes   οἷϲπερ Wilson: εἴπερ codd.   532 ὑμᾶϲ] οὕτωϲ van
Herwerden   535 post ἕτερον praebent γλυκὺ καὶ codd.: del. Dunbar
537 θερμῶν Dunbar: τοῦτο καθ' ὑμῶν codd.   538 ἀτεχνῶϲ Blaydes:
αὐτῶν codd.: πάντων Richards: alii alia   κενεβρείων Bentley: -ρίων codd.
539 alterum δὴ om. R^{pc}ΓUB   543 ἐμοῦ] ἐμοὶ AM   544 μοι]
τοι van Herwerden: καὶ vel που Blaydes   suppl. Grynaeus: ⟨κατὰ⟩ Porson,
Brunck   547 τὰ L: τά τε vett.   οἰκετεύϲω Hermann: οἰκήϲω fere
vett.: οἰκήϲω δὴ L   548 ἀλλ' ὅ τι R: ἀλλὰ τί cett.

ΟΡΝΙΘΕC

Πε. καὶ δὴ τοίνυν πρῶτα διδάcκω μίαν ὀρνίθων πόλιν   550
εἶναι,
κἄπειτα τὸν ἀέρα πάντα κύκλῳ καὶ πᾶν τουτὶ τὸ
μεταξὺ
περιτειχίζειν μεγάλαιc πλίνθοιc ὀπταῖc ὥcπερ
Βαβυλῶνα.

Χο. ὦ Κεβριόνη καὶ Πορφυρίων, ὡc cμερδαλέον τὸ
πόλιcμα.

Πε. κἀπειδὰν τοῦτ᾽ ἐπανεcτήκῃ, τὴν ἀρχὴν τὸν Δί᾽
ἀπαιτεῖν·
κἂν μὲν μὴ φῇ μηδ᾽ ἐθελήcῃ μηδ᾽ εὐθὺc   555
γνωcιμαχήcῃ,
ἱερὸν πόλεμον πρωϋδᾶν αὐτῷ, καὶ τοῖcι θεοῖcιν
ἀπειπεῖν
διὰ τῆc χώραc τῆc ὑμετέραc ἐcτυκόcι μὴ διαφοιτᾶν,
ὥcπερ πρότερον μοιχεύcοντεc τὰc Ἀλκμήναc
κατέβαινον
καὶ τὰc Ἀλόπαc καὶ τὰc Cεμέλαc· ἤνπερ δ᾽ ἐπίωc᾽,
ἐπιβάλλειν
cφραγῖδ᾽ αὐτοῖc ἐπὶ τὴν ψωλήν, ἵνα μὴ βινῶc᾽ ἔτ᾽   560
ἐκείναc.
τοῖc δ᾽ ἀνθρώποιc ὄρνιν ἕτερον πέμψαι κήρυκα κελεύω,
ὡc ὀρνίθων βαcιλευόντων θύειν ὄρνιcι τὸ λοιπόν,
κἄπειτα θεοῖc ὕcτερον αὖθιc· προcνείμαcθαι δὲ
πρεπόντωc
τοῖcι θεοῖcιν τῶν ὀρνίθων ὃc ἂν ἁρμόττῃ καθ᾽ ἕκαcτον·
ἢν Ἀφροδίτῃ θύῃ, κριθὰc ὄρνιθι φαληρίδι θύειν·   565

---

553 v. Euelpidi tribuunt quidam   Κεβριόνη Brunck: -όνα codd.:
(Ἀ)λεκτρυόνα Schroeder   554 κἀπειδὰν Brunck e B (κἀπειδ᾽ ἄν):
κἄπειτ᾽ ἄν cett.   557 ὑμετέραc] ἡμ- M9AU   ἐcτυκόcι RVΓ:
ἐcτηκόcι(ν) cett.   560 ψωλήν vett.: κωλῆν L   564 θεοῖcιν L:
θεοῖc vett.   ὃc M9MAL: ὅc᾽ RVΓUB   ἁρμόττῃ Lobeck: ἁρμόζῃ codd.
post hunc v. lacunam unius v. e sch. collegit Wieseler   565 κριθὰc
Brunck: πυροὺc codd.

ΑΡΙΣΤΟΦΑΝΟΥΣ

ἢν δὲ Ποσειδῶνί τις οἶν θύῃ, νήττῃ πυροὺς καθαγίζειν·
ἢν δ' Ἡρακλέει θύῃ τι, λάρῳ ναστοὺς θύειν
μελιτοῦντας·
κἂν Διὶ θύῃ βασιλεῖ κριόν, βασιλεύς ἐστ' ὀρχίλος ὄρνις,
ᾧ προτέρῳ δεῖ τοῦ Διὸς αὐτοῦ cέρφον ἐνόρχην
σφαγιάζειν.

Ευ. ᾔσθην cέρφῳ σφαγιαζομένῳ. βροντάτω νῦν ὁ μέγας 570
Ζάν.

Χο. καὶ πῶς ἡμᾶς νομιοῦσι θεοὺς ἄνθρωποι κοὐχὶ
κολοιούς,
οἳ πετόμεσθα πτέρυγάς τ' ἔχομεν;

Πε. ληρεῖς. καὶ νὴ Δί' ὅ γ' Ἑρμῆς
πέτεται θεὸς ὢν πτέρυγάς τε φορεῖ, κἄλλοι γε θεοὶ
πάνυ πολλοί.
αὐτίκα Νίκη πέτεται πτερύγοιν χρυσαῖν καὶ νὴ Δί'
Ἔρως γε·
Ἶριν δέ γ' Ὅμηρος ἔφασκ' ἰκέλην εἶναι τρήρωνι   575
πελείῃ.
ὁ Ζεὺς δ' ἡμῖν οὐ βροντήσας πέμπει πτερόεντα
κεραυνόν;

Χο. ἢν δ' οὖν ἡμᾶς μὲν ὑπ' ἀγνοίας εἶναι νομίσωσι τὸ μηδέν,
τούτους δὲ θεοὺς τοὺς ἐν Ὀλύμπῳ;

Πε. τότε χρὴ στρούθων νέφος ἀρθὲν
καὶ σπερμολόγων ἐκ τῶν ἀγρῶν τὸ σπέρμ' αὐτῶν
ἀνακάψαι·
κἄπειτ' αὐτοῖς ἡ Δημήτηρ πυροὺς πεινῶσι μετρείτω.

Ευ. οὐκ ἐθελήσει μὰ Δί', ἀλλ' ὄψει προφάσεις αὐτὴν   581
παρέχουσαν.

566 οἶν fere vett.: ὗν L   καθαγίζειν M9UB: καθαγιάζειν Γ: καταγίζειν cett.   567 Ἡρακλέει Bergk: -κλεῖ codd.   τι Brunck: τις vett.: τις βοῦν L   μελιτοῦντας Meineke e sch. et Hsch.: μελιτούτας vel sim. codd.   571 ἄνθρωποι Dindorf: ἄ- codd.   573 πέτεται Γγρ: πέταται cett.   574 πέτεται Pierson: πέταται codd.   χρυσαῖν] -οῖν VMA   575 Ἶριν] Ἑρην M, Bentley   γ' RV^{ac}M9Γ^2: χ' cett.   576–8 personarum vices admodum incertae   576 πέμπει anon. Parisinus, Tyrwhitt: πέμψει codd.   577 ἡμᾶς Bergk: ὑμᾶς codd.

374

ΟΡΝΙΘΕϹ

Πε. οἱ δ' αὖ κόρακες τῶν ζευγαρίων, οἷςιν τὴν γῆν
καταροῦςιν,
καὶ τῶν προβάτων τοὺς ὀφθαλμοὺς ἐκκοψάντων ἐπὶ
πείρᾳ·
εἶθ' Ἀπόλλων ἰατρός ⟨γ'⟩ ὧν ἰάςθω· μιςθοφορεῖ δέ.
Ευ. μή, πρίν γ' ἂν ἐγὼ τὼ βοιδαρίω τὠμὼ πρώτιςτ'   585
ἀποδῶμαι.
Πε. ἢν δ' ἡγῶνται ϲὲ θεόν, ϲὲ Ζῆνα, ϲὲ Γῆν, ϲὲ Κρόνον, ϲὲ
Ποςειδῶ,
ἀγάθ' αὑτοῖϲιν πάντα παρέϲται.
Χο.   λέγε δή μοι τῶν ἀγαθῶν ἕν.
Πε. πρῶτα μὲν αὐτῶν τὰς οἰνάνθας οἱ πάρνοπες οὐ
κατέδονται,
ἀλλὰ γλαυκῶν λόχος εἷς αὐτοὺς καὶ κερχνῄδων
ἐπιτρίψει.
εἶθ' οἱ κνῖπες καὶ ψῆνες ἀεὶ τὰς ςυκᾶς οὐ   590
κατέδονται,
ἀλλ' ἀναλέξει πάντας καθαρῶς αὐτοὺς ἀγέλη μία
κιχλῶν.
Χο. πλουτεῖν δὲ πόθεν δώςομεν αὐτοῖς; καὶ γὰρ τούτου
ςφόδρ' ἐρῶςιν.
Πε. τὰ μέταλλ' αὐτοῖς μαντευομένοις οὗτοι δώςουςι τὰ
χρηςτά,
τάς τ' ἐμπορίας τὰς κερδαλέας πρὸς τὸν μάντιν   594
κατεροῦςιν,
ὥςτ' ἀπολεῖται τῶν ναυκλήρων οὐδείς.
Χο.   πῶς οὐκ ἀπολεῖται;
Πε. προερεῖ τις ἀεὶ τῶν ὀρνίθων μαντευομένῳ περὶ τοῦ
πλοῦ·

582 οἷϲιν L: οἷϲι vett.   584 ὅ γ' Ἀπόλλων] ὁ Ἀπόλλων M9ᵃᶜ:
Ἀπόλλων Elmsley   suppl. Faber   586 ϲὲ Ζῆνα, ϲὲ Γῆν Sommerstein,
duce Dunbar; ϲὲ βίον, ϲὲ δὲ Γῆν fere codd. (δὲ om. M9ᵃᶜΓU, ante Κρόνον
praebent VM9ᵖᶜM)   587 αὑτοῖϲιν L: -ϲι vett.   593 μέταλλ'
αὐτοῖϲ M9, v.l. in sch. Γ², L: μέταλλα τοῖϲ cett.   δώϲουϲι] δείξουϲι Bergk,
cf. 599

375

ΑΡΙϹΤΟΦΑΝΟΥϹ

"νυνὶ μὴ πλεῖ, χειμὼν ἔςται." "νυνὶ πλεῖ, κέρδος
ἐπέςται."

Ευ. γαῦλον κτῶμαι καὶ ναυκληρῶ, κοὐκ ἂν μείναιμι παρ'
ὑμῖν.

Πε. τοὺς θηςαυρούς τ' αὐτοῖς δείξους' οὓς οἱ πρότερον
κατέθεντο
τῶν ἀργυρίων· οὗτοι γὰρ ἴςαςι· λέγουςι δέ τοι   600
τάδε πάντες,
"οὐδεὶς οἶδεν τὸν θηςαυρὸν τὸν ἐμὸν πλὴν εἴ τις ἄρ'
ὄρνις."

Ευ. πωλῶ γαῦλον, κτῶμαι ϲμινύην, καὶ τὰς ὑδρίας
ἀνορύττω.

Χο. πῶς δ' ὑγίειαν δώϲους' αὐτοῖς, οὖσαν παρὰ τοῖϲι
θεοῖϲιν;

Πε. ἢν εὖ πράττως', οὐχ ὑγίεια μεγάλη τοῦτ' ἐϲτί; ϲάφ' ἴϲθι,
ὡς ἄνθρωπός γε κακῶς πράττων ἀτεχνῶς οὐδεὶς   605
ὑγιαίνει.

Χο. πῶς δ' εἰς γῆράς ποτ' ἀφίξονται; καὶ γὰρ τοῦτ' ἔϲτ' ἐν
Ὀλύμπῳ·
ἢ παιδάρι' ὄντ' ἀποθνῄϲκειν δεῖ;

Πε.   μὰ Δί', ἀλλὰ τριακόϲι' αὐτοῖς
ἔτι προϲθήϲους' ὄρνιθες ἔτη.

Χο.   παρὰ τοῦ;

Πε.   παρὰ τοῦ; παρ' ἑαυτῶν.
οὐκ οἶσθ' ὅτι πέντ' ἀνδρῶν γενεὰς ζώει λακέρυζα
κορώνη;

---

599 πρότερον RV^{ac}ΓUB: πρότεροι cett.   600 δέ] γε Elmsley
601 οἶδεν RB: οἶδε cett.   602 γαῦλον] τὴν ναῦν Lenting
603 δώϲους'] δώϲομεν Bentley   604 οὐχ ὑγίει' ἢν εὖ πράττωϲιν
transp. Richards   ὑγιεία μεγάλη] -ας -ης Meineke   604–5 ϲάφ' ἴϲθι
... ὑγιαίνει Euelpidi tribuunt quidam   607 παιδάρι' RV: παιδάριον
cett.   ὄντ' ΓU: ἔτ' ὄντ' RV: τ' EL: ὂν B   608 ὄρνιθες] οὔρνιθες Blaydes
alterum παρὰ τοῦ] παρ' ὅτου Bekker, fortasse recte   609 ὅτι πέντ']
ὁπόϲας Robertson   ἀνδρῶν γενεὰς Bentley: γενεὰς ἀνδρῶν codd.

ΟΡΝΙΘΕC

Ευ. αἰβοῖ, πολλῷ κρείττους οὗτοι τοῦ Διὸς ἡμῖν 610
     βασιλεύειν.
Πε. οὐ γὰρ πολλῷ;
     πρῶτον μέν ⟨γ'⟩ οὐχὶ νεὼς ἡμᾶς
     οἰκοδομεῖν δεῖ λιθίνους αὐτοῖς,
     οὐδὲ θυρῶσαι χρυσαῖςι θύραις,
     ἀλλ' ὑπὸ θάμνοις καὶ πρινιδίοις 615
     οἰκήσουςιν. τοῖς δ' αὖ ςεμνοῖς
     τῶν ὀρνίθων δένδρον ἐλάας
     ὁ νεὼς ἔςται. κοὐκ εἰς Δελφοὺς
     οὐδ' εἰς Ἄμμων' ἐλθόντες ἐκεῖ
     θύςομεν, ἀλλ' ἐν ταῖςιν κομάροις 620
     καὶ τοῖς κοτίνοις ςτάντες, ἔχοντες
     κριθὰς πυρούς ⟨τ'⟩ εὐξόμεθ' αὐτοῖς
     ἀνατείνοντες τὼ χεῖρ' ἀγαθῶν
     διδόναι τὸ μέρος· καὶ ταῦθ' ἡμῖν
     παραχρῆμ' ἔςται 625
     πυροὺς ὀλίγους προβαλοῦςιν.
Χο. ὦ φίλτατ' ἐμοὶ πολὺ πρεσβυτῶν ἐξ ἐχθίςτου
     μεταπίπτων,
     οὐκ ἔςτιν ὅπως ἂν ἐγώ ποθ' ἑκὼν τῆς ςῆς γνώμης ἔτ'
     ἀφείμην.
     ἐπαυχήςας δὲ τοῖςι ςοῖς λόγοις
     ἐπηπείληςα καὶ κατώμοςα, 630
     ἐὰν ςὺ παρ' ἐμὲ θέμενος ὁμόφρονας λόγους
     δίκαιος ἄδολος ὅςιος ἐπὶ θεοὺς ἴῃς,
     ἐμοὶ φρονῶν ξυνῳδά, μὴ πολὺν χρόνον
     θεοὺς ἔτι ςκῆπτρα τἀμὰ τρίψειν. 635

610 πολλῷ Beck: ὡς πολλῷ codd.: ὡς πολλῷ δὴ Bentley, αἰβοῖ extra metrum posito   612 suppl. Bentley   616 οἰκήςουςιν RVUL: -ςι cett.   617 ἐλάας Brunck: ἐλαίας codd.   619 εἰς] ὡς Meineke   620 ταῖςιν RV: -ςι cett.   622 suppl. Blaydes   624 τὸ Meineke: τι codd.   629 τοῖςι L: τοῖς vett.; de numeris vide Parker, Songs, 314–17   631 ἐὰν Meineke: ἢν codd.   632 δίκαιος ... ὅςιος Bergk: δικαίους ἀδόλους ὁςίους codd.: -ως -ως -ως Blaydes   ἴῃς Porson, Brunck: ἴοις codd.

ΑΡΙΣΤΟΦΑΝΟΥΣ

ἀλλ' ὅϲα μὲν δεῖ ῥώμῃ πράττειν, ἐπὶ ταῦτα τεταξόμεθ'
ἡμεῖϲ·
ὅϲα δὲ γνώμῃ δεῖ βουλεύειν, ἐπὶ ϲοὶ τάδε πάντ'
ἀνάκειται.

Πε. καὶ μὴν μὰ τὸν Δί' οὐχὶ νυϲτάζειν ⟨γ'⟩ ἔτι
ὥρα 'ϲτὶν ἡμῖν οὐδὲ μελλονικιᾶν,
ἀλλ' ὡϲ τάχιϲτα δεῖ τι δρᾶν.

Επ. πρῶτον δέ γε 640
εἰϲέλθετ' εἰϲ νεοττιάν τε τὴν ἐμὴν
καὶ τἀμὰ κάρφη καὶ τὰ παρόντα φρύγανα,
καὶ τοὔνομ' ἡμῖν φράϲατον.

Πε. ἀλλὰ ῥᾴδιον.
ἐμοὶ μὲν ὄνομα Πειϲέταιροϲ, τῳδεδὶ
Εὐελπίδηϲ Κριῶθεν.

Επ. ἀλλὰ χαίρετον 645
ἄμφω.

Πε. δεχόμεθα.

Επ. δεῦρο τοίνυν εἴϲιτον.

Πε. ἴωμεν· εἰϲηγοῦ ϲὺ λαβὼν ἡμᾶϲ.

Επ. ἴθι.

Πε. ἀτάρ, τὸ δεῖνα, δεῦρ' ἐπανάκρουϲαι πάλιν.
φέρ' ἴδω, φράϲον νῷν, πῶϲ ἐγώ τε χοὑτοϲὶ
ϲυνεϲόμεθ' ὑμῖν πετομένοιϲ οὐ πετομένῳ; 650

Επ. καλῶϲ.

Πε. ὅρα νυν, ὡϲ ἐν Αἰϲώπου λόγοιϲ
ἐϲτὶν λεγόμενον δή τι, τὴν ἀλώπεχ', ὡϲ
φλαύρωϲ ἐκοινώνηϲεν αἰετῷ ποτέ.

Επ. μηδὲν φοβηθῇϲ· ἔϲτι γάρ τι ῥιζίον,

637 ἐπὶ] ἐνὶ Hamaker τάδε] δὴ Blaydes 638–40a Upupae tribuere possis 638 ⟨γ'⟩ ἔτι Porson: ἔτι codd.: γέ πω Plut. Nic. 8 640 δέ γε Dobree: δέ τε codd.: δέ τοι Dindorf: δ' ἴτε Reisig 641 τε Reiske: γε codd. 644 et infra Πειϲέταιροϲ Dobree: Πειϲθ- fere codd. τῳδεδὶ Dindorf: τῷ δὶ δὲ τί RV^{ac}Vγp: τῷδε δὲ τί V^{pc}EMAΓU: τῷ δὲ τί L 645 Κριῶθεν RVE: Θριῆθεν vel sim. MAUL: Θρίωθεν ΓB² 649 ἐγώ τε] ἔγωγε A, Su. π 2185 650 ϲυνεϲόμεθ' UL, Su.: -εϲθ' cett. 652 ἐϲτὶν RV^{ac}EL, Su.: ἐϲτὶ cett. δή] που Blaydes

ΟΡΝΙΘΕC

ὃ διατραγόντ' ἔcεcθον ἐπτερωμένω. 655
Πε. οὕτω μὲν εἰcίωμεν. ἄγε δή, Ξανθία
καὶ Μανόδωρε, λαμβάνετε τὰ cτρώματα.
Χο. οὗτοc, cὲ καλῶ, cὲ λέγω.
Επ. τί καλεῖc;
Χο. τούτουc μὲν ἄγων μετὰ cαυτοῦ
ἀρίcτιcον εὖ· τὴν δ' ἡδυμελῆ ξύμφωνον ἀηδόνα
Μούcαιc
κατάλειφ' ἡμῖν δεῦρ' ἐκβιβάcαc, ἵνα παίcωμεν μετ' 660
ἐκείνηc.
Πε. ὦ τοῦτο μέντοι νὴ Δί' αὐτοῖcιν πιθοῦ·
ἐκβίβαcον ἐκ τοῦ βουτόμου τοὐρνίθιον.
Ευ. ἐκβίβαcον αὐτοῦ πρὸc θεῶν αὐτήν, ἵνα
καὶ νὼ θεαcώμεcθα τὴν ἀηδόνα.
Επ. ἀλλ' εἰ δοκεῖ cφῷν, ταῦτα χρὴ δρᾶν. ἡ Πρόκνη, 665
ἔκβαινε καὶ cαυτὴν ἐπιδείκνυ τοῖc ξένοιc.
Πε. ὦ Ζεῦ πολυτίμηθ', ὡc καλὸν τοὐρνίθιον,
ὡc δ' ἁπαλόν, ὡc δὲ λευκόν.
Ευ. ἆρά γ' οἶcθ' ὅτι
ἐγὼ διαμηρίζοιμ' ἂν αὐτὴν ἡδέωc;
Πε. ὅcον δ' ἔχει τὸν χρυcόν, ὥcπερ παρθένοc. 670
Ευ. ἐγὼ μὲν αὐτὴν κἂν φιλῆcαί μοι δοκῶ.
Πε. ἀλλ', ὦ κακόδαιμον, ῥύγχοc ὀβελίcκοιν ἔχει.
Ευ. ἀλλ' ὥcπερ ᾠὸν νὴ Δί' ἀπολέψαντα χρὴ
ἀπὸ τῆc κεφαλῆc τὸ λέμμα κᾆθ' οὕτω φιλεῖν.
Επ. ἴωμεν.
Πε. ἡγοῦ δὴ cὺ νῷν τύχἀγαθῇ. 675

657 λαμβάνετε] -ετον B   659 Μούcαιc anon. Parisinus: Μούcηc codd.: Μούcηc Dawes   661 αὐτοῖcιν RVAᴾᶜL: -cι cett.   663 αὐτοῦ multis suspectum: ὦ τᾶν vel ὧδε Blaydes: huc Divus: malim αὐτίκα   αὐτοῦ ... αὐτήν] αὐτὴν δῆτα πρὸc θεῶν Meineke (δεῦρο pro δῆτα malebat Blaydes)   669 αὐτὴν REΓUL: -ῆc cett.   671 κἂν Seager: καὶ codd.   672 ὀβελίcκοιν] -ίcκον AUL: -ίcκων Γ²B   675 δὴ] δὲ RA: δεῖ V: om. E

ΑΡΙϹΤΟΦΑΝΟΥϹ

Χο. ὦ φίλη, ὦ ξουθή,
ὦ φίλτατον ὀρνέων,
πάντων ξύννομε τῶν ἐμῶν
ὕμνων, ξύντροφ' ἀηδοῖ,
ἦλθες, ἦλθες, ὤφθης, 680
ἡδὺν φθόγγον ἐμοὶ φέρους'·
ἀλλ', ὦ καλλιβόαν κρέκους'
αὐλὸν φθέγμαϲιν ἠρινοῖϲ,
ἄρχου τῶν ἀναπαίϲτων.

ἄγε δή, φύϲιν ἄνδρες ἀμαυρόβιοι, φύλλων γενεᾷ 685
προϲόμοιοι,
ὀλιγοδρανέες, πλάϲματα πηλοῦ, ϲκιοειδέα φῦλ'
ἀμενηνά,
ἀπτῆνες ἐφημέριοι, ταλαοὶ βροτοί, ἀνέρες εἰκελόνειροι,
προϲέχετε τὸν νοῦν τοῖϲ ἀθανάτοιϲ ἡμῖν, τοῖϲ αἰὲν
ἐοῦϲιν,
τοῖϲ αἰθερίοιϲ, τοῖϲιν ἀγήρῳϲ, τοῖϲ ἄφθιτα
μηδομένοιϲιν,
ἵν' ἀκούϲαντες πάντα παρ' ἡμῶν ὀρθῶϲ περὶ τῶν 690
μετεώρων,
φύϲιν οἰωνῶν γένεϲίν τε θεῶν ποταμῶν τ' Ἐρέβους τε
Χάους τε
εἰδότες ὀρθῶϲ, Προδίκῳ παρ' ἐμοῦ κλάειν εἴπητε τὸ
λοιπόν.

Χάος ἦν καὶ Νὺξ Ἔρεβόϲ τε μέλαν πρῶτον καὶ
Τάρταρος εὐρύς,

677–8 incertum utrum post ὀρνέων an post πάντων interpungendum sit
681 ἡδὺν] ἀδὺν ΓUB² 686 ἀμενηνά] -νοί Clem. Al., Strom. 4.45.2
687 hunc v. varie interpungunt edd. ταλαοί] τ' ἀλαοί v.l. ap. sch. εἰκελόνειροι AL: ἴκελ- cett. 688 προϲέχετε] πρόϲϲχετε Bentley,
Daubuz 689 alterum τοῖϲ B, Daubuz, Bentley: τοῖϲιν cett.
692 Προδίκῳ post παρ' ἐμοῦ praebent R, Su. π 2366, sch. Nub. 361

380

ΟΡΝΙΘΕC

γῆ δ' οὐδ' ἀὴρ οὐδ' οὐρανὸς ἦν· Ἐρέβους δ' ἐν ἀπείροιϲ
κόλποιϲ
τίκτει πρώτιϲτον ὑπηνέμιον Νὺξ ἡ μελανόπτεροϲ   695
ᾠόν,
ἐξ οὗ περιτελλομέναιϲ ὥραιϲ ἔβλαϲτεν Ἔρωϲ ὁ
ποθεινόϲ,
ϲτίλβων νῶτον πτερύγοιν χρυϲαῖν, εἰκὼϲ ἀνεμώκεϲι
δίναιϲ.
οὗτοϲ δὲ Χάει πτερόεντι μιγεὶϲ μύχιοϲ κατὰ Τάρταρον
εὐρὺν
ἐνεόττευϲεν γένοϲ ἡμέτερον, καὶ πρῶτον ἀνήγαγεν εἰϲ
φῶϲ.
πρότερον δ' οὐκ ἦν γένοϲ ἀθανάτων, πρὶν Ἔρωϲ   700
ξυνέμειξεν ἅπαντα·
ξυμμειγνυμένων δ' ἑτέρων ἑτέροιϲ γένετ' Οὐρανὸϲ
Ὠκεανόϲ τε
καὶ Γῆ πάντων τε θεῶν μακάρων γένοϲ ἄφθιτον. ὧδε
μέν ἐϲμεν
πολὺ πρεϲβύτατοι πάντων μακάρων ἡμεῖϲ. ὡϲ δ' ἐϲμὲν
Ἔρωτοϲ
πολλοῖϲ δῆλον· πετόμεϲθά τε γὰρ καὶ τοῖϲιν ἐρῶϲι
ϲύνεϲμεν·
πολλοὺϲ δὲ καλοὺϲ ἀπομωμοκόταϲ παῖδαϲ πρὸϲ   705
τέρμαϲιν ὥραϲ
διὰ τὴν ἰϲχὺν τὴν ἡμετέραν διεμήριϲαν ἄνδρεϲ ἐραϲταί,
ὁ μὲν ὄρτυγα δούϲ, ὁ δὲ πορφυρίων', ὁ δὲ χῆν', ὁ δὲ
Περϲικὸν ὄρνιν.
πάντα δὲ θνητοῖϲ ἐϲτιν ἀφ' ἡμῶν τῶν ὀρνίθων τὰ
μέγιϲτα.

---

698 μύχιοϲ West: μυχίῳ Su. χ 84 codd. SC: νυχίῳ fere codd., Su. cett. codd.: νύχιοϲ Halbertsma, van Herwerden   699 ἐνεόττευϲεν RVB: -ϲε cett.   701 δ' om. RM, Su.   γένετ' L: ἐγένετ' fere cett.   703 ἡμεῖϲ. ὡϲ δ' Dobree: ἡμεῖϲ δ'ὡϲ codd.   704 τε γὰρ Daubuz: γὰρ codd.: γ' ἀεὶ Bentley, cf. Su. α 643

ΑΡΙΣΤΟΦΑΝΟΥΣ

πρῶτα μὲν ὥρας φαίνομεν ἡμεῖς ἦρος, χειμῶνος,
  ὀπώρας·
cπείρειν μέν, ὅταν γέρανος κρώζους' εἰς τὴν Λιβύην
  μεταχωρῇ—
καὶ πηδάλιον τότε ναυκλήρῳ φράζει κρεμάcαντι   711
  καθεύδειν—
εἶτα δ' Ὀρέcτῃ χλαῖναν ὑφαίνειν, ἵνα μὴ ῥιγῶν ἀποδύῃ.
ἰκτῖνος ⟨δ'⟩ αὖ μετὰ ταῦτα φανεὶς ἑτέραν ὥραν
  ἀποφαίνει,
ἡνίκα πεκτεῖν ὥρα προβάτων πόκον ἠρινόν· εἶτα
  χελιδών,
ὅτε χρὴ χλαῖναν πωλεῖν ἤδη καὶ ληδάριόν τι   715
  πρίαcθαι.
ἐcμὲν δ' ὑμῖν Ἄμμων, Δελφοί, Δωδώνη, Φοῖβος
  Ἀπόλλων.
ἐλθόντες γὰρ πρῶτον ἐπ' ὄρνις οὕτω πρὸς ἅπαντα
  τρέπεcθε,
πρός τ' ἐμπορίαν, καὶ πρὸς βιότου κτῆcιν, καὶ πρὸς
  γάμον ἀνδρός.
ὄρνιν τε νομίζετε πάνθ' ὅcαπερ περὶ μαντείας
  διακρίνει·
φήμη γ' ὑμῖν ὄρνις ἐcτί, πταρμόν τ' ὄρνιθα καλεῖτε, 720
ξύμβολον ὄρνιν, φωνὴν ὄρνιν, θεράποντ' ὄρνιν, ὄνον
  ὄρνιν.
ἆρ' οὐ φανερῶς ἡμεῖς ὑμῖν ἐcμεν μαντεῖος Ἀπόλλων;
ἢν οὖν ἡμᾶς νομίcητε θεούς,
ἕξετε χρῆcθαι μάντεcι Μούcαιc
πάcαιc ὥραις, χειμῶνι, θέρει   725

---

710 γέρανος] γέρανοι E^{ac}MAL   μεταχωρῇ] -ρεῖ V^{ac}: -ρεῖν AL
711 φράζει om. A: φράζῃ Bothe: φράζειν Cratander (1532)
713 suppl. Kuster   714 πεκτεῖν Bentley: πέκτειν VA, Su. π 920: πέκειν cett.: πείκειν Bergk: κείρειν Blaydes   717 ἅπαντα] πάντα Γ^{pc}U: ἔργα Su. α 1638 (sed cf. sch.): τἄργα Porson   718 γάμον] γόνον Higham
719 τε νομίζετε] τ' ὀνομάζετε Bachmann   725 πάcαιc Blaydes: αὔραιc codd.

ΟΡΝΙΘΕC

μετρίῳ, πνίγει· κοὐκ ἀποδράντες
καθεδούμεθ' ἄνω cεμνυνόμενοι
παρὰ ταῖc νεφέλαιc ὥcπερ χὠ Ζεύc·
ἀλλὰ παρόντεc δώcομεν ὑμῖν
αὐτοῖc, παιcίν, παίδων παιcίν,   730
πλουθυγίειαν, βίον, εἰρήνην,
νεότητα, γέλωτα, χορούc, θαλίαc,
γάλα τ' ὀρνίθων. ὥcτε παρέcται
κοπιᾶν ὑμῖν ὑπὸ τῶν ἀγαθῶν·   735
οὕτω πλουτήcετε πάντεc.

Μοῦcα λοχμαία,   [cτρ.
τιοτιοτιοτιοτίγξ,
ποικίλη, μεθ' ἧc ἐγὼ νά-
παιcί ⟨τε καὶ⟩ κορυφαῖc ἐν ὀρείαιc,   740
τιοτιοτιοτιοτίγξ,
ἱζόμενοc μελίαc ἔπι φυλλοκόμου,
τιοτιοτιοτιοτίγξ,
δι' ἐμῆc γένυοc ξουθῆc μελέων
Πανὶ νόμουc ἱεροὺc ἀναφαίνω   745
cεμνά τε Μητρὶ χορεύματ' ὀρείᾳ,
τοτοτοτοτοτοτοτοτίγξ,
ἔνθεν ὡcπερεὶ μέλιττα
Φρύνιχοc ἀμβροcίων μελέων ἀπεβόcκετο καρπὸν ἀεὶ
φέρων γλυκεῖαν ᾠδάν,   750
τιοτιοτιοτίγξ.

---

728 χὠ] γ' ὁ Lenting   732 post πλουθυγίειαν add. εὐδαιμονίαν codd.: del. Hamaker, cf. sch.   738 τιο quater VEMAUL: quinquies ΓB: septies R   -τίγξ del. Dunbar   740 suppl. Hermann   κορυφαῖc Hermann: -αῖc τ' vel -αῖcί τ' codd., Su.   741 τιο ter usque sexies habent codd. (quater RVEML); cf. 773.   742 ἱζόμενοc] ἑζ- Su. μ 500 codd. GM 743 -τίγξ MAB: -τιτίγξ Γ: om. cett.: del. Dunbar; cf. 775   745 ἀναφαίνω] ἀναφωνῶ F. W. Schmidt   747 το noviens vett. praeter A (undecies): decies L   748 ὡcπερεὶ Reiske: ὥcπερ ἡ codd. 750 φέρων] φαίνων van Herwerden

ΑΡΙΣΤΟΦΑΝΟΥΣ

εἰ μετ' ὀρνίθων τις ὑμῶν, ὦ θεαταί, βούλεται
διαπλέκειν ζῶν ἡδέως τὸ λοιπόν, ὡς ἡμᾶς ἴτω.
ὅσα γὰρ ἐνθάδ' ἐστὶν αἰσχρὰ καὶ νόμῳ κρατούμενα, 755
ταῦτα πάντ' ἐστὶν παρ' ἡμῖν τοῖσιν ὄρνισιν καλά.
εἰ γὰρ ἐνθάδ' ἐστὶν αἰσχρὸν τὸν πατέρα τύπτειν νόμῳ,
τοῦτ' ἐκεῖ καλὸν παρ' ἡμῖν ἐστιν, ἤν τις τῷ πατρὶ
προσδραμὼν εἴπῃ πατάξας "αἶρε πλῆκτρον, εἰ μαχεῖ."
εἰ δὲ τυγχάνει τις ὑμῶν δραπέτης ἐστιγμένος, 760
ἀτταγᾶς οὗτος παρ' ἡμῖν ποικίλος κεκλήσεται.
εἰ δὲ τυγχάνει τις ὢν Φρὺξ μηδὲν ἧττον Σπινθάρου,
φρυγίλος ὄρνις οὗτος ἔσται, τοῦ Φιλήμονος γένους.
εἰ δὲ δοῦλός ἐστι καὶ Κὰρ ὥσπερ Ἐξηκεστίδης,
φυσάτω πάππους παρ' ἡμῖν, καὶ φανοῦνται 765
   φράτερες.
εἰ δ' ὁ Πεισίου προδοῦναι τοῖς ἀτίμοις τὰς πύλας
βούλεται, πέρδιξ γενέσθω, τοῦ πατρὸς νεόττιον·
ὡς παρ' ἡμῖν οὐδὲν αἰσχρόν ἐστιν ἐκπερδικίσαι.

τοιάδε κύκνοι, [ἀντ.
τιοτιοτιοτιοτίγξ, 770
συμμιγῆ βοὴν ὁμοῦ πτε-
   ροῖσι κρέκοντες ἴαχον Ἀπόλλω,
τιοτιοτιοτιοτίγξ,
ὄχθῳ ἐφεζόμενοι παρ' Ἕβρον ποταμόν,

---

753 μετ' ὀρνίθων] del. Richards, addito in fine v. τὰς ἡμέρας: γε τὸν βίον van Herwerden   755 ἐνθάδ' post ἐστὶν praebent MAL, Su. ε 2546   καὶ Blaydes: τῷ codd.   κρατούμενα] κρατουμένοις van Leeuwen: κἀσχήμονα Blaydes, τῷ retento: an πατούμενα?   756 ἐστὶν L, Su.: ἐστὶ cett.   ὄρνισιν RVL: ὄρνισι cett.   757 νόμῳ] νέῳ Kock 759 μαχεῖ Reisig: μάχει codd.   763 οὗτος Dobree: ἐνθάδ' codd. 764 καὶ] ἢ Blaydes   765 φράτερες Dindorf: φράτορας codd., Su. φ 869   766 Πεισίου Daubuz: Πισίου codd.   768 ἐκπερδικίσαι] ἐκπερδικκίσαι Palmerius   769 τοιάδε] τοιάνδε ΓUL   770 -τίγξ L: om. vett.: del. Dunbar   771 βοὴν ὁμοῦ] βοῇ νόμον Robert 772 πτεροῖσι RLH: -οῖς fere cett.: -οῖσιν CP   ἴαχον] ἴακχον VAM 773 τιο quater AL: ter ΜΓΒ: bis RVEU   -τίγξ] -τιτίγξ VEM: -τιτίξ R

384

ΟΡΝΙΘΕΣ

τιοτιοτιοτιοτίγξ, 775
διὰ δ' αἰθέριον νέφος ἦλθε βοά·
πτῆξε δὲ ποικίλα φῦλα τὰ θηρῶν,
κύματά τ' ἔςβεςε νήνεμος αἴθρη,
τοτοτοτοτοτοτοτοτοτίγξ·
πᾶς δ' ἐπεκτύπης' Ὄλυμπος· 780
εἷλε δὲ θάμβος ἄνακτας· Ὀλυμπιάδες δὲ μέλος Χάριτες
Μοῦςαί τ' ἐπωλόλυξαν,
τιοτιοτιοτίγξ.

οὐδέν ἐςτ' ἄμεινον οὐδ' ἥδιον ἢ φῦςαι πτερά. 785
αὐτίχ' ὑμῶν τῶν θεατῶν εἴ τις ἦν ὑπόπτερος,
εἶτα πεινῶν τοῖς χοροῖςι τῶν τραγῳδῶν ἤχθετο,
ἐκπτόμενος ἂν οὗτος ἠρίστηςεν ἐλθὼν οἴκαδε,
κᾆτ' ἂν ἐμπληςθεὶς ἐφ' ὑμᾶς αὖθις αὖ κατέπτατο.
εἴ τε Πατροκλείδης τις ὑμῶν τυγχάνει χεζητιῶν, 790
οὐκ ἂν ἐξίδιςεν εἰς θοἰμάτιον, ἀλλ' ἀνέπτατο,
κἀποπαρδὼν κἀναπνεύςας αὖθις αὖ καθέζετο.
εἴ τε μοιχεύων τις ὑμῶν ἐςτιν ὅςτις τυγχάνει,
κᾆθ' ὁρᾷ τὸν ἄνδρα τῆς γυναικὸς ἐν βουλευτικῷ,
οὗτος ἂν πάλιν παρ' ὑμῶν πτερυγίςας ἀνέπτατο, 795
εἶτα βινήςας ἐκεῖθεν αὖθις αὖ κατέπτατο.
ἆρ' ὑπόπτερον γενέςθαι παντός ἐςτιν ἄξιον;
ὡς Διειτρέφης γε πυτιναῖα μόνον ἔχων πτερὰ

---

775 τιο quater fere vett., L: quinquies A: ter UH   777 τὰ Bentley: τε codd.   φῦλα ante τε traiecit Hermann   778 αἴθρη] αἰθήρ U, v.l. ap. sch. Γ   779 το novies Dindorf: decies L: quinquies vel septies cett.   784 τιο ter EUL: quater cett.   787 τραγῳδῶν] τρυγῳδῶν anon. ap. Scaliger (1624)   788 ἐκπτόμενος Brunck: ἐκπετόμενος codd., Su. χ 414, quo recepto οὗτος ἠρίςτης' ἂν Bentley   οὗτος] εὐθὺς Blaydes   789 ὑμᾶς Blaydes: ἡμᾶς codd.   792 αὖθις Γ^pcL, Su. χ 182: αὖτις cett.   καθέζετο van Leeuwen, cf. 796: κατέπτατο codd.   795 ἀνέπτατο B: ἀνίπτατο cett.   796 αὖ AL, Su. β 288: ἂν cett.   κατέπτατο Su.: καθέζετο codd.   798 Διειτρέφης Elmsley: Διι- codd.

ΑΡΙΣΤΟΦΑΝΟΥΣ

ᾑρέθη φύλαρχος, εἶθ' ἵππαρχος, ὥστ' ἐξ οὐδενὸς
μεγάλα πράττει κἀστὶ νυνὶ ξουθὸς ἱππαλεκτρυών. 800

Πε. ταυτὶ τοιαυτί· μὰ Δί' ἐγὼ μὲν πρᾶγμά πω
γελοιότερον οὐκ εἶδον οὐδεπώποτε.
Ευ. ἐπὶ τῷ γελᾷς;
Πε. ἐπὶ τοῖσι coῖc ὠκυπτέροις.
οἶσθ' ᾧ μάλιστ' ἔοικας ἐπτερωμένος;
εἰς εὐτέλειαν χηνὶ συγγεγραμμένῳ. 805
Ευ. σὺ δὲ κοψίχῳ γε σκάφιον ἀποτετιλμένῳ.
Πε. ταυτὶ μὲν ᾐκάσμεσθα κατὰ τὸν Αἰσχύλον·
τάδ' οὐχ ὑπ' ἄλλων, ἀλλὰ τοῖς αὐτῶν πτεροῖς.
Χο. ἄγε δή, τί χρὴ δρᾶν;
Πε. πρῶτον ὄνομα τῇ πόλει
θέσθαι τι μέγα καὶ κλεινόν, εἶτα τοῖς θεοῖς 810
θῦσαι μετὰ τοῦτο.
Χο. ταῦτα κἀμοὶ συνδοκεῖ.
Ευ. φέρ' ἴδω, τί δ' ἡμῖν ὄνομ' ⟨ἄρ'⟩ ἔσται τῇ πόλει;
βούλεσθε τὸ μέγα τοῦτο τοὐκ Λακεδαίμονος
Σπάρτην ὄνομα καλῶμεν αὐτήν;
Πε. Ἡράκλεις·
σπάρτην γὰρ ἂν θείμην ἐγὼ τῇμῇ πόλει; 815
οὐδ' ἂν χαμεύνῃ.
Ευ. πάνυ γε, κειρίαν γ' ἔχων.
Πε. τί δῆτ' ὄνομ' αὐτῇ θησόμεσθ';
Χο. ἐντευθενὶ
ἐκ τῶν νεφελῶν καὶ τῶν μετεώρων χωρίων
χαῦνόν τι πάνυ.
Πε. βούλει Νεφελοκοκκυγίαν;

799 ὥστ' VEΓMU: εἶτ' RAL, Su. δ 1054   801–36 de personarum vicibus parum constat   805 συγγεγραμμένῳ] σύ γε γεγραμμένῳ Meineke   807 ᾐκάσμεσθα L, Su. τ 183: ᾐκάσμεθα cett.   808 αὐτῶν EML, Su.: αὐ- cett.   812 ὄνομ'] οὔνομ' L: τοὔνομ' Bentley suppl. Fraenkel   816 πάνυ γε κτλ. Euelpidi tribuit Geissler   γ' om. ΓUL, Pollux 10.37   817 θησόμεσθ' ΑΓL: -μέθ' fere cett.   819 totum v. Pisetaero possis tribuere

ΟΡΝΙΘΕΣ

Χο. ἰοὺ ἰού·
καλόν γ' ἀτεχνῶc ⟨cὺ⟩ καὶ μέγ' ηὗρες τοὔνομα. 820
Ευ. ἆρ' ἐcτὶν αὕτη γ' ἡ Νεφελοκοκκυγία,
ἵνα καὶ τὰ Θεογένους τὰ πολλὰ χρήματα
τά τ' Αἰcχίνου γ' ἅπαντα;
Πε. †καὶ λῶcτον† μὲν οὖν
τὸ Φλέγρας πεδίον, ἵν' οἱ θεοὶ τοὺς γηγενεῖς
ἀλαζονευόμενοι καθυπερηκόντιcαν. 825
Χο. λιπαρὸν τὸ χρῆμα τῆς πόλεως. τίς δαὶ θεὸς
πολιοῦχος ἔcται; τῷ ξανοῦμεν τὸν πέπλον;
Ευ. τί δ' οὐκ Ἀθηναίαν ἐῶμεν Πολιάδα;
Πε. καὶ πῶς ἂν ἔτι γένοιτ' ἂν εὔτακτος πόλις,
ὅπου θεὸς γυνὴ γεγονυῖα πανοπλίαν 830
ἕcτηκ' ἔχουcα, Κλειcθένης δὲ κερκίδα;
Χο. τίς δαὶ καθέξει τῆς πόλεως τὸ Πελαργικόν;
Πε. ὄρνις ἀφ' ὑμῶν, τοῦ γένους τοῦ Περcικοῦ,
ὅcπερ λέγεται δεινότατος εἶναι πανταχοῦ
Ἄρεως νεοττός.
Ευ. ὦ νεοττὲ δέσποτα· 835
ὡς δ' ὁ θεὸς ἐπιτήδειος οἰκεῖν ἐπὶ πετρῶν.
Πε. ἄγε νυν cὺ μὲν βάδιζε πρὸς τὸν ἀέρα
καὶ τοῖς τειχίζουcι παραδιακόνει,
χάλικας παραφόρει, πηλὸν ἀποδὺς ὄργαcον,
λεκάνην ἀνένεγκε, κατάπες' ἀπὸ τῆς κλίμακος, 840
φυλακὰς κατάcτηcαι, τὸ πῦρ ἔγκρυπτ' ἀεί,

---

820 suppl. Bentley   821 αὕτη γ' ἡ fere codd.: αὐτηγὶ Elmsley: αὐτηὶ Dobree   822 Θεογένους Dindorf: Θεα- codd.   823 γ' ἅπαντα] 'cθ' ἅπαντα Hermann: τάλαντα Haupt   λῶcτον] λῶον Bentley, cf. sch.   οὖν vett.: ἢ As.l., L, quo recepto τὸ del. Bergk   locus perdifficilis; lacunam post 823 statuit van Herwerden; fortasse κατέλαβον pro καὶ λῶcτον scribendum   825 ἀλαζονευόμενοι] -μένους p, Su. φ 528   832 δαὶ RA: δὲ cett. vett.: δ' ἂν L: δὴ Kock   833 ὑμῶν Kock: ἡμῶν codd.   836 ὡς] πῶς Fritzsche   δ' del. Elmsley   839 χάλικας] χάλικα vel χάλικος Blaydes   840 ἀνένεγκε RVEML: ἀνένεγκαι fere cett.   841 φυλακὰς Blaydes, cf. 1161: φύλακας codd.

ΑΡΙΣΤΟΦΑΝΟΥΣ

κωδωνοφορῶν περίτρεχε καὶ κάθευδ' ἐκεῖ·
κήρυκα δὲ πέμψον τὸν μὲν εἰς θεοὺς ἄνω,
ἕτερον δ' ἄνωθεν αὖ παρ' ἀνθρώπους κάτω,
κἀκεῖθεν αὖθις παρ' ἐμέ.

Ευ.   cὺ δέ γ' αὐτοῦ μένων   845
οἴμωζε παρ' ἔμ'.

Πε.   ἴθ', ὦγάθ', οἷ πέμπω c' ἐγώ.
οὐδὲν γὰρ ἄνευ cοῦ τῶνδ' ἃ λέγω πεπράξεται.
ἐγὼ δ' ἵνα θύcω τοῖcι καινοῖcιν θεοῖc,
τὸν ἱερέα πέμψοντα τὴν πομπὴν καλῶ.
παῖ παῖ, τὸ κανοῦν αἴρεcθε καὶ τὴν χέρνιβα. 850

Χο. ὁμορροθῶ, cυνθέλω,   [cτρ.
cυμπαραινέcαc ἔχω
προcόδια μεγάλα cεμνὰ προcιέναι θεοῖ-
cιν, ἅμα δὲ προcέτι χάριτοc ἕνε-   855
κα προβάτιόν τι θύειν.
ἴτω ἴτω ἴτω δὲ Πυθιὰc βοά,
cυναυλείτω δὲ Χαῖριc ᾠδᾷ.

Πε. παῦcαι cὺ φυcῶν. Ἡράκλειc, τουτὶ τί ἦν
τὸ κακόν; μὰ Δί' ἐγὼ πολλὰ δὴ καὶ δείν' ἰδὼν 860
οὔπω κόρακ' εἶδον ἐμπεφορβειωμένον.
ἱερεῦ, cὸν ἔργον, θῦε τοῖc καινοῖc θεοῖc.

ΙΕΡΕΥΣ

δράcω τάδ'. ἀλλὰ ποῦ 'cτιν ὁ τὸ κανοῦν ἔχων;
εὔχεcθε Ἑcτίᾳ ὀρνιθείῳ καὶ ἰκτίνῳ ἑcτιούχῳ 865

---

843 κήρυκα] κήρυκε Bentley   845 αὖθις ΑΓUL: αὖτις cett.
848 καινοῖcιν R^{pc}EAΓL: -οῖcι cett.   855 προβάτιον Bentley:
πρόβατον   857 βοά Dindorf: βοὰ τῷ θεῷ codd.   858 cυναυ-
λείτω Hermann: cυνᾳδέτω codd.   ᾠδᾷ Hermann; ᾠδάν vett.: om. L
860 τὸ κακόν; Dobree: τουτὶ codd.   861 εἶδον EMA, Su. φ 587, lm.
sch. Γ: ἴδον cett.   ἐμπεφορβειωμένον P19, Γ^{pc}, Eustathius 539.18: -φορβι-
ωμένον cett., Su.   862 τοῖc AL: τοῖcι(ν) cett.   καινοῖc P19, AL:
-οῖcι(ν) cett.   864 Ἑcτίᾳ ... ἑcτιούχῳ Von der Mühll, cf. sch.: τῇ Ἑ.
τῇ ὀ. καὶ τῷ ἰ. τῷ ἑ. codd.

ΟΡΝΙΘΕΣ

καὶ ὄρνιςιν Ὀλυμπίοις καὶ Ὀλυμπίαςι πᾶςι καὶ
πάςῃςι—
Πε. ὦ Cουνιέρακε, χαῖρ᾽ ἄναξ Πελαργικέ.
Ιε. καὶ κύκνῳ Πυθίῳ καὶ Δηλίῳ καὶ Λητοῖ Ὀρτυγομήτρᾳ
καὶ
Ἀρτέμιδι Ἀκαλανθίδι— 871
Πε. οὐκέτι Κολαινίς, ἀλλ᾽ Ἀκαλανθὶς Ἄρτεμις.
Ιε. καὶ φρυγίλῳ Cαβαζίῳ καὶ ςτρουθῷ μεγάλῃ μητρὶ θεῶν
καὶ ἀνθρώπων— 876
Πε. δέςποινα Κυβέλη ςτρουθέ, μῆτερ Κλεοκρίτου.
Ιε. διδόναι Νεφελοκοκκυγιεῦςιν ὑγίειαν καὶ ςωτηρίαν αὐ-
τοῖςι καὶ Χίοιςι—
Πε. Χίοιςιν ἥςθην πανταχοῦ προςκειμένοις. 880
Ιε. καὶ ἥρωςιν ὄρνιςι καὶ ἡρώων παιςί, πορφυρίωνι καὶ
πελεκᾶντι καὶ πελεκίνῳ καὶ φλέξιδι καὶ τέτρακι καὶ
ταῶνι καὶ ἐλεᾷ καὶ βαςκᾷ καὶ ἐλαςᾷ καὶ ἐδωλίῳ καὶ
καταρράκτῃ καὶ μελαγκορύφῳ καὶ αἰγιθάλλῳ—
Πε. παῦ᾽· ἐς κόρακας· παῦςαι καλῶν. ἰοὺ ἰού,
ἐπὶ ποῖον, ὦ κακόδαιμον, ἱερεῖον καλεῖς 890
ἁλιαιέτους καὶ γῦπας; οὐχ ὁρᾷς ὅτι
ἰκτῖνος εἷς ἂν τοῦτό γ᾽ οἴχοιθ᾽ ἁρπάςας;
ἄπελθ᾽ ἀφ᾽ ἡμῶν καὶ cὺ καὶ τὰ ςτέμματα·
ἐγὼ γὰρ αὐτὸς τουτογὶ θύςω μόνος.

866 Ὀλυμπίαςι ... πάςῃςι Dunbar: -ίῃςι ... -ῃςι fere codd.
867 ante πᾶςι add. καὶ R^{ac}A   868 Πελαργικέ] Πελάργιε dubitanter
Sommerstein   879 αὐτοῖςι] -cιν RVp   Χίοιςι MVv17: -cιν cett.
881 ἥρωςιν Hermann: ἥρωςι καὶ codd.   ὄρνιςι del. Dindorf
885 ἐλεᾷ RΓLB^{pc}: ἐλεία B: ἐλαία VEMAU   βαςκᾷ] βαςιλίςκῳ sch. ad v.
168   886 ἐδωλίῳ sch., Photius s.v.: ἐρωδιῷ codd.   888 αἰγι-
θάλλῳ] -θάλῳ MU, v.l. ap. sch.   893 ἄπελθ᾽] ἄπερρ᾽ van Herwerden
894 τουτογὶ] τουτονὶ ΓUB

ΑΡΙΣΤΟΦΑΝΟΥΣ

Χο. εἶτ' αὖθις αὖ τἄρα coι [ἀντ.
δεῖ με δεύτερον μέλος 896
χέρνιβι θεοσεβὲς ὅσιον ἐπιβοᾶν, καλεῖν
δὲ μάκαρας, ἕνα μὲν οὖν τιν', εἴ-
περ ἱκανὸν ἕξετ' ὄψον. 900
τὰ γὰρ παρόντα θύματ' οὐδὲν ἄλλο πλὴν
γένειόν ἐστι καὶ κέρατα.

Πε. θύοντες εὐξώμεσθα τοῖς πτερίνοις θεοῖς.

ΠΟΙΗΤΗΣ

Νεφελοκοκκυγίαν 905
τὰν εὐδαίμονα κλῇσον, ὦ
Μοῦσα, τεαῖς ἐν ὕμνων
ἀοιδαῖς.

Πε. τουτὶ τὸ πρᾶγμα ποδαπόν; εἰπέ μοι, τίς εἶ;
Πο. ἐγὼ μελιγλώσσων ἐπέων ἱεὶς ἀοιδὰν
Μουσάων θεράπων ὀτρη-
ρός, κατὰ τὸν Ὅμηρον. 910
Πε. ἔπειτα δῆτα δοῦλος ὢν κόμην ἔχεις;
Πο. οὔκ, ἀλλὰ πάντες ἐσμὲν οἱ διδάσκαλοι
Μουσάων θεράποντες ὀτρη-
ροί, κατὰ τὸν Ὅμηρον.
Πε. οὐκ ἐτὸς ὀτρηρὸν καὶ τὸ ληδάριον ἔχεις. 915
ἀτάρ, ὦ ποιητά, κατὰ τί δεῦρ' ἀνεφθάρης;
Πο. μέλη πεποίηκ' εἰς τὰς Νεφελοκοκκυγίας
τὰς ὑμετέρας κύκλιά τε πολλὰ καὶ καλὰ
καὶ παρθένεια καὶ κατὰ τὰ Σιμωνίδου.
Πε. ταυτὶ σὺ πότ' ἐποίησας; ἀπὸ ποίου χρόνου; 920
Πο. πάλαι πάλαι δὴ τήνδ' ἐγὼ κλῄζω πόλιν.

895 εἶτ'] ἔτ' Blaydes αὖ τἄρα Elmsley: αὖτ' ἄρα codd.
899 μάκαρας] μάκαρά σ'Blaydes ἕνα μὲν οὖν τιν' Wilson: ἕνα τινὰ μόνον codd. 903 εὐξώμεσθα L: -μεθα cett. τοῖς L: τοῖσι vett.
906 τεαῖς] τεαῖσιν ΓUB ἀοιδαῖς RVU: ἀηδαῖς Γ: ᾠδαῖς cett.
916 ἀτάρ ΓᵖᶜL: αὐτάρ cett. 919 παρθένεια anon. Parisinus: -εῖα codd., Su. π 661 920 ποίου] πόσου Faber, Bentley

ΟΡΝΙΘΕC

Πε. οὐκ ἄρτι θύω τὴν δεκάτην ταύτης ἐγώ,
 καὶ τοὔνομ' ὥσπερ παιδίῳ νῦν δὴ 'θέμην;
Πο. ἀλλά τις ὠκεῖα Μουcάων φάτις
 οἷάπερ ἵππων ἀμαρυγά.   925
 cὺ δὲ πάτερ, κτίcτορ Αἴτναc,
 ζαθέων ἱερῶν ὁμώνυμε,
 δὸc ἐμὶν ὅ τι περ τεᾷ κεφαλᾷ θέλῃc
 πρόφρων δόμεν {ἐμὶν τεΐν}.   930
Πε. τουτὶ παρέξει τὸ κακὸν ἡμῖν πράγματα,
 εἰ μή τί γ' αὐτῷ δόντες ἀποφευξούμεθα.
 οὗτος, cὺ μέντοι cπολάδα καὶ χιτῶν' ἔχεις,
 ἀπόδυθι καὶ δὸς τῷ ποιητῇ τῷ cοφῷ.
 ἔχε τὴν cπολάδα· πάντως δέ μοι ῥιγῶν δοκεῖc.   935
Πο. τόδε μὲν οὐκ ἀέκουcα φίλα
 Μοῦcα τὸ δῶρον δέχεται·
 τὺ δὲ τεᾷ φρενὶ μάθε Πινδάρειον ἔπος—
Πε. ἄνθρωπος ἡμῶν οὐκ ἀπαλλαχθήσεται.   940
Πο. νομάδεccι γὰρ ἐν Cκύθαιc ἀλᾶται cτρατῶν
 ὃc ὑφαντοδόνητον ἔcθος οὐ πέπαται·
 ἀκλεὴc δ' ἔβα
 cπολὰc ἄνευ χιτῶνοc.
 ξύνες ὅ τοι λέγω.   945
Πε. ξυνίημ' ὅτι βούλει τὸν χιτωνίcκον λαβεῖν.
 ἀπόδυθι· δεῖ γὰρ τὸν ποιητὴν ὠφελεῖν.
 ἄπελθε τουτονὶ λαβών.
Πο.   ἀπέρχομαι,

922 ταύτης] αὐτῆς Dobree   925 οἷάπερ] οἷαπερ ΓUB, Su. α 1501
926 δὲ R: δ' ὦ cett.   929 κεφαλᾷ Brunck: -λῇ codd.   θέλῃc
RVEAL: -εις cett.   930 ἐμὶν τεΐν] verba iam Blaydesio suspecta del.
West: ἐμὶν τεῶν Kock, numeris parum elegantibus   932 γ' αὐτῷ
Hamaker: τούτῳ codd. plerique: τοῦτο R: τούτων A   937 τὸ δῶρον
Meineke: δῶρον A: τόδε δῶρον cett.   940 ἄνθρωποc Dindorf: ἄ-
codd.   941 cτρατῶν A, sch.: Cτράτων cett., Su. ν 450, υ 701
942 ὑφαντοδόνητον] -δόνατον Vac: -δίνητον AL   945 τοι] τι Up, v.l.
ap. Su.υ 701   946 ξυνίημ'] ξυνῆχ' Brunck

ΑΡΙΣΤΟΦΑΝΟΥΣ

κᾆc τὴν πόλιν γ' ἐλθὼν ποιήcω τοιαδί·
"κλῇcον, ὦ χρυcόθρονε, τὰν τρομερὰν κρυεράν· 950
νιφόβολα πεδία πολύπορά τ' ἤλυθον."
ἀλαλαί.

Πε. νὴ τὸν Δί', ἀλλ' ἤδη πέφευγαc ταυταγὶ
τὰ κρυερὰ τονδὶ τὸν χιτωνίcκον λαβών. 955
τουτὶ μὰ Δί' ἐγὼ τὸ κακὸν οὐδέποτ' ἤλπιcα,
οὕτω ταχέωc τοῦτον πεπύcθαι τὴν πόλιν.
αὖθιc cὺ περιχώρει λαβὼν τὴν χέρνιβα.
εὐφημία 'cτω.

ΧΡΗCΜΟΛΟΓΟC
μὴ κατάρξῃ τοῦ τράγου.
Πε. cὺ δ' εἶ τίc;
Χρ. ὅcτιc; χρηcμολόγοc.
Πε. οἴμωζέ νυν. 960
Χρ. ὦ δαιμόνιε, τὰ θεῖα μὴ φαύλωc φέρε·
ὡc ἔcτι Βάκιδοc χρηcμὸc ἄντικρυc λέγων
εἰc τὰc Νεφελοκοκκυγίαc.
Πε. κᾆπειτα πῶc
ταῦτ' οὐκ ἐχρηcμολόγειc cὺ πρὶν ἐμὲ τὴν πόλιν
τήνδ' οἰκίcαι;
Χρ. τὸ θεῖον ἐνεπόδιζέ με. 965
Πε. ἀλλ' οὐδὲν οἷον· ἔcτ' ἀκοῦcαι τῶν ἐπῶν;
Χρ. "ἀλλ' ὅταν οἰκήcωcι λύκοι πολιαί τε κορῶναι
ἐν ταὐτῷ τὸ μεταξὺ Κορίνθου καὶ Cικυῶνοc—"

---

949 γ' ἐλθὼν] ἐλθὼν ΓU: γ' ἐθέλων Meineke   τοιαδί Meineke: ταδί
vett.: δὴ ταδί L   951 πολύπορά VEMΓ^pc: πολύπυρά Γ^acUB: πο-
λύcπορά RL   952 ἀλαλαί Bentley: ἀλαλάν codd.   957 τοῦτον]
ταύτην van Herwerden, deleta virgula post ἤλπιcα, cf. 931   963 τὰc
Νεφελοκοκκυγίαc] τοὺc -ιεῖc Bentley (melius -ιᾶc, cf. 1040); sed cf. 917, 1023
966 sic interpunxit Robertson: pro ἔcτ' ἀκοῦcαι temptavit εἰcακοῦcαι Kock,
ἐξακοῦcαι Blaydes   967 οἰκήcωcι] οἰκίcωcι V^pcEMΓL

ΟΡΝΙΘΕC

Πε. τί οὖν προςήκει δῆτ' ἐμοὶ Κορινθίων;
Χρ. ἠνίξαθ' ὁ Βάκις τοῦτο πρὸς τὸν ἀέρα. 970
"πρῶτον Πανδώρᾳ θῦσαι λευκότριχα κριόν·
ὃς δέ κ' ἐμῶν ἐπέων ἔλθῃ πρώτιςτα προφήτης,
τῷ δόμεν ἱμάτιον καθαρὸν καὶ καινὰ πέδιλα—"
Πε. ἔνεςτι καὶ τὰ πέδιλα;
Χρ. λαβὲ τὸ βυβλίον.
"καὶ φιάλην δοῦναι, καὶ cπλάγχνων χεῖρ' 975
ἐνιπλῆcαι."
Πε. καὶ cπλάγχνα διδόν' ἔνεcτι;
Χρ. λαβὲ τὸ βυβλίον.
"κἂν μέν, θέcπιε κοῦρε, ποιῇc ταῦθ' ὡc ἐπιτέλλω,
αἰετὸc ἐν νεφέλῃcι γενήcεαι· αἰ δέ κε μὴ δῷc,
οὐκ ἔcει οὐ τρυγών, οὐ λάϊοc, οὐ δρυκολάπτηc."
Πε. καὶ ταῦτ' ἔνεcτ' ἐνταῦθα;
Χρ. λαβὲ τὸ βυβλίον. 980
Πε. οὐδὲν ἄρ' ὅμοιόc ἐcθ' ὁ χρηcμὸc τουτῳί,
ὃν ἐγὼ παρὰ τἀπόλλωνοc ἐξεγραψάμην·
"αὐτὰρ ἐπὴν ἄκλητοc ἰὼν ἄνθρωποc ἀλαζὼν
λυπῇ θύονταc καὶ cπλαγχνεύειν ἐπιθυμῇ,
δὴ τότε χρὴ τύπτειν αὐτὸν πλευρῶν τὸ μεταξύ—" 985
Χρ. οὐδὲν λέγειν οἶμαί cε.
Πε. λαβὲ τὸ βυβλίον.
"καὶ φείδου μηδὲν μηδ' αἰετοῦ ἐν νεφέλῃcιν,
μήτ' ἢν Λάμπων ᾖ μήτ' ἢν ὁ μέγαc Διοπείθηc."
Χρ. καὶ ταῦτ' ἔνεcτ' ἐνταῦθα;
Πε. λαβὲ τὸ βυβλίον.

---

970 πρὸc] γ' εἰc Blaydes   974 et 980 βυβλίον] βιβ- Α, Γ s.l., p: de hac re argute egit Dunbar, quam dubitanter secutus sum   975 ἐνιπλῆcαι Cobet: ἐπιπλῆcαι codd.   976 διδόν' M^{pc}L: διδόναι cett. βυβλίον] βιβ- Α   977 κἂν] κὴν Cobet   979 ἔcει vel ἔcῃ codd.: ἔcε' van Leeuwen (ἔcεαι, deleto οὐ, iam Blaydes)   οὐ λάϊοc Meineke: οὐδ' (οὐκ Α) αἰετόc codd.: οὐκ αἴγιθοc Wieseler   986 βυβλίον] βιβ- Α, Γ s.l.

ΑΡΙϹΤΟΦΑΝΟΥϹ

οὐκ εἶ θύραζ'; ἐc κόρακαϲ.
Χρ. οἴμοι δείλαιοϲ. 990
Πε. οὔκουν ἑτέρωϲε χρηϲμολογήϲειϲ ἐκτρέχων;

ΜΕΤΩΝ
ἥκω παρ' ὑμᾶϲ—
Πε. ἕτερον αὖ τουτὶ κακόν.
τί δ' αὖ cὺ δράϲων; τίϲ ἰδέα βουλεύματοϲ;
τίϲ ἡ 'πίνοια, τίϲ ποθ' οὕρνιϲ τῆϲ ὁδοῦ;
Με. γεωμετρῆϲαι βούλομαι τὸν ἀέρα 995
ὑμῖν διελεῖν τε κατὰ γύαϲ.
Πε. πρὸϲ τῶν θεῶν,
cὺ δ' εἶ τίϲ ἀνδρῶν;
Με. ὅϲτιϲ εἴμ' ἐγώ; Μέτων,
ὃν οἶδεν Ἑλλὰϲ χὠ Κολωνόϲ.
Πε. εἰπέ μοι,
ταυτὶ δέ ϲοι τί ἐϲτι;
Με. κανόνεϲ ἀέροϲ.
αὐτίκα γὰρ ἀήρ ἐϲτι τὴν ἰδέαν ὅλοϲ 1000
κατὰ πνιγέα μάλιϲτα. προϲθεὶϲ οὖν ἐγὼ
τὸν κανόν' ἄνωθεν τουτονὶ τὸν καμπύλον,
ἐνθεὶϲ διαβήτην—μανθάνειϲ;
Πε. οὐ μανθάνω.
Με. ὀρθῷ μετρήϲω κανόνι προϲτιθείϲ, ἵνα
ὁ κύκλοϲ γένηταί ϲοι τετράγωνοϲ κἂν μέϲῳ 1005
ἀγορά, φέρουϲαι δ' ὦϲιν εἰϲ αὐτὴν ὁδοὶ
ὀρθαὶ πρὸϲ αὐτὸ τὸ μέϲον, ὥϲπερ δ' ἀϲτέροϲ

991 ἐκτρέχων] ἀποτρέχων Hamaker: ποι τρέχων Dindorf
992 τουτὶ EL: τουτὶ τὸ cett.   993 δ' αὖ] δαὶ Bentley: αὖ Sommerstein   τίϲ R: τίϲ δ' cett.   βουλεύματοϲ Bergk: βουλήματοϲ codd.
994 τίϲ ποθ' οὕρνιϲ Blaydes, duce van Eldik: τίϲ ὁ κόθορνοϲ codd.: τῆϲ κοθορνωτῆϲ dubitanter Sommerstein   996 κατὰ γύαϲ Dawes: κατ' ἀγυιάϲ codd., sed in R iota supra lineam addita est   1001 προϲθεὶϲ L: προϲτιθεὶϲ vett.   1007 ἀϲτέροϲ ΓUB^ac, sch. ad v. 1008: ἀϲτέρεϲ cett., sch. ad v. 1007

394

ΟΡΝΙΘΕC

αὐτοῦ κυκλεροῦc ὄντος ὀρθαὶ πανταχῇ
ἀκτῖνες ἀπολάμπωσιν.
Πε. ἄνθρωπος Θαλῆς.
Μέτων—
Με. τί ἐςτιν;
Πε. ἴςθ' ὁτιὴ φιλῶ c' ἐγώ, 1010
κἀμοὶ πιθόμενος ὑπαποκίνει τῆς ὁδοῦ.
Με. τί δ' ἐςτὶ δεινόν;
Πε. ὥςπερ ἐν Λακεδαίμονι
ξενηλατοῦμεν κἀκκεκίνηνταί τινες·
πληγαὶ ςυχναὶ κατ' ἄςτυ.
Με. μῶν ςταςιάζετε;
Πε. μὰ τὸν Δί' οὐ δῆτ'.
Με. ἀλλὰ πῶς;
Πε. ὁμοθυμαδὸν 1015
ςποδεῖν ἅπαντας τοὺς ἀλαζόνας δοκεῖ.
Με. ὑπάγοιμι γ' ἆρ' ἄν.
Πε. νὴ Δί', ὡς οὐκ οἶδ' ἂν εἰ
φθαίης ἄν· ἐπίκεινται γὰρ ἐγγὺς αὑταί.
Με. οἴμοι κακοδαίμων.
Πε. οὐκ ἔλεγον ἐγὼ πάλαι;
οὐκ ἀναμετρήσει σαυτὸν ἀπιὼν ἀλλαχῇ; 1020

ΕΠΙΣΚΟΠΟC

ποῦ πρόξενοι;
Πε. τίς ὁ Cαρδανάπαλλος οὑτοςί;

1009 ἄνθρωπος Dobree: ἄ- codd. 1010 ἴςθ' Meineke: οἶςθ' codd.
1011 πιθόμενος Bentley: πειθόμενος vett.: γε πειθόμενος L, qui ὑποκίνει
pro ὑπαποκίνει praebet 1013 ξενηλατοῦμεν Dindorf: -λατοῦνται
codd.: -λατοῦςι Elmsley κἀκκεκίνηνταί Blaydes: καὶ κεκίνηνται codd.,
quod si recipias, punctum post τινες tollere possis 1017 γ' ἆρ' Dobree:
γὰρ codd.: τἄρ' Elmsley οἶδ' ἂν Δ^pc, sch. Γ: οἶδ' ἄρ' fere vett., L: οἶδά γ'
Elmsley 1018 ἄν] ἔτ' Dindorf 1020 ἀναμετρήςει] -ήςει
VM σαυτὸν L: ἑαυτὸν R: ςεαυτὸν cett. 1021 Cαρδανάπαλλος
RA, v.l. ap. sch.: -παλος cett.

ΑΡΙΣΤΟΦΑΝΟΥΣ

Επισκ. ἐπίσκοπος ἥκω δεῦρο τῷ κυάμῳ λαχὼν
 εἰς τὰς Νεφελοκοκκυγίας.
Πε. ἐπίσκοπος;
 ἔπεμψε δὲ τίς ςε δεῦρο;
Επισκ. φαῦλον βιβλίον
 Τελέου τι.
Πε. βούλει δῆτα τὸν μισθὸν λαβὼν 1025
 μὴ πράγματ᾽ ἔχειν ἀλλ᾽ ἀπιέναι;
Επισκ. νὴ τοὺς θεούς.
 ἐκκλησιάσαι γοῦν ἐδεόμην οἴκοι μένων.
 ἔστιν γὰρ ἃ δι᾽ ἐμοῦ πέπρακται Φαρνάκῃ.
Πε. ἄπιθι λαβών· ἔστιν δ᾽ ὁ μισθὸς οὑτοσί.
Επισκ. τουτὶ τί ἦν;
Πε. ἐκκλησία περὶ Φαρνάκου. 1030
Επισκ. μαρτύρομαι τυπτόμενος ὢν ἐπίσκοπος.
Πε. οὐκ ἀποσοβήσεις; οὐκ ἀποίσεις τὼ κάδω;
 οὐ δεινά; καὶ πέμπουσιν ἤδη ᾽πισκόπους
 εἰς τὴν πόλιν, πρὶν καὶ τεθύσθαι τοῖς θεοῖς.

ΨΗΦΙΣΜΑΤΟΠΩΛΗΣ
 ἐὰν δ᾽ ὁ Νεφελοκοκκυγιεὺς τὸν Ἀθηναῖον 1035-6
 ἀδικῇ—
Πε. τουτὶ τί ἐστιν αὖ κακόν, τὸ βυβλίον;
Ψη. ψηφισματοπώλης εἰμὶ καὶ νόμους νέους
 ἥκω παρ᾽ ὑμᾶς δεῦρο πωλήσων.
Πε. τὸ τί;
Ψη. χρῆσθαι Νεφελοκοκκυγιᾶς τοῖς αὐτοῖς μέτροισι 1040
 καὶ σταθμοῖσι καὶ ψηφίσμασι καθάπερ Ὀλοφύξιοι.

1024 βιβλίον vett.: βυβ- L; de vocis forma vide ad v. 974   1025 τι Inspectori continuavit Elmsley   1027 γοῦν Dobree: δ᾽ οὖν codd.   1028 ἔστιν RVL: ἔστι cett.   1029 ἔστιν RVEL: ἔστι cett.   1033 ἤδη ᾽πισκόπους ΓᵖᶜB, sch. E: ἤδ᾽ ἐπ- vel sim. REΓᵃᶜU: νὴ Δί᾽ ἐπ- V: οἶδ᾽ ἐπ- AML   1037 βυβλίον] βιβ- AE   1040 Νεφελοκοκκυγιᾶς RVᵖᶜ: -ιέας ΓᵖᶜU: -ίας cett.   τοῖς αὐτοῖς Boissonade, Cobet: τοῖσδε τοῖς vett.: καὶ τοῖσδε τοῖς L, ut duo trimetri efficerentur   ψηφίσμασι] νομίσμασι Bergk

ΟΡΝΙΘΕϹ

Πε. ϲὺ δέ γ' οἵϲίπερ ὠτοτύξιοι χρῄϲει τάχα.
Ψη. οὗτοϲ, τί πάϲχειϲ;
Πε.   οὐκ ἀποίϲειϲ τοὺϲ νόμουϲ;
   πικροὺϲ ἐγώ ϲοι τήμερον δείξω νόμουϲ.   1045
Επιϲκ. καλοῦμαι Πειϲέταιρον ὕβρεωϲ εἰϲ τὸν Μουνιχιῶνα
   μῆνα.
Πε. ἄληθεϲ, οὗτοϲ; ἔτι γὰρ ἐνταῦθ' ἦϲθα ϲύ;
Ψη. ἐὰν δέ τιϲ ἐξελαύνῃ τοὺϲ ἄρχονταϲ καὶ μὴ δέχη-
   ται κατὰ τὴν ϲτήλην—   1050
Πε. οἴμοι κακοδαίμων, καὶ ϲὺ γὰρ ἐνταῦθ' ἦϲθ' ἔτι;
Επ. ἀπολῶ ϲε γράψομαί τε μυρίαϲ δραχμάϲ—
Πε. ἐγὼ δὲ ϲοῦ γε τὼ κάδω διαϲκεδῶ.
Ψη. μέμνηϲ' ὅτε τῆϲ ϲτήληϲ κατετίλαϲ ἑϲπέραϲ;
Πε. αἰβοῖ· λαβέτω τιϲ αὐτόν. οὗτοϲ, οὐ μενεῖϲ;   1055
   ἀπίωμεν ἡμεῖϲ ὡϲ τάχιϲτ' ἐντευθενὶ
   θύϲοντεϲ εἴϲω τοῖϲ θεοῖϲι τὸν τράγον.

Χο. ἤδη 'μοὶ τῷ παντόπτᾳ   [ϲτρ.
   καὶ παντάρχᾳ θνητοὶ πάντεϲ
   θύϲουϲ' εὐκταίαιϲ εὐχαῖϲ.   1060
   πᾶϲαν μὲν γὰρ γᾶν ὀπτεύω,
   ϲῴζω δ' εὐθαλεῖϲ καρποὺϲ
   κτείνων παμφύλων γένναν
   θηρῶν, ἃ πᾶν τ' ἐν γαίᾳ
   ἐκ κάλυκοϲ αὐξανόμενον γένυϲι παμφάγοιϲ   1065

1043 οἷϲίπερ] οἵϲπερ Dindorf   ὠτοτύξιοι Dindorf: ωτο- R: ω τὸ V: ὠτο- ALH: ὄτο- cett.   1045 v. om. R   1046–7 Decretorum institori, 1049–50 Inspectori tribuit Wilamowitz   1047 Μουνιχιῶνα A, cf. titulos: Μουνυχ- cett.   1051 ἦϲθ'] ἦϲ VML   1052 γράψομαί τε Blaydes: καὶ γράφω (γράψω Mehler) ϲε codd.   1057 τοῖϲ MU: τοῖϲι cett.   1058 'μοὶ Meineke: μοι codd.   1060 εὐχαῖϲ Bentley, Daubuz: -ϲιν EUL: -ϲι cett.   1064 ἃ Brunck: ἡ U s.l.: οἱ P12, cett.   πᾶν τ' Dunbar, duce Dindorf: πάντ' P12, codd.   1065 αὐξανόμενον ΓU: -όμενα vel -ούμενα cett.: [P12]   παμφάγοιϲ Dobree: πολυφάγοιϲ codd.

ΑΡΙΣΤΟΦΑΝΟΥΣ

δένδρεcί τ' ἐφημμένον
καρπὸν ἀποβόcκεται.
κτείνω δ' οἳ κήπουc εὐώδειc
φθείρουcιν λύμαιc ἐχθίcταιc·
ἑρπετά τε καὶ δάκετα ⟨πάνθ'⟩ ὅcαπερ
ἔcτιν, ὑπ' ἐμᾶc πτέρυγοc   1070
ἐν φοναῖc ὄλλυται.

τῆδε μέντοι θἠμέρᾳ μάλιcτ' ἐπαναγορεύεται,
ἢν ἀποκτείνῃ τιc ὑμῶν Διαγόραν τὸν Μήλιον,
λαμβάνειν τάλαντον, ἤν τε τῶν τυράννων τίc τινα
τῶν τεθνηκότων ἀποκτείνῃ, τάλαντον λαμβάνειν. 1075
βουλόμεcθ' οὖν νῦν ἀνειπεῖν ταῦτα χἠμεῖc ἐνθάδε·
ἢν ἀποκτείνῃ τιc ὑμῶν Φιλοκράτη τὸν Cτρούθιον,
λήψεται τάλαντον, ἢν δὲ ζῶντά ⟨γ'⟩ ἀγάγῃ, τέτταρα,
ὅτι cυνείρων τοὺc cπίνουc πωλεῖ καθ' ἑπτὰ τοὐβολοῦ,
εἶτα φυcῶν τὰc κίχλαc δείκνυcι καὶ λυμαίνεται, 1080
τοῖc τε κοψίχοιcιν εἰc τὰc ῥῖναc ἐγχεῖ τὰ πτερά,
τὰc περιcτεράc θ' ὁμοίωc ξυλλαβὼν εἴρξαc ἔχει,
κἀπαναγκάζει παλεύειν δεδεμέναc ἐν δικτύῳ.
ταῦτα βουλόμεcθ' ἀνειπεῖν· κεἴ τιc ὄρνιθαc τρέφει
εἰργμένουc ὑμῶν ἐν αὐλῇ, φράζομεν μεθιέναι. 1085
ἢν δὲ μὴ πείθηcθε, cυλληφθέντεc ὑπὸ τῶν ὀρνέων
αὖθιc ὑμεῖc αὖ παρ' ἡμῖν δεδεμένοι παλεύcετε.

1066 τ' P12, EMUB^pc: θ' ΓB^ac: δ' cett.   ἐφημμένον Hermann: ἐφεζόμενοι Γs.l., U, Bs.l.: ἐφεζόμενα cett.:]φιζομεν[P12: ἐφημένα Dobree   1068 φθείρουcιν L: -cι cett.   1069 suppl. Dissen, Dobree (tale quid praebebat P12)   1070 non post ἔcτιν sed post πτέρυγοc interpunxit Kock   1071 ἐν φοναῖc ὄλλυται L: φοναῖcιν ἐξόλλυται vett.   1075 τεθνηκότων] πεφευγότων vel προcηκόντων Reiske   1076 βουλόμεcθ' RL: -μεθ' cett.   ἀνειπεῖν] ἂν εἰπεῖν RVE ταὐτὰ Meineke: ταῦτα codd.   1078 suppl. Burges   ἀγάγῃ codd.: ἀπαγάγῃ P12, Bergk: ἀγάγῃ τιc Bentley   1080 καὶ P12, L: πᾶcι καὶ vett., Su. φ 381   1084 ἀνειπεῖνΓU: ἂν εἰπεῖν cett. vett.: ἂνειπειν (sic) L   1085 εἰργμένουc] -μέναc Γ U: εἰργομένουc AL   1086 πίθηcθε Dindorf: πείθεcθε Vp: πείθηcθε cett.   1087 παλεύcετε ΓUL et fortasse sch.: παλεύετε RVAEM

ΟΡΝΙΘΕΣ

εὔδαιμον φῦλον πτηνῶν [ἀντ.
οἰωνῶν, οἳ χειμῶνος μὲν
χλαίνας οὐκ ἀμπιςχνοῦνται· 1090
οὐδ' αὖ θερμὴ πνίγους ἡμᾶς
ἀκτὶς τηλαυγὴς θάλπει·
ἀλλ' ἀνθηρῶν λειμώνων
φύλλ' ἐν κόλποις ἐνναίω,
ἡνίκ' ἂν ὁ θεςπέςιος ὀξὺ μέλος ἀχέτας 1095
θάλπεςι μεςημβρινοῖς
ἡλιομανὴς βοᾷ.
χειμάζω δ' ἐν κοίλοις ἄντροις
νύμφαις οὐρείαις ξυμπαίζων·
ἠρινά τε βοςκόμεθα παρθένια
λευκότροφα μύρτα Χαρί- 1100
των τε κηπεύματα.

τοῖς κριταῖς εἰπεῖν τι βουλόμεςθα τῆς νίκης πέρι,
ὅς' ἀγάθ', ἢν κρίνωςιν ἡμᾶς, πᾶςιν αὐτοῖς δώςομεν,
ὥςτε κρείττω δῶρα πολλῷ τῶν Ἀλεξάνδρου λαβεῖν.
πρῶτα μὲν γάρ, οὗ μάλιςτα πᾶς κριτὴς ἐφίεται, 1105
γλαῦκες ὑμᾶς οὔποτ' ἐπιλείψουςι Λαυρειωτικαί·
ἀλλ' ἐνοικήςουςιν ἔνδον, ἔν τε τοῖς βαλλαντίοις
ἐννεοττεύςουςι κἀκλέψουςι μικρὰ κέρματα.
εἶτα πρὸς τούτοιςιν ὥςπερ ἐν ἱεροῖς οἰκήςετε·
τὰς γὰρ ὑμῶν οἰκίας ἐρέψομεν πρὸς αἰετόν· 1110
κἂν λαχόντες ἀρχίδιον εἶθ' ἁρπάςαι βούληςθέ τι,

1090 ἀμπιςχνοῦνται E^{ac}L: ἀμπιςχοῦνται cett. 1091 θερμὴ πνίγους RVEL, Γ^{pc}?: θέρμη πνίγους MUB, Γ^{ac}?, cf. sch. 1094 φύλλ' Desrousseaux: φύλλων codd.: εὐφύλλοις, deleto ἐν, Totaro ἐνναίω vett.: ναίω L, quo recepto φύλλων ⟨τ'⟩ Bentley 1095 ὀξὺ μέλος Brunck: ὀξυμελὴς fere vett. (sed -βελὴς RM): ὀξυνομελὴς L 1096 ἡλιομανὴς Su. η 232: ὑφηλιομανὴς R: ὑφ' ἡλίῳ μανεὶς cett. 1103 ὅς' Dawes: οἷς codd. 1105 πρῶτα] πρῶτον ML 1106 Λαυρειωτικαί Kock e Phot. et lexicis: Λαυρι- P12, codd. 1108 κἀκλέψουςι] κἀκκλέψουςι V^{pc}EB, lm. sch. Γ: καὶ κλέψουςι A 1109 ἐν om. ΓUB 1110 αἰετόν] ἀετόν P12, R, Su. α 578, Pollux 7.119 1111 βούληςθέ τι] βούληςθ' ἔτι R^{pc}VEΓ

ΑΡΙϹΤΟΦΑΝΟΥϹ

ὀξὺν ἱερακίϲκον εἰϲ τὰϲ χεῖραϲ ὑμῖν δώϲομεν.
ἢν δέ που δειπνῆτε, πρηγορεῶναϲ ὑμῖν πέμψομεν.
ἢν δὲ μὴ κρίνητε, χαλκεύεϲθε μηνίϲκουϲ φορεῖν
ὥϲπερ ἀνδριάντεϲ· ὡϲ ὑμῶν ὃϲ ἂν μὴ μῆν' ἔχῃ,   1115
ὅταν ἔχητε χλανίδα λευκήν, τότε μάλιϲθ' οὕτω δίκην
δώϲεθ' ἡμῖν, πᾶϲι τοῖϲ ὄρνιϲι κατατιλώμενοι.

Πε. τὰ μὲν ἱέρ' ἡμῖν ἐϲτιν, ὦρνιθεϲ, καλά·
ἀλλ' ὡϲ ἀπὸ τοῦ τείχουϲ πάρεϲτιν ἄγγελοϲ
οὐδείϲ, ὅτου πευϲόμεθα τἀκεῖ πράγματα.   1120
ἀλλ' οὑτοϲὶ τρέχει τιϲ Ἀλφειὸν πνέων.

ΑΓΓΕΛΟϹ Α'

ποῦ ποῦ 'ϲτι, ποῦ ποῦ ποῦ 'ϲτι, ποῦ ποῦ ποῦ 'ϲτι, ποῦ,
ποῦ Πειϲέταιρόϲ ἐϲτιν ἄρχων;
Πε.   οὑτοϲί.
Αγ^a. ἐξῳκοδόμηταί ϲοι τὸ τεῖχοϲ.
Πε.   εὖ λέγειϲ.
Αγ^a. κάλλιϲτον ἔργον καὶ μεγαλοπρεπέϲτατον·   1125
ὥϲτ' ἂν ἐπάνω μὲν Προξενίδηϲ ὁ Κομπαϲεὺϲ
καὶ Θεογένηϲ ἐναντίω δύ' ἅρματε,
ἵππων ὑπόντων μέγεθοϲ ὅϲον ὁ δούριοϲ,
ὑπὸ τοῦ πλάτουϲ ἂν παρελαϲαίτην.
Πε.   Ἡράκλειϲ.
Αγ^a. τὸ δὲ μῆκόϲ ἐϲτι, καὶ γὰρ ἐμέτρηϲ' αὔτ' ἐγώ,   1130
ἑκατοντορόγυιον.
Πε.   ὦ Πόϲειδον, τοῦ μάκρουϲ.
τίνεϲ ᾠκοδόμηϲαν αὐτὸ τηλικουτονί;

1115 ἀνδριάντεϲ Dobree: ἀ- codd.   μῆν' G (cf. Phot.), Dobree, Seidler: μήνην vett., L   1118 ὦρνιθεϲ] ὄρν- P12, RAM: ὦ 'ρν- L   1119 ὡϲ P12, codd.: οὐκ Meineke, Dobree   1123 ἄρχων Bothe: ἄ- codd.   1127 Θεογένηϲ Dindorf: Θεα- codd., Su.   ε 1831   1128 δούριοϲ Γ^{pc}, Su.: δούρειοϲ RΓ^{ac}UL, Su. δ 1429, sch.: δουρίεοϲ VA: δουριεύϲ E, lm. sch. V   1131 ἑκατοντορόγυιον Burney, Hotchkis: -όργυιον fere codd., Su.

400

ΟΡΝΙΘΕC

Αγ^a. ὄρνιθες, οὐδεὶς ἄλλος—οὐκ Αἰγύπτιος
πλινθοφόρος, οὐ λιθουργός, οὐ τέκτων παρῆν—
ἀλλ' αὐτόχειρες, ὥστε θαυμάζειν ἐμέ. 1135
ἐκ μέν γε Λιβύης ἧκον ὡς τρισμύριαι
γέρανοι θεμελίους καταπεπωκυῖαι λίθους.
τούτους δ' ἐτύχιζον αἱ κρέκες τοῖς ῥύγχεσιν.
ἕτεροι δ' ἐπλινθούργουν πελαργοὶ μύριοι·
ὕδωρ δ' ἐφόρουν κάτωθεν εἰς τὸν ἀέρα 1140
οἱ χαραδριοὶ καὶ τἆλλα ποτάμι' ὄρνεα.
Πε. ἐπηλοφόρουν δ' αὐτοῖσι τίνες;
Αγ^a. ἐρῳδιοὶ
λεκάναισι.
Πε. τὸν δὲ πηλὸν ἐνεβάλλοντο πῶς;
Αγ^a. τοῦτ', ὦγάθ', ἐξηύρητο καὶ σοφώτατα·
οἱ χῆνες ὑποτύπτοντες ὥσπερ ταῖς ἅμαις 1145
εἰς τὰς λεκάνας ἐνέβαλλον αὐτὸν τοῖν ποδοῖν.
Πε. τί δῆτα πόδες ἂν οὐκ ἂν ἐργασαίατο;
Αγ^a. καὶ νὴ Δί' αἱ νῆτταί γε περιεζωμέναι
ἐπλινθοβόλουν· ἄνω δὲ τὸν ὑπαγωγέα
ἐπέτοντ' ἔχουσαι κατόπιν ὥσπερ παιδία, 1150
καὶ πηλὸν ἐν τοῖς στόμασιν αἱ χελιδόνες.
Πε. τί δῆτα μισθωτοὺς ἂν ἔτι μισθοῖτό τις;
φέρ' ἴδω, τί δαί; τὰ ξύλινα τοῦ τείχους τίνες
ἀπηργάσαντ';
Αγ^a. ὄρνιθες ἦσαν τέκτονες
σοφώτατοι πελεκᾶντες, οἳ τοῖς ῥύγχεσιν 1155
ἀπεπελέκησαν τὰς πύλας· ἦν δ' ὁ κτύπος

1138 ἐτύχιζον Maas: ἐτύκιζον codd.   1139 ἐπλινθούργουν Bergk: ἐπλινθοφόρουν codd.   1146 ἐνέβαλλον REΓUB: ἐνέβαλον cett. αὐτοῖς] αὐτὸν ΓUB: αὐτοῖν M   1148 περιεζωμέναι van Leeuwen: -ωςμέναι codd., Su. υ 142   1149 ἐπλινθοβόλουν Higham: -οφόρουν codd.   ὑπαγωγέα] ἐπαγωγέα sch. M   1150 post κατόπιν lacunam statuit Dobree   ὥσπερ παιδία suspectum: ὤργαζόν θ' ἅμα ex. gr. Robert   1151 καὶ Lenting: τὸν codd.

ΑΡΙΣΤΟΦΑΝΟΥΣ

αὐτῶν πελεκώντων ὥσπερ ἐν ναυπηγίῳ.
καὶ νῦν ἅπαντ' ἐκεῖνα πεπύλωται πύλαις
καὶ βεβαλάνωται καὶ φυλάττεται κύκλῳ,
ἐφοδεύεται, κωδωνοφορεῖται, πανταχῇ 1160
φυλακαὶ καθεστήκαcι καὶ φρυκτωρίαι
ἐν τοῖcι πύργοιc. ἀλλ' ἐγὼ μὲν ἀποτρέχων
ἀπονίψομαι· cὺ δ' αὐτὸc ἤδη τἄλλα δρᾶ.

Χο. οὗτοc, τί ποιεῖc; ἆρα θαυμάζειc ὅτι
οὕτω τὸ τεῖχοc ἐκτετείχιcται ταχύ; 1165

Πε. νὴ τοὺc θεοὺc ἔγωγε· καὶ γὰρ ἄξιον·
ἴcα γὰρ ἀληθῶc φαίνεταί μοι ψεύδεcιν.
ἀλλ' ὅδε φύλαξ γὰρ τῶν ἐκεῖθεν ἄγγελοc
εἰcθεῖ πρὸc ἡμᾶc δεῦρο πυρρίχην βλέπων.

ΑΓΓΕΛΟC Β'

ἰοὺ ἰού, ἰοὺ ἰού, ἰοὺ ἰού. 1170
Πε. τί τὸ πρᾶγμα τουτί;
Αγ^β.   δεινότατα πεπόνθαμεν.
τῶν γὰρ θεῶν τιc ἄρτι τῶν παρὰ τοῦ Διὸc
διὰ τῶν πυλῶν εἰcέπτατ' εἰc τὸν ἀέρα,
λαθὼν κολοιοὺc φύλακαc ἡμεροcκόπουc.
Πε. ὦ δεινὸν ἔργον καὶ cχέτλιον εἰργαcμένοc. 1175
τίc τῶν θεῶν;
Αγ^β.   οὐκ ἴcμεν· ὅτι δ' εἶχc πτερά,
τοῦτ' ἴcμεν.
Πε.   οὔκουν δῆτα περιπόλουc ἐχρῆν
πέμψαι κατ' αὐτὸν εὐθύc;
Αγ^β.   ἀλλ' ἐπέμψαμεν
τριcμυρίουc ἱέρακαc ἱπποτοξόταc,
χωρεῖ δὲ πᾶc τιc ὄνυχαc ἠγκυλωμένοc, 1180
κερχνῄc, τριόρχηc, γύψ, κύμινδιc, αἰετόc·

1157 πελεκώντων VEΓUB: πελεκάντων RAML   1172 ἄρτι τῶν] ἀρτίωc vel ἄρτι νῦν Blaydes   τοῦ Διὸc] τῷ Διὶ Blaydes   an περὶ τὸν Δία?   1177 οὔκουν EML: οὐκοῦν cett., Su. π 1260

ΟΡΝΙΘΕC

ῥύμῃ τε καὶ πτεροῖcι καὶ ῥοιζήμαcιν
αἰθὴρ δονεῖται τοῦ θεοῦ ζητουμένου·
κἄcτ' οὐ μακρὰν ἄπωθεν, ἀλλ' ἐνταῦθά που
ἤδη 'cτίν.

Πε. οὐκοῦν cφενδόναc δεῖ λαμβάνειν 1185
καὶ τόξα; χώρει δεῦρο πᾶc ὑπηρέτηc·
τόξευε, παῖε· cφενδόνην τίc μοι δότω.

Χο. πόλεμοc αἴρεται, πόλεμοc οὐ φατὸc [cτρ.
πρὸc ἐμὲ καὶ θεούc. ἀλλὰ φύλαττε πᾶc 1190
ἀέρα περινέφελον, ὃν ἔρεβοc ἐτέκετο,
μή cε λάθῃ θεῶν τιc ταύτῃ περῶν· 1195

⟨cιγᾶτε cῖγ'.⟩ ἄθρει δὲ πᾶc κύκλῳ cκοπῶν,
ὡc ἐγγὺc ἤδη δαίμονοc πεδαρcίου
δίνηc πτερωτὸc φθόγγοc ἐξακούεται.

Πε. αὕτη cύ, ποῖ ποῖ ποῖ πέτει; μέν' ἥcυχοc,
ἔχ' ἀτρέμαc· αὐτοῦ cτῆθ'· ἐπίcχεc τοῦ δρόμου. 1200
τίc εἶ; ποδαπή; λέγειν ἐχρῆν ὁπόθεν ποτ' εἶ.

ΙΡΙC

παρὰ τῶν θεῶν ἔγωγε τῶν Ὀλυμπίων.

Πε. ὄνομα δέ cοι τί; Πάραλοc ἢ Cαλαμινία;
Ιρ. Ἶριc ταχεῖα.
Πε.   ⟨πότερα⟩ πλοῖον ἢ κύων;
Ιρ. τί δὲ τοῦτο;
Πε.   ταυτηνί τιc οὐ ξυλλήψεται 1205
ἀναπτάμενοc τρίορχοc;
Ιρ.   ἐμὲ ξυλλήψεται;

1185 οὔκουν M: οὐκοῦν cett.   1187 παῖε VΓUB: πᾶc RAM: πᾶc
τιc EL   1196 suppl. Hermann; πᾶc ⟨τιc πανταχῇ⟩ Reisig
1200 post αὐτοῦ, non ante, interpungunt quidam   1201 ποτ' εἶ] πέτῃ
ΓUB   1203 τί; . . . Cαλαμινία; Robert: τί ἐcτι; πλοῖον ἢ κυνῆ; codd.
1204 ⟨πότερα⟩ . . . κύων; Robert: Πάραλοc ἢ Cαλαμινία; codd.
1206 ἀναπτάμενοc] -πτόμενοc UB

ΑΡΙϹΤΟΦΑΝΟΥϹ

    τί ποτ' ἐϲτὶ τουτὶ τὸ κακόν;
Πε.   οἰμώξει μακρά.
Ιρ.   ἄτοπόν γε τουτὶ πρᾶγμα.
Πε.   κατὰ ποίαϲ πύλαϲ
    εἰϲῆλθεϲ εἰϲ τὸ τεῖχοϲ, ὦ μιαρωτάτη;
Ιρ.   οὐκ οἶδα μὰ Δί' ἔγωγε κατὰ ποίαϲ πύλαϲ.   1210
Πε.   ἤκουϲαϲ αὐτῆϲ, οἷον εἰρωνεύεται;
    πρὸϲ τοὺϲ κολοιάρχουϲ προϲῆλθεϲ;
Ιρ.   πῶϲ λέγειϲ;
Πε.   ϲφραγῖδ' ἔχειϲ παρὰ τῶν πελαργῶν;
Ιρ.   τί τὸ κακόν;
Πε.   οὐκ ἔλαβεϲ;
Ιρ.   ὑγιαίνειϲ μέν;
Πε.   οὐδὲ ϲύμβολον
    ἐπέβαλεν ὀρνίθαρχοϲ οὐδείϲ ϲοι παρών;   1215
Ιρ.   μὰ Δί' οὐκ ἔμοιγ' ἐπέβαλεν οὐδείϲ, ὦ μέλε.
Πε.   κᾆτα δῆθ' οὕτω ϲιωπῇ διαπέτει
    διὰ τῆϲ πόλεωϲ τῆϲ ἀλλοτρίαϲ καὶ τοῦ χάουϲ;
Ιρ.   ποίᾳ γὰρ ἄλλῃ χρὴ πέτεϲθαι τοὺϲ θεούϲ;
Πε.   οὐκ οἶδα μὰ Δί' ἔγωγε· τῇδε μὲν γὰρ οὔ.   1220
    ἀδικεῖϲ δὲ καὶ νῦν. ἀρά γ' οἶϲθα τοῦθ', ὅτι
    δικαιότατ' ἂν ληφθεῖϲα παϲῶν Ἰρίδων
    ἀπέθανεϲ, εἰ τῆϲ ἀξίαϲ ἐτύγχανεϲ;
Ιρ.   ἀλλ' ἀθάνατόϲ εἰμ'.
Πε.   ἀλλ' ὅμωϲ ἂν ἀπέθανεϲ.
    δεινότατα γάρ τοι πειϲόμεϲθ', ἐμοὶ δοκεῖν,   1225
    εἰ τῶν μὲν ἄλλων ἄρξομεν, ὑμεῖϲ δ' οἱ θεοὶ

1207 οἰμώξει] -ώζει R^{ac}V: -ώζειν A   μακρά] μακράν RVAE
1208 τουτὶ Daubuz: τουτὶ τὸ vett.: τοῦτο τὸ L   1212 πρὸϲ] πῶϲ
Bergk   κολοιάρχουϲ RM, v.l. ap. sch. E: κολοιοὺϲ cett. vett.: κολιάρχαϲ
L   προϲῆλθεϲ L: πῶϲ προϲῆλθεϲ vett.: παρῆλθεϲ Bergk   πῶϲ λέγειϲ;
Iridi tribuit Bachmann: οὐ λέγειϲ; Pisetaero continuatum codd.: οὐκ ἐρεῖϲ
van Herwerden   1219 ποίᾳ] ποῖ R, V in linea, sed γρ. ποίᾳ
1221 δὲ] με R   1225 γάρ τοι ΓML: γάρ μοι RVE: γὰρ A   δοκεῖν
Cobet: δοκεῖ codd.   1226 ἄρξομεν Cobet: ἄρχομεν codd.

ΟΡΝΙΘΕϹ

ἀκολαϲτανεῖτε, κοὐδέπω γνώϲεϲθ᾽ ὅτι
ἀκροατέον ὑμῖν ἐν μέρει τῶν κρειττόνων.
φράϲον δὲ δή μοι, τὼ πτέρυγε ποῖ ναυϲτολεῖϲ;

Ιρ. ἐγὼ πρὸϲ ἀνθρώπουϲ πέτομαι παρὰ τοῦ πατρὸϲ   1230
φράϲουϲα θύειν τοῖϲ Ὀλυμπίοιϲ θεοῖϲ
μηλοϲφαγεῖν τε βουθύτοιϲ ἐπ᾽ ἐϲχάραιϲ
κνιϲᾶν τ᾽ ἀγυιάϲ.

Πε.   τί ϲὺ λέγειϲ; ποίοιϲ θεοῖϲ;
Ιρ. ποίοιϲιν; ἡμῖν, τοῖϲ ἐν οὐρανῷ θεοῖϲ.
Πε. θεοὶ γὰρ ὑμεῖϲ;
Ιρ.   τίϲ γάρ ἐϲτ᾽ ἄλλοϲ θεόϲ;   1235
Πε. ὄρνιθεϲ ἀνθρώποιϲι νῦν εἰϲιν θεοί,
οἷϲ θυτέον αὐτούϲ, ἀλλὰ μὰ Δί᾽ οὐ τῷ Διί.

Ιρ. ὦ μῶρε μῶρε, μὴ θεῶν κίνει φρέναϲ
δεινάϲ, ὅπωϲ μή ϲου γένοϲ πανώλεθρον
Διὸϲ μακέλλῃ πᾶν ἀναϲτρέψει Δίκη,   1240
λιγνὺϲ δὲ ϲῶμα καὶ δόμων περιπτυχὰϲ
καταιθαλώϲει ϲου Λικυμνίοιϲ βολαῖϲ.

Πε. ἄκουϲον, αὕτη· παῦε τῶν παφλαϲμάτων·
ἔχ᾽ ἀτρέμα. φέρ᾽ ἴδω, πότερα Λυδὸν ἢ Φρύγα
ταυτὶ λέγουϲα μορμολύττεϲθαι δοκεῖϲ;   1245
ἆρ᾽ οἶϲθ᾽ ὅτι Ζεὺϲ εἴ με λυπήϲει πέρα,
μέλαθρα μὲν αὐτοῦ καὶ δόμουϲ Ἀμφίονοϲ
καταιθαλώϲω πυρφόροιϲιν αἰετοῖϲ,
πέμψω δὲ πορφυρίωναϲ εἰϲ τὸν οὐρανὸν
ὄρνιϲ ἐπ᾽ αὐτόν, παρδαλᾶϲ ἐνημμένουϲ   1250
πλεῖν ἑξακοϲίουϲ τὸν ἀριθμόν; καὶ δή ποτε
εἷϲ Πορφυρίων αὐτῷ παρέϲχε πράγματα.

1229 δὲ δή Bentley: δέ τοι codd.: δ᾽ ἔτυμον Dunbar 1230 ἐγώ; edd. plerique 1233 ἀγυιάϲ] Ἀγυιᾶϲ Harpocratio s.v. 1236 ὄρνιθεϲ] οὖρν- Blaydes εἰϲὶν A s.l., L: εἰϲὶ fere cett. 1237 αὐτούϲ R: αὐτοῖϲ cett. 1240 ἀναϲτρέψει Porson: -ψῃ codd. μακέλλῃ] -η VAL Δίκη] -ῃ Γ^(ac)UL 1242 καταιθαλώϲει RL, Su. λ 502: -ϲῃ fere cett. Λικυμνίοιϲ Callimachus ap. sch. VM, Hsch.: -ίαιϲ(ι) codd., Su. 1251 πλεῖν] πλὴν Γ^(ac)U: πλὴν ἢ v.l. ap. sch. Γ

ΑΡΙϹΤΟΦΑΝΟΥϹ

ϲὺ δ' εἴ με λυπήϲειϲ τι, τῆϲ διακόνου
πρώτηϲ ἀνατείναϲ τὼ ϲκέλει διαμηριῶ
τὴν Ἶριν αὐτήν, ὥϲτε θαυμάζειν ὅπωϲ 1255
οὕτω γέρων ὢν ϲτύομαι τριέμβολον.

Ιρ. διαρραγείηϲ, ὦ μέλ', αὐτοῖϲ ῥήμαϲιν.
Πε. οὐκ ἀποϲοβήϲειϲ; οὐ ταχέωϲ; εὐρὰξ πατάξ.
Ιρ. ἦ μήν ϲε παύϲει τῆϲ ὕβρεωϲ οὑμὸϲ πατήρ.
Πε. οἴμοι τάλαϲ. οὔκουν ἑτέρωϲε πετομένη 1260
καταιθαλώϲειϲ τῶν νεωτέρων τινά;

Χο. ἀποκεκλήκαμεν διογενεῖϲ θεοὺϲ [ἀντ.
μηκέτι τὴν ἐμὴν διαπερᾶν πόλιν, 1265
μηδέ τιν' ἱερόθυτον ἀνά ⟨τι⟩ δάπεδον ἔτι
τῇδε βροτῶν θεοῖϲι πέμπειν καπνόν.

Πε. δεινόν γε τὸν κήρυκα τὸν παρὰ τοὺϲ βροτοὺϲ
οἰχόμενον, εἰ μηδέποτε νοϲτήϲει πάλιν. 1270

ΚΗΡΥΞ

ὦ Πειϲέταιρ', ὦ μακάρι', ὦ ϲοφώτατε,
ὦ κλεινότατ', ὦ ϲοφώτατ', ὦ γλαφυρώτατε,
ὦ τριϲμακάρι', ὦ—κατακέλευϲον.
Πε. τί ϲὺ λέγειϲ;
Κη. ϲτεφάνῳ ϲε χρυϲῷ τῷδε ϲοφίαϲ οὕνεκα
ϲτεφανοῦϲι καὶ τιμῶϲιν οἱ πάντεϲ λεῴ. 1275
Πε. δέχομαι. τί δ' οὕτωϲ οἱ λεῲ τιμῶϲί με;
Κη. ὦ κλεινοτάτην αἰθέριον οἰκίϲαϲ πόλιν,
οὐκ οἶϲθ' ὅϲην τιμὴν παρ' ἀνθρώποιϲ φέρει,

1254 ϲκέλει RH: ϲκέλη cett.   1255 Ἶριν αὐτήν obelis notavit van Leeuwen, qui ex. gr. τὴν ϲεμνόμυθον vel αὐτοῖϲι κόμποιϲ temptavit ⟨ϲ'⟩ ὅπωϲ Blaydes   1259 ἦ μὴν Bentley: ἦν μὴ codd.   1260 οὔκουν ΕΓUB: οὐκοῦν cett.   1267 suppl. Burges   1271 ὦ Πειϲέταιρ'⟨ὦ Πειϲέταιρ'⟩ Dobree, deleto ὦ ϲοφώτατε   1272 ante ὦ κλεινότατ' add. τριϲμακάρι' R, τρίϲμακαρ Su. κ 57: ὦ ϲοφώτατ' om. U, del. Meineke, quem secutus ὦ τριϲμακάρι', ὦ κλεινότατ', ὦ γλαφυρώτατε, | ὦ κατακέλευϲον ⟨κατακέλευϲον⟩ van Leeuwen   1277 οἰκίϲαϲ] οἰκήϲαϲ R^{ac}VAΓ^{ac}U

ΟΡΝΙΘΕC

ὅcουc τ' ἐραcτὰc τῆcδε τῆc χώραc ἔχειc.
πρὶν μὲν γὰρ οἰκίcαι cε τήνδε τὴν πόλιν,　　1280
ἐλακωνομάνουν ἅπαντεc ἄνθρωποι τότε,
ἐκόμων, ἐπείνων, ἐρρύπων, ἐcωκράτων,
cκυτάλι' ἐφόρουν, νυνὶ δ' ὑποcτρέψαντεc αὖ
ὀρνιθομανοῦcι, πάντα δ' ὑπὸ τῆc ἡδονῆc
ποιοῦcιν ἅπερ ὄρνιθεc ἐκμιμούμενοι.　　1285
πρῶτον μὲν εὐθὺc πάντεc ἐξ εὐνῆc ἅμα
ἐπέτονθ' ἕωθεν ὥcπερ ἡμεῖc ἐπὶ νομόν·
κἀκεῖθεν ἂν κατῆραν εἰc τὰ βιβλία·
εἶτ' ἂν ἐνέμοντ' ἐνταῦθα τὰ ψηφίcματα.
ὠρνιθομάνουν δ' οὕτω περιφανῶc ὥcτε καὶ　　1290
πολλοῖcιν ὀρνίθων ὀνόματ' ἦν κείμενα.
Πέρδιξ μὲν εἷc κάπηλοc ὠνομάζετο
χωλόc, Μενίππῳ δ' ἦν Χελιδὼν τοὔνομα,
Ὀπουντίῳ δ' ὀφθαλμὸν οὐκ ἔχων Κόραξ,
Κορυδὸc Φιλοκλέει, Χηναλώπηξ Θεογένει,　　1295
Ἶβιc Λυκούργῳ, Χαιρεφῶντι Νυκτερίc,
Cυρακοcίῳ δὲ Κίττα· Μειδίαc δέ γε
Ὄρτυξ ἐκαλεῖτο· καὶ γὰρ ἥκειν ὄρτυγι
ὑπὸ cτυφοκόπου τὴν κεφαλὴν πεπληγμένῳ.
ᾖδον δ' ὑπὸ φιλορνιθίαc πάντεc μέλη,　　1300
ὅπου χελιδὼν ἦν τιc ἐμπεποιημένη

1280 οἰκίcαι] οἰκῆcαι VΓ^ac　　1282 ἐcωκράτων R: -άτουν cett.
1283 cκυτάλι'... νυνὶ] ἐcκυταλιοφόρουν· νῦν δ' Porson　　1284 δ'] θ'
Blaydes　　1285 ὄρνιθεc] οὔρν- Blaydes　　1286 ἅμ' ⟨ἂν⟩ Blaydes
1288 κατῆραν] κατῆρον Kappeyne van de Coppello　　βιβλία R^pcEAM:
βυβ- cett.　　1289 ἂν ἐνέμοντ' Kappeyne van de Coppello: ἀνενέμοντ'
sch.: ἀπενέμοντ' codd.　　1295 Θεογένει Dindorf: Θεα- codd.
1297 Cυρακοcίῳ Γ, sch. VE: Cυρακουcίῳ cett.　　Μειδίαc] Μιδίαc
RML　　δέ γε Blaydes: δ' ἐκεῖ codd.　　1298–9 καὶ γὰρ... πεπλεγ-
μένῳ Pisetaero tribuit Bentley　　1298 ἥκειν sch. VΓ, Photius: ἥκει Su.
η 169: ἧκεν fere codd.　　1299 cτυφοκόπου Brunck: cτυφοκόμπου
codd., Su. c 1266: ὀρτυγοκόμπου Dionysius ap. sch. VEΓ: ὀρτυγοκόπου
Bentley　　1301 ἐμπεποιημένη fere vett., L: ἐμπεπλεγμένη ΓB:
ἐπτερωμένη U

ΑΡΙCΤΟΦΑΝΟΥC

ἢ πηνέλοψ ἢ χήν τιc ἢ περιcτερὰ
ἢ πτέρυγεc, ἢ πτεροῦ τι καὶ cμικρὸν προcῆν.
τοιαῦτα μὲν τἀκεῖθεν. ἓν δέ coι λέγω·
ἥξουc᾽ ἐκεῖθεν δεῦρο πλεῖν ἢ μύριοι 1305
πτερῶν δεόμενοι καὶ τρόπων γαμψωνύχων.
ὥcτε πτερῶν coι τοῖc ἐποίκοιc δεῖ ποθέν.

Πε. οὐκ ἄρα μὰ Δί᾽ ἡμῖν ἔτ᾽ ἔργον ἑcτάναι.
ἀλλ᾽ ὡc τάχιcτα cὺ μὲν ἰὼν τὰc ἀρρίχουc
καὶ τοὺc κοφίνουc ἅπανταc ἐμπίμπλη πτερῶν· 1310
Μανῆc δὲ φερέτω μοι θύραζε τὰ πτερά·
ἐγὼ δ᾽ ἐκείνων τοὺc προcιόνταc δέξομαι.

Χο. τάχα δὴ πολυάνορα τάνδε πόλιν   [cτρ.
καλεῖ τιc ἀνθρώπων.
Πε. τύχη μόνον προcείη. 1315
Χο. κατέχουcι δ᾽ ἔρωτεc ἐμᾶc πόλεωc.
Πε. θᾶττον φέρειν κελεύω.
Χο. τί γὰρ οὐκ ἔνι ταύτῃ
καλὸν ἀνδρὶ μετοικεῖν;
Coφία, Πόθοc, ἀμβρόcιαι Χάριτεc 1320
τό τε τῆc ἀγανόφρονοc Ἡcυχίαc
εὐήμερον πρόcωπον.

Πε. ὡc βλακικῶc διακονεῖc·
οὐ θᾶττον ἐγκονήcειc;

Χο. φερέτω κάλαθον ταχύ τιc πτερύγων, [ἀντ.
cὺ δ᾽ αὖθιc ἐξόρμα— 1326
Πε. τύπτων γε τοῦτον ὡδί.

1305 μύριοι] μυρίοι R   1308 οὐκ ἄρα B, Kuster: οὐκ ἄρα cett.: οὐ
τἄρα Elmsley   1310 ἐμπίμπλη Cobet: ἐμπίπλη codd.   1313 τάχα
Blaydes: ταχὺ codd.   δὴ Porson: δ᾽ ἂν codd.   1314 καλεῖ] καλοῖ Γ
s.l., Bp   ἀνθρώπων ⟨ἂν⟩ suppl. L   1320 ἀμβρόcιαι A: -ία cett.:
Εὐφροcύνα Blaydes   1321 τῆc] τᾶc Dindorf   1322 εὐήμερον]
εὐά- B, Brunck   1325 πτερύγων Porson: πτερῶν P78, codd.
1326 αὖθιc Brunck: αὖτιc vett.: αὖτιc αὖ γ᾽L

ΟΡΝΙΘΕΣ

Χο   πάνυ γὰρ βραδύς ἐcτί τις ὥcπερ ὄνος.
Πε.   Μανῆς γάρ ἐcτι δειλός.
Χο.   cὺ δὲ τὰ πτερὰ πρῶτον   1330
      διάθες τάδε κόσμῳ,
      τά τε μουcίχ᾽ ὁμοῦ τά τε μαντικὰ καὶ
      τὰ θαλάττι᾽. ἔπειτα δ᾽ ὅπως φρονίμως
      πρὸς ἄνδρ᾽ ὁρῶν πτερώσεις.
Πε.   οὔ τοι μὰ τὰς κερχνῇδας ἔτι cου cχήcομαι,   1335
      οὕτως ὁρῶν cε δειλὸν ὄντα καὶ βραδύν.

ΠΑΤΡΑΛΟΙΑC

      γενοίμαν
      αἰετὸς ὑψιπέτας,
      ὡς ἀμποταθείην ὑπὲρ ἀτρυγέτου
      γλαυκᾶς ἐπ᾽ οἶδμα λίμνας.
Πε.   ἔοικεν οὐ ψευδαγγελῆcαι γ᾽ ἄγγελος·   1340
      ᾄδων γὰρ ὅδε τις αἰετοὺς προσέρχεται.
Πα.   αἰβοῖ·
      οὐκ ἔcτιν οὐδὲν τοῦ πέτεcθαι γλυκύτερον·
Πε.   ⟨× – ∪ – × – ∪ – × – ∪ –⟩   1343a
Πα.   {ἐρῶ δ᾽ ἐγώ τι τῶν ἐν ὄρνιcιν νόμων.}   1343b
      ὀρνιθομανῶ γὰρ καὶ πέτομαι καὶ βούλομαι
      οἰκεῖν μεθ᾽ ὑμῶν κἀπιθυμῶ τῶν νόμων.   1345
Πε.   ποίων νόμων; πολλοὶ γὰρ ὀρνίθων νόμοι.
ΠΑ.   πάντων· μάλιστα δ᾽ ὅτι καλὸν νομίζεται
      τὸν πατέρα τοῖς ὄρνιcιν ἄγχειν καὶ δάκνειν.

1328 ἐcτί τις P78 ut videtur, Bentley: τις ἐcτὶν vett.: ἐcτὶν L
1334 post hunc v. lacunam duo vv. statuunt quidam   1338 ἀμποταθείην Shilleto: ἄν ποτ- codd.   ὑπὲρ om. L: ὕπαρ Bergk   ἀτρυγέτου quibusdam suspectum   1340 ψευδαγγελῆcαί γ᾽ Richards: ψευδαγγελὴς εἶν᾽ codd.: ψευδαγγελήcειν Bentley   ἄγγελος Dindorf: ἄ- codd.
1341 αἰετοὺς] αἰετὸς AΓ^{ac}MB   1343a lacunam statuit Kakridis   1343b v. spurium del. Dobree   ἐγώ τι] ἔγωγε ΓL, sch. EΓ   ὄρνιcιν L: -cι cett.   νόμων] νομῶν B²: νόμων EΓ   1345 νόμων] νομῶν L: νόμων EM^{pc}U   1346 νόμων] νομῶν V^{ac}Γ^{pc}L: νόμων EMU   νόμοι] νομοί RV^{ac}M^{ac}L: νόμοί EΓ   1347 ὅτι] ᾧ Reiske

409

ΑΡΙΣΤΟΦΑΝΟΥΣ

Πε. καὶ νὴ Δί' ἀνδρεῖόν γε πάνυ νομίζομεν,
ὃc ἂν πεπλήγῃ τὸν πατέρα νεοττὸc ὤν. 1350
Πα. διὰ ταῦτα μέντοι δεῦρ' ἀνοικιcθεὶc ἐγὼ
ἄγχειν ἐπιθυμῶ τὸν πατέρα καὶ πάντ' ἔχειν.
Πε. ἀλλ' ἔcτιν ἡμῖν τοῖcιν ὄρνιcιν νόμοc
παλαιὸc ἐν ταῖc τῶν πελαργῶν κύρβεcιν·
"ἐπὴν ὁ πατὴρ ὁ πελαργὸc ἐκπετηcίμουc 1355
πάνταc ποιήcῃ τοὺc πελαργιδέαc τρέφων,
δεῖ τοὺc νεοττοὺc τὸν πατέρα πάλιν τρέφειν."
Πα. ἀπέλαυcά γ' ἆρα νὴ Δί' ἐλθὼν ἐνθαδί,
εἴπερ γέ μοι καὶ τὸν πατέρα βοcκητέον.
Πε. οὐδέν γ'· ἐπειδήπερ γὰρ ἦλθεc, ὦ μέλε, 1360
εὔνουc, πτερώcω c' ὥcπερ ὄρνιν ὀρφανόν.
cοὶ δ', ὦ νεανίcκ', οὐ κακῶc ὑποθήcομαι,
ἀλλ' οἷάπερ αὐτὸc ἔμαθον ὅτε παῖc ἦ. cὺ γὰρ
τὸν μὲν πατέρα μὴ τύπτε· ταυτηνδὶ λαβὼν
τὴν πτέρυγα καὶ τουτὶ τὸ πλῆκτρον θἠτέρᾳ, 1365
νομίcαc ἀλεκτρυόνοc ἔχειν τονδὶ λόφον,
φρούρει, cτρατεύου, μιcθοφορῶν cαυτὸν τρέφε.
τὸν πατέρ' ἔα ζῆν· ἀλλ' ἐπειδὴ μάχιμοc εἶ,
εἰc τἀπὶ Θρᾴκηc ἀποπέτου κἀκεῖ μάχου.
Πα. νὴ τὸν Διόνυcον εὖ γέ μοι δοκεῖc λέγειν, 1370
καὶ πείcομαί cοι.
Πε. νοῦν ἄρ' ἕξειc νὴ Δία.

ΚΙΝΗCΙΑC

ἀναπέτομαι δὴ πρὸc Ὄλυμπον πτερύγεccι κούφαιc·

1351 ἀνοικιcθεὶc] ἂν οἰκ- RAL 1353 ὄρνιcιν VL: -cι cett.
1354 ταῖc RA, lm. sch. RE: τοῖc cett. 1356 πελαργιδέαc Sobolevski:
-ιδεῖc codd. 1358 γ' ἆρα Dobree: γὰρ ἂν RVEΓU et fortasse P78: γὰρ
MAL νὴ ⟨τὸν⟩ Δί' L 1359 καὶ post πατέρα transp. van Herwerden
1363 ἦ] ἦν AMU, v.l. ap. sch. V 1364 ταυτηνδὶ Elmsley: ταύτην δὲ
vett.: ταύτην δέ γε L 1365 τουτὶ L: τοῦτο vett. 1366 τονδὶ
Dindorf: τόνδε τὸν vett.: γε τὸν L 1372 πτερύγεccι] -εcι VᵃᶜML

410

ΟΡΝΙΘΕΣ

πέτομαι δ' ὁδὸν ἄλλοτ' ἐπ' ἄλλαν μελέων—
Πε. τουτὶ τὸ πρᾶγμα φορτίου δεῖται πτερῶν. 1375
Κι. ἀφόβῳ φρενὶ cώματί τε νέαν ἐφέπων—
Πε. ἀcπαζόμεcθα φιλύρινον Κινηcίαν.
τί δεῦρο πόδα cὺ κυλλὸν ἀνὰ κύκλον κυκλεῖc;
Κι. ὄρνιc γενέcθαι βούλομαι
λιγύφθογγοc ἀηδών. 1380
Πε. παῦcαι μελῳδῶν, ἀλλ' ὅ τι λέγειc εἰπέ μοι.
Κι. ὑπὸ cοῦ πτερωθεὶc βούλομαι μετάρcιοc
ἀναπτόμενοc ἐκ τῶν νεφελῶν καινὰc λαβεῖν
ἀεροδονήτουc καὶ νιφοβόλουc ἀναβολάc. 1385
Πε. ἐκ τῶν νεφελῶν γὰρ ἄν τιc ἀναβολὰc λάβοι;
Κι. κρέμαται μὲν οὖν ἐντεῦθεν ἡμῶν ἡ τέχνη.
τῶν διθυράμβων γὰρ τὰ λαμπρὰ γίγνεται
ἀέρια καὶ cκότι' ἄττα καὶ κυαναυγέα
καὶ πτεροδόνητα· cὺ δὲ κλυὼν εἴcει τάχα. 1390
Πε. οὐ δῆτ' ἔγωγε.
Κι.   νὴ τὸν Ἡρακλέα cύ γε.
ἅπαντα γὰρ δίειμί cοι τὸν ἀέρα.
εἴδωλα πετηνῶν
αἰθεροδρόμων
οἰωνῶν ταναοδείρων—
Πε. ὢ ὄπ. 1395
Κι. ἁλίδρομον ἁλάμενοc
ἅμ' ἀνέμων πνοαῖcι βαίην.

1373–4, 1376–7 numeri incerti   1377 τε νέαν] γενεὰν L, sch. ἐφέπων] ἐπέων v.l. ap. sch.   1378 φιλύρινον] φελ- RVL: φελλ- E   1380 λιγύφθογγοc] λιγύμυθοc ML, v.l. ap. sch.: λιγύμοχθοc v.l. ap. sch.   1388 γίγνεται Brunck: γιν- codd.   1389 cκότι' ἄττα Dobree: cκότια vett.: cκοτιά γε L: cκοτεινὰ Hermann   1390 κλυὼν hoc accentu Sommerstein   1393 πετηνῶν] πετεινῶν Rs.l., AMU   1396 ante ἁλίδρομον praebent τὸν codd.: del. Dunbar   ἁλίδρομον Blaydes: ἁλάδρομον vel sim. RVAE: ἅλα δρόμον cett.: ἅλαδε δρόμον Hermann: ⟨τὰν⟩ ἀναδρομὰν Sommerstein   ἁλάμενοc Laur. ut videtur, ΑΕΓL: αλα- R: ἀλα- cett.

ΑΡΙΣΤΟΦΑΝΟΥΣ

Πε. νὴ τὸν Δί᾿ ἦ 'γώ cου καταπαύcω τὰc πνοάc.
Κι. τοτὲ μὲν νοτίαν cτείχων πρὸc ὁδόν,
 τοτὲ δ᾿ αὖ βορέᾳ cῶμα πελάζων
 ἀλίμενον αἰθέροc αὔλακα τέμνων. 1400
 χαρίεντά γ᾿, ὦ πρεcβῦτ᾿, ἐcοφίcω καὶ cοφά.
Πε. οὐ γὰρ cὺ χαίρειc πτεροδόνητοc γενόμενοc;
Κι. ταυτὶ πεποίηκαc τὸν κυκλιοδιδάcκαλον,
 ὃc ταῖcι φυλαῖc περιμάχητόc εἰμ᾿ ἀεί;
Πε. βούλει διδάcκειν καὶ παρ᾿ ἡμῖν οὖν μένων 1405
 Λεωτροφίδῃ χορὸν πετομένων ὀρνέων,
 Κρεκοπίδα φυλήν;
Κι. καταγελᾷc μου, δῆλοc εἶ.
 ἀλλ᾿ οὖν ἔγωγ᾿ οὐ παύcομαι, τοῦτ᾿ ἴcθ᾿ ὅτι,
 πρὶν ἂν πτερωθεὶc διαδράμω τὸν ἀέρα.

CΥΚΟΦΑΝΤΗC

 ὄρνιθεc τίνεc οἵδ᾿ οὐδὲν ἔχοντεc πτεροποίκιλοι, 1410
 τανυcίπτερε ποικίλα χελιδοῖ;
Πε. τουτὶ τὸ κακὸν οὐ φαῦλον ἐξεγρήγορεν.
 ὅδ᾿ αὖ μινυρίζων δεῦρό τιc προcέρχεται.
Cυ. τανυcίπτερε ποικίλα μάλ᾿ αὖθιc. 1415
Πε. εἰc θοἰμάτιον τὸ cκόλιον ᾄδειν μοι δοκεῖ,
 δεῖcθαι δ᾿ ἔοικεν οὐκ ὀλίγων χελιδόνων.
Cυ. τίc ὁ πτερῶν δεῦρ᾿ ἐcτὶ τοὺc ἀφικνουμένουc;
Πε. ὁδὶ πάρεcτιν· ἀλλ᾿ ὅτου δεῖ χρὴ λέγειν.
Cυ. πτερῶν πτερῶν δεῖ· μὴ πύθῃ τὸ δεύτερον. 1420
Πε. μῶν εὐθὺ Πελλήνηc πέτεcθαι διανοεῖ;
Cυ. μὰ Δί᾿, ἀλλὰ κλητήρ εἰμι νηcιωτικὸc
 καὶ cυκοφάντηc—
Πε. ὦ μακάριε τῆc τέχνηc.
Cυ. καὶ πραγματοδίφηc. εἶτα δέομαι πτερὰ λαβὼν
 κύκλῳ περιcοβεῖν τὰc πόλειc καλούμενοc. 1425

1397 ἦ 'γώ Dindorf: ἠγώ RVU: ἦ γώ EM: ἐγώ ΓL: γώ A
1407 Κρεκοπίδα Blaydes: Κεκροπίδα codd.   1410 τίνεc] τινεc
Dindorf   1419 δεῖ χρὴ] χρὴ δεῖ Laur. AEML

ΟΡΝΙΘΕΣ

Πε. ὑπαὶ πτερύγων τι προσκαλεῖ σοφώτερον;
Ευ. μὰ Δί', ἀλλ' ἵν' οἱ λῃσταί τε μὴ λυπῶσί με,
μετὰ τῶν γεράνων τ' ἐκεῖθεν ἀναχωρῶ πάλιν,
ἀνθ' ἕρματος πολλὰς καταπεπωκὼς δίκας.
Πε. τουτὶ γὰρ ἐργάζει cὺ τοὔργον; εἰπέ μοι, 1430
νεανίας ὢν cυκοφαντεῖς τοὺς ξένους;
Ευ. τί γὰρ πάθω; cκάπτειν γὰρ οὐκ ἐπίσταμαι.
Πε. ἀλλ' ἔστιν ἕτερα νὴ Δί' ἔργα cώφρονα,
ἀφ' ὧν διαζῆν ἄνδρα χρῆν τοcουτονὶ
ἐκ τοῦ δικαίου μᾶλλον ἢ δικορραφεῖν. 1435
Ευ. ὦ δαιμόνιε, μὴ νουθέτει μ', ἀλλὰ πτέρου.
Πε. νῦν τοι λέγων πτερῶ cε.
Ευ.   καὶ πῶς ἂν λόγοις
ἄνδρα πτερώσειας cύ;
Πε.   πάντες τοι λόγοις
ἀναπτεροῦνται.
Ευ.   πάντες;
Πε.   οὐκ ἀκήκοας,
ὅταν λέγωσιν οἱ πατέρες ἑκάστοτε 1440
τῶν μειρακίων ἐν τοῖcι κουρείοις ταδί;
"δεινῶς γέ μου τὸ μειράκιον Διειτρέφης
λέγων ἀνεπτέρωκεν ὥςθ' ἱππηλατεῖν."
ὁ δέ τις τὸν αὑτοῦ φηcιν ἐπὶ τραγῳδίᾳ
ἀνεπτερῶcθαι καὶ πεποτῆcθαι τὰς φρένας. 1445
Ευ. λόγοιcι γ' ἄρα καὶ πτεροῦνται;
Πε.   φήμ' ἐγώ.

1426 ὑπαὶ Laur. et codd. plerique: ὑπὸ AB^ac   τι R Laur. E: τί cett.
προcκαλεῖ vett.: προcκαλεῖν L   1427 τε Hermann: γε codd.
λυπῶcί με Laur. AEL: λυπῶcί γ' ἐμέ R: λυπῶcί γε με VM: λυπῶcιν ἐμέ U
1434 χρῆν] χρὴ AMC   1437 τοι] τι U: ταῦτα L   1438 τοι
Dobree, Elmsley: τοῖc codd.   1441 τῶν μειρακίων Dobree: τοῖc μειρακίοιc codd.: τοῖc φυλέταιc Meineke: τοῖc δημόταιc Kock   1442 γε
Bentley: τε codd., Su. δ 1053, π 3259   Διειτρέφης Elmsley: ὁ Διιτρέφης
codd., Su. π 3259   1444 αὑτοῦ B: αὐτοῦ cett.   1446 γ' ἄρα
Vv17B: τ' ἆρα vel τ' ἄρα vett. L

ΑΡΙϹΤΟΦΑΝΟΥϹ

ὑπὸ γὰρ λόγων ὁ νοῦς τε μετεωρίζεται
ἐπαίρεταί τ' ἄνθρωποc. οὕτω καὶ c' ἐγὼ
ἀναπτερώcαc βούλομαι χρηcτοῖc λόγοιc
τρέψαι πρὸc ἔργον νόμιμον.

Ϲυ. ἀλλ' οὐ βούλομαι. 1450
Πε. τί δαὶ ποιήcειc;
Ϲυ. τὸ γένοc οὐ καταιcχυνῶ.
πάππῳοc ὁ βίοc cυκοφαντεῖν ἐcτί μοι.
ἀλλὰ πτέρου με ταχέcι καὶ κούφοιc πτεροῖc
ἱέρακοc ἢ κερχνῇδοc, ὡc ἂν τοὺc ξένουc
καλεcάμενοc κᾆτ' ἐγκεκληκὼc ἐνθαδὶ 1455
κατ' αὖ πέτωμαι πάλιν ἐκεῖcε.
Πε. μανθάνω.
ὡδὶ λέγειc· ὅπωc ἂν ὠφλήκῃ δίκην
ἐνθάδε πρὶν ἥκειν ὁ ξένοc.
Ϲυ. πάνυ μανθάνειc.
Πε. κἄπειθ' ὁ μὲν πλεῖ δεῦρο, cὺ δ' ἐκεῖc' αὖ πέτει
ἁρπαcόμενοc τὰ χρήματ' αὐτοῦ.
Ϲυ. πάντ' ἔχειc. 1460
βέμβικοc οὐδὲν διαφέρειν δεῖ.
Πε. μανθάνω
βέμβικα. καὶ μὴν ἔcτι μοι νὴ τὸν Δία
κάλλιcτα Κορκυραῖα τοιαυτὶ πτερά.
Ϲυ. οἴμοι τάλαc, μάcτιγ' ἔχειc.
Πε. πτερὼ μὲν οὖν,
οἷcί cε ποιήcω τήμερον βεμβικιᾶν. 1465
Ϲυ. οἴμοι τάλαc.
Πε. οὐ πτερυγιεῖc ἐντευθενί;

1447 τε Musurus: γε B, Orion *Flor.* 251: om. vett. L   1448 τ' ἄ-] θ' ἄ-
Hirschig   1453 πτέρου με] πτεροῦμαι RA   1454 ὡc] τὼc
Laur.: ὅπωc Dunbar   1456 κατ' Dobree: κᾆτ' codd.
1457 ὠφλήκῃ RV:-κει A:ὀφλήcῃ UL   1458 μανθάνειc AUL:μανθάνω
cett.   1459 ἐκεῖc' UL: ἐκεῖ cett.   1463 Κορκυραῖα RVEL:
Κερκ- AMU

ΟΡΝΙΘΕC

οὐκ ἀπολιβάξεις, ὦ κάκιστ' ἀπολούμενος;
πικρὰν τάχ' ὄψει στρεψοδικοπανουργίαν.
ἀπίωμεν ἡμεῖς ξυλλαβόντες τὰ πτερά. 1469

Χο. πολλὰ δὴ καὶ καινὰ καὶ θαυ- [ϲτρ.
μάϲτ' ἐπεπτόμεϲθα καὶ
δεινὰ πράγματ' εἴδομεν.
ἔϲτι γὰρ δένδρον πεφυκὸϲ
ἔκτοπόν τι Καρδίαϲ ἀ-
πωτέρω Κλεώνυμοϲ, 1475
χρήϲιμον μὲν οὐδέν, ἄλ-
λωϲ δὲ δειλὸν καὶ μέγα.
τοῦτο ⟨τοῦ⟩ μὲν ἦροϲ ἀεὶ
βλαϲτάνει καὶ ϲυκοφαντεῖ,
τοῦ δὲ χειμῶνοϲ πάλιν τὰϲ 1480
ἀϲπίδαϲ φυλλορροεῖ.

ἔϲτι δ' αὖ χώρα πρὸϲ αὐτῷ [ἀντ.
τῷ ϲκότῳ πόρρω τιϲ ἐν
τῇ λύχνων ἐρημίᾳ,
ἔνθα τοῖϲ ἥρωϲιν ἄνθρω- 1485
ποι ξυναριϲτῶϲι καὶ ξύν-
ειϲι πλὴν τῆϲ ἑϲπέραϲ.
τηνικαῦτα δ' οὐκέτ' ἦν
ἀϲφαλὲϲ ξυντυγχάνειν.
εἰ γὰρ ἐντύχοι τιϲ ἥρῳ 1490
τῶν βροτῶν νύκτωρ Ὀρέϲτῃ,
γυμνὸϲ ἦν πληγεὶϲ ὑπ' αὐτοῦ
πάντα τἀπιδέξια.

1467 ἀπολιβάξεις RE, Su. α 3392 codd. plerique, o 856 codd. plerique: -λιβάζεις cett., Su. α 3392 codd. FS, o 856 cod. S   ἀπολούμενος] -μενε G, Su. α 3392 cod. M^pc   1477 δειλὸν] δεινὸν Su. ε 669   1478 suppl. Grynaeus   μέν ⟨γε⟩ L: μὲν οὖν Su.   1485 ἄνθρωποι] ἄ- van Herwerden   1490 ἐντύχοι RVA, Su. ο 538: ἐντύχῃ EMUL   ἥρῳ Bentley: ἥρωι codd.   1493 τἀπιδέξια] ταπιδεξια R: τἀντιδέξια ΓΒ

ΑΡΙΣΤΟΦΑΝΟΥΣ

ΠΡΟΜΗΘΕΥΣ
οἴμοι τάλας, ὁ Ζεὺς ὅπως μή μ' ὄψεται.
ποῦ Πεισέταιρός ἐστ';

Πε. ἔα, τουτὶ τί ἦν; 1495
τίς ὁ cυγκαλυμμός;
Πρ. τῶν θεῶν ὁρᾷς τινα
ἐμοῦ κατόπιν ἐνταῦθα;
Πε. μὰ Δί' ἐγὼ μὲν οὔ.
τίς δ' εἶ cύ;
Πρ. πηνίκ' ἐcτὶν ἄρα τῆς ἡμέρας;
Πε. ὁπηνίκα; cμικρόν τι μετὰ μεcημβρίαν.
ἀλλὰ cὺ τίς εἶ;
Πρ. βουλυτὸς ἢ περαιτέρω; 1500
Πε. οἴμ' ὡς βδελύττομαί ce.
Πρ. τί γὰρ ὁ Ζεὺς ποιεῖ;
ἀπαιθριάζει τὰς νεφέλας ἢ ξυννέφει;
Πε. οἴμωζε μεγάλ'.
Πρ. οὕτω μὲν ἐκκεκαλύψομαι.
Πε. ὦ φίλε Προμηθεῦ.
Πρ. παῦε παῦε, μὴ βόα.
Πε. τί γάρ ἐcτι;
Πρ. cίγα, μὴ κάλει μου τοὔνομα· 1505
ἀπὸ γὰρ ὀλεῖς, εἴ μ' ἐνθάδ' ὁ Ζεὺς ὄψεται.
ἀλλ' ἵνα φράcω cοι πάντα τἄνω πράγματα,
τουτὶ λαβών μου τὸ cκιάδειον ὑπέρεχε,
ἄνωθεν ὡς ἂν μή μ' ὁρῶcιν οἱ θεοί.
Πε. ἰοὺ ἰού· 1510
εὖ γ' ἐπενόηcας αὐτὸ καὶ προμηθικῶc.
ὑπόδυθι ταχὺ δὴ κᾆτα θαρρήcας λέγε.

1495 ἐcτ'Bentley: ἐcτι(ν) codd., quod recipere possis si aut vox ἔα monosyllaba est aut scissum quem vocant anapaestum toleres 1496 ὁ cυγκαλυμμός] οὐγκαλυμμός Dawes 1502 ξυννέφει Cobet: ξυννεφεῖ (vel cυν-) codd., Su. α 2957 1503 ἐκκεκαλύψομαι] ἐκκαλύψομαι RML, lm. sch. RE 1506 ὀλεῖc Brunck, Porson: μ'ὀλέcει R: ὀλέcει cett. vett.: ὀλέcειc L 1508 post ὑπέρεχε interpunxit Schnitzer

416

ΟΡΝΙΘΕC

Πρ. ἄκουε δή νυν.
Πε. ὡc ἀκούοντοc λέγε.
Πρ. ἀπόλωλεν ὁ Ζεύc.
Πε. πηνίκ' ἄττ' ἀπώλετο;
Πρ. ἐξ οὗπερ ὑμεῖc ᾠκίcατε τὸν ἀέρα. 1515
 θύει γὰρ οὐδεὶc οὐδὲν ἀνθρώπων ἔτι
 θεοῖcιν, οὐδὲ κνῖcα μηρίων ἄπο
 ἀνῆλθεν ὡc ἡμᾶc ἀπ' ἐκείνου τοῦ χρόνου,
 ἀλλ' ὡcπερεὶ Θεcμοφορίοιc νηcτεύομεν
 ἄνευ θυηλῶν· οἱ δὲ βάρβαροι θεοὶ 1520
 πεινῶντεc ὥcπερ Ἰλλυριοὶ κεκριγότεc
 ἐπιcτρατεύcειν φάc' ἄνωθεν τῷ Διί,
 εἰ μὴ παρέξει τἀμπόρι' ἀνεῳγμένα,
 ἵν' εἰcάγοιντο cπλάγχνα κατατετμημένα.
Πε. εἰcὶν γὰρ ἕτεροι βάρβαροι θεοί τινεc 1525
 ἄνωθεν ὑμῶν;
Πρ. οὐ γάρ εἰcι βάρβαροι,
 ὅθεν ὁ πατρῷόc ἐcτιν Ἐξηκεcτίδῃ;
Πε. ὄνομα δὲ τούτοιc τοῖc θεοῖc τοῖc βαρβάροιc
 τί ἐcτιν;
Πρ. ὅ τι ἐcτίν; Τριβαλλοί.
Πε. μανθάνω.
 ἐντεῦθεν ἆρα τοὐπιτριβείηc ἐγένετο; 1530
Πρ. μάλιcτα πάντων. ἓν δέ cοι λέγω cαφέc·
 ἥξουcι πρέcβειc δεῦρο περὶ διαλλαγῶν
 παρὰ τοῦ Διὸc καὶ τῶν Τριβαλλῶν τῶν ἄνω·
 ὑμεῖc δὲ μὴ cπένδεcθ', ἐὰν μὴ παραδιδῷ
 τὸ cκῆπτρον ὁ Ζεὺc τοῖcιν ὄρνιcιν πάλιν, 1535

1514 ἄττ' fere vett.: ἆρ' U: ἆρ' L 1519 ὡcπερεὶ] ὥcπερ ἐν Su. θ 270 Θεcμοφορίοιc L: -φόροιc E: -φορίοιcι fere cett. 1522 ἐπιcτρατεύcειν RVAE: -εύειν cett. 1524 εἰcάγοιντο] εἰcάγοιτο V 1525 εἰcὶν RL: εἰcὶ cett. 1527 Ἐξηκεcτίδῃ Brunck: -ίδηc codd. 1529 alterum ἐcτίν REL: ἐcτί cett. 1534 cπένδεcθ' Γ, cf. sch. U: cπένδηcθ' cett. 1535 ὄρνιcιν A, E s.l., L: -cι cett.

417

ΑΡΙΣΤΟΦΑΝΟΥΣ

  καὶ τὴν Βαcίλειάν coι γυναῖκ' ἔχειν διδῷ.
Πε. τίc ἐcτιν ἡ Βαcίλεια;
Πρ.   καλλίcτη κόρη,
  ἥπερ ταμιεύει τὸν κεραυνὸν τοῦ Διὸc
  καὶ τἆλλ' ἁπαξάπαντα, τὴν εὐβουλίαν,
  τὴν εὐνομίαν, τὴν cωφροcύνην, τὰ νεώρια,   1540
  τὴν λοιδορίαν, τὸν κωλακρέτην, τὰ τριώβολα.
Πε. ἅπαντα γ' ἄρ' αὐτῷ ταμιεύει;
Πρ.   φήμ' ἐγώ.
  ἥν γ' ἣν cὺ παρ' ἐκείνου παραλάβῃc, πάντ' ἔχειc.
  τούτων ἕνεκα δεῦρ' ἦλθον, ἵνα φράcαιμί coι.
  ἀεί ποτ' ἀνθρώποιc γὰρ εὔνουc εἴμ' ἐγώ.   1545
Πε. μόνον θεῶν γὰρ διὰ c' ἀπανθρακίζομεν.
Πρ. μιcῶ δ' ἅπανταc τοὺc θεούc, ὡc οἶcθα cύ.
Πε. νὴ τὸν Δί' ἀεὶ δῆτα θεομιcὴc ἔφυc,
  Τίμων καθαρόc.
Πρ.   ἀλλ' ὡc ἂν ἀποτρέχω πάλιν
  φέρε τὸ cκιάδειον, ἵνα με κἂν ὁ Ζεὺc ἴδῃ   1550
  ἄνωθεν, ἀκολουθεῖν δοκῶ κανηφόρῳ.
Πε. καὶ τὸν δίφρον γε διφροφόρει τονδὶ λαβών.

Χο. πρὸc δὲ τοῖc Cκιάποcιν λί-   [cτρ.
  μνη τιc ἔcτ', ἄλουτοc οὗ
  ψυχαγωγεῖ Cωκράτηc·   1555
  ἔνθα καὶ Πείcανδροc ἦλθε
  δεόμενοc ψυχὴν ἰδεῖν ἣ
  ζῶντ' ἐκεῖνον προὔλιπε,
  cφάγι' ἔχων κάμηλον ἀ-
  μνόν τιν', ἧc λαιμοὺc τεμὼν ὥc-   1560

1536 Βαcίλειαν R: Βαcιλείαν cett.   1537 Βαcίλεια R: Βαcιλεία cett.   1538 ταμιεύει vett.: κεραμεύει L   1542 γ' ἄρ' VAΓUL: γὰρ REM   1543 παραλάβῃc] λάβῃc ΓUL   πάντ'] ἅπαντ' L   1548 Δί' ἀεὶ (vel αἰεὶ) ΓUL: Δί' εἰ A: Δία εἰ cett.   1549 Τίμων καθαρόc Pisetaero continuavit Kock, Prometheo plerique   1550 φέρε Brunck: φέρε μοι codd.   τὸ vett.: om. L

ΟΡΝΙΘΕC

περ ⟨ποθ'⟩ οὐδυccεὺc ἀπῆλθε,
κᾆτ' ἀνῆλθ' αὐτῷ κάτωθεν
πρὸc τὸ λαῖτμα τῆc καμήλου
Χαιρεφῶν ἡ νυκτερίc.

ΠΟCΕΙΔΩΝ
τὸ μὲν πόλιcμα τῆc Νεφελοκοκκυγίαc 1565
ὁρᾶν τοδὶ πάρεcτιν, οἷ πρεcβεύομεν.
οὗτοc, τί δρᾷc; ἐπαρίcτερ' οὕτωc ἀμπέχει;
οὐ μεταβαλεῖc θοἰμάτιον ὧδ' ἐπιδέξια;
τί, ὦ κακόδαιμον; Λαιcποδίαc εἶ τὴν φύcιν;
ὦ δημοκρατία, ποῖ προβιβᾷc ἡμᾶc ποτε, 1570
εἰ τουτονὶ κεχειροτονήκαc' οἱ θεοί;
ἕξειc ἀτρέμαc; οἴμωζε· πολὺ γὰρ δή c' ἐγὼ
ἑόρακα πάντων βαρβαρώτατον θεῶν.
ἄγε δή, τί δρῶμεν, Ἡράκλειc;

ΗΡΑΚΛΗC
                              ἀκήκοαc
ἐμοῦ γ', ὅτι τὸν ἄνθρωπον ἄγχειν βούλομαι, 1575
ὅcτιc ποτ' ἔcθ' ὁ τοὺc θεοὺc ἀποτειχίcαc.
Πο. ἀλλ', ὠγάθ', ᾑρήμεcθα περὶ διαλλαγῶν
πρέcβειc.
Ηρ.   διπλαcίωc μᾶλλον ἄγχειν μοι δοκεῖ.
Πε. τὴν τυρόκνηcτίν τιc δότω· φέρε cίλφιον·
τυρὸν φερέτω τιc· πυρπόλει τοὺc ἄνθρακαc. 1580
Πο. τὸν ἄνδρα χαίρειν οἱ θεοὶ κελεύομεν

1561 suppl. Hermann οὐδυccεὺc Bentley: Ὀδυccεὺc codd.
1563 λαῖτμα V, lm. sch. R, Su. λ 185 cod. A: λαῖμα cett.: δέρμα v.l. ap. sch.:
(τὸν) ἀμνὸν Alink   1566 οἷ] ᾗ ΓUL   1567 ἐπαρίcτερ' AE:
ἐπαριcτέρ' RV: ἐπ' ἀριcτέρ' cett.   1568 ὧδ' V: ὡc δ' ΑΓMU: ὡc
REL   ἐπιδέξια A: ἐπιδεξιά R^{ac}L: ἐπιδεξιάν R^{pc}: ἐπὶ δεξιάν V: ἐπὶ δεξιά
cett.   1572 ἕξειc ἀτρέμαc; Neptuno continuavit Lenting
1573 ἑόρακα V^{ac}E: ἑώρακα cett.   1575 γ' ΓUL: om. R: θ' cett.
1579 τιc L: τίc μοι ΓU: μοι cett.

ΑΡΙΣΤΟΦΑΝΟΥΣ

   τρεῖc ὄντεc ἡμεῖc.
Πε.   ἀλλ' ἐπικνῶ τὸ cίλφιον.
Ηρ. τὰ δὲ κρέα τοῦ ταῦτ' ἐcτίν;
Πε.   ὄρνιθέc τινεc
 ἐπανιcτάμενοι τοῖc δημοτικοῖcιν ὀρνέοιc
 ἔδοξαν ἀδικεῖν.
Ηρ.   εἶτα δῆτα cίλφιον   1585
 ἐπικνῇc πρότερον αὐτοῖcιν;
Πε.   ὦ χαῖρ', Ἡράκλειc.
 τί ἐcτι;
Πο.   πρεcβεύοντεc ἡμεῖc ἥκομεν
 παρὰ τῶν θεῶν περὶ πολέμου καταλλαγῆc.
Πε. ἔλαιον οὐκ ἔνεcτιν ἐν τῇ ληκύθῳ.
Ηρ. καὶ μὴν τά γ' ὀρνίθεια λιπάρ' εἶναι πρέπει. 1590
Πο. ἡμεῖc τε γὰρ πολεμοῦντεc οὐ κερδαίνομεν,
 ὑμεῖc τ' ἂν ἡμῖν τοῖc θεοῖc ὄντεc φίλοι
 ὄμβριον ὕδωρ ἂν εἴχετ' ἐν τοῖc τέλμαcιν,
 ἀλκυονίδαc τ' ἂν ἤγεθ' ἡμέραc ἀεί.
 τούτων πέρι πάντων αὐτοκράτορεc ἥκομεν. 1595
Πε. ἀλλ' οὔτε πρότερον πώποθ' ἡμεῖc ἤρξαμεν
 πολέμου πρὸc ὑμᾶc, νῦν τ' ἐθέλομεν, εἰ δοκεῖ,
 ἐὰν τὸ δίκαιον ἀλλὰ νῦν ἐθέλητε δρᾶν,
 cπονδὰc ποιεῖcθαι. τὰ δὲ δίκαι' ἐcτὶν ταδί·
 τὸ cκῆπτρον ἡμῖν τοῖcιν ὄρνιcιν πάλιν   1600
 τὸν Δί' ἀποδοῦναι· κἂν διαλλαττώμεθα
 ἐπὶ τοῖcδε, τοὺc πρέcβειc ἐπ' ἄριcτον καλῶ.
Ηρ. ἐμοὶ μὲν ἀποχρῇ ταῦτα, καὶ ψηφίζομαι.

1582 ἐπικνῶ] ἐπίκνη scholiastam legisse censuit Meineke
1584 δημοτικοῖcιν L: -ικοῖc vett. 1586 ἐπικνῇc Cobet: ἐπίκνηc
vett.: ἐπικνᾷc L 1588 πολέμου L: τοῦ πολέμου καὶ fere vett.: τοῦ
πολέμου καὶ τῆc R 1590 ὀρνίθεια Bentley: ὀρνίθια codd.
1598 τὸ Elmsley e sch.: τι codd. ἀλλὰ Tyrwhitt: ἄλλο codd.
1599 ἐcτὶν REΓᵖᶜL: ἐcτὶ VAMΓᵃᶜ 1600 ὄρνιcιν ΓᵖᶜL: -cι cett.
1601 κἂν Seager: καὶ codd. διαλλαττώμεθα] -όμεθα AΓU: -οίμεθ' ἂν B
1603 ἀποχρῇ Elmsley: ἀπόχρη codd.

420

ΟΡΝΙΘΕC

Πο. τί, ὦ κακόδαιμον; ἠλίθιος καὶ γάστρις εἶ.
ἀποστερεῖς τὸν πατέρα τῆς τυραννίδος; 1605
Πε. ἀληθες; οὐ γὰρ μεῖζον ὑμεῖς οἱ θεοὶ
ἰςχύςετ', ἢν ὄρνιθες ἄρξωςιν κάτω;
νῦν μέν γ' ὑπὸ ταῖς νεφέλαιςιν ἐγκεκρυμμένοι
κύψαντες ἐπιορκοῦςιν ὑμᾶς οἱ βροτοί·
ἐὰν δὲ τοὺς ὄρνις ἔχητε ςυμμάχους, 1610
ὅταν ὀμνύῃ τις τὸν κόρακα καὶ τὸν Δία,
ὁ κόραξ παρελθὼν τοὐπιορκοῦντος λάθρᾳ
προςπτάμενος ἐκκόψει τὸν ὀφθαλμὸν θενών.
Πο. νὴ τὸν Ποςειδῶ ταῦτά γέ τοι καλῶς λέγεις.
Ηρ. κἀμοὶ δοκεῖ.
Πε. τί δαὶ ςὺ φῄς;

ΤΡΙΒΑΛΛΟC
νά, Βαιςατρεῦ. 1615
Ηρ. ὁρᾷς, ἐπαινεῖ χοὖτος.
Πε. ἕτερόν νυν ἔτι
ἀκούςαθ' ὅςον ὑμᾶς ἀγαθὸν ποιήςομεν.
ἐάν τις ἀνθρώπων ἱερεῖόν τῳ θεῶν
εὐξάμενος εἶτα διαςοφίζηται λέγων·
"μενετοὶ θεοί", καὶ μἀποδιδῷ μιςητίᾳ, 1620
ἀναπράξομεν καὶ ταῦτα.
Πο. φέρ' ἴδω, τῷ τρόπῳ;
Πε. ὅταν διαριθμῶν ἀργυρίδιον τύχῃ
ἄνθρωπος οὗτος, ἢ καθῆται λούμενος,

1605 τυραννίδος] βαςιλείας R   1607 ὄρνιθες] οὖρν- Blaydes
ἄρξωςιν REUL: -ςι cett.   1609 κύψαντες] κλέψαντες van Herwerden
1612–13 om. L, add. in margine manus recentior   1612 παρελθὼν]
παρ' αὐτῶν van Herwerden   1613 θενών Dindorf: θένων codd. pleri-
que: ςθένων V: θέλων M   1615 νά, Βαιςατρεῦ Bayard: ναβαιςατρεῦ
fere vett. (νά- V) L: μαβαιςατρεῦ U: βαβακατρεῦ Su. β 2   1618 τῳ
B^{pc}: τῶ vel τῷ cett.   θεῶν B: θεῷ cett.   1620 μιςητίᾳ Bentley e
Su. μ 607 codd. A^{pc}F: μιςητίαν fere codd.   1623 ἄνθρωπος Dindorf:
ἄ- codd.

ΑΡΙΣΤΟΦΑΝΟΥΣ

καταπτάμενος ἰκτῖνος ἀναρπάςας λάθρᾳ
προβάτοιν δυοῖν τιμὴν ἀνοίςει τῷ θεῷ.   1625
Ηρ. τὸ ϲκῆπτρον ἀποδοῦναι πάλιν ψηφίζομαι
τούτοις ἐγώ.
Πο.   καὶ τὸν Τριβαλλόν νυν ἐροῦ.
Ηρ. ὁ Τριβαλλός, οἰμώζειν δοκεῖ ϲοι;
Τρ.   ϲαὺ νάκα
βακτᾶρι κρούϲα.
Ηρ.   φηϲί μ' εὖ λέγειν πάνυ.
Πο. εἴ τοι δοκεῖ ϲφῷν ταῦτα, κἀμοὶ ϲυνδοκεῖ.   1630
οὗτος, δοκεῖ δρᾶν ταῦτα τοῦ ϲκήπτρου πέρι.
Πε. καὶ νὴ Δί' ἕτερόν γ' ἐϲτὶν οὗ 'μνήϲθην ἐγώ.
τὴν μὲν γὰρ Ἕραν παραδίδωμι τῷ Διί,
τὴν δὲ Βαϲίλειαν τὴν κόρην γυναῖκ' ἐμοὶ
ἐκδοτέον ἐϲτίν.
Πο.   οὐ διαλλαγῶν ἐρᾷς.   1635
ἀπίωμεν οἴκαδ' αὖθις.
Πε.   ὀλίγον μοι μέλει.
μάγειρε, τὸ κατάχυϲμα χρὴ ποιεῖν γλυκύ.
Ηρ. ὦ δαιμόνι' ἀνθρώπων Πόϲειδον, ποῖ φέρει;
ἡμεῖς περὶ γυναικὸς μιᾶς πολεμήϲομεν;
Πο. τί δαὶ ποιῶμεν;
Ηρ.   ὅ τι; διαλλαττώμεθα.   1640
Πο. τί, ὠ'ζυρ'; οὐκ οἶϲθ' ἐξαπατώμενος πάλαι;
βλάπτεις δέ τοι ϲὺ ϲαυτόν. ἢν γὰρ ἀποθάνῃ
ὁ Ζεὺς παραδοὺς τούτοιϲι τὴν τυραννίδα,
πένης ἔϲει ϲύ· ϲοῦ γὰρ ἅπαντα γίγνεται

1624 ἀναρπάϲας Bergk: κἀναρπάϲας vel sim. RVAEM: ἁρπάϲας ΓUL
1628 ϲαὺ νάκα distinxit van Leeuwen: ϲαύνακα vel ϲαυνάκα fere codd.
1629 βακταρικροῦϲα sine distinctione codd. praeter ΓU   φηϲί μ' Dobree:
φηϲὶν codd.   1630 τοι RAΓE: τι VMU: τινι L   1631 v. Herculi
tribuere possis   οὗτος] οὕτως Brunck   1634 Βαϲίλειαν R: Βαϲιλείαν cett.   1636 αὖθις L: αὖτις vett.   1639 περὶ post γυναικὸς
transp. Meineke   1641 τί] τί δαί R: τί δ' Bergk   1644 ϲοῦ] ϲοὶ
B: ϲὰ Lenting   γίγνεται Brunck: γίνεται codd.

422

ΟΡΝΙΘΕC

	τὰ χρήμαθ', ὅς' ἂν ὁ Ζεὺς ἀποθνῄςκων καταλίπῃ.	1645
Πε.	οἴμοι τάλας, οἷόν ϲε περιϲοφίζεται.	
	δεῦρ' ὡς ἔμ' ἀποχώρηϲον, ἵνα τί ϲοι φράϲω.	
	διαβάλλεταί ϲ' ὁ θεῖος, ὦ πόνηρε ϲύ.	
	τῶν γὰρ πατρῴων οὐδ' ἀκαρῆ μέτεϲτί ϲοι	
	κατὰ τοὺς νόμους· νόθος γὰρ εἶ κοὐ γνήϲιος.	1650
Ἡρ.	ἐγὼ νόθος; τί λέγεις;	
Πε.	ϲὺ μέντοι νὴ Δία	
	ὤν γ' ἐκ ξένης γυναικός. ἦ πῶς ἄν ποτε	
	ἐπίκληρον εἶναι τὴν Ἀθηναίαν δοκεῖς,	
	οὖϲαν θυγατέρ', ὄντων ἀδελφῶν γνηϲίων;	
Ἡρ.	τί δ' ἦν ὁ πατὴρ ἐμοὶ διδῷ τὰ χρήματα	1655
	νοθεῖ' ἀποθνῄϲκων;	
Πε.	ὁ νόμος αὐτὸν οὐκ ἐᾷ.	
	οὗτος ὁ Ποϲειδῶν πρῶτος, ὃς ἐπαίρει ϲε νῦν,	
	ἀνθέξεταί ϲοι τῶν πατρῴων χρημάτων,	
	φάϲκων ἀδελφὸς αὐτὸς εἶναι γνήϲιος.	
	ἐρῶ δὲ δὴ καὶ τὸν Ϲόλωνός ϲοι νόμον·	1660
	"νόθῳ δὲ μὴ εἶναι ἀγχιϲτείαν παίδων ὄντων	
	γνηϲίων· ἐὰν δὲ παῖδες μὴ ὦϲι γνήϲιοι, τοῖς	1665
	ἐγγυτάτω γένους μετεῖναι τῶν χρημάτων."	
Ἡρ.	ἐμοὶ δ' ἄρ' οὐδὲν τῶν πατρῴων χρημάτων	
	μέτεϲτιν;	
Πε.	οὐ μέντοι μὰ Δία. λέξον δέ μοι,	
	ἤδη ϲ' ὁ πατὴρ εἰϲήγαγ' εἰς τοὺς φράτερας;	
Ἡρ.	οὐ δῆτ' ἐμέ γε. καὶ τοῦτ' ἐθαύμαζον πάλαι.	1670
Πε.	τί δῆτ' ἄνω κέχηνας ἄκειαν βλέπων;	

1652 γ' ἐκ Cobet: γε codd.   1656 νοθεῖ' ἀπο- Daubuz e sch., Poll. 3.21, Harpocr., Su. ν 448: νόθῳ 'ξαπο- vel sim. codd.   1658 ϲοι Kock: ϲου codd.   1661 παίδων ὄντων γνηϲίων del. Hamaker: sed verba praebent codd. et P69   1666 ἐγγυτάτω] ἐγγύτατα P69   ante γένους add. τοῦ UL   1669 φράτερας P69, Dindorf: φράτορες codd.   1670 τοῦτ' P69, E: δῆτ' ΓUL: δῆτά τ' RVA   1671 αἴκειαν (sic) P69, Lenting: αἰκίαν fere vett.: αἰτίαν AL

ΑΡΙΣΤΟΦΑΝΟΥΣ

ἀλλ' ἢν μεθ' ἡμῶν ᾖc, καταcτήcαc c' ἐγὼ
τύραννον ὀρνίθων παρέξω cοι γάλα.
Ηρ. δίκαι' ἔμοιγε καὶ πάλαι δοκεῖc λέγειν
περὶ τῆc κόρηc, κἄγωγε παραδίδωμί cοι.   1675
Πε. τί δαὶ cὺ φῄc;
Πο.   τἀναντία ψηφίζομαι.
Πε. ἐν τῷ Τριβαλλῷ πᾶν τὸ πρᾶγμα. τί cὺ λέγειc;
Τρ. καλάνι κόραυνα καὶ μεγάλα βαcιλιναῦ
ὄρνιτο παραδίδωμι.
Ηρ.   παραδοῦναι λέγει.
Πο. μὰ τὸν Δί' οὐχ οὗτόc γε παραδοῦναι λέγει,   1680
εἰ μὴ βαβάζει γ' ὥcπερ αἱ χελιδόνεc.
Πε. οὐκοῦν παραδοῦναι ταῖc χελιδόcιν λέγει.
Πο. cφώ νυν διαλλάττεcθε καὶ ξυμβαίνετε·
ἐγὼ δ', ἐπειδὴ cφῷν δοκεῖ, cιγήcομαι.
Ηρ. ἡμῖν ἃ λέγειc cὺ πάντα cυγχωρεῖν δοκεῖ.   1685
ἀλλ' ἴθι μεθ' ἡμῶν αὐτὸc εἰc τὸν οὐρανόν,
ἵνα τὴν Βαcίλειαν καὶ τὰ πάντ' ἐκεῖ λάβῃc.
Πε. εἰc καιρὸν ἆρα κατεκόπηcαν οὑτοιὶ
εἰc τοὺc γάμουc.
Ηρ.   βούλεcθε δῆτ' ἐγὼ τέωc
ὀπτῶ τὰ κρέα ταυτὶ μένων; ὑμεῖc δ' ἴτε.   1690
Πο. ὀπτᾷc cὺ κρέα; πολλήν γε τενθείαν λέγειc.
οὐκ εἶ μεθ' ἡμῶν;
Ηρ.   εὖ γε μέντἂν διετέθην.

1672 καταcτήcαc P69, Hirschig: καταcτήcω codd.   1674 πάλαι
P69 et codd. plerique: πάλιν RV   1678 καλάνι] καλαν R: καλὰ νι- E
1679 ὄρνιτο RV: ὀρνίτω ΑΕΓU: ὄρνιθι L: ὄρνιτ' ὁ (i.e. οὑ) van Herwerden   λέγει Bentley: λέγειc codd.   1681 βαβάζει γ' Bentley
(βαβάζειν iam Faber, βαβάζει anon. Parisinus): βαδίζειν vett. L: βαδίζοι γ' Β:
alii alia   1682 v. Herculi fortasse tribuendus, cf. sch. ad v. 1679, si huc
spectat   χελιδόcιν RVEL: -όcι cett.   1684 cιγήcομαι] cυμβήcομαι
VE, v.l. ap. sch.   1687 Βαcίλειαν R: Βαcιλείαν cett.   1690 μένων om. ΓUL, unde ⟨γ'⟩ ὑμεῖc δὲ ⟨νῦν⟩ L   1691 cὺ E, Blaydes: τὰ A: cὺ
τὰ cett.   1692 διετέθην] διετίθην Hamaker

ΟΡΝΙΘΕC

Πε. γαμήλιον χλανίδα δότω τις δεῦρό μοι.

Χο. ἔcτι δ' ἐν Φάναιcι πρὸc τῆ [ἀντ.
Κλεψύδρᾳ πανοῦργον Ἐγ- 1695
γλωττογαcτόρων γένοc,
οἳ θερίζουcίν τε καὶ cπεί-
ρουcι καὶ τρυγῶcι ταῖc γλώτ-
ταιcι cυκάζουcί τε·
βάρβαροι δ' εἰcὶν γένοc, 1700
Γοργίαι τε καὶ Φίλιπποι.
κἀπὸ τῶν Ἐγγλωττογαcτό-
ρων ἐκείνων τῶν φιλίππων
πανταχοῦ τῆc Ἀττικῆc ἡ
γλῶττα χωρὶc τέμνεται. 1705

ΑΓΓΕΛΟC

ὦ πάντ' ἀγαθὰ πράττοντεc, ὦ μείζω λόγου,
ὦ τριcμακάριον πτηνὸν ὀρνίθων γένοc,
δέχεcθε τὸν τύραννον ὀλβίοιc δόμοιc.
προcέρχεται γὰρ οἷοc οὔτε παμφαὴc
ἀcτὴρ ἰδεῖν ἔλαμψε χρυcαυγεῖ δρόμῳ 1710
οὔθ' ἡλίου τηλαυγὲc ἀκτίνων cέλαc
τοιοῦτον ἐξέλαμψεν, οἷοc ἔρχεται
ἔχων γυναικὸc κάλλοc οὐ φατὸν λέγειν,
πάλλων κεραυνόν, πτεροφόρον Διὸc βέλοc·
ὀcμὴ δ' ἀνωνόμαcτοc εἰc βάθοc κύκλου 1715
χωρεῖ, καλὸν θέαμα· θυμιαμάτων δ'
αὖραι διαψαίρουcι πλεκτάνην καπνοῦ.

1693 γαμήλιον Bentley: γαμικὴν vett.: ἀλλὰ γαμικὴν L δότω ΓUL: διδότω cett. 1694 ἐν Φάναιcι Dindorf: ἐμφαναῖcι RV: ἐν φαναῖcι cett. 1697 θερίζουcίν RV^{ac}L: -cί cett. 1700 εἰcὶν RVL: εἰcὶ cett. 1709 οὔτε] οὐδὲ Meineke 1710 ἰδεῖν post ἔλαμψε transp. codd. praeter AEL δρόμῳ Ep: δόμῳ cett.: πόλῳ vel κύκλῳ dubitanter Blaydes 1711 οὔθ'] οὐδ' Meineke 1712 οἷοc Blaydes: ἔνδον R: οἷον δ' UL: οἷον cett. 1716 θέαμα] τ' ἄημα, deleto puncto, Faber δ' vett. (in initio v. 1717): om. L

ΑΡΙϹΤΟΦΑΝΟΥϹ

ὁδὶ δὲ καὐτόϲ ἐϲτιν. ἀλλὰ χρὴ θεᾶϲ
Μούϲηϲ ἀνοίγειν ἱερὸν εὔφημον ϲτόμα. 1719

Χο. ἄναγε, δίεχε, πάραγε, πάρεχε. [ϲτρ.
περιπέτεϲθε μάκαρα μάκαρι ϲὺν τύχᾳ. 1721
ὢ φεῦ φεῦ τῆϲ ὥραϲ, τοῦ κάλλουϲ.
ὢ μακαριϲτὸν ϲὺ γάμον τῇδε πόλει γήμαϲ. 1725

μεγάλαι μεγάλαι κατέχουϲι τύχαι
γένοϲ ὀρνίθων
διὰ τόνδε τὸν ἄνδρ'. ἀλλ' ὑμεναίοιϲ
καὶ νυμφιδίοιϲι δέχεϲθ' ᾠδαῖϲ
αὐτὸν καὶ τὴν Βαϲίλειαν. 1730

Ἥρᾳ ποτ' Ὀλυμπίᾳ [ϲτρ.
τὸν ἠλιβάτων θρόνων
ἄρχοντα θεοῖϲ μέγαν
Μοῖραι ξυνεκοίμιϲαν
ἐν τοιῷδ' ὑμεναίῳ. 1735
Ὑμὴν ὦ Ὑμέναι' ὦ,
⟨Ὑμὴν ὦ Ὑμέναι' ὦ.⟩

ὁ δ' ἀμφιθαλὴϲ Ἔρωϲ [ἀντ.
χρυϲόπτεροϲ ἡνίαϲ
ηὔθυνε παλιντόνουϲ,
Ζηνὸϲ πάροχοϲ γάμων 1740
τῆϲ τ' εὐδαίμονοϲ Ἥραϲ.
Ὑμὴν ὦ Ὑμέναι' ὦ,
Ὑμὴν ὦ Ὑμέναι' ὦ.

1721 μάκαρα Dindorf: τὸν μάκαρα codd., Su. μ 53   1728 ὑμεναίοιϲ L: -οιϲι(ν) cett.   1729 νυμφιδίοιϲι fere vett.: -ιδίοιϲ L   1730 Βαϲίλειαν RU: Βαϲίλείαν Γ: Βαϲιλείαν cett.   1732 τὸν] τῶν AEL   1733 θεοῖϲ] θεαὶ dubitanter Brunck   1734 Μοῖραι] Μοῖρα RV^ac: Μοίρα V^pc   ξυνεκοίμιϲαν Bentley: ξυνεκόμιϲαν codd., Su. ϲ 1482   1736 v. om. ΓUL   1736a suppl. Dindorf

ΟΡΝΙΘΕC

Πε. ἐχάρην ὕμνοιc, ἐχάρην ᾠδαῖc·
ἄγαμαι δὲ λόγων.
Χο. ἄγε νυν αὐτοῦ
καὶ τὰc χθονίαc κλῄcατε βροντὰc   1745
τάc τε πυρώδειc Διὸc ἀcτεροπὰc
δεινόν τ' ἀργῆτα κεραυνόν.
Χο. ὦ μέγα χρύcεον ἀcτεροπῆc φάοc,
ὦ Διὸc ἄμβροτον ἔγχοc
πυρφόρον, ὦ χθόνιαι βαρυαχέεc   1750
ὀμβροφόροι θ' ἅμα βρονταί,
αἷc ὅδε νῦν χθόνα cείει·
Δῖα δὲ πάντα κρατήcαc
καὶ πάρεδρον Βαcίλειαν ἔχει Διόc.
Ὑμὴν ὦ Ὑμέναι' ὦ.
Πε. ἕπεcθέ νυν γάμοιcιν, ὦ φῦλα πάντα cυννόμων   1755
πτεροφόρ' ἐπὶ δάπεδον Διὸc καὶ λέχοc γαμήλιον.
ὄρεξον, ὦ μάκαιρα, cὴν χεῖρα καὶ πτερῶν ἐμῶν   1760
λαβοῦcα cυγχόρευcον· αἴρων δὲ κουφιῶ c' ἐγώ.
Χο. ἀλαλαλαί, ἰὴ παιών,
τήνελλα καλλίνικοc, ὦ δαιμόνων ὑπέρτατε.   1765

1743 ἐχάρην ᾠδαῖc del. Helbig   1744 personarum vices distinxit Kock   1746 ante 1745 transp. Blaydes   1752 Δῖα δὲ πάντα Haupt: διὰ cὲ πάντα vett.: διὰ cὲ τὰ πάντα L   1753 Βαcίλειαν R: -είαν cett.   1755–8 coryphaeo tribuunt quidam   1755 γάμοιcιν] -cι RV   1757 ἐπὶ δάπεδον Meineke: ἐπὶ πέδον codd.: ἴτ' ἐπὶ πέδον Dindorf   1763 ἀλαλαλαί] ἀλαλαί AU: ἀλλαλαί L